◆著者紹介

安田尚道（やすだ・なおみち）

1943 年東京都日本橋区（現、中央区）に生まれる。
1967 年東京大学文学部国語国文学専修課程卒業。
1972 年東京大学大学院人文科学研究科国語国文学専門課程博士課程退学。
東京大学文学部助手、青山学院大学文学部日本文学科専任講師・助教授・教授をへて、現在は青山学院大学名誉教授。

主な論文
1982「上代語の母音はいくつあったか」〔學燈社《國文學解釈と教材の研究》第 27 巻第 16 号〕
1987「『三宝絵』の漢字」〔佐藤喜代治（編）『漢字講座』第 5 巻、明治書院〕
2003「石塚龍麿と橋本進吉――上代特殊仮名遣の研究史を再検討する――」〔国語学会《国語学》第 213 集〕
2014「イザナキ・イザナミの神話と小正月の炉端の行事」〔青山学院大学日本文学会《青山語文》第 44 号〕

日本語数詞の歴史的研究

2015 年 5 月 20 日 初版第 1 刷発行

著　　者：安田尚道
発 行 者：前田智彦
装　　幀：武蔵野書院装幀室
発 行 所：武蔵野書院
〒101-0054
東京都千代田区神田錦町 3-11 電話 03-3291-4859　FAX 03-3291-4839
印　　刷：三美印刷㈱
製　　本：㈲佐久間紙工製本所

ISBN 978-4-8386-0285-8　　JASRAC 出 1503698-501

定価は函に表示してあります。
落丁・乱丁はお取り替えいたしますので発行所までご連絡ください。

索　引

①数詞・助数詞……(1)　②人　名………(4)　③書　名………(6)　④その他………(7)

①数詞・助数詞

アインス・ツヴァイ・ドライ(1, 2, 3)…4.
アン・ドゥー・トロワ(1, 2, 3)…4.
イ－(50)…47, 52, 118.
イーチャン(一荘)…4.
イカ(50日)…150, 253, 276.
イクタリ(n人)…352.
イクツ(n個)…2.
イセ(50瀬)…116, 129, 150.
イソ－(50)…47, 52, 118.
イソヂ(50個)…13, 51, 75, 77, 114, 116, 118, 276.
イタリ(5人)…367, 377.
イチ(50個)…52, 117, 118, 276.
イチニン(1人)…352, 371.
イツカ(5日)…248.
イツソ(50)…149.
イツソヂ(50個)…50, 121, 122.
イツタリ(5人)…9, 363, 365, 367, 369, 377.
イツツ(5個)…2, 77.
イツツノ人(5人)…358, 377.
イツトリ(5人)…367, 377.
イツノヒト(5人)[沖縄]…161.
イツホ(500)…149, 151.
イトリ(5人)…19, 363, 377.
イホ－(500)…134.
イホカ(500日)…277.
イホチ(500個)…133, 141, 148.
イホツ(500個)…134, 141.
ウカ(日)…281.
エダ(枝)…30.
カ(日)…2, 34, 272.
コ(籠)…30.
ココヌカ(9日)…250, 274, 281.
ココノカ(9日)…274.
ココノソヂ(90個)…77, 108.
ココノタリ(9人)…9, 368.
ココノツ(9個)…2, 77.
ココノノコ(9の子)…20, 356.
ココノホ(900)…140.
ゴジフ(50)…118.
ゴニン(5人)…18, 358, 377.
サンチ(＝センチ)…440.
サンニン(3人)…371.
シ(4)…419.
シチ(7)…3, 443.
シチヒャクネン(700年)…452, 453, 477.
シチョウメ(4丁目)…467, 468.
シニン(4人)…18, 353, 377, 427.
シネン(4年)…427.
ジュウシチ(17)…445.
－ソ－(10)…53, 127.
タ－(2)[沖縄]…94.
ターチ(2個)[沖縄]…94.
ターツ(2個)[秋山郷]…94.
タイ(2人)[沖縄]…94, 375.
タウアマリ(10余)…126.
タウマリ(10余)…126.
タウマリイツツ(15個)…156.
タウマリナナツ(17個)…155.
タリ(人)…3.
チタリ(1000人)…368.
チュ－(1)[沖縄]…94.
チュイ(1人)[沖縄]…94, 375.
ツイタチ(朔日・月立)…257, 293, 305.
ツイタチ～カ(月立○日)…298, 312.
ツキタチ(朔日・月立)…257, 258, 305, 308.

ツヅ（10・20）…60, 213.
ツヅヤハタチ（19 や 20）…213, 230.
ティーチ（1 個）…94, 207, 209.
テツ（1 個）…94, 197, 209.
ト‐（10）…2, 231.
トウカ（10 日）…123, 251, 276.
トウカムユカ（16 日）…155.
トオ（10 個）…2.
トオエン（10 円）…434.
トカ（10 日）…96, 126, 276.
トソヂ（100？）…123.
トタリ（10 人）…9, 29, 365, 368.
トツ（1 個）［秋山郷］…94.
トマチ（10 町）…113.
トリ（1 人）［八丈島］…94, 209.
トヲ（10 個）…53, 77, 112.
トヲ・ハタ・ミソ・ヨソ（10・20・30・40）
…410.
トヲアマリ（10 余）…175.
トヲカ（10 日）…123, 241, 251, 275.
トヲカヤウカ（18 日）…153, 156.
トヲカヨカ（10 余日）…171.
トヲツラ（10 列）…113.
ナカノトヲカ（中の 10 日）…251, 286.
ナナソヂ（70 個）…77, 106, 114.
ナナタリ（7 人）…9, 367, 369.
ナナツ（7 個）…2, 77.
ナナノカシコキヒト（七賢人）…20, 355.
ナナノ后…360.
ナナノ輩…19, 360.
ナナノヒト（7 人）…161, 351, 379.
ナナノ法師…19, 360.
ナナヒャクネン（700 年）…453.
ナナユク（7 行く）…85, 91.
ナヌカ（7 日）…15, 241, 249, 267, 270, 281.
ナノカ（7 日）…15, 23, 267, 270.
ニニン（2 人）…352, 371.
ハタ‐（20）…2.
ハタタリ（20 人）…368.
ハタチ（20 個）…47, 77, 87, 88, 112, 113.
ハツカ（20 日）…252, 276, 281.
ハツカアマリイツカ（25 日）…155.
ハツカアマリヒトヒ（21 日）…155.
ハツカヨカ（20 余日）…171.
ヒー・フー・ミー・ヨー・イツ・ムー～
（1・2・3・4・5・6）…403, 404.
ヒターツ（2 個）…94.
ヒタツ（2 個）…94, 211.
ヒダリ（1 人）…354.
ヒテツ（1 個）…197, 205.
ヒテツクルマニ…197.
ヒト‐（1）…2, 92.
ヒト・フタ・ミ・ヨ・イツ・ムユ～…411.
ヒト・フタ・ミー・ヨー・イツ・ムー～
…404, 409.
ヒトイ（1 日）…255, 327.
ヒトイヘ（1 家）…96.
ヒトエ（1 日）…327.
ヒトキヤウ（1 京）…96.
ヒトソヂ（10 個）…120.
ヒトツ（1 個）…2, 77.
ヒトツ・フタツ・ミッツ・ヨッツ・イツツ～
…75.
ヒトニハ（1 庭）…96.
ヒトヒ（1 日）…242, 256, 319, 327.
ヒトヒノヒ（1 日）…320.
ヒトヒフタヒ（1 日・2 日）…321, 330, 331.
ヒトヒフツカ（1 日・2 日）…330.
ヒトヘ（1 日）…327.
ヒトリ（1 人）…9, 351, 352, 354, 376, 385.
ヒャク（100）…143.
ヒャクトオバン（110 番）…456.
フタ‐（2）…2.
フタエン（2 円）…456.
フタジュウエン（20 円）…456.
フタソヂ（20 個）…120.
フタツ（2 個）…2, 77.
フタナラビ（2 並び）…91.
フタヒ（2 日）…259, 319.
フタヒャクエン（200 円）…456.

フタモモチ(200個)…138.
フタユク(2行く)…91.
フタリ(2人)…9, 356, 376.
フタワタラス(2渡らす)…85, 90.
フツカ(2日)…242, 281.
フテツ(1個)…207.
フトツ(1個)…94, 211.
へ(重)…34.
ベストテン…4.
マル(0)…456.
ミ-(3)…2.
ミーチ(3個)…94.
ミウカ(3日)…285.
ミカ(3日)…244.
ミカヅキ(三日月)…259.
ミソカ(30日)…252.
ミソカアマリココヌカ(39日)…155.
ミソヂ(30個)…77, 87, 88, 99, 113.
ミソヂアマリヒトモジ(30個余1文字)…177, 183.
ミソチアマリフタツ(32個)…154, 156.
ミソヂヒトモジ(30個1文字)…170, 177, 183.
ミソヒトモジ(31文字)…170, 177, 185.
ミソモジアマリナナモジ(37文字)…155.
ミソモジアマリヒトモジ(31文字)…171, 177, 182.
ミソモジヒトモジ(31文字)…177, 185.
ミタリ(3人)…9, 357, 376, 382.
ミツ(3個)…77.
ミッカ(3日)…239, 255, 260.
ミッチャイ(3人)…94.
ミッツ(3個)…2.
ミホ(300)…140.
ムイカ(6日)…15, 264.
ムソヂ(60個)…77, 97, 98, 114.
ムタリ(6人)…9, 367, 369.
ムツ(6個)…77.
ムッツ(6個)…2.
ムツノ歌人(6人の歌人)…359.
ムホ(600)…140.
ムモモタリ(600人)…366.
ムユ(6)[唱数]…43.
ムユ(6人)…19, 282, 290, 365.
ムユカ(6日)…15, 248, 264, 281.
ムユノヒト(6人)…161, 351, 378.
ムヨカ(6日)…266, 335, 342.
モモ(100)…131.
モモカ(100日)…243.
モモソ(100)[沖縄]…144.
モモタリ(100人)…9.
モモチ(100個)…77, 136, 140, 141.
モモナヒト(100人)…354, 355.
ヤイ(8日)…273, 325.
ヤウカ(8日)…15, 43, 249, 270, 271, 281.
ヤオ(800)…131.
ヤカ(8日)…15, 16, 271, 272, 274.
ヤソヂ(80個)…77, 95, 96, 106, 114.
八十路…95, 96.
ヤタリ(8人)…9, 29, 361, 365, 367.
ヤツ(8個)…77.
ヤッツ(8個)…2.
ヤヒ(8日)…273, 325.
ヤホ(800)…140.
ヤホエダ(800枝)…139.
ヤホカ(800日)…135, 277.
ヤホヨロヅ(800万)…131, 139.
ヤヲトコ(8男)…379.
ヤヲトメ(8乙女)…379.
ヨウカ(4日)…14, 43, 245, 260, 263, 281.
ヨウカ(8日) → ヤウカ(8日)
ヨカ(4日)…14, 173, 260, 263.
ヨソカ(40日)…253.
ヨソヂ(40個)…77, 87, 88, 99, 114.
ヨタリ(4人)…9, 18, 357, 376.
ヨツ(4個)…77.
ヨッカ(4日)…260, 262, 264.
ヨッタリ(4人)…352, 353, 429.
ヨッツ(4個)…2.
ヨド(4度)…427.

②人　名

③書　名

用例として多数引用される『万葉集』『古今和歌集』などは原則として取り上げない。

④その他

用例一覧

用例として引用した資料の一覧である。大きく時代やジャンルで分けてある。

依拠したものは以下のように様々な形のものであるが、これを個々の作品ごとに示した。

原本、**版本**、**複製**（複製本・図版・模刻）、**写真**（焼付け写真・マイクロフィルム・デジタル画像）、**翻刻**（活字翻刻）。複製の場合、（　）内は出版社名、または**複製**のシリーズ名。『群書類従』はすべて版本による。

上代文学

『日本書紀』――**複製**：岩崎本（勉誠社、『秘籍大観』）、前田本（『尊経閣善本影印集成』26）、図書寮本〔＝書陵部本〕（『秘籍大観』）、北野本（貴重図書複製会）、水戸本（日本文献学会）、鴨脚本（古典保存会）、兼方本〔＝弘安本〕（法蔵館）、兼夏本〔＝乾元本〕（『天理図書館善本叢書』1）。**版本**：丹鶴叢書本、寛文九年版本。

『万葉集』――**複製**：桂本（『古筆学大成』12）、金沢本（『古筆学大成』12）、元暦校本大成本（朝日新聞社）、紀州本〔＝神田本〕（後藤安報恩会）、西本願寺本（竹柏会）、類聚古集（煥文堂）、古葉略類聚鈔（佐佐木信綱）。

「仏足石歌」――**複製**（大谷大学『日本金石図録』）。

『続日本後紀』――**翻刻**（『新訂増補國史大系』）。

『先代旧事本紀』――**複製**（『天理図書館善本叢書』41）。

『釈日本紀』――**複製**（吉川弘文館）。

和歌・歌謡

『古今和歌集』――**複製**：前田本〔＝清輔本〕（尊経閣叢刊）、寂恵本（古文学秘籍複製会）、元永本（貴重図書複製会）、伊達本（貴重図書影本刊行会）、高野切（尚古会）、筋切本（『古筆学大成』2）。その他は、**翻刻**（久曽神昇『古今和歌集成立論　資料編』）。

催馬楽――**複製**：鍋島家本『催馬楽』（稲荷神社・竹柏会）、天治本『催馬楽抄』（古典保存会）。

『後撰和歌集』――**複製**：二荒山本（『古筆学大成』6）、定家本（高松宮家『三代集』）、片仮名本（古典保存会）、浄弁本（尊経閣叢刊）、北野克蔵本（北野克）。烏丸切（『古筆学大成』6）。**翻刻**は大阪女子大学国文学研究室『後撰和歌集総索引』。

『古今和歌六帖』――**複製**：永青文庫本（『細川家永青文庫叢刊』2·3）。**翻刻**：桂宮本（『図書寮叢刊』）。

『賀茂保憲女集』（榊原本）――**複製**（『日本古典文学影印叢刊』9~11）。

『曽丹集（＝曽祢好忠集）』（伝為氏筆本）——**複製**（『天理図書館善本叢書』4）。**翻刻**（『古典文庫』219・223、岩波書店『日本古典文学大系』80）。

『拾遺和歌集』——**複製**：高松宮家蔵定家自筆本臨模本（高松宮家『三代集』）。**翻刻**：堀河宰相具世筆本（『拾遺和歌集の研究　校本篇伝本研究篇』）、北野天満宮本（『拾遺和歌集の研究　校本篇伝本研究篇』）。

『拾遺和歌抄』〔貞和本〕——**翻刻**（三好英二『校本拾遺抄とその研究』）。

『和泉式部続集』（榊原本）——**複製**（『日本古典文学影印叢刊』9~11）。

『後拾遺和歌集』——**複製**：陽明文庫本（『陽明叢書』2）、日野本（汲古書院）、太山寺本（『太山寺本後拾遺和歌集とその研究』）、伝惟房筆本（『愛媛大学古典叢刊』29）、神宮文庫本（汲古書院）。**翻刻**：書陵部蔵本（糸井通浩・渡部輝道『後拾遺和歌集総索引』）。

『承徳本古謡集』——**複製**（『陽明叢書』8）。

『金葉和歌集』——**複製**：伝二条為明筆二度本（『ノートルダム清心女子大学古典叢刊』）、伝為家筆本（『愛媛大学古典叢刊』5·6）。

『千載和歌集』——**複製**：宋雅奥書本（『陽明叢書』3）、書陵部本（笠間書院）。

『新古今和歌集』——**複製**：伝二条為氏筆本（笠間書院）、烏丸本（『天理図書館善本叢書』17·18）、伝青蓮院道円親王筆本（『愛媛大学古典叢刊』25·26·27）。

『拾遺愚草』（定家自筆本）——**複製**（『冷泉家時雨亭叢書』8·9）。

『新勅撰和歌集』（伝為家筆）——**複製**（『日本古典文学影印叢刊』13）。

『万代和歌集』——**版本**（『丹鶴叢書』）。

『玉葉和歌集』——**複製**：吉田兼右筆（『復刻日本古典文学館』）、臼田甚五郎蔵本（三弥井書店）。

『拾玉集』（支子文庫本）——**複製**（『在九州国文資料影印叢刊』第2期4）。

『新葉和歌集』——承応二年**版本**。

『三十六人集』——**複製**：西本願寺本（三十六人歌集刊行会）、御所本（新典社）。**翻刻**：醍醐本『源順集』（久曽神昇『西本願寺本三十六人集精成』）。

『清輔朝臣集』——**版本**（『群書類従』）。

『木工権頭為忠朝臣家百首（＝為忠百首）』——**版本**（『群書類従』）。

『正治後度【二度】百首』——**翻刻**（大曽根ほか『鴨長明全集』）。

『無名抄』——**複製**：梅沢記念館本（『復刻日本古典文学館』）、天理図書館蔵応安四年本（『天理図書館善本叢書』44）。

『琴後集』——**版本**のデジタル画像（国立国会図書館）。

歌　合

『延喜十三年三月亭子院歌合』——**複製**（『古筆学大成』21）。

『天徳四年三月内裏歌合』（尊経閣文庫蔵）——**写真**（萩谷朴『平安朝歌合大成増補新訂』5）。

『永承五年麗景殿女御歌合』——**複製**（『古筆学大成』21）。

『天喜四年四月皇后宮寛子春秋歌合（＝四条宮歌合）』——**複製**（『陽明叢書』4）。

『寛治五年八月左近権中将藤原宗道朝臣家歌合』（尊経閣文庫蔵）――**写真**（国文資料館所蔵）。

『嘉応二年五月左衛門督実国歌合』（熊本大学附属図書館北岡文庫蔵細川幽斉筆本）――**写真**（国文学研究資料館所蔵）。

複製・写真の見られないものは、**翻刻**（堀部正二『纂輯類聚歌合とその研究』・萩谷朴『平安朝歌合大成』）による。

物語・説話

『日本霊異記』――**複製**：前田本（『尊経閣叢刊』）、国会図書館本（すみや書房『古典資料』）、真福寺本（小泉道「校注真福寺本日本霊異記」〔《訓点語と訓点資料》別巻第2〕）。

『竹取物語』〔古活字十行本〕――**複製**（武蔵野書院）。

『伊勢物語』――**複製**：天福本（武蔵野書院）、為家本・千葉本・文暦本（『天理図書館善本叢書』3）、中和門院筆本（『陽明叢書』9）。

『土左日記』――**複製**：青谿書屋本（新典社）、三条西家本（古典保存会）、日本大学図書館本（笠間書院）。

『大和物語』――**翻刻**：高橋正治『大和物語の研究系統別本文篇』。

『平仲物語』――**複製**（静嘉堂文庫）。

『蜻蛉日記』――**複製**：桂宮本（『笠間影印叢刊』68~70）、阿波国文庫本（勉誠社）。

『三宝絵』――**複製**：東大寺切（『名古屋市博物館蔵　三寶繪』）、観智院本（『勉誠社文庫』128·129）。

『うつほ物語』――**複製**：俊景本（ひたく書房『俊景本宇津保物語と研究　資料篇』）。**翻刻**：前田本（『宇津保物語総索引　本文編』）、静嘉堂文庫蔵浜田本（『角川文庫』）。

『落窪物語』〔尊経閣文庫本〕――**翻刻**（『古典文庫』261·263）〔巻次は流布本に従う〕。

『枕草子』〔前田本〕――**複製**：前田本（尊経閣叢刊）、田中重太郎蔵堺本（『笠間影印叢刊』41~42）、学習院大学蔵三条西家旧蔵能因本（『笠間影印叢刊』9~10）。

『源氏物語』――**複製**：大島本（角川書店）、宮内庁書陵部本（新典社）、陽明文庫本（『陽明叢書』）、穂久邇文庫本（『日本古典文学影印叢刊』3~7）、伝二条院讃岐筆本（『天理図書館善本叢書』14）、保坂本（おうふう）。

『源氏物語絵巻（隆能源氏）』（東屋）――**複製**（貴重本刊行会『源氏物語絵巻』〔日本古典絵巻館〕、ほるぷ）。

『栄花物語』〔三条西家旧蔵梅沢本〕――**複製**（勉誠社『古典資料類従』24~29）。

『更級日記』――**複製**（武蔵野書院）。

『今昔物語』――**翻刻**（岩波書店『日本古典文学大系』22~26）。

『古本説話集』――**複製**（『勉誠社文庫』124）。

『大鏡』――**複製**：東松本（『貴重古典籍刊行会叢書』）、千葉本（『天理図書館善本叢書』15）。

『今鏡』〔畠山本〕――**複製**（『日本古典文学影印叢刊』20·21）。

『方丈記』〔大福光寺本〕――**複製**（『復刻日本古典文学館』）。

軍　記

『平家物語』〔高野本〕――**複製**（『笠間影印叢刊』50~61）。

『青洲文庫本平家正節』――**複製**（三省堂）。

『前田流譜本平家物語』――**複製**（『早稲田大学蔵資料影印叢書　国書篇』）。

『太平記』――**写真**：寛永八年版、静嘉堂文庫蔵松井簡治旧蔵本。**複製**：西源院本（『未刊軍記物語資料集』）、玄玖本（勉誠社）、梵舜本（『古典文庫』216・220）、神田本（汲古書院）、中京大学蔵日置孤白軒本（新典社）、義輝本（勉誠社『古典資料類従』）。**翻刻**：神宮徴古館本（和泉書院）、土井本太平記（『土井本太平記　本文及び語彙索引』）、京大本（『校訂京大本太平記』）。

古辞書

『色葉字類抄』――**複製**：前田本（勉誠社）、黒川本（古典保存会）。

『類聚名義抄』――**複製**：高山寺本〔＝三宝類字集〕（『天理図書館善本叢書』2）、観智院本（『天理図書館善本叢書』32·33·34）。

『名語記』――**翻刻**（勉誠社）。

『撮壌集』――**複製**（『中世古辞書四種　研究並びに総合索引』）。

『温故知新書』――**複製**（尊経閣叢刊）。

『明応五年本節用集』――**写真**（国会図書館の画像データ）。

『運歩色葉集』――**写真**：静嘉堂本。**複製**：元亀二年本（臨川書店）。

『天正十八年本節用集』――**複製**（貴重図書影本刊行会）。

『黒本本節用集』――**複製**（尊経閣叢刊）。

『合類節用集』――**複製**（勉誠社）。

『書言字考節用集』――**複製**（『書言字考節用集　研究並びに索引　影印篇』）。

『譬喩尽』――**翻刻**（『たとへづくし』、同朋舎）。

『俚言集覧』（太田全斎自筆稿本）――**複製**（クレス出版）。

『筑紫方言』――**複製**（港の人『近世方言辞書』第4輯）。

キリシタン資料・外国資料

『サントスの御作業』――**複製**（勉誠社）。

『天草本ヘイケ物語』――**複製**（『勉誠社文庫』7·8）。

『天草版金句集』――**複製**（吉田澄夫『天草版金句集の研究』）。

『羅葡日辞書』――**複製**（勉誠社）。

『バレト写本』――**複製**（『キリシタン研究』7輯別冊）。

『日葡辞書』――**複製**（勉誠社）。

『ロドリゲス日本大文典』――**複製**（勉誠社）。

『ロザリオ記録』——複製（桜楓社）。

コリャード『西日辞書』——複製（臨川書店）。

コリャード『日本文典』——複製（大塚高信［訳］『コリャード日本文典』）。

コリャード『懺悔録』——複製（『コリャードさんげろく私注』）。

『捷解新語』——複製（『三本対照捷解新語』）。

『中山伝信録』——複製（『纂輯日本訳語』）。

舞・狂言

舞の本——複製：毛利家本（角川書店）、文禄本（『天理図書館善本叢書』47·48）。
『狂言六義』〔天理本〕——複製（『天理図書館善本叢書』23·24）。

近世文学・近世随筆

『きのふはけふの物語』〔大東急記念文庫本〕——写真［マイクロフィルム］（雄松堂）。

『御伽草子』〔渋川版〕——複製（三弥井書店）。

『好色一代男』〔大坂版・江戸版〕——ともに複製（『近世文学資料類従』西鶴編 2）。

『好色伊勢物語』——版本の複製（『古典文庫』426）。

『男色大鏡』——複製（『古典文庫』62）。

『三冊子』——版本。

『世間娘気質』——翻刻（『八文字屋本全集』6）。

『井筒業平河内通』——複製（岩波書店『近松全集』11）。

『由良物語』——翻刻（国立国会図書館『本朝水滸伝後篇・由良物語』）。

『摂州合邦辻』——翻刻（『日本名著全集』浄瑠璃名作集　下）。

『浮世風呂』——複製（新典社）。

『春雨物語』（秋成自筆本）——複製（『天理図書館善本叢書』26）。

四阿卿香（1839）『秘登利古刀』——翻刻（『未刊随筆百種』10）。

仮名垣魯文『滑稽富士詣』——翻刻（『古典文庫』162·164）。

安原貞室『片言』——複製（大空社『近世方言辞書集成』1）。

本居宣長『鈫高随筆』——翻刻（筑摩書房『本居宣長全集』12）。

『玉勝間』——翻刻（筑摩書房『本居宣長全集』第 1 巻）。

『比古婆衣』——翻刻（国書刊行会『伴信友全集』第 4）。

明治・大正の文学

ほるぷ等の複製本のあるものは複製本により、初版本の見られたものは初版本による。

木下尚江『火の柱』——平民社版の複製（明治文献『木下尚江著作集』第 2 巻）。

夏目漱石『坊つちやん』——『鶉籠』の複製（ほるぷ）。

(14)　用例一覧

永井荷風『濹東綺譚』——私家版の複製（ほるぷ）。

漢籍・抄物

『沙門勝道歴山水瑩玄珠碑』（神護寺本・醍醐寺本）——複製（『弘法大師真蹟集成』12〔第5帙〕）。★巻八のみは『性霊集』（醍醐寺本）の写真による。

『神田本白氏文集』——複製（太田次男・小林芳規『神田本白氏文集の研究』）。

『六臣註文選』——版本。

九条家本『文選』——写真。

猿投神社蔵正安本『文選』——複製（小林芳規「猿投神社蔵正安本文選（一）〜（四）」〔《訓点語と訓点資料》第14・16・18・21輯〕）。

宮内庁書陵部蔵宋版『文選』——原本。

足利学校遺蹟図書館蔵宋版『文選』——複製（『足利学校秘籍叢刊』3）。

『史記抄』〔京都大学蔵舟橋家旧蔵本〕——翻刻（亀井孝・水沢利忠『史記桃源抄の研究』）。

『史記』〔永正本〕——原本（宮内庁書陵部）。

参考文献一覧

阿川　弘之（1996）『高松宮と海軍』、中央公論社。☆再刊：1999 中央公論社（中公文庫）。

秋山　虔《けん》・上村《うえむら》　悦子・木村　正中（1968）「蜻蛉日記注解　七十四」〔《国文学解釈と鑑賞》第 33 巻第 12 号［10 月号］、至文堂〕。

アストン → Aston

阿部　秋生ほか（1972）『源氏物語　三』（『日本古典文学全集』14）、小学館。

鮎貝　房之進（1934）『雜攷』第 6 輯上巻 39~41 丁、第 6 輯下巻 106~112 丁、近藤出版部、京城。

荒木　博之（1976）『日本人の心情論理』（講談社現代新書）、講談社。

有坂　秀世（1964）『語勢沿革研究』、三省堂。

池上　禎造《ていぞう》（1940）「助數詞攷」〔京都帝国大学国文学会《國語・國文》第 10 巻第 3 号〕。

池上　禎造（1960）「「方」字の合音用法」〔関西大学国文学会『島田教授古稀記念国文学論集』〕。☆再録：池上（1984）『漢語研究の構想』、岩波書店。

池田　亀鑑《きかん》（1941）『古典の批判的處置に關する研究　第三部　資料・年表・索引』、岩波書店。

池田　亀鑑（1967）『平安時代の文学と生活』、至文堂。

石塚　晴通（1992）「兼方本日本書紀古訓の性格」〔『小林芳規博士退官記念国語学論集』、汲古書院〕。

泉井《いずい》　久之助（1978）「数詞の世界」〔泉井『印欧語における数の現象』、大修館書店〕。

市河　三喜《さんき》（1935）「數詞について」〔『藤岡博士功績記念言語學論文集』、岩波書店〕。

井上　京子（1999）「（特集　世界を数える）助数詞は何のためにあるのか」〔《月刊言語》第 28 巻第 10 号、大修館書店〕。

井上　誠之助（1960）「「廿よ日」・「廿余日」のよみ」〔神戸大学「近代」発行会《近代》30〕。

井上　誠之助（1961）「「十よ日」・「十余日」のよみ」〔《近代》31〕。

伊波《いは》　普猷《ふゆう》（1911）「琉球人の祖先に就いて」☆末尾に「（明治三十九年十二月十五日稿、琉球新報及東亜之光所載）」とあるが、伊波（1911）『古琉球』〔沖縄公論社〕に再録されたものによる。

伊波　普猷（1915）「琉球語の數詞について」〔矢袋《やむろ》　喜一（1915）『琉球古來の數學』、宝文館、附録。☆矢袋（1915）の再版は『琉球古來の數學と結縄及記標文字』と改題して青年教育普及会より刊行（1934）。再録：伊波（1926）『琉球古今記』、1975『伊波普猷全集』第 7 巻、平凡社〕。

伊波　普猷（1926）『琉球古今記』、刀江書院。

伊波　普猷（1933）「語音翻譯釋義——海東諸國記附載の古琉球語の研究——」〔『金澤博士還暦記念東洋語學の研究』、三省堂〕。☆のち、「海東諸國記附載の古琉球語の研究——語音翻譯釋義——」と改題して伊波（1934）『南島方言史攷』、楽浪書院、に再録。さらに、1974『伊波普猷全集』第4巻、平凡社、に再録。
伊波　普猷（1942）「古代琉球語の辞書混効験集」〔伊波『古琉球』、青磁社〕。☆再録：1974『伊波普猷全集』第1巻、平凡社〕。
上田　万年《かずとし》（1984）『上田万年　国語学史』、教育出版。
上村《うえむら》　悦子（1989）『蜻蛉日記解釈大成』第5巻、明治書院。
内林　政夫（1999）『数の民族誌——世界の数・日本の数——』、八坂書房。
NHK放送文化研究所（1998）『NHK日本語発音アクセント辞典　新版』、日本放送出版協会。
王　育徳（1957）『台湾語常用語彙』、永和語学社、東京。
大久保　恵子（1999）『チェンバレン『日本語口語入門』第2版　翻訳　付索引』、笠間書院。
太田　晶二郎（1974）「《歴史手帖》「四の数を忌むこと」は平安時代に溯る」〔日本歴史学会《日本歴史》第314号［1974年7月号］、吉川弘文館〕。☆再録：1992『太田晶二郎著作集』第3冊、吉川弘文館。
太田　晶二郎（1979）「《研究余録》月生幾日」〔日本歴史学会《日本歴史》第375号［1979年8月号］、p.79~84〕。☆再録：1991『太田晶二郎著作集』第1冊、吉川弘文館。
太田　晶二郎（1981）「《研究余録》「月生」韓土事例」〔日本歴史学会《日本歴史》第398号［1981年7月号］、p.72~74〕。☆再録：1991『太田晶二郎著作集』第1冊、吉川弘文館。
大谷大学（1972）『日本金石図録』、二玄社。
大塚　高信［訳］（1957）『コリャード日本文典』、風間書房。
大槻　清彦［校閲］・山田　俊雄［編輯］（1980）『圖録日本辞書言海』（1979『稿本日本辞書言海』の付録）、大修館書店。☆大槻　茂雄［編］「復軒先生傳記資料」、「大槻文彦先生御自傳記」等を収める。
大槻　文彦（1897a）『廣日本文典』、大槻文彦。
大槻　文彦（1897b）『廣日本文典別記』、吉川半七。
大坪　併治（1961）『訓點語の研究』、風間書房。
大坪　併治（1968）『訓點資料の研究』、風間書房。
大坪　併治（1981）『平安時代における訓點語の文法』、風間書房。
大坪　併治（1992）『石山寺本大方廣佛華嚴經古點の國語學的研究』、風間書房。
大野　晋（1975）『日本語の起源』（岩波新書）、岩波書店。
大野　透（1977）『續 萬葉假名の研究』、高山本店。
大山　真人《まひと》（2001）『銀座木村屋あんパン物語』（平凡社新書）、平凡社。
岡倉　由三郎（1935）「チヤムブレン先生を偲ぶ」〔《英語青年》第73巻第2号、英語青年社〕。
岡田　希雄（1938）「諺語辞書譬喩盡に就いて」〔立命館出版局《立命館文學》第5巻第3号〕。
岡本　勲（1973, 1974）「『和英語林集成』と『日葡辞書』（研究篇）、（資料篇）」〔《中京大学文学部紀要》第8巻第1号、第3号〕。
岡本　勲（1986）「近代作家の数詞・助数詞」〔《日本語学》第5巻第8号、明治書院〕。
岡本　仁《じん》・野ばら社（1992）『鉄道唱歌』、野ばら社。
小川　環樹《たまき》（1980）「稲荷山古墳の鉄剣銘と太安万侶の墓誌の漢文における Koreanism について」〔《京都産業大学国際言語科学研究所所報》第1巻第3号〕。☆再録：1997『小川環樹著作集』第 5 巻、筑摩書房。
長田《おさだ》　須磨ほか（1980）『奄美方言分類辞典　下巻』、笠間書院。
長田《おさだ》　夏樹（1943）「上代日本語とアルタイ語族」〔《蒙古》第 10 巻第 2 号、善隣協会〕。☆再録：長田（1972）『原始日本語研究導論』、神戸学術出版。
ガーベレンツ（川島淳夫［訳］）（2009）『言語学』、同学社。
ガーベレンツ → Gabelentz
風間　喜代三（1993）『印欧語の故郷を探る』（岩波新書）、岩波書店。
風間　力三（1982~1983）「日本語学者列伝　大槻文彦伝（一）～（三）」〔《日本語学》第 1 巻第 1 号、第 2 号、第 2 巻第 1 号、明治書院〕。
春日　和男（1960）「續「三寶繪詞東大寺切管見」――字音語の表記について――」〔京都大学国文学会《國語國文》第 29 巻第 1 号〕。☆のち、「草仮名または平仮名による字音語の表記」と改題して春日（1975）『説話の語文　古代説話文の研究』、桜楓社、に再録。
春日　政治《まさじ》（1942）『西大寺本金光明最勝王經古點の國語學的研究』、岩波書店。
春日　政治（1956）『古訓點の研究』、風間書房。
葛城　末治（1935）『朝鮮金石攷』、大阪屋号書店、京城。
金沢　庄三郎（1912）『日本文法新論』、早稲田大学出版部。
兜木　正亨《しょうきょう》・中田祝夫《のりお》（1979）『無量義經古點』、勉誠社。
亀井　孝・河野　六郎・千野　栄一（1989）『言語学大辞典　第 2 巻（世界言語編　中）』、三省堂。
川本　崇雄《たかお》（1975）「日本語の数詞の起源」〔京都大学人類学研究会《季刊人類学》第 6 巻第 2 号、講談社〕。☆再録：川本（1978）『南から来た日本語』、三省堂。
川本　崇雄（1978）『南から来た日本語』、三省堂。
木村屋総本店社史編纂室（1989）『木村屋総本店百二十年史』、木村屋総本店。
久曽神《きゅうそじん》　昇《ひたく》（1960）『古今和歌集成立論　資料編（上、中、下）』、風間書房。
金田一　京助（1935）「數詞から觀たアイヌ民族」〔東京人類学会『日本民族』、岩波書店〕。☆再録：1993『金田一京助全集』第 5 巻、三省堂。
金田一　春彦・安西　愛子（1977）『日本の唱歌（上）明治篇』（講談社文庫）、講談社。
工藤　隆（1981）『日本芸能の始原的研究』、三一書房。
工藤　力男（1980）「和漢の数詞の混用」〔《月刊言語》第 9 巻第 10 号、大修館書店〕。
窪薗　晴夫（2011）『数字とことばの不思議な話』（岩波ジュニア新書）、岩波書店。
クルチウス → Curtius
郡司　正勝（1997）『和数考』、白水社。
小泉　保（1963）「日本語と英語の数詞の構造」〔大修館書店英語教育シリーズ編集部（編）『日英両語の比較研究・実践記録』（英語教育シリーズ　別冊）、大修館書店〕。
洪　藝芳（2007）『敦煌吐魯番文書中之量詞研究』、文津出版社、台北。
高山寺典籍文書綜合調査団（1986）『高山寺古訓點資料　第三』（高山寺資料叢書　第 15 冊）、東京大学出版会。
河野　六郎（1957）「古事記に於ける漢字使用」〔『古事記大成　第 3 巻（言語文字篇）』、平

凡社、所収〕。☆再録：1980『河野六郎著作集』第 3 巻、平凡社。

国語調査委員会（1916）『口語法』、国定教科書共同販売所。

国語調査委員会（1917）『口語法別記』、国定教科書共同販売所。

国立国語研究所（1950）『八丈島の言語調査』、秀英出版。

国立国語研究所（1963）『沖縄語辞典』、大蔵省印刷局。

小林　芳規（1960~1962）「猿投神社蔵正安本文選」、「猿投神社蔵正安本文選（二）」、「猿投神社蔵正安本文選（三）」、「猿投神社蔵正安本文選（四）」〔訓点語学会《訓点語と訓点資料》第 14 輯、第 16 輯、第 18 輯、第 21 輯〕。

小林　好日《よしはる》（1922）『標準語法精説』、育英書院。

小林　好日（1933）『日本文法史』（國語科學講座Ⅵ　國語法）、明治書院。

小林　好日（1936）『日本文法史』、刀江書院。

小林　好日（1944）『國語學通論』、弘文堂書房。

小松　登美（1967）「中古仮名文における数詞の用法——（その一、順序表現）——」〔《跡見学園短期大学紀要》第 4 集〕。

小松　英雄（1971）『日本声調史論考』、風間書房。

小松　英雄（1981）『日本語の音韻』〔『日本語の世界　7』〕、中央公論社。

古茂田《こもた》　信男（1992）『七つの子—野口雨情　歌のふるさと—』（大月 CD ブック）、大月書店。

阪倉　篤義（1966）『語構成の研究』、角川書店。

阪倉　篤義（1969）「（日本語の歴史）中古」〔《国文学解釈と鑑賞》第 34 巻第 14 号［12 月号］、至文堂〕。

桜井　祐三（1957）「池田先生の思出」〔東京大学国語国文学会《國語と國文學》第 34 巻第 2 号〕

迫野《さこの》　虔徳《ふみのり》（1973）「「京大図書館蔵元亀二年本運歩色葉集」について」〔京都大学文学部国語学国文学研究室《國語國文》第 42 巻第 7 号〕。

佐竹　昭広（1980）『萬葉集抜書』、岩波書店。

佐竹　昭広・三田　純一（1970）『上方落語　下巻』、筑摩書房。

サトウ［Ernest M. Satow］・石橋　政方［Ishibashi Masakata］（1904）『An English-Japanese Dictionary of the Spoken Language』（3rd edition）。☆原著には日本語の題はなく、「英和俗語辞典」とも「英和口語辞典」とも呼ばれる。

下地　一秋（1979）『宮古群島語辞典』、下地米子、那覇。

白鳥　庫吉（1909a, b, c）「日韓アイヌ三國語の數詞に就いて（第一回）、（第二回）、（第三回）」〔史学会《史學雜誌》第 20 編第 1 号、第 2 号、第 3 号〕。☆再録：1970『白鳥庫吉全集』第 2 巻、岩波書店。

白鳥　庫吉（1936）「日本語の系統—特に數詞に就いて—」〔1936『岩波講座 東洋思潮』第 18 回配本、岩波書店〕。☆のちに白鳥（1950）『日本語の系統—特に數詞に就いて—』として単行本化［白鳥（1909）「日韓アイヌ三國語の數詞に就いて」を附録とする］。再録：1970『白鳥庫吉全集』第 2 巻、岩波書店〕。

城岡　啓二（2009）「数詞ヨン・ナナ・キューの固有名詞への浸透について—地名、小字名、

姓における四・七・九―」〔静岡大学人文学部《人文論集》No.59-2〕
辛　基秀・仲尾　宏（1996）『大系 朝鮮通信使』第 2 巻、明石書店。
新村《しんむら》　出《いずる》（1916a, b）「國語および朝鮮語の數詞について」〔京都文学会《藝文》第 7 年第 2 号、第 4 号。☆二回に分載〕。☆再録：新村（1927）『東方言語史叢考』、岩波書店。1971『新村出全集』第 1 巻、筑摩書房。
新村　出（1930）「十《トヲ》の語源」〔「一ツ二ツ……九ツ十と数へるうちに、中央五にはツが二ツつきますが、最後の十にツがつかぬのはどうしたわけでせう」という、《中国新聞》の読者の質問に答えたもの（昭和五年八月一日）。今、1971『新村出全集』第 4 巻、筑摩書房、による〕。
鈴木　博（1986）「四の字嫌い考――「四」の音「シ」が「死」に通じることを忌む現象について――」〔日本語語源研究会『語源探求』、明治書院〕。☆再録：鈴木（1998）『国語学叢考』、清文堂出版〕。
スワントン → Swanton
宋《そん》　敏《みん》（2000）「（特集：数のシンボリズム）韓国人の数字意識と民俗風習」〔《アジア遊学》第 19 号、勉誠出版〕。
高島　俊男（1999）『お言葉ですが…』（文春文庫）、文藝春秋。☆単行本は 1996、文藝春秋。
高島　俊男（2003）『お言葉ですが…④（広辞苑の神話）』（文春文庫）、文藝春秋。☆単行本は 2000〔副題は「猿も休暇の巻」〕、文藝春秋。
高島　俊男（2004）『お言葉ですが…⑤（キライなことば勢揃い）』（文春文庫）、文藝春秋。☆単行本は 2001、文藝春秋。
高橋　知也（2003）「チェンバレンの数詞研究―“A Handbook of Colloquial Japanese”の改訂を中心として―」〔横浜国立大学国語・日本語教育学会《横浜国大国語研究》第 21 号〕。
高松　政雄（1966）「「中の十日」考」〔解釈学会《解釈》第 12 巻第 4 号〕。
田中　克彦（1988）「ヒフミの倍加説」〔《現代思想》第 16 巻第 12 号［10 月号］、青土社〕。☆再録：田中（1989）『国家語をこえて』、筑摩書房。
田中　重太郎（1949）「枕册子「ひてつくるまに」覺書」〔平安文学研究会《平安文学研究》第 1 輯、京都〕。
田中　重太郎（1956）『校本枕册子　下巻』、古典文庫。
田中　万兵衛（1934）『淡路方言研究』、福浦藻文堂、洲本。
チェンバレン → Chamberlain
陳　垣（1928）「史諱擧例」〔燕京大學哈佛燕京學社《燕京學報》第 4 期〕。☆今、陳新会（1979）『史諱擧例』、文史哲出版社、台北、による。
築島　裕《ひろし》（1963）『平安時代の漢文訓讀語につきての研究』、東京大学出版会。
築島　裕（1965a）『興福寺本大慈恩寺三藏法師傳古點の國語學的研究　譯文篇』、東京大学出版会。
築島　裕（1965b）「日本語の数詞の変遷」〔《言語生活》第 166 号、筑摩書房〕。
築島　裕（1966）『興福寺本大慈恩寺三藏法師傳古點の國語學的研究　索引篇』、東京大学出版会。
築島　裕（1967）「高山寺藏胎藏界自行次第字音點」〔訓点語学会《訓点語と訓点資料》第 36 輯〕。

築島　裕（1969）『平安時代語新論』、東京大学出版会。
築島　裕（2009）『訓點語彙集成』第7巻、汲古書院。
築島　裕・石塚　晴通（1978）『東洋文庫蔵岩崎本 日本書紀』、貴重本刊行会。
土井　忠生《ただお》［訳］（1955）『ロドリゲス日本大文典』、三省堂。
東条　操（1937）『國語學新講』、刀江書院。
藤堂《とうどう》　明保《あきやす》（1978）『学研漢和大字典』、学習研究社。
東野《とうの》　治之《はるゆき》（1973）「天智紀にみえる「月生」の語について」〔万葉学会《萬葉》第81号〕。
☆再録：東野（1977）『正倉院文書と木簡の研究』、塙書房。
徳永　康元（1955）「ハンガリー語」〔市河　三喜・服部　四郎『世界言語概説』下巻、研究社辞書部〕。
所　功（1984）「『年中行事秘抄』の成立」〔日本歴史学会《日本歴史》第437号［1984年10月号］、吉川弘文館〕。
内藤　虎次郎（1907）「日本滿洲交通略説　上」〔小池　信美『叡山講演集』、大阪朝日新聞社〕。☆再録：1969『内藤湖南全集』第8巻、筑摩書房。
長沢　規矩也（1974）「和刻本「六臣註文選」解題」〔長沢［編］『和刻本文選』第1巻、汲古書院〕。
中田　祝夫《のりお》（1954）『古點本の國語學的研究　総論篇』、大日本雄弁会講談社。
中田　祝夫（1958）『古點本の國語學的研究　譯文篇』、大日本雄弁会講談社。
中田　祝夫（1979）『改訂新版東大寺諷誦文稿の國語學的研究』、風間書房。
永野　賢《まさる》（1968）「日本語の近代化に尽した人々10　大槻文彦」〔《言語生活》第205号、筑摩書房〕。
中松　竹雄（1976）『南島方言の記述的研究』、根元書房。
中村　宗彦（1983）『九条本文選古訓集』、風間書房。
中村　義雄（1962）『王朝の風俗と文学』（塙選書）、塙書房。☆ p.27~28; p.169; p. 206で「四」を忌むことを論ずる。
中村　義雄（1974）「《歴史手帖》「四の数を忌むこと」に寄せて」〔日本歴史学会《日本歴史》第318号［1974年11月号］、吉川弘文館〕。
南　豊鉉（2000）『吏讀研究』、太學社、ソウル。
南　豊鉉（2005）「韓国の古代吏読文の文末助辞「之」について〔青山学院大学文学部日本文学科『文字とことば――古代東アジアの文化交流――』、青山学院大学文学部日本文学科〕
西岡　常一《つねかず》・高田　好胤《こういん》・青山　茂（1981）『蘇る薬師寺西塔』、草思社。
額田《ぬかだ》　淑《きよし》（1960）「海軍の言語生活」〔《言語生活》第110号、筑摩書房〕。
昇《のぼり》　曙夢《しょむ》（1949）『大奄美史――奄美諸島民俗誌――』、奄美社、鹿児島。
萩谷《はぎたに》　朴《ぼく》（1957）「池田博士の思ひ出」〔東京大学国語国文学会《國語と國文學》第34巻第2号〕
萩谷　朴（1983）『枕草子解環　四』、同朋舎出版、京都。
萩谷　朴（1977）『新潮古典集成　枕草子　下』、新潮社。

服部　健（1955）「ギリヤーク語」〔市河　三喜・服部　四郎『世界言語概説』下巻、研究社辞書部〕。

服部　四郎（1959）「琉球の言語と民族の起源」〔服部『日本語の系統』、岩波書店〕。☆初め、昭和30（1955）年12月18~24日の《琉球新報》朝刊に連載されたものという。

服部　四郎（1976a）「琉球方言と本土方言」〔伊波普猷生誕百年記念会『沖縄学の黎明——伊波普猷生誕百年記念誌——』、沖縄文化協会、東京〕。

服部　四郎（1976b）「上代日本語の母音音素は六つであって八つではない」〔《月刊言語》第5巻第12号、大修館書店〕。

服部　四郎（1979）「日本祖語について（22）」〔《月刊言語》第8巻第12号〕。

馬場　良二（2009）「羽田と父と祖母、そして、ブラジル——ひとり、ふたり、みたり、よったり」〔熊本県立大学文学部《文彩》5〕。

林　勉（1970）「日本書紀古写本における日付・時刻の訓読」〔万葉七曜会『論集上代文学』第1冊、笠間書院〕。

原田　芳起《よしおき》（1962a）「「中の十日」の意義をめぐる問題」〔原田『平安時代文学語彙の研究』、風間書房〕。

原田　芳起（1962b）「平安朝数名詞考　仮名文における表記とその読み方」〔原田『平安時代文学語彙の研究』、風間書房〕。

原田　芳起（1969）『宇津保物語　上巻』（角川文庫）、角川書店。

飛田《ひだ》　良文（1964）「和英語林集成の「和英の部」について」〔東北大学文学部《文化》第27巻第4号〕。

平山　輝男・中本　正智《まさちえ》（1964）『琉球与那国方言の研究』、東京堂。

平山　輝男ほか（1966）『琉球方言の総合的研究』、明治書院。

平山　輝男（1983）『琉球宮古諸島方言基礎語彙の総合的研究』、桜楓社。

平山　輝男ほか（1992）『現代日本語方言大辞典　1（あ～う）』、明治書院。

福島　邦道（1961）「四方なる石」〔国語学会《國語學》第46集〕☆再録：福島（1988）『語史と方言』、笠間書院。

福島　邦道（1968）「纂輯日本訳語解題」〔京都大学文学部国語学国文学研究室編『纂輯日本譯語』、京都大学国文学会〕。

福永　光司《みつじ》（1984）「稲荷山鉄剣銘の「七月中」」〔《歴史と人物》第14年第2号、中央公論社〕。☆再録：福永（1987）『道教と古代日本』、人文書院、京都。

藤本　幸夫（1986）「「中」字攷」〔宮地　裕《ゆたか》［編］『論集　日本語研究（二）歴史編』、明治書院〕。

藤本　幸夫（1988）「古代朝鮮の言語と文字文化」〔『日本の古代14　ことばと文字（岸　俊男編）』、中央公論社。再刊：1996中公文庫〕。

藤原　与一（1988）『瀬戸内海方言辞書～伊予《愛媛》大三島肥海《ひがい》方言を中心に～』、東京堂出版。

古田　武彦（1979）『関東に大王あり——稲荷山鉄剣の密室——』、創世記。

古田　東朔《とうさく》（1969~1970）「大槻文彦伝（一）～（九）」〔《月刊文法》第1巻第7号～第2巻第6号、明治書院〕

方言研究ゼミナール（1996）『方言資料叢刊　第6巻（方言助数詞の研究）』、方言研究ゼミナール事務局（広島大学教育学部国語教育学研究室内）。
ポット → Pott
ホフマン → Hoffmann
堀　博文（2007）「［私のフィールドノートから　第7回］ハイダ語」〔《月刊言語》第36巻第7号、大修館書店〕。
堀井　純二（1972）「野中寺弥勒菩薩造像銘考」〔皇学館大学人文学会《皇学館論叢》第5巻第5号（通巻28号）〕。
堀内　敬三・井上　武（1958）『日本唱歌集』（岩波文庫）、岩波書店。
槙　皓志《こうし》（2000）『数ことば連想読本——語彙表現のたのしみ——』（現代教養文庫）、社会思想社。
町田　嘉章《かしょう》・浅野　建二（1962）『わらべうた——日本の伝承童謡——』（岩波文庫）、岩波書店。
松本　克己（1975）「古代日本語母音組織考——内的再建の試み——」〔《金沢大学法文学部論集　文学篇》22〕。☆再録：松本（1995）『古代日本語母音論——上代特殊仮名遣の再解釈——』、ひつじ書房。
松本　克己（2007）『世界言語のなかの日本語—日本語系統論の新たな地平—』、三省堂。
馬淵　和夫（1957）「「古事記」のシ・オ・ホのかな」〔国語学会《國語學》第31輯〕。
馬淵　和夫（1972）「醍醐寺三宝院蔵『法華経釈文』の字音について」〔東京大学国語国文学会《國語と國文學》第49巻第5号〕。
三沢　薫生《しげお》（2004）「『和訓栞』の方言資料『南留別志』について」〔和洋女子大学国文学会《和洋国文研究》第39号〕。
三沢　光博［訳］（1971）『クルチウス日本語文典例証』、明治書院。
峰岸　明（1966）「平安時代の助数詞に関する一考察（一）」〔《東洋大学紀要　文学部篇》第20集〕。☆再録：峰岸（1986）『平安時代古記録の國語學的研究』、東京大学出版会。
峰岸　明（1967）「平安時代の助数詞に関する一考察（二）」〔《東洋大学紀要　文学部篇》第21集〕。☆再録：峰岸（1986）『平安時代古記録の國語學的研究』、東京大学出版会。
峰岸　明（1986）「平安時代の助數詞に關する考察」〔峰岸『平安時代古記録の國語學的研究』、東京大学出版会〕。☆もと、1966「平安時代の助数詞に関する一考察（一）」、1967「平安時代の助数詞に関する一考察（二）」として、《東洋大学紀要　文学部篇》第20集、第21集に掲載。
三保　忠夫・三保　サト子（1998）「延喜式における助数詞について」〔《島根大学教育学部紀要（人文・社会科学）》第32巻〕。
三保　忠夫（2004）『木簡と正倉院文書における助数詞の研究』、風間書房。
三保　忠夫（2006）『数え方の日本史』（歴史文化ライブラリー）、吉川弘文館。
宮崎　勝弐《かつじ》（1980, 1981, 1982, 1983, 1984）「南西諸島における「数の数え方」の調査（Ⅰ、Ⅱ、3、4、5）」〔《藤村学園東京女子体育大学紀要》第15号、第16号、第17号、第18号、第19号〕。

武藤　元信（1911）『枕草紙通釋　下巻』、有朋堂書店。
村山　七郎（1962）「日本語及び高句麗語の数詞――日本語系統論に寄せて――」〔国語学会《國語學》第 48 集〕。
村山　七郎（1974）『日本語の研究方法』、弘文堂。
村山　七郎（1981）『琉球語の秘密』、筑摩書房。☆第七章「琉球語の数詞」。
室井　努（1993）「羅葡日対訳辞書の数詞における和語・漢語の混用について」〔金沢大学国語国文学会《金沢大学国語国文》第 18 号〕。
望月　郁子（1974）『類聚名義抄四種声点付和訓集成』、笠間書院。
本塚《もとづか》　亘（2013）「催馬楽成立研究の可能性――「二重の同音性」を手がかりに――」〔法政大学国文学会《日本文學誌要》第 88 号〕。
矢崎　祥子（1999）「助数詞の類別機能および数詞と助数詞の組み合わせ―和語・漢語の視点からみた六つ、六房、六個など―」〔言語と交流研究会《言語と交流》第 2 号〕。
安田　章（1969）「元亀二年京大本運歩色葉集解題」〔京都大学国語学国文学研究室『元亀二年京大本運歩色葉集』、臨川書店〕。
安田　尚道（1972）「日数詞（上）（下）」〔東京大学国語国文学会《國語と國文學》第 49 巻第 2 号、第 3 号〕。【本書第一三章】
安田　尚道（1974）「和語数詞による暦日表現と「ついたち」の語源」〔《國語と國文學》第 51 巻第 2 号〕。【本書第一四章】
安田　尚道（1975）「日本における日数表現の成立について」〔大林　太良［編］『古代日本と東南アジア』（《東アジアの古代文化》別冊' 75）、大和書房〕。
安田　尚道（1976）「数詞「つづ」の意味と語源」〔青山学院大学日本文学会《青山語文》第 6 号〕。【本書第一二章】
安田　尚道（1977）「「け長し」「長きけ」「朝にけに」「旅のけ」等のケについて」〔『松村明教授還暦記念国語学と国語史』、明治書院〕。
安田　尚道（1978）「古代日本語の数詞をめぐって」〔《月刊言語》第 7 巻第 1 号、大修館書店〕。【本書第二章】
安田　尚道（1983）「上代日本の金石文等に見える「〇月中」の源流について」〔青山学院大学日本文学会《青山語文》第 13 号〕。
安田　尚道（1986a）「10 および 10 の倍数を表わす個数詞」〔『築島裕博士還暦記念国語学論集』、明治書院〕。【本書第七章】
安田　尚道（1986b）「日本語の数詞の語源」〔日本語語源研究会『語源探求』、明治書院〕。【本書第四章】
安田　尚道（1986c）「唱数詞」〔『松村明教授古稀記念国語研究論集』、明治書院〕。【本書第一九章】
安田　尚道（1991）「人数詞」〔国語学会《國語学》第 164 集〕。【本書第一七章】
安田　尚道（1992）「和語数詞による端数表現」〔『小林芳規博士退官記念国語学論集』、汲古書院〕。【本書第九章】
安田　尚道（2000）「中世語資料としての『文机談』」〔《本の窓》第 23 巻第 7 号［8 月号］、小学館〕。

安田　尚道（2002）「シ（四）からヨンへ――4を表わす言い方の変遷――」〔青山学院大学日本文学会《青山語文》第32号〕。【本書第二〇章】

安田　尚道（2004）「シチ（七）からナナへ――漢語数詞系列におけるナナの成立――」〔《青山語文》第34号〕。【本書第二一章】

安田　尚道（2005）「古代日本の漢字文の源流――稲荷山鉄剣の「七月中」をめぐって――」〔青山学院大学文学部日本文学科『文字とことば――古代東アジアの文化交流――』、青山学院大学文学部日本文学科〕。

安田　尚道（2010）「ヨン（四）とナナ（七）」〔《青山語文》第40号〕。【本書第二二章】

安田　尚道（2011）「日本語数詞の倍数法について」〔坂詰　力治［編］『言語変化の分析と理論』、おうふう〕。【本書第五章】

柳田　泉（1959）「解題」〔『明治文化資料叢書　第9巻　翻訳文学編』、風間書房〕。

藪田　嘉一郎（1943）「上代金石雑考（上）」〔日本考古学会《考古學雜誌》第33巻第7号〕。

藪田　嘉一郎（1948）「丙寅年高屋大夫造像記考釋」〔美術研究所《美術研究》第15年第3号（第148号）、国立博物館〕。

山口　佳紀《よしのり》（1985）『古代日本語文法の成立の研究』、有精堂出版。

山田　俊雄（1991）『ことばの履歴』（岩波新書）、岩波書店。

山田　俊雄（1999）『詞苑間歩　上』、三省堂。

山田　実（1981）『奄美与論方言の体言の語法』（南島文化叢書2）、第一書房。

山本　七平（1973）「（むかしのことば　7）日本陸軍のことば――山本七平氏に聞く――」〔《言語生活》第262号、筑摩書房〕。

矢《や》袋《むろ》　喜一（1915）『琉球古來の數學』、宝文館。☆1934年に再版（青年教育普及会）する際に『琉球古來の數學と結縄及記標文字』と改題。

吉沢　義則（1927）「岩崎文庫所藏尚書及び日本書紀の乎古止點」〔吉沢『國語國文の研究』、岩波書店〕。

吉沢　義則（1928）「語法の任務に就いて」〔京都国語国文研究会《國語國文の研究》第24号、文献書院、京都〕。☆再録：吉沢（1931）『國語説鈴』、立命館出版部。

吉田　金彦（1959）「宮内庁書陵部蔵本六臣註文選の訓点」〔訓点語学会《訓点語と訓点資料》第12輯〕。

米原　万里（2001）「曖昧の効用」〔《三省堂ぶっくれっと》No.148、三省堂〕。

劉　世儒（1965）『魏晋南北朝量詞研究』、中華書局、北京。

渡辺　実（1952）「日華兩語の數詞の機能――助數詞と單位名――」〔京都大学文学部国語学国文学研究室《國語國文》第21巻第1号〕。

渡辺　実（1971）「解題」〔『天理図書館善本叢書2　和名類聚抄　三寶類字集』、八木書店〕。

［無署名］（1928a）「大槻文彦博士年譜」「大槻博士自傳」「大槻文彦博士傳記資料目録」〔東京帝国大学国文学研究室《國語と國文學》第5巻第7号〕。

［無署名］（1928b）「大槻文彦博士傳記資料目録補遺」〔《國語と國文學》第5巻第8号〕。

Aston, W. G.（1869）『A Short Grammar of the Japanese Spoken Language』、長崎。

Aston, W. G.（1907）『A Grammar of the Japanese Spoken Language』。☆Aston（1869）の第4

版にあたる。

Chamberlain, B. H.（1888）『A Handbook of Colloquial Japanese』（初版）。

Chamberlain, B. H.（1889）『A Handbook of Colloquial Japanese』（2nd ed.）。

Chamberlain, B. H.（1907）『A Handbook of Colloquial Japanese』（4th ed.）。

Curtius, van J. H. Donker（1857）『PROEVE EENER JAPANSCHE SPRAAKKUNST』、Leyden。

Gabelentz, Georg von der（1871）「Ueber eine Eigenthümlichkeit des japanischen Zahlwortes」〔Hrsg. von W. Lazarus und Steinthal《Zeitschrift für Fölkerpsychologie und Sprachwissenschaft》7 Bd.、Berlin。☆原文はいわゆる亀の甲文字で書かれているのをローマンに直したが、原文でローマンで書かれている部分（日本語等）はイタリックに直した。［法政大学多摩図書館蔵］

Hoffmann（1868）『A Japanese Grammar』。

Pott, Friedr. August（1868）『DIE SPRACHVERSCHIEDENHEIT IN EUROPA AN DEN ZAHLWÖRTERN NACHGEWIESEN SOWIE DIE QUINÄRE UND VIGESIMALE ZÄHLMETHODE』、Halle。

Swanton, John R.（1911）「Haida」〔Boas, Franz『Handbook of American Indian Language』Part 1（Smithonian Institution Bureau of American Ethnology Bulletin 40）〕。［青山学院大学図書館蔵］

日本語数詞研究文献目録

⑴この目録は日本語の数詞・助数詞に関する研究文献を中心とし、さらに日本語以外の言語の数詞に関する文献も、数詞というものを考えるにあたって参考となるので、日本で発表されたものはなるべく載せることとした。また、狭義の数詞だけでなく、数量表現に関するもの、文法上の数《すう》に関するものなども広く載せることにした。なお、文法書においては何らかの形で数詞に言及していることが多いが、これはごく一部しか取り上げなかった。また、名数辞典の類は原則として省いた。

⑵採録の範囲は原則として1995年末までに発表されたものとしたが、これ以後でも、安田の著作に関わるもの、雑誌の特集号、単行本などは加えた。新しいものについては、国立国語研究所、国文学研究資料館、国立国会図書館等の論文データベースで「数詞」「類別詞」「量詞」「数量」などをキーワードに検索してほしい。

⑶論文名は「　」で、書名は『　』で、雑誌名は《　》で括った（欧文のものも同様）。文献を実見できなかったものは、＊を付してある。漢字の字体は、論文名・書名・雑誌名に限って原文の旧字体を保存した。

⑷配列は発表年月順によった。たとえば1898[3]とあるのは1898年3月の意である。

⑸論文の表題からは内容がわかりにくいものや特に注記が必要と思われるものには、項目の末尾の★のあとにコメントを付した。

1604~1608 Rodriguez, João 『Arte da Lingoa de Iapam』。［リプリント版：1976[1]『日本文典』、勉誠社］［翻訳：1955[3] 土井忠《ただ》生《お》訳『ロドリゲス日本大文典』、三省堂］★第3巻に「この国語の大部分に関係する色々な数へ方に就いての論」（訳本 p.759~819。原本 212 丁ウ ~228 丁ウ）、「時，年，月，日，時刻，年号などの数へ方に就いての論」（訳本 p.820~856。原本 229 丁オ ~239 丁オ）があって当時の数詞の実態がよくわかる。

1632 Collado, Diego 『Ars Grammaticae Iaponicae Linguae』［翻訳と原本のリプント：大塚高信 1934[7]『コイヤード　日本語文典』、坂口書店。大塚高信 1957[9]『コリャード日本文典』、風間書房。原本のリプリント版：1972 雄松堂（Classica Japonica. Facsimile Series in the Tenri Central Library. Section 1：Linguistics, 3)］★「De Arithmetica Iaponicae & materia numerorum, in quibus hoc opus hic labor（日本の算法と数の材料に就いて）」の章（原本 p.66~73）があり、当時の数詞の実態がわかる。

1762 荻生《おぎゅう》　徂徠《そらい》　『南留別志《なるべし》』★宝暦12年版本『徂徠先生南留別志』巻2でヒトツ－フタツ、ミツ－ムツ、ヨツ－ヤツの関係（倍数法）を指摘。

1795~ 本居　宣長　『玉勝間』★「十八日をとをかやうかといへる事」（12の巻）、「十《トヲ》をつゝといふ事」（13の巻）。

1847 Pott, August Friedrich『Die quinare und vigesimale Zählmethode bei Völkern aller Welttheile;

nebst ausführlicheren Bemerkungen über die Zahlwörter indogermanischen Stammes und einem Anhange über Fingermanen.』、Schwetchke、Halle。［再刊：1986, Dr. Martin Sandig, Wiesbaden］

1867　J.J. Hoffmann　『JAPANSCHE SPRAAKLEER』、Leiden。

1868　J.J. Hoffmann　『A JAPANESE GRAMMAR』、Leiden［複製版：1968[11]、東洋文庫］［翻訳：三沢光博 1968『ホフマン日本語文典』、明治書院］★ Hoffmann 1867 の著者自身による英語版。「Chapter IV NUMERALS」（p.137~172.）で相当詳しく数詞について記すが、「トヲチ（10）」「フタチ（20）」などという実在しない語形を挙げるなど、誤りも少なくない。

1868　Pott, August Friedr.　『DIE SPRACHVERSCHIEDENHEIT IN EUROPA AN DEN ZAHLWÖRTERN NACHGEWIESEN SOWIE DIE QUINÄRE UND VIGESIMALE ZÄHLMETHODE』、Halle。

1869　Aston, William George『A Short Grammar of the Japanese Spoken Language』、長崎。［複製：渡辺修 1982「アストン「日本語口語文典」――初版影印――」〔《大妻女子大学文学部紀要》第 14 号、p.39~63.〕］

1871　Gabelentz, Georg von der「Ueber eine Eigenthümlichkeit des japanischen Zahlwortes」〔W. Lazarus und H. Steinthal（Hrsg.）《Zeitschrift für Völkerpsychologie und Sprachwissenschaft》7 Bd. s.111~112、Berlin［法政大学図書館蔵］〕

1887[7]　青木　幸躬　「ひふみのこゝろ」〔大八洲《おおやしま》学会《大八洲學會雜誌》巻之 13、p.17~22.［国立国会図書館蔵］〕★独自の日本語数詞語源論。学術的価値少なし。

1888　Chamberlain, B.H.『A HANDBOOK OF COLLOQUIAL JAPANESE』

1895　Chamberlain, Basil Hall『Essay in Aid of a Grammar and Dictionary of the Luchuan Language』（Supplement to "Transaction of Asiatic Society of Japan" Vol.XXIII.）、The Asiatic Society of Japan。［翻訳：1976[3] 山口栄鉄《えいてつ》［編訳］『チェンバレン　日琉語比較文典』、琉球文化社、那覇］★ Chap.VI. The Numeral（p. 62~65.）

1897[1]a　大槻　文彦　『廣日本文典』。★「第 114 節　數詞」（p.63~64.）

1897[1]b　大槻　文彦　『廣日本文典別記』。★「69 節 ~72 節」（p.40~42.）で数詞について記す。

1898[3]　金沢　庄三郎　「數詞の研究」〔国学院大学《國學院雜誌》第 4 巻第 5 号、p.14~17.〕

1898　Chamberlain, B. H.「A quinary system of notation employed in Luchu on the wooden tallies termed Shō-chū-ma with 2 plates.」〔《Journal of the Royal Anthropological Institute of Great Britain and Ireland》Vol. XXVII. p.383~395、London〕［翻訳：山口栄鉄 1976[5]、p.66~78.］

1906[6], 1906[8]a, 1906[10], 1907[1], 1907[6], 1907[8], 1907[9]　伊能　嘉矩「臺灣土蕃の數の觀念」〔東京人類学会《東京人類學雜誌》第 21 巻第 243 号、p.333~337；第 245 号、p.424~428；第 247 号、p.4~8；第 22 巻 第 250 号、p.142~147；第 255 号、p.374~378；第 257 号、p.445~448；第 258 号、p.483~489.〕

1906[8]b　伊能　嘉矩　「臺灣の漢人に見らるゝ數の迷信」〔東京人類学会《東京人類學雜誌》第 21 巻第 245 号、p. 428~431.〕

1907[10]　宮崎　道三郎「日韓両國語の比較研究（第十回）」〔史学会《史學雜誌》第 18 編第 11 号、p.1173~1182.〕★朝鮮の 1770『東國文獻備考』に引用された高句麗地名中の数詞に日本語の数詞のトヲに似た「徳」があることを指摘。宮崎は法制史学者。

1907[11]　内藤　虎次郎（湖南《こなん》）「日本滿洲交通略説」〔小池信美『叡山講演集』、p.606~667、大阪朝日新聞社。［再録：内藤 1936[4]、内藤 1969[8]］★朝鮮の歴史書『三國史記』に見える高句麗地名中の数詞に日本語の数詞ミ・イツ・ナナ・トヲに似たもののあることを指摘。内藤は東洋史学者。『叡山講演集』は 1907 年 8 月に大阪朝日新聞社主催で行われた叡山講演会の筆録。内藤の講演は 8 月 3 日、4 日、5 日。

1908[9]　山田　孝雄《よしお》『日本文法論』、宝文館。★「第一部　語論、第三章　語の性質、（四）數詞」（p.199~223.）。

1909[1], 1909[2], 1909[3]　白鳥　庫吉《くらきち》「日韓アイヌ三國語の數詞に就いて（第一回）（第二回）（第三回）」〔史学会《史學雜誌》第 20 編第 1 号、p.1~11；第 2 号、p.153~181；第 3 号、p.251~269.〕［再録：白鳥 1950[6]；1970[2]］★白鳥は東洋史学者。日本語の数詞は「韓語」やアイヌ語とはまったく類似せず、mu（6）、ya（8）、towo（10）は「加倍法」により mi（3）、yo（4）、itu（5）から作られたが、puta（2）は pito（1）とは無関係、ナナは「na-be na-si（並べ無し）」の転、ココノは「kaga（me）na-si（屈め無し）」の転、とする。

1909[6]　補永　茂助「神代數詞の表象的意味」〔《東亜之光》第 4 巻第 6 号、p.69~75、冨山房［国立国会図書館蔵］〕★学術的価値少なし。

1909[12]　白鳥　庫吉「八の數を尚ぶ古習」〔《學習院輔仁會雜誌》第 79 号、p.7~9.［学習院大学図書館蔵］〕［再録：白鳥 1970[2]］

1910[2]　亀田　次郎「日本數詞論」〔国学院大学《國學院雜誌》第 16 巻第 2 号、p.29~51、（本文巻頭に「第十四巻第貳號」とあるのは誤りで、表紙と目次には正しく「第十六巻第貳號」とある。）〕★白鳥 1909[1], 1909[2], 1909[3] をなぞったもの。〝倍数法は日本語以外のどこにも見られないから、日本の言語は独特の貴いものである〟とする。

1910[3], 1910[4]　（諸家）「七なる數字について文と句」〔懸葵発行所《懸葵》第 7 巻 1 号、p.11~33；第 2 号、p.15~18、京都〕★随想と俳句。《懸葵》は俳句雑誌。

1911[1]　白鳥　庫吉「支那の數詞の構造（講演要旨）」〔東洋協会調査部《東洋學報》第 1 巻第 1 号、p.147~148、東京〕［再録：白鳥 1970[2]］

1911　Swanton, John R.「Haida」〔Boas, Franz『Handbook of American Indian Languages Part 1』（Smithonian Institution Bureau of American Ethnology Bullentin 40）、p.205~282.〕★アラスカやカナダに住むハイダ族の言語についての報告。数詞の記述（§37 p.270~271.）を含む。金田一京助 1935[11] や市河三喜《さんき》 1935[12] が言及したのはこれらしい。

1912[12]　金沢　庄三郎『日本文法新論』、早稲田大学出版部。★第 1 章第 3 節「數詞」（p.108~111.）で日本語数詞の倍数法に言及し、『南留別志』やチェンバレンの名を挙げる。また、沖縄県宮古島の数詞にも言及。

1915[10]　矢袋《やむろ》　喜一《きいち》『琉球古來の數學』、宝文館。★巻末に付録として伊波普猷「琉球語の數詞について」を付載。

1915[10]　伊波《いは》　普猷《ふゆう》「琉球語の數詞について」〔矢袋 1915[10] の付録〕

1916[1], 1916[4]　新村《しんむら》　出《いずる》　「國語および朝鮮語の數詞について」「國語および朝鮮語の數詞について（承前）」〔京都文学会［京都帝国大学文科大学内］《藝文《げいもん》》第7年第2号、p.1~13；第4号、p.13~27.〕［再録：新村 1927[12]；新村 1942[5]；新村 1971[4]］

1916[12]　國語調査委員會『口語法』、文部省。★「第4章　數詞」(p.12~18.)。扉に「國語調査委員會編纂」とあり、奥付に「著作者　文部省」とあるが、緒言によれば、執筆の中心は大槻文彦。

1917[4]　國語調査委員會『口語法別記』、文部省。★「數詞」(p.12~14.)。緒言に「本書ハ別冊口語法ノ附録ニシテ、主査委員文學博士大槻文彦ノ擔任編纂セシモノナリ。」とある。

1926[10]　伊波　普猷　『琉球古今記』、刀江書院。★伊波 1915[10] を再録。

1927[8]　土井　良　「數および數詞——特に日本語數詞への歸納——」〔国語研究会《國語教育》第12巻第8号、p.66~73、育英書院〕★未開民族の数詞、進法などについて。

1927[12]　新村　出　『東方言語史叢考』、岩波書店。★ p.1~30 に新村 1916[1], 1916[4] を再録。

1928[11]　綿谷《わたたに》　雪《きよし》　「「つゞやはたち」ノ考」〔《川柳鯱鉾》第17巻第11号、p.16~18、中京川柳社、名古屋［表紙には「第17年第11号」とある］［日本大学総合図書館蔵］〕★江戸時代の「つづやはたち」の例をいくつか挙げる。

＊ 1930[8]　新村　出　「十《トヲ》の語源」〔《中國新聞》昭和5年8月1日〕［再録：新村 1971[9]］

1932[11]　土井　忠生《ただお》　「吉利支丹文学者養方パウロと其の作品（上）」〔京都帝国大学国文学会《國語・國文》第2巻第11号、p.1~30、星野書店〕★ p.14~16 で「四方」の発音について論じる。

1932[12]　小川　尚義　「臺灣蕃語の數詞用法の二例」〔金沢博士還暦祝賀会『金澤博士還暦記念東洋語學の研究』、p.573~579、三省堂〕★日本語への言及はない。

1933[11]　金田一　京助　「四つを數へるまで」〔金田一『言語研究』、p.69~76、河出書房〕★幼児の数詞習得について。

1934[3]　矢袋《やむろ》　喜一　『琉球古来の數學と結縄及記標文字』、青年教育普及會。★矢袋 1915[10] の改題本。伊波 1915[10] を付載。

1934[4]　野村　八良《はちろう》　「國語の數詞に就いて」〔東高国文学会［東京高等学校内］『故待鳥教授追憶記念誌』、p.103~113.［駒沢大学図書館蔵］〕

1935[11]　金田一　京助　「數詞から觀たアイヌ民族」〔東京人類学会『日本民族』、p.257~298、岩波書店〕［再録：金田一 1960[5]］★アイヌ語だけでなく諸国語の数詞を論じ、倍数法を持つ言語として北アメリカのハイダ語に言及。

1935[12]　市河　三喜《さんき》　「數詞について」〔藤岡博士功績記念会（編）『藤岡博士功績記念言語學論文集』、p.31~59、岩波書店〕★インドヨーロッパ語を中心に、いろいろな言語の数詞に言及。北アメリカのハイダ語の数詞を引用し、2と4、3と6、5と10の間に倍数法が見られることを指摘。

1936[4]　内藤　虎次郎　『東洋文化史研究』、弘文堂書房。★ p.257~341 に内藤 1907[11] を再録。

1936[5]　山田　孝雄《よしお》　『日本文法學概論』、宝文館。★第九章、數詞（p.135~143.）

1936[11]　白鳥　庫吉　『日本語の系統——特に、數詞に就いて——』〔『岩波講座　東洋思潮』「二　東洋言語の系統」の内〕［1950年、単行本として刊行（白鳥1950[6]）。再録：白鳥1970[2]］★佐伯梅友・中田祝夫・林大［編］1961[2]『国語学（国語国文学研究史大成15）』（三省堂）に、村山七郎による「書目解題」（p.87~88.）がある。

1936[11]　小倉　進平　『朝鮮語の系統』〔『岩波講座　東洋思潮』「二　東洋言語の系統」の内〕★朝鮮語の数詞の歴史に触れる。

1938[1]　村上　広之　「朝鮮に於ける國語問題——日常鮮語の國語同化、特に數詞について——」〔国語研究会［主幹　保科孝一］《國語教育》第23巻第1号、p.35~41、育英書院〕

1939[1]　泉井《いずい》　久之助《ひさのすけ》　「突厥語における數詞の組織について」〔日本言語学会《言語研究》第1号、p.54~59.〕。

1939[7]　橘　純一　「日本固有數詞の展開過程の想像」〔国語解釈学会［主幹　橘純一］《國語解釋》第42号（第4巻7月号）、p. 2 、瑞穂書院〕

1939[8]　和田　基彦《もとひこ》　「（國語側面鏡（24））10,000,000,000円」〔国語協会《國語運動》第3巻第8号、p.32.〕★大きな数のカンマの打ちかたについて。

1939[10]　児山《こやま》　敬一　「1、2、3……10をあらはす日本語」〔国語解釈学会《國語解釋》第45号（第4巻10月号）、p.1~3、瑞穂書院〕。

1939[11]　土屋　寛　「數詞の調べ」〔国語協会《國語運動》第3巻第11号、p.32~36.〕★現代日本語の数詞の概観。

1939[11]　村尾　亨　「數字の愛護」〔国語協会《國語運動》第3巻第11号、p.37~43.〕

1940[1]　市河　三喜《さんき》［編］『研究社英語學辭典』、研究社。★「Cardinal（numeral）（基數詞）」（p.163~166.）、「Multiplicative（倍數詞）」（p.631.）、「Number（數）」（p.658~660.）、「Numeral（數詞）」（p.660~661.）、「Numeral advebrb（數副詞）」（p.661.）、「Numeral of multiplication（倍數詞）」（p.661.）、「Numeral of repetition（反復數詞）」（p.661~662.）、「Numeral plural（數複數）」（p.662.）、「Numerative（助數詞）」（p.662.）、「Ordinal（numeral）（序數詞）」（p.682~683.）、「Ordinal adverb（序數副詞）」（p. 683.）、「Ordinal numeral adjective（序數形容詞）」（p.683.）。

1940[2]　後藤　利一　「すうちうま（琉球數碼）」〔安藤教授還暦記念会編『安藤教授還暦祝賀記念論文集』、p.665~695、三省堂〕

1940[2]　吉沢　義則　「品詞建設に關する二つの答」〔安藤教授還暦記念会編『安藤教授還暦祝賀記念論文集』、三省堂、p.1151~1167.〕★「二　數詞を設ける理由」（p.1162~1167.）

1940[3]　池上　禎造《ていぞう》　「助數詞攷」〔京都帝国大学国文学会《國語・國文》第10巻第3号、p.1~27.〕

1941[8]　Rahder, Johannes「Zahlwörter im Japanischen, Koreanischen und Ainu」〔Sophia University（上智大学）《Monumenta Nipponica》Vol.IV, No.2. p.308~318.〕

1942[6]　新村　出『言葉の歴史』（創元選書）、創元社、大阪。★p.19~48に新村1916[1, 4]を再録。

1942[7~9]　Mary R. Haas「The Use of Numeral Classifiers in Thai.」〔《Language》Vol.18, No.3 、p.201~205、Linguistic Society of America、Baltimore〕

1943[3]　泉井《いずい》　久之助　「阿波本・静嘉堂本　滿剌加館譯語の數目門」〔日本言語学会《言語

研究》第 12 号、p.40~47.〕［再録：泉井 1949[6]］

1943[5]　吉岡　修一郎　「日本數詞の獨自性——日本古代の人口數に關聯して——」〔《科學思潮》第 2 巻第 5 号、p.42~47、科学思潮社［国会図書館蔵］〕★中国や日本の古い時代の「億」の意味について。

1943[12]　杉山　栄一　『國語法品詞論』、三省堂。★第四章　品詞各説（一）、第三節「連體副名詞」（p.72~77）において「三つ」「五秒」「二尺」「三年」を「連體副名詞」とする。

1949[6]　泉井　久之助　『比較言語學研究』、創元社、大阪・東京。★「ミクロネシア（内南洋）諸語における數詞の比較」（p.61~101.）。泉井 1943[3] を再録。

1950[5]　郭　明昆　「華語における形體觀念」〔早稲田大学東洋思想研究室《東洋思想研究》第 4、p.159~230、岩波書店。★「二　陪伴詞による事物の形象化」で現代中国語の陪半詞（助数詞）を論じる。［再録：郭 1962[9]］

1950[6]　白鳥　庫吉　『日本語の系統——特に數詞に就いて——』、岩波書店。★白鳥 1936[11] を単行本化したもの。白鳥 1909[1], 1909[2], 1909[3] を付録とする。［再録：白鳥 1970[2]］

1952[1]　渡辺　実《みのる》　「（特輯　日本文學と中國文學）日華兩語の數詞の機能——助數詞と單位名——」〔京都大学国文学会《國語國文》第 21 巻第 1 号、p.97~109.〕

1953[5]　早川　東三　「古サクソン語の数詞（主として“Hêliand”における）」〔日本独文学会《ドイツ文学》第 10 号、p.2~7.〕

1954[2]　森重　敏《さとし》　「群數および程度量としての副助詞」〔京都大学国文学会《國語國文》第 23 巻第 2 号、p.1~12.〕

1954[6]　津留　繁雄　「萬葉集に見られる数詞について」〔熊本大学教育学部国文学会《不知《しらぬ》火《い》》第 7 号、p.20~21.〕

1955[5]　藤堂《とうどう》　明保《あきやす》　「中国人のはかりかた」〔中国語学研究会《中国語学》38、p.105~115.〕［再録：藤堂 1987[3]］

1955[6]　藤堂　明保　「中國人のはかりかた——陪伴詞の語源について——」〔東京支那学会［東大中哲文研究室内］《東京支那學報》第 1 号、p.146~164.〕★中国語の「陪伴詞」すなわち助数詞について。

1955[6]　遠山　啓《ひらく》　「（特集：科学と日本語）数と言語」〔《言語生活》第 45 号、p.22~26、筑摩書房〕★数詞への言及はない。

1955[7]　ムラタ　タカオ　「ヨコガキニ　オケル　数字ト　記号」〔カナモジカイ《カナノヒカリ》第 397 号、p.9~11.〕

1955[8]　国語学会『国語学辞典』、東京堂。★「数　スー」（p.567~568、五島忠久執筆）、「数詞」（p.568~569、池上禎造執筆）、「助数詞」（p.544、池上禎造執筆）。

1955[10]　藤堂　明保　『中国語語源漫筆』（大学書林語学文庫）、大学書林。★「第二章　中国人のはかりかた」（p. 20~51.）。

1955[12]　山田　忠雄　「漢数字の書法」〔《日本大学文学部研究年報》第 6 輯（佐佐木教授古稀記念祝賀論文集）、p.363~［合計 75 ページ］〕★たとえば 458 を「四百五十八」でなく「四五八」と書く書き方の歴史。

1956[3]　阪口　保　「日本語の数詞（一から十まで）」〔《神戸山手女子短期大学紀要》第 1 集、

p.1~14.〕★おもに新村 1916[1], 1916[4] をなぞったもの。

1956 [5]　景山　直治　「「ベーコンの二十三頁」——漱石のいたずらについて——」〔解釈学会《解釈》第 2 巻第 5 号、p.20~22、寧楽書房〕★夏目漱石『三四郎』で数 23 が特別の意味を持つことを指摘。

1957 [5]　清水　達雄　「數詞と數字（1）」〔日本科学史学会《科學史研究》第 42 号（1957 年 4 — 6 月)、p.1~8、岩波書店〕★諸国語の数詞に言及するが、日本語についてはとくに新見なし。(1) のみで中絶か。

1957 [6]　蘆田　孝昭　「陪伴詞論考——分類と名稱——（附　陪伴詞分類表)」〔東京支那学会［東大中哲文研究室内］《東京支那學報》第 3 号、p.131~142.〕★現代中国語の「陪伴詞」すなわち助数詞について。

1957 [10]　森重　敏《さとし》　「並立副詞と群數副詞との設定」〔京都大学国文学会《國語國文》第 26 巻第 10 号、p.1~19.〕

1957 [10]　木之下　正雄　「わかち書きの研究〔第 4 回〕——代名詞と数詞——」〔ローマ字教育会《ことばの教育》94 号、p.15~17.〕

1957 [10]　大田　稔　「印欧語は如何に変り行くか　其の一」〔鹿児島大学文理学部研究紀要《文科報告》第 6 号、左 p.1~16.〕★ p.13~15 で数詞に言及。

1957 [11]　楳垣《うめがき》　実《みのる》　「「数」の考え方・現わし方——日英文法比較の試み——」〔《英文法研究》第 1 巻第 7 号、p.30~34、研究社出版〕

1957 [12]　河野《こうの》　六郎　「古事記に於ける漢字使用」〔『古事記大成　第三巻（言語文字篇)』、p.155~205、平凡社〕［再録：河野 1980 [1]］★『三国史記』の高句麗地名中の日本語に酷似した数詞に言及。

1957 [12]　浜田　敦《あつし》　「中世の文法」〔『日本文法講座 3　文法史』、p.175~224、明治書院〕★一　体言、数詞（p.194~199.）

1957　胡　附　『数詞和量詞』（漢語知識講話)、新知識出版社、上海。［再刊：1984、上海教育出版社、上海］

1958 [1]　森重　敏　「程度量副詞の設定」〔京都大学国文学会《國語國文》第 27 巻第 1 号、p.34~55.〕

1958 [4]　田村　専之助　『東洋人の科学と技術』、淡路書房新社（発行)、雄山閣出版（発売)。★「上代日本人の数量概念」(p.231~247) があるが、『万葉集』『古事記』『日本書紀』の数詞の用例数の表のほかには見るべきものなし。

1958 [7]　野元　菊雄　「数字の読みかた書きかた」〔《言語生活》第 82 号、p.44~47、筑摩書房〕

1958 [10]　原田　芳起《よしおき》　「続々上代語彙論ノート——平安朝の数名詞とその表記——」〔大阪樟蔭女子大学国文学会・英米文学会編集《樟蔭文学》第 10 号、p.1~16.〕［再録：原田 1962 [9]］★「十よ日」「四十」「六十」「七十」などの読み方について。

1958 [12]　森重　敏　「數詞とその語尾としての助數詞」〔京都大学国文学会《國語國文》第 27 巻第 12 号、p.12~33.〕

1958 [12]　伏見　寿像　「《こんなことがある》うさぎは一羽、二羽と数えるのか」〔《言語生

活》第 87 号、p.45、筑摩書房〕

1959[5]　宇野　義方《よしかた》「「御飯蒸し」と「碁やろうよ」——数と言葉——」〔立教大学日本文学会《立教大学日本文学》第 2 号、p.88~90.〕★数字を中心とした語呂合わせについての随想。

1959[5]　志田　諄一「古代における數詞「八」の問題」〔神道史学会《神道史研究》第 7 巻第 3 号、p.50~62、京都〕

1959[6]　福永　静哉《せいや》「浮世床の数の隠語十六文《そくもん》について」〔京都女子大学国文学会《女子大国文》第 14 号、p.29~31.〕

1959[6]　児山《こやま》　敬一「大数・無量大数といふことば」〔東洋大学国語国文学会《文学論藻》第 14 号、p.27~43.〕

1960[3]　中田　祝夫《のりお》「古事記の古訓——数詞の訓み方の一つの場合——」〔《二松學舍大學論集》昭和 34 年度［巻号なし］、p.41~50.〕

1960[3]　池上　禎造「「方」字の合音用法」〔関西大学国文学会『島田教授古稀記念国文学論集』、p.343~354.〕［再録：池上 1984[7]］★「四方《よほう》」について。

1960[5]　上甲《じょうこう》　幹一《かんいち》「助数詞の唱え方」〔名古屋大学国語国文学会《名古屋大学国語国文学》第 5 号、p.1~12.〕

1960[5]　金田一　京助『金田一博士喜寿記念アイヌ語研究（金田一京助選集Ⅰ）』、三省堂。★ p.245~268 に金田一 1935[11] を再録。

1960[9]　隈江《くまえ》　月晴《つきはる》「幼児における不定数量語の意味の測定　Ⅰ」〔日本教育心理学会《教育心理学研究》第 8 巻第 2 号、p.38~43；p.66.〕

1960[11]　村尾　力《つとむ》「《言語時評》洋数字と位どり」〔《言語生活》第 110 号、p.15、筑摩書房〕

1960[12]　井上　誠之助「「廿よ日」「廿余日」のよみ——源氏物語をよみながら（一）——」〔神戸大学「近代」発行会《近代》30、p.40~48.〕

1961[3]　佐伯　哲夫「時語に関するおぼえがき」〔関西大学国文学会《国文学》第 30 号、p.42~50.〕

＊1961[3], 1961[4]　佐伯　哲夫「量数語について（上）（下）」〔いずみ会《IZUMI》第 44 号；第 45 号、p.1~3、熊本〕

1961[5]　井上　誠之助「「十よ日」・「十余日」のよみ（「廿よ日」・「廿余日」のよみ補遺）——源氏物語をよみながら（二）——」〔神戸大学「近代」発行会《近代》31、p.46~50.〕

1961[7]　川端　章夫「数詞の故郷」〔《琉球新報》7 月 16 日、17 日〕★学術的価値少なし。

1961[9]　福島　邦道《くにみち》「《寄せ書き》四方なる石」〔国語学会《國語學》第 46 集、p.76~82.〕★「四方《よほう》」について。［再録：福島 1988[12]］

1961[12]　山田　俊雄「熱田本平家物語の漢字とその用法の一側面（四）——月の異名についてのノート——」〔成城大学文芸学部研究室《成城文芸》第 28 号、p.50~73.〕★各種の古辞書に見える月の異名をも挙げる。

1962[3]　村山　七郎「日本語および高句麗語の数詞——日本語系統問題に寄せて——」〔国語学会《國語學》第 48 集、p.1~11.〕

1962[3]　小松　登美　「中古仮名文学における複数接尾語について」〔日本女子大学国語国文学会《国文目白》第 1 号、p.54~65.〕

1962[5]　中村　義雄　『王朝の風俗と文学』（塙選書）、塙書房。★ p.27~28；p.169~206 で「四」を忌むことについて論ずる。

1962[9]　原田　芳起　『平安時代文学語彙の研究』、風間書房。★ p.427~454 に原田 1958[10] を再録。

1962[9]　原田　芳起　「「中の十日」の意義をめぐる問題」〔原田『平安時代文学語彙の研究』、風間書房、p.365~379.〕

1962[9]　郭　明昆　『中國の家族制及び言語の研究』、東方学会。★ p.379~448 に郭 1950[5] を再録。

1963[1]　宇野　義方　「兎は一羽か一匹か——物の数へ方——」〔《明日香》第 28 巻第 1 号、p.19~21、明日香社、長野県下諏訪町〕

1963[4]　小泉　保　「日本語と英語の数詞の構造」〔大修館書店英語教育シリーズ編集部編『日英両語の比較研究・実践記録』（英語教育シリーズ　別冊）、p.7~26、大修館書店〕★「和数詞」「漢数詞」という用語を使う。

1963[4]　吉川　美夫　「数詞に対する修飾語」〔《英語青年》第 109 巻第 4 号、p.24~25、研究社出版〕★英語の数詞について。

1963[6]　津之地《つのち》　直一《なおいち》　「万葉語に於ける数詞・助数詞及び漢数字の用法（一）」〔美夫君志会《美夫君志》第 6 号、p.81~88.〕

1963[9]　五島　忠久　『アフリカ語の話』（大学書林語学文庫）、大学書林。★ p.70；p.195~197 でスワヒリ語の数詞に言及。

1963[12]　三浦　勘之介　「東洋の数詞の比較研究」〔日本音声学会《音声学会会報》第 114 号、p.4~7.〕★学術的価値少なし。

1964[2]　津之地《つのち》　直一《なおいち》　「上代語における数詞・助数詞の攷——付、万葉集の漢数字の訓法——」〔《愛知大學文學論叢》第 26 輯、p.1~26.〕［再録：津之地 1975[6]］

1964[2]　太田　辰夫　『古典中国語文法』、汲古書院。★ §119~§128（p.62~65；p.132~134；p.182）で『論語』『孟子』『礼記（檀弓篇）』の数量詞を扱う。

1964[3]　国広　哲弥　「英語 Number の意義素」〔日本言語学会《言語研究》第 45 号、p.65~77.〕

1964[5]　岩淵　悦太郎　「ことば社会学——漢数字と算用数字——」〔《日本》第 7 巻第 5 号、p.40~41、講談社〕

1965[2]　西尾　道代　「四歳児のことば問答——文字と数を覚えるまで——」〔《言語生活》第 161 号、p.75~81、筑摩書房〕

1965[2]　勇《いさみ》　康雄　「日本語の構造（4）—— A Generative Grammar of Japanese ——」〔東京教育大学英語教育研究会《英語教育》第 13 巻第 11 号、p.14~16；p.21、大修館書店〕★ Generative Grammar の立場からの、日本語の「Quantifier」をめぐる rule について。日本語の数量詞移動についての先駆的研究。

1965[3]　津之地　直一　「万葉語に於ける数詞・助数詞及び漢数字の用字法（二）」〔美夫君志会《美夫君志》第 8 号、p.73~79.〕

1965[3]　鈴木　奉子　「上代における数意識」〔《學習院大學國語國文學會誌》第 8 号、p.1~8.〕★上代に好まれた数について。

1965[4]　ラティス株式会社［編］・小泉袈裟勝［監修］『単位の辞典』、ラティス株式会社（発行）、丸善（発売）。

1965[6]　劉　世儒　『魏晋南北朝量詞研究』、中華書局、北京。

1965[6]　宮本　正興《まさおき》　「バンツー語瞥見――名詞の分類と数詞の成立――」〔黒人研究の会《黒人研究》No.26、p.1~12、神戸［国立国会図書館蔵］〕★後書きには「1965.8.30」とある。

1965[7]　遠山　啓・前田　陽一・水谷　静夫「（特集　数と日本語）《座談会》数と日本語」〔《言語生活》第 166 号、p.2~15、筑摩書房〕

1965[7]　矢野　健太郎　「（特集　数と日本語）数と日本人の生活」〔《言語生活》第 166 号、p.18~28、筑摩書房〕

1965[7]　築島　裕《ひろし》　「（特集　数と日本語）日本語の数詞の変遷」〔《言語生活》第 166 号、p.30~37、筑摩書房〕

1965[7]　藤堂《とうどう》　明保《あきやす》　「（特集　数と日本語）中国の度量衡の起こり」〔《言語生活》第 166 号、p.40~45、筑摩書房〕

1965[7]　金武《かねたけ》　伸弥《のぶや》　「（特集　数と日本語）現代における数（字）の表記法――問題点の整理――」〔《言語生活》第 166 号、p.46~51、筑摩書房〕

1965[7]　見坊《けんぼう》　豪紀《ひでとし》　「（特集　数と日本語）現代の助数詞」〔《言語生活》第 166 号、p.54~60、筑摩書房〕

1965 Hla Pe.「A re-examination of Burmese ʻclassifiersʼ」〔《Lingua》Vol.15（INDO-PACIFIC LINGUISTIC STUDIES/PART Ⅱ /DESCRIPTIVE LINGUISTICS）p.163~185、North-Holland Publishing Company、Amsterdam〕

1965　Judith M. Jacob「Notes on the numerals and numeral co-efficients in Old, Middle and Modern Khmer.」〔《Lingua》Vol.15.（INDO-PACIFIC LINGUISTIC STUDIES/PART Ⅱ / DESCRIPTIVE LINGUISTICS）p.143~162、North-Holland Publishing Company〕

1966[1]　劉　昌惇（RYU Changdon）「数詞史研究」〔朝鮮学会《朝鮮学報》第 37・38 輯（天理教教祖八十年祭記念号）、左 p.1~30、奈良県天理市〕★朝鮮語の数詞について。朝鮮語文。

1966[1]　宮本　正興　「《談話室》アフリカ語の数詞」〔《言語生活》第 172 号、p.76~77、筑摩書房〕

1966[4]　高松　政雄　「「中の十日」考」〔解釈学会《解釈》第 12 巻第 4 号、p.8~11、寧楽書房〕

1966[6]　池田　亀鑑《きかん》　『平安時代の文学と生活』、至文堂。★第Ⅶ部　時間と年中行事、日、日の数えかた（p.410~412.）。東京大学での講義のためのノートに基づくもの。

1966[7]　稲岡　耕二　「万葉集における音仮名「八」の用法」〔京都大学国文学会《國語國文》第 35 巻第 7 号、p.48~61.〕

1966[7]　日野　資純《すけずみ》　「方言による古語の解釈――「みなになりけり」と「夜一夜」を例として――」〔《国語通信》第 87 号（6・7 月合併号）、p.20~p.24、筑摩書房〕

1966[12]　峰岸　明　「平安時代の助数詞に関する一考察（一）」〔《東洋大学紀要　文学部篇》第 20 集、p.49~81.〕［再録：峰岸 1986[2]］

1967[1]　萩谷《はぎたに》　朴《ぼく》　「土佐日記本文の日付の読み方」〔解釈学会《解釈》第 13 巻第 1 号、p.4~6.〕

1967[1]　牛島　徳次　『漢語文法論（古代編）』、大修館書店。★「本論　第 1 編　文の基本構造　第 6 章　規定語　第 2 節　数量規定」（p.73~74）、「本論　第 2 編　詞と句　第 4 章　自立語　第 4 節　数詞（付）量詞」（p.133~153）で数詞を扱う。

1967[2]　江端　節子　「日本語の系統――特に数詞について――」〔宮城学院女子大学日本文学会《日本文学ノート》第 2 号、p.1~11.〕★おもに白鳥 1950[6] をなぞった卒業論文。

1967[2]　湯川　龍暢　「日英両国語の表現と比較――『数』を中心として――」〔語学教育研究所《語学教育》278・279 号、p.17~18.〕

1967[3]　小松　登美《とみ》　「中古仮名文における数詞の用法――（その一、順序表現）――」〔《跡見学園短期大学紀要》第 4 集、p.1~13.〕★「その二」以下は未刊。

1967[3]　峰岸　明　「今昔物語集における助数詞の用法（一）」〔東洋大学国語国文学会《文学論藻》第 35 号、p.47~61.〕

1967[3]　築島　裕　『興福寺本大慈恩寺三藏法師傳古點の國語學的研究　研究篇』、東京大学出版会。★第 4 章　文法　第 1 節　體言　第 3 項　數詞（p.295~304.）で「三蔵法師伝」の数詞の用例を整理して示す。

1967[5]　峰岸　明　「今昔物語集の助数詞について（二）」〔東洋大学国語国文学会《文学論藻》第 36 号、p.1~10.〕

1967[9]　小松　登美　「《発表要旨》宇津保物語の数詞」〔全国大学国語国文学会《文学・語学》第 45 号、p. 129~130.〕

＊1967[9]　松下　史生《ふみお》　「数詞の表記体系」〔書記官研修所富士見同窓会［東京地方裁判所内］《書記官》53、p.10.〕

1967[10]　川端　善明《よしあき》　「数・量の副詞――時空副詞との関連――」〔京都大学国文学会《國語國文》第 36 巻第 10 号、p.1~27.〕★「個数数詞」「量数詞」「度数数詞」「重量数詞」「空間量数詞」「時間量数詞」という用語を使う。

1967[11]　藤堂　明保「「ふたつ」を意味するコトバ」〔日本中国学会《日本中國學會報》第 19 集、p.218~223.〕［再録：藤堂 1987[3]］

1967[12]　峰岸　明「平安時代の助数詞に関する一考察（二）」〔《東洋大学紀要　文学部篇》第 21 集（東洋大学創立 80 周年記念号）、p.61~78.〕［再録：峰岸 1986[2]］

1967[12]　川副《かわそえ》　武胤《たけたね》　『古事記の研究』、至文堂。★「第 6 章　色名と数詞　第 3 節　名数考」（p.280~322）、「第 6 章第 4 節　古事記の数とその周辺」（p.322~348）。

1968[1]　松本　泰丈《ひろたけ》　「《発表要旨》「時数詞」について」〔東京大学国語国文学会《國語と國文學》第 45 巻第 1 号、p.58~59.〕

1968[1]　市川　繁治郎　『数と量』（英語の語法　表現篇第 1 巻）、研究社。

1968[3]　広田　長治郎・横溝　健志《けんじ》　「数字書体の可読性の研究」〔武蔵野美術大学《研究紀要》V、p. 162~183.〕★工業デザインとしての算用数字のデザインについて。

1968[5]　荘司《しょうじ》　格一《かくいつ》「古小説における語法——とくに量詞を中心として——」〔中国文史哲研究会［東北大学文学部内］《集刊東洋学》第 19 号、p.37~57.〕★中国の古小説（六朝~唐代の小説）における量詞について。

1968[8]　真田　弥生「幼稚園兒の漢字指導——文字や數量記号に關心をもちはじめた子供の指導のしかたについて——」〔国語問題協議会《國語國字》第 47 号、p.12~15.〕

1968[9]　荘司　格一「古小説における數詞の用法」〔東方学会《東方學》第 36 輯、p.29~43.〕★中国の古小説における数詞について。

1968[10]　大野　透『漢文法の遡源的研究　1』、松雲堂書店。★第 3 章　品詞、§ 数詞（p.76~78；p.110）。

1969[3]　広田　長治郎「数字書体の可読性の研究　2」〔武蔵野美術大学《研究紀要》Ⅵ、p.38~55.〕★実際の刊行は 1970 年 7 月。

1969[3]　阿部　秋生《あきお》「一人なのか二人なのか」〔成蹊大学文学部日本文学科研究室《成蹊国文》第 2 号、p.1~11.〕★『源氏物語』中の人物についての論で、数詞を論じてはいない。

1969[8]　内藤　虎次郎（湖南）『内藤湖南全集』第 8 巻、筑摩書房。★ p.194~247 に内藤 1907[11] を再録。

1969[10]　奥津　敬一郎「数量的表現の文法」〔外国人のための日本語教育学会《日本語教育》14 号、p.42~60.〕

1969[12]　佐久間　鼎《かなえ》「構文機能による日本語体詞の系列における日時詞および数量詞の特性」〔国学院大学国語研究会《国語研究》第 29 号（金田一京助博士米寿記念号（二））、左 p.2~21.〕

1969[12]　佐治《さじ》　圭三「（特集：新説・新研究）時詞と数量詞——その副詞的用法を中心として——」〔《月刊文法》第 2 巻第 2 号［昭和 44 年 12 月号］、p.157~165、明治書院〕［再録：佐治 1991[7]］

1969[12]　長谷川　敏正「平家物語における数量の研究」〔東横学園女子短期大学国文学会《東横国文学》第 2 号、p.15~24.〕★文学的研究。「釈迦八相」「六道」「矢廿四」などをとりあげる。

＊ 1969　Hotter「A Grammatical Sketch of Japanese Classifiers」〔《NĀ'ŌLELO》No. 1.〕

＊ 1969　Sugita, Emiko「Syntactic Study of Japanese Classifiers」〔《NĀ'ŌLELO》No. 1.〕

＊ 1969　Schutter, G. De「Review "Grammars for Number Names" edited by H.Brandt Corstius. Dordrecht Reidel,1968」《Leuv. Bijdr.》58（4）

1970[2] a　白鳥　庫吉「朝鮮語の數詞について」（未発表遺稿）〔『白鳥庫吉全集　第二巻（日本上代史研究　下）』、p.541~583、岩波書店〕

1970[2] b　白鳥　庫吉『白鳥庫吉全集　第二巻（日本上代史研究　下）』、岩波書店。★ p.417~457 に白鳥 1909[1], 1909[2], 1909[3] を、p.459~461 に白鳥 1909[12] を、p.469~539 に白鳥 1936[11] を、p.585~586 に白鳥 1911[1] を再録。

1970[3]　山口　明穂《あきほ》「《研究余滴》「数」の字考」〔白百合女子大学国語国文学会《国文白百合》創刊号、p.72~73.〕★漢字「数」の意味について。

1970[3]　早川　通介「《発表要旨》日・中・英語の助数詞比較」〔日本言語学会《言語研究》

第 57 号、p.72~74.〕
1970 [3] 児山　敬一「ヒトリとココノツ――日本数理史の研究として――」〔東洋大学東洋学研究所《東洋学研究》第 4 号、p.1~24.〕
1970 [10] Fred C. C. Peng and Barron Brainerd「A Grammar of Ainu Number Names.」〔《Lingua》Vol. 25, no.4、p.381~397、North-Holland Publishing Company、Amsterdam〕
1970 [11] 奥津　文夫「日英諺表現における「数」の意味と役割」〔《和洋女子大学英文学会誌》第 8 号、p.61~74〕
1970 [11] 林　勉「日本書紀古写本における日付・時刻の訓読」〔万葉七曜会『論集上代文学』第 1 冊、p.183~204. 笠間書院〕
1970 [11] 三浦　勇二「「九九」の唱え方――音声学的一考察――」〔《言語生活》第 230 号、p.70~76、筑摩書房〕
1970 [12] 安田　尚道《なおみち》「《発表要旨》奈良・平安時代における日数詞と暦日表現」〔国語学会《國語學》第 83 集、p.103~104.〕
1970 Eric P. Hamp「ON THE ALTAIC NUMERALS」〔Roman Jakobson and Shigeo Kawamoto（ed.）『Studies in General and Oriental Linguistics：Presented to Shirô Hattori on the Occasion of His Sixtieth Birthday』、p.188~197、TEC Company、東京〕
1970 Tsu-Lin Mei and Jerry Norman「The Numeral‘Six’in Old Chinese」〔Roman Jakobson and Shigeo Kawamoto（ed.）『Studies in General and Oriental Linguistics：Presented to Shirô Hattori on the Occasion of His Sixtieth Birthday』、p. 451~457、TEC Company.〕
1971 [3] 山内　洋一郎「中世における助数詞について――その一『実隆公記』に見る数量表現――」〔《広島文教女子大学研究紀要》第 5 巻、p.25~38.〕
1971 [3] 児山　敬一「数 2 の哲学にかかわる歴史的なもの」〔東洋大学東洋学研究所《東洋学研究》第 5 号、p.1~30.〕
1971 [4] 新村　出『新村出全集』第 1 巻、筑摩書房。★ p.9~26 に新村 1916 [1,4] を再録。
1971 [8] 文化庁『外国人のための基本語用例辞典』、大蔵省印刷局。★付録「4　数えることば」（p.55~61.）は、数詞の言い方、および助数詞一覧表。
1971 [9] 新村　出『新村出全集』第 4 巻、筑摩書房。★ p.417~418 に新村 1930 [8] を再録。〕
1971 [9] 村山　七郎「原始日本語の数詞イタ「1」について」〔国語学会《國語學》第 86 集、左 p.1~12.〕［再録：村山 1974[10]］
1972 [2], 1972 [3] 安田　尚道「日数詞（上）（下）」〔東京大学国語国文学会《國語と國文學》第 49 巻第 2 号、p.52~60；第 3 号、p.54~65.〕【本書第一三章】
1972 [3] 児山　敬一「数 1 の性質とそのことば（上）」〔東洋大学東洋学研究所《東洋学研究》第 6 号、p.1~30.〕
1972 [10] 安達　隆一「平安朝和文資料にみとめられる量語彙の体系について――語彙史研究への手掛りとして――」〔京都大学文学部国語学国文学研究室《國語國文》第 41 巻第 10 号、p.28~46.〕★数詞にはほとんど触れない。
1972 [11] 宮地《みやじ》　敦子「数詞の諸問題」〔鈴木一彦・林巨樹編『品詞別日本文法講座 2　名詞・代名詞』、p.55~78、明治書院〕★「数詞」という用語と品詞論。

1972[12]　大江　三郎 「《日英語対照研究》数と数の一致」〔《英語青年》第 117 巻第 12 号、p.21~23、研究社出版〕

1972[12]　神谷《かみたに》　馨《かおる》 「現代語における数の諸相」〔大阪大学国文学研究室《語文》第 30 輯、p.14~25.〕★名詞の数（すう）について。

1973[4]　Kamio, Akio「Observations on Japanese Quantifiers」〔《Descriptive and Applied Linguistics（Bulletin of the ICU Summer Institute in Linguistics）》Vol. Ⅵ. p.69~92. International Christian University（国際基督教大学）。

1973[6]　東野《とうの》　治之《はるゆき》 「天智紀にみえる「月生」の語について」〔万葉学会《萬葉》第 81 号、p.31~36、清文堂出版、大阪〕［再録：東野 1977[9]］★日付表現における「月生○日」について。

1973[8]　稲垣　文男 「放送用語の周辺⑧　数字」〔NHK 総合放送文化研究所《文研月報》23 巻 8 号、p.60~61、日本放送出版協会〕

1973[11]　遠山　啓・外山《とやま》　滋比古《しげひこ》・野口　広《ひろし》・森岡　健二・編集部（司会）「（特集　数とことば）《座談会》数の論理とことばの論理」〔《言語生活》第 266 号、p.2~11、筑摩書房〕

1973[11]　泉井　久之助 「（特集　数とことば）数詞の世界」〔《言語生活》第 266 号、p.14~24、筑摩書房〕［再録：泉井 1978[5]］

1973[11]　浅野　建二 「（特集　数とことば）数え歌の系譜」〔《言語生活》第 266 号、p.25~33、筑摩書房〕

1973[11]　滝沢　武久《たけひさ》 「（特集　数とことば）子どもの数・量の概念の発達」〔《言語生活》第 266 号、p.34~42、筑摩書房〕

1973[11]　千野《ちの》　栄一 「（特集　数とことば）数——文法的カテゴリーとしての——」〔《言語生活》第 266 号、p.43~51、筑摩書房〕

1973[11]　本堂《ほんどう》　寛《ひろし》 「（特集　数とことば）言語地図にみる「かぞえる」」〔《言語生活》第 266 号、p.52~59、筑摩書房〕

1973[11]【言語生活】編集部 「（特集　数とことば）いくつまで数えられるか」〔《言語生活》第 266 号、p.111~112、筑摩書房〕

1973[11]　岩淵　悦太郎 『国語の心』（日本の心シリーズ）、毎日新聞社。★ p.176~182 に岩淵 1964[5] を再録。

1974[1]　高橋　圭三 「《読者のページ》日本語の数詞」〔《月刊言語》第 3 巻第 1 号、p.90、大修館書店〕

1974[1]　三浦　勇二 「《読者のページ》数詞における和漢の交流」〔《月刊言語》第 3 巻第 1 号、p.90~91、大修館書店〕

1974[1]　坂本　太郎 「《歴史手帖》四の数を忌むこと」〔日本歴史学会《日本歴史》第 308 号［1974 年 1 月号］、p.82~84、吉川弘文館〕

1974[1], 1974[3], 1974[4]　斎藤　奎三《けいぞう》 「名数ことば」「名数ことば・続」「名数ことば・続々」〔《言語生活》第 268 号、p.109~112；第 270 号、p.77~80；第 271 号、p.73~75, p.80、筑摩書房〕

1974[2]　安田　尚道　「和数詞による暦日表現と「ついたち」の語源」〔東京大学国語国文学会《國語と國文學》第 51 巻第 2 号、p.46~60.〕【本書第一四章】

1974[3]　薬師　正男　「未開民族の言語における数概念の表象について――その具象的特殊化と思考に関する考察――」〔《大阪府立大学紀要　人文社会科学》第 22 巻、p.34~48.〕

1974[3]　柴田　武・日下部《くさかべ》　文夫・加藤　正信　「宮古島平良市方言における生活時間語彙」〔九学会連合《人類科学》第 26 集、p.147~165.〕

1974[3]　楠本　隆　「10 進命数法（Decimal Numeration）の語源的、発生的研究（1）」〔近畿大学教養部《研究紀要》第 5 巻第 3 号（通巻第 14 号）、p.93~110.〕★多数の言語に言及するが日本語にはほとんど触れない。

1974[3]　新田《にった》　大作　「古代中国における数に対する関心について（未定稿）」〔実践国文学会［実践女子大学内］《実践国文学》第 5 号、p.71~56.［横書き］〕

1974[3]　安部　裕文　「Sonnabend と夜を 1 日の始めとする習慣について」〔近畿大学教養部《研究紀要》第 5 巻第 3 号（通巻第 14 号）、p.129~139.〕

1974[4], 1974[5], 1974[6], 1974[7]　泉井《いずい》　久之助　「《尋言究志（一）～（四）》複数・単数・複個数――顕点と潜点――（一）～（四）」〔《月刊言語》第 3 巻第 4 号、p.32~42；第 5 号、p.58~65；第 6 号、p.52~59；第 7 号、p.51~61、大修館書店〕［再録：泉井 1978[5]］

1974[7]　太田　晶二郎　「《歴史手帖》「四の数を忌むこと」は平安時代に遡る」〔日本歴史学会《日本歴史》第 314 号［1974 年 7 月号］、p.47~48、吉川弘文館〕［再録：太田 1992[3]］

1974[7]　山田　麗子・井野　朝二・本宮　敏司・鹿取　廣人　「数の初期学習―― KM. における数弁別反応の形成とその展開（KM. 第 3 報）――」〔《国立聴力言語障害センター紀要》昭和 47・48 年度、p.177~202.〕★言語障害児に対する数の教育の報告。

1974[7]　ジェイ・ルービン　「『三四郎』―幻滅への序曲」〔季刊藝術出版《季刊藝術》第 8 巻第 3 号（通巻第 30 号、1974 年夏号）、p.60~75、講談社（発売）〕★夏目漱石が数 4 と数 23 を多用することを指摘。

1974[8], 1974[9]　泉井　久之助　「《尋言究志（五）（六）》双数について（一）（二）」〔《月刊言語》第 3 巻第 8 号、p.82~90；第 9 号、p.86~93、大修館書店〕［再録：泉井 1978[5]］★おもにギリシャ語・ラテン語について。

1974[10]　村山　七郎　『日本語の研究方法』、弘文堂。★「日本語の数詞の起源について」（p.177~196）、「原始日本語の数詞イタ「1」について」（p.257~279.）［村山 1971[9] の再録］。

1974[10]　赤塚　忠《きよし》　「中國古代の思想家たちの「一」の探求」〔宇野哲人《てつと》先生白寿祝賀記念会［東方学会内］『宇野哲人先生白壽祝賀記念東洋學論叢』、p.35~62.〕

1974[10]　新田　大作　「漢代における數「五」の性格」〔宇野哲人先生白寿祝賀記念会［東方学会内］『宇野哲人先生白壽祝賀記念東洋學論叢』、p.791~814.〕

1974[10]　角谷《かくたに》　善朗《よしろう》　「zwei と drei について―― Luther 訳新約聖書の序言に基いて――」〔慶応義塾大学法学研究会《教養論叢》第 39 号、左 p.75~90.（p.60~45.）〕

1974[11]　中村　義雄　「《歴史手帖》「四の数字を忌むこと」に寄せて」〔日本歴史学会《日本歴史》第 318 号［1974 年 11 月］、p.33~34、吉川弘文館〕

1975[2]　宮内　秀雄　「日本語的思考と英語的思考――数量表現を中心に考える――」〔昭和

女子大学近代文化研究所《学苑》422 号、p.2~14.〕

1975[3]　楠本　隆　「10 進命数法（Decimal Numeration）の語源的、発生的研究（2）」〔近畿大学教養部《研究紀要》第 6 巻第 3 号（通巻第 17 号）、p.33~51.〕★日本語にはわずかに触れるのみ。

1975[4]　宮内　秀雄　「「数」意識の内容についての一考察―― flowers と「花々」との対比――」〔昭和女子大学近代文化研究所《学苑》424 号（英米文学紀要）、p.22~36.〕

1975[6]　川本　崇雄《たかお》　「日本語の数詞の起源」〔京都大学人類学研究会《季刊　人類学》第 6 巻第 2 号、p.41~59、講談社〕［再録：川本 1978[11]『南から来た日本語』、「第Ⅴ章『数詞』をめぐって」（p.161~196.）］

1975[6]　津之地　直一　『萬葉集の國語學的研究』、桜楓社。★ p.145~168 に津之地 1964[2] を再録。

1975[8]　安田　尚道　「日本における日数表現の成立について」〔《東アジアの古代文化　別冊'75（特集　古代日本と東南アジア）》、p.76~83、大和書房〕★安田（1974）を一般向けに書き改めたもの。いくつか用例を補った。表題は「日本における暦日表現の成立について」とすべきであった。

1975[9]　ヤマサキ　セイコー　「数字ノ　ツカイカタ」〔カナモジカイ《カナノヒカリ》第 637 号、p.18.〕★片仮名表記における数詞の書き方。

1975[10]　松下　史生　「不定数詞の表記――タマキさんに答えて――」〔カナモジカイ　《カナノヒカリ》第 638 号、p.14~16.〕

1975[11]　原田　芳起　「中古文学語彙雑考（五）――「中の十日」の語義補説――」〔平安文学研究会《平安文学研究》第 54 輯、p.11~18、京都〕

1975[12]　田川　浩　「数について」〔《金城学院大学論集》通巻第 64 号（英米文学特集第 17 号）、p.113~121.〕★英語の数《すう》について。

1975　Martin, Samuel E.『A Reference Grammar of Japanese』、Yale University［Tuttle edition：1988、Charles E. Tuttle Company、Tokyo（カバーには日本語のタイトル『日本語文法要覧』を併記）］★ §13　ADNOMINALIZATIONS/13.6. QUANTITY NOMINALS（p.766~782.）

1975　Becker, Alton L.「A Linguistic Image of Nature：The Burmese Numerative Classifier System.」〔《Linguistics》165、p.109~121、Mouton、The Hague〕

1976[1]　大野　透　「数詞雑考」〔国学院大学《國學院雑誌》第 77 巻第 1 号、p.1~11.〕★ヨロヅについて他。

1976[2]　片岡　了《おさむ》　「《講演要旨》日本語の助数詞」〔大谷学会［大谷大学内］《大谷学報》第 55 巻第 4 号、p.69~71.〕

1976[2]　日下部《くさかべ》　文夫　「人の一生を表わすことば」〔九学会連合沖縄調査委員会《沖縄――自然・文化・社会――》、弘文堂〕。★第 7 篇　人間生活と宮古方言　第 2 章（p.451~462.）。沖縄県平良市（宮古島）の年齢・年次の言い方にトゥープティーツ（11 歳）・トゥーフターツ（12 歳）……あり。

1976[3]　安田　尚道　「数詞「つづ」の意味と語源」〔青山学院大学日本文学会《青山語文》第 6 号、p.175~192.〕【本書第一二章】

1976[5] 国広　哲弥　「《言語時評》数量と雰囲気」〔《言語生活》第 296 号、p. 16、筑摩書房〕

1976[5] 山口　栄鉄《えいてつ》　『王堂チェンバレン——その琉球研究の記録——』、琉球文化社、那覇。★ p.66~78 に「すうちゅうま符木上に見る琉球の五進記数法」(Chamberlain, B.H. 1898 の翻訳）を収める。

1976[8] 菅野《かんの》　謙《けん》・安部　真慧　「テレビニュースの数字表現」〔NHK 総合放送文化研究所《文研月報》第 26 巻 8 号、p.38~47、日本放送出版協会〕

1976[9] Harada, S. I. 「Quantifier Float as a Relational Rule」〔《Metropolitan Linguistics》Vol.1, p.44~49、Linguistic Circle of Tokyo Metropolitan University【東京都立大学】〕

1976[10] 井上　和子　『変形文法と日本語（上）』、大修館書店。★ p.l63、p.l93、p.208 などで数量詞について述べる。

1976[11] 新田　大作　「中國古代における「一」に關する思想とその數理について—計算術との關聯を豫想して—」〔木村英一博士頌寿記念事業会『中國哲學史の展望と摸索』、p.477~499、創文社〕★奥付には編者は「木村英一博士頌壽記念會」とあるが、扉に従う。

1977[1] 関本　至　「《特集　暦》七曜・月名の起源——印欧語の場合」〔《言語生活》第 304 号、p.30~36、筑摩書房〕

1977[2] 武山　隆昭《たかあき》　「「中の十日」の語義攷」〔《椙山《すぎやま》女学園大学研究論集》第 8 号第 2 部、p.73~83.〕

1977[3] 佐々木　峻《たかし》　「大蔵流狂言虎明本の漢語——対話表現場面における、副詞的用法——付、助数詞的用法」〔広島文教女子大学国文学会《文教国文学》第 6 号、p.10~21.〕

1977[3] 西谷　博信・菅原　謙　「物の数え方の論理と実際」〔NHK 総合放送文化研究所《文研月報》第 27 巻 3 号（通巻 310 号）、p.40~48、日本放送出版協会〕

1977[3] 渡辺　富美男《ふみお》　「数詞の呼称——新潟市の場合——」〔新潟大学教育学部国語国文学会《新大国語》第 3 号、p.18~24.〕★新潟市方言における数の数え方。3 人にミタリの形あり。

1977[5] 柄沢《からさわ》　衛《まもる》　「数え歌と越後訛——ヒ・フなど——」〔国語を愛する会『日本語　くらしとことば』第 17 巻 4 号、p.7~8.〕。★越後ではヒとフの区別がはっきりせず、1 個をフトツ、2 個をヒタツなどと言うことを指摘。

1977[6] 秋田　清　「数字連続書記における数字習慣」〔同志社大学人文学会《人文学》第 130 号、左 p.1~48.〕★心理学の論文。

1977[6] Allan, Keith 「Clssifiers」〔《Language》Vol.53, No.2, p.285~311、Linguistic Society of America.〕

1977[6] 久野　暲《すすむ》　「日本語の主語の特殊性」〔《月刊言語》第 6 巻第 6 号、p.11~18、大修館書店〕★数量詞の出現位置について言及。

1977[7] 清水　達雄　「《特集　地球カタログⅣ／数・かず》世界の数詞めぐり」〔科学技術と経済の会《技術と経済》第 11 年第 7 号（通巻 124 号）、p.10~49.〕

1977[7] 大矢　真一　「《特集　地球カタログⅣ／数・かず》易と数」〔科学技術と経済の会《技術と経済》第 11 年第 7 号（通巻 124 号）、p.78~96.〕

1977[7] 高田　誠二　「《特集　地球カタログⅣ／数・かず》測ることと数えること——量と

数——」〔科学技術と経済の会《技術と経済》第11年第7号（通巻124号）、p.102~115.〕★進法、けた区切り等について。

1977[8]　神尾　昭雄　「数量詞のシンタクス——日本語の変化をめぐる論議への一資料——」〔《月刊言語》第6巻第9号（1977年8月号）、p.83~91、大修館書店〕

1977[9]　東野《とうの》　治之　『正倉院文書と木簡の研究』、塙書房。★p.237~244に東野1973[6]を再録。

1977[9]　奥西　峻介《しゅんすけ》　「一羽のウサギか、一匹のウサギカ——助数詞による動物の分類について——」〔大阪外国語大学研究留学生別科《日本語・日本文化》6号、p.111~124.〕★江戸時代などの文献に見える、動物をかぞえる助数詞について。

1977[10]　池田　弥三郎　『ことばの中の暮らし—身辺の慣用句を中心に—』（TOMO選書）、主婦の友社。★「第1章　「三」の秘密——名数の検討」、「第2章　数の民俗学《フォークロア》——日本人の集団感覚」、「第4章　尺貫法——昔の人の生活の知恵」。〔再刊：1986[3]　河出文庫、河出書房新社〕

1977[11]　安田　尚道　「「け長し」「長きけ」「朝にけに」「旅のけ」等のケについて」〔松村明教授還暦記念会『松村明教授還暦記念国語学と国語史』、p.159~174、明治書院〕★日数詞のフツカ・ミカ等のカについて、〝「け長し」「長きけ」「旅のけ」等のケと同源であろう〟（有坂秀世）、〝カの転のケはヒの複数名詞である〟（大野晋）とする説の問題点を指摘する。

1977[11]　小泉　保　「《言語時評》日本語の数詞」〔《言語生活》第314号、p. 14、筑摩書房〕★「和数詞」「漢数詞」という用語を用いる。

1977[11]　佐藤　喜代治［編］『国語学研究事典』、明治書院。★「数詞」の項（p.132、西尾寅弥執筆）。

1977[12]　古川　和子　「数詞「ひとかさね」についての考察」〔滋賀大国文会［滋賀大学教育学部国語国文学研究室内］《滋賀大國文》第15号、p.36~43.〕

1977[12]　吉村　耕治　「日本のことわざに多く見られる数詞3を用いる日本人の意識構造と数詞3の神秘性について——日本語の表現方法の一考察——」〔阪南大学《阪南論集》第13巻第4号、p.39~53.〕

1977[12]　Kageyama, Taro　「REMARKS ON QUANTIFIER FLOATING IN JAPANESE」〔Osaka Gaidai Linguistic Circle［大阪外国語大学英語研究室内］《NEBULAE》Vol.3、p.63~83.〕★表紙には「October 1977」とあるが奥付にしたがう。

1978[1]　安田　尚道　「（特集・日本語の語源）古代日本語の数詞をめぐって」〔《月刊言語》第7巻第1号、p.75~82、大修館書店〕【本書第二章】

1978[1]　橋本　万太郎　『言語類型地理論』、弘文堂。★第3章、3.4　類別詞の本質（p. 93~115.）その他で数詞について述べる。

1978[2]　銀林《ぎんばやし》　浩《こう》　「数とことば—体験的数詞論」〔《明治大学教養論集》通巻115号（自然科学）、p.17~36.〕★現代ヨーロッパ語の数詞について。

1978[5]　泉井　久之助　『印欧語における数の現象』、大修館書店。★p.3~69に泉井1974[4], 1974[5], 1974[6], 1974[7]を再録、p.71~194に泉井1974[8], 1974[9]を増補再録、p.195~218に泉井1973[11]を再録。

1978[5] 井上 和子 『日英対照日本語の文法規則』、大修館書店。★「第4章4.3 数量詞後置」(p.172~187.) その他で数量詞の位置などについて論じる。

1978[6] 橋本 万太郎 「(特集・性と数) 性と数の本質」〔《月刊言語》第7巻第6号、p.2~12、大修館書店〕

1978[6] 野元 菊雄 「(特集・性と数) 日本語の性と数」〔《月刊言語》第7巻第6号、p.14~19、大修館書店〕

1978[6] 荒木 一雄 「(特集・性と数) 英語の性と数」〔《月刊言語》第7巻第6号、p.20~25、大修館書店〕

1978[6] 田中 幸子《さちこ》 「(特集・性と数) プロアナ語の性と数」〔《月刊言語》第7巻第6号、p.26~32、大修館書店〕

1978[6] 西江 雅之 「(特集・性と数) アフリカの言語におけるクラスと数」〔《月刊言語》第7巻第6号、p.34~41, p.120、大修館書店〕

1978[6] 野崎 昭弘 「(特集・性と数) 数の概念」〔《月刊言語》第7巻第6号、p.57~63、大修館書店〕

1978[11] 川本 崇雄 『南から来た日本語』、三省堂。★p. 161~196に、第V章「『数詞』をめぐって」として川本1975[6]を再録。

1978[12] 岡本 哲也 「(研究発表会要旨) 数詞を含むフレーズの分析」〔計量国語学会《計量国語学》11巻7号、p.319~320.〕

1978[12] 柴谷《しばたに》 方良《まさよし》 『日本語の分析——生成文法の方法——』、大修館書店。★第5章2.1 数量詞の遊離 (p.242~247.)

1978[12] Masuoka, Takashi「Remarks on the Grammatical Relations in Japanese」〔Osaka Gaidai Linguistic Circle［大阪外国語大学英語研究室内］《NEBULAE》Vol. 4, p.1~21.〕★表紙には「November 1978」とあるが奥付にしたがう。

1978[12] 川本 邦衛《くにえ》 「量詞・類別詞論覚書」〔《慶應義塾大学言語文化研究所紀要》第10号、p.209~229.〕★中国語およびベトナム語について。

1979[2] 尾崎 実 「「数量」と「程度」——現代中国語における『很』の用法——」〔関西大学文学会《關西大學文學論集》第28巻第3号、横p.71~83.〕

1979[3] 佐川 誠義《まさよし》 「日本語の数量詞移動について」〔《法政大学文学部紀要》第24号、左p.31~46.〕

1979[3] 天沼《あまぬま》 寧《やすし》 「正午の時刻呼称 (表記) について」〔《大妻女子大学文学部紀要》第11号、横p.53~65.〕★正午のことを「午後12時」と呼ぶか「午後0時」と呼ぶかについて。

1979[5] 神尾 暢子《のぶこ》 「暦日規定の表現映像——竹取物語を資料として——」〔中古文学研究会『論集中古文学 2 (初期物語の意識)』、p.47~68、笠間書院〕★日数詞の問題には関わらない。

1979[8] 太田 晶二郎 「《研究余録》月生幾日」〔日本歴史学会《日本歴史》第375号［1979年8月号］、p.79~84、吉川弘文館〕［再録：太田1991[8]］★中国の文献における「月生○日」の事例。

1979^{9}　松山　薫子　「『古事記』にみられる数概念の一考察――数の多用と聖数性について――」〔山形県立米沢女子短期大学国語国文学会《米沢国語国文》第6号、p.45~53.〕

1979^{9}　茂田　恵　「大阪府豊能郡能勢町地黄方言の程度副詞語彙――「数量程度をあらわすもの」を中心にして――」〔広島大学国文学会《國文學攷》第83号、左p.1~16.〕

1979^{10}　中野　真宏　「名詞の数概念（The Numeral Conception of the Noun）」〔林栄一教授還暦記念論文集刊行委員会『英語と日本語と――林栄一教授還暦記念論文集――』、くろしお出版〕

1979^{10}　小林　立　「中国語における時間の表現」〔松山商科大学商経研究会《松山商大論集》第30巻第4号（小原一雄教授記念号）、p.3~22.〕★現代中国語について。

1979^{11}　深沢《ふかさわ》　助雄《すけお》　「数詞考」〔新潟大学法文学部《人文科学研究》第56輯、p.1~66.〕★印欧語の数詞について。

1979^{12}　服部　四郎　「日本祖語について（22）」〔《月刊言語》第8巻第12号、p.100~114、大修館書店〕★沖縄首里方言の /tiici/、八丈島方言の /teecu/、『枕草子』の「ひてつ」を関連づける。

1979^{12}　小林　泰秀《やすひで》　「日英比較と数量詞、否定の問題」〔《広島女学院大学論集》通巻第29集、p.89~115.〕

1979^{12}　鏡味《かがみ》　明克《あきかつ》　「民家戸数にもとづく地名」〔日本民俗建築学会《民俗建築》第78号、p.13~22.〕

1979　Denny, J. Peter　「Semantic analysis of selected Japanese numeral classifiers for units.」〔《Linguistics》Vol.17-3/4, p.317~335、Mouton Publishers、The Hague〕

1980^{1}　神尾　暢子　「伊勢物語と暦日表現――暦日規定の表現映像――」〔大阪教育大学国語国文学研究室《学大国文》第23号、p.7~17.〕

1980^{1}『河野六郎著作集　3　文学論・雑纂』、平凡社。★たてp.1~53に河野1957^{12}を再録。

1980^{1}　下宮　忠雄　「〈特集・日本語の未来〉日本語に冠詞や複数形ができるか」〔《月刊言語》第9巻第1号、p.48~53、大修館書店〕

1980^{3}　宮崎　勝弐《かつじ》　「南西諸島における「数の数え方」の調査（Ⅰ）」〔《藤村学園東京女子体育大学紀要》第15号、p.165~177.〕

1980^{3}　荒屋《あらや》　勧《すすむ》　「数詞を含む成語の意味について――馬烽の作品をめぐって――」〔《大東文化大学紀要》第18号〈人文科学〉、横p.169~186.〕★現代中国の作家、馬烽の3作品を取り上げる。

1980^{4}　ワイルダー, R. L.（好田順治訳）『数学の文化人類学』、海鳴社。★Raymond L. Wilder 1968『Evolution of Mathmatical Concepts ―― An Elementary Study ――』の翻訳。

1980^{5}　大矢　真一　『和算以前』（中公新書）、中央公論社。★雑誌《自然》（32巻8号〔1977年8月〕~33巻6号〔1978年6月〕、中央公論社）に連載されたものを一書にまとめたもの。

1980^{6}　陳　原　「释〝一〟――関于詞典収詞、释義的若干随想――」〔《辞書研究》1980年第2輯、p.1~19、上海辞書出版社〕

1980^{7}　J. デュボアほか［編］・伊藤晃ほか［編訳］『ラルース言語学用語辞典』

（『DICTIONAIRE DE LINGUISTIQUE』の翻訳）、大修館書店。★「言語学辞典」を標榜しながら、「数詞」の項（p.232）はフランス語にのみ言及。

1980[9]　国語学会［編］『国語学大辞典』、東京堂出版。★「数詞」（p.537~538、奥津敬一郎執筆）、「助数詞」（p.518、奥津敬一郎執筆）。

1980[11]　中村　昭「万葉集の数仮名」〔上代文学会《上代文学》第45号、p.33~48.〕

1980[11]　網干　嘉一郎「数のジンクス及びフチョウ」〔新潟県ことばの会《ことばとくらし》第6号（渡辺綱也先生追悼号）、p.69~70.〕

1980　Haig, John H.「Some observations on quantifier floating in Japanese」〔《Linguistics》Vol. 18-11/12（237/238）、p.1065~1083、Mouton Publishers、The Hague・Paris・New York〕

1981[2]　神尾　暢子「勢語表現と暦日規定――期間限定と時点規定――」〔大阪教育大学国語国文学研究室《学大国文》第24号、p.181~196.〕

1981[3]　宮崎　勝弐「南西諸島における「数の数え方」の調査（Ⅱ）」〔《藤村学園東京女子体育大学紀要》第16号、p.163~175.〕

1981[5]　前田　富祺《とみよし》「数詞語彙史をめぐって」〔国語語彙史研究会『国語語彙史の研究二』、p. 255~282、和泉書院、大阪〕

1981[5]　益岡　隆志《たかし》「文法関係と数量詞の遊離」〔神戸市外国語大学研究会《神戸外大論叢》第32巻第5号、p.39~60.〕

1981[6]　浜田　敦「七つの子がある」〔土井忠生先生頌寿記念論文集刊行会『国語史への道』上、p.187~202、三省堂〕［再録：浜田1983[8]］★数詞の名詞的用法と副詞的用法、人数表現について。

1981[7]　太田　晶二郎「《研究余録》「月生」韓土事例」〔日本歴史学会《日本歴史》第398号［1981年7月号］、p.72~73、吉川弘文館〕［再録：太田1991[8]］★高麗の『海東傳弘録』の佚文（釈了円（高麗）の『法華靈驗傳』所引）に「毎於月生八日」とあることを指摘。

1981[7]　ミラー, R. A.（西田龍雄監訳）『日本語とアルタイ諸語』、大修館書店。★「第5章　5.3　数詞」（p.256~289）。原本はRoy Andrew Miller 1971『Japanese and the Other Altaic Languages』。

1981[7]　杉浦　昭平「七の読み方」〔《数学セミナー》第20巻第7号、p.100、日本評論社〕★愛知県方言で「七」をヒチと発音することについての随想。

1981[7]　和田　八束《やつか》「大きな数字と読めない数字」〔《数学セミナー》第20巻第7号、p.101、日本評論社〕★たとえば「46,788,131（百万円）」の読み方について。

1981[9]　村山　七郎『琉球語の秘密』、筑摩書房。★「第七章　琉球語の数詞」（p.93~111.）で琉球方言の数詞1、2について述べる。

1981[9]　Patrie, James T.「A comparative analysis of the numeral systems of Ainu, Korean, and Japanese」〔《京都産業大学国際言語科学研究所所報》第2巻第4号、p.243~251.〕

1981[10]　渋沢　有里「賢治童話における数字表現――ルイス・キャロルとの比較を中心に」〔実践国文学会［実践女子大学内］《実践国文学》第20号、p.36~47.〕

1981[10]　方　俊吉『我國紀數文字及其聯綴用法之探究』、文史哲出版社、台北。

1981[11]　仁田　義雄「数量に関する取りたて表現をめぐって――系列と統合からの文法記

述の試み――」〔島田勇雄先生古稀記念論文集刊行会『島田勇雄先生古稀記念ことばの論文集』、p.191~214、明治書院〕

1981[12]　浅野　信《のぶ》　「国語「月日」の言語・文学的意味――奥の細道の「月日」をめぐって――」〔国学院大学《國學院雜誌》第 82 巻第 12 号、p.17~31.〕

1981[12]　益岡　隆志　「文法関係と数量詞の遊離」〔神戸市外国語大学研究会《神戸外大論叢》第 32 巻第 5 号、p.39~60.〕

1982[1]　(I)「《ことば百科》「ひとつ、ふたつ」は幼児語か――消えゆく和語数詞――」〔《放送文化》第 37 巻第 1 号、p.49、日本放送出版協会〕★筆者名は単に「(I)」。

1982[2]　嶋村　誠　「数量詞遊離」〔関西学院大学商学研究会《商学論究》第 29 巻第 2・3・4 合併号（学部開設 30 周年記念号）、p.617~637.〕★おもに日本語について。

1982[3]　宮崎　勝弐　「南西諸島における「数の数え方」の調査（3）」《藤村学園東京女子体育大学紀要》第 17 号、p.154~165.〕

1982[3]　浅井　亨《とおる》　「アイヌ語における数」〔《富山大学人文学部紀要》第 5 号、p.63~92.〕

1982[5]　日本語教育学会［編］『日本語教育事典』、大修館書店。★「時と数の名詞」（p.109.）、「数詞」（p.109.）、「基数詞」（p.109~110.）、「序数詞」（p.110）、「助数詞」（p.110~111.）。以上すべて堀口和吉執筆。

1982[6]　貝塚　敬次郎　「〝三〟という数字」〔大蔵省大臣官房文書課《ファイナンス（大蔵省公報）》Vol.18、No3、p.40~51、大蔵財務協会〕★ 3 をめぐる随想。

1982[6]　高　博教　「日本語と英語と――数詞、特に序数詞の疑問表現について――」〔大阪府立大学英米文学研究会《英米文学　研究と鑑賞》第 30 号、p.45~63.〕★「美人コンテストで彼女は何位になったか。」「君の今乗っている車は何台目？」などを英語でどう言うかについて。

1982[7]　井上　博嗣《ひろつぐ》　「古代語における数量と程度――「あまた」の場合――」〔京都女子大学国文学会《女子大国文》第 91 号、p.56~68.〕

1982[8]　中山　緑朗《ろくろう》　「平安古記録の語彙――『小右記』における「時日」に関する語彙――」〔昭和女子大学近代文化研究所《学苑》第 512 号、p.16~27.〕

1982[10]　原田　松三郎　「再び量詞について」〔神戸市外国語大学研究会《神戸外大論叢》第 33 巻第 3 号、p.23~38.〕★中国語の量詞について。

1982[12]　井上　博嗣　「古代語における数量と程度――「おほし・おほきなり」の場合――」〔京都女子大学国文学会《女子大国文》第 92 号、p.95~110.〕

1982[12]　上田　克　「今昔物語集における数詞の表現性――「三度」の暗示性を中心に――」〔長崎大学国語国文学会《国語と教育》第 7 号、p.35~43.〕

1983[2]　日野　資純《すけずみ》　「「よひとよ」と「よもすがら」――古典の解釈における方言の応用――」〔静岡大学人文学部国文談話会《静大国文》第 28 号、p.21~32.〕

1983[2]　片山　智士《さとし》　「居延木簡の数表記の研究」〔《福岡教育大学紀要》32 号、第 5 分冊（芸術・保健体育・家政科編）（昭和五十七年度）、p.61~76.〕★漢数字の字体・書体が中心だが、20・30・40 を表わす「廿」「丗」「卌」等にも言及。

1983[3]　安田　尚道　「上代日本の金石文等に見える「月中」の源流について」〔青山学院大

学日本文学会《青山語文》第 13 号、p.1~30.〕★これを一般向けに書き改めたものが安田 2005[5]。

1983[3] 宮崎 勝弐 「南西諸島における「数の数え方」の調査（4）」〔《藤村学園東京女子体育大学紀要》第 18 号、p.90~103.〕

1983[3] 奥津 敬一郎 「数量詞移動再論」〔東京都立大学人文学部《人文学報》第 160 号（国語・国文学）、左 p.1~24.〕

1983[3] 城生《じょうお》 佰太郎《はくたろう》 「日本語・フランス語対照文法（1）——性と数——」〔筑波大学外国語センター《外国語教育論集》第 4 号、p.85~96.〕

1983[3] 白木 進 「日本の数詞と数字」〔国語を愛する会《日本語》第 23 巻第 2 号、p.23~24.〕

1983[4] 見坊《けんぼう》 豪紀《ひでとし》 「辞書の中の数詞」〔《bit》Vol.15, No.4（通巻 191 号）、p.333、共立出版〕

1983[5] 鏡味《かがみ》 明克 「民家戸数の地名の日中比較」〔日本民俗建築学会《民俗建築》83、p.40~44.〕

1983[6] 福田 昆之《こんし》 「数詞の謎」〔《言語と言語学》第 2 号、p.8~9、FLL、横浜〕★アイヌ語とインドネシア語の数詞の類似性、満州語と印欧語の数詞の類似性について。日本語に触れることはない。

1983[8] 張 麟声 「日中両語の助数詞」〔《日本語学》第 2 巻第 8 号、p.91~99、明治書院〕

1983[8] 浜田 敦 『續朝鮮資料による日本語研究』、臨川書店、京都。★ p.229~243 に浜田 1981[6] を再録。

1983[9] 福田 昆之 「数詞の母音調和の識別性の分析」〔《言語と言語学》第 3 号、p.11~15、FLL〕★具体的に数詞に触れることがない。論旨不明。

1983[10] 鈴木 修次 『数の文学』、東京書籍。★中国の古典文学などに見られる数や名数について。もと 1979[2] から 1983[7] まで 26 回にわたって東京書籍《高校通信・東書・国語》に連載されたもの。

1984[1] Ono, Kiyoharu「Quantifier Float in Japanese」〔《Descriptive and Applied Linguistics（Bulletin of the ICU Summer Institute in Linguistics）》Vol. XVII、p.139~153、International Christian University（国際基督教大学）〕

1984[2] 佐佐木 幸綱《ゆきつな》 「（特集・与謝野晶子）『みだれ髪』の数詞——晶子短歌の文体——」〔《短歌》第 31 巻第 2 号［昭和 59 年 2 月号］、p.112~115、角川書店〕

1984[3] 武井 睦雄《むつお》 「古代日本語の数詞——「つ」の性格・機能をめぐって——」〔『五味智英先生追悼上代文學論叢』、p.405~420、笠間書院〕

1984[3] 宮崎 勝弐 「南西諸島における「数の数え方」の調査（5）」〔《藤村学園東京女子体育大学紀要》第 19 号、p.113~125.〕

1984[3] 福田 昆之 「数詞の母音調和の識別性の分析［補］」〔《言語と言語学》第 5 号、p.8~14、FLL〕★具体的に数詞に触れることがない。

1984[4] 井筒 俊彦 「《文学のひろば》単数・複数意識」〔《文学》第 52 巻第 4 号、p.50~51、岩波書店〕

1984[6]　鈴木　博　「『大成和抄』のことば――諸本・四字ヲ名詮悪シト云・ウツタウシイ・サウカウ・ネマル――」〔滋賀大国文会《滋賀大國文》第 22 号、p.71~79.〕［再録：鈴木 1984[11]］★「四」を忌むことについて。

1984[6]　井上　博嗣　「古代語における数量と程度――「いや・いよよ・いよいよ」の場合――」〔京都女子大学国文学会《女子大国文》第 95 号、p.25~43.〕

1984[7]　池上　禎造　『漢語研究の構想』、岩波書店。★ p.103~117 に池上 1960[3] を再録。

1984[7]　角谷　善朗　「Luther 訳新約聖書において複数の基数詞と共に用いられている名詞の語形について――本文と序言に基いて――」〔慶応義塾大学法学研究会《教養論叢》第 66 号（一ノ瀬恒夫先生退職記念論文集）、左 p.33~76.（p.162~119.）〕

1984[9]　福田　昆之　「日本語数詞の起源」〔《言語と言語学》第 7 号、p.3~5、FLL〕★チュルク語・モンゴル語・ツングース語の数詞と日本語の数詞とを関係づける。

1984[10]　峰岸　明　「平安時代における漢字の定訓について」〔東京大学国語国文学会《國語と國文學》第 61 巻第 10 号、p.44~60.〕★『新撰万葉集』における借字表記「四十（よそ）」「四十人（よそ）」「五十人（い・いつ）」を用例に挙げる。

1984[11]　前田　富祺　「中世文学と数詞」〔《武蔵野文学》32、p.27~33、武蔵野書院〕

1984[11]　荒木　博之　「（総特集・日本語　伝統と現在を考える）日本語にはなぜ複数形がないか」〔《ユリイカ》第 16 巻第 12 号（11 月臨時増刊号）、p.110~117、青土社〕

1984[11]　鈴木　博　『室町時代語論考』、清文堂出版。★第 2 部 8『大成和抄』（p.109~121.）に鈴木 1984[6] を再録。

1984　塚本　秀樹　「日本語における数量詞の遊離について」〔大阪外国語大学大学院生協議会《STUDIUM》11、p.76~101、大阪外国語大学大学院研究室〕

1984　胡　附　『数詞和量詞』、上海教育出版社。

1985[1]　Ohno, Yutaka「Remarks on Quantification in Japanese」〔《Descriptive and Applied Linguistics（Bulletin of the ICU Summer Institute in Linguistics）》Vol. XVIII、p.233~244、International Christian University（国際基督教大学）〕

1985[3]　瀬戸　宏　「四の読音について」〔早稲田大学語学教育研究所《ILT NEWS》77、p.71~78.〕★現代語における「4」の言い方（ヨ・ヨン・シ）について。

1985[3]　天沼　寧「「ケ」の字について」〔《大妻女子大学文学部紀要》第 17 号、国文学・横 p.1~22.〕★「1 ケ 100 円」「三ヶ月」「市ヶ谷《いちがや》」などの「ケ」「ヶ」について。

1985[3]　輿水《こしみず》　優　『中国語の語法の話―中国語文法概論』（藤堂明保・香坂順一［監修］『中国語研究学習双書 8』）、光生館。★第三章 体詞　5 数詞（p.99~114.）、6 量詞（p.114~143.）、7 数量詞（p.143~147.）。

1985[6]　網野　善彦・大林　太良《たりょう》・桃《もも》　裕行・江川　清　「（特集　時間）《座談会》日本人の時間意識をめぐって――古代～中世を中心に――」〔《言語生活》第 403 号、p.2~16、筑摩書房〕

1985[6]　工藤　浩《ひろし》　「（特集　時間）日本語の文の時間表現」〔《言語生活》第 403 号、p.48~56、筑摩書房〕

1985[6]　鏡味　明克　『地名が語る日本語』、南雲堂。★「数の地名と読み方」（p.77~128.）。

1985[9] 高橋　順一「《研究ノート》マジックナンバー〝4〟：アメリカインディアンの英語談話にみる伝統的プラグマティクス」〔日本民族学会《民族學研究》第50巻第1号、p.89~96、保谷〕

1985[9] 藤田　正嗣《まさつぐ》「中高独語における2以上の基数の用法——「ニーベルンゲンの歌」の場合——」〔鹿児島大学教養部《鹿児島大学文科報告》第20号第3分冊（独語・独文学・仏語・仏文学篇）、p.17~30.〕

1985[11] 大河内　康憲《やすのり》「量詞の個体化機能」〔中国語学会《中国語学》232号、p.1~23、吹田〕

1985[12] 矢沢　真人《まこと》「連用修飾成分の位置に出現する数量詞について」〔《学習院女子短期大学紀要》XXIII、p.96~12.〕

1985　福田　昆之「数詞より見た日本語の生い立ち」〔《言語と言語学》第18号、p.6~7、FLL（刊行年月を記さないが、別の論文の末尾に1985年1月とあり）〕★モンゴル語・ツングース語の数詞を日本語の数詞と比較。

1986[1] 馬瀬《ませ》　良雄［編］『方言（論集　日本語研究　10）』、有精堂出版。★p.72~82に柴田武・日下部文夫・加藤正信1974[3]を再録。

1986[2] 峰岸　明『平安時代古記録の國語學的研究』、東京大学出版会。★p.557~640に峰岸1966[12]・1967[12]を再録。

1986[2] 松濤《まつなみ》　誠達《よしひろ》「古代インドにおける数のシンボリズム——8の意味するもの——」〔《大正大学研究紀要》第71輯、p.1~16.〕

1986[3] 安田　尚道「10および10の倍数を表わす個数詞」〔築島裕博士還暦記念会『築島裕博士還暦記念国語学論集』、p.40~66、明治書院〕【本書第七章】

1986[3] 神鳥《かんどり》　武彦「（近代文学・国語教育特集）現代小説と数詞——作品形象と数詞のかかわり——」〔広島大学国語国文学会《國文學攷》第108・109合併号、p.91~102.〕

1986[3] 津之地　直一『万葉集の国語学的視点』、桜楓社。★p.142~145に津之地1984[11]と他の1篇を合せて「「東細布」の訓と「四の船」について」と題して再録。

1986[7] 塚本　秀樹「数量詞の遊離について——日本語と朝鮮語の対照研究——」〔朝鮮学会《朝鮮学報》第119・120輯（天理教教祖百年祭記念号）、左p.33~69.〕

1986[8] 玉村　文郎《ふみお》「（特集　数詞・助数詞）助詞・助数詞をめぐって」（《日本語学》第5巻第8号、p.4~14、明治書院）

1986[8] 沖　久雄「（特集　数詞・助数詞）数詞・助数詞の文法」〔《日本語学》第5巻第8号、p.15~25、明治書院〕

1986[8] 前田　富祺「（特集　数詞・助数詞）古典の中の数詞・助数詞」〔《日本語学》第5巻第8号、p.26~35、明治書院〕

1986[8] 岡本　勲「（特集　数詞・助数詞）近代作家の数詞・助数詞」〔《日本語学》第5巻第8号、p.36~47、明治書院〕

1986[8] 室山《むろやま》　敏昭《としあき》「（特集　数詞・助数詞）方言の中の数詞・助数詞」〔《日本語学》第5巻第8号、p.48~57、明治書院〕

1986[8] 田中　望《のぞみ》・新間《しんま》　英世《ひでよ》「（特集　数詞・助数詞）日本語教育における数詞・助数

詞」〔《日本語学》第 5 巻第 8 号、p.58~69、明治書院〕

1986[8]　奥津　敬一郎　「(特集　数詞・助数詞) 日中対照数量表現」〔《日本語学》第 5 巻第 8 号、p.70~78、明治書院〕

1986[8]　飛田《ひだ》　良文《よしふみ》　「(特集　数詞・助数詞) 国語読本の数詞・助数詞 (1)」〔《日本語学》第 5 巻第 8 号、p.79~89、明治書院〕

1986[8]　寿岳《じゅがく》　章子　「(特集　数詞・助数詞) 私の助数詞意識」〔《日本語学》第 5 巻第 8 号、p.90~97、明治書院〕

1986[9]　安田　尚道　「日本語の数詞の語源」〔日本語語源研究会『語源探求』、p.40~59、明治書院〕【本書第四章】

1986[9]　鈴木　博　「四の字嫌い考――「四」の音「シ」が「死」に通じることを忌む現象について――」〔日本語語源研究会『語源探求』、p.60~91、明治書院〕

1986[9]　藤田　正嗣　「中高独語における基数と数え上げられる語の関係についての一考察」〔鹿児島大学教養部《鹿児島大学文科報告》第 21 号第 3 分冊 (独語・独文学・仏語・仏文学篇)、p.23~35.〕

1986[9]　高橋　順一　「《研究ノート》逆数の意味：カイオワ語逆数表示の機能主義的分析」〔日本民族学会《民族學研究》第 51 巻第 2 号、p.191~200.〕

1986[10]　安田　尚道　「唱数詞」〔松村明教授古稀記念会『松村明教授古稀記念国語研究論集』、p.25~36、明治書院〕【本書第一九章】

1986[11]　角谷　善朗　「Luther 訳旧約聖書において複数の基数詞と共に用いられている名詞の語形について――創世記と旧約聖書への序言に基いて――」〔慶応義塾大学法学研究会《教養論叢》第 74 号、左 p.1~37. (p.196~160.)〕

＊ 1986　Ueda, Masanobu「On Quantifier Float in Japanese」〔《University of Massachusetts Occasional Papers in Linguistics》11〕

1986　Ota, Akira & Kato, Yasuhiko「The Relative Scope of NEG and Quantifiers in English and Japanese」〔The Graduate School of Language and Linguistics, Sophia University (上智大学)《Sophia Linguistica》No. 20/21、p.25~40.〕

1986　Ueda, Masanobu「Quantifier Float in Japanese」〔The Graduate School of Language and Linguistics, Sophia University (上智大学)《Sophia Linguistica》No. 20/21、p.103~111.〕

1987[2]　田中　敦子　「国語助数詞試論」〔日本女子大学国語国文学会《国文目白》第 26 号、p.33~41.〕

1987[2]　沈《しん》　徳余《とくよ》　「《特集　名詞・代名詞の諸相》名詞のクラス標識――日本語の「助数詞」と中国語の「量詞」――」〔《国文学　解釈と鑑賞》第 52 巻 2 号、p.74~78、至文堂〕

1987[3]　井上　博文　「熊本県下益城郡砥用町の方言の程度副詞語彙の構造――数量関係の副詞語彙を中心にして――」〔広島大学国文学会《國文學攷》第 113 号、左 p.1~13.〕

1987[3]　大木　充《みつる》　「日本語の遊離数量詞の談話機能について」〔大阪外国語大学《視聴覚外国語教育研究》第 10 号、p.37~67.〕

1987[3]　藤堂　明保　『藤堂明保中国語学論集』、汲古書院。★ p.357~369 に藤堂 1955[5] を再録。

1987[3]　奥村　訓代《くによ》　「中国人と数字考」〔京都外国語大学総合研究所《COSMICA》第 XVI 号、p.72~90.〕★現代中国語における数詞を含んだ表現について。

1987[3]　星野　崇賜《たかし》　「漢語量詞釈例」〔上武大学商学部学会《上武大学商学部論集》第 20 号、p.125~147.〕★中国語文。

1987[3]　工藤　進　「複数について」〔明治学院大学文学会《明治学院論叢》第 411 号（フランス文学特輯　20)、横 p.1~22.〕★インドヨーロッパ語の複数について。

1987[3]　埋橋　勇三　「複数に関する語籍論的考察」〔東洋大学文学部英米文学科《白山英米文学》第 12 号（東洋大学文学部紀要第 40 集　英米文学科篇)、p.43~70.〕★英語について。

1987[3]　角谷　善朗　「Luther 訳旧約聖書において複数の基数詞と共に用いられている名詞の語形について――出エジプト記に基いて――」〔《慶應義塾大学日吉紀要　ドイツ語学・文学》第 4 号（尾崎盛景教授近藤逸子教授特集号)、p.79~99.〕

＊1987[4]　郭　先珍　『現代漢語数量詞手冊』、中国和平出版社、北京。

1987[4]　日本放送協会　『NHK 放送のことばハンドブック』、日本放送出版協会。★「Ⅳ数字と助数詞」(p.217~238.) の章あり。

1987[6]　安本　美典《びてん》　「(総合特集　日本語の古層) 日本語の古層を統計的にさぐる」〔《月刊言語》第 16 巻第 7 号（創刊 15 周年記念別冊)、p.70~84、大修館書店〕★ p.79~80 で数詞に言及。

1987[6]　辛《シン》　容泰《ヨンテー》　「(総合特集　日本語の古層) 高句麗の地名に残る日本語の数詞（日本語・韓語・殷語〈古アジア語〉の脈絡が見えるその語源的解明)」〔《月刊言語》第 16 巻第 7 号（創刊 15 周年記念別冊)、p.130~144、大修館書店〕★論旨不明。

1987[8]　長　節子　「中世の魚の助数詞「こん」の消長」〔《鎌倉遺文　月報》34（竹内理三『鎌倉遺文　古文書編』第 34 巻付録)、p.1~5、東京堂出版〕

1987[9]　角谷　善朗　「Luther 訳旧約聖書において複数の基数詞と共に用いられている名詞の語形について――出エジプト記に基いて――（続)」〔《慶應義塾大学日吉紀要　ドイツ語学・文学》第 5 号、p.61~85.〕

1987[9]　藤田　正嗣　「序数詞に関する一考察――古ドイツ語の -to, -ostô を巡って――」〔鹿児島大学教養部《鹿児島大学文科報告》第 22 号第 3 分冊（独語・独文学・仏語・仏文学篇)、p.23~33.〕

1987[11]　小林　隆　「方言の史的位相性」〔国語語彙史研究会『国詣語彙史の研究　八』、p.261~291、和泉書院〕★琉球方言のヒテツと『枕草子』の「ひてつ」を関連づける。

1987[11]　井上　博文　「佐賀県方言と長崎県方言との比較――数量関係の副詞語彙を中心にして――」〔佐賀大学教育学部国語国文学会《佐賀大国文》第 15 号、p.23~35.〕

1987[11]　郭　先珍　『漢語量詞的応用』（大衆実用語文叢書)、中国物資出版社、北京。

1987[12]　劉　素英　「動詞で示される事の度数・量数等を表す数詞――いわゆる「動量詞」の日中言語の比較――」〔現代日本語研究会［遠藤織枝方］《女性による研究誌　ことば》8 号、p.52~62.〕

1987[12]　織田　稔　「英語固有名と数詞の固有名称化」〔関西大学英文学会《英文学論集》第 27 号（英文学科創設 60 周年記念号)、p.116~138.〕

1988[2]　田中　春美［編］『現代言語学辞典』、成美堂。★「number《数《すう》》」（p.432~433.）、「numeral《数詞》」（p.433~435.）、「numerative《助数詞》」（p.435~436.）。

1988[2]　瀬田　幸人　「数量詞の作用域をめぐる諸問題」〔岡山大学教養部《紀要》第24号、p.143~171.〕★英語の every, all, each などを含む文の解釈。

1988[2], 1988[12]　石崎　潮　「中国語量詞の用法解釈」「中国語量詞の用法解釈（続）」〔拓殖大学語学研究所《語学研究》第52号、p.91~126；第56号、p.111~131.〕★現代中国語について。

1988[3]　井上　博文　「九州肥筑方言に於ける数量関係の副詞語彙に認められる修飾発想法」〔広島大学国語国文学会《國文學攷》第117号、左 p.1~12.〕

1988[5]　山口　光　「助数詞あれこれ」〔金田一春彦・林大・柴田武『日本語百科大事典』、p. 209、大修館書店〕

1988[6]　イフラー、ジョルジュ（Georges Ifrah）（弥永みち代ほか訳）『数字の歴史――人類は数をどのようにかぞえてきたか――』、平凡社。

1988[7]　柴田　武　「三月イチニチ」〔柴田『生きている日本語――方言探索――』（講談社学術文庫835）、p. 223~226、講談社〕

1988[9]　岩沢　勝彦　「遊離数量詞の叙述性と述語焦点化機能」〔日本英文学会《英文学研究》第65巻第1号、p.75~87.〕

1988[9]　角谷　善朗　「Luther 訳旧約聖書において複数の基数詞と共に用いられている名詞の語形について――レビ記に基いて――」〔慶応義塾大学法学研究会《教養論叢》第79号、左 p.31~63.〕

1988[11]　中口　久夫　「《研究報告》「一倍」の語義」〔国史学会［国学院大学内］《国史学》第136号、p.65~79.〕

1988[12]　斎藤　純男《よしお》　「現代標準日本語のリズムと数詞の長音化」〔日本音声学会《音声学会会報》第189号、p.13~15.〕

1988[12]　福島　邦道　『語史と方言』（笠間叢書219）、笠間書院。★ p.143~153 に福島1961[9]を再録。

1988[12]　陳　保存・陳　桂成・陳　皓・張　在瞻　『漢語量詞詞典』、福建人民出版社、福州。

1988[12]　上野　智子　「海岸部の数量地名」〔長崎大学国語国文学会《国語と教育》13、p.41~48.〕

1989[2]　崎村　弘文《ひろふみ》　「琉球における「複母音」の諸相」〔奥村三雄『九州方言の史的研究』p.364~389、桜楓社。★ jauka（宮古島・石垣島・多良間島）、tsikitatsi（「一日」。石垣島）の例あり。

1989[2]　顔　瑞珍・谷原　公男・デビー リー　「助数詞の使用とプロトタイプ―「面」・「枚」・「本」・「個」・「つ」―」〔荻野綱男［編］『日本語の語彙の構造2』、p.2~27、荻野綱男、茨城県つくば市〕

1989[3]　霜崎　実　「The Quantifier Float Construction in Japanese」〔日本言語学会《言語研究》第95号、p.176~205.〕

1989[3] 常　青「説〝一〟──兼談〝一〟字義項群的排列──」〔《辞書研究》1989年第2期、p.92~100、上海辞書出版社〕

1989[3] 小泉　直《なおし》「量的関係詞節の特異性について」〔《福島大学教育学部論集　人文科学部門》第45号、p.35~40.〕★英語について。

1989[3] 角谷　善朗「Luther訳旧約聖書において複数の基数詞と共に用いられている名詞の語形について──民数記に基いて──」〔慶応義塾大学法学研究会《教養論叢》第81号（高橋令二先生退職記念論文集)、左p.85~97.〕

＊1989[5] 姜　群星「日語助数詞芻議　附助数詞使用要則及一覧表」〔北京対外経済貿易大学日語学習与研究編輯委員会《日語学習与研究》54、北京〕

1989[6] 上田　正行「『三四郎』〈夏目漱石〉──遊戯する愛──」〔《国文学　解釈と鑑賞》第54巻6号、p.33~37、至文堂〕★『三四郎』における数3の多用を指摘。

1989[6] 陳　原（松岡栄志《えいじ》訳）『ことばの社会機能── 5個の漢字をめぐって──（陳原著作選Ⅱ)』、凱風社。

1989[7] 三保　忠夫「古文書における助数詞（一)」〔《島根大学教育学部紀要（人文・社会科学編)》第23巻第1号、縦p.33~52.〕

1989[7] 山田　俊雄「（詞苑間歩　百十五）ひとつ返事」〔《木語《もくご》》第11巻第7号（通巻118号)、p.16~17、木語発行所〕［再録：山田1991[9]］★「一つ橋」、「一つ家《や》」（芭蕉句）の意味について。

1989[9] 亀井　孝・河野　六郎・千野　栄一（1989)『言語学大辞典　第2巻（世界言語編中)』、三省堂。★「日本語」の項のうち、p.1671~1681が「日本語の歴史　語彙」（前田富祺執筆）で1675~1676が「数詞語彙」。

1989[9] 大谷　裕昭「『和泉式部日記』の日附表現をめぐって」〔法政大学国文学会《日本文學誌要》第41号、p.11~27.〕★文学的研究。

1989[9] 角谷　善朗「Luther訳旧約聖書において複数の基数詞と共に用いられている名詞の語形について──民数記に基いて──（続)」〔慶応義塾大学法学研究会《教養論叢》第82号、左p.1~26.〕

1989[11] 島根大学教育学部国語学ゼミナール「後鳥羽上皇逆修僧名等目録における助数詞について」〔島大国文会［島根大学教育学部国語研究室内］《島大国文》第18号、p.42~55.〕

1989[12] 三保　忠夫「古文書における助数詞（二)」〔《島根大学教育学部紀要（人文・社会科学編)》第23巻第2号、縦p.19~27.〕

1989[12] 井上　博文「大分県臼杵市方言における数量関係の副詞語彙の地域性──肥筑方言・瀬戸内海域方言との比較を中心として──」〔佐賀大学教育学部国語国文学会《佐賀大国文》第17号、p.28~37.〕

1989[12] 半藤《はんどう》　英明「現代語「だけ」の用法分類とその周辺」〔全国大学国語国文学会《文学・語学》第123号、p.71~80.〕

1989[12] 劉　学敏・鄭　崇謨『現代漢語名詞量詞搭配詞典』、浙江教育出版社、杭州。

1989[12] 福安《ふくやす》　勝則《かつのり》「On *What's These Facts About*?」〔《鳥取大学教育学部研究報告　人文・社会科学》第40巻第2号、p.151~167.〕★英文。目次における題は「数の不一致と縮約」。

＊1989　陳　力衛　「数量表現における中日両国語の対照研究」〔北京大学東方語言文学系『東方研究論文集』、北京大学出版社〕

1990[1]　荻野　綱男　「現代日本語の助数詞の意味変化の方向」〔筑波大学文芸・言語学系《文藝言語研究　言語篇》17、p.67~77.〕

1990[1]　上田　正行　「漱石と「数」——「カーライル博物館」を中心に——」〔大塚国語国文学会《国文学　言語と文芸》第105号、p.65~79、桜楓社〕★『カーライル博物館』が数4を意識的に使うことを指摘。

1990[2]　風間　喜代三《きよぞう》　『ことばの身体誌——インド・ヨーロッパ文化の原像へ＊＊——』（平凡社選書133）、平凡社。★「V．数」（p.235~269.）は、「数詞——組織と表現法——」（p. 237~252.）と「数と感情—— 1から7をめぐって——」（p.253~269.）からなる。

1990[3]　成田　徹男《てつお》　「《研究ノート》名詞と同形の助数詞」〔東京都立大学国語国文学会《都大論究》第27号、p. 左1~8.〕

1990[3]　田野村　忠温《ただはる》　「現代日本語の数詞と助数詞——形態の整理と実態調査——」〔《奈良大学紀要》第18号、p. 194~216.〕

1990[3]　大野　真男　「琉球波照間方言の助数詞——その形態と意味構造——」〔法政大学沖縄文化研究所《琉球の方言》14（1989年度）、p.107~117.〕

1990[3]　山崎　雅人《まさと》　「《発表要旨》和数詞に付く接尾辞 -tu~-ti について」〔国語学会《國語學》第160集、p.87.〕

1990[3]　中山　陽子　「名数考——国語史上の問題——」〔青山学院大学日文院生の会《緑岡詞林《りょっこうしりん》》第14号、p.62~75.〕

1990[3]　アウステルリッツ、R. P.　「類型から見たギリヤーク語——日本語との関係において」〔崎山理《おさむ》［編］『日本語の形成』、p.169~187、三省堂〕

1990[3]　安野《あんの》　光雅　『数』（日本の名随筆89）、作品社。★数に関する27人の随筆・随想を1篇ずつ載せる。岩淵1973[11]『国語の心』からは「漢数字と算用数字」［じつは岩淵1964[5]の再録］を、大矢1980[5]『和算以前』からは「日本人の数観念の成立」を載せる。

1990[3]　SHIONOYA, Toru（塩谷亨《しおのやとおる》）「Syntactic properties of Samoan numerals（サモア語数詞の統語的特性）」〔日本言語学会《言語研究》第97号、p.18~43.〕★英文。

1990[3]　角谷　善朗　「Luther訳旧約聖書において複数の基数詞と共に用いられている名詞の語形について——申命記に基いて——」〔慶応義塾大学法学研究会《教養論叢》第84号、左p.1~22.（p.104~83.）〕

1990[6]　谷原　公男・顔　瑞珍・デビー　リー「助数詞の用法とプロトタイプ——〈面〉・〈枚〉・〈本〉・〈個〉・〈つ〉——」〔計量国語学会《計量国語学》17巻5号、p.209~226.〕

1990[6]　王　希傑　『数詞・量詞・代詞』（教学語法叢書之四）、人民教育出版社。

1990[7]　村山　七郎　「日本語語源の研究」〔日本語語源研究会『語源探求2』、p.284~248、（横組み）、明治書院〕★数詞1、2、5、10に言及。

1990[9]　角道《かくどう》　正佳《まさよし》　「京都方言の数詞＋助数詞のアクセント」〔崎山理・佐藤昭裕『アジアの諸言語と一般言語学』、p.535~545、三省堂〕

1990[9]　久野《くの》　マリ子　「沖永良部島和泊町のアクセント資料——体言・用言・助数詞その

他――」〔《国学院大学日本文化研究所紀要》第 64 輯、左 p.42~85.〕

1990 [9] 江口　正 「《発表要旨》間接疑問文と数量詞・不定代名詞との類似について――「どうすればいいか（が）わからない」の分析――」〔国語学会《國語學》第 162 集、p.43~44.〕

1990 [9] 三保　忠夫 「《発表要旨》漢簡資料における助数詞の考察」〔国語学会《國語學》第 162 集、p.51~52.〕

1990 [9] 大久保　順子 「『世間胸算用』の〈ことば〉と「時間」――巻二の三、巻三の一の造型的特質をめぐって――」〔日本文芸研究会［東北大学文学部国語学国文学研究室内］《文芸研究》第 125 集、p.11~19.〕★文学的研究。

1990 [9] 原田　松三郎 「量詞に付く数詞〈一〉の省略について」〔神戸市外国語大学研究会《神戸外大論叢》第 41 巻 4 号、p.25~32.〕★中国語について。

1990 [10] 山田　有策《ゆうさく》 「〈三〉という数字の物語――「銀短冊」論」〔東京大学国語国文学会《國語と國文學》第 67 巻第 10 号（三好行雄教授追悼）、p.28~36.〕★泉鏡花『銀短冊』における数 3 の多用について。

1990 [11] 三保　忠夫 「敦煌簡牘資料における量詞の考察」〔島大国文会［島根大学法文学部国語学国文学研究室内］《島大国文》第 19 号、p.1~14.〕

1990 [11] 榊原　邦彦 「數字の音讀」〔国語問題協議会《國語國字》第 150 号、p.12~17.〕

1990 [12] 三保　忠夫 「居延簡牘資料における量詞の考察」〔《島根大学教育学部紀要（人文・社会科学編）》第 24 巻第 2 号、p.1~26.〕

1990 [12] 福居《ふくい》　誠二《せいじ》 「音調による数字列の区切り」〔《聖和大学論集》第 18 号（創立 110 周年記念論文集）、p.27~34.〕★近畿方言アクセントで数字列（数字の羅列）を読む場合、そのピッチの違いによってどのような区切りを知覚するか、について。

1991 [2] 太田　聡《さとし》 「助数詞考」〔《山口大学教養学部紀要》第 24 巻（人文社会科学）、p.99~104.〕★おもに漢語の助数詞の形態変化についてで、新見なし。

1991 [2] 山田　俊雄 「（詞苑間歩　百三十四）三十一字」〔《木語《もくご》》第 13 巻第 2 号（通巻第 137 号）、p.14~15、木語発行所。［国立国会図書館蔵］〕［再録：山田 1991 [9]］★短歌を意味する「みそひともじ」という言い方の歴史。

1991 [3] 安田　尚道 「人数詞」〔国語学会《國語學》第 164 集、p.29~42.〕【本書第一七章】

1991 [3] 井島　正博 「数量詞の多層的分析」〔《山梨大学教育学部研究報告》第 41 号第 1 分冊（人文社会科学系）、p.10~22.〕

1991 [3] 岡田　正彦 「時間名詞の一側面――「二」をとるばあいととらないばあいについて――」〔横浜国立大学国語国文学会《横浜国大国語研究》第 9 号、p.39~46.〕★数詞にはほとんど触れない。

1991 [3] 松本　曜《よう》 「日本語類別詞の意味構造と体系――原型意味論による分析――」〔日本言語学会《言語研究》第 99 号、p.82~106.〕

1991 [3] 村山　七郎 「日本語及びアイヌ語についての一考察」〔大東文化大学語学教育研究所《語学教育研究論叢》第 8 号、p.25~44.〕［再録：村山 1992 [4]］★「2. ツングース語系の日本語数詞」で日本語の数詞をツングース語と関係づける。

1991[3]　吉原　奈穂子　「数量、時の表現を扱う文法」〔東京女子大学学会日本文学部会《東京女子大学日本文学》第 75 号（水谷静夫教授記念号）、p.124~136.〕

1991[3]　前田　弘幸　「数量の小量性を強調する「モ」について～尺度の無標方向性および否定の働き～」〔大阪女子大学《女子大文学　国文篇（大阪女子大学国文学科紀要）》第 42 号、p.21~43.〕

1991[3]　鈴木　久男　「四方赤良（蜀山人）のそろばんと算数」〔大東文化大学経済学会《経済論集》第 52 号（河野一英教授中野敏雄教授古稀記念論文集）、p.143~169.〕★数詞や算盤のことを詠み込んだ狂歌を集める。

1991[3]　中村　浩一《こういち》　「「古今小説」にみられる量詞」〔《大東文化大学紀要》第 29 号〈人文科学〉、横 p.57~70.〕★『古今小説』は中国の宋・元・明の短篇小説を集めた書。

1991[3]　若林　建志《たてし》　「中国語に於ける数詞と動詞との特殊な用法について――擬態語との接点となる場合」〔《東洋大学紀要　教養課程篇》第 30 号、p.143~155.〕

1991[5]　田島　智子　「貫之の慶賀表現――「ももとせ」と「よろづよ」をめぐって――」〔中古文学会《中古文学》第 47 号、p.1~10.〕

1991[5]　郭《かく》　安三《やすぞう》　「時辰詞のケフ・キノフ・ケサ・キゾ／コゾ」〔富士短期大学学術研究会《富士論叢》第 36 巻第 1 号、p.145~157（ほかに表 1 枚）〕

1991[6]　井上　博文　「方言類義語の世代差についての一考察――熊本県方言に於ける〈数量の多〉を表す数量関係の副詞語彙を中心に――」〔広島大学国語国文学会《国文学攷》第 130 号、p. 左 1~9.〕

1991[6]　桧山　久雄・池田　美津子　「数量限定語〈一＋量〉の考察―不定の標識と言われる用法をめぐって―」〔広島経済大学経済学会《広島経済大学研究論集》第 14 巻第 1 号（通冊第 69 号。黒住龔一・姜国昌両先生退任記念号）、p.9~25.〕★現代中国語の数量限定語「一個…」「一陣…」等について。

1991[7]　丹保《たんぼ》　健一　「「十本」は「じっぽん」か「じゅっぽん」か――「十」の仮名表記と発音をめぐって――」〔金沢大学教育学部国語国文学会《金沢大学　語学・文学研究》第 20 号、p.10~18.〕

1991[7]　佐治《さじ》　圭三　『日本語の文法の研究』、ひつじ書房。★ p.265~279 に佐治 1969[12] を再録。

1991[8]　太田　晶二郎　『太田晶二郎著作集』第 1 冊、吉川弘文館。★ p. 337~344 に太田 1979[8] を、p. 345~348 に太田 1981[7] を再録。

1991[9]　山田　俊雄　『ことばの履歴』（岩波新書　新赤版 188）、岩波書店。★ p.150~155 に山田 1992[2] を再録。

1991[11]　奥村　和美　「家持歌の日付について」〔京都大学文学部国語学国文学研究室《國語國文》第 60 巻第 11 号、p.1~18.〕

1991[11]　井上　博文　「方言類義語の世代差についての一考察（2）――熊本県方言に於ける〈数量の全〉を表す数量関係の副詞語彙を中心に――」〔佐賀大学教育学部国語国文学会《佐賀大国文》第 19 号、p.33~22.［横組み］〕

1991[11]　吉池　孝一　「蘇州方言の量詞をめぐる語と語との組合せについて」〔拓殖大学語

学研究所《語学研究》第 67 号、p.121~128.〕

1991 [11]　角谷　善朗　「Luther 訳新約聖書において複数の基数詞と共に用いられている名詞の語形について——新約聖書への序言に基いて——」〔慶応義塾大学法学研究会《教養論叢》第 88 号、左 p.30~58.（p.65~37.）〕

1991 [12] a　三保　忠夫　「『吐魯番出土文書』における量詞について」〔島大国文会［島根大学法文学部国語学国文学研究室内］《島大国文》第 20 号、p.1~16.〕

1991 [12] b　三保　忠夫　「中国古代墓葬出土簡牘資料における量詞の考察」〔《島根大学教育学部紀要（人文・社会科学編）》第 25 巻、縦 p.15~47.〕

1991 [12]　胡　婉如　「《研究ノート》現代日本語における時間の表現について」〔国語学研究と資料の会［早大文学部辻村研究室気付］《国語学　研究と資料》第 15 号、p.61~70.〕★数詞に触れることは少ない。

＊1991　山中　恵美子　「「も」の含意について　その 2 ——数量詞＋「も」を中心に——」〔《KANSAI LINGUISTIC SOCIETY》第 11 号〕

1992 [2]　寺島　利尚　「万葉集の音仮名「二」をめぐって——巻四の「二」・巻三旅人歌の「二」について——」〔東洋大学文学部国文学研究室《文学論藻》第 66 号（東洋大学文学部紀要第 45 集　国文学篇）、p.134~154.〕

1992 [3]　志甫　由紀恵　「中世軍記物語の数詞（『曽我物語』と『平家物語』の考察）」〔大阪樟蔭女子大学日本語研究センター《日本語研究センター報告》Vol.1, p.43~56.〕

1992 [3]　ハートル、ウォルター　H.（秋元実治《みのじ》訳）『数詞と内部空間——ギョーム理論から——』、勁草書房。★ Walter H. Hirtle 1982『Number and Inner Space, A Study of Grammatical Number in English』の翻訳。

1992 [3]　安田　尚道　「和語数詞による端数表現」〔『小林芳規博士退官記念国語学論集』、p.197~218、汲古書院〕【本書第九章】

1992 [3]　太田　晶二郎　『太田晶二郎著作集』第 3 冊、吉川弘文館。★ p.174~176 に太田 1974 [7] を再録。

1992 [3]　NHK 放送文化研究所　『NHK ことばのハンドブック』、日本放送出版協会。★「5　数字の発音」（p.293~315.）、「6　助数詞の使い方」（p. 317~327.）。日本放送協会 1987 [4]『NHK 放送のことばハンドブック』の改訂・改題本。

1992 [3]　広川　宣子《たかこ》　「日本語の概数表現——初級教科書を中心として——」〔東京女子大学言語文化研究会［東京女子大学現代文化学部内］《言語文化研究》創刊号、p.85~102；［英文要旨 p.128.］〕★外国人向け日本語教育初級教科書を論ずる。

1992 [3]　名村　忠雄　「和語数詞における倍数関係について」〔《聖カタリナ女子短期大学紀要》第 25 号、p.195~202.〕★学術的価値少なし。

1992 [3]　伊藤　三郎　「数を含む慣用句と諺（日・英比較して）」〔《名古屋女子大学紀要（人文・社会）》第 38、p.143~153.〕

1992 [3]　石井　博　「日本語と朝鮮語の数詞」〔早稲田大学理工学部一般教育人文社会科学研究会《人文社会科学研究》第 32 号、p.78~87.〕★石井「日本語アメ（雨）と朝鮮語 pi（雨）」〔同誌、p.67~77.〕に対する「付録ノート」。

1992[4]　村山　七郎　『アイヌ語の起源』、三一書房。★ p.199~222 に村山 1991[3] を再録。

1992[6]　三保　忠夫　「奈良時代の寺院縁起資財帳における助数詞の考察――古代中国における助数詞に触れて――」〔井上親雄・山内洋一郎［編］『〈継承と展開 1〉古代語の構造と展開』(研究叢書 116)、p.135~160、和泉書院〕

1992[6]　大島　稔　「類別詞のタイプ：北アメリカ北西部を中心として」〔宮岡伯人《おさひと》［編］『北の言語：類型と歴史』、p.109~127、三省堂〕★ギリヤーク語や北アメリカの先住民の諸言語の数詞について。

1992[6]　門脇　誠一　「朝鮮語・日本語と周辺の言語における名詞修飾構造：類別数詞との関係をめぐって」〔宮岡伯人［編］『北の言語：類型と歴史』、p.223~239、三省堂〕★日本語と周辺の諸言語における、数詞による名詞の修飾のしかたについて。

1992[6]　水谷　静夫　「新聞記事中の日附表現」〔計量国語学会《計量国語学》18 巻 5 号、p. 240~244.〕

1992[8]　田野村　忠温　「「さんがい（三階）」と「よんかい（四階）」」〔《いずみ通信》no.16、p.10~11、和泉書院〕

1992[9]　Curt M. Rulon　「THE PHONOLOGY OF JAPANESE NUMERAL CLASSIFIERS」〔《聖徳《しょうとく》学園岐阜教育大学紀要》第 24 集、p.1~27.〕

1992[10]　佐久間　淳一　「フィンランド語数量指示文の統語論的解釈」〔日本言語学会《言語研究》第 102 号、p.121~147.〕

1992[11]　安田　尚道　「『枕草子』の「ひてつくるまに」――沖縄などの方言における個数詞「ヒテツ」(1 個）をめぐって――」〔東京大学国語国文学会《國語と國文學》第 69 巻第 11 号、p.87~95.〕【本書第一一章】

1992[11]　仁田　義雄　「日本語名詞の数概念」〔文化言語学編集委員会『文化言語学――その提言と建設――』、p.608~593［横書き］、三省堂〕

1992[11]　橋本　邦彦　「複数性の意味論――「弱い言語相対説」に向けて――」〔文化言語学編集委員会『文化言語学――その提言と建設――』、p.992~978［横書き］、三省堂〕

1992[11]　金田一　京助　『金田一京助全集　第 1 巻（言語学)』、三省堂。★ p.193~198 に金田一 1933[11] を再録。

1992[12]　右田《みぎた》　伊佐雄《いさお》　『手まりと手まり歌――その民俗・音楽――』、東方出版。★数とり歌・数え歌の歌詞を挙げる。巻末に参考文献リストあり。

1993[1]　北原　博雄　「名詞依存性の数量詞と動詞依存性の数量詞」〔日本文芸研究会［東北大学文学部国文学研究室内］《文芸研究》第 132 集、p.41~49.〕

1993[1]　堀井　令以知《れいいち》　「序数詞について」〔今井文男先生喜寿記念論集刊行委員会『表現学論考　第三』、p.11~18、同刊行委員会［愛知淑徳大学内］〕★日本語に触れることは少ない。

1993[2]　室井　努　「羅葡日対訳辞書の数詞における和語・漢語の混用について」〔金沢大学国語国文学会《金沢大学国語国文》第 18 号、p.31~40.〕

1993[2]　三浦　香苗《かなえ》・竹添　久美　「幼児の十進法の理解」〔《千葉大学教育学部研究紀要》第 41 巻第 1 部、p.11~19.〕

1993[3]　安田　尚道　「日本語数詞研究文献目録」〔青山学院大学日本文学会《青山語文》第

23 号、p. 100~125.〕【安田 1996[3] と合わせてこの「日本語数詞研究文献目録」】

1993[3]　三保　忠夫　「高山寺本古往来の助数詞について」〔高山寺典籍文書綜合調査団《高山寺典籍文書綜合調査団研究報告論集　平成四年度》、p.35~50.〕

1993[3]　名村　忠雄　「続和語数詞攷」〔《聖カタリナ女子短期大学紀要》第 26 号、p.271~279.〕★古代語の和語数詞における複合数（1 位の数が基本数である 2 桁以上の数）について。学術的価値少なし。

1993[3]　四十谷《あいたに》　美佳　「「四十」を「あい」と読むことについて」〔金沢女子大学日本文学研究室《日本文学研究年誌》第 2 号、p.19~43.〕

1993[3]　安藤　重和　「紫式部集の節月意識をめぐって――「女院かくれさせたまへるはる」を中心に――」〔愛知教育大学日本文化研究室《日本文化論叢》創刊号、p.3~10.〕

1993[4]　池上　嘉彦　「（連載・日本語と日本語論―その虚像と実像⑧）文法範疇としての〈数〉（1）」〔《月刊言語》第 22 巻第 4 号、p.106~111、大修館書店〕

1993[5]　室井　努　「平安期の和語「暦日」について」〔日本文芸研究会［東北大学文学部国文学研究室内］《文芸研究》第 133 集、p.21~31.〕

1993[5]　三保　忠夫　「中世辞書類における助数詞について」〔鎌倉時代語研究会『鎌倉時代語研究』第 16 輯（小林芳規博士退官記念特集）、p. 139~167、武蔵野書院〕

1993[5]　塚本　勲　「高句麗・新羅・百済語の数詞と日本語」〔埴原和郎《はにはらかずろう》［編］『日本人と日本文化の形成』、p.87~108、朝倉書店〕

1993[5]　橋本　万平　「『延喜式』の定時法」〔日本歴史学会《日本歴史》第 540 号、p.79~82、吉川弘文館〕

1993[6]　三保　忠夫　「近世の往来物・書札礼における助数詞の考察――『女文通宝袋』について――」〔広島大学国文学会《國文學攷》第 138 号、p.16~31.〕

1993[6]　中川　裕（J.）「ブッシュマンの数詞」〔《月刊言語》第 22 巻第 6 号、p.12~17、大修館書店〕

1993[9]　久島《くしま》　茂　「日本語の量を表す形容詞の意味体系と量カテゴリーの普遍性」〔日本言語学会《言語研究》第 104 号、p.49~91.〕

1993[9]　角谷　善朗　「Luther 訳新約聖書において複数の基数詞と共に用いられている名詞の語形について――新約聖書への序言に基いて――（二）」〔慶応義塾大学法学研究会《教養論叢》第 94 号、左 p.1~29.〕

1993[10]　安田　尚道　「日数詞ムヨカ（6 日）について――『言海』に紛れこんだ東北方言――」〔松村明先生喜寿記念会『国語研究』、p.664~676、明治書院〕【本書第一六章】

1993[10]　井島　正博　「数量表現とモダリティ」〔松村明先生喜寿記念会『国語研究』、p.813~827、明治書院〕

1993[10]　松本　克己　「数の文法化とその認知的基盤」〔《月刊言語》第 22 巻第 10 号、p.36~43、大修館書店〕

1993[10]　篠原　俊吾　「可算／不可算名詞の分類基準」〔《月刊言語》第 22 巻第 10 号、p.44~49、大修館書店〕

1993[10]　NHK 放送研究部（浅井　真慧《まこと》）「（放送のことば）なぜ「3 階」は濁り「4 階」は

濁らないのか～ことばに関する相談から～」〔《放送研究と調査》第43巻第10号（第509号）、p.58~61、NHK出版〕

1993 11　田坂　昂『数の文化史を歩く』、風濤社。p.246. ★一般向け読み物。

1993 12　三保　忠夫「近世の往来物・書札礼における助数詞について」〔《島根大学教育学部紀要（人文・社会科学編）》第27巻第1号、p.35~71.〕

1993 12　水野　マリ子「否定対極のメカニズム——「魚一匹いない」と「一匹の魚もいない」」〔《神戸大学留学生センター紀要》第1号、p.39~45.〕

1994 2　三保　忠夫「永代節用無尽蔵・いろは節用集大成における助数詞（上）」〔島根大学教育学部国文学会《国語教育論叢》第4号（森下弘先生退官記念号）、p.35~48.〕

1994 3　久野　マリ子「南琉球方言の３３型アクセント——与那国方言の助数詞をめぐって——」〔《國學院大學日本文化研究所紀要》第73輯、p.532~505.［横書き］〕

1994 3　竹尾　利夫「万葉集の数字表記——人麻呂の用字意識を中心に——」〔中央大学国文学会《中央大學國文》第37号（大曽根章介教授追悼号）、p.4~13.〕

1994 3　長谷川　重和「数量詞の修飾について」〔大阪外国語大学留学生日本語教育センター《日本語・日本文化》第20号、p.1~17.〕

1994 3　厚谷　和雄「奈良・平安時代に於ける漏刻と昼夜四十八刻制」〔《東京大学史料編纂所研究紀要》第4号、p.1~14.〕

1994 5　清水　真澄「延慶本『平家物語』と〝十三日の物語〟——後白河院の供養を担った人々——」〔水原　一［編］『延慶本平家物語考証』三、p.157~180、勉誠社〕★『延慶本平家物語』における日付「十三日」の多用について。

1994 5　森　毅・伊藤　敏子・芳井　敬郎「（特集：暮らしの中の「七」）（座談会）暮らしの中の「七」」〔《フォークロア》第2号（《俳壇》4月臨時増刊）、p.20~33、本阿弥書店〕

1994 5　永田　久「（特集：暮らしの中の「七」）神話と「七曜」の世界」〔《フォークロア》第2号（《俳壇》4月臨時増刊）、p.34~39、本阿弥書店〕

1994 5　左方　郁子「（特集：暮らしの中の「七」）古典の世界にみる「七」」〔《フォークロア》第2号（《俳壇》4月臨時増刊）、p.53~56、本阿弥書店〕

1994 5　すぎもと　つとむ「（特集：暮らしの中の「七」）「七」とエティモロジー雑感」〔《フォークロア》第2号（《俳壇》4月臨時増刊）、p.57~61、本阿弥書店〕

1994 5　比嘉　康雄「（特集：暮らしの中の「七」）イザイホー祭祀における「七」（五）について」〔《フォークロア》第2号（「俳壇」4月臨時増刊）、p.62~70、本阿弥書店〕

1994 5　入江　英弥「（特集：暮らしの中の「七」）「七」をめぐる文献目録」〔《フォークロア》第2号（「俳壇」4月臨時増刊）、p.105~109、本阿弥書店〕

1994 6　清水　真澄「文学の歴史叙述に於ける遡及年号について——『平家物語』の紀年の問題から——」〔中世文学会《中世文学》第39号、p.73~85.〕★年の途中で改元があった際に、年初に遡って新しい年号を適用することについて。

1994 8　吉井　厳「日本書紀の記述（四）——日付け記述を中心に——」〔万葉学会《萬葉》第151号、p.1~30.〕

1994 9　北原　博雄「数量詞の連用修飾機能——数量詞と先行詞との関係——」〔日本文芸

研究会［東北大学文学部国文学研究室内］《文芸研究》第137集、p.72~63.［横書き］〕

1994[10]　前嶋　深雪　「室町末期前後の文献にみえる「ヨホウ」についての一報告」〔続群書類従完成会《ぐんしょ》再刊第26号（Vol.7、No.4）［通巻63号］、p.7~12.〕

1994[10]　森本　文子　「「初月」考」〔美夫君志会《美夫君志》第49号、p.41~52.〕★「初月」の訓（ミカヅキ、ユフヅキ、ハツ月）と意味について。

1994[11]　高田　時雄　「（漢字の履歴書⑧）「廿」と「卅」——合音字のはなし——〔《しにか》第5巻第11号、p.88~89、大修館書店〕

1994[11]　タマキ　ヒデヒコ・おばた　ただお・ミヤザワ　ヨシユキ　「「ゴロクジュウ」の書き方」〔カナモジカイ《カナノヒカリ》第860号、p.1108~1110.〕

1994[12]　高田　時雄　「（漢字の履歴書⑨）「壹」と「一」—大写のはなし—」〔《しにか》第5巻第11号、p.82~83、大修館書店〕

1994[12]　大山　元　「（小特集　日本語の数詞と方位）古代日本語の数詞と構造——マジャール語にも見られる奇妙な規則性——」〔《季刊　邪馬台国》第55号、p.140~144、梓書院、福岡〕★倍数法について。マジャール語（ハンガリー語）の数詞にも倍数法があるとする。学術的価値少なし。

1994[12]　安本　美典《びてん》　「（小特集　日本語の数詞と方位）日本語の数詞についてのメモ」〔《季刊　邪馬台国》第55号、p.145~149、梓書院〕★学術的価値少なし。

1995[3]　原沢　伊都夫《いつお》　「数詞の形態変化とその問題点」〔富士フェニックス短期大学《富士フェニックス論叢》第3号、左p.1~17.〕★日本語の数詞に助数詞「～本」「～冊」「～匹」「～個」などが付いた場合の「形態変化」について。

1995[3]　成井　惠子　「数詞のもつ抒情性についての考察—与謝蕪村の作品を中心にして—」〔茨城女子短期大学国語国文学懇話会《茨女国文》第7号、p.36~43.〕

1995[3]　松田　孝江　「フランス語の数詞について」〔《大妻女子大学紀要—文系—》第27号、横p.19~32.（p.182~169.）〕★20進法などについて。

1995[3]　宇都宮　裕章　「数量詞の機能と遊離条件」〔《共立国際文化》（共立女子大学国際文化学部紀要）第7号、p.1~27.〕

1995[4]　年代学研究会　『天文・暦《れき》・陰陽道〈年代学論集1〉』、岩田書店。

1995[8]　三保　忠夫　「日本書紀における助数詞について」〔鎌倉時代語研究会『鎌倉時代語研究』第18輯（故佐々木峻氏追悼号）、p.79~107、武蔵野書院〕

1995[10]　安田　尚道　「人数を意味しないヒトリ」〔築島裕博士古稀記念会『築島裕博士古稀記念国語学論集』、p.60~78、汲古書院〕【本書第一八章】

1995[10]　武井　睦雄　「一文字をたにしらぬものしかあしは十文字にふみてそあそふ——『土左日記』解釈上の一問題——」〔『築島裕博士古稀記念国語学論集』、p.122~137、汲古書院〕

1995[10]　三保　忠夫　「興福寺本大慈恩寺三蔵法師伝古点における助数詞について」〔『築島裕博士古稀記念国語学論集』、p.515~542、汲古書院〕

1995[10]　井島　正博　「数量詞とハ・モ」〔『築島裕博士古稀記念国語学論集』、p.1041~1062、汲古書院〕

1995[11]　宇都宮　裕章　「日本語数量詞体系の一考察」〔日本語教育学会《日本語教育》87号、p.1~11.〕

1996[1]　宇都宮　裕章「（特集　品詞とはなにか）数量詞の機能と形態」〔《国文学解釈と鑑賞》第 61 巻第 1 号、p.53~60、至文堂〕

1996[3]　安田　尚道「日本語数詞研究文献目録（2）」〔青山学院大学日本文学会《青山語文》第 26 号、p.223~238.〕【安田 1993[3] と合わせてこの「日本語数詞研究文献目録」】

1996[3]　室井　努「中世末期の数量表現——数量表現の語種と助数詞 - ツの用法とを中心に——」〔弘前学院大学国語国文学会《弘学大語文》第 22 号、p.1~10.〕

1996[6]　安田　尚道「一〇〇およびその倍数を表わす個数詞」〔山口明穂教授還暦記念会『山口明穂教授還暦記念国語学論集』、p.85~107、明治書院〕【本書第八章】

1996　Downing, Pamela『Numeral Classifier System：The Case of Japanese』、John Benjamins Publishing Company、Amsterdam/Philadelphia。

1997[7]　室井　努「古代の人数の表現について——「—ノヒト」の表現を中心に——」〔加藤正信［編］『日本語の歴史地理構造』、p.72~86、明治書院〕

1998[2]　安田　尚道「ヒトヒ（１日）とフタヒ（２日）」〔『東京大学国語研究室創設百周年記念国語研究論集』、p.493~508、汲古書院〕【本書第一五章】

1998[5]　小林　功長《かつなが》『数詞——その誕生と変遷——』、星林社。★一般向け読み物。

1999[3]　安田　尚道「ミソモジアマリヒトモジからミソヒトモジへ〔青山学院大学日本文学会《青山語文》第 29 号、p.180~192.〕【本書第一〇章】

1999[3]　室井　努「江戸期における古代の暦日表現観（上）——土左日記の日付の読み方をめぐって——」〔弘前学院大学国語国文学会《弘学大語文》第 25 号、p.23~30.〕

1999[3]（序）　飯田　朝子《あさこ》『日本語主要助数詞の意味と用法』（東京大学人文社会系研究科博士論文ライブラリー）（オンデマンド出版）

1999[4]　内林　政夫『数の民族誌——世界の数・日本の数——』、八坂書房。

1999[10]　松本　克己「（特集　世界を〝数える〟数詞から見たことばの不思議）世界言語の数詞体系とその普遍的基盤」〔《月刊言語》第 28 巻第 10 号、p.22~29、大修館書店〕★松本（2006）に再録。

1999[10]　井上　京子「（特集　世界を〝数える〟数詞から見たことばの不思議）助数詞は何のためにあるのか」〔《月刊言語》第 28 巻第 10 号、p.30~37、大修館書店〕

1999[10]　飯田　朝子「（特集　世界を〝数える〟数詞から見たことばの不思議）〈一個〉と〈一つ〉は置き換えられるか——いわゆるひとつの助数詞考」〔《月刊言語》第 28 巻第 10 号、p.38~41、大修館書店〕

1999[10]　清水　康行「（特集　世界を〝数える〟数詞から見たことばの不思議）日本語の数表現」〔《月刊言語》第 28 巻第 10 号、p.42~47、大修館書店〕★安田尚道（1972）「日数詞（上）（下）」、安田（1978）「古代日本語の数詞をめぐって」、安田（1991）「人数詞」、宮地敦子（1972）「数詞の諸問題」等の内容を紹介したもの。

1999[10]　内林　政夫「（特集　世界を〝数える〟数詞から見たことばの不思議）トキとカネにみる数の表現」〔《月刊言語》第 28 巻第 10 号、p.48~55、大修館書店〕

1999[10]　野崎　昭弘「（特集　世界を〝数える〟数詞から見たことばの不思議）驚異の和算術」〔《月刊言語》第 28 巻第 10 号、p.56~59、大修館書店〕

1999[10] 天岩　静子 「(特集　世界を〝数える〟数詞から見たことばの不思議) 数の発達心理学」〔《月刊言語》第 28 巻第 10 号、p.60~65、大修館書店〕

1999[10] 小馬《こんま》　徹 「(特集　世界を〝数える〟数詞から見たことばの不思議) 身体・社会・世界を貫くキプシギスの数」〔《月刊言語》第 28 巻第 10 号、p.68~71、大修館書店〕

1999[10] 金光《かねみつ》　仁三郎《じんざぶろう》 「(特集　世界を〝数える〟数詞から見たことばの不思議) 数のシンボル」〔《月刊言語》第 28 巻第 10 号、p.72~78、大修館書店〕

1999[10] 落合　仁司《ひとし》 「(特集　世界を〝数える〟数詞から見たことばの不思議) メタ言語としての数」〔《月刊言語》第 28 巻第 10 号、p.79~85、大修館書店〕

1999　Gvozdanović, Jadranka (ed.) 『Numeral Types and Changes Worldwide』(Trends in Linguistics ― Studies and Monographs 118)、Mouton de Gruyter、Berlin・New York。

2000[3] 室井　努 「江戸期における古代の暦日表現観（下）――真淵・宣長・藤井高尚の暦日観――」〔弘前学院大学国語国文学会《弘学大語文》第 26 号、p.1~9.〕

2000[11] 洪　藝芳 『敦煌吐魯番文書中之量詞研究』、文津出版社、台北。

2000　Aikhenvald, Alexandra Y.『Classifiers ―― A Typology of Noun Categorization Devices』(Oxford Studies in Typology and Linguistic Theory)、Oxford University Press、Oxford。

2001[1] 宇都宮　裕章 『数《かぞ》えることば――数えることをめぐる認識と日本語――』、日本図書刊行会（発行）、近代文芸社（発売）。★〝「人」はタリなので、ヒトタリがヒトリになった〟(p.87) 等、証拠に基づかない記述がある。

2002[3] 安田　尚道 「シ（四）からヨンへ――4 を表わす言い方の変遷――」〔青山学院大学日本文学会《青山語文》第 32 号、p.124~138.〕【本書第二〇章】

2002[6] 伊達《だて》　宗行《むねゆき》 『「数」の日本史――われわれは数とどう付き合ってきたか』、日本経済新聞社。★「第一章　古代の数詞」等で日本語の数詞について読み物風に述べる。

2004[3] 安田　尚道 「シチ（七）からナナへ――漢語数詞系列におけるナナの成立――」〔青山学院大学日本文学会《青山語文》第 34 号、p.130~141.〕【本書第二一章】

2004[4] 飯田　朝子『数え方の辞典』、小学館。

2004[11] 西光　義弘・水口　志乃扶［編］『類別詞の対照』（シリーズ言語対照第 3 巻)、くろしお出版。

2005[5] 安田　尚道 「古代日本の漢字文の源流――稲荷山鉄剣の「七月中」をめぐって――」〔青山学院大学文学部日本文学科［編］『文字とことば――古代東アジアの文化交流――』、p.107~123.〕★安田 1983[3] を一般向けに書き改めたもの。【本書第二三章】

2005[8] 飯田　朝子『数え方でみがく日本語』（ちくまプリマー新書)、筑摩書房。

2006[1] 室井　努 「今昔物語集の人数表現について――数量詞転移の文体差と用法および数量詞遊離構文に関して――」〔日本語学会《日本語の研究》第 2 巻第 1 号、p.64~77.〕

2006[3] 三保　忠夫 『数え方の日本史』(歴史文化ライブラリー 210)、吉川弘文館。

2006[11] 松本　克己 『世界言語への視座――歴史言語学と言語類型論――』、三省堂。★第 14 章に松本（1999）を再録。

2007[1] 安田　尚道 「〔書評〕三保忠夫著『木簡と正倉院文書における助数詞の研究』」〔日本語学会《日本語の研究》第 3 巻第 1 号、p.93~98.〕

2007[3]　久島　茂『はかり方の日本語』（ちくま新書）、筑摩書房。

2007[12]　松本　克己　『世界言語のなかの日本語――日本語系統論の新たな地平――』、三省堂。★「4.5　名詞の数と類別」（p.109~122.）

2008[3]　室井　努　「明代・清代中国の日本・琉球資料における日数表現とその周辺」〔金沢大学国語国文学会《金沢大学国語国文》第 33 号、p.40~31.〕

2009[6]　安田　尚道　「（特集　助数詞・類別詞について考える）古典語の数詞と助数詞」〔《日本語学》第 28 巻第 7 号、p.4~11、明治書院〕**【本書第三章】**

2009[6]　三保　忠夫　「（特集　助数詞・類別詞について考える）古文書の助数詞」〔《日本語学》第 28 巻第 7 号、p.12~21、明治書院〕

2009[6]　水口　志乃扶　「（特集　助数詞・類別詞について考える）類別詞から日本語を考える」〔《日本語学》第 28 巻第 7 号、p.22~31、明治書院〕

2009[6]　飯田　朝子　「（特集　助数詞・類別詞について考える）現代日本語の助数詞――ものの捉え方で決まる数え方――」〔《日本語学》第 28 巻第 7 号、p.32~41、明治書院〕

2009[6]　李《リ》　在鎬《ジェホ》　「（特集　助数詞・類別詞について考える）多変量解析による助数詞の分析――話し手の視点を反映する助数詞――」〔《日本語学》第 28 巻第 7 号、p.44~57、明治書院〕

2010[3]　安田　尚道　「ヨン（四）とナナ（七）」〔青山学院大学日本文学会《青山語文》第 40 号、p.1~14.〕**【本書第二二章】**

2010[3]　室井　努　「土左日記の暦日「はつかあまりひとひのひ」についての考察」〔金沢大学国語国文学会《金沢大学国語国文》第 35 号、左 p.1~10.（p.72~63.）〕

2011[3]　安田　尚道　「日本語数詞の倍数法について」〔坂詰力治［編］『言語変化の分析と理論』、p.334~348、おうふう〕**【本書第五章】**

2011[6]　窪薗《くぼぞの》　晴夫『数字とことばの不思議な話』（岩波ジュニア新書）、岩波書店。

2012[3]　安田　尚道　「数詞研究四〇年」〔青山学院大学日本文学会《青山語文》第 42 号、p.1~9.〕★特に新見はないが、確実な用例を追加した。

日本語数詞の歴史的研究

安田尚道 著

武蔵野書院

まえがき

1　本書はこれまでに雑誌や記念論文集などに発表してきた論文を集成して補訂し、さらにいくつかの新稿を加えたものである（詳しくは、あとがき参照）。第一章と、本書の結論とも言うべき第二章ははじめに読んでほしい。

2　既発表のものには様々な加筆・訂正を加えた。

2・1　用語やスタイルの統一をはかった。

2・2　本文の改訂、用例の追加・削除を行なった。このため用例番号は初出と一致しない場合がある。

2・3　改訂は、本文に手を入れた場合（特に断らない）と、末尾に「補説」を記した場合と、さらにその両方の場合とがある。ただし、「追記」は初出当時のものである。

2・4　大幅な改変を行なった章もある。

3　論文名は「　」で、書名は『　』で、雑誌名は《　》で括った。漢字の旧字体・新字体は実際の論文名・書名・雑誌名の字体によった。ただし、編著者名は新字体に統一した。

4　研究論文・研究書（リストは巻末の「参考文献一覧」）の引用にあたって、【　】内は安田が補ったもの、「〈略〉」あるいは「……」は安田が省略した部分である。

5　用例の扱い方。

5・1　本文はできるだけ複製本・版本や写真によったが、活字翻刻によったものもある（依拠本のリストは巻末

の「用例一覧」）。

5・2　各章ごとに用例に番号を①から振る。

5・3　濁点・句読点は補わない。ただし、万葉仮名文献については、句の切れ目にスペースを置く。

5・4　濁点等を補ってある活字翻刻（たとえば『新編国歌大観』『うつほ物語（前田本）』）によった場合、濁点等は翻刻のままとする。

5・5　用例文中の該当語は、見やすいようゴチック活字とする。

5・6　原文における小字二行割りの部分は、長い場合は小字にせず《　》で括って示す。

5・7　作品の成立年または刊行年を書名の前にアラビア数字で記すことがある。写本の年代を示す場合は写本名の前にアラビア数字で記す。

5・8　用例の引用に際して途中を省略する時は「……」とする。

5・9　歌に歌番号を記す場合は、『万葉集』と八代集は松下大三郎・渡辺文雄『國歌大觀』の番号、その他は『新編国歌大観』の番号による。

5・10　現代の国語辞典では、白抜き数字その他その辞書独自の表記があるが、引用する際は一般的な表記に改めた場合がある。

6　日本語をローマ字表記する場合、ヤ行子音は **yatu**、**muyuka** のように y を用いた（引用部分は当然、原文どおり）。音声記号による場合は［jatu］［mujuka］である。

7　上代語をローマ字表記する場合、音節の甲類、乙類は「$\mathrm{fi_1to_2tu}$」のようにアラビア数字の1（甲類）、2（乙類）で示す。

目次

第一章　日本語数詞のさまざまな系列

はじめに

日本語において用いられてきた日本語本来の数詞について考えるのが本書の目的である。この日本語本来の数詞（以下、「和語数詞」と呼ぶ）については、明治時代の末以来、日本語系統論の方面から注目され、東洋史学者の白鳥庫吉や言語学者の新村出などがいくつかの論文[1]を発表しているが、それらは〝そと〟との比較を急ぐあまり、和語数詞が古くはどういう語形を持っていたのか、という最も基本的なことがらの究明をおこたっている。一方、国語史学者による実証的研究も決して多くない[2]。

現代でもそうであるが、数詞は古くから表意文字である漢字（漢数字）で表記されることが多い。そのため、数詞の古い語形について論ずるには、仮名やローマ字で書かれた確実な用例を探し出すことが先決であるが、これにはかなり手間ひまがかかる。しかも、そうして手間をかけて得られた〝用例〟には、学者・文人・歌人が勝手に作り上げた擬古語も少なくないし、現代の学者が机上で類推により作り上げた形もありうるから[3]、十分に吟味する必要がある。そうしなければ、実在しない架空の語形に基づく無意味な論が行なわれることにもなりかねないのである。

第一節　和語数詞の分類

現代日本語の数詞はいくつかの系列に分かれる。

まず語種から、以下の三系列に分けられる。

和語数詞

漢語数詞

外来語数詞

和語数詞はさらに、語形の上からも意味の上からも、少なくとも以下の四系列に分ける必要がある。

(1) 個数詞《こすうし》――ヒトツ・フタツ・ミッツ・ヨッツ・イツツ・ムッツ・ナナツ・ヤッツ・ココノツ・トー・ハタチ〔年齢〕・ミソジ〔年齢〕・ヨソジ〔年齢〕・イソジ〔年齢〕・イクツ〔疑問〕

(2) 日数詞《にっすうし》――フツカ・ミッカ・ヨッカ・イツカ・ムイカ・ナノカ・ヨーカ・ココノカ・トーカ・ハツカ

(3) 人数詞《にんずうし》――ヒトリ・フタリ・イクタリ〔疑問〕

(4) 唱数詞《しょうすうし》――ヒー・フー・ミー・ヨー・イツ・ムー・ナナ・ヤー・ココ（コノ）・トー

(1)の個数詞は、「ヒトツ」「フタツ」「ミッツ」「トー」「ハタチ」等の形で用いられるほかに、末尾の「ツ」「チ」を除いた「ヒト-」「フタ-」「ミ-」「ハタ-」等の形（「トー」は「ト-」）に助数詞が付いて「ヒトエ（一重）」「フタエ（二重）」「ヤエ（八重）」「トエハタエ（十重二十重）」「ヒトサラ（一皿）」「フタサラ（二皿）」「ヒトフリ（一振）」「フタフリ（二振）」「ヒトタビ（一度）」「フタタビ」「ミタビ」のようにも用いられる。この「ヒト-」「フタ-」「ミ-」「ハタ-」等を「個数詞語幹」と呼ぶことにする。個数詞について詳しくは第六章・第七章・第八章で述べる。

(2)の日数詞は、一般には、〝フタツ・ミッツ・ハタチ等の末尾のツ・チを除いた部分に「カ」が付いたもの〟と説明される。しかしこれでは、フツカ・ムイカ・ナノカ・ヨーカ・ハツカの形は説明できない。また、たとえば「フツカ」は、〝日数二つ〟の意（算日用法）と〝暦月の二番目の日〟の意（暦日用法）があるから、日数詞はさらに算日用法と暦日用法とに分ける必要がある。日数詞について詳しくは第一三章で、暦日表現について詳しくは第一四章で述べる。

(3)の人数詞は、一般には、〝ヒトツ・フタツ等の末尾のツを除いた部分に「リ」または「タリ」が付いたもの〟と説明される。しかし実際には、これでは説明できない「イトリ（5人）」という形もあったし、6人以上は「リ」「タリ」が付くのではない言い方をしたらしいのである。人数表現について詳しくは第一七章・第一八章で述べる。

(4)の唱数詞は、物の数を口で唱えながら数えるときのことばである。詳しくは第一九章で述べる。

以上の(1)〜(4)の具体的な古い語形については第二章で概観する。

第二節　漢語数詞

漢語数詞は、つぎのように、いろいろな漢語助数詞と組み合わせることにより数量を表わし、さらに順序なども表わす。

鉛筆一本、皿一枚、パン一個、鼠一匹、一番の成績、第二の問題、一位になる、一月三十日、一たす二は三

語形の面では、計算などの場合を除けば、すべて［漢語数詞 + 漢語助数詞］という単純な形である（計算では、助数詞の付かない形が用いられる）。

日本語の数詞の歴史は、大きな流れとしては、和語数詞が次第に漢語数詞に取って代られていく、というものであったわけだが、逆に漢語数詞が和語数詞に取って代られることもあった。それは「シ（四）→ヨン」、「シチ（七）→ナナ」という変化で、この変化について詳しくは第二〇章・第二一章・第二二章で述べる。

第三節　外来語の数詞

外来語の数詞は、英語起源のものが圧倒的に多い。

英語に由来するものは、「ワン・ツー・スリー・フォー（フォア）（one, two, three, four）……」であるが、実際の使い方を見ると、外来語名詞と共に使うのが普通であり、日常語として使うことは比較的まれである。
(1)掛け声としての「ワン・ツー・スリー・フォー」。
(2)野球用語――「ツーボール　ワンストライク」「スリーアウト」「フォアボール」等。
(3)ゴルフ用語――「ツーボギー」「スリーバーディー」等。
(4)日常語――「この豆腐はワンパック一〇〇円です」は普通に言えるが、「豆腐をスリーパック下さい」とは言いにくい。まだしっかり定着しているとは言えない。
(5)その他――「ベストフォー」「ベストテン」「ツーウエー」「ツーピース」等。
フランス語に由来するものは、バレエの拍子をとる掛け声としての「アン・ドゥー・トロワ（un, deux, trois）」。

ドイツ語に由来するものは、掛け声としての「アインス・ツヴァイ・ドライ（eins, zwei, drei）」。

近代中国語に由来するのは、麻雀用語の「イーチャン（一荘）」、「リャンコ（両個）」等。「イー」や「リャン」が数詞として機能しているのではなく全体で一語と見るべきであろう。

以上のように、外来語の数詞は日常生活で使われているわけではなく、特定のスポーツ・ゲームの用語として用いられるものが多い(4)。

要するに外来語の数詞は、現代でも日本語の中に定着しているとは言えないのである。

第四節　「基数詞」と「序数詞」

英語・ドイツ語・フランス語・ラテン語などのヨーロッパ語では、数量表現と順序表現とで用いる数詞の語形がまったく異なることがある。以下に、英語とラテン語を5まで挙げる。

		1	2	3	4	5
英語	数量	one	two	three	four	five
	順序	first	second	third	fourth	fifth
ラテン語	数量	unus	duo	tres	quattuor	quinque
	順序	primus	secundus	tertius	quartus	quintus

「one」と「first」、「two」と「second」、「unus」と「primus」、「duo」と「secundus」は、それぞれ語源的にまったく別のもので、したがって語形に共通点がない（ドイツ語・フランス語なども同様）。そこで、「cardinal number（基数詞）」と「ordinal number（序数詞）」を立てるわけである。

この「基数詞」「序数詞」という分類は日本語文法でもかなり無批判に適用されることが少なくない。たとえば、小林好日《よしはる》は小林（1922, p.114, p.121）で日本語数詞を「基數詞」と「序數詞」とに分けており、小林（1944, p.292）でも以下のように言う。

數詞は他の國語と同じく之を基數詞と序數詞とに分けることが出來る。

確かに数量と順序は別のものだから、数量表現と順序表現とを区別することは意義がある。しかし、それは意味の上での区別であって、日本語に「基数詞」「序数詞」と呼ぶべきものがあるのかどうかはきちんと検討しなければならないのだが、その検討がおろそかになっている。

　こういう扱いに対して、大槻文彦（1897, p.41~42）がすでに批判している。

> 西洋ニテハ、數詞【という品詞】ヲ獨立ニ立ツル國モアリ、英文典ノ如キハ、形容詞ノ中ニ入ル。而シテ、彼ニハ、順序數詞トイフモノアリテ、其語形ヲ變ジナドシテ、「第一ノ、」二番ノ、」三號ノ、」四ツ目ノ、」ナドノ意ヲ成ス。或ル國語文典ニハ、彼ニ模倣シテ、順序數詞ヲ立テタルモアレド、順序ノ意ハ、添ヘタル「第、」番、」號、」目、」等ニアリテ、數詞ニハ與カラズ。

東条操（1937, p.262）も言う。

> 一般の文典では數詞を分けて基數詞と序數詞とする。これは元來、英文典などの模倣によるものであるが、國語には one, two, three に對する first, second, third のやうな特別な形はなく「一つめ」「二つめ」とか「第一」「第二」とか接尾辭や接頭辭を基數に加へて現すのが常である。

　しかし実は平安時代~室町時代には、従来の文法書などには触れられていない方式の順序表現もあったのである。小松登美（1967）が、平安時代の仮名文における和語数詞を用いた順序表現には以下の三通りがあることを指摘している。

タイプ1――「数詞―に―あたる―体言」
タイプ2――「数詞―と―いふ―体言」
タイプ3――数詞をそのまま用いた、文脈に依存したもの

以下に用例をいくつか示す。

[タイプ1の例]

①**ひとりにあたる**女ごなん〔984『うつほ物語』（前田本）春日詣〕

②かの大将の**こゝのへ《つイ》にあたる**むすめは、よりあきらがわらはべ【=頼明ノ妻】にてなんはべる〔同、嵯峨院〕

③やにはに八人きりふせ、**九人にあたる**かたきか、甲の鉢《ハチ》に、あまりにつようちあて、、〔『平家物語』（高野本）四・橋合戦〕

[タイプ2の例]

④海にた、よひて**五百日と云**たつの時はかりに〔923『竹取物語』（古活字十行本）〕

⑤それよりにしへゆけば、七の山にな、つ《ママ》の人ありて、いひしがごとくにすむ所にいたりぬ。**ひとつといふ**山をみれば、せんだむのきの木かげに、〈略〉琴ひく人、年三十ばかりにてあり。〈略〉山のあるじ、〈略〉としかげとつらね給て、**ふたつといふ**山に入給時に、その山のあるじめづらしがり給。〈略〉あるじあはれがりて、三人つれて**三といふ**山に入給。そこにもおなじごとの給て、四人つれて**四といふ**山にいり給。〔984『うつほ物語』（前田本）俊蔭〕

⑥かぜにまかせて行《ゆく》ほどに、**八十余日《よにち》と申**には、又あるしまへぞつき給ふ。〔『御伽草子　御曹司島渡』〕

⑦御舟《ふね》をこぎいだし、日かずつもりて**七十二日と申**に、又ある島につき給ふ。〔同〕

[タイプ3の例]

⑧そもくうたのさまむつなり〈略〉このむくさの**ひとつ**にはそへうた〈略〉**ふたつ**にはかぞへうた〈略〉**みつ**にはなすらへうた〈略〉**四**にはたとへうた〈略〉**いつゝ**にはたゝことのうた〈略〉**むつ**にい《は》はゐうた〔905『古今和歌集』（筋切本）仮名序〕

⑨かんだちめ、みこたち、かたわきてくらべたまふ。〈略〉**六**右かつ。**ななつ**左かつ。**八**右かつ〔984『うつほ物語』（前田本）祭の使〕

なお、『日本国語大辞典　第二版』では、タイプ1の方式は「あたる（当）」の項で取り上げ、タイプ2の方式は「と言う」の項（助詞「と」の小見出し）で取り上げている。

第五節　個数詞語幹の諸用法

個数詞のヒトツ・フタツ・ミッツ・ヨッツ・イツツ・ムッツ・ナナツ・ヤッツ・ココノツ・トー・ハタチ・ミソジ・ヨソジ・イソジ・イクツから末尾のツ・チ／ジ（ヂ）を除いたものを「個数詞語幹」と呼ぶことにする。

現代における個数詞語幹の用法は、後ろに助数詞を付けるものであるが、古くはこの他にもいくつかの用法があった。詳しくは第六章第五節で述べる。

第六節　和語数詞の諸系列の発見

以上のように、和語数詞はいくつもの系列に分ける必要があるのであるが、このことを最初に明確に述べたのは小泉保（1963）のようである。しかし、小泉は個数詞・人数詞などの各系列に名称を付けず、発表場所も英語教育者向けのものであったため、国語学者・言語学者に影響を与えることはなかった。

本書では以下の各章で、和語数詞の古い形がいかなるものであったか、を中心に述べる。

注

（1）以下のような論文がある。

白鳥庫吉（1909）「日韓アイヌ三國語の數詞に就いて」

白鳥庫吉（1936）「日本語の系統―特に數詞に就いて―」

新村　出（1916a, b）「國語および朝鮮語の數詞について」

白鳥（1909）は、「六（mu）八（ya）十（towo）の三數は各自三（mi）四（yo）五（itu）三數の母韻を變じたる」ものと見て、この方法で作れない「七（na-na）」「九（koko-no）」は、それぞれ「na-be na-si（並無）」の略、「kaga(me)na-si」の転訛だとするが、現在では、この語源説に賛成する国語学者・言語学者はほとんどいないであろう。

（2）巻末の「日本語数詞研究文献目録」参照。

（3）和語数詞による端数表現・概数表現について、原田芳起（1962b, p.428）は言う。

「とをかあまり」「ふつかみか」「よたりいつたり」などの語彙が平安時代においてたしかに存在したことはまちがいない。

また、和語数詞による人数表現について、築島裕（1965b, p.33）は言う。

ヒトリ（一人）、フタリ（二人）、ミタリ（三人）、ヨタリ（四人）、イツタリ（五人）、ムタリ（六人）、ナナタリ（七人）、ヤタリ（八人）、ココノタリ（九人）、トタリ（十人）、モモタリ（百人）

のように用いられた。

また、前田富祺《とみよし》も、亀井孝・河野六郎・千野栄一（1989）『言語学大辞典　第2巻』（p.1675）で言う。

人を数える場合には、「―り」が付いて、「ひとり」「ふたり」「みたり」「よたり」「いつたり」「むたり」「ななたり」「やたり」「ここのたり」「とたり」となる

さらにまた、窪薗《くぼぞの》晴夫（2011, p.66）も、「みたり、よたり、いつたり、むたり、ななたり、やたり、ここのたり、と

たり」という形があったとしている。

築島も前田も窪薗も、年代については言及していないが、少なくとも平安時代にはこれらの語があったと考えていると見てよかろう。しかし、実際に用例を調べてみると、ヤタリは一一七〇年頃の『今鏡』に例があるが、イツタリ・トタリは鎌倉時代末期の『釈日本紀』の例が初出のようだし、ムタリ・ナナタリ・ココノタリ・モモタリは江戸時代の例しかなく、それも決して広く用いられたのではないのである。人数詞について詳しくは第一七章参照。

松本克己（1975, p.136~137）も10を表わす上代語について言う。

語頭に用いられる to（e.g. to-tuka〔十握〕, to-tari〔十人〕etc.）は仮名表記例は見出されないが、「然れ十（do_2）も」（万1232）の如く、o_2 相当の位置に訓仮名として用いられている。

松本はトタリ（10人）という語が上代に存在したと考えているわけである。

（4）外国でも、特定の業務に関しては〝本国〟の数詞を用いることがある。

［a］風間喜代三（1993, p.171）によれば、〝ヒッタイト語（今のトルコのあたりで話された古い印欧語の一つ）で書かれた馬の調教関係の文書では、インドのサンスクリットの数詞に酷似した数詞1、3、5、7、9が用いられていた。たとえば「一周」を aika-vartanna- と言うが、サンスクリットでは「1」は eka- である。〟「これらの数詞は日常生活に使われていたものではなくて、調教のための専門用語である。」と風間は言う。これによって、ヒッタイトの馬調教術はインドの方から伝えられた、という背景が窺われる。

［b］市河三喜（1935, p.45）は言う。

最近まで北部イングランドの湖水地方の羊飼ひは羊を數へる時だけケルト語の數詞の訛つたのを使つて居たといふ。丁度骰子の目を數へる時にフランス語の訛りの ace, deuce, trey(tray), quatre(or cater), cinque, sice(size) 等が英語でも知られてゐるやうに。

第二章　日本語数詞の古い形

はじめに

日本語で用いられる数詞には、日本語本来の数詞（以下、「和語数詞」と呼ぶ）と漢語の数詞（以下、「漢語数詞」と呼ぶ）とがある。

和語数詞にはいくつもの系列があるが、各系列について、文献に現れる古い形を示し、さらにもっと古い形を推測することにしよう。

なお、本章はもともと一般の読者むけに書かれたものなので、用例は最小限しか挙げていない。詳しくは、第三章以下を見てほしい。

第一節　和語数詞の分類

和語数詞は、その語形の上から、少なくとも次の三系列に分ける必要がある。

(1)個数詞（ヒトツ・フタツ、……）
(2)日数詞（フツカ・ミッカ、……）
(3)人数詞（ヒトリ・フタリ、……）

日数詞や人数詞は、一般には、〝数詞（厳密には、ここにいう「個数詞」の語幹）に助数詞のカやリ・タリがついたもの〟とされる。しかし、もしそうであるのならば、日数詞の2日・7日・20日はフタカ・ナナカ・ハタカという形でなければならないが、そのような語は全く存在しない。また人数詞についても、平安時代には5人はイトリという形であって、単に個数詞語幹にリ・タリを付けるのではないのである。

以下、個数詞、日数詞、人数詞の順で見ていくことにしよう。

第二節　個数詞

個数詞は、語形に関しては比較的、問題が少ない。現代語で用いられるのは、ヒトツ・フタツ・ミッツ・ヨッツ・イツツ・ムッツ・ナナツ・ヤッツ・ココノツ・トー（←トヲ）と、年齢についてだけ用いるハタチであるが、さらに、不定・疑問のイクツも「数詞」としてここにいれておこう。

3・4・6・8は、一六〇〇年前後のキリシタンのローマ字資料では促音化しておらず、ミツ・ヨツ・ムツ・ヤツという形であった。

30・40・50・60・80は1603~1604『日葡辞書』の見出しにもミソヂ・ヨソヂ・イソヂ・ムソヂ・ヤソヂという形であらわれるが（70・90はのっていない）、当時すでに日常語ではなく歌語であり、用法も年数・年齢に限定されている。このミソヂ・ヨソヂ、……のヂは、古くは清音のチであったかと思われる。それは、752『仏足石歌』に、

○弥蘇知阿麻利　布多都乃加多知【三十《みそち》余り二つの相《かたち》】

とあって、30はmi_1so_1tiであったようであるし、[1] 20は昔も今もハタチであるからである。なお、平安時代にミソチであったかミソヂであったかは、確実な資料がなく不明である。

平安時代までさかのぼると、ハタチ・ミソヂ、……は年数・年齢に限定されずに、広く用いられたが、この時代

（およびそれ以前）には個数詞の用法自体が現代よりも広く、人や鳥獣を数えるのにも用いられている。

○耶麻鶏播爾　烏志賦柁都威底【山川《やまがは》に鴛鴦《をし》二つ居《ゐ》て】〔720『日本書紀』巻25・歌謡113番〕

○その山【＝富士山】はこゝにたとへばひえの山【＝比叡山】を**はたち**ばかり重ね上げたらんほどして〔957『伊勢物語』第9段〕

○これは糸の所。ごたち【＝女房タチ】**はたち**ばかりいて、糸くりあはせなど、てごとにす〔984『うつほ物語』（前田本）吹上・上〕

○中納言殿にいとかしこき【＝立派ナ】うま**二つ**、世に名高き箏《さう》二つ奉り給ふ〔986『落窪物語』巻3〕

個数詞の30・40・60・70・80・90は、それぞれ個数詞3〜4、6〜9の語幹に「ソヂ」を付けた形であるわけだが、50のイソヂだけは例外となる。このイソヂという形は一一世紀末に現われるもので、さらに古くはイチと言ったらしい[2]。それは、759『万葉集』に「五十戸常【＝言へど】」（巻4・674番）、「五十寸手【＝生きて】」（巻12・2904番）のような借訓表記があり、また、50日はイカと言ったからである。

個数詞から末尾のツ（またはチ・ヂ）を除いたもの、すなわち個数詞語幹には名詞や助数詞が付く。この助数詞というものは西洋人にとっては非常にめずらしいものに映るようだが、言うまでもなく中国語にもあるし、ビルマ語にもあるという。

ギリヤーク語では、**表1**に示したように、1から5までは、日本語と同じように、

表1　ギリヤーク語の数詞

	1	2	3	4	5
数の列挙	njakkar	mjakkar	žakkar	nukyr	tokyr
人	njeenyn	mjeenyn	žakkar	nuuryn	tooryn
獣，鳥，魚	njaan	maar	žakkar	nuur	toor
指	njux	mjux	žox	nuwux	toor
眼球，石，貨幣，刃物など	niix	miix	žax	nux	tox
骨片，毛髪，樹木，箸，紐，針，糸など	njax	mjax	žax	nux	tox
舟，鍋，皿	nim	mim	žem	num	toom

数えられる物の種類・形状によって数え方が何通りにもわかれるが、いずれも、助数詞の部分と数詞の部分をきれいに切り離すことは困難である。(3) おそらくギリヤーク語の場合は極めて古い段階で数詞と助数詞とが融合してしまったのであろう。

これに対して日本語の日数詞や人数詞はどうであろうか。

第三節　日数詞

日数詞は、「きょうは一月イツカだ」のように暦の日付を言う場合と、「あとイツカで冬休みが終る」のように日数を数える場合との二つの用法（日付と算日）があるわけだが、1日（ツイタチ・イチニチ）以外は語形に区別がない。(4) 現代東京語では表2のように言う。平安時代の文献から帰納される形は表3のとおり。

ミッカ・ヨッカという、促音を含む形が本来のものでないことは確かなので、一般には、

ミカ→ミッカ　　ヨカ→ヨッカ

と考えられている。3日はたしかに仮名で「みか」と書いた例があるが、4日の仮名書き例はヨウカという形であらわれるのである。そしてこの形の方が、後に見るとおり、実はヨカよりも規則的な形なのである。

表2　現代東京語の日数詞

1	ツイタチ〔日付〕
2	フツカ
3	ミッカ
4	ヨッカ
5	イツカ
6	ムイカ
7	ナノカ，ナヌカ
8	ヨーカ
9	ココノカ
10	トーカ
20	ハツカ
30	ミソカ〔月末〕

表3　平安時代の日数詞

n	イクカ
1	ツイタチ〔日付〕 ヒトヒ〔算日〕
2	フツカ
3	ミカ
4	ヨウカ
5	イツカ
6	ムユカ
7	ナヌカ
8	ヤウカ
9	ココヌカ
10	トヲカ， トウカ（←トヲカ）
20	ハツカ
30	ミソカ
40	ヨソカ
50	イカ
100	モモカ

6日は、［ムイカ→ムユカ］だとする国語辞典が多いが、事実は逆である。ムイカの確実な例は一六〇〇年ごろまでしかさかのぼれないのに対して、ムユカは平安時代の確例がある。

7日は、東京ではナノカが主でナヌカはまれにしか聞かれないが、ナノカはごく新しい形らしい。江戸時代およびそれ以前の文献に見えるのはナヌカばかりで、現在までのところ、ナノカの例はまだ一つも見つからない【章末の補説を参照】。関西では現在でも老人はナヌカの方を使うようだから、関西でつくられた江戸時代以前の資料をいくら調べてもナノカの例を見つけるのは困難であろうと思われる。

8日は、ほとんどすべての国語辞典が、［ヤカ→ヤウカ（→ヨーカ）］だとし、〝用例〟として『古事記』や『日本書紀』を挙げている。しかし、これらの〝用例〟はいずれも、原文は漢字で「八日」と書かれているもので、これらに「ヤカ」という訓を付した写本・版本は本居宣長以前には全く存在しないのである。

712『古事記』上巻の天稚彦《あめわかひこ》の条の「日八日夜八夜以遊也」という一節について、宣長は『古事記伝』で次のように述べている（《　》内は、版本で小字二行割りになっている部分）。

> 日八日夜八夜《ヒヤカヨヤヨ》、八日は八夜《ヤヨ》に對《ムカ》ひたれば、耶比《ヤヒ》と訓べきが如くなれども、猶耶加《ヤカ》と訓べし、……《さて八日は、古今集などに耶宇加《ヤウカ》と見え、常にも然いへど、そは音便にて、耶《ヤ》を延《ベ》たるものにて、古言の正しき例には非ず、六日《ムカ》を牟由加《ムユカ》と云も同じ……》
>
> 〔十三之巻神代十一之巻〕

すなわち、「ヤカ」は本居宣長の創案したものなのである。宣長の言う「音便」というのは概念が明確でないが、要するに、〝au という母音連続を持つヤウカという語は本来の形ではなく、音変化の結果生まれた新しい形だ〟と考えたのである。

しかし宣長自身も述べているとおり、905『古今和歌集』(183番・詞書)にも仮名書きの「やうか」があり、その他にも、平安時代の数種の文献に「やうか」の例があるから、この時代にヤウカの形が実在したことは確実である。それを、上田万年《かずとし》・松井簡治(1915~1919)『大日本國語辞典』や大槻文彦(1932~1937)『大言海』が、宣長に盲従して「やか(八日)」の項をたて、〝用例〟まで付して〝ヤウカの古形〟と説いているため、以後、多くの国語辞典がこの偽古語ないし幽霊語を〝用例〟付きで載せることとなった。世上、権威ある辞典とされる新村出《しんむらいずる》『広辞苑』(第一版は1966)も例外ではない。

9日は、個数詞のココノツとの対比から、ココヌカよりもココノカの方が古いと思われがちだが、事実はその逆で、平安時代にはココヌカの形しか見えない。

2日・20日は、フツカ・ハツカであるが、『大言海』は、それぞれ「二日《フタカ》ノ轉」、「二十日《ハタカ》ノ轉」だとする。しかし、『大言海』自体にもフタカ・ハタカという項目はなく、そんな語形は全く存在しないのである。

さて、一般には、日数詞の語構成は、

個数詞語幹 + カ

であると考えられている。しかし、**表4**のように平安時代の日数詞の実際の形と個数詞とをならべてみれば、それが誤りであることはすぐにわかるであろう。

もしも日数詞が、「個数詞語幹 + カ」であるのならば、『大言海』などの説く如く、2日はフタカ、7日はナナカ、20日はハタカでなくてはならない。

ここで**表4**の日数詞の形をよく見ていただきたい。太字で示したとおり、多くの日数詞は -uka で終っているが、なぜuという母音があらわれるのか、n日・5日以外は、通説によってはどうしても説明できない。とすれば、むしろこのuはもともと存在していたものと考えるべきではないか。

すなわち、〝古くukaなる形態素があって、それが個数詞語幹に付いたのが現在見る日数詞のもとだ〟と考えるのである（表5参照）。

さて、こうして取り出された*ukaが本来はどんな意味であったのかという問題が残る。

今まで「日数詞」と呼んできたこの系列の数詞には、はじめにも述べたとおり、大きく分けて二つの用法がある。すなわち、

(1)きょうは一月イツカだ

(2)あとイツカで冬休みは終る

のように、(1)暦の日付を言う場合（暦日用法）と、(2)日数を数える場合（算日用法）とである。この(1)と(2)のどちらの言い方が本来のものなのかということは、いろいろむずかしい問題があって簡単には断定を下せないが、現在のところ、私は(2)の算日用法の方が古いのではないかと考えている。[5]

表4　平安時代の個数詞と日数詞

	個数詞	日数詞
n	iku-tu	ik**uka**
1	fito-tu	fltofi〔算日〕
		tuitati〔日付〕
2	futa-tu	fut**uka**
3	mi-tu	mika
4	yo-tu	yo**uka**
5	itu-tu	it**uka**
6	mu-tu	muy**uka**
7	nana-tu	nan**uka**
8	ya-tu	ya**uka**
9	kokono-tu	kokon**uka**
10	towo	towoka
20	fata-ti	fat**uka**
30	miso-ti	misoka
40	yoso-ti	yosoka
50		ika
100	momo-ti	momoka

表5　日数詞の祖形

n	ikuka←*iku-uka
2	futuka←*futa-uka
3	mika←*mi$_1$ka←*mi$_1$-uka
4	youka←*yo$_2$-uka
5	ituka←*itu-uka
6	muyuka←*muyu-uka
7	nanuka←*nana-uka
8	yauka←*ya-uka
9	kokonuka ← ko$_2$ko$_2$nuka←*ko$_2$ko$_2$no$_2$-uka
10	towoka←to$_2$woka←*to$_2$wo-uka
20	fatuka←*fata-uka
30	misoka←*mi$_1$so$_1$ka←*mi$_1$-so$_1$-uka
40	yosoka←*yo$_2$so$_1$ka←*yo$_2$-so$_1$-uka
50	ika←*i-uka
100	momoka←*mo$_1$mo$_1$ka←*mo$_1$mo$_1$-uka

第四節　人数詞

日数詞の場合にも、実際には漢字で書かれている場合がほとんどで、仮名（あるいはローマ字など）で書かれた確実な用例を探し出すことは容易ではないのであるが、人数詞の場合、確実な用例はさらに少ない。

現代東京語では人数は表6のように数え、完全に和語数詞を用いるのは1人と2人だけ（n人と4人は和漢混淆形）である。

一六〇〇年ごろのキリシタンのローマ字資料に見えるものも、表7に見るとおり、現代とあまり違わない。

現代語と大きく違うのはn人と4人である。3人は漢語数詞でサンニンと言うのに、4人でまた和語数詞を用いるのはちょっと妙であるが、これは、「四人《シニン》」が「死人」に通ずるとして避けられた結果であるらしい。

平安時代までさかのぼると、3人を仮名で「みたり」と書いた例がある。しかし大部分は漢字で「三人」と書かれており、サンニンと音読することも少なくなかったろうと想像される。

4人も仮名書きされることは稀であるが、平安時代にはヨタリという例がある（ヨッタリの例は見えない）。

5人を人数詞によって表現した仮名書き例は、平安時代の仮名文学作品には全く見えない。現存の写本・版本による限り、ほとんどみな漢字で「五人」と書かれていて、音読したのか訓読したのかわからないが、「五にん」と書いた例が1056『天喜四年皇后宮寛子春秋歌合』の日記（歌合の次第を記した文章）に二例あるので、当時の日常語とし

表6　現代東京語の人数表現

n	なんニン
1	ひとり
2	ふたり
3	サンニン
4	よニン
5	ゴニン
6	ロクニン
7	シチニン，ななニン
8	ハチニン
9	クニン，キュウニン
10	ジュウニン

表7　キリシタン資料の人数表現

n	いくたり	
1	ひとり	イチニン
2	ふたり	ニニン
3		サンニン
4	よったり	ヨニン
5		ゴニン
6		ロクニン
7		シチニン
8		ハチニン
9		クニン
10		ジュウニン

てゴニンという漢語数詞が使われていたことがわかる。

それでは5人を表わす人数詞はなかったのかというとそうではない。訓点資料には5人を意味するイトリという語があらわれる。『観智院本類聚名義抄』にも声点つきで載せられているし、この形は、ヒトリ・フタリ・ミタリ・ヨタリからは類推できないものであるから、学者が机上で作りあげたものではなく、実在したものと考えられる。

6人を和数詞で表現した例は『日本書紀』の平安時代後期〜末期の訓に見える。

韓奴室《カラヤツコムロ》・兄《エ》麻呂・弟麻呂・御倉《ミクラ》・小倉《ヲクラ》・針六口《ムユを》送大連　〔『日本書紀』（図書寮本）巻14〕

「室」以下「針」までは人名で、「六口」は「六人」に同じ。「を」はヲコト点で記されている。「ムユ」には声点が付されているが、このムユだけで人数を表わしたとはまず考えられない。おそらく、6人を表わす言い方の一部分だけを記したものであろう。訓点資料においては、語形の一部分だけ訓を記すということはよくあることである。

7人は、〔個数詞語幹 ＋「ノ」＋ 人を表わす名詞〕という言い方をしたものが平安時代に何例かある。

○やのうへに**なゝの法師**ありて経をよむ……**なゝの法師**たちまちにみえず〔984『三宝絵詞』（東大寺切）中巻第12話〕

○七人のともおなじ所にすまず。……**なゝのともがら**つどひて……〔984『うつほ物語』（前田本）俊蔭〕

また759『万葉集』の、

○古之　七賢人等毛　欲為物者　酒西有良師【古への七賢人等も欲《ほ》りせし物は酒にしあるらし】（巻3・340番）

○端寸八為　老夫之歌丹　大欲寸　九児等哉　蚊間毛而将居【はしきやし翁の歌におほほしき九児等哉かまけて居らむ】（巻16・3794番）

の「七賢人」「九児等哉」を、平安時代の写本の訓ではそれぞれナナノカシコキヒト、ココノノコラヤとよんでいるが、これらも右と同じ表現法によっている。

この、［個数詞語幹 ＋「ノ」＋ 名詞］、という言い方は、沖縄の宮古方言にもある。伊波普猷《いはふゆう》「琉球語の数詞に就いて」(6)に見えるもの（「宮古」とだけあって、くわしい地名は不明）と、沢木幹栄《もとえい》が調査した伊良部島の佐和田のもの（沢木の直接の教示による）を表8にならべて示しておく。

表8　宮古方言の人数表現

	沢木幹栄	伊波普猷
1	tavukjaa	tavkyā
2	futaa	futal
3	mɨtaa	mital
4	jutaa	yutal
5	icɨnupɨtu	itsĭnupsĭtu
6	mujunupɨtu	——
7	nananupɨtu	nananupsĭtu
8	jaanupɨtu	——
9	kukununupɨtu	——
10	tuunupɨtu	——
11	tuutavukjaa	——
12	tuufutaa	——
20	patanupɨtu	——
21	——	patanupsĭtu tavkyā
30	mɨsucɨnupɨtu	——
100	mumucɨnupɨtu	mumunupsĭtu

この場合、人数詞が使われるのは4人までである点が平安時代の言い方と異なるが、5人のあたりを境目にして言い表わし方が変るのは、宮古方言と中央語とが分離する以前からあったことなのであろう。この、［個数詞語幹 ＋「ノ」＋ 名詞］という言い方は、人数詞にくらべればどうしても長ったらしくなる。それが、人数詞の大部分が漢語数詞にとって代られてしまった原因であろうか。しかし、なぜミタリまでが使われなくなったのかはわからない。

実は、中世や近世の擬古文の文献には、5人以上をも「‐リ」「‐タリ」系の語で表わした例もあるのであるが、それらは学者や文人が机上で作り出した擬古語であろうと思われる。

第五節　高句麗の数詞との類似

歴史学者の内藤虎次郎（湖南）は、朝鮮の歴史書1145『三国史記』の地理志に見える、数詞を含んだ高句麗地名の中に、日本語の数詞によく似た数詞があることを発見した。(7) それは、

密（3）　于次（5）　難隠（7）　徳（10）

の四つである（これ以外には数詞は見えない）。これにもとづいて新村出は「國語および朝鮮語の數詞について」という論文(8)を書いているが、そこで比較の対象となったのは、右の数詞以外には「谷《たに》」と「重《へ》」だけで、あまり積極的な論はたてていない。その後、村山七郎は『三国史記』を再調査して、新村が挙げた以外にも日本語と似た単語がいろいろあることを指摘して、「『高句麗語は系統上、日本語に非常に近い言語である』と結論しても、大きな誤りではないであろう」と述べている(9)（もっとも、その後の村山の考えは変っているかもしれない）。一方、河野六郎はこれよりも前に、この『三国史記』に見える数詞は倭人の言語ではないか、としている(10)。

印欧語比較言語学においては数詞は重視されているようであるが、日本語の中の漢語数詞を見ればわかるとおり、数詞は体系的に借用されうるので、二つの言語の間で数詞が似ている場合にも、ただちにその二言語は同系であると断定するわけにはいかないのである。いずれにせよ、この高句麗の数詞はもう少し注目する必要があると思う。

第六節　おわりに

以上、見てきたとおり、日本語の数詞は予想以上に複雑である。そしてここでは触れなかった問題――たとえば〝倍数法〟の問題など――もあるのである。

最後に方言調査をする方にお願い。方言語彙集などの数詞を見ると、多くは個数詞だけが取りあげられているが、すくなくとも20ぐらいまでは各系列のすべてをのせておいてほしい。そして系列も三系列では実は不十分であって、「ヒー・フー・ミー、……」のような唱数詞も取りあげる必要がある。

注

（1）『仏足石歌』は清濁の書きわけが厳密ではないが、チに関しては「知《チ》」と「遅《ヂ》」の書きわけがあるようである。なお、甲類・乙類の区別はアラビア数字の1・2で表わす。

（2）原田芳起（1962b）『平安時代文学語彙の研究』、風間書房、p.449~450.

（3）ギリヤーク語の例は、服部健（1955）「ギリヤーク語」（市河三喜・服部四郎『世界言語概説』下巻、研究社辞書部）による。

（4）日数詞の語形について、くわしくは、安田（1972）「日数詞（上）（下）」（《國語と國文學》第49巻第2号、第3号）【本書第一三章】を参照。

（5）これについては、以下を参照。安田（1974）「和語数詞による暦日表現と「ついたち」の語源」（《國語と國文學》第51巻第2号）【本書第一四章】、安田（1975）「日本における日数表現の成立について」（大林太良編『古代日本と東南アジア』《東アジアの古代文化》別冊'75）、大和書房）。

（6）伊波普猷（1926）『琉球古今記』、刀江書院、所収。1975『伊波普猷全集』第七巻、平凡社、p.348。なおpsĭtuのsは、中舌母音［ɨ］の前で［pʻ］の気音が［s］に近くきこえるのをsと表記したもので、sという音素がここにあるわけではない。

（7）内藤虎次郎（1907）「日本滿洲交通略説　上」（小池信美『叡山講演集』、大阪朝日新聞社、所収。再録：1969『内藤湖南全集』第八巻、筑摩書房）。

（8）新村出（1916）「國語および朝鮮語の數詞について」（京都文学会《藝文》第7年第2号、第4号。再録：新村（1927）『東方言語史叢考』、岩波書店、および、1971『新村出全集』第一巻、筑摩書房）。

（9）村山七郎（1962）「日本語及び高句麗語の数詞——日本語系統論に寄せて——」（国語学会《國語學》第48集）。

（10）河野六郎（1955）「古事記の漢字使用」（『古事記大成　第三巻（言語文字篇）』、平凡社、所収。再録：1980『河野六郎著作集』第3巻、平凡社）。

補説

（1）ナノカは1814~1842『南総里見八犬伝』にあることを見つけたので、『日本国語大辞典　第二版』の「なのか」の項の用例に載せておいた。

（2）『広辞苑』では、第一版（1956）から第四版（1991）まで「やか（八日）」を見出しに立てるが、第五版（1998）では項目を削除し第六版（2008）に及ぶ。しかし、「ようか（八日）」の項で語源を〝ヤカの転〟と説明するのは、第一版以来、第六版まで変らない。

（3）沖縄の首里（今は那覇市の一部）の言葉を記述した国立国語研究所（1963）『沖縄語辞典』に記された諸系列の数詞は表9のとおり。

（4）倍数法については、第四章・第五章を参照。

表9　『沖縄語辞典』（首里）の数詞

	個数詞	日数詞	人数詞	接頭数詞	唱数詞
n	ʔikuçi	ʔiQka	ʔikutai, naNniN	ʔiku-	——
1	tiiçi（口語）, hwituçi（文語）	hwiQcii	cui（口語）, hwicui（文語）	cu-	tii
2	taaçi	huçika	tai	ta-	taa
3	miiçi	mica（文語）, miQca, miQka	miQcai, saNniN	mi-	mii
4	’juuçi	’juQka	’juQtai	’ju-	’juu
5	ʔiçiçi,	gunici	ʔiçitai, guniN	ʔiçi-	ʔiçi
6	muuçi	rukunici, dukunici	muQtai, rukuniN	mu-	muu
7	nanaçi	(naNka), sicinici	nanatai, siciniN	nana-	nana
8	’jaaçi	hacinici	’jaQtai, haciniN	’ja-	’jaa
9	kukunuçi	kunici	kukunutai, kuniN	kukunu-	kukunu
10	tuu	tuka	zuuniN	tu-	——

第三章　古典語の数詞と助数詞

第一節　日本語の数詞と助数詞

日本語では昔から、ものの数を数えるには、その数えられるものの形状・性質などによって異なる数え方をする。別の言い方をすると、数える対象を類別する。

平安時代には日数と人数は次のように数える。

日数　フツカ（2日）・ミカ（3日）・ヨウカ（4日）・イツカ（5日）・ムユカ（6日）・ナヌカ（7日）・ヤウカ（8日）・ココヌカ（9日）……〔この系列を「日数詞」と呼ぶことにする〕

人数　ヒトリ（1人）・フタリ（2人）・ミタリ（3人）・ヨタリ（4人）・イトリ（5人）〔この系列を「人数詞」と呼ぶことにする〕

これ以外のものは、

ヒトツ（1個）・フタツ（2個）・ミツ（3個）・ヨツ（4個）・イツツ（5個）・ムツ（6個）ナナツ（7個）・ヤツ（8個）・ココノツ（9個）・トヲ（10個）・ハタチ（20個）・ミソヂ（30個）・ヨソヂ（40個）……〔この系列を「個数詞」と呼ぶことにする〕

と数えるか、右の個数詞から末尾の「-ツ」「-チ／-ヂ」を除いたもの〔「個数詞語幹」と呼ぶことにする〕にいわ

ゆる助数詞を付けたもので数える。

日本語の助数詞については、池上禎造（1940）がいろいろな角度から論じている。それを要約すると以下のとおり。

(1)日本人が助数詞について触れたものは江戸時代にもあるが、個々の助数詞についての断片的なもので、助数詞全般についてのものはなかった。

(2)助数詞全般について目を向けたのは西洋人であった。

(3)「助数詞」という名称はイギリス人のアストン（1869）が「Auxiliary Numerals」と呼んだのが源らしい。

(4)漢語助数詞が伝わる以前から日本語には助数詞があった。

ここで数詞・助数詞を論ずる前に、どういうものを「数詞」と呼び、どういうものを「助数詞」と呼ぶかを決めておこう。ここでは、

フタツ（二つ）・フタエ（二重）・フタリ（二人）・フツカ（二日）・フタサラ（二皿）

のような言い方のうち、「フタツ」全体、「フタエ」全体、「フタリ」全体、「フツカ」全体、「フタサラ」全体を数詞と呼び、「ツ」「エ」「サラ」を助数詞と呼ぶ。

以上のように呼ぶことにすると、漢語の表現、

ニコ（二個）・ニホン（二本）・ニサツ（二冊）・ニカイ（二回）

なども、「ニコ」全体、「ニホン」全体、「ニサツ」全体、「ニカイ」全体を数詞と呼ぶことになる。もちろん、「個」「本」「冊」「回」は助数詞である。そうすると、「二」をどう呼ぶかが問題となるが、仮に「数漢字」としておこう。

峰岸明（1986, p.557~559）は「助数詞」を用法の面からかなり限定して扱っている。すなわち、峰岸の表現を私な

りに少し変えて示すと、

〔一〕事物の名称が、本来の意義・用法のまま基数【安田のいう、個数詞語幹・数漢字】と複合して、一種の数詞として用いられる場合

〔二〕事物の名称そのもののほかに、その形状・性質などを示す特定の語があって、これが基数と熟合してその事物の数量を表示する場合

のうち、〔二〕のみを峰岸は調査対象としている。その理由は、「【〔一〕の】用法は、数量の観念で捉え得る一切の名詞に成り立ち得るからである。」という。ただし、峰岸自身が言うように、「接尾語としての助数詞と名詞本来の用法との間の境界は、必ずしも明確でない」。

第二節　上代の助数詞

上代の木簡や正倉院文書の漢字表記助数詞については三保忠夫（2004）があり、上代の和語助数詞のリストとしては、上代語辞典編修委員会（1967）『時代別国語大辞典　上代編』に「上代語助数詞一覧」（p.843~850）がある。この「上代語助数詞一覧」の凡例に、

この一覧は、上代語の中から助数詞（漢語の助数詞は除く）として用いられたことばをひろく収集・採録したものである。〈略〉数詞と名詞の複合語とみられるような、名詞の一用法とすべき類や、訓みの確証がないために本文ではとりあげなかったものをも掲げた。

と述べ、和語助数詞を、（一）一般的な数量に関するもの、（二）度量衡に関するもの、に分け、（一）は一八八項目

〔うち空見出し五項目〕、(二) は二八項目を挙げている。

(一) からその具体例をいくつか引いておこう。

いろ〔色〕色。「五色《イツいろノ》 大《ナル》雲」(皇極紀二年)

うた〔歌・首・絶〕歌。「此《ノ》贈答二首《フタうた》」(神代紀下)

え〔枝〕枝、枝をもつもの。「百枝《モモえ》槻の木」(万一五〇七)「竹卌枝《え》」(古文書一六、天平宝字六年)「大鈎卅一枝《え》」(延喜式大蔵省)

か〔日〕暦の日。「日には登袁加《トヲか》を」(記景行)「行程壱拾日《か》」(古文書二、天平九年)↓ひ

たり・だり〔人・口・箇・介・身〕人・菩薩・鬼《もの》(「ヒトリ・フタリ」は一人《ヒトタリ》・二人《フタタリ》の約か、また一人《ヒトリ》にはヒダリの形もみえる)。「比等利《ヒとり》見つつや春日暮らさむ」(万八一八)「布多利《ふたり》並び居《ヰ》」(万七九四)「虜十口《アタトたり》」(欽明紀一一年)「蝦夷《エミシ》を毗儾利《ヒだり》」(神武前紀)

これは、かなり多めにリストアップしている、と言える。すなわち、峰岸(1986)が調査対象から外した、「事物の名称が、〈略〉本来の意義・用法のまま基数と複合して、一種の数詞として用いられる場合」をも含めている。またさらに、池上(1940, p.20)が「訓み方がわからぬ」と指摘した、『古事記』『日本書紀』や正倉院文書の漢字表記助数詞をも、訓読して載せている。

このように、なるべく多めにリストアップするというのも、一つの方針として肯定されようが、この辞典の利用者としては、確実なものと訓読したかどうかわからないものとが〝用例〟として同列に扱われていることに注意すべきである。とは言え、正倉院文書などに訓読すべき漢字表記助数詞があることも事実である(後述)。

この辞典は本文においても、「書紀古訓」と呼ばれる、『日本書紀』の写本・版本に付された訓を「上代」の用例としてしばしば載せるが、「上代語助数詞一覧」中には室町時代までしか遡れないものも含まれている。「上代語助数詞一覧」の「たり・だり［人］」の項に、「虜《アタ》十口《トたり》」（欽明紀一一年）という〝用例〟が示されているのを見たが、『日本国語大辞典』と『日本国語大辞典　第二版』の「とたり【十人】」の項は、次の二つの用例のみを挙げている（第二版によって示す）。

＊書紀（720）推古元年四月（岩崎本室町時代訓）「壮（をとこさかり）に及びて、一に十人（トタリ）の訴を聞きたまひて勿失（あやま）ちたまはずして能く弁へたまふ」

＊狐の裁判（1884）〈井上勤訳〉三「獣王の朝には以上十個（トタリ）の勢力重き貴族あれば」

人数表現について私が調査した結果（安田 1991）【本書第一七章】からいうと、平安・鎌倉時代には6人～10人を「-トリ」「-タリ」型の人数詞で表わした例は皆無に近い。わずかに、『今鏡』にヤタリ（8人）の例が見えるが、孤例であって、机上で作り上げられた擬古語であると私は考える。要するに、『日本書紀』の時代にトタリ（10人）という言い方があったとは到底考えられないのである。

一方、「上代語助数詞一覧」の「こ［籠］」の項は「古文書」【＝『大日本古文書』】所収の正倉院文書を用例として引く。

こ［籠］籠に入れたもの（炭〈略〉干栗子・干羊蹄など。容れ物の数で数量をはかる）。「炭八籠《こ》」（古文書三、天平勝宝三年）「干栗子九古《こ》」（古文書一六、天平宝字六年）

この「干栗子九古」の「古」は音仮名で、和語助数詞「コ」を表記した確実な例である。そうすると、「炭八籠」の「籠」もコと言った可能性が十分ある（後述）。

要するに、上代の漢字表記助数詞は、読み方のわからない場合が多いが、中には訓読すべきものも含まれている、ということである。

第三節　中国から伝わったのか日本で生まれたのか不明の助数詞

中国から伝わったのか日本で生まれたのか不明の助数詞があることを、「枝」「籠」「本」を例に考えてみる。

〈枝〉平安時代には「エダ」（枝）という助数詞があった。また、上代には、

出立《いでたちの》　百兄槻木《ももえつきのき》〔『万葉集』巻2・213番〕

百枝刺《ももえさし》　於布流橘《おふるたちばな》〔『万葉集』巻8・1507番〕

毛武尓礼乎《もむにれを》　五百枝波伎垂《いほえはきたれ》〔『万葉集』巻16・3886番〕

の例があり、音数から見て、また「兄《え》」という訓仮名表記から見て、「エ」という助数詞があったと見られる。しかし、正倉院文書の「竹冊枝」の「枝」は、仮に訓読したとしても「エ」と読んだのか「エダ」と読んだのかは決定できない。エだけでなくエダという名詞もすでに上代の確例があるのである。そしてそもそも、「竹冊枝」を訓読したという確証もない。一方、中国にも「枝」という、柳や花の枝を数える量詞（助数詞）があり、『高僧傳』神異篇、『南齊書』祥瑞志、敦煌変文などに用例がある（劉 1965, p.104）（洪 2000, p.260）。

〈籠〉上代にはコという助数詞があったことは第二節で述べた。三保（2004, p.144）によれば、この助数詞は古くは万葉仮名で「古」と表記され、のちに「籠」と表記されるようになったのだという。一方、中国にも「籠」という、桝としての籠《かご》を数える量詞があり、『述異記』巻上に用例がある（劉 1965, p.238）。

〈本〉上代・平安時代にはモトという助数詞があった。

賀美良比登母登《カミラヒトモト》（韮一本）〔『古事記』中〕

漢字で「本」と書かれた場合もモトと訓読する場合があったことであろう。中国でも草を数える「本」があり、『齊民要術』序などに用例がある（劉1965, p.96）。

そうすると、日本の文献に見える、漢字で「枝」「籠」「本」と表記された助数詞が、和語助数詞を漢字表記したものなのか、中国の漢語助数詞を取り入れたものなのか、決めがたくなる。実際には以下のようないろいろなケースがあったものと考えられる。

(1)中国の漢語助数詞を取り入れて、音読して用いた。
(2)中国の漢語助数詞を取り入れて、訓読して用いた。
(3)和語の助数詞を漢字で表記し、訓読して用いた。
(4)和語の助数詞を漢字で表記し、のちにこれを音読した。
(5)和製漢語助数詞を作り、音読して用いた。

第四節　平安時代の助数詞

平安時代の助数詞には和語助数詞と漢語助数詞とがあったが、その両方について峰岸明（1986）が詳しい。また、『延喜式』の助数詞については三保忠夫（1998）が詳しい。

峰岸は、以下の平安時代仮名文学作品に見える和語助数詞として合計二九語を挙げている（助数詞は文法論的には「語」ではないが、便宜上、こう数える）。『竹取物語』『伊勢物語』『大和物語』『蜻蛉日記』『落窪物語』『紫日記』

『源氏物語』『枕草子』『和泉式部日記』『堤中納言物語』『更級日記』（〈 〉内は数える対象物）。

（一）⑴ 量を測る単位（人為的に設定したもの）［三語］

とき（時）、ひろ（尋）、め（目）。

（一）⑵ 量を測る単位（容器などを単位名としたもの）［四語］

かけ（荷）、つつみ（包）、つぼ（壷）、もり（盛）。

（二）⑴ 数を数える単位（順序・頻度・種類などを単位名としたもの）［七語］

かさね（重）、かへり（返）、くさ（種）、たび（度）、へ（重）、より（度）、わたり（渡）。

（二）⑵① 数を数える単位（性質・形状などを単位名としたもので、単一体を単位とする場合）［一一語］

えだ（枝）〈花・獻物〉、こゑ（聲）〈音樂〉、ささげ（捧）〈獻物〉、すぢ（筋）〈毛髮・竹・雨・橋・紐・玉鬘・葵・青柳〉、はさみ（挟）〈幣帛〉、はしら（柱）〈佛像〉、ひら（枚）〈疊・屏風〉、ふさ（房）〈花〉、まき（巻）〈典籍・紙〉、もと（本）〈菊・杉・蓮子・髮〉、ゆひ（結）〈衣〉。

（二）⑵② 数を数える単位（性質・形状などを単位名としたもので、集合体を単位とする場合）［四語］

かさね（襲）〈袷《あはせ》・掛《うちき》・紙・衣・あこめ・綾・きぬ・装束・細長〉、くだり（領）〈装束・絹・袈裟・衣・よそひ・綿〉、つがひ（雙）〈鳥〉、よろひ（具）〈厨子・箱・几帳・屏風・冊子・衣櫃〉。

なお、調査対象に『うつほ物語』を加えれば、助数詞の数はもう少し増えるだろう。

以上のように、さまざまな和語助数詞が用いられている一方で、個数詞（ヒトツ・フタツ・ミツ……の系列の和語数詞）によって数えているものもある。

個数詞によって数えるもの

〔動物・人体〕馬・虫・蟻・卵・眼・耳・指。
〔衣服〕あこめ・袷《あはせ》・袴・引腰・蓑・帯・帳・笠。
〔道具〕扇・鏡・琴・笛・矢・台・机・槌・几帳・折敷・冊子・車両。
〔容器〕杯《つき》・壷・櫃・筥・袋。
〔植物・食物〕樹木・実・餅。
〔建物〕家・屋・柱。
〔自然〕山。
〔その他〕歌・事・調べ・文・文字・絵。

峰岸が調べた『延喜式』や古記録に見える漢字表記助数詞は、極めて多様である。以下に語数のみ記す。

（一）(1)　量を測る単位（人為的に設定したもの）
『延喜式』〔一〇語〕、古記録〔一七語〕
（一）(2)　量を測る単位（容器などを単位名としたもの）
『延喜式』〔二五語〕、古記録〔八語〕
（二）(1)　数を数える単位（順序・頻度・種類などを単位名としたもの）
『延喜式』〔七語〕、古記録〔一一語〕
（二）(2)①　数を数える単位（性質・形状などを単位名としたもので、単一体を単位とする場合）
『延喜式』〔六九語〕、古記録〔六三語〕
（二）(2)②　数を数える単位（性質・形状などを単位名としたもので、集合体を単位とする場合）
『延喜式』〔六語〕、古記録〔九語〕

この漢字表記助数詞の中には訓読するものも含まれているはずだが、これが、平安時代仮名文学作品に見える和語助数詞が四〇語ほどしかないこととどう繋がるのかは今後の課題である。

また、右の平安時代漢字表記助数詞と、三保（2004）が調べた正倉院文書や木簡に見える漢字表記助数詞とが、どの程度共通するのかも今後の課題である。

第五節　日本語には元来助数詞はなかったのか？

〝日本語には元来、助数詞は存在せず、漢語助数詞の伝来に触発されて和語助数詞が生まれた〟とする説は古くからあるようだが、それに対して池上（1940）は明確に反対して言う（p.20）。

「り」とか「へ」とか或いは〈略〉「か（日）」とかを見るとき、是等獨立性の弱いものが生ずる爲にはよほどの時を要すると思はれる。

現代でも三保（2004, p.42）（2006, p.64）は、〝日本語には固有の助数詞はなかった〟とする。その根拠は、〝人数を数える「り／たり」やヒトツ・フタツの「つ」などを除けば、名詞から転じたものが大部分だから〟というところにあるらしいが、古代中国の量詞もまた、多くは名詞から転じたものであった。

中国の漢語助数詞が日本語に取り入れられたことは紛れもない事実であり、恐らくはそれが原因の一つとなって和語助数詞も増えたのであろう。しかしこれは、もともと日本語で数詞類別が行なわれていたから、すなわち、日数詞や人数詞や和語助数詞が用いられていたからこそのことだ、と私は考える。

助数詞というものが日本語や中国語だけのものではないことは、すでに池上（1940）の指摘したところであるが、

松本克己（2007, p.13~15, p.109~122, p.188~191, p.196）は、数詞類別を持つ言語や文法的性（gender）を持つ言語の分布を示し、〝文法的性を持つ言語には数詞類別がなく、数詞類別を持つ言語には文法的性がない、という相補関係がある〟という事実を指摘している。

第六節　おわりに

和語助数詞の多くは、物の名称（ヒラ・モト等）、動作を表わす語〔動詞の名詞形〕（カサネ・ヨロヒ等）に由来する。しかし、日数詞や人数詞はかなり古い段階で個数詞語幹と助数詞が融合してしまったらしく、助数詞部分を復元するのは容易ではない。私は、日数詞については、個数詞語幹に「uka」が付いたものだろうと推定したが（安田 1972）（安田 1978）【本書第一三章、第二章】、人数詞については祖形の推定は困難である。「フタヘ（二重）」「ミヘ（三重）」の「ヘ」も、物の名称に由来するとは考えがたい。これらは、池上も言うとおり、日本語の数詞類別の古さを示すものであろう。

本稿では、日本語の助数詞における類別意識の問題などには触れることができなかった。今後は、松本（2007）などを出発点として、広い視野から助数詞を見ていく必要があろう。

補説

（1）池上禎造（1940）は、「【明治】三十年代になると助數詞といふ名が固定する傾が見える。」として、「助数詞」という語を用いたものとして以下の書を挙げている。

岡倉由三郎（1897）『日本文典大綱』

金沢庄三郎（1903）『日本文法論』

鈴木暢幸（1906）『日本口語文典』

『日本国語大辞典』（初版）の「助数詞」の項には用例が載っていなかったが、『日本国語大辞典　第二版』では以下の二書からの用例が示された（例文省略）。

＊新撰国文典（1897）〈和田万吉〉二・三

＊日本文法論（1903）〈金沢庄三郎〉単語論・四

（2）　池上禎造（1940）は、〝日本語には本来、助数詞はなかった〟とする考えに対して、以下のように言う。

「り」とか「へ」とか或いは右にあげなかつた「か（日）」とかを見るとき、是等獨立性の弱いものが生ずる爲にはよほどの時を要すると思はれる。〈略〉やはり助數詞は我が國にも本來有つたと見るのを穏かと思ふ。

（3）　〝ジェンダー（名詞の文法的性）を持つ言語には数詞類別（助数詞による類別）がなく、数詞類別を持つ言語にはジェンダーがない、という相補関係がある〟ということについては、松本克己（2007）以前に井上京子（1999）も述べている。

第四章　日本語数詞の語源

はじめに

日本語において用いられてきた数詞（和語数詞）は、少なくとも次の三系列に分けられる。

(1)個数詞（ヒトツ・フタツ……の系列）
(2)日数詞（フツカ・ミッカ……の系列）
(3)人数詞（ヒトリ・フタリ……の系列）

さらにこの他に、古くは手まり歌などによく用いられ、現在でもまれに用いられる、口で唱えながら物の数を数える時に使う、

(4)唱数詞（ヒー・フー・ミー……の系列）

もある。

個数詞（トヲを除く）から末尾の「-ツ」、「-チ（ヂ）」を除いたものを個数詞語幹と呼ぶことにする。

第一節　倍数法

日本語の数詞の造語法には倍数法が見られる、という説がある。すなわち、表1のごとく、個数詞語幹の1と2、

3と6、4と8は、それぞれ子音の部分は一致し、母音を、

$i_1 \rightarrow u$

$o_2 \rightarrow a$

とかえることによって基本数の倍数が表わされる、というのである。

このことを最初に説いたのは荻生徂徠《おぎゅうそらい》［1666~1728］である。徂徠は、その死後に刊行された随筆集『南留別志《なるべし》』において、日本語の数詞の語源を次のように説いている。

ふたつはひとつの音の轉せるなりむつはみつの轉せるなりやつはよつの轉せるなりいつゝなゝつはいつれなにといふ事なりこゝのつはこゝらこゝたくのこゝなるへしとうはつゞの轉せるなりつゞとはこゝにいたりて算をつゞめて一にするなり

〔『徂徠先生南留別志』（宝暦一二（1762）年版本）巻二・14丁〕

新村出は「國語および朝鮮語の數詞について」（1916a, 1916b）において『南留別志』の説を紹介し、さらに西洋でも一八六八年にA・F・ポット（August F. Pott）が、一八七一年にG・ガーベレンツ（Georg von der Gabelentz）が、それぞれこの問題を論じていることを記している。新村の記すところを以下に引用する。

本邦數詞の倍進計算法が西洋の一般言語學者に知られたのは、予の調べた限りでは、前記ポットの著數詞論【A. F. Pott: Die Sprachverschiedenheit in Europa an den Zahlwörtern nachgewiesen sowie die quinäre und vigesimale Zählmethode, 1868】の後篇なる「三種の主要なる計算法」Die drei Haupt-Zählmethoden（世紀一八六九年本邦明治元年刊行）中の一節（七一頁）を初めとすると思ふが、後三年西紀一八七一年明治三年に至つて彼のガベレンツはラツァ

表1　日本語の倍数法

1	fi_1to_2-
2	futa-
3	mi_1-
6	mu-
4	yo_2
8	ya-

> ルス及びシュタインタール協同編輯の民族心理學及言語學雑誌第七編（參1）【Zeitschrift für Völkerpsychologie und Sprachwissenschaft 7 Bd.】に於て「日本數詞の特質に就きて」Ueber eine Eigenthümlichkeit des japanischen Zahlworts（第一一一至一一二頁）と題して、ポットの考を増補したので、西洋での研究は行きづまってしまった。
>
> 〈略〉
>
> ポットは日本數詞の一と二、三と六、四と八との關係に於て倍加法 Doppelung を認め、なな（七）とここの（九）の兩語に於て同音の重複 Reduplication の行はれてゐることを想像し、尚いつつ（五）の數に於ても倍加又は重複法 Doppelung を認めんとした。ガベレンツは五と十との關係に於て倍加法を發見して更に一歩を進め、而してこれらの數詞構成法に於ては、日本語はウラルアルタイ系の諸國語と全く別種であることを述べ、且つかゝる構成法は自己の知る限りにては、該系統の言語にも其他如何なる言語にも之を認むることが出來ないと斷言してをる。〈略〉
>
> 斯くの如くガベレンツの方が考察が一段進んではゐるが、予輩は倍加法が日本語以外の言語に全然缺如たると斷じた氏の説には服することが出來ぬ。日本語ほど整齊に倍進法が行はれてをる國語はないと云ふならば聞こえるけれども、全然無いといふやうに考へたのは臆斷といはなければならぬ。
>
> （1916a, p.4~6）

このあと新村は、世界の諸言語の中には、3と6、4と8、5と10、2と4の間に「倍加法」をとるものがあることを指摘したうえで、日本語の1と2について、述べる。

> 自分はひととふたとの音聲類似は偶然に出たのであるといふ白鳥氏の新見解【白鳥庫吉（1909）「日韓アイヌ三國語の數詞に就いて」】を採りたいと思ふ。
>
> （1916a, p.9）

その後、この問題についてはいろいろな人が触れているが、大野晋は『日本語の起源』（1958）で、徂徠の名は挙げていないが、次のように述べる。（p.39~40 ; p.182~183）

> 日本語の数詞は倍数法によって成り立つといわれている。こういう構成を持った言語はアメリカインディアンのハイダ語の他は世界にほとんど例がないらしい。
> 〈略〉日本語の数詞の特徴は、すでにお話ししたように、数詞が母音の変化によって倍数関係をなしているということである。
>
> 日本語の数詞
>
> | | |
> |---|---|
> | 1 | Fitö |
> | 2 | Futa |
> | 3 | mi |
> | 6 | mu |
> | 4 | yö |
> | 8 | ya |
>
> 1と2・4と8とで、ö—aという母音の変化による倍数関係を示している。これは、擬態語のö—aの対立を利用したものであろう。1と2・3と6とで、pi→pu・mi→muという変化があるところを見ると、原始日本語にはö—aだけでなく、i—uという交替もあったものかもしれない。日本語の5はituであり、これは「手《タ》」の変化形かとも思われるが、朝鮮語と結ぼうとすればson（手）と対応するかもしれない。（u—oの対応。）10のtöwöは、すでにお話ししたように「撓《トヲ》」で、指を十本まげるところに語源があるのだろうと思う。7は満洲語のnada, nadanなどと同じ起源であろうし、9は「多い」という意味を表わすkökö-daと関係があろう。
>
> 4と8のyöとyaについては、蒙古語の古形*di・*daと関係があるという説がある。蒙古語と日本語との間にはd→yという対応がありそうだからである。yöとyaとは、ツングース語の、düiとjakun, jakpunの系列と見ることもできよう。1のpitöは、むしろトルコ語のbirなどが近い形のようでもある。

これに対して、村山七郎は『日本語の研究方法』（1974）において、新村出・荻生徂徠・ポット・ガベレンツの名

を挙げたあと、次のように述べる（ö は安田の表記では o_2）。

このような考え方の影響は現在にも及んでいるようです。しかし、日本人の祖先が倍加法計算をしたというのははたしかでしょうか。

		第1音節の母音（イツのばあいだけは第2音節の母音）
I） pitö「1」	―― puta「2」	i……u
II） mi「3」	―― mu「6」	i……u
III） yö「4」	―― ya「8」	ö……a
IV） itu「5」	―― töwo「10」	u……ö

4つのペアのうち、おなじ母音関係が見られるのはI、IIのばあいだけです。一定の母音交替によって倍数が示されるという規則はみつかりません。IIIのばあいは、古代語に見られる ö ― a の交替の形をとって倍数（4×2＝8）の方が a でありますがIVでは倍数（5×2＝10）が ö であるというのも、すっきりしません。Iは後に見るように、母音交替によって結ばれているのではなく、pitö は p|itö という構成をもち、p- は接頭辞であってステムに属さないのにたいして puta ＜ *pət́a の p- はステムを構成しているのであって、両者は無関係です。

日本語がたどった長い発展の時期を考えると、数詞の語頭音が同じだからといって、はじめからそうであったという保証はないのです。後に見るように、yö「4」は *dȫ か *dȫr にさかのぼると見られます。他方、ya「8」

は*ǯap のような祖形にさかのぼるでしょう。たとえ yö と ya とが *yö, *ya にさかのぼることが明らかになったとしても、そのばあいでも倍加法で両者が結ばれていることを証明するのはやさしいことではありません。まして、ヨ、ヤの語頭音の起源は異なる（＜*d, *ǯ）と見られるのですから、なおさらのことです。

(p.180~182)

itu-（5）と to_2wo（10）とが語源的に関係あると見るかどうかは、人によっていろいろのようであるが、村山は、〝倍数法説によれば itu-（5）と töwo（10）との間にも倍数法が見られ、この場合は「倍数」の方に母音 ö が現われるが、yö（4）と ya（8）との間では、倍数ではなくてもとの基本数の4の方に ö があらわれることになり、一貫しない。これは倍数法説の大きな欠陥だ〟と主張している。しかし、そもそも itu- と töwo（to_2wo）は語形が違い過ぎるのであり、これを除外するならば、少なくとも表面的にはきれいな倍数法が見られるのである。

村山は、日本語の1（fito←pitö）を南島祖語の *it'a「1」と関連づけようとする。そのためには語頭の p- が邪魔なわけで、「pitö は p|itö という構成をもち、p- は接頭辞であってステムに属さない」(p.181) と断定するわけである。また、村山は2を表わす futa（←puta）をハタチ（20）の pata と同源とし、この pata を南島祖語の pat'aŋ「一対」に関連づける（村山 1974, p.184~186）。しかし、pitö「1」について、p- が実質的な意味を持たない接頭辞であることは少しも確定的ではない。

村山は yö「4」はアルタイ祖語の *dȫr- と同源とし、ya「8」はツングース・満州祖語の *ǯap- と同源とする。これについては同じような考えを持った人は何人かいるようだが、未だ確定的なわけではない。

要するに、1・2・4・8について、村山の語源説に立つならば、日本語の数詞には、表面的にはともかく、構成原理としての倍数法は存在しない、ということになる。その意味では、4・8について村山と同じような考えをする大野晋が4と8の間にも倍数法を認めようとするのはおかしい、ということになる。

ところで、〝個数詞の6は古い時代にも「mutu」であり、これが他の名詞や助数詞に付くときは「mu-」となる〟と一般には考えられている。しかし、実際には、「mu-」の他に「muyu-」の形もあったのである。それは、日数詞のmuyuka（6日。muikaはこれから変化した形）にはっきりとあらわれるが、この他にも、『日本書紀』の古写本に、「六口」（6人の意）の訓として「ムユ」が見えるし、さらに唱数詞（現代ではヒー・フー・ミー・ヨー・イツ・ムー・ナナ・ヤー……）の6も古くはムユであった。[1]

1から9までは、6以外は、個数詞から末尾の-tuを除いた形（個数詞語幹）がそのまま他の名詞や助数詞に付き、また、唱数詞としても用いられたのであった。

この、個数詞語幹相当の「muyu」という形と、個数詞6のmutuから末尾の-tuを除いた「mu-」という形とをどう関係づけるべきか、私としては成案がなかったのであるが、興味深い考えを提出したのが川本崇雄（1975）「日本語の数詞の起源」である。

川本は、〝日数詞の〔4日〕〔8日〕の古形はヨウカ・ヤウカであり、《日》を表わすのは本来kaではなくてukaであったろう〟とする安田（1972）【本書第一三章】の説に基づいて次のように述べる。

> まず上古日本語には、その音韻的性質上、二重母音ないし母音連続はなかった、と私は考える。たとえば、櫂（カイ）は*kai*ではなく、*kayi*であったに違いない。同様に*yöuka*「4日」、*yauka*「8日」は、じつはそれぞれ*yöwuka*、*yawuka*であって、たまたま当時*wu*を*u*と区別して表記する記号（文字）が、あるいは習慣が、なかったにすぎないと考える。平安時代にごくわずか見えるという*yawoka*「8日」の例はそれを裏書きする。つまり「8日」は、**yawuka* > *yawoka* > *yaoka* > *yōka* となり、この推定が正しいとすれば、「4日」、「8日」のそれぞれの祖形は、**yöwö-uka*, **yöwa-uka*, **yöwu-uka* のどれかと、**yawö-uka*, **yawa-uka*, **yawu-uka* のどれかである。

母音調和の観点から*yöwa-と*yöwu-と*yawö-は起こりにくい形であるから除去すると、「4日」は*yöwö-uka、「8日」は*yawa-uka または*yawu-uka となる。

〈略〉上述のように「4」と「8」の古形は*yöwöと*yawa または*yawu であり、*yawu を捨てると、

1 *fitö*　3 *mi*　4 *yöwö*

2 *futa*　6 *mu*　8 *yawa*

となり、母音 *i:u* と *ö:a* が、きれいに意義の分化の役割を果たしているさまは、とても偶然とは思われない。やはり、荻生徂徠以来いわれてきた倍加法説は正しかったと思う。

倍加法によると仮定すると、「6」の古形は *mu* ではなく、*muyu であるから、必然的に「3」は *mi* でなく*miyi であった、と考えることができる。　(p.42~44)

たしかに、yi という音節が存在し[2]、*mi$_1$yi → mi$_1$ という変化がおこったことは十分に考えられるが、muyu → mu という変化がおこる理由は説明しにくい。また、yo$_2$wo → yo$_2$ という変化は、towo → to という類列があることで、起りえたと思うが、towo → to の変化が起こったのは恐らく九世紀のことであるらしいのに対し[3]、yo$_2$wo → yo$_2$ の変化はそれよりも一〇〇年以上前と考えなければならない点もやや問題であろう。さらに yawa → ya という変化は、起こりえないものではないにしても、奈良時代・平安時代には他に類例もないようである[4]。結局4・8については、その古形を yo$_2$wo, yawa と推定する必然性はないと思われる[5]。

ともかく、川本の説に従うなら、1と2、3と6、4と8は、次のような極めてきれいな倍数関係にあることになる。

1 fi$_1$to$_2$　3 *mi$_1$yi（→ mi$_1$）　4 *yo$_2$wo（→ yo$_2$）

2 futa　6 muyu（→mu）　8 *yawa（→ya）

しかし、あまりに整いすぎている点がかえって気になる。また、o_2 と a の対立は、tawawa — to_2wowo、sayagu — so_2yo_2gu 等、擬声語・擬態語などに例がいろいろ見られるのに対し、i_1 と u の対立というのは例を見いだすのがむずかしい。あるいは、古く u と対立する ü（音価は［y］）があって、これが i_1 に合流した、ということも考えられるかもしれない。

倍数法の問題については、有坂秀世［1908~1952］も言及している。有坂は昭和二（1927）年から三年にかけて執筆された『語勢沿革研究』（有坂 1964）において次のように述べる(6)。

> 国語数詞ノ成立ヲ説明スルニ、futa ハ fito ノ倍、mu ハ mi ノ倍、ya ハ yo ノ倍トイフヤウニ、母音ノ変化ニヨッテ一方ガ他方ノ二倍ナルコトヲ示スモノト考ヘル説ハ、古クカラ行ハレテヰルヤウデアルケレド、コレラハ Wundt 氏ノ示シタ ka（彼）ト ko（此）トノ関係ニ等シク、極メテ古イ Lautmetaphor ノ例ニ属スルモノデアリ、本編ニ於ケル母音研究ノ範囲ニハ属シテヰナイ。(p.163)

なお、見るとおり、ここには母音の甲類・乙類の区別は考慮されていない。

結局のところ、日本語の数詞が倍数法に基づいているのか否かは、我々の知る個々の数詞の祖形がいかなるものであったかにかかる。その祖形を云々するには、おもに文献に現われる形を検討していかなければならないのであるが、これまでの数詞をめぐる論議においては、この面が不十分であったと言わなければならない。

倍数法については、第五章において一九世紀の西欧の学者の説を中心に述べる。

第二節　2・20を表わすことば

futa-tu（2）とfata-ti（20）とは同源ではないか、ということは誰しもが思うところであるが、村山七郎は『日本語の研究法』（1974, p.184）において次のように言う。

「2」をハタという例は日本書紀の古訓に、同船二隻《ハタサヲ》【二隻《ハタフサ》の誤り】とあることです（阪倉篤義、1966, 248）。またハタはハタ・チ「20」「20歳」にも見られます。チは助数詞です。ハタとチとのあいだに「10」をあらわすことばがあったのが消えたと見られます。ハタは20でなく2を表わしたと見られます。ただしハタチは奈良時代の記録には見えません。

村山が「日本書紀の古訓」として引用しているのは、直接的には阪倉篤義（1966）『語構成の研究』に「同船二隻《ハタフサ》（一九・79）」（p.248）とある部分だが、これは『日本書紀』の寛文九（1669）年版本の訓を阪倉が引いている部分である。そこで、寛文版本のその部分を次に示す。

良《ヨキ》馬二｜疋《ハシ》同《モロキ》｜舩《フネ》二｜隻《フネハタフサ》弓五｜十｜張箭《ヤ》五｜十｜具　〔巻19・27丁ウ〕

この部分、吉野時代の書写と言われる北野本では、「良《ヨキ》｜馬二｜疋同｜舩二｜隻弓五｜十｜張箭《ヤ》五｜十｜具」（複製本による）と、ほとんど無訓である。

なお、この部分、1301『釈日本紀』にも訓があるので、複製本によって示しておく。(7)

同《ハシフネ》《ヘモロキ》｜舩二｜隻《フネハタフナ》　弓五《ユミイ》｜十張《ソハリ》　箭五《ヤイ》｜十具《ソソナヘ》

〔『釋日本紀』（前田本）巻18・秘訓三・11オ〕

この『釈日本紀』の訓によって、寛文版本の訓「ハタフサ」は「ハタフナ」の誤りであることがわかるが、「二」をハタとよむ点はこの二つの本に共通するわけである。しかし、2をハタと言う例は他には全く知られていないから、これを2に対する古い訓の伝えられたものと見るべきではなく、むしろ「フタ」とあるべき所を誤ったものと見るべきであろう。

そもそも『釈日本紀』の訓は、少なくとも数詞に関してはそれほど古い訓を伝えているように見えない。右に引用した部分についても、「五十-」をイソと訓じているが、古くは〔50-〕は「イ-」と言ったのであり、〔50-〕を「イソ-」と言うのは、次の第三節に述べるように、一〇世紀の末までしかさかのぼれないのであって、この部分が奈良時代風の訓法を伝えているとは到底考えられないのである。

なお、村山（1974, p.184）が言うように、ハタチという語は奈良時代の文献には用例がない。しかし、『万葉集』には、「廿」を訓仮名として用いて「機物《はたもの》」を「廿物」と表記した例、

干各《かにかくに》　人雖云《ひとはいふとも》　織次《おりつがむ》　我《わが》廿物　白麻衣《しろきあさごろも》　〔巻7・1298番〕

があるから、奈良時代にも20個を表わすハタチは存在したと見るべきである。

また村山（1974, p.185~186）は言う。

pəta（フタ）とpata（ハタ）との関係は、おそらくアクセントに由来し、patáであったため第1音節の母音が弱まってpətaが生まれたと私は見ます。

村山自身は『類聚名義抄』のアクセントにはふれていないが、望月郁子（1974）『類聚名義抄四種声点付和訓集成』によって調べてみると、フタ（2）は〈上・上〉、ハタ（20）は〈上・平〉の声点が付いていて一致しない。また、村山（1974, p.185）が数詞のハタと同源とみている副詞のハタ（将）のアクセントも〈上・上〉で20のハタとは一致しない。

第三節　5・50を表わすことば

5個を表わすitu-tuに対して、iso-ti（50個）、ifo-ti（500個）、ika（50日）があるところから、「5」を表わすのはitu-なのか、i-なのか、が問題となる。

有坂秀世は『語勢沿革研究』（1964, p.163）で次のように言う。

多クノ学者ハ、itu（5）トtowo（10）トヲ比較シテ、√toヲ以テ√tuノ二倍ヲアラハスモノト考ヘルヤウデアルガ、itu（5）ノiがi-so-ti（50）及ビi-fo-ti（500）ノi、並ニ50ヲアラハスiと同一語ナルコトハ疑ヲ容レナイ。故ニ私ハ、i-tu-tu（5）ニ含マレル二個ノtuハ、イヅレモsuffixノtuデアリ、語根ノiガ余り短イタメニtuがreduplicateサレタモノ、若シクハ一旦tuヲ附着シテ作ラレタi-tuノ語ガ後世ソノ語源ヲ忘レラレタ結果、類推ニヨツテ再ビtuヲ附セラレ、ツヒニitu-tuノ形ヲ成スニ至ツタモノデアラウト思フ。ナホto（wo）トso及ビmo（mo）トfoハ、恐ラク同一語根カラ出タdoubletsデアラウ。

小林好日（1933）『日本文法史』（國語科學講座）は言う（p.19）。

「いつ」の「い」は接頭語で、「つ」は「手」と同語源、片手の指の總數。その母音變化が「とを」で、その間にも倍數關係があると見て誤なからう。「いほ」「いそ」「いか」などを見ると、「い」に五の意味があるやうであるが、これは熟語となったとき、「いつ」の「つ」が省かれたものと見る方がよからう。itu-po, itu-so, itu-ka 等の連結を考へると、省略されたものと見て間違ひない。

長田夏樹（1943）「上代日本語とアルタイ語族」は言う（p.78）。

日本語に於ては五十を（いそ）と云ひ、五百を（いほ）と言ふので古來この（い）自體に五の意味が含まれてゐると思はれ、且つさう説いた人が多かつた。しかし小林好日氏等が言ふ如く、これは明らかに（いつそ）（いつほ）の略である。伊波普猷氏は⑴混效驗集（A.D.1711）と云ふ古代琉球語の辭典に（いつそち）とあると書いてゐられる。〈略〉

⑴伊波普猷「琉球語の數詞について」琉球古今記

有坂は itu- の i の部分が5を表わすと考え、小林や長田は全く逆に tu の部分が5を表わすと考えたわけである。これを見ても、itu- の語源探究が容易でないことが知れよう。しかし、もし小林の言うようにイカ（50日）のイが〝イツのツの省かれたもの〟だとすると、イカの〝古形〟はイツカであったことになり、イツカという語は5日をも50日

をも意味した、という妙なことになってしまう。

長田は、沖縄の辞書『混効験集』（康熙五〇（1771）年序）に50を「イツソチ」と記していることを根拠の一つとして、

イツソチ→イソチ

という変化を考えたわけであるが、ここで『混効験集』の該当部分（坤巻・数量）を評定所本（尚家旧蔵評定所本。沖縄県立博物館蔵。沖縄県教育委員会刊のモノクロの複製本〔1984〕あり）の原本によって次に示しておく（「テツ」以下は朱筆）。

数量
なゝそ　七十
やそ　八十
もゝそ百人
嘉靖卅二年やらさもり
まうはらいの時みせゝる御紙【ママ】に見え
たれ【「たれ」を朱で消し、右に朱で「たり」と訂正】
【以下、朱筆】
テツ　一　タツ 二　ミツ 三　ヨウツ 四　イツゝ 五
ムツ　六　ナゝツ 七　ヤツ 八　コゝノツ 九　トウ 十
ハタチ 二十　ミソチ 三十　ヨソチ 四十　イツソチ

五十【このあと、「ナ、ソチ」と一旦書きかけて抹消】ムソチ　六十　ナ、ソチ　七十
ヤソチ　八十　コ、ノソチ　九十　モ、ソチ　百
〔『混効験集』（評定所本）坤巻・数量〕

この朱筆で書かれた個数詞の部分は、じつは『混効験集』成立（一七一一年ごろ）当時のものではなく、後世の補入であると考えられ、[8] これを以て〝イツソチはイソチの古形である〟とは断定できないのである。

しかし、イツソチという語形は琉球方言に実在することはするのである。ただしそれは現代では沖縄本島ではなく宮古諸島の方言に見える。以下に、10〜100について、矢袋《やむろ》喜一が『琉球古來の數學』(1915)の第二節「宮古島に於ける數の唱へ方」(p.10~14)に記しているものと、矢袋の本の附録である、伊波普猷(1915)「琉球語の数詞について」中のもの、下地一秋(1979)『宮古群島語辞典』の数詞の項(p.121~122)のもの、および、沢木幹栄《もとえい》が昭和四九(1974)年に宮古諸島の伊良部島佐和田で調査したもの（沢木の直接の教示による）を対照して表2に示す。

ここでイツソチに当たる形（矢袋・沢木）とイソチに当る形（伊波）の両方が見られるのは興味深い。すなわち、この二つの形のうち少なくとも一方は新しい形であることが明らかであるからである。

すでに安田(1986)「10および10の倍数を表わす個数詞」【本書第七章】において示したとおり、イソチは本土の文献においては、一一世紀以降、多数の文献に見えるのに対し、イツソチの形は1180『教長集（＝貧道集）』に見えるのが現在知られる限り最も古く、イソチよりもイツソチが古いとは到底考えられない。また、イソ

表2　宮古諸島の10の倍数と100

	沢木	下地	伊波	矢袋
20	patatsï	patats		patatsu
30	mᶻïsɷtsï	misuts	mĭsutsĭ	misutsu
40	jɯsɷtsï	jusuts	yusutsĭ	yusutsu
50	itsïsɷtsï	itssuts	ĭsutsĭ	itsusutsu
60	mɷsɷtsï	msuts	m̄sutsĭ	musutsu
70	nanasɷtsï	nanasuts	nanasutsĭ	nanasutsu
80	jasɷtsï	jasuts	yāsutsĭ	yasutsu
90	kɷkɷnɷsɷtsï	kukunusuts	kukunusutsĭ	
100	mɷmɷtsï	mumu	mumutsĭ	mumusu

チの形も一〇世紀以前には遡りえず、50個は古くイチと言ったものと推測される。さらに個数詞語幹の50の「イソ-」という形も、976『古今和歌六帖』に見えるのが最も古く、それより以前は「イ-」と言ったのである。以上見てきたように、「イソ-」が「イッソ-」から転じたとする説は成り立たない。また、イホ（500）がイッホから転じたとする説も、奈良時代にイホチの万葉仮名書きの例がある以上、やはり成り立ち難い。

最後に人数詞についてふれておく。現代ではヒトリ（1人）とフタリ（2人）しか用いられないが、平安時代まで遡ると、ミタリ（3人）・ヨタリ（4人）・イトリ（5人）の形があった。このうちイトリは和文資料には全く用いられず、いくつかの訓点資料と『類聚名義抄』にのみ見える。望月郁子（1974）によれば、『類聚名義抄』では高山寺本・観智院本・鎮国守国神社本の三本にイトリが見え、いずれも〈平・上・平〉の声点がある。このイトリという語形は、類推によって簡単に作られるようなものではないから、本来あった語形と見なければならないが、奈良時代の万葉仮名書きの例が存在しないので、それが古く ito_1ri であったのか ito_2ri であったのか決めることができない。

なお、ミタリ（3人）・ヨタリ（4人）は、「ミ-タリ」・「ヨ-タリ」としか分析できないが、ヒトリ（1人）・フタリ（2人）は、「ヒト-リ」・「フタ-リ」なのか「ヒ-トリ」・「フ-タリ」なのか容易に決め難い。イトリもまた同様である。

結局のところ、itu- と、イカ（50日）・イホチ（500個）の i- とが語源的にどういう関係にあるのかは不明であるが、今後この問題を考えるに当たっては、人数詞のイトリをも考え合わせなければならない。

第四節　10を表わすことば

10を表わす to_2wo と、ミソチ（30個）・ヨソチ（40個）等にあらわれる -so_1- との関係について、母音の甲類・乙類の区別が発見される以前には、単純にトヲとソは同源と見る考えが多かったようだが、現在では、o_1 と o_2 の間には音韻論的区別はないとする松本克己（1975）以外には、この二つを同源とする人はいないようである。

10を表わす語と、40・50などにおける10を意味する要素とが全く別のものであるということは、実際に例のあることである。たとえば、ハンガリー語では、10は tíz であるが、「40―90は、4―9の語幹に十位を示す接尾辞 *-van*/*-ven* がついた形」で表わす（徳永康元　1955, p.662）。だから、to_2wo と so_1 とが語源的には全く無関係だということは十分にありうることである。

なお、トヲには個数詞接尾辞のツやチが付かず、実際の用法においてもトヲの形がそのまま個数詞としても、また、個数詞語幹相当としても用いられる点は特異である。トヲは明らかに他の個数詞とは成り立ちが異なるが、村山や川本の語源説では、この点の説明が全くないのである。

第五節　おわりに

以上見てきたとおり、日本語の数詞の語源についてのこれまでの諸説は、いずれも、確実な根拠に基づいているとは言い難い。従ってそれぞれの結論も、残念ながら読者を十分に納得させるものではない。

そもそも和語数詞は、漢数字の陰に隠れてしまって、古い形がなかなかわからない。たとえば、5人を表わすイトリという語も、その存在自体があまり人々に知られず、これまで数詞を論じてきた人々がこの語に言及することはほとんどなかったし、6人となると、奈良・平安時代にどう言ったのか未だによくわからないのである。

今まずすべきことは、文献をもとに、古い語形を丹念に調べあげることであろう。ありもしなかった語形に基づいて語源を云々しても始まらないのだから。

「日本語数詞の語源」と題した以上、朝鮮の『三国史記』の地名から復元される高句麗の数詞「密（3）」「于次（5）」「難隠（7）」「徳（10）」とミ（ツ）・イツ・ナナ・トヲとの類似[9]の問題についても触れるべきであったが、今はその余裕がないので別の機会にゆずる。

注

（1）安田（1972）「日数詞（下）」p.62, p.65【本書第一三章第五節・二、注（33）・（34）】を参照。

（2）カイ（櫂）の語源については、山口佳紀（1985）『古代日本語文法の成立の研究』（p.616~620）が諸説を紹介しているが、そこには kayi 説は見えない。しかし、ヤ行上二段動詞の活用語尾を考えても、yi という音節が存在したと見るべきであろう。また、カイが古くから kai であったのなら、山口も言うようにそれは奈良時代にはケ乙（ke_2）という形になっていたはずで、そうならなかったのは、kayi であったためと考えられよう。

（3）towo と to の関係については、安田（1986a）「10および10の倍数を表わす個数詞」の p.54 以下【本書第七章第六節】を参照。この安田（1986a）においては、to の形は奈良時代にはまだなかった、と考えたのであったが、『万葉集』には「十里（to_2ri ＝鳥）」「十羽（to_2ba ＝鳥羽〔地名〕）」「十方（to_2mo〔助詞〕）」「十方（do_2mo〔助詞〕）」のように、to_2 を表わす万葉仮名として「十」が用いられているから、この時代すでに to_2wo の縮約形である to_2 の形が生じていた、と見ることもできよう。平安時代には、「とまち（十町）」「とつぎ（十代）」「ととせ（十年）」「とかへり（十返）」等の例とならんで「とをつら（十列）」の例もあり、この時代には、助数詞に接続するときは to と towo の両形が併用（助数詞によって使い分ける）されていたらしい。

（4）awa（泡）や tawa-mu（撓）はともに奈良時代の万葉仮名書きの確例がある語であるが、音変化をおこさなかった。しかし、現代の方言の中には、[-awa-] が [-a:-] に転じた例がある。それは、兵庫県淡路島方言である。田中万兵衛（1934）『淡路方言研究』の「音韻篇　三、音韻の脱落」には、「wの脱落」の例として、次のような例があがっている（p.19）。

たあら……（俵）　まあす……（廻す）

かあら……（瓦）　かあらけ……（土器）

（5）川本（1975）が yöwo（4）・yawa（8）なる形を推定する理由として川本は、

上古日本語には、〈略〉二重母音ないし母音連続はなかった、と考える。〈略〉*yöuka*「4日」*yauka*「8日」は、じつはそれぞれ *yöwuka, yawuka* であって、たまたま当時 *wu* を *u* と区別して表記する記号（文字）が、あるいは習慣が、なかったにすぎないと考える。

と述べる（p.42~43）。そもそも川本は、〃日数詞は本来、個数詞語幹に uka なる語が結合したものだ〃とする安田（1972）「日数詞」【本書第一三章】を肯定したうえで論を進めているわけであるが、日数詞〔4日〕〔8日〕の最古形として *yöwö-uka、*yawa-uka をたてる。しかし、この場合にも ö-u、a-u という母音連続が生ずることとなる。これは結局、どこかの段階で母音連続があったとしなければならないのであって、それならばわざわざ「yo_2wo_2-」（4）、「yawa-」（8）という個数詞語幹を措定する必要はあるまいと思われる。

（6）ちなみに、『語勢沿革研究』では、日本語をローマ字（音声記号でなく）で表わした所では、母音の a はすべて「ɑ」と印刷されているが（たとえば、p.163 に「7. nɑnɑ-tu」）、これは「a」を表わす手書きの原稿の文字が「*a*」に近い字形であったため、これを、後舌母音を表わす音声記号「ɑ」に機械的に置きかえてしまったものであろう。正しくは「a」とあるべきものであるが、引用に当たって活字本のままとした。

（7）なお前田本『釋日本紀』は『新訂増補國史大系』に活字化して収められているが、そこでは断りなしに「二《フタ》・隻《フナ》」（p.246）

と訓を改めてしまっている。

（8）『混効験集』は「乾」「坤」の二巻からなるが、評定所本の「乾」の巻の内題には、

混効験集一巻　内裏言葉

とあるところからも、本来は一巻本であったと思われる（ただし伊波普猷（1915）所収の校訂本は内題を「混効験集一名、内裏言葉」とする）。

このことは各巻の構成からも言える。『混効験集』は分類体の辞書であるが、その分類は次のとおりである。

〔乾〕　乾坤　人倫　時候　支体　氣形　草木　器財　家屋　衣服　飲食　言語

〔坤〕　乾坤　神祇　人倫　器財　氣形　草木　時候　衣服　数量　支體　飲食　言語

これを見ればわかるように、乾巻も坤巻も、それぞれ一応完結している。一方、分量の点では、乾巻は坤巻の約半分しかない。

もしも、一七一一年ごろに作られた際に、分量の点から二巻に分けたのなら、同じ分類項目が重複するわけもないし、二つの巻が分量的にアンバランスになるはずもない。要するに、一七一一年ごろに作られたのは乾巻のみであり、坤巻はその後あらためて編纂されたものとしか考えようがない。さらに、この坤巻に見える個数詞「テツ……」は、評定所本では朱筆を用いてやや小さな片仮名で書かれており、伊波校訂本にも、

（以下は異本に朱書にて小さく書けり）

とある。このように、朱筆（他には、訂正などに用いられるのみ）で他よりも小さな字で、片仮名（他には、振仮名、漢文の送り仮名などに用いられるのみ）で記してあるということは、坤巻の中でも異質なものであることを示すと見るべきであろう。

（9）この類似を最初に指摘したのは内藤虎次郎〔湖南〕（1907）である。その後この問題については新村出（1916）・河野六郎（1957）・村山七郎（1962）が論じている。

補説

（1）第一節で倍数法について述べたが、その後、安田（2011）「日本語数詞の倍数法について」（坂詰力治（編）『言語変化の分析と理論』、おうふう）【本書第五章】で論じた。

（2）第三節に、イツソチの形は宮古諸島の方言に見える、としたが、宮崎勝弐（1980）「南西諸島における「数の数え方」の調査（Ⅰ）」によれば、奄美群島の沖永良部島にも ichisuchi の形が見られる。

（3）安田（1986a）「10および10の倍数を表わす個数詞」（p.86）【本書第七章】において、1180『教長集』に見える「いつそち」は孤例だとしたが、その後、1232『洞院摂政家百首』に「五そち」の例のあることを知った（本文は『新編国歌大観　第四巻』による）。

　五そぢのにしきの衣これなれやかへる山ぢの秋のもみぢば

【本書第七章に安田（1986a）を収めるにあたり、この『洞院摂政家百首』の例を追加しておいた】

（4）川本の説に関して、そもそも i［i］と yi［ji］の区別などありうるのか、という疑問もあるかも知れないが、英語では、eagle［iːgl］〈鷲〉・eel［iːl］〈うなぎ〉と yield［jiːld］〈産出する〉のように、［iː］と［jiː］の対立がある。

第五章　日本語数詞の倍数法

第一節　倍数法とは

数詞における倍数法とは、〝ある数（x）を言うのに、より小さい数（a）の2倍という形で示す、すなわち、「x＝2a」の形で表わす〟というもので、これはいくつかの言語に見られる。

日本語数詞では、**hito** (1) と **huta** (2)、**mi** (3) と **mu** (6)、**yo** (4) と **ya** (8) の間に倍数法が認められる。この場合、母音iをuに、母音oをaに変えることによって2倍の数を表わす数詞となるわけである。新村出（1916）はポットやガーベレンツやミュラー等がそうした例を挙げていることを紹介している（後述）。日本語の場合は、

2＝1×2　6＝3×2　8＝4×2

となっているようだが、「2」に当たるものがなく、そのかわりに母音が変化するわけである。

倍数法については、第四章第一節でも述べたが、本章では西欧の学者の説を中心に詳しく見ていく。

第二節　江戸時代の学者の説

日本語数詞の倍数法に初めて気づいたのは荻生徂徠《おぎゅうそらい》［1666~1728］のようである。徂徠はその没後に刊行された随筆集『南留別志《なるべし》』で以下のように述べた。

一ふたつはひとつの音の轉せるなりむつはみつの轉せるなりやつはよつの轉せるなりいつゝなゝつはいつれなにといふ事なりこゝのつはこゝらこゝだくのこゝなるへしとうはつゞの轉せるなりつゞとはこゝにいたりて算をつゞめて一にするなり〔宝暦一二（1762）年版本『徂徠先生南留別志』巻之二・14オ〕〈元文一（1736）年版『徂徠先生可成談』モ、コノ部分（巻上・4ウ～5オ）ハ宝暦版トホボ同文。〉

なお、ここに出てくる10を意味する「つゞ」は、鎌倉時代に現われる語である（安田1976）【本書第一二章】。谷川士清《ことすが》［1709~1776］も、没後に刊行された『和訓栞《わくんのしおり》　前編』で倍数法について以下のように述べた。同書は前編巻13までは安永六（1777）年刊、巻28までは文化二（1805）年刊、巻38までは文政一三（1830）年刊。

倭語もと一つにして相轉して其用をなせるもの多しひとつ轉してふたつみつ轉してむつとなりよつ轉してやつとなりふつか轉してはつかとなるか如きは相通也〔巻1・大綱36ウ〕

はつか　廿日をよむはふつかの轉したる詞なるへし〔巻24・20オ〕

ひとつ　一をいふ日與つの義〔巻25・22ウ〕

ふたつ　二をよめりひとつの轉語也〔巻26・11オ〕

△むつ　六をよめりみつの轉語三と三とを合せて六とす〔巻31・8オ〕

△やつ　八をよめるは四を重ねたる数なれはよつの轉語にて弥津の義也〔巻34・14オ〕

『和訓栞』には荻生徂徠『南留別志』が、他書からの孫引きでなく直接引かれていることを、三沢薫生《しげお》（2004）が指摘している。すなわち、『南留別志』の書名は出てこないが、「荻生氏の説に…」「荻生氏は…といへり」という形

で『南留別志』を引くほか、出所を記さないが『南留別志』の引用と思われる所もあるという。右の数詞に関しては、荻生徂徠の名は記されていない。

第三節　明治時代以後の学者の説

岡倉由三郎は明治二〇（1887）年七月に東京大学（当時の名称は単に「帝国大学」）に選科生として入り、外国人教師のイギリス人のチェンバレン（B. H. Chamberlain）の「日本文典」の講義を受講した。このときの様子を岡倉は以下のように言う（岡倉 1935, p.40）。

> チヤムブレン先生の御講義は、日本語の言語學上の位置を明かにせられ、代名詞の語根のこと、數詞の **hi(fi)-fu; mi-mu; yo-ya, itu-towo** の倍數對立の現象の事、動詞の活用の語幹（**stem**）の無變化（**sak-a, sak-i, sak-u, sak-e** の類）の事、等々、當時は極めて耳新しかつたいろいろの問題を諄々と示して下さつたので、自分等の自國語の構造についての、新しい考察の眼は、茲に大に視開かれたのであつた。

チェンバレンは明治一九（1886）年四月から明治二三（1890）年九月まで東京大学（当時の名称は「帝国大学」）に勤めた。上田万年《かずとし》は岡倉よりも早く、明治一八（1885）年に東京大学（当時の名称は「東京大学」）文学部に入学して、翌明治一九年からチェンバレンの教えを受けた。岡倉が受講した明治二〇年のチェンバレンの「日本文典」の講義を上田も聞いたのかどうかは分からないが、その内容は承知していたことであろう。

上田万年は、明治二九（1896）年度の東京大学（当時の名称は「帝国大学」）における「國語學史」の授業の「荻生徂徠」の項で、受講生の新村出のノートによると以下のように述べた（上田 1984, p.49）。なお、〔　〕内は校訂者

の古田東朔《とうさく》によるもの。

『南留別志《なるべし》』〔初版三冊。元文元年（1736）刊。〕ノ中ニ凡《すべ》〔テ〕「カクアルベシ」「……ナルベシ」トイフ中ニ語源〔ニ触レタルアリ。〕

hi̱to hu̱ta
mi̱ mu̱ 　i = u
yo̱ ya̱

〔ノ如ク〕plurality〔複数〕ハ vowel ノ変化ニヨリテ表サル〔トイフ〕。

東洋史学者の白鳥庫吉の「日韓アイヌ三國語の數詞に就いて」（白鳥 1909）も倍数に触れている。白鳥（1909a, p.2~3; p.8）は言う。

今ローマ字を以つて其對數を示せば左の如し。

三 mi 　四 yo 　五 itu
六 mu 　八 ya 　十 towo

此表を見れば直に察せられんが如く、六(mu) 八(ya) 十(towo) の三數は各自三(mi) 四(yo) 五(itu) 三數の母韻を變じたるまでにて、別に異れる語形を執れるものにあらず。因つて案ずるに、吾人の祖先は初め一より五までを數へて之を極限となし、而して六より十に至る數の内六、八、十の三數に於ては三、四、五の基數を加倍して之を得たりしが、七、九の二數は奇數にして加倍の方法を用ひては之を作ること能ざりしが故に、〈略〉。

六、八、十の三數が三、四、五の三數の母韻のみを變更して形成せられたるならんとは既に内外の言語學者の考察せる所なれども、其推測の果して正鵠を得たるものなるや否やに就きて決定すること能はざりしは、〈略〉。**pi**（一）**pu**（二）の二語は音聲の上に於いて多大の類似あるにも拘はらず、其の原義に至りては毫も相關する所なきなり。

上田万年の教え子の新村出は新村（1916a）「國語および朝鮮語の數詞について」の第二節において日本語の倍数法について詳しく述べている（p.4~9）。かなり長いが、以下に略さずに引用する。

　日本語の數詞に倍數法を以て組立てられた若干の語が存することは、享保中荻生徂徠がその随筆南留別志に於て暗示を與へた所によつて後世の國語學者に知られてをる。即ちヒト（一）とフタ（二）・ミ（三）とム（六）・ヨ（四）とヤ（八）の關係に於て、數詞の構成法が倍數法によつてゐること及び更に類推すればイツ（五）とト（十）の間にも同じ關係が存するらしく思はれることは、ひとり明治以降日本の言語學者に認められて來たのみならず西洋の日本語學者及び言語學者にも説かれるやうになつた。本邦數詞の倍進計算法が西洋の一般言語學者に知られたのは、予の調べた限りでは、前記ポットの著數詞論の後篇なる「三種の主要なる計算法」**Die drei Haupt-Zählmethoden**（西紀一八六八年本邦明治元年刊行）中の一節（第七一頁）を初めとすると思ふが、後三年西紀一八七一年明治三年に至つて彼のガベレンツはラツァルス及シュタインタール協同編輯の民族心理學及言語學雑誌第七編（參1）に於て「日本數詞の特質に就きて」**Ueber eine Eigenthümlichkeit des japanischen Zahlworts**（第一一一至一一二頁）と題して、ポットの考を増補したので、西洋での研究は行きづまつてしまつた。アストン及チヤンバレンの兩日本語學者に至つてもガベレンツ以上に數詞構成法なり數詞の語源なりを究むることは出來なかつた。

ポットは日本數詞の一と二、三と六、四と八との關係に於て倍加法 Doppelung を認め、なな（七）とここの（九）の兩語に於て同音の重複 Reduplication の行はれてゐることを想像し、尚いつつ（五）の數に於ても倍加又は重複法 Doppelung を認めんとした。ガベレンツは五と十との關係に於て倍加法を發見して更に一歩を進め、而してこれらの數詞構成法に於ては、日本語はウラルアルタイ系の諸國語と全く別種であることを述べ、且つか〻る構成法は自己の知る限りにては、該系統の言語にも其他如何なる言語にも之を認むることが出來ないと斷言してをる。彼は又予輩が普通に比較せんとするトゥングース語の nada や滿洲語の nadan が日本語の nana（七《なな》）と似寄つてゐることをも否定し、他方にはななはここのと共に同音重複 Reduplication であるといふポットの語を疑つた。

斯くの如くガベレンツの方が考察が一段進んではゐるが、予輩は倍加法が日本語以外の言語に全然缺如たると斷じた氏の説には服することが出來ぬ。日本語ほど整齊に倍進法が行はれてをる國語はないと云ふならば聞こえるけれども、全然無いといふやうに考へたのは臆斷といはなければならぬ。ポットの數詞論中にすら阿弗利加の蠻語のうちに三と六、四と八の關係に於て倍進法を取つてゐるものがあること（第四五及四八頁）、また南洋ポリネシアの一島に八を四二と稱する方言あること（第八八頁）、および匈牙利語の八といふ語の四を示す語を含有するらしいこと（第二〇頁）を指摘してゐる。姑くフリードリッヒ・ミューラー Fr. Müller の言語學大綱（參2）につきて世界諸民族の數詞を對照して見ても、一位の數の計算に倍加法を採る言語が、阿弗利加・亞細亞・亞米利加の未開人種に屢〻存することを容易に知ることが出來るのである。例へば南阿のカッファー族の二三の方言が三と六、四と八に同根語を用ゐ、同じくホッテントット族の一方言に三を nana 六を nani といひ、中阿黒奴の一方言に十を五の二倍と稱し wdyetš (5) rou (2) = wtyer, wtyar (10) といふが如く倍進法は阿弗利加の蠻民の間に往々認められる。いはゆる極北人種のうちエニゼイ・オストヤーク族の方言に五と十とに同根の語を用ゐ、ユカギール族の言語に三と六、四と八とが倍加計算法によるが如きも、見逃がすべからざる現象である。因にい

ふ、同じく極北人種に屬するといはれる北米大陸のエスキモー族の方言にも、三・四・五の數詞を基本として六・八・十の數詞を構成する所の倍加法の存することが、白鳥博士によつて指摘されてをる（參3）。亞米利加の土人間には二と四、三と六、四と八、五と十とに於て、各倍進法を取る方言が割合に多いのを發見する。

馬來語派に屬する臺灣蕃語にも四と八とが同根語であることは、ミューラーの祖述にも見え、又た近くは伊能嘉矩氏の研究（參4）によつても窺はれる。廣ウラルアルタイ系の言語にてもサモエッド派に屬するタウギTawgy 方言にて二を **siti** 四を **tjata** といひ、八を2×4なる **siti-data** と稱し、同派のユーラク方言にて、二を **sidea** 四を **tjēt** といひ、八を2×4なる **siden-djēt** と稱するが如きをはじめとし、既にポットも想到したやうにフィン・ウグル派の諸方言に四と八との數詞の相呼應する點のあることを考へると、ウラルアルタイ系にもマレイポリネシヤ系にも倍加計算法の存在を認めておかねばならぬ。殊にいはゆる極北人種なるものゝ方言中にこの計算法の行はれるのを考合はせると、予輩は國語と關係を結付けられさうな系統の言語中にも倍進法が部分的に行はれてゐること知るのである。殊に四の二倍なる八の語の構成法は諸民族間に頗る廣く擴がつてゐるのに氣がつくのである。

以上予輩は倍數法が日本語特有と云ふわけにはいかぬことを述べ、ガベレンツの所説を訂し、白鳥氏の所論を補つておくのである。唯注意すべきは、ガベレンツが前記の論文及びその著書言語學に於て、基本數詞と加倍數詞との關係が母音變化 **Vocalismus** によつて表はさるゝことを述べ、數詞以外の語における類例若干を他國語について擧げただけであるが、白鳥氏は用意周到にコルヤーク及カムチヤットカ語に於て數詞の語根母音の變化することをも特筆されたのである。但し數詞における類例は他にも多く存するのである。今は煩を避けて一々指示しないがミューラーの書中なる數詞表を檢して容易に之を知り得るのである。

白鳥氏の研究中、從來の定説より一歩進んでをると思はれるのは、ひと（一）とふた（二）との語源上の關係

を絶縁されたことである。徂徠乃至ポット以來この兩語が倍進法によつて構成されたと考へて居たのであるが、二と四との間に語源上の關係がなく、即ち倍進法が行はれてゐないのから推して、自分はひととふたとの音聲類似は偶然に出たのであるといふ白鳥氏の新見解を採りたいと思ふ。一より五までの間の倍數法が世界の言語中殆ど絶無ともいふべく僅に二と四との關係に於て某方言中に唯一の除外例を見出し得るに對して、六より十に至る數詞の倍進計算法の多きに徴すると、日本語に於ても一から五までは各獨特の語根に據り、六以上の數詞に至つて始めて倍數法の原則が行はれると考へる方が適當だと思ふ。その方が原則の一貫を見るのである。換言すれば國語の一位の數詞は五までは五進法（Quinäre Zählmethode）に據つて構成せられ、六以上は倍加法 Doppelung を用ゐて組立てられたものと説くのである。而して予輩は二のふたははたち（二十歳）のはたとも考合はせ、傍《はた》、他《はた》、將《はた》（又）の義と信じてゐる。

參考。（1）Z. für Völkerpsychologie und Sprachwissenschaft. Herausgg. von M. Lazarus und H. Steinthal(7 Bd. 1871)

（2）F. Müller: Grundriss der Sprachwissenschaft(1876 — 1888)

（3）前節論文（3）を見よ。

（4）伊能嘉矩氏、臺灣土蕃の數の觀念（東京人類學雜誌第二十一及第二十二巻、明治三十九年至四十年）第二四三號三三四頁アタイヤル族の六と八との數詞のこと、第二五八號四八四頁平埔蕃の八の數詞のこと、

補遺。ヴントはその民族心理學第一編言語部第二巻（一九〇四年再版）に於て數詞及び數觀念の發達を説くこと詳かなりしも、未だ壹位數に於ける倍進法に論及せざりしを憾とす。予輩亦他日蠻人の計算法を調査したる上にて重ねて世に問ふ所あるべし。

新村によって、西洋の学者も日本語の倍数法について述べていることがわかった。なお、「參考」（3）の「前節論文（3）」とは、「白鳥庫吉氏、「日韓アイヌ三國語の數詞に就いて」（「史學雜誌」、明治四十二年）」のこと。

第四節　西洋の学者の説

ポットは Pott（1868, p.71）で言う。

C. Es mögen ein paar Beispiele aus Asien folgen.

Das alte, einheimischen Zählsystem der Japaner verläuft, gleichwie auch das eingeführte Chinesische, vollkommen decimal, s. Hoffmann in Donker Curtius, Japansche Spraakkunst §. 44; und läge danach kein Interesse vor, deren hier zu gedenken, käme nicht noch ein besonderer Umstand in Betracht. Von 1—9 haben dieselben in der Eigenschaft von attributiven Adjektiven das attributive Suffix -tsoe (nach Holl. Schreibung, wo oe = u), was jetzt ts' gesprochen wird. Anstatt desselben aber erscheint bei den höheren Zahlen 10, 20 u. s. w., tsi, auch dsi. Man hat mithin diese Anhängsel hinwegzudenken, um den Kern der Zahlwörter zu erhalten. Die ersten Zahlen lauten aber, in einer von mir gewählten Ordnung, welche die wahrscheinlich zwischen den Paaren bestehende Zubehörigkeit besser hervorhebt, folgendermaassen:

1. fitó-tsoe, aber 2. foetá-tsoe, —
3. mi-tsoe, „ 6. moe-tsoe,
4. jo-tsoe, „ 8. ja-tsoe,

so dass, meine ich, von diesen Zahlwörtern je die an zweiter Stelle Doppelung der ersten (also 2 = 1+1 ; 6 = 3+3 ; 8 = 4+4), und zwar lediglich durch Veränderung der Vokale, andeutet. Von den noch übrigen ungeraden Zahlen sodann unter 10

sind 7. nána-tsoe, und 9. kókono-tsoe allem Anschein nach redupliert, während 5. itsoe-ts' höchstens in seinem Suffix (eine kürzere Form jedoch lautet: i-tsoe) eine Doppelung erfahren hätte.

ポットが言う「Curtius, Japansche Spraakkunst」とは、Curtius（1857）『PROEVE EENER JAPANSCHE SPRAAK-KUNST』のことで、ポットの日本語数詞の知識はこのオランダ語で書かれた書から得ているようだが（オランダ語のつづりのoeはuの音であることを注記している）、三沢光博による日本語訳（三沢 1971）によると、このクルチウスの書自体には倍数法のことは出てこない。だからポットは日本語の1―2、3―6、4―8について、「母音を変えること」（Veränderung der Vokale）によって倍数を表わす、ということは自分で発見したのであろう。

ガーベレンツはGabelentz（1871, p.111）で言う（1ページ余りの短いものなので、全文を引用する）。

Bekanntlich bedienen sich die Japaner einer doppelten Reihe von Zahlwörtern; neben den chinesischen haben sie noch ihre eigenen. Letztere lauten von 1 bis 10 mit Hinweglassung des Suffixes *tsu*:

1 *fito*　6 *mu*
2 *futa*　7 *nana*
3 *mi*　8 *ya*
4 *yo*　9 *kokono*
5 *itsu*　10 *too*

So viele Momente nun sonst für eine Verwandtschaft des Japanischen mit den Sprachen des finnotatarischen(ural-altaiischen) Stammes sprechen mögen, so isolirt dürften diese Numeralien dastehen*); und an ihnen nehme ich eine Erschei-

nung wahr, welche meines Wissens weder in dieser noch in irgend einer anderen Sprache nachgewiesen worden ist. Man vergleiche die Worte für Eins, Drei, und Vier mit denen für die doppelten Zahlwerthe: *fito* mit *futa*, *mi* mit *mu*, *yo* mit *ya*; und man wird eine Art Dualbildung mit auffallender Regelmäßigkeit in dem Vocalwandel nicht verkennen; *i* wird *u* und *o* wird *a*.

Ich habe vergebens nach analogen Fallen in den übrigen Redetheilen der Sprache gesucht; die Vokale schwanken freilich vielfach, aber die Schwankungen scheinen mehr Folgen einer verwahrlosten Orthographie als organischer Natur zu sein.

Schließlich noch die Frage: ist anzunehmen, daß *nana* und *kokono* wirklich durch Reduplication gebildet seien, und was ko nnte die Reduplication hier bedeuten?

---

*) Die Anklange von *nana* und *kokono* an tungus. *nada*, mandschu *nadan* und tungus. *chuju*, mandschu *uyun* beweisen doch nichts.

ガーベレンツ(1)は参考文献をまったく記さないが、ヒトを「hito」でなく「fïto」と書いていることからすると、ポットを見ているのかも知れない。

第五節　日本語以外の言語の倍数法

北アメリカのハイダ語の数詞でも、母音を入れ替えることによって倍数を表わす。このことは、金田一京助（1935）と市河三喜（1935）が指摘している。堀博文（2007）によれば、「ハイダ族は、北アメリカ先住民族のひとつで、アメリカ合衆国アラスカ州南東部、カナダのブリティッシュ・コロンビア州北西部のクィーン・シャーロット諸島に居住する民族である」。

金田一（1935, p.286）は以下のように言う（ハイダ語の具体的な形は示していない）。

> アメリカインディアンのハイダ（Haida）語には **JOHN R. SWANTON** に遽れば二と六、四と八、五と十とは、日本語のやうに、母音の變化で云ひ分けられ、九は、明瞭に10−1で表はされ、大數は二十進法であつて、〈略〉

市河（1935, p.50~51）は言う。

> アメリカインディアンの中で Haida といふ種族、これは British Columbia のある島に話されて居るのであるが、そこの數詞が我々日本人にとつて面白い。即ち
>
> 〈略〉
>
> で、4は2, 6は3, 8は4（從つて2）, 10は5と關係のあることが見られる。又9は10−1である。これはとりも直さず、日本語の hi, hu, mi, mu, yo, ya の關係を聯想せしめるもので、母音の變化によつて倍數を表はして居るもので、**Gabelentz** が日本語の數詞について、「か丶る倍加法は他の如何なる言語にも之を認むることが出來ぬ」と斷言して居るのを裏切つて居る例である。

実は市河は右の〈略〉の部分に1から10までのハイダ語数詞を記している。その出所を記していないが、論文末尾の「參考文獻」に Swanton（1911）が載っており、市河の記すものは Swanton のにそっくりであるから、これによったのであろう。ただ、市河のには印刷の誤りがいくつもあるようなので、市河のものは省略し、代わりに Swanton（1911, p.270~271）の「Numerals」の部分を以下に載せる。

§ 37. Numerals

The numeral system has become decimal since the advent of the whites, and the word HUNDRED has replaced the original expression that covered that figure; but the old blanket-count ran as follows:

1 *sgoā′nsîñ*
2 *stîñ*
3 *ɫgu′nuɫ*
4 *stA′nsîñ*
5 *Lē′îɫ*
6 *LgA′nuɫ*
7 *djīguagā′*
8 *sta′nsAñxa*
9 *LaAɫî′ñgisgoansî′ñgo*
10 *Lā′Aɫ*
11 *Lā′Aɫ wai′gî sgoa′nsîñ*
12 *Lā′Aɫ wai′gî stîñ*
20 *lA′guat sgoa′nsîñ*
30 *lA′guat sgoansî′ñgo wai′gî Lā′aɫ*
40 *lA′guat stîñ*
50 *lA′guat stîñ wai′gî Lā′aɫ*
60 *lA′guat ɫgu′nuɫ*
100 *lA′guat Lē′îɫ*
200 *lA′guat Lā′Aɫ*
300 *lA′guat Lā′Aɫ wai′gî lA′guat Lē′îɫ*
400 *lA′guat Lā′Alē stîñ*
1000 *lA′guat Lā′Alē Lē′îɫ*
2000 *lA′guat Lā′Alē Lā′aɫ*
etc.

It will be seen that the term for FOUR is derived from that for TWO; the term for SIX, from the term for THREE; the term for EIGHT, from the terms for FOUR and TWO; and the term for TEN, from that for FIVE; while NINE is simply TEN minus ONE.

Swanton「Haida」
〔Boas（1911）『Handbook of American Indian Languages』, p.270~271 より〕

母音の交替による倍数法がいくつもの数詞セット（たとえば、2―4、3―6、4―8）に見られるのは、日本語とこのハイダ語しか知られていない(2)。

第六節　日本語の倍数法と母音体系

fito ― futa は、白鳥（1909, p.8）が言うように、形は「酷似すれども、……語源を異にする」のかも知れない。泉井久之助（1978, p.218）は、「数詞は一挙に整備されたものではない。きわめて応物的な一桁数詞の低位のものが整うまでにも、数千年に及ぶ前史がある。」と述べる。昔の人類学者は、〝未開民族の中には、数詞は2までしかなく、3以上はみな「たくさん」と言う例がある〟と言うが、これは逆に言うと、どんな言語でも1と2を表わす数詞は極めて古い段階から存在した、ということになる。

そうすると日本語の場合も、fito、futa という数詞がまずあって、それを前提にして、mi(3)、yo(4)、mu(6)、ya(8)といった数詞ができた、と考えるべきなのであろう。

itu(5) と towo(10) の間にも倍数法があると見るかどうかは、論者によって分かれる。すなわち、チェンバレン・白鳥庫吉・新村出（消極的）・ガーベレンツは肯定派、荻生徂徠・谷川士清・ポットは否定派である。言うまでもなくトオは towo が本来の語形で、平安時代から例のあるトはトヲの弱化形と見るべきである。一方、5は itu- であるが、50は古くは i- であって（iso- は10世紀に、iso-di は11世紀に現われる）、この itu- と i- の関係は未解明（安田 1986a；1986b）【本書第七章、第四章】であり、5を表わす数詞と10を表わす数詞との間に倍数法を見いだすのは困難だと思う。

6の mu は古くは muyu であったようで、日数詞6は muyuka、唱数詞6は muyu、6人は muyu-no-fito（六の人）だった（安田 1972；1986c；1991）【本書第一三章、第一九章、第一七章】。そこで川本崇雄（1975）は mi（三）の古形は miyi であったと見ている。

ここで、倍数法に関わりそうな数詞（itu ― towo は除外する）を、上代の甲類・乙類と母音配列の制限の面から見てみよう。ローマ字書きにおいて甲類・乙類の区別を１・２で示し、ハ行子音はｆで示すとすると、

fi_1to_2　mi_1（←$^*mi_1yi$）　yo_2

futa　mu（←$^*muyu$）　ya

となって、母音は i_1：u、o_2：a となる。このうち o_2：a は従来から「とをを ― たわわ」などを例に、a と対立するものとされているもので一応問題ないが、i_1：u は問題である。服部四郎（1976, p.74）は、「*ü と*ä とが*ö に合流する」、すなわち、〝日本語に古く、u と対立する ü と、a と対立する ö があって、それらはともに乙類のオ（o_2）に合流した〟と見ているが、私は ü は甲類のイ（i_1）に合流したのではないかと思う。いずれにせよ、数詞は古代日本語の音韻を考える上で重要である。

注

（1）田中克彦（1988）は上田万年とガーベレンツについて、〝一八九〇年にドイツに留学した上田が日本語数詞の倍数法のことをベルリン大学のガーベレンツに伝えた〟と見ているが、Gabelentz（1871）がすでに日本語の倍数法を論じているのだから、田中の説は成り立たない。

（2）新村出（1916a）は、ミュラーによって、「ホッテントット族の一方言に三を nana 六を nani」と言う例を挙げているが、母音交替による倍数法はこの３―６の一セットだけである。なお、内林政夫（1999, p.91）は、〝「台湾語の一部」にも母音交替による倍数法がある、と村山七郎（1974）が述べている〟とするが、これは誤りで、実際には、村山（1974, p.181 ~ 183）は〝台湾のアタヤル系のセディク語やパイワン系のサオ語では接頭辞を付けることによって倍数を表わす〟と述べているのである。

第六章　個数詞

はじめに

個数詞とは、和語数詞の諸系列のうち、「ヒトツ・フタツ・ミッツ・ヨッツ・イツツ・ムッツ・ナナツ・ヤッツ・ココノツ・トー・ハタチ・ミソジ……」の系列のことである。以下、たとえば「個数詞2」を〔2個〕のように記すことがある。

個数詞の「ヒトツ・フタツ……ハタチ・ミソジ……」から、末尾の「ツ」「チ／ヂ（ジ）」を除いたものを「個数詞語幹」と呼ぶことにするが、以下、たとえば「個数詞語幹2」を〔2-〕のように記すことがある。

個数詞は語形についての問題は比較的少ないが、〔50個〕のイソヂは平安時代末期に生まれたもののようで、それ以前にはさかのぼれない（第四章・第七章参照）。

個数詞で数える対象は、昔の方が広かった。個数詞語幹には各種の和語助数詞や和語名詞が付くが、古くは、

個数詞語幹 ＋ 助詞「ノ」＋ 名詞

という言い方もあった。

なお、10の倍数を表わす形については第七章で、100の倍数を表わす形については第八章で、それぞれ詳しく述べる。

最初に各時代の個数詞・個数詞語幹を対照表の形で**表1**に示す。

第一節　現代の個数詞

現代の個数詞は、イクツ・ヒトツ・フタツ・ミッツ・ヨッツ・イツツ・ムッツ・ナナツ・ヤッツ・ココノツ・トーで、さらに年齢にのみ用いるハタチ・ミソジ・ヨソジ・イソジ・ムソジ・ナナソジ・ヤソジ・ココノソジがある。

個数詞語幹はイク・ヒト・フタ・ミ・ヨ（ヨン）・イツ・ム・ナナ・ヤ・ココノ・ト・ハタである。日常的に用いられるのはヨ（ヨン）ぐらいまでであるが、それ以上も特定の言い回し、「ナナイロ（七色）」「ナナクサ（七草）」「ナナクセ（七癖）」「ヤエ（八重）」「トエハタエ（十重二十重）」などでは普通に用いられている。

第二節　キリシタンのローマ字資料の個数詞

キリシタンのローマ字資料（1603~1604『日葡辞書』・1604~1608『ロドリゲス日本大文典』）における

表１　個数詞と個数詞語幹

	個数詞				個数詞語幹		
	上代	平安	キリシタン	現代	上代	平安	現代
n	——	イクツ	Icutçu	イクツ	——	イク	イク
1	fi_1to_2tu	ヒトツ	Fitotçu	ヒトツ	fi_1to_2	ヒト	ヒト
2	futatu	フタツ	Futatçu	フタツ	futa	フタ	フタ
3	mi_1tu	ミツ	Mitçu	ミッツ	——	ミ	ミ
4	yo_2tu	ヨツ	Yotçu	ヨッツ	——	ヨ	ヨ
5	itutu	イツツ	Itçutçu	イツツ	itu	イツ	イツ
6	——	ムツ	Mutçu	ムッツ	——	ム	ム
7	——	ナナツ	Nanatçu	ナナツ	nana	ナナ	ナナ
8	——	ヤツ	Yatçu	ヤッツ	ya	ヤ	ヤ
9	——	ココノツ	Coconotçu	ココノツ	$ko_2ko_2no_2$	ココノ	ココノ
10	——	トヲ	Touo	トー	——	トヲ、ト	ト
20	——	ハタチ	Fatachi	ハタチ	——	ハタ	ハタ
30	mi_1so_1ti	ミソヂ	Misogi	ミソジ	——	ミソ	
40	——	ヨソヂ	Yosogi	ヨソジ	——	ヨソ	
50	——	イソヂ	Isogi	イソジ	——	イ、イソ	
60	——	ムソヂ	Musogi	ムソジ	——	——	
70	——	ナナソヂ	——	ナナソジ	——	——	
80	——	ヤソヂ	Yasogi	ヤソジ	$yaso_1$	ヤソ	
90	——	ココノソヂ	——	ココノソジ	——	——	
100	mo_1mo_1ti	モモチ	(Momo-)	——		モモ	

個数詞は表1のとおりである。

これらは現代の個数詞とあまり違わない。しかし、促音を含むミッツ・ヨッツ・ムッツ・ヤッツの形はまだ見えず、数詞に詳しい1632『コリャード日本文典』も同様であるので、ミッツ・ヨッツ等は江戸時代に生まれた形であろうが、その背景として、ヒトツ・フタツ・イツツ・ナナツが三音節であることが圧力となったということがあろう。

なお、江戸時代以降には、ヒトッツ（1個）・フタッツ（2個）という形もあるが、これらは強調語形と見るべきであろう。(1)

第三節　平安時代の個数詞

平安時代の用例は、10の倍数については第七章に、100の倍数については第八章に、それぞれ詳しく挙げた。

三・一　個数詞

イクツ・ヒトツ・フタツ・ミツ・ヨツ・イツツ・ムツ・ナナツ・ヤツ・ココノツ・トヲ・ハタチ・ミソヂ・ヨソヂ・イソヂ・ムソヂ・ナナソヂ・ヤソヂ・ココノソヂ・モモチ等の形が見える。

〔n個〕

①おほつかなつくまの神のためならは**いくつ**かなへのかすはいるへき〔1086『後拾遺和歌集』（書陵部蔵三十九冊本）巻18・1099番〕

〔1個〕〔2個〕〔3個〕〔5個〕〔6個〕

②そも〳〵うたのさま**むつ**なり〈略〉このむくさの**ひとつ**にはそへうた〈略〉**ふたつ**にはかそへうた〈略〉**みつ**にはなすらへうた〈略〉四にはたとへうた〈略〉**いつゝ**にはたゝことのうた〈略〉**むつ**にいはゐ《は》うた〔905『古今和

歌集』〔筋切本〕仮名序〕

③……つもれるとしをしるせれは**いつゝ**の**むつ**になりにけり〔『古今和歌集』〔元永本〕巻19・1003番〕

④たちわたるかすみのみかはやまたかみみゆるさくらのいろも**ひとつ**を〔951『後撰和歌集』〔二荒山本〕巻2・63番〕

〔4個〕

⑤ないしのかみ、**よつ**よりみとせこそ、ことあそびせられでならひ給けれ。〔984『うつほ物語』〔前田本〕楼上・上〕

⑥春はあけほの〈略〉秋はゆふくれ〈略〉からすのねところへいくとてみつ**よつ**ふたつなとひゆくさへあはれなり〔1001『枕草子』〔田中重太郎蔵堺本〕〕〈学習院大学蔵三条西家旧蔵能因本ハ「みつ□つふたつなと」〉

〔7個〕

⑦かんだちめ・みこたち、かたわきてくらべたまふ。〈略〉いつゝ、ひだりかつ。六右かつ。**なゝつ**左かつ。八右かつ〔984『うつほ物語』〔前田本〕祭の使〕

〔8個〕

⑧見名乃太仁　久々比也川遠利也　止呂千名也　止呂千名也　也川奈加良　止呂千名也【みなのたに鵠《くぐひ》八つ居りやとろちなやとろちなや八つながらとろちなや】〔神楽歌〔陽明文庫蔵『神楽和琴秘譜』〕湊田〕

〔9個〕

⑨**こゝのつ**はかりなるをのわらは〔935『土左日記』〔青谿書屋本〕1月22日〕

〔10個〕

⑩御まへには、ぢんのをしき、おなじきたかつきにすへて**こゝのつ**。〔984『うつほ物語』〔前田本〕蔵開・上〕

⑪てを、りてあひみしことをかそふれはとをといひつ、よつはへにけり〔957『伊勢物語』（為家本）第16段〕

〔20個〕

⑫そのやまはこ、にたとへはひえの山をはたちはかりかさねあけたらんほとしてなりはしほしりのやうになんありける〔957『伊勢物語』（為家本）第9段〕〈天福本・千葉本・文暦本モ「はたちはかり」、中和門院筆本ハ「はたち許」〉

〔30個〕

⑬よるひるのかすはみそちにあまらぬをなと長月といひはしめけん〔1005『拾遺和歌集』（高松宮家蔵定家自筆本臨模本）巻9・522番〕

〔40個〕

⑭ひわだぶきのくら、よそぢづ、たて〔984『うつほ物語』（前田本）吹上・上〕

〔50個〕

⑮大納言公任朝臣みそちあまりむつのうた人をぬきいててかれかたへなる哥も、ちあまりいそちを書いたし〔1086『後拾遺和歌集』（日野本）序〕

〔60個〕

⑯あなをさな、いちかむそぢか。おほよそ子うみ給へりともなくて〔『うつほ物語』（前田本）俊蔭〕

〔70個〕

⑰なゝそちやそちはうみにあるものなりけり〔935『土左日記』（青谿書屋本）1月21日〕

〔80個〕

⑱御をはのやそちのかにしろかねをつゐにつくれりけるを見て〔905『古今和歌集』（右衛門切）巻7・348番・詞書〕

〔90個〕

⑲ここのそぢあまりかなしきわかれかなながきよはひとなにたのみけん〔1251『続後撰和歌集』（新編国歌大観・一）巻18・1270番〕

〔100個〕

⑳大納言公任朝臣みそちあまりむつのうた人をぬきいててかれかたへなる哥もゝちあまりいそちを書いたし〔1086『後拾遺和歌集』（日野本）序〕

㉑暁のねざめにすぐる時雨こそももちの人のそでぬらしけれ〔1182『月詣和歌集』（新編国歌大観・二）巻10・899番〕

三・二　個数詞語幹

ヒト・フタ・ミ・ヨ・イツ・ム・ナナ・ヤ・ココノ・ト・ハタ・ミソ・ヨソ・イソ等の形が見える。以下に例を挙げる。

〔1-〕

㉒ひとゝせにひとたひきますきみまてはやとかす人もあらしとそ思〔905『古今和歌集』（雅俗山庄本）巻9・419番〕〈元永本ハ「ひとゝせに一度来ます」〉

㉓渕とてもたのみやはする天河年にひとたひわたるてふせを〔951『後撰和歌集』（天福本）巻13・959番〕〈中院本モ「ひとたひ」、貞応二年本・堀河本ハ「一たひ」〉

㉔くちをしの花の契やひとふさおりてまいれ〔1008『源氏物語』（大島本）夕顔〕

〔2-〕

㉕いろかはるあきのきくをはひとゝせに**ふた**ゝひにほふはなとこそみれ〔905『古今和歌集』（高野切）巻5・278番〕

㉖たまくしけあけつるほとをほとゝきすたゝ**ふた**こゑもなきてこしかな〔951『後撰和歌集』（二荒山本）夏・巻4・178番〕〈天福本・中院本モ「ふたこゑ」、貞応二年本・堀河本ハ「二こゑ」〉

〔3 -〕

㉗こゝろあらば**み**たひてふたひなくこゑをいとゝわひたる人にきかすな〔924『躬恒集』（西本願寺本『三十六人集』）〕

㉘あらたまのとしの**み**とせはうつせみのむなしきねをやなきてくらさん〔『後撰和歌集』（中院本）巻13・971番〕〈貞応本モ「みとせ」、天福本ハ「三とせ」〉

㉙……ふたはる**み**はるすくしつゝ〔1005『拾遺和歌集』（中院通茂臨模定家自筆本）巻9・574番〕〈堀河宰相具世筆本・北野天満宮本モ「みはる」〉

〔4 -〕〔5 -〕

㉚あるひとあかたの**よ**とせ**いつ**とせはてゝ〔935『土左日記』（青谿書屋本）12月21日〕

㉛わかれての**よ**とせのはるのはることにはなのみやこをおもひをこせよ〔1086『後拾遺和歌集』（陽明文庫藏伝為家本）巻8・465番〕

㉜をみなへしといふ**いつ**もしをくのかみにおきてよめる〔905『古今和歌集』（了佐切）巻10・物名・439番・詞書〕〈雅俗山庄本モ「いつもし」〉

〔6 -〕

㉝そも〱うたのさまむつなり……この**む**くさのひとつにはそへうた〔『古今和歌集』（筋切本）仮名序〕〈元永本モ「むくさ」〉

㉞むとせにそ君はきまさんすみよしのまつへき身こそいたくおいぬれ〔1151『詞花和歌集』（三春秋田家本）巻6・177番〕〈高松宮蔵伝為忠筆本モ「むとせ」〉

〔7-〕

㉟うるふみなつきありけるとし
たなはたはあまのかはらをなゝかへりのちのみそきをみそき【ママ】にはせよ〔951『後撰和歌集』（二荒山本）巻4・216番〕〈天福本・中院本モ「なゝかへり」、堀河本ハ「七かへり」〉

〔8-〕

㊱そのところにやいろのくものたつをみて〔905『古今和歌集』（筋切本）仮名序〕

㊲しもやたひおけとんかれぬさき【ママ】はのたちさかゆへきかみのきねかも〔『古今和歌集』（高野切）巻20・1075番〕〈雅俗山庄本ハ「しもやたひおけとかれせぬさかきはの……」〉

〔9-〕

㊳いますめらきのあめのしたをしろしめすときよつのときこゝのかへりになむなりぬる〔『古今和歌集』（筋切本）仮名序〕〈唐紙巻子本モ「こゝのかへり」〉

㊴……こゝのかさねのそのなかに〔1005『拾遺和歌集』（中院通茂臨模定家自筆本）巻9・574番〕〈堀河宰相具世筆本・北野天満宮本モ「こゝのかさね」〉

〔10-〕

㊵かのとしよりこのかたとしはもゝとせにあまりよはとつきになむなりにける〔905『古今和歌集』（元永本）仮名序〕

㊶かく人とをつらなとさうそくをとゝのへかたちをえらひたり〔1008『源氏物語』（三条西実隆筆本）澪標〕（「とを

つら」ハ〝10列〟ノ意）

〔20‐〕

㊷すへて千うたはたまき名けて古今和歌集といふ【ママ】〔『古今和歌集』（私稿本）仮名序〕

〔30‐〕

㊸すさのをのみよとなりてそみそもしあまりひともしにはよみける〔『古今和歌集』（元永本）仮名序〕

〔40‐〕

㊹今までになとかは花のさかすしてよそとせあまり年きりはする〔951『後撰和歌集』（天福本）巻15・雑一・1078番〕

〔50‐〕

㊺いせわたる河は袖よりなかるれと丶ふにとはれぬ身はうきぬめり〈伊勢〉〔『後撰和歌集』（天福本）巻18・雑四・1257番〕（「いせ」ハ「五十瀬《いせ》」ト作者名ノ「伊勢」トヲカケル）

㊻いはのうへのまつのこすゑにふるゆきはいそかへりふれのちまてもみむ〔976『古今和歌六帖』（永青文庫本）第一・天・雪・725番〕

〔80‐〕

㊼も丶とせにやそとせそへていのりくる玉のしるしを君見さらめや〔951『後撰和歌集』（天福本）巻20・賀・1377番〕

〔100‐〕

㊽かのとしよりこのかたとしはも丶とせにあまりよはとつきになむなりにける〔905『古今和歌集』（元永本）仮名序〕

㊾も丶とせにやそとせそへていのりくる玉のしるしを君見さらめや〔『後撰和歌集』（天福本）巻20・賀・1377番〕

第四節　上代の個数詞

上代の一桁台の確例は、fi_1to_2(-tu), futa(-tu), mi_1-tu, yo_2-tu, itu(-tu), nana-, ya-, $ko_2ko_2no_2$- のみ。

四・一　個数詞

〔1個〕

㊿袁波理邇　多陀邇牟迦幣流　袁都能佐岐那流　**比登都**麻都　阿勢袁**【**尾張に直に向かへる尾津の埼なる一つ松あせを**】**〔712『古事記』中巻・景行・歌謡29番〕

〔2個〕

(51)耶麻鵞播爾　烏志**賦柁都**威底**【**山川《やまがは》に鴛鴦《をし》（＝オシドリ）二つ居て**】**〔720『日本書紀』巻25・孝徳・大化5年・歌謡113番〕

(52)弥蘇知阿麻利　**布多都**乃加多知　夜蘇久佐等　曽太礼留比止乃　布美志阿止ゝ己呂　麻礼尓母阿留可毛**【**三十あまり二つの相《かたち》八十種とそ足れる人の踏みしあとどころ稀にもあるかも**】**〔752『仏足石歌』〕（「ミソチアマリフタツ」デ〔32個〕ノ意）

〔3個〕

(53)許能迦邇夜……志波邇波　邇具漏岐由恵　**美都**具理能　曽能那迦都爾袁**【**この蟹や……しは土《に》は丹《に》黒き故三つ栗のその中つ土《に》を**】**〔712『古事記』中巻・歌謡42番〕

〔4個〕〔5個〕

(54)**与都**乃閉美　**伊都々**乃毛乃々　阿都麻礼流　伎多奈伎微乎婆　伊止比須都閉志　波奈礼須都閉志**【**四つの蛇《へみ》五つの

ものの集まれる汚き身をば厭ひ捨つべし離れ捨つべし】〔752『仏足石歌』〕

〔30個〕

(55)**弥蘇知**阿麻利　布多都乃加多知　夜蘇久佐等　曽太礼留比止乃　布美志阿止々己呂　麻礼尓母阿留可毛　【三十あまり二つの相《かたち》八十種とそ足れる人の踏みしあとどころ稀にもあるかも】〔『仏足石歌』〕（「ミソチアマリフタツ」デ〔32個〕ノ意）

四・二　個数詞語幹

〔1-〕

(56)美都美都斯　久米能古良賀　阿波布爾波　賀美良**比登**母登……【みつみつし久米の子らが粟生にはか韮《みら》一本……】〔712『古事記』上巻・神武・歌謡11番〕

〔2-〕

(57)阿米那流夜……美多邇　**布多**和多良須　阿治志貴　多迦比古泥能迦微曽【天なるや……み谷二渡らす（＝谷ヲ二ツオ渡リニナル）阿治志貴高日子根《あぢしきたかひこね》の神そ】〔『古事記』上巻・歌謡6番〕

(58)虚呂望虚曽　**赴多**幣茂豫者……【衣こそ二重も良き……】〔720『日本書紀』巻11・仁徳22年・歌謡47番〕

〔5-〕

(59)阿麻社迦留　比奈尓**伊都**等世　周麻比都々　美夜故能提夫利　和周良延尓家利【天離る鄙に五年住まひつつ都の手振り忘らえにけり】〔759『万葉集』巻5・880番〕

〔7-〕

(60)夜麻登能　多加佐士怒袁　**那那**由久　袁登賣杼母　多禮袁志摩加牟【大和の高佐士野《たかさじの》を七行く嬢子《をとめ》ども（＝七人

揃ッテ行ク乙女タチ）誰をし枕かむ】〔712『古事記』中巻・歌謡15番〕

〔8‐〕

(61)夜久毛多都　伊豆毛夜幣賀岐　都麻碁微爾　夜幣賀岐都久流　曽能夜幣賀岐袁【八雲立つ出雲八重垣妻ごみに八重垣作るその八重垣を】〔『古事記』上巻・歌謡1番〕

(62)己乃美阿止　夜与呂豆比賀利乎　波奈知伊太志　毛呂毛呂須久比　和多志多麻波奈　須久比多麻波奈【この御足跡八万光《やよろづ》を放ちいだしもろもろ救ひ渡し給はな救ひ給はな】〔752『仏足石歌』〕

〔9‐〕

(63)迦賀那倍弖　用邇波許許能用　比邇波登袁加袁【かがなべて夜には九夜日には十日を】〔『古事記』中巻・歌謡26番〕

(64)伽餓奈倍氏　用珥波虚々能用　比珥波苔塢伽塢【かがなべて夜には九夜日には十日を】〔720『日本書紀』巻7・景行天皇40年・歌謡26番〕

〔80‐〕

(65)弥蘇知阿麻利　布多都乃加多知　夜蘇久佐等　曽太礼留比止乃　布美志阿止ゞ己呂　麻礼尓母阿留可毛【三十あまり二つの相《かたち》八十種とそ足れる人の踏みしあとどころ稀にもあるかも】〔『仏足石歌』〕

第五節　数える対象

現代では、個数詞は固形物・項目・年齢を数える場合にのみ用いられる（ハタチ・ミソジ……は年齢にのみ用いられる）、と言ってよい。

しかし、古くは、生き物（獣・鳥・魚・虫・蛇）、身体（足・指）、衣類（衣服・帯・蓑）等を数えるのにも用い(2)、

また、ハタチ・ミソヂ・ヨソヂ等も年数・年齢以外に広く用いられた。以下に、それらの例をいくつか挙げる。

(66)耶麻鵞播爾 **烏志賦柁都**威底【山川《やまがは》に鴛鴦《をし》（＝オシドリ）二つ居て】〔720『日本書紀』巻25・孝徳・大化5年・歌謡113番〕

(67)**与都乃閉美**【四つの蛇《へみ》】〔752『仏足石歌』〕

(68)よそながらなかよどみするよどがはにありける**こひ**をひと**つ**みるかな【……鯉を一つ……】〔984『うつほ物語』（前田本）蔵開・上〕

(69)よき**馬ふたつ**・うし二〔『うつほ物語』（前田本）あて宮〕

(70)**はたち**あまりの**うた**まことにいりたるかうしやわりこのつゝとに〔921『京極御息所褒子歌合』日記（1068十巻本『類聚歌合』所収）〈1127廿巻本『類聚歌合』所収本モ「はたちあまり」〉

(71)そのやまはこゝにたとへはひえの**山**を**はたち**はかりかさねあけたらんほとしてなりはしほしりのやうになんありける〔957『伊勢物語』（為家本）第9段〕〈天福本・千葉本・文暦本モ「はたちはかり」、中和門院筆本ハ「はたち許」〉

(72)ひわだぶきの**くら**、**よそぢ**ゞ、たて〔984『うつほ物語』（前田本）吹上・上〕

(73)春はあけほの……秋はゆふくれ〈略〉**からす**のねところへいくとて**みつよつふたつ**なととひゆくさへあはれなり〔1001『枕草子』（田中重太郎蔵堺本）〕〈学習院大学蔵三条西家旧蔵能因本ハ「みつ□つふたつなと」〉

(74)**よるひるのかす**は**みそち**にあまらぬをなと長月といひはしめけん〔1005『拾遺和歌集』（高松宮家蔵定家自筆本臨模本）巻9・522番〕

右に見るとおり、平安時代には、ハタチ・ミソヂ・ヨソヂ……はヒトツ・フタツなどと同様、いろいろなものを数

えるのに用いられた。ところが、1603~1604『日葡辞書』では、ハタチ・ミソヂ・ヨソヂ……は年数（annos）あるいは年齢（idade）を数える、と記している。以下にハタチ~ヤソヂの項（さらに参考までにチトセの項）を引き、『邦訳日葡辞書』の訳文を【　】内に添えておく。なお、原文にはいくつか誤りがある。30の項は見出しにミスプリントがあり、語釈も誤っている。40の項は語釈が誤っている。また、70と90の項はない。

Fatachi. *Idade de 20. annos.*【二十歳。】

Misoqi. *P. Trinta & tres annos.*【三十三年・三十三歳。】

Yosogi. *Cincoenta annos.*【五十歳。】

Isogi. *Cincoenta annos.*【五十歳。】

Musogi. *P.* 60. *annos.*【詩歌語。六十歳。】

Yasogi. *Oitenta annos.*【八十歳。】

Chitoxe. *Mil annos, l. muitos annos.*【千年、または、あまたの年。】

ハタチには「Idade」という語が使われているが、他の項には単に「annos」とあるだけだから、たとえばイソヂは直訳するならば、「五十歳」ではなく「五十年」である。ちなみに、チトセ（千年）は正しく「千年」と訳されている。なお、「*P.*（詩歌語）」という注記はミソヂとムソヂだけにあるが、ヨソヂ・イソヂなどにもあるべきであることは言うまでもない。

古本節用集のうちに、ハタチを項目に立てて「人之年也」と注記するものがある。

⑮二十《ハタチ》 人之年也　〔1496『明応五年本節用集』言語進退〕〈天正十八（1590）年本モ同ジ〉

しかし、一方、幸若舞の詞章を収めた『舞の本』には、ハタチを〝指の本数〟を数えるのに用いた例がある。

⑯十日ニとをのつめをもき。廿日にはたちの。指ヲもいて首をひき首にし玉へり。〔『舞の本』（毛利家本）信太〕

〈天理図書館蔵文禄本デハ「廿日に廿の指を」〉

幸若丸（桃井直詮）が活動した一五世紀中頃にはまだハタチは年齢には限定されていなかったのであろうか。ただし、「信太」の上演記録の初出は一五五一年という。

第六節　「ムツ」の個数詞語幹

「ムツ」の個数詞語幹は「ム」であるが、古くは「ムユ」の形であったらしい。それは日数詞のムユカ（6日）、唱数詞のムユ、人数表現に現れるムユなどから推測されるのであるが、実際に個数詞語幹のムユに助数詞が付いた形はムユカ以外には例がない（第四章参照）。

第七節　トヲの縮約形ト

トヲは、個数詞としての形も、個数詞語幹としての形も、奈良時代には同形であったと思われる。平安時代には、個数詞としてはトヲの形だが、後ろに助数詞の付いた、個数詞語幹としての用法では、「とまち（十町）」「とつぎ（十代）」「ととせ（十年）」のように、トという形が一般的である。しかし、後ろに助数詞が付くのにトヲの形だったり、逆に、助数詞が付いていないのにトの形である例もなくはない。

(77)左久良比止　曽乃不祢知々女　之末川多乎　**止**万知川久礼留　見天可戸利己无也**【**桜人その舟ちぢめ島つ田を十町作れる見て帰り来むや**】**〔9世紀中頃『催馬楽』（920鍋島家本）櫻人〕〈天治本ハ「止末知」〉

(78)あや**と**むらぜに廿貫とらす〔984『うつほ物語』（前田本）藤原君〕

(79)十《トノ》指《ユヒ》・黒《シ》・〔1113『神田本白氏文集』巻四・天永四年点〕

⑳とをつらのむまならねとも君かのる車もまとにみゆる成けり〔1033『和泉式部続集』（榊原本）181番〕（トヲツラの用例は第七章参照）。

右の⑲の「十《ト》」については、以下の二とおりの解釈ができる。

(1)トヲの縮約形のトがあって、それをそのまま「ト」と記した。

(2)訓点資料の漢字の訓においては、語形の一部だけを記すことがよくあり、この場合も「トヲ」という語形の語頭のトだけを記した。

なお、トヲカ（10日）をトカと記した例もある。[3]

トアマリ（十余り）から転じたと思われるタウマリという形もあったが、これについては第七章第一〇節で述べる。

第八節　個数詞語幹の用法

個数詞語幹は個数詞から末尾の「ツ」「チ（ヂ）」を除いたものだが、その用法はいろいろあった。

A　助数詞・名詞の前に連体詞的に付けて、物の数などを表わす。例、「ひと‐へ（一重）」「ひと‐ふさ（一房）」「ふた‐へ（二重）」「ふた‐さら（二皿）」「み‐たび（三度）」。

B　動詞の前に接頭語的に付けて、動作者数・動作回数等を表わす。これはおもに上代にわずかな例があるだけである。

㉛阿米那流夜……美多邇　布多和多良須　阿治志貴　多迦比古泥能迦微曽【天なるや……み谷二渡らす（＝谷ヲ二ツオ渡リニナル）阿治志貴高日子根《あぢしきたかひこね》の神そ】〔712『古事記』上巻・歌謡6番〕

㉜阿妹奈屢夜……彌多爾　輔柁和柁邏須　阿泥素企多伽避顧禰【天なるや……み谷二渡らす味耜《あぢすき》高彦根】〔720『日本書紀』巻2・歌謡2番〕

(83)夜麻登能　多加佐士怒袁　**那那**由久　袁登賣杼母【大和の高佐士野《たかさじの》を七行く嬢子《をとめ》ども（＝七人揃ッテ進ンデ行ク乙女タチ）】〔『古事記』中巻・歌謡15番〕

(84)許能迦邇夜　伊豆久能迦邇　**毛毛**豆多布　都奴賀能迦邇……【この蟹や何処《いづく》の蟹百伝ふ角鹿の蟹……】〔『古事記』中巻・歌謡42番〕

(85)阿波旋辭摩　異椰**敷多**那羅弭　阿豆枳辭摩　異椰**敷多**那羅弭　豫呂辭枳辭摩之魔【淡路島いや二並び小豆《あづき》島いや二並び宜しき島々】〔『日本書紀』巻10・応神20年・歌謡40番〕（〝淡路島ト小豆島ノ二ツノ島ガ並ンデイル〟ノ意カ）

(86)奴麻布多都　可欲波等里我栖　安我己許呂　**布多**由久奈母等　奈与母波里曽祢【沼二つかよは鳥が巣吾が心二行くなもとなよもはりそね】〔759『万葉集』巻14・3526番〕（東歌デ、歌意モヨクワカラナイガ、「二行く」ハ並行スル意トイウ）

なお、〝中に物が二つ入っていること〟を意味する「フタゴモリ（二籠り）」という語が平安時代にあった。『日本国語大辞典　第二版』は以下のように例を挙げている。

＊書紀（720）仁賢六年九月（熱田本訓）「女人答て曰、秋葱（あきき）の転（いや）〈双重也〉納（フタコモリ）を思ふへし」

＊本草和名（918頃）「螈蚕蛾〈略〉和名比々留乃布多古毛利」

＊後撰（951–953頃）恋四・八七四「ひき繭のかくふたこもりせまほしみ桑こきたれて泣くを見せばや」

この名詞としてのフタゴモリは「ふた籠る」という言い方が元になっていたのかも知れない。なお、『日本書紀』の成立は七二〇年だが右の熱田本は室町初期の写本である。

C　後ろに何も付けず、小さい方から順に口で唱える（唱数詞）。現代では「ヒー・フー・ミー……」だが、古く

は「ヒト・フタ・ミ・ヨ・イツ・ムユ・ナナ・ヤ・ココノ・トヲ」と言った（詳しくは第一九章を参照）。

このABCは、古くは同じ形であったと思われるが、C唱数用法では語形がかなり変化した。

第九節　〝――じゅう、――全体に〟の意の「ヒト-」

〝名詞の前に付けて、そのものの数が一つであることを表わす〟用法（「ひとかけら（一片）」「ひとこと（一言）」「ひとたび（一度）」等）があることは言うまでもないが、同じく名詞の前に付けるがこれとは違った意味合いの用法がある。

(87)それよりにしをなをゆけば、さかしき山七あり。〈略〉それより西をゆけば虎狼**ひと山**さはぐ所あり〔984『うつほ物語』（前田本）俊蔭〕

(88)きむちもとめよとのたまひしかは**ひと京**まかりありきしかとも侍らさりしに〔1065『大鏡』（東松本）昔物語〕

以上の(87)(88)は、〝――じゅう〟〝――全体に〟の意である。この用法は、中田祝夫（1983）『古語大辞典』（小学館）の「ひと（一）」の項が適切に取り上げている。

ひと【一】〔接頭〕①一つの。一度の。……②先ごろの。先（せん）。あの。……③全部。「昼は日――日（＝日中ズット）例の行ひをし」〈蜻蛉・中・天禄二年〉。「――京まかり歩きしかども」〈大鏡・昔物語〉。④かなりの。多くの。……

一方、『日本国語大辞典　第二版』では、この接頭語的な「ひと」の付いた語を十数語、見出しに立てている。[4] なお、『古語大辞典』が挙げる「ひひとひ（日一日）」のほか、「よひとよ（夜一夜）」も同様のものである。

第一〇節　ミソヂ（30個）・イソヂ（50個）の清濁

平安時代の仮名文献ではミソチ（30個）やイソチ（50個）のチの清濁をはっきり示す例はないが、イソヂについては、以下のように「磯路」との懸詞になっている例が鎌倉時代初期（一三世紀前半）にある。

⑻あまつ風おくればかへるとしなみに五十の袖をぬらしつるかな〈慈円〉〔1200『正治二年初度百首』（新編国歌大観・四）673番〕

⑼秋をへて月をなかむるみとなれりいそちのやみをなになけくらん〈慈円〉〔1205『新古今和歌集』（穂久邇文庫蔵二条為氏筆本）巻16・1537番〕

⑽海渡るうらこく舟のいたつらにいそちをすきてぬれし浪哉〔藤原定家（1233）『拾遺愚草』（定家自筆本）上・1183番〕

そうすると、名詞の「磯路」の一三世紀の発音はイソチではなくイソヂであったろうから、一三世紀始めには〔50個〕もイソヂであったと見るべきであろう。さらに、〔50個〕がイソヂであるのなら、〔30個〕〔40個〕〔60個〕〔70個〕〔80個〕〔90個〕などもミソヂ・ヨソヂ・ムソヂ・ナナソヂ・ヤソヂ・ココノソヂであった可能性が高い。そしてこの形が現代にまで続くわけである。

第一一節　方言における個数詞の語形

現代や江戸時代の諸方言には、古典語や現代東京語とは異なる形の個数詞が見えるが、それぞれ独自の変化をとげた結果なのかどうかは簡単には決められない。

二・一 「ヒト-」「フタ-」の語頭音節の脱落した形

「ヒト-」「フタ-」の語頭音節の脱落した形がいくつかの方言に見られる。

八丈島（東京都八丈町）では〔1個〕〔2個〕はテツ・フタツ、〔1人〕〔2人〕はトリ・フタリである（一九六八年七月の安田の調査(5)による）。

秋山郷（長野県下水内《しもみのち》郡栄村）では、虫などはエッペケ（一匹）、ネフケ（二匹）、サッペケ（三匹）、シフケ（四匹）……と数え、熊・犬・魚はトツ（一つ）、ターツ（二つ）……と数える（平山輝男ほか 1992, p.432; p.434）。

沖縄の首里（那覇市）では、〔1個〕〔2個〕〔3個〕はティーチ（tiiçi）・ターチ（taaçi）・ミーチ（miiçi）、〔1人〕〔2人〕〔3人〕はチュイ（cui）・タイ（tai）・ミッチャイ（miçcai）、連体詞的に助数詞・名詞に付く形の〔1-〕〔2-〕〔3-〕はチュ（cu-）・タ（ta-）・ミ（mi-）である（国立国語研究所 1963）。

二・二 「ヒト-」「フタ-」の母音が異なる形

「ヒト-」「フタ-」の母音が異なる例がある。具体的には、〔1個〕をフトツ、〔2個〕をヒタツと言うもので、関東地方から九州にまで及ぶので、各地で独自に生まれた形とは考えにくい。

㉒尾州知多郡にひとつふたつといふをふとつひたつとふとひとを互に誤る〔谷川士清（1804）『倭訓栞 前編』二十五・「ひとつ」の項〕

㉓ゐちご「ヤレふとつ、いたゞくべいとこと」〔十返舎一九（1807）『東海道中膝栗毛』六編・上〕（越後の人のせりふ）

㉔モノ鰻《うなぎ》か薯蕷《やまのよも》になつたがな。二《ひた》つ一《ふと》つの内だア。〔式亭三馬（1809）『浮世風呂』前編・巻之上〕（田舎者の三助の会話。直前に「金《かね》を拵《こせへ》べい」とあり、この三助は関東地方出身という設定らしい）

⑮此やうに　長崎にて　このごと〈略〉
投《な》げる　〃　なぐる
〈略〉
一ツ　〃　ふとつ
二ツ　〃　ひたつ
越後の方言のことくひ ふのたかひ少からす《ママ》
〔『筑紫方言』（国立国語研究所本）〈成立年不明〉〕

愛媛県の伊予大三島肥海《ひがい》方言では、〔2個〕は一般には「フターツ」、老人は「ヒターツ」と言う（藤原与一 1988, p.692)。

第一二節　「三十路」「四十路」「五十路」……という表記

現代の漢字表記としては、ミソジ・ヨソジ・イソジ……は「三十路」「四十路」「五十路」……が一般的であるが、こういう表記は江戸時代に始まるらしい。(6) 人生を〝みち〟と捉える意識が背景にあるのだろう。

⑯人の八十の賀に／すゑ遠き千とせの坂にくらふれは八十路は老のふもと也けり」〔村田春海（1810）『琴後集』（新編国歌大観・九）巻6・1261番〕

注

（1）小林好日（1922, p.115）は、促音の入ったミッツ・ヨッツ・ムッツ・ヤッツという形について言う。

對話式の口語でも地方によつては促音にしないところもあるが、東京語に於てはいづれも促音にして居る。それに從ふ方が宜からうと思ふ。但しふたつはふたつといふ傾もあるが、まだ促音を入れない方が多いと思ふ。

「對話式の口語」とは、口頭語のことである。なお、ヒトッツ・フタッツの形は方言研究ゼミナール（1996）によれば、岩手県盛岡市・群馬県藤岡市中大塚・新潟県小千谷市高梨町で使われている。

（2）峰岸明（1986）が、平安時代にどういう物を個数詞で数えたかについて詳しく述べている。

（3）トヲカ（平安時代の写本ではトウカの形が一般的）を「トカ」と書いた例が『日本書紀』訓にある。

○相守十餘日《トカアマリ》〔1150前田本『日本書紀』巻14・雄略8年〕

これが、こういう縮約形があったことを示すものなのか、あるいは、実際の発音はトウカアマリなのだがそれを「トカアマリ」と表記した、ということなのかは決定できない。

（4）『日本国語大辞典　第二版』は、この〝――じゅう、――全体に〟の意の「ひと」のついた以下のような語を見出しに立てている。「ひといえ（一家）」「ひときょう（一京）」「ひとにわ（一庭）」「ひとはら（一腹）」「ひとふね（一舟）」「ひとみ（一身）」「ひとみち（一道）」「ひとみや（一宮）」「ひとやま（一山）」「ひとよ（一夜）」。

（5）一九六八年七月、東京大学の服部四郎教授が言語学ゼミの学生一〇名ほどを引き連れて東京都八丈島を訪れた。教授の語彙調査の方法を実地に学生に見せる、というものであった。私（安田）も大学院生の一人として加わったが、一日、都立八丈高校近くの老人ホームを訪れて島内、及び八丈小島出身の老人数名から聞き取りを行なった。なお、テツ（1個）・トリ（1人）の形は江戸時代末期の文献にまでさかのぼることができる（国立国語研究所1950, p.303～）。

（6）『新編国歌大観　CD-ROM版　Ver.2』で「……路」という表記の例を探したが、『琴後集』の「八十路」以外には見つからない。なお、岩波文庫の小池藤五郎校訂（1939）『南總里見八犬傳（五）』p.93には、「八十路《やそぢ》の齢《よはひ》なるべきか」とある。しかし、この部分（第八輯・巻之七・第八十七回）は国会図書館蔵の初版本（「瀧澤文庫」の朱印あり）の画像（6ウ）をインターネットで見てみると、「八十《やそぢ》の齢《よはひ》なるべき歟《か》」とある。

第七章　一〇およびその倍数を表わす個数詞

はじめに

本章では、個数詞の10およびその倍数の20・30・40・50・60・70・80・90を取りあげ、主に語形について見てゆくことにする。

なお、以下、たとえば「個数詞30」を〔30個〕のように記すことがある。また、個数詞から末尾のツ・チ（ヂ）を除いたものを「個数詞語幹」と呼ぶことにするが、たとえば「個数詞語幹30」は〔30-〕のように記すことがある。

第一節　現代の語形

現代において一般に用いられる個数詞は表1のとおりである。

表1　現代の個数詞

n	イクツ
1	ヒトツ
2	フタツ
3	ミッツ
4	ヨッツ
5	イツツ
6	ムッツ
7	ナナツ
8	ヤッツ
9	ココノツ
10	トー
20	ハタチ
30	ミソジ
40	ヨソジ
50	イソジ
60	ムソジ
70	ナナソジ
80	ヤソジ
90	ココノソジ

ハタチ・ミソジ……ココノソジは年齢を言うのに限定されるが、日常的にもよく用いられるのはハタチだけで、ミソジ……ココノソジは文章語に限って用いられ、やや雅語的なひびきを持っている。このような状況は、西暦一六〇〇年前後のキリシタンのローマ字資料に見られるものとあまり違いはない。

第二節　キリシタンのローマ字資料に見える語形

ロドリゲス（1604~1608）『日本大文典』第三巻の数名詞の項では、個数詞としてはまず、Icutçu, Fitotçu……Touoを挙げ、さらにこの他に年齢20歳を表わすFatachiや、Momotabi（百度）・Momotoxi（百年）のMomo、Chitabi（千度）・Chiyo（千代）のChiをも挙げているが、個数詞の30・40・50・60・70・80・90は載せていない（表2参照）。

1603~1604『日葡辞書』は、この表2と同じIcutçu, Fitotçu, Futatçu, Mitçu, Yotçu, Itçutçu, Mutçu, Nanatçu, Yatçu, Coconotçu, Touo, Momo, Chiを載せるが、その他に年数（annos）ないしは年齢（annos de idade）を表わすものとして表3に示したものを挙げている（70と90は見出しにない）。そして、Misogi（ミソヂ）とMusogi（ムソヂ）には「P.（詩歌語）」の注記がある。

表2　ロドリゲスの個数詞

n	Icutçu
1	Fitotçu
2	Futatçu
3	Mitçu
4	Yotçu
5	Itçutçu
6	Mutçu
7	Nanatçu
8	Yatçu
9	Coconotçu
10	Touo
20	Fatachi
100	Momo-
1000	Chi-

表3　『日葡辞書』の10の倍数

20	Fatachi
30	Misogi
40	Yosogi
50	Isogi
60	Musogi
80	Yasogi

現代でも、ミソジ・ヨソジ……は雅語的なひびきを持っているわけであるから、西暦一六〇〇年ごろには、ミッツ・ヨッツ・ムッツ・ヤッツがまだ促音化していなかったという点を除いては、現代とあまり差はなかったということになる。

第三節　平安・鎌倉時代の文献に見える語形

以下、平安・鎌倉時代の文献に見える仮名書きの用例を列挙する。

〔10個〕

①濱主本是伶人也。時年一百十三。自作二此舞一。上表請レ舞二長壽樂一。表中載二和歌一。其詞曰。那々都義乃。美与尓万和倍留。毛々知万利。**止遠**乃於支奈能。万飛多天萬川流。**【**……七代《つぎ》の御代にまわへる百《もも》ち余《ま》り十《とを》の翁の舞奉る**】**〔869『続日本後紀』巻15・承和12（845）年正月〕（「モモチマリトヲ」デ〝年齢110歳〟）

②てをゝりてあひみしことをかそふれは**とを**といひつゝよつはへにけり〔957『伊勢物語』（為家本）第16段〕〈千葉本モ「とを」、天福本・文暦本・中和門院筆本ハ「とお」〉（「とをといひつゝよつはへにけり」デ〝40年ガタッタ〟トスル説ト〝14年ガタッタ〟トスル説ノ両方ガアル）

③としたにも**とを**とてよつはへにけるをいくたひきみをたのみきぬらん〔同（為家本）第16段〕〈中和門院筆本モ「とを」、千葉本ハ「とほ」、天福本・文暦本ハ「とお」〉

④とりのこを**とを**つゝ**とを**ゝかさぬともおもはぬひとをおもふものかは〔同（為家本）第50段〕〈千葉本モ「とをつゝとを」、天福本・文暦本・中和門院筆本ハ「とをつゝとをは」〉

⑤かくて人にくからぬさまにて**とを**といひてひとつふたつのとしはあまりにけり〔974『蜻蛉日記』（桂宮本）上〕

⑥三月つこもりかたにかりのこのみゆるをこれ**とを**つゝかさぬるわさをいかてせんとて〔同、上〕

⑦とおにあまりぬる人はひ、なあそひはいみ侍ものを〔1008『源氏物語』（大島本）紅葉賀〕〈穂久邇文庫本ハ「とを」〉

⑧くるまとをはかり〔同（大島本）、関屋〕〈陽明文庫本・穂久邇文庫本モ「とを」〉

⑨十《トノ》指《ユヒ》・黒《シ》・〔1113神田本『白氏文集』巻4〕

〔10-〕

⑩左久良比止　曽乃不祢知々女　之末川多乎　止万知川久礼留　見天可戸利己无也【桜人その舟ちぢめ島つ田を十町作れる見て帰り来むや】〔9世紀中頃『催馬楽』（920鍋島家本）櫻人〕〈1125天治本ハ「止末知」〉（引声ハ省略）

⑪かのとしよりこのかたとしはも、とせにあまりよはとつきになむなりにける〔905『古今和歌集』（元永本）仮名序〕〈私稿本・筋切本・唐紙巻子本・雅俗山庄本・静嘉堂本・黒川本・六条家本・永治本・前田本・天理本・伝寂蓮筆本・右衛門切・雅経本・永暦本・昭和切・寂恵本・伊達本モ「とつき」〉

⑫あやとむらぜに廿貫とらす〔984『うつほ物語』（前田本）藤原君〕

⑬かく人とをつらなとさうそくをと、のへかたちをえらひたり〔1008『源氏物語』（三条西実隆筆本）澪標〕〈横山敬次郎蔵本・穂久邇文庫本ハ「とほつら」、陽明文庫本ハ「と《十》ほつ《列》ら」〉（「とをつら」ハ〝10列〟ノ意）

⑭その人もかしこにてうせ侍にし後と、せあまりにてなん……〔同（大島本）、橋姫〕〈穂久邇文庫本モ「と、せあまり」、高松宮家本・国冬本ハ「十とせあまり」〉

⑮とをつらのむまならねとも君かのる車もまとにみゆる成けり〔1033『和泉式部続集』（榊原本）181番〕〈松平文庫本・丹鶴叢書本モ「とをつら」〉

⑯とをつらにたつるなりけり今はさは心くらへに我も成りなむ〔同（榊原本）、645番〕

⑰とをつらのむまならねともきみのれはくるまもまとにみゆるものかな〔1065『大鏡』（東松本）道兼〕〈千葉本モ

「とをつら」〉

⑱わかきみあめのしたしろしめしてよりこのかた**と**丶せあまりのはる秋〔1234『新勅撰和歌集』（伝為家筆本）序〕

⑲すみよしの松も花さく御世にあひて**と**かへりまもれしきしまの道〔1320『続千載和歌集』巻7・雑体・716番〕

⑳君が世はちぎるもひさしももとせを**と**かへりふべきちぢのまつ原〔1383『新後拾遺和歌集』巻19・神祇・1554番〕

〔20個〕

㉑良馬一匹　鐵**廿**廷《ネリカネハタチ》〔岩崎本『日本書紀』巻24・皇極1年4月・平安中期点〕（「廿」ノ左ニ院政期ノ訓「ハタチ」アリ）

㉒ある本にえんき六年三月七日……山とのかみさたふさのあそむまうけして**はたち**あまりのうたまことにいりけるかうしやわりこのつ丶とにうたをかきつけたり〔921『京極御息所褒子歌合』日記（廿巻本『類聚歌合』所収）〕

㉓そのやまはこ丶にたとへはひえの山を**はたち**はかりかさねあけたらんほとしてなりはしほしりのやうになんありける〔957『伊勢物語』（為家本）第9段。「はたち」ニハ〈上・平・平〉ノ声点ガアル〉〈天福本・千葉本・文暦本モ「はたちはかり」、中和門院筆本ハ「はたち許」〉（「ひえの山をはたち」デ〃比叡山ヲ20個〃ノ意）

㉔せんがうのをしき、**はたち**づ丶、れいのごとして、二十人のまうちきんだちとりてまいる〔984『うつほ物語』（前田本）祭の使〕

㉕御くるま**はたち**ばかり、四位、五位かずしらずして、かつらがはにいで給。〔同、祭の使〕（〃車20台〃ノ意）

㉖これははり物の所。……あこめ・はかまきたる女ども廿人ばかりありて、色〱のものはりたり。……これはいとの所。ごたち**はたち**ばかりいて、いとくりあはせなど、てごとにす。〔同、吹上・上〕（「ごたちはたち」デ〃御達20人〃ノ意）

㉗くるまともさへそはりたれは**はたち**あまりはかりひきつ丶きて〔986『落窪物語』（前田本）巻三（巻数ハ通行本

ニ従ウ〕〉
㉘かの君のとしは**はたち**はかりになり給ぬらんかし〔1008『源氏物語』（大島本）宿木〕〈穂久邇文庫本モ「はたち」〉

〔20 - 〕

㉙すへて千うた**はた**まき名けて古今和歌集という〔ママ〕〔905『古今和歌集』（私稿本）仮名序〕〈雅俗山庄本・静嘉堂本・黒川本・六条家本・永治本・前田本・天理本・伝寂蓮筆本・右衛門切・雅経本・永暦本・昭和切・建久本・寂恵本・伊達本モ「はたまき」、筋切本・元永本・唐紙巻子本ハ「歌千首廿巻」〉
㉚まつのはやし**はた**まちばかり……花のはやし**はた**まちばかり……〔984『うつほ物語』（前田本）吹上・上（絵解）〕
㉛このむらはいみじくさかへて侍し所なり。ことし**はた**とせあまり。みそとせにはまだたらぬほどになん、かくほろびて侍。〔同、蔵開・上〕
㉜あるはよそ文しあるは**はた**もしなとしていひあつめたれはみそもしにたにつゝくることかたきをとりあつむれは〔993『賀茂保憲女集』（榊原本）〕〈群書類従〔版本巻274〕モ「あるははたもしなとして」〉

〔30個〕

㉝あらたまのとしの**みそち**にあまるまてはるはちりほふはなをゝしみかね〔986『曽禰好忠集』（伝為氏筆本）百首和歌・序〕
㉞天暦のすゑよりけふにいたるまてよはとつきあまりひとつきとしはもゝとせあまり**みそち**になむすきにける〔1086『後拾遺和歌集』（日野本）序〕〈太山寺《たいさんじ》本・伝惟房筆本・神宮文庫本・伝為家筆本モ「みそち」〉
㉟大納言公任朝臣**みそち**あまりむつのうた人をぬきいてゝ〔同（日野本）序〕〈太山寺本・伝惟房筆本・神宮文庫本・伝為家筆本モ「みそちあまりむつ」〉

〔30－〕

㊱すさのをのみよとなりてそみそもしあまりひともしにはよみける〔905『古今和歌集』（元永本）仮名序〕〈筋切本・唐紙巻子本・私稿本・永暦本・昭和切・建久本・寂恵本・伊達本・雅俗山庄本・静嘉堂本・黒川本・六条家本・永治本・前田本・天理本・伝寂蓮筆本・右衛門切モ「みそもしあまりひともし」〉

㊲そのうたよめるもしみそもしあまりなゝもし〔935『土左日記』（青谿書屋本）〕

㊳このむらは……。ことしはたとせあまりみそとせにはまだたらぬほどになん、かくほろびて侍。〔984『うつほ物語』（前田本）蔵開・上〕

〔40個〕

㊴みそもしあまりもとすゑあはぬうたくちとうちつ、けなとし給ふ〔1008『源氏物語』（大島本）常夏〕

㊵さたときのみこのおはのよそちの賀大将にてしける日〔905『古今和歌集』（筋切本）巻7・賀・350番〕〈元永本・雅俗山庄本・静嘉堂本・伝寂蓮筆本・今城切・永暦本・昭和切・建久本・寂恵本・伊達本モ「よそちの賀」、六条家本・永治本・天理本・右衛門切ハ「よそちのか」〉

㊶よしみねのつねなりかよそちの賀にむすめにあつらへられてよめる〔同（雅俗山庄本）巻7・賀・356番〕〈静嘉堂本・伝寂蓮筆本モ「よそちの賀」、六条家本・永治本・前田本・天理本・右衛門切ハ「よそちのか」〉

㊷としはいくらはかりにかなりぬるなととひ侍りけれはよそちあまりになむなりぬると申しけれは〔951『後撰和歌集』（堀河本）巻15・雑一・1078番・詞書〕〈伝正徹筆本モ「よそちあまりに」、天福本・中院本ハ「四十余に」、貞応二年本ハ「四十あまりに」〉

㊸たねまつがむろのいゑ。……ひわだぶきのくら、よそぢづゝ、たて……〔984『うつほ物語』（前田本）吹上・上〕

㊹せんがうのおしきよそぢ〔同、初秋〕

㊺このよそえたおりひつ物よそち〔1008『源氏物語』（大島本）若菜・上〕〈陽明文庫本・穂久邇文庫本モ「よそち」〉

㊻ことしそよそちになり給ければ御賀の事おほやけにもきこしめしすくさす〔同（大島本）、若菜・上〕（年齢ノ例）

㊼予モノ、心ヲシレリシヨリヨソチアマリノ春秋ヲ、クレルアヒタニ……〔1212『方丈記』（大福光寺本）〕

〔40-〕

㊽今まてになとかは花のさかすしてよそとせあまり年きりはする〔951『後撰和歌集』（天福本）巻15・雑一・1078番〕〈中院本・貞応二年本・堀河本・伝正徹筆本モ「よそとせ」〉

㊾あるはよそ文しあるははたもしなとしていひあつめたれはみそもしにたにつゝくることかたきをとりあつむれは〔993『賀茂保憲女集』（榊原本）〕〈群書類従〔版本巻274〕ハ「よそもし」〉

(51)このよそえたおりひつ物よそち〔1008『源氏物語』（大島本）若菜・上〕〈陽明文庫本・穂久邇文庫本モ「よそえた」〉

〔50個〕

(51)大納言公任朝臣みそちあまりむつのうた人をぬきいてゝかれかたへなる哥もゝちあまりいそちを書いたし〔1086『後拾遺和歌集』（日野本）序〕〈太山寺本・伝惟房筆本・伝為家筆本モ「もゝちあまりいそち」〉

(52)かぞふればとほちのさとにおとろへていそぢあまりのとしぞへにける〔1166『今撰和歌集』（新編国歌大観・二）210番〕

(53)秋をへて月をなかむるみとなれりいそちのやみをなにかなけくらん〔1205『新古今和歌集』（伝二条為氏筆本）巻16・雑上・1537番〕〈伝青蓮院道円親王筆本モ「いそちのやみを」、烏丸本ハ「いのちのやみを」〉（「磯路」ト「五

十」トヲカケル）

(54) スナハチ**イソチ**ノ春ヲムカヘテ家ヲ出テ世ヲソムケリ〔1212『方丈記』（大福光寺本）〕

(55)　随喜功徳品

　　如是展転教

つたひ行く**いそぢ**のすゑのながれまでみ法の水を汲みてしるかな〔1225『拾玉集』（新編国歌大観・三）第二・2502番〕〈文子文庫本ハ「五十年の末の山の井に」〉（「磯路」ト「五十」トヲカケル）

(56) 海渡るうらこく舟のいたつらに**いそち**をすきてぬれし浪哉〔藤原定家（1233）『拾遺愚草』（定家自筆本）上・1183番〕（「磯路」ト「五十」トヲカケル）

(57) かぞふればとをちのさとにおとろへて**いそぢ**あまりのとしぞへにける〔1326『続古今和歌集』（新編国歌大観・一）巻7・神祇・773番〕

〔50‐〕

(58) **いせ**わたる河は袖よりなかるれと、ふにとはれぬ身はうきぬめり〈伊勢〉〔951『後撰和歌集』（天福本）巻18・雑四・1257番〕〈中院本・貞応二年本・堀川本・伝正徹筆本モ「いせわたる」〉（「いせ」ハ「五十瀬《いせ》」ト作者名ノ「伊勢」トヲカケル。第七節参照）

(59) いはのうへのまつのこすゑにふるゆきは**いそ**かへりふれのちまてもみむ〔976『古今和歌六帖』（永青文庫本）第一・天・雪・725番〕〈桂宮本モ「いそかへり」〉（「いそかへり」デ《50回》ノ意）

(60) **いそ**かへり我世の秋はすきぬれとこよひの月そためし成ける〔1177『清輔朝臣集』（群書類従本）秋・135番〕

(61) かみ元弘のはしめよりしも弘和のいまにいたるまて代は三つきとしは**いそ**とせのあひた……〔1381『新葉和歌集』（承応二年版本）序〕

〔60個〕

㉒僧は**むそぢ**の数引き列なりてほとけをほめたてまつり〔1170『今鏡』（畠山本）二・すべらぎの中・鳥羽の御賀〕（人数ノ例）

㉓わかのりのすへらきにつかへたてまつりては**むそち**になんあまりにけれは〔1188『千載和歌集』（宋雅奥書本）序〕〈書陵部本モ「むそち」〉

㉔コ、ニ**六ソチ**ノ露消エカタニ及ヒテ更ニ末葉ノ宿リヲ結ヘル事アリ〔1212『方丈記』（大福光寺本）〕

㉕むかひゆく**むそち**のさかのちかけれはあはれもゆきも身につもりつゝ〔藤原定家（1233）『拾遺愚草』（定家自筆本）上〕

〔70個〕

㉖**なゝそち**やそちはうみにあるものなりけり〔935『土左日記』（青谿書屋本）〕（〃70年〃ノ意）

㉗**なゝそち**にみちぬるしほのはまひさきひさしくよにもむもれぬるかな〔1124『金葉和歌集』（伝二条為明筆二度本）巻10・雑下・711番〕〈伝為家筆本・公夏卿筆本モ「なゝそち」〉

㉘和哥のうらのみちにたつさひては**なゝそち**のしほにもすき……〔1188『千載和歌集』（宋雅奥書本）序〕

㉙しらかはのかしこき御世……**なゝそち**あまりの御よはひたもたせたまひしはしめ……定家はまゝつのとしつもり……**なゝそち**のよはひにすきふたしなのくらゐをきはめて……〔1234『新勅撰和歌集』（伝為家筆本）序〕

〔80個〕

㉚あら人の君かいのりしゝるしあらは**やそち**のをちにつかへさらめや〔890『遍照集』（西本願寺本『三十六人集』）〕〈御所本三十六人集モ「やそち」〉

㉛仁和のみかとのみこにおはしましける時に御をはの**やそち**のかにしろかねをつえにつくれりけるを……〔905『古

今和歌集』（六条家本）巻7・賀・348番・詞書）〈永治本・天理本・右衛門切モ「やそちのか」、前田本・伝寂蓮筆本・永暦本・昭和切・建久本・寂恵本・伊達本ハ「やそちの賀」、私稿本・筋切本・雅俗山庄本・静嘉堂本・雅経本ハ「八十賀」、元永本ハ「八十の御賀」〉

⑫なな そち**やそち**はうみにあるものなりけり〔935『土左日記』（青谿書屋本）〕（〃80年〃ノ意）

⑬見千乃久乃　也久良者以久川　与末須止毛　和礼古曽以者女　**也曽**千安末利也川【陸奥《みちのく》の櫓《やぐら》はいくつ数《よ》まずとも我こそ言はめ八十《やそぢ》あまり八つ】〔1099『承徳本古謡集』陸奥風俗〕

〔80－〕

⑭須ゝ加ゝ波　**也曽**世乃太支乎　美名比止乃　女川留毛之留久　止支尓安陪留　止支尓安倍留可毛【鈴鹿川八十瀬の滝を皆人の賞づるも著く時にあへる時にあへるかも】〔9世紀中頃『催馬楽』（鍋島家本）鈴之川〕

⑮も、とせに**やそ**とせそへていのりくる玉のしるしを君見さらめや〔951『後撰和歌集』（天福本）巻20・賀・1377番〕〈中院本・堀河本モ「やそとせ」、貞応二年本ハ「八とせ」、伝正徹筆本ハ「やそとせ《と、せイ》」〉

⑯**やそ**さかをこえよときつるつへなれはつきてをのほれくらゐ山にも〔986『落窪物語』（尊経閣文庫本）三（巻数ハ通行本ニ従ウ）〕

⑰まさしてふ**やそ**のちまたにゆふけとふうらまさにせよいもにあふへく〈ひとまろ〉〔1005『拾遺和歌集』（中院通茂筆本）巻13・恋三・806番〕〈堀河宰相具世筆本・北野天満宮本モ「やそのちまた」〉

⑱も、しきの大宮なから**やそ**しまを見る心地する秋のよの月〔同（中院通茂筆本）巻17・雑秋・1106番〕〈堀河宰相具世筆本・北野天満宮本モ「やそしま」〉

⑲も、くさに**やそ**くさそへてたまひてしちふさのむくひけふそわかする〔同（中院通茂筆本）巻20・哀傷・1347番〕〈堀河宰相具世筆本・北野天満宮本モ「やそくさ」〉

⑧⓪ふりすて、けふはゆくともす、か河やそせの浪に袖はぬれしや〔1008『源氏物語』（大島本）賢木〕〈陽明文庫本・穂久邇文庫本モ「やそせ」〉

〔90個〕

⑧①しるやきみしぢのはしがきここのそぢまたここのよにこよひなるとは〔1248『万代和歌集』巻10・恋二・2147番〕

⑧②ここのそぢあまりかなしきわかれかながきよはひとなにたのみけん〔1251『続後撰和歌集』（新編国歌大観・一）巻18・雑下・1270番〕

⑧③ここのそぢふるかひありて君がためけふのみゆきも万代の春〔1303『新後撰和歌集』（新編国歌大観・一）巻20・賀・1600番〕

第四節　奈良時代の文献に見える語形

奈良時代に実際の数詞として用いられているのは30と80だけで、あと、10・20・40・50が漢数字を用いた訓仮名から帰納されるのみである。

〔10個〕

個数詞の10を仮名で書いた例はこの時代にはない（日数詞のトヲカはある）。しかし、漢字の「十」や「二五」を訓仮名としてトヲという音を表わすのに用いた例は759『万葉集』にいくつもあるので、それらを記す。

(1)動詞「とをよる」の表記に用いた例。

⑧④名《な》湯《ゆ》竹乃《たけの》　十縁皇子《みこ》〔巻3・420番〕

⑧⑤安《あ》治《ぢ》村《むらの》　十依海《うみに》　船浮《ふねうけて》　白玉採《しらたまとると》　人所知《ひとにしらゆ》勿《な》〔巻7・1299番〕

この「とをよる」は、『万葉集』では他に「騰遠依子等者」〔巻2・217番〕と書かれ、to_2woyo_2ruである。

(2)副詞「とをを（に）」の表記に用いた例。

(86)秋芽子乃《あきはぎの》　枝毛《えだも》十尾二《に》　降露乃《おくつゆの》　消者《けなば》雖消《けぬとも》　色出目《いろにいでめ》八方《やも》〔巻8・1595番〕

(87)春去者《はるされば》　為《し》垂柳《だりやなぎの》　十緒　妹心《いもはこころに》　乗在鴨《のりにけるかも》〔巻10・1896番〕（「にも」ヲ読ミ添エテ「とををにも」ト読ム）

(88)……手弱女尓《たわやめに》　吾者《われは》有友《あれども》　引攀而《ひきよぢて》　峯文《うれも》十遠仁《に》　球手《ふさた》折《をり》　吾者《われは》持而《もちて》往《ゆく》　公之《きみが》頭《か》刺《ざし》荷《に》〔巻13・3223番〕

この「とををに」は、他に『万葉集』で「等乎ゝ尓」〔巻10・2315番〕と書かれ、to_2wowoni である。

(3)「と（格助詞）を（間投助詞）聞こせ」を「二五寸許瀬」と表記した例。

(89)狗上之《いぬがみの》　鳥《と》籠山尓有《このやまなる》　不知也河《いさやがは》　不知《いさ》二五寸許瀬　余名《あがな》告奈《のらすな》〔巻11・2710番〕

以上の『万葉集』の例から、〔10個〕は to_2wo であったと考えてよいと思われる。

一方、「十」で to_2 を表わす例も同じ『万葉集』に見える。実例を数例ずつ示す。

(1)「鳥（to_2ri）」を「十里」と表記した例（一例のみ）。

(90)夕狩尓《ゆふかりに》十里蹋立《ふみたて》〔巻6・926番〕

(2)助詞「とも（to_2mo）」（接続助詞）（格助詞＋副助詞）を「十方」と表記した例（合計二四例）。

(91)價無《あたひなき》　寶跡言《たからといふ》十方　一杯乃《ひとつきの》　濁酒尓《にごれるさけに》　豈益目《あにまさめ》八方《やも》〔巻3・345番〕

(92)戀云者《こひといへば》　薄事有《うすきことなり》　雖然《しかれども》　我者《あれは》不忘《わすれじ》　戀者《こひは》死《しぬ》十方〔巻12・2939番〕

(93)……日本之《ひのもとの》　山跡國乃《やまとのくにの》　鎮《しづめ》十方　座祇可《いますかみか》聞《も》　寶《たから》十方　成有《なれる》山可《やまか》聞《も》……〔巻3・319番〕

(3)「ども（do_2mo）」（接続助詞）を「十方」と表記した例（合計三例）。

(94)……物部乃《もののふの》　八十《やそ》伴雄者《とものをは》　廬為而《いほりして》　都成有《みやこなしたり》　旅者安《たびにはあ》礼《れ》十方〔巻6・928番〕

(4)「とは（to_2fa）」（格助詞＋副助詞）を「十羽」と表記した例（一例のみ）。

(95)現毛《うつつにも》　夢毛吾者《いめにもわれは》　不思寸《おもはずき》　振有公尓《ふりたるきみに》　此間《ここに》将會《あはむ》十羽〔巻11・2601番〕

(5) 地名「鳥羽」を「十羽」と表記した例（一例のみ）。

⑯欲見者《みほしきは》　雲居所見《くもゐにみゆる》　愛《うるはしき》　**十羽**能《の》松原《まつばら》……〔巻13・3346番〕

〔20 - 〕

数詞の20を仮名で書いた例はない。わずかに「機物《はたもの》」を「廿物」と表記した例が一例あるのみ。

⑰干各《かにかくに》　人雖云《ひとはいふとも》　織次《おりつがむ》　我《わが》**廿物**　白麻衣《しろきあさごろも》〔『万葉集』巻7・1298番〕

〔30個〕

⑱**弥蘇知**阿麻利《あまり》　布多都乃加多知《ふたつのかたち》　夜蘇久佐等《やそくさと》　曽太礼留比止乃《そだれるひとの》　布美志阿止ゝ己呂《ふみしあとところ》……【みそち余り二つの相《かたち》八十種《やそくさ》と具足《そだ》れる人の踏みし足跡《あと》所】〔752『仏足石歌』〕（「みそち（mi_1so_1ti）あまり二つ」デ〝32個〟ノ意。）

〔40 - 〕

数詞の40を仮名で書いた例はない。わずかに「外《よそ》」を「卌」と表記した例が一例あるのみ。ただし、「外《よそ》」は『万葉集』では他には「余曽（yo_2so_2）」〔巻17・3978番、巻19・4169番等〕と書かれる。

⑲築羽根矣《つくはねを》　**卌**耳見乍《のみみつつ》　有金手《ありかねて》　雪消乃道矣《ゆきげのみちを》　名積来有鴨《なづみけるかも》〔『万葉集』巻3・383番〕

〔50 - 〕

数詞の50を仮名で書いた例はない。しかし訓仮名として「五十」でイを表わす例はいろいろある。

(1)「生きて」を「五十寸手」と表記した例。

⑳戀々而《こひこひて》　後裳将相常《のちもあはむと》　名草漏《なぐさもる》　心四無者《こころしなくは》　**五十寸手**有目八面《あらめやも》〔『万葉集』巻12・2904番〕

(2)「いと（副詞）除《の》きて」を「五十殿寸太」と表記した例。

㉑**五十殿寸太**　薄寸眉根乎《うすきまよねを》　徒《いたづらにかかしめつつも》　令掻管　不相人可母《あはぬひとかも》〔『万葉集』巻12・2903番〕

(3)「斎串《いぐし》」を「五十串」と表記した例。

⑩2 **五十串**立《たて》　神酒《みわ》座奉《すゑまつる》　神主部之《はふりへが》　雲聚玉蔭《うずのたまかげ》　見者《みれば》乏文《ともしも》〔『万葉集』巻13・3229番〕

⑩3 打蝉之《うつせみの》　命乎長《いのちをながく》　有社等《ありこそと》　留吾者《とまれるわれは》　**五十羽旱**将待《またむ》〔『万葉集』巻13・3292番〕

（4）「斎《いは》ひ（て）」を「五十羽旱」と表記した例。

〔80‐〕

音仮名の例は $yaso_1$ である。

⑩4 八十連屬、此云**野素**豆豆企〔720『日本書紀』巻2・神代・下〕（「野素豆豆企」ハ $yaso_1tuduki_1$）

⑩5 ……毛々多羅儒《ももたらず》　**揶素**麼能紀破《ばのきは》　於朋者瀰呂介茂《おほきみろかも》【百足らず八十葉の木は大君ろかも】〔同、巻11・仁徳30年9月〕（「揶素麼」ハ $yaso_1ba$）

⑩6 **夜蘇**久佐等《くさと》　曽太礼留比止乃《そだれるひとの》【八十種とそ足れる人の】〔752『仏足石歌』〕（「夜蘇久佐（$yaso_1kusa$）」ハ「八十種」）

⑩7 奴波多麻能《ぬばたまの》　欲和多流月者《よわたるつきは》　波夜毛伊氏奴香文《はやもいでぬかも》　宇奈波良能《うなはらの》　**夜蘇**之麻能宇倍由《しまのうへゆ》　伊毛我安多里見牟《いもがあたりみむ》【ぬば玉の夜渡る月は早も出でぬかも海原の八十島の上ゆ妹があたり見む】〔759『万葉集』巻15・3651番〕（「夜蘇之麻（$yaso_1sima$）」ハ「八十島」）

⑩8 ……毛能乃敷能《もののふの》　**夜蘇**等母能乎毛《とものをも》　於能我於弊流《おのがおへる》　於能我名負弖《おのがなおひて》【もののふの八十伴の雄もおのが負へるおのが名負ひて】……〔同、巻18・4098番〕（「夜蘇等母能乎（$yaso_1to_2mono_2wo$）」ハ『万葉集』デハ他ニ「八十伴雄」〔巻4・543番〕、「八十伴男」〔巻9・4214番〕トモ書カレル）

⑩9 奈尓波都尓《なにはつに》　船乎宇気須恵《ふねをうけすゑ》　**夜蘇**加奴伎《かぬき》　可古等登能倍氏《かこととのへて》【難波津に船を浮けすゑ八十楫《か》貫《ぬ》き水手《かこ》整へて】〔同、巻20・4408番〕（「夜蘇加（$yaso_1ka$）」ハ「八十梶《か》」）

第五節　個数詞の用法

現代では、10までの個数詞は物の数と年齢を数えるのに用いられるが、20のハタチは年齢にのみ用いられ、ハタチの個数詞語幹「ハタ-」は「十重《トエ》二十重《ハタエ》」という場合以外には用いられない。

平安時代には、個数詞は10以下だけでなく、20（ハタチ）・30（ミソヂ）・40（ヨソヂ）・60（ムソヂ）……も物の数を数えるのに広く用いられ、さらに鳥獣などを数えるのにも用いられており、20以上の個数詞語幹に助数詞が付いた形も、同じく物の数を数えるのに広く用いられている（これについては峰岸明（1986）が実例を挙げている）。

時代が下って平安末期・鎌倉時代になると、〔20個〕・〔30個〕……の用法は年数や年齢に限られるようになってくる。これにともなって、個数詞語幹の用法も限られてくる。

キリシタンの時代には、すでに現代と同様、20以上は年齢のみに限定されている。

なお、古本節用集にも、ハタチを「人之年也」と明記したものがある。

⑾ 二十《ハタチ》人之年也　〔1496『明応五年本節用集』〕〈天正十八年本モ同ジ〉

第六節　語形の検討

ここであらためて個数詞の語形を検討することにする。〔50個〕はいろいろ問題があるのでひとまずおいて、〔10個〕・〔20個〕・〔30個〕・〔40個〕・〔60個〕・〔70個〕・〔80個〕・〔90個〕の語形について見る。

〔10個〕　奈良時代には、仮名書きの例はないが、日数詞のトヲカ（to$_2$woka）や訓仮名としての例から考えて、*to$_2$wo であったろう。

助数詞やそれに準ずる名詞は、一般に、個数詞語幹（個数詞から末尾のツ・チを除いたもの）に付くのであるが、

トヲ（10）はもともとツやチが付いておらず、このトヲという形が、個数詞相当でもあり個数詞語幹相当でもある。後者の個数詞語幹相当の場合に、「止万知」（十町《とまち》）の如くトの形がすでに九世紀中頃の『催馬楽』（⑩）にあらわれる。さらに『万葉集』では、訓仮名として「十」をト乙（to_2）にあてた例、

十里《とり》＝鳥
十方《とも》＝とも（助詞）
十羽《とは》＝とは（助詞＋助詞）

等があるところから、このト（to_2）という形が元で、それからto_2woができた、と考える人もいる。[1] しかし、「to_2→to_2wo」と変化する理由が全く説明できないから、むしろ、これらは以下の⑪〜⑬の「七」の如く、数字の訓の第一音節のみを用いたものと見るべきであろう。[2]

⑪馬莫疾《うまないたく》　打莫行《うちてなゆきそ》　気並而《けならべて》　見弖毛和我帰《みてもわがゆく》　志賀尓安良七國《しがにあらなくに》〔『万葉集』巻3・263番〕
⑫海津路乃《うみつちの》　名木名六時毛《なぎなむときも》　渡七六《わたらなむ》　加九多都波二《かくたつなみに》　船出可為八《ふなですべしや》〔同、巻9・1781番〕
⑬縦恵八師《よしゑやし》　二ゝ《し》火四《なむよ》吾妹《わぎも》　生友《いけりとも》　各鑿社吾《かくのみこそあが》　戀度七目《こひわたりなめ》〔同、巻13・3298番〕

なお、九世紀以降、助数詞が付いたときはほとんどすべて「ト‐」となるのに、ただ一語だけ「トヲ‐ツラ（10列）」という形が一一世紀に数例見える（「ト‐ツラ」という形は見当たらない）。なぜこの場合だけ「トヲ‐」なのかよくわからないが、あるいは、儀式の用語だったために古形が残った、ということだろうか。

奈良時代に遡っても、後ろに助数詞が付く「トヲ‐……」という例は他には見当たらない。

〔20個〕奈良時代も＊fatatiであったろう。

〔30個〕『仏足石歌』の例から、奈良時代にはmi_1so_1ti。ミソヂではなかったろう。キリシタンのローマ字資料ではミソヂとなっているわけだが、平安末期にはもうミソヂとなっていたものらしい（これについては、次の第七節で50に

ついて論ずる際に述べる）。

〔40個〕『万葉集』で訓仮名として「外《よそ》（yo_2so_2）」を表わすのに「卌」が使われてはいるが、〔30個〕の m_1so_1ti や〔80 -〕の $yaso_1$- の例から見て、おそらく奈良時代は $^*yo_2so_1ti$。

〔50個〕これについては次の第七節でくわしく述べる。

〔60個〕奈良時代の例はないが、おそらく $^*muso_1ti$。

〔70個〕奈良時代の例はないが、おそらく $^*nanaso_1ti$。

〔80個〕奈良時代の例はないが、個数詞語幹は奈良時代には $yaso_1$- であったから、当然、$^*yaso_1ti$ であろう。[3]

〔90個〕奈良時代の例はないが、『古事記』『日本書紀』の歌謡に $ko_2ko_2no_2$-yo_2（9夜）の例があるから、おそらく $^*ko_2ko_2no_2so_1ti$。

第七節　〔50個〕の語形

〔50個〕は一般にイソヂという形が知られるが、現行の諸辞書はこのイソヂの用例として『竹取物語』・『古今和歌集』・『源氏物語』等を引いている。たとえば、一九八二（昭和五七）年刊行の『角川古語大辞典』第一巻の「いそぢ」の項では、用例欄に以下のようにある。

「貞保の親王の、后の宮のいそちの賀奉りける御屏風に」〔古今・賀〕「式部卿の宮、明けむ年ぞいそちになり給ひける」〔源氏・乙女〕「秋をへて月を眺むる身となれりいそちのやみをなに歎くらん」〔新古今・雑上〕

この辞典の巻頭の「主要依拠本一覧」によれば、右の作品はいずれも「古典大系」、すなわち岩波書店「日本古典

文学大系」によったことになっている。そこでまず、「日本古典文学大系」の『古今和歌集』の本文（底本は二条家相伝本）を見ると、以下のように50は漢字で書かれている。

さだやすのみこの、きさいの宮の五十の賀たてまつりける御屏風に、……〔巻7・賀・351番・詞書〕

ここで久曽神昇『古今和歌集成立論　資料編（上、中、下）』所収の諸本を見てもみな漢字書きである。すなわち、私稿本・筋切本は「御五十賀」、元永本・天理本・右衛門切は「御五十の賀」、永治本は「御五十のか」、雅俗山庄本・静嘉堂本・雅経本・永暦本・昭和切は「五十賀」、伝寂蓮筆本・建久本・寂恵本・伊達本は「五十の賀」、六条家本は「五十のか」である。

つぎに日本古典文学大系の『源氏物語』〔乙女〕の本文を見ると以下のようにある。

式部卿（の）宮、明《あ》けん年《とし》ぞ、五十《（いそぢ）》になり給ひける。

日本古典文学大系『源氏物語』の凡例によれば、（　）内はすべて校訂者が補ったもので、事実、この場合の『源氏物語』の底本の三条西実隆筆本（複製本による）を見ると漢字で「五十」とある。また、大島本（『源氏物語大成』）・陽明文庫本・穂久邇文庫本・伝二条院讃岐筆本もすべて「五十」とある。『源氏物語』にはもう一例、50を表わした例があるが、これも漢字で表記されている。

(114)やそちあまりのはゝ、**五十**はかりのいもうとありけり〔手習（大島本）。三条西実隆筆本・陽明文庫本・穂久邇文庫本モ「五十はかり」〕

『竹取物語』の例は次の箇所である。

(115)翁今年は五十はかりなりけれとも〔『竹取物語』（古活字十行本）〕

これも、諸本みな漢字で書かれている。すなわち、古本（天理図書館蔵）・田中大秀旧蔵本・島原侯旧蔵本・逢左文庫本・大覚寺本・正保三年刊本・前田善子蔵本・武田祐吉蔵本・戸川浜男蔵本・吉田幸一蔵本・内閣文庫本・『竹物語』はすべて「五十はかり」とあるのである。なお、山田忠雄『竹取物語総索引』は、「いそぢ」の項をたてず、これを「ごじふ」と読んでいる。

結局、現在確認できる限りでは、「イソチ」の形は1086『後拾遺和歌集』までしかさかのぼれない。これに対し、個数詞語幹〔50 - 〕は、「イソ - 」の形が約一〇〇年古い976『古今和歌六帖』に見える。さらにこれより数十年古い951『後撰和歌集』の女流歌人伊勢の歌(58)「いせわたる……」の「いせ」は、第一義は「五十瀬」であり、これに作者の名の「伊勢」を懸けたものと見られる。このことは『後撰和歌集』の古注釈にすでに見える。

(116)わか名をせによせたる也、いせわたるといふは五十瀬也、五の字をはいかなと云也、五十日を万葉集にはいかと云也、哥儀なし〔1255『後撰集聞書』（書陵部本〔151.397〕）〕

(117)いせの國なとへわたる河にはあらす是は多河と云心也いせとは五十瀬と書り五十重五十嶋五十日児産有之なと云詞の心也……〔1304『後撰集正義』（宮内庁書陵部蔵本〔鷹92〕）〕〈続群書類従本モ「いせとは五十瀬とかけり」〉

なお、この「五十瀬《いせ》」と日数詞「五十日《いか》」の他には、平安時代において個数詞語幹「い - 」の例は見当らないし、「五十瀬《いせ》」の例も、この『後撰和歌集』の例以外には確実な例は見いだし難いようである。[4]

なお、原田芳起（1962b, p.449~450）は〔40個〕〔50個〕について次のように述べている。

源氏物語に現われる「よそぢ」と「四十」の間の表記の差別は、案外中世の写本にまで保存されたのではないかと思われる。

あけむとしよそぢになり給〈藤裏葉〉

四十の賀といふことは〈若菜上〉

四十よばかりにて〈若紫〉

「しじふの賀」「しじふよ」と読むのが、源氏物語の言語に忠実な態度だと思われる。そのころよかはに、なにがしそうづといひていとたうとき人すみけり。やそぢあまりのはは、五十ばかりのいもうとありけり。〈手習〉

大成本文の表記面は右の通りである。上に「やそぢ」と仮名で書いているのに、下には「五十」と漢字で書いていることが、揃わない点にかえって原態が示されているので、「五十」は字音語と見たい。（「五十に【ママ】あたる本来の和語は「い」である。）「みそぢ」「よそぢ」の系列は数名【ママ】としては体系性は十分でなく、「よそぢ」「やそぢ」が多く用いられるほど「いそぢ」などが用いられたかは疑問である。「いそぢ」は本来ならは【ママ】「いち」とでもあるべきもので、「よそぢ」などに類推して造語されたであろうが、用いられることは少なかったのではあるまいか。源氏物語には仮名の表記例はない。

式部卿の宮、あけんとしぞ五十になり給ける。〈少女〉

としは六十ばかりになりたれどいときよげに〈明石〉

これらも表記に従って音で読むべきであろう。

〔50個〕の本来の形はイチのはずだ、と考えたのは原田の卓見である。奈良時代において、実際の数詞としての用

法はないにしても、訓仮名として「五十《イ》」の例が多数あるところから見て、〔50個〕の本来の形はイチと考えざるを得ない。また、そう考えることによって、この形が廃用となって漢語数詞「五十《ゴジフ》」が用いられるようになった理由も説明がつく。

その廃用の理由とは、和語数詞〔50個〕の語形「イチ」が、漢語数詞1の語形「イチ」と同音衝突をおこすことである。いくら一方は和語数詞でもう一方は漢語数詞だと言っても、日常生活において漢語数詞が広く行なわれるようになった段階では、混乱は避けようがない。そこで、1に較べてはるかに使用頻度の低い50を表わすイチの方が廃用に追いこまれたのであろう。その背景には、50以外の個数詞ハタチ・ミソヂ・ヨソヂ・ムソヂ……も次第に使用対象が狭くなって、年数、さらに人の年齢に限られるようになり、さらにはハタチ以外は日常の普通の語としては用いられなくなっていく、という大きな流れがあった。

しかし、個数詞50の語幹「イ-」や日数詞50の「イカ」は、漢語数詞のイチと同音衝突をおこさないから、個数詞50の「イチ」よりは生きのびた。一方、〔30個〕・〔40個〕・〔60個〕・〔70個〕・〔80個〕・〔90個〕はみなソという形態素を持つため、その類推で個数詞50の語幹は、

イ- → イソ-

と変化した（この変化の時期は一〇世紀ごろであろう）。

個数詞の「イソヂ」はこの新しい個数詞語幹「イソ-」を元にあらためて作られたものであろう。この語は鎌倉時代の和歌において「磯路《いそぢ》」と懸けて用いられた例がいくつもあるから（53）（55）（56）、この時代にはその発音はイソチではなくイソヂだったと考えられる。そうだとすると、他の〔30個〕〔40個〕〔60個〕〔70個〕〔80個〕〔90個〕も同じく「——ヂ」と発音したはずである。ただし、〔20個〕だけは、一六〇〇年前後のキリシタン資料においてもハタチであり、これが現代にまで受け継がれて、むしろ例外的な形となっているわけである。

なお、〔50個〕のイチという形が文献の上に現われるのかどうかというと、やや不確かな例が一つだけあるのである。

⑱あなおさな。いちかむそぢか。おほよそ子うみ給へりともなくて、とかくうちしてよをへたまはんに、などかあらん。〔984『うつほ物語』（前田本）俊蔭〕

この例について原田芳起（1969, p.43）は言う。

「い」は五十、「ち」は助数詞。「五十か六十か」で短い人生をさす慣用語か。

言うまでもなく、『うつほ物語』には古い信頼できる伝本がないので、これ一例を以て「いち」の実在の確実な証拠とするわけにはいかないが、一応注意すべきものであろう。

第八節　その他の見慣れない個数詞

大槻文彦（1897, p. 40）は言う。

「とを」（十）ヲ「ひとそ」（一十）トモ、「ひとそぢ」（一十箇）トモ言ハズ、「はたち」（二十）ヲ、「ふたそ」（二十）トモ、「ふたそぢ」（二十箇）トモ言ハヌモ、異ナリ。

大槻はヒトソヂ・フタソヂという語を見たことがなかったのであろう。

しかし、実際には、〔10個〕〔20個〕〔50個〕を表わすヒトソヂ・フタソヂ・イツソヂという語もあったのである。

〔10個〕

⑲　左持　右少将

かそふれは一そちあまりふたつきのことそともなく暮にける哉

右　親宗

あさましやこよみのおくを今日みれは一くたりにもなりにける哉

一そちあまり二つきいか、と又こよみのおくもむけにた、事とも也とて持になりぬ

〔1170『嘉応二年五月實國家歌合』（熊本大学北岡文庫蔵細川幽斉筆本）歳暮・6番〕〈群書類従本デモ「一そちあまりふたつきの」「一そちあまり二つきいか、」〉

⑳此御諷誦の施主は、御年一そちあまりとかや。〔1266『撰集抄』（松平文庫本）第九・第9話〕〈峨嵯本モ「一そち」〉

右の⑲⑳の「一そち」はおそらく「ひとそち」であり、⑲『嘉応二年五月実國家歌合』の「一そちあまりふたつき」は〝12か月〟の意であろう。判者（藤原清輔）が「一そちあまり二つきいか、」としたのは、当時、そのような言い方が実在しなかったからであろう。12か月を言う平安初期・中期の言い方は「とつき余りふたつき」であったはずである。

⑲に見える「一そち」は、右少将（＝源有房）が勝手につくり上げた形ではないかと思うが、それでは、約八〇年後の『撰集抄』の「一そぢ」をどう見るべきか。先行文献に見えるものを用いたのか、また新たに作り上げたものなのか、現段階では決めかねる。

〔20個〕

㉑小車の錦のことのはをかけてふたそちへてもあふときかはや〔1135『木工権頭為忠朝臣家百首（＝為忠百首）』

（群書類従本）恋十五首・寄錦恋〕（〝20年〟ノ意）

(122) をぐるまのにしきのことのはをかけて**ふたそぢ**へてもあふときかばや〔『為忠後度百首』（新編国歌大観・四）664番〕

(123) 人ノ年齢ヲイフニ二十ヲ**フタソチ**　三十ヲミソチナトミナソチトイヘル如何〔1269『名語記』巻四・63オ〕

(124) この杖をなほてにつきてもとせに**ふたそぢ**あまる老のさかゆけ〔宇都宮景綱（1298）『沙弥蓮愉集』（新編国歌大観・七）574番〕

(125)　同八年二月報恩会に

是諸経之王

この法の**ふたそち**あまり三のしな十のたとへにあらはれにけり

〔1225『拾玉集』（青蓮院本）第四・4246番〕〈支子文庫本1071番ハ「二そち」〉（「同八年」トハ建久八（1197）年）

一番目の(121)『木工権頭為忠朝臣家百首（＝為忠百首）』の例はすでに『大日本國語辞典』の「ふたそぢ（二十）」の項にも引かれているものであるが、フタソチは為忠の歌以外にも三例あって、特定の個人の勝手な造語とは考えられない。特に、(123)『名語記』に「人ノ年齢ヲイフニ」とあるのは、これが実際に使われた語形であることを示すものであろう。しかし、口頭語であったのか文章語であったのかはわからない。

〔50個〕

(126)　随喜功徳品

つたへ行く**いつそぢ**までのことのはをきくもうれしきみとぞなりぬる〔1178『教長集（＝貧道集）』雑歌・836番〕

(127) **五そぢ**のにしきの衣これなれやかへる山ぢの秋のもみぢば〔1232『洞院摂政家百首（新編国歌大観・四）〔底本ハ東北大学図書館三春秋田家旧蔵本〕）36番〕

⑫⑧いつそぢにあまる年までながらへてこのしも月にあふぞうれしき〔1499『蓮如上人集』（新編国歌大観・八）15番〕

右の⑫⑥『教長集』の歌は、題に「随喜功徳品」とあるように、『法華経』随喜功徳品第十八の偈、

若人於法會　得聞是經典
乃至於一偈　随喜爲他説
如是展轉教　至於第五十
最後人獲福　今當分別之

あるいはその前の、「爲父母宗親、善友知識、随力演説、是諸人等、聞已随喜、復行轉敎、餘人聞已、亦随喜轉敎、如是展轉、至第五十」または、「如是第五十人、展轉聞法華經、随喜功德、尚無量無邊、阿僧祇」をふまえたものである。

『法華経』の「第五十」あるいは「第五十人」というのは、〝この教えを伝え聞いた五十人目の人〟という意味のようだが、『教長集』の歌では、それを〝五十個の言葉〟と理解しているかにも見える。ともかくこの「いつそち」が〔50個〕の意であることは確かである。

⑫⑦の「五そぢ」は、音数から見てイツソヂであろう。

フタソヂやイツソヂが広く使われたとは思えないが、ともかくこれによって、10とその倍数を表わす語形のすべてが、

ヒトソヂ・フタソヂ・ミソヂ・ヨソヂ・イツソヂ・ムソヂ・ナナソヂ・ヤソヂ・ココノソヂ

と、［個数詞語幹＋ソヂ］という形で一貫するわけである。

もしこのヒトソヂ・フタソヂやイツソヂが本来の形ならば実例がもっと文献に現われてしかるべきであるのに実際には見いだせないこと、また、個数詞語幹の「ヒトソ－」「フタソ－」「イツソ－」に助数詞が付いた形が全く見当ら

ないこと、の二点から考えて、この「ヒトソヂ」「フタソヂ」や「イツソヂ」は歌人や文人が机上で作りあげたもので、その存在自体がほとんど世に知られていなかったものと思う。

イソヂは日常生活でほとんど使われなかっただろうが、トヲやハタチは誰もが日常的に使っていたわけだから、わざわざ新しくヒトソヂやフタソヂを作らなければならない理由はほとんどない。ではその目的は何か？

考えられるのは、ことさらに従来無かった新しい語（受け取る側は意味は分かる）を用いて人の意表に出よう、とすることである。

(119)の1170『嘉応二年五月實國歌合』において右大将（源有房）は「ヒトソヂ」を用いて点数を稼ごうとしたが、判者はマイナス点を付けた、ということであろう。

ただ問題は、ヒトソヂ・フタソヂ・イツソヂをいずれも複数の人が用いていることである。使用状況を表4にまとめておく。

時代が接近していれば、先人の言い方を真似たもの、と推測できるが、個々について実際はどうであったのかは決定できない。一度作られたものが忘れ去られ、後にまた同じ形が新たに作られた、ということもありそうである。

用例の多くは歌集であるが、『撰集抄』は説話集、『名語記』は語源辞典である。特に(123)『名語記』には、「人ノ年齢ヲイフニ二十ヲフタソチ三十ヲミソチナトミナソチトイヘル如何」とあって、フタソヂが世に広く行なわれたことが窺われる。

さらに、次の歌の「とそち」は、10×10で、100を表わすものか

表4

ヒトソヂ	フタソヂ	イツソヂ
1170 実国歌合	1134 為忠百首	1178 教長集
1266 撰集抄	1225 拾玉集	1232 洞院百首
	1269 名語記	1499 蓮如上人集

もしれない。

⑫⑨**とそぢ**、よつのやしろのくはへますたまのをながくきみぞつかへん〔1237『玉吟集（＝壬二集＝藤原家隆集）』（高松宮家本）住吉卅首和哥〕

「四つの社」とは、住吉大社の第一本宮から第四本宮までの四つの本宮を指しているが、歌全体の意味がよくわからず、果して「とそぢ」＝「十十《とそぢ》」なのかどうか確信が持てない。

なお、以上に取り上げたものの他に、室町時代・江戸時代に用いられたツヅという数詞（はじめは10個の意で、のちに年齢19歳の意）があったが、これが元来は数詞ではなかったことは、別稿（安田1976）【本書第一二章】において論じた。

第九節　トヲの縮約形ト

端数表現は、日数以外は以下の二つの形のいずれかをとる。

(1)個数詞＋アマリ……

(2)個数詞語幹＋助数詞＋アマリ……

この場合のアマリの「ア」の脱落した例が九世紀の『続日本後紀』に見える。

①毛々知**麻利止**遠乃於支奈【百余《ももちま》り十《とを》の翁】〔『続日本後紀』巻15・承和12（845）年〕（「百余り十」デ〝110歳〟ノ意）

個数詞語幹の「トヲ-」の縮約形「ト-」の古い例は『催馬楽』〔桜人〕にある。

⑩左久良比止　曽乃不祢知々女　之末川多乎　**止**万知川久礼留　見天可戸利己无也【桜人その舟ちぢめ島つ田を十

町作れる見て帰り来むや】〈9世紀中頃『催馬楽』（920鍋島家本）〉〈1125天治本ハ「止末知」〉

『催馬楽』の年代は確定しがたいが、九世紀中頃と見ておく。(5)

平安時代には、10を意味する語形は、個数詞も、個数詞語幹も、日数詞も、いずれも本来の語形と縮約形の両方が併存していた。

〈10個〉個数詞10を「ト」と記した例は極めて少ないが、存在はする。

⑨十《トノ》指《ユヒ》・黒《シ》・〈1113神田本『白氏文集』巻4〉

しかし、この例は、「トヲ」の第一音節だけを記したものである可能性も十分ある。現に神田本ではこの「十指」の数行前にも、「ウチ」「アハレ」の第一音節だけを記した「中《ウ》」「憐《ア》」という訓が見える。

〈10-〉個数詞語幹は平安時代にはトヲとトの両方があったことはすでに見た。

〈10日〉日数詞の10日は奈良時代にはトヲカ（「登袁加」「苔塢伽」）であった。平安時代には、「とをか」と表記された例もなくはないが、仮名文学でも訓点資料でも多くは「とうか」「トウカ」であった。六〇〇年も後のキリシタンのローマ字資料でも、〈10個〉は「touo」、〈10日〉は「tôca」である。

平安時代の10を意味するトヲ・トウ・トの用例数の実態は以下のとおり。

A	〈10個〉	トヲ［多数］	トウ［無］	ト［極少数］
B	〈10-〉	トヲ［極少数］	トウ［無］	ト［多数］
C	〈10日〉	トヲカ［少数］	トウカ［多数］	トカ［極少数］

〈10個〉の「トウ」という形は、私はまだ平安・鎌倉時代には実例を見つけていないが、実際にはあったと考える

べきであろう。〔10日〕のトウカの縮約形のトカという形も『日本書紀』の訓点にはわずかながら見える。
(130)相守十餘《トカアマリ》日〔『日本書紀』巻14・雄略8年（前田本・院政期点）〕
(131)相守十餘《トカアマリ》日〔『日本書紀』巻14・雄略8年（図書寮本・永治2年点）〕

日数詞のトウカは、発話者の意識としては「トーカ」であって、これの縮約形がトカであった、とすれば一応説明がつく。ただしこれも、訓点資料によく見られる、訓の第一音節だけを記したもの、という可能性を排除できない。

第一〇節 〝十余り〟の意のタウマリ

トヲアマリ（十余り）の縮約形トアマリからさらに転じたと思われるタウマリ（あるいはタウアマリ）という語が、トヲアマリと並んで平安時代にある。
(132)左之久之波　**多宇万利名々川**　安利之可止【挿櫛は十《たう》まり七つありしかど】〔9世紀中頃『催馬楽』（鍋島家本）挿櫛〕〈天治本ハ「左宇万利……」ト書イテ「左」ヲ「太」ト訂正〉
(133)あたらしくとも、人は十五人、つけまめをひとさやあてにいだすとも、**たうまり**いつゝなり。……ぬかごをひとつあてにいだすとも、**たうまり**なり。【……十余《たうま》り五つなり。……十余《たうま》りなり。】〔984『うつほ物語』（前田本）藤原の君〕
(134)數十《トヲアマリノ》の舎人〔『日本書紀』巻24・皇極2年（1000岩崎本・平安中期点）〕
(135)木鉤數十《カキトヲアマリ》〔『日本書紀』巻24・皇極3年（岩崎本・平安中期点）〕
(136)或は二十《タウマリ》許〔『日本書紀』巻24・皇極4年（岩崎本平安中期点）〕
(137)數十《トヲアマリノ》人〔『日本書紀』巻12・履中即位前（1142図書寮本・永治2年点）〕
(138)女人數十《メノコタウアマリに》〔『日本書紀』巻23・舒明9年（図書寮本・永治2年点）〕

(139) 數十《トホアマリ》舎人〔『日本書紀』巻24・皇極2年（図書寮本・永治2年点）〕

以上のように、タウマリはさまざまな種類の文献に例があり、当時こういう語があったことが確認できる。[6]端数表現において「アマリ」のアの脱落した例はあるが、[7]タウマリについて、単に〝アが脱落した〟とするのは正確ではない。

タウマリ・タウアマリは、トヲから転じたトーの縮約形のトにアマリが付いてトアマリができ、そのトアマリの「トア」が融合して［tɔ:］となったのを「タウ」と表記し、全体をタウマリ、タウアマリと表記したものであろう。すなわち、

　トヲアマリ↓トオアマリ（トーアマリ）↓トアマリ↓タウマリ

と変化したものであろう。音声の変化として

　［toamari］→［taumari］→［tɔ:mari］

という変化は不自然であるから、

　［toamari］→［tɔ:mari］

と変化したと見るべきであろう。すなわち、「タウマリ」の実際の発音は［tɔ:mari］というものであったろう。

第一一節　おわりに

まだ論じ残した問題もある。たとえば、10を表わすトヲ（to_2wo）とソ（so_1）が語源的に関係があるのかどうかは、100を表わすモモ（mo_1mo_1）とホ（イホチ・ヤホなどの）の関係とも合わせて考える必要があろう。また、唱数詞（現代語では、ヒー・フー・ミー・ヨー……）と個数詞語幹との関係についても述べる余裕がなかった。これらはまた稿を改めて論ずることにしたい【唱数詞については本書第一九章参照】。

付記　本稿を草するに当たり、杉谷寿郎より『後撰和歌集』の古注釈について教示と資料の提供（書陵部本『後撰集聞書』）を受け、糸賀きみ江より和歌の解釈について教示を得た。

注

（1）たとえば新村出、阪倉篤義、松本克己は次のように言う。
○トヲ（towo）はもとト（to）であったが、それが、to→too→towoとなつたものと思はれる。（新村 1930）
○常・十などの意味は、おなじく【一音節の】$t\ddot{o}$（乙類）という形式であらわされたと想像される。〈略〉ト（乙類）であらわされていた「常」の意味はトコ、「十」の意味はトヲというように、それぞれ二拍以上の形式であらわされるようになってきた。（阪倉 1969, p.31）
○一般には甲類 so_1 の訓仮名と見做されている数詞の「十」（so）は to_2wo（～tawa), to_2 の t ＞ s による変異形と見做されるべきもので、〈略〉（松本 1975, p.136）

（2）口で唱えながら数を数える時に「ヒー・フー・ミー・ヨー……」のような言い方をする。「唱数詞」とでも呼ぶべき系列の数詞であるが、これから、個数詞語幹の第一音節のみが語根であるかのように思われるかもしれない。しかし、唱数詞の古い形は「ヒト・フタ・ミ・ヨ……」であって、「ヒー・フー・ミー・ヨー……」の形は新しいものである。詳しくは本書第一九章「唱数詞」を参照。

（3）ココノヨの例は以下のとおり。
○迦賀那倍弖　用迩波許許能用　比迩波登袁加袁【かがなべて夜には九夜日には十日を】〔『古事記』中巻・歌謡26番〕
○伽餓奈倍氏　用珥波虚虚能用　比珥波苔塢伽塢【かがなべて夜には九夜日には十日を】〔『日本書紀』巻7・歌謡26番〕

（4）次の『源氏物語』〔賢木〕の歌の「いせ」も、第一義は地名の「伊勢」であるが、それとともに、上の句の「八十瀬《やそせ》」に対するものとして「五十瀬《いせ》」の意味もこめられているのかも知れない。しかし、そのように説く注釈書は見当らないようである。

〇すゝか河やそせのなみにぬれ〳〵すいせまてたれかおもひをこせむ〔大島本〕

（5）催馬楽については、901『日本三代実録』巻3の貞観元（859）年一〇月二三日の記事に、〝広井女王が八〇歳余りで死んだ。催馬楽歌をよくした〟とあるから、九世紀前半に催馬楽があったことは確実である（その当時の曲目に「挿櫛」が含まれていたのかどうかは不明）。しかし、『日本国語大辞典　第二版』の用例欄が年代を「7C後‐8C前」とするのは全く当たらないであろう（本塚亘2013参照）。

（6）吉沢義則（1927, p.218）は、岩崎本『日本書紀』の訓「二十許《タウマリ》」を〝「假名遣」の「誤謬」〟の例としている。「トヲマリ」とでもあるべきだと考えたのであろうか。ともかく吉沢は、『催馬楽』や『うつほ物語』のタウマリの例に気づかなかったのであろう。

（7）『日本国語大辞典　第二版』は、「まり」の項に用例として、①『続日本後紀』のほかには、以下の明治時代の例二つを挙げている。

＊十二の石塚（1885）〈湯浅半月〉「十まり八歳（やとせ）のその昔エグロン王は新城をふたたびここに建てしとぞ」

＊鉄幹子（1901）〈与謝野鉄幹〉舞妓君子「ふるさといでて我もまた十とせまりを旅のそら」

しかし、江戸時代にも例はある。

〇十有四年《とまりよとせ》の厄釋《やくとけ》て〔『南總里見八犬傳』第七輯・巻之六・第72回〕

第八章　一〇〇およびその倍数を表わす個数詞

はじめに

本章では、個数詞の100およびその倍数の200・300・400・500・600・700・800・900を取りあげ、主に語形について見てゆくことにする。

なお、たとえば「個数詞100」を〔100個〕のように記すことがある。また、個数詞から末尾のツ・チ（ヂ）を除いたものを「個数詞語幹」と呼ぶことにするが、たとえば「個数詞語幹100」を〔100-〕のように記すことがある。

第一節　現代の語形

現代においては100やその倍数は漢語数詞で表わし、個数詞で表わすことはない。

人名では「百代《ももよ》」（女性名）・「百恵《ももえ》」（女性名）・「百瀬《ももせ》」（姓）・「百田《ももた》」（姓）のように「百」をモモと読むことがあり、また、「八百屋」のように「八百」をヤオと読むことがある。しかし、これらが数詞として意識されているわけではない。

このほか、古典に基づく「八《や》百《お》万《よろず》の神」・「百千《ももち》鳥《どり》」・「百夜《ももよ》通《がよ》い」などの言い方が知られているが、これが現代の一般の言い方にまで適用されることはない。

第二節　キリシタン資料に見える語形

キリシタンのローマ字資料には［モモ＋助数詞］の例がいくつか見える。

①**Momo**cuxe. Fiacu no cuxe.〔1592『ヒイデスの導師』ことばのやわらげ〕

②Fiacuxen fiacuxô funho ychinin: banguen bantǒ funho ychimocu. Cocoro. **Momo**tabi tatacai, chitabi catta yorimo, fitotabino canninua maxi gia.……【百戦百勝不如一忍、万言万当不如一黙。心。百度《ももたび》戦ひ、千度《ちたび》勝つたよりも、一度の堪忍はましぢや。……】〔1593『天草版金句集』〕

③〝よみ〟の語で100の意の**Momo**（もも）だとか、1000を意味する**Chi**（ち）だとかもある。例へば、**Momo**tabi（百度）、**Chi**tabi（千度）、**Chi**yo（千代）、**Momo**toxi（百年）。即ちFiacuyo（百世）。〔1604~1608『ロドリゲス日本大文典』[1]（土井忠生訳）〕

以上のように、キリシタンの時代にもまだ「モモ-」はかろうじて使われていたということらしい。なお、『ロドリゲス日本大文典』は200・300・400・500・600・700・800・900には触れていない。

第三節　上代の資料に見える語形

上代における和語数詞は、100・500・800の例はあるが、200・300・400・600・700・900の例はない。100は〔100個〕の例はなく、〔100-〕の例があるのみ。また、800は〔800日〕の例のみで、〔800個〕・〔800-〕の例はない。

〔100-〕

まず、「モモ-」と言ったことの確実な例。

④愛瀰詩烏　毘儺利　**毛々**那比苔　比苔破易陪廼毛　多牟伽毘毛勢儒【夷《えみし》を一人《ひだり》百な人人は言へどもたむかひも

せず】〔720『日本書紀』巻3・神武即位前・歌謡11番〕

⑤烏梅能波奈　伊麻佐加利奈利　**毛々**等利能　己恵能古保志枳　波流岐多流良斯【梅の花今盛りなり百鳥の声の恋ほしき春来たるらし】〔759『万葉集』巻5・834番〕

⑥**毛母**布祢乃　波都流對馬能　安佐治山　志具礼能安米尓　毛美多比尓家里【百船の泊つる対馬の浅茅山しぐれの雨に黄葉《もみ》たひにけり】〔『万葉集』巻15・3697番〕

⑦父母我　等能々志利弊乃　母々余具佐　**母々**与伊弖麻勢　和我伎多流麻弖【父母が殿のしりへのももよ草百代《ももよ》いでませわが来《きた》るまで】〔『万葉集』巻20・4326番〕

つぎに、漢字で「百」と書かれているもの。

⑧**百**年尓　老舌出而　与余牟友　吾者不厭　繼者益友【百年に老舌出でてよよむとも吾はいとはじ恋は益すとも】〔『万葉集』巻4・764番〕〈桂本（＝栂尾切）ノ訓ハ「も、とせに」〉

つぎに、明確に数の100を表わすわけではないが元来は数詞のモモと同語だろうと見られるもの。

⑨毛毛知陀流《ももちだる》〔712『古事記』中巻・歌謡41番〕

⑩毛毛豆多布《ももづたふ》〔『古事記』中巻・歌謡42番〕〔同、下巻・歌謡111番〕

⑪毛毛陀流《ももだる》〔『古事記』下巻・歌謡100番〕

⑫毛毛志紀能《ももしきの》〔『古事記』下巻・歌謡102番〕

〔500個〕

「イホチ」の確実な例。

⑬袁登賣能　伊加久流袁加袁　加那須岐母　**伊本知**母賀母　須岐婆奴流母能【をとめのい隠る岡を金鋤も五百箇《いほち》もがも鋤《す》き撥《ば》ぬるもの】〔712『古事記』下巻・雄略・歌謡99番〕

⑭珠洲乃安麻能　於伎都美可未尓　伊和多利弖　可都伎等流登伊布　安波妣多麻　**伊保知**毛我母……【珠洲《すず》の海人《あま》の沖つ御神《みかみ》にい渡りて潜《かづ》き取るといふ鰒玉《あはびたま》五百箇《いほち》もがも……】〔759『万葉集』巻18・4101番〕

「イホツ」の確実な例。

⑮……朝猟尓　**伊保都**登里多氏　暮猟尓　知登理布美多氏……【……朝猟《あさかり》に五百《いほ》つ鳥立て夕猟《ゆふかり》に千鳥《ちどり》踏み立て……】〔『万葉集』巻18・4011番〕

⑯思良多麻能　**伊保都**追度比乎　手尓牟須妣　於許世牟安麻波　牟賀思久母安流香【白玉の五百《いほ》つ集ひを手にむすびおこせむ海人はむがしくもあるか】〔『万葉集』巻18・4015番〕

「イホ-」の接頭語的用法かと思われる例。

⑰柯武柯噬能　伊制能　伊制能奴能　娑柯曳鳴　**伊哀**甫流柯枳底　志我都矩屢麻泥爾　飫哀枳瀰爾　柯柁倶　都柯陪麻都羅武騰……【神風《かむかぜ》の伊勢の伊勢の野の栄枝《さかえ》を五百経《ふ》る懸きて其《し》が尽くるまでに大君に堅く仕へ奉《まつ》らむと……】〔720『日本書紀』巻14・雄略12年・歌謡78番〕（「いほふるかきて」デ《五百年モ年ガタツマデ》ノ意トモ、《タクサン打チカイテ》ノ意トモ言ウ(2)）

このほか、「仮廬」を「借五百」と表記した例や、「庵」を「五百入」と表記した例もある。

⑱金野乃　美草苅葺　屋杼礼里之　兎道乃宮子能　**借五百**磯所念【秋の野のみ草苅り葺《ふ》き宿れりし宇治の宮処《みやこ》の仮廬し思ほゆ】〔『万葉集』巻1・7番〕

⑲竹嶋乃　阿戸白波者　動友　吾家思　**五百入**鉇染【高島の安曇《あど》白波は騒けども我は家思ふ廬《いほり》悲しみ】〔『万葉集』巻7・1238番〕

これらの例からすると、次の例の「五百津」「五百都」は「イホツ」と読んでよさそうに思われる。

⑳天香山之**五百津**真賢木矣根許士爾許士而……【天の香山《かぐやま》の五百つ真賢木《まさかき》を根こじにこじて……】〔『古事記』上

巻・天石屋戸〕

㉑水良玉　**五百都集乎**　解毛不見　吾者年可太奴　相日待尓【白玉の五百つ集ひを解きも見ず吾は寝かてぬ逢はむ日待つに】〔『万葉集』巻10・2012番〕

また、『万葉集』には「五百枝」「五百代小田」「五百重」「五百重波」「五百重浪」「五百隔山」「五百機」などの漢字表記の語がある。

㉒三諸乃《みもろの》　神名備山尓《かむなびやまに》　**五百枝**刺《さし》　繁《しじに》　生有《おひたる》　都賀乃樹乃《つがのきの》　弥継嗣尓《いやつぎつぎに》……〔巻3・324番〕

㉓……此片山乃《このかたやまの》　毛武尓礼乎《もむにれを》　**五百枝**波伎垂《はきたれ》……〔巻16・3886番〕

㉔然不有《しかとあらぬ》　**五百代小田**乎《を》　苅乱《かりみだり》　田廬尓居者《たぶせにおれば》　京師所念《みやこしおもほゆ》〔巻8・1592番〕

㉕王者《おほきみは》　神西座者《かみにしませば》　天雲之《あまくもの》　**五百重**之下尓《のしたに》　隠賜奴《かくりたまひぬ》〔巻2・205番〕

㉖池邊乃《いけのへの》　松之末葉尓《まつのうらばに》　零雪者《ふるゆきは》　**五百重**零敷《ふりしけ》　明日左倍母将見《あすさへもみむ》〔巻8・1650番〕

㉗……朝名寸二《あさなぎに》　千重浪縁《ちへなみよせ》　夕菜寸二《ゆふなぎに》　**五百重波**因《よす》……〔巻6・931番〕

㉘奥藻《おきつもを》　隠障浪《かくさふなみの》　**五百重浪**　千重《ちへ》敷〻《しくしくに》　戀度鴨《こひわたるかも》〔巻11・2437番〕

㉙……客行公者《たびゆくきみは》　**五百隔山**　伊去割見《いゆきさくみ》……〔巻6・971番〕

㉚棚機之《たなばたの》　**五百機**立而《たてて》　織布之《おるぬのの》　秋去衣《あきさりごろも》　孰取見《たれかとりみむ》〔巻10・2034番〕

これらはそれぞれ古写本の訓に従ってイホエ・イホシロヲダ・イホヘ・イホヘナミ・イホヘヤマ・イホハタと読んでよさそうである。

〔800日〕

㉛**八百日**往　濱之沙毛　吾戀二　豈不益歟　奥嶋守【八百日往《ゆく》浜の真砂《まなご》も我が恋にあにまさらじか沖つ島守】〔『万葉集』巻4・596番〕

漢字書きだが、おそらくヤホカと読んだのであろう。平安・鎌倉時代の『万葉集』の写本の「八百日」の訓は、桂本（＝栂尾切）・金沢本切・紀州本（＝神田本）・西本願寺本・類聚古集〔巻6〕は「やほか」、元暦校本・古葉略類聚鈔〔巻10〕は「やをか」。この歌は『拾遺和歌集』〔巻14・889番〕および『拾遺和歌抄』〔巻7〕にもとられており、『拾遺和歌集』の中院通茂臨模定家自筆本では「やをかゆくはまのまさことわかこひといつれまされりおきつしまもり」。この「八百日」の部分、『拾遺和歌集』の堀川宰相具世筆本・北野天満宮本・北野克蔵本・浄弁本および『拾遺抄』（貞和本）では「やをか」、『拾遺和歌抄』（群書類従本）では「やほか」である。

なお、枕詞の「ヤホニヨシ（夜本爾余志）」〔『古事記』下巻・雄略・歌謡100番〕は本来の意味がはっきりしなくなっているが、普通説かれるように〝八百土良し〟の意であったとするなら、〔800-〕の例となる。

第四節　平安・鎌倉・室町時代の仮名文学に見える語形

〔100個〕

㉜濱主本是伶人也、時年一百十三、……那々都義乃　美与尓万和倍留　**毛々知万利**　止遠乃於支奈能　万飛多天萬川流【……七つぎの御代にまわへる百《もも》ちまり十の翁の舞ひ奉る】〔869『續日本後紀』巻15・仁明・承和12（845）年正月〕（「モモチマリトヲノオキナ」デ《一一〇歳ノ翁》ノ意）

㉝まちごとに、みかど、おもてごとにたてゝ、むま・くるまのたつことみかどに**もゝち**ばかりたつ〔984『うつほ物語』（前田本）沖つ白波〕

㉞かれかたへなる哥**もゝち**あまりいそちをかきいたし〔1086『後拾遺和歌集』（日野本）序〕〈太山寺《たいさんじ》本・伝惟房筆本・伝為家筆本でも「もゝちあまりいそち」、書陵部蔵三十九冊本では「もゝちあまり八そち」〉（「哥もゝもあまりいそち」デ《歌百五十首》ノ意）

㉟堀川の先帝はもゝちのうたをたてまつらしめたまへり〔1187『千載和歌集』（宋雅奥書本）序〕〔100－〕
㊱あかつきのしきのはねかきもゝはかきわれそかすかくきみかこぬよは〔905『古今和歌集』（志香須賀本）巻15・恋五・761番〕〈元永本・雅俗山庄本・六条家本・永治本・前田本・天理本・後鳥羽院本・雅経本・民部切・永暦本・建久本・寂恵本・伊達本・中山切モ「もゝはかき」〉
㊲もゝとせといはふを我はきゝながら思ふかためはあかすそ有ける〔951『後撰和歌集』（天福本）巻20・賀・1373番〕〈中院本・堀川本モ「もゝとせ」、貞応二年本ハ「百とせ」〉
㊳もゝとせにひとゝせたらぬつくもかみわれをこふらしおもかけにみゆ〔957『伊勢物語』（為家本）第63段〕〈天福本・千葉本・文暦本・中和門院筆本モ「もゝとせ」〉
㊴もゝくさにみたれてみゆる花のいろはおくしらつゆのおくにやあるらん〔974『蜻蛉日記』（桂宮本）上・天徳元年8月〕
㊵ふぢ井の宮。おほいなるいはほのほとりに、五えうもゝきばかり〔984『うつほ物語』（前田本）吹上・上〕
㊶もゝくさにやそくささそへてたまひてしちふさのむくひけふそわかする〔1005『拾遺和歌集』（中院通茂臨模定家自筆本）巻20・1374番〕〈北野天満宮本モ「もゝくさにやそくささそへて」、堀川宰相具世筆本ハ「もゝ草にやそくささそへて」〉
㊷やなきのはをもゝたひいあてつへきとねりとも〔1008『源氏物語』（大島本）若菜・下〕
㊸いろ〳〵のおり物あやうす物なといつへかさねみへかさねなとにしかさねさせ給てたゝおしまきつゝ……もゝまきはかりはあるへし〔1028『栄花物語』（梅沢本）巻19・御裳き〕
㊹天暦のすゑよりけふにいたるまて世は十つきあまりひとつき年はもゝとせあまりみそちになむすきにける〔1086

『後拾遺和歌集』（書陵部蔵）序〕

㊺……久千良乃与留之末乃　**毛々**衣乃末川乃　也乎衣太乃末川乃　也　以末古曾衣太左之天　毛止乃止み世女也

【くぢらの寄る島の百枝《ももえ》の松の八百枝《やをえた》の松の、や、今こそ枝《えだ》さして本の富《とみ》せめや】〔1099『承徳本古謡集』〕

㊻もとはみやこに**もゝ**とせあまり侍て。その、ちやましろのこまのわたりにいそぢばかり侍き。……おほぢに侍しものも。ふたもゝちにをよぶまで侍き。おやに侍しもそればかりこそ侍らざりしかども。**もゝ**とせにあまりてみまかりにき。……みちよへたる人もありけり。**もゝ**とせをなゝかへりすぐせるもありければ。……**もゝ**たびねりたるあかゞねなゝりとて。……万壽二年より。……としは**もゝ**とせあまりよぞの春秋に。みとせばかりやすぎ侍ぬらん。〔1170『今鏡』（畠山本）序文〕

〔200個〕

㊼すかた秋の月のほからかに詞春の花の匂ひあるをちうた**ふたもゝち**とをあまりやつをえらひて〔1086『後拾遺和歌集』（書陵部蔵）序〕（「ちうたふたも、ちとをあまりやつ」デ《歌千二百十八首》ノ意）

㊽おほぢに侍しものも。**ふたもゝち**にをよぶまで侍き。おやに侍しもそればかりこそ侍らざりしかども。も、とせにあまりてみまかりにき。〔1170『今鏡』（畠山本）序文〕（「ふたも、ち」デ《二百歳》ノ意）

㊾かの御ときよりこのかたとしは**ふたもゝち**あまりにをよひ世はとつきあまりなゝよになんなりにけり……勅してちうた**ふたもゝち**あまりはたまきとせり〔1187『千載和歌集』（宋雅奥書本）序〕（「としはふたも、ちあまり」デ《二百年余り》ノ意。「ちうたふたも、ちあまり」デ《歌千二百首余リ》ノ意）

〔400個〕

㊿千うた**四もゝち**あまりはたまき名づけて新葉和歌集といへり〔1381『新葉和歌集』（新編国歌大観・一）序〕（「千うた四もゝちあまり」デ《歌千四百首余リ》ノ意）

〔500－〕

一三世紀～一五世紀の勅撰集には、「イホ－」の例がいくつも見えるが、いずれも『万葉集』の歌に基づくもの（第三節を参照）。以下、本文は『新編国歌大観　第一巻』による。

(51)ほに出でん秋をけふよりかぞへつつ五百代小田にさなへとるなり〔1278『続拾遺和歌集』巻3・174番〕

(52)みつもろの神なび山にいほえさし……〔1320『続千載和歌集』巻7・709番〕

(53)しら雲の五百重かさねてみえつるは四方の山辺の桜なりけり〔1326『続後拾遺和歌集』巻2・75番〕

(54)たなばたの五百機衣おりしもあれなどかは秋を契りそめけん〔1326『続後拾遺和歌集』巻4・235番〕

(55)いけのへの松のすゑ葉にふる雪はいほへふりしけあすさへも見ん〔1346『風雅和歌集』巻8・847番（新857番）〕

(56)七夕のいほはた衣まれにきてかさねもあへぬつまやうらみん〔1359『新千載和歌集』巻4・342番〕

(57)七夕のいほはた衣おく露にぬれてかさぬる秋はきにけり〔1359『新千載和歌集』巻4・343番〕

(58)七夕のいほはた衣かさねても秋の一夜となにちぎるらん〔1364『新拾遺和歌集』巻4・342番〕

〔800－〕

(59)……久千良乃与留之末乃　毛々衣乃末川乃　也乎衣太乃末川乃　也　以末古曾衣太左之天　毛止乃止み世女也

【くぢらの寄る島の百枝《ももえ》の松の八百枝《やをえだ》の松の、や、今こそ枝さして本の富せめや】〔1099『承徳本古謡集』〕

〔800万〕

(60)君かへむやをよろつ世をこそふれはかつ〳〵けふそなぬかなりける〔1005『拾遺和歌集』〈中院通茂臨模定家自筆本〉巻5・268番〕〈堀川宰相具世筆本ハ「やをよろつ代を」、北野天満宮本ハ「やをよろつよを」〉〈「やほよろづよ」デ《800万代》ノ意〉

第五節　平安時代の訓点資料・古辞書に見える語形

〔100個〕

(61)欣慕（ノ）〔之〕懐《オモヒ》、〔於〕恒品《コウヒム》（ニ）百《も、チ》ナリ〔興福寺本『大慈恩寺三藏法師傳』巻10・承徳三（1099）年点〕

(62)百《も、チ》ニ號《カウ》絶ス〔興福寺本『大慈恩寺三蔵法師伝』巻10・承徳3年（1009）点〕

(63)誰（れ）か復（た）能く百《モモチ》の罪に当ラム。〔天理図書館蔵『南海寄歸内法傳』巻2・平安後期（1066年頃）点〕

(64)百　音伯　モ、　モ、チ／ハケム　ミー／又音ヒヤク〔高山寺本『類聚名義抄（三宝類字集）』巻上・41オ（「モ、」ニハ声点〈平・平〉、「モ、チ」ニハ声点〈平・〇・〇〉アリ）〕〈観智院本『類聚名義抄』仏上デハ「モ、」「モ、チ」ノ訓ガアリ、後者ニハ声点〈平・〇・〇〉アリ〉

〔300〕

(65)百……　三ーミホ　六ームネ　八ーヤホ　九ーコ、ノホ〔高山寺本『類聚名義抄（三宝類字集）』巻上・41ウ。「ミホ」ニハ声点〈上・平〉アリ〕〈観智院本『類聚名義抄』仏上デモ同様ダガ「ミホ」ニ声点〈〇・平〉アリ〉

〔500－〕

(66)是以五百《イホトセ》にて〔岩崎本『日本書紀』巻22・推古12年・平安中期点〕

〔600〕〔800〕〔900〕

(67)百……　三ーミホ　六ームホ　八ーヤホ　九ーコ、ノホ〔観智院本『類聚名義抄』仏上〕〈高山寺本『類聚名義抄（三宝類字集）』ニハ「六ー」ニ「ムネ」ノ訓ガアルガ「ムホ」ノ誤写デアロウ〉

なお、『類聚名義抄』の訓はなんらかの具体的資料に基づいているはずであるが、もとの資料名をしるす図書寮本『類聚名義抄』はこの「百」を含む部分が欠けているため、確認することができない。

以上のように、訓点資料には用例はすくない。これについて築島裕（1995）「日本語の数詞の変遷」は次のように述べている（p.32）。

一般の漢文の訓点では、数詞は、（少なくとも十一以上は）多くは漢字音で、字音語として訓じていたらしい。

第六節　「イホチ」と「イホツ」

〔500個〕は、上代の例では「イホチ」と「イホツ」の二つの形がある。この二つの使い分けについては、すでに指摘されているように、実際の用例を見る限り「イホチ」が副詞的で「イホツ」は連体詞的であると言える。しかし、ほかの個数詞については「‐チ」「‐ツ」の両形を持つものはなく、それぞれ単独の形が時に副詞的に、時に連体詞的に用いられるのである(3)。

第七節　「モモチ」は「百箇」か「百千」か

『日本国語大辞典　第二版』には「もも‐ち【百箇】」の項と並んで「もも‐ち【百千】」の項がある。

もも‐ち【百千】〔名〕一〇〇や一〇〇〇。数の多いこと。＊月詣（1182‐83）一〇「暁のねざめにすぐる時雨こそもものもちの人のそでぬらしけれ〈紀康宗〉」

もも‐ち【百箇】〔名〕（「ち」は数を数えるのに用いる接尾語）一〇〇。もも。また、数の多いこと。＊続日本後紀‐承和一二年（845）正月乙卯「表中載二和歌一、其詞曰、七つぎの御代にまわへる毛々知（モモチ）余

（ま）り十の翁の舞奉る」＊南海寄帰内法伝平安後期点（1050頃）二「誰か復た能く百（モモチ）の罪に当らむ」＊大慈恩寺三蔵法師伝承徳三年点（1099）一〇「欣慕の懐、恒品に百（モモチ）なり」

「月詣」すなわち『月詣和歌集』は一一八二年の成立。この場合の「ももち」は厳密に数を表わしたものではなさそうで、『日本国語大辞典』の後のほうの語釈「数の多いこと。」が該当しそうである。現代風に言えば「何百もの……」にあたるか。ただし、それに「百千」の字をあてるのは適当かどうか。

また、『大慈恩寺三蔵法師伝』の原文の「百」も、厳密に100という数を表わしたものではなかろう。とすると、この場合の訓「モモチ」もまた、「数の多いこと」を表わしている、ということになろう。

そうだとすると、モモチを《百箇》の意のものと《百千》の意のものとに峻別することはできない、ということになろう。この問題については、すでに築島裕（1967）が次のように述べている（p.300）。

「モモチ」の「チ」は、大日本國語辭典に「百箇」の漢字を充て、又大言海に「百箇《モモチ》ノ義」と記してあるやうに、數の「千」の意ではなく、助數詞と見るべきである。恐らく、「ヒトツ」「フタツ」の「ツ」と同じく、又「チヂ」の「ヂ」、「ヨロヅ」の「ヅ」とも通ずるものであらう。

築島は、〝モモチという語が、日本では漢字で「百千」と書かれることがあるために意味も「百・千」と理解されることがあるが、実はそうではなくてモモチは100の意であった〟とするわけである。

ただし、漢籍や漢訳仏典には「百千」の語がある。

諸橋轍次『大漢和辭典』（巻八「百」の項）は言う。

【百千《ヒヤクセン》】或は百、或は千の意。轉じて、物の多い喩。〔白居易、泛㆓春池㆒詩〕霜竹百千竿、煙波六七畝。〔宋史、孫覺傳〕福州厚㆓於昏葬㆒、其費無㆑藝、覺裁爲㆓中法㆒、使㆓資裝無㆑得㆑過㆓百千㆒。
【百千劫《ヒヤクセンゴフ》】極めて永い時間。劫は時の單位。〔楞嚴經〕度㆓百千劫㆒、猶㆓彈指㆒。
【百千萬劫菩提種《ヒヤクセンマンゴフボダイノタネ》】久しく善行をつむことは菩提に入る種である。〔白居易、鉢塔院如大師詩〕百千萬劫菩提種、八十三年功德林、若不㆔秉㆓持僧行苦㆒、將㆑何報㆓答佛恩深㆒、慈悲不㆑瞬諸天眼、清淨無㆑塵幾地心、毎歲八關蒙㆓九授㆒、慇懃一戒重㆓千金㆒。

藤堂明保『学研漢和大字典』（「百」の項）は言う。

【百千《ヒヤクセン》】なん百なん千という数。物の多いことのたとえ。

この漢語の「百千」をそのまま訓読すれば、モモチとなり得る。『万葉集』に見える「百千《ももち》遍《たび》」「百千《ももち》鳥《どり》」は、漢語の「百千」の訓モモチを利用した表記であるか、あるいは、100の意のモモチを「百千《モモチ》」と誤解した結果の表記であるか、のどちらかなのであろう。

第八節　沖縄方言における語形

沖縄においては、100は漢語数詞のヒヤクにあたる語形を用いて和語数詞は用いない、という方言が多いことは、奄美・沖縄・先島の四〇あまりの地点で数詞の調査をした宮崎勝弐（1980, 1981, 1982, 1983, 1984）「南西諸島における

「数の数え方」の調査（Ⅰ、Ⅱ、3、4、5）」によってもわかる。しかし、先島諸島（宮古・八重山）においては和語数詞のモモ、モモチにあたる語で表わす方言もかなりある。ただし、ホにあたる語を用いる例は見られない。

まず、伊波普猷（1915）「琉球語の數詞について」の『おもろさうし』の数詞について述べている部分を引用する（p.4~5; p.7~8）。

おもろさうし（西暦十三世紀の初葉から十七世紀の中葉まで殆ど四百年間の琉球の古詩を収めたもの）を繙いて上古に於ける數詞をしらべてみよう。

一に關しては、

ひとりくわ（獨子）、ちうもと（一本）、

〈略〉

百に關しては、

もゝしま（百島）、もゝと（百年）、もゝそほこもたちへ（百人に戈を持たせて）、もゝそさだけわちへ（百人を選びて）、もゝうらおそい、もゝかほう、もゝそきりふせて、もゝとぎやめちよわれ（百年までながらへよ）、もゝそたうちへ、もゝゑらびはおしうけて、もゝそひちへおれわちへ、もゝうら（百浦）、もゝかめ（百甕）、もゝあぢ（百按司）、もゝちやら（百按司）、もゝくちのつゝみ、もゝおうね（百艘）、もゝもゝときみがまぶり、もゝよま、もゝつれぬちへもちちへみおやせ（百連の玉をぬきて奉れ）、

八百に關しては、

やもゝそはゑらで（八百人を選びて）、やもゝそのいくさ（八百人の軍勢）、

千に關しては、

ともゝすへ、ともゝと（千年）、ともゝそのいくさ（千人の軍勢）、その外、ひやくさ（百年）、とひやくさ（千年）、まん〳〵あすら、まんちよわれ、の如く、支那式の這入つてきたのもある。明の泰昌元年（西暦一六二〇）に建てられた浦添よりどれ（慶長の役に捕虜となつて日本に赴いた尚寧王の墓）の金石文に

千代《ちよ》萬代《よろづよ》なるまでも

といふ文句があるが、それはむしろ日本文學の影響を受けたもので、古代琉球語では千はちといはないで、ともゝ（百の十倍）といつてゐた。しかし古代琉球語にちといふ言葉があつたといふ形跡がないではない、果物などが枝もたはゝになつてゐるのをチーヂートといふ語で形容するが、これは多分日本語のちゞ（千々）と關係があるだらうと思ふ。

つぎに、現代の方言についての報告を見る。

(68) misuts（三十）。jusuts（四十）。itssuts（五十）。msuts（六十）。nanasuts（七十）。jasuts（八十）。kukunusuts（九十）。mumu（百）。

mumu tu kukunusuts kukunuts（百と九十九）百九十九。

futa mumu（二百）。tu:mumu（十百）千。tu:mumu tu, kukunu mumu tu, jasuts, ja:ts（十百と九百と八十八）千九百八十八。

※明治年間頃まで老人層は上記の語を用いていたが、明治二十年頃からは一般に借用語のピャク（百）。シン（千）。マン（万）が用いられるようになった。

⑲ miso《三十・30》
juuso または juso《四十・40》
ʔiso《五十・50》
muuso《六十・60》
nanaso《七十・70》
jaaso《八十・80》
kukunuso《九十・90》
mumuso《百・100》
mumu-tuu《百の10。千》

〔下地一秋（1979）『宮古群島語辞典』（p.121）〕

〔山田実（1981）『奄美与論方言の体言の語法』（p.285）〕

100を意味する「mumuso」の「so」が miso, yuso などの so と同じものなのかどうかはわからない。

なお、中松竹雄（1976）『南島方言の記述的研究』によると、沖縄県宮古群島伊良部島伊良部村佐良浜方言でも100は「mumutsɨ」と言う（p.335）。

伊波普猷（1915）も指摘しているとおり、1000を表わすのに、チにあたる語でなくトモモと表現するのは注意をひく。このトモモの形は本土の古典にはまったく見えない。

第九節　100の倍数を表わす個数詞

これまで見てきた用例のうち、沖縄方言以外のものを表1にまとめておく。

「モモ」「モモチ」以外は用例数がごくすくない。

上代では用例がすくなく、例があるのは100・500・800だけであるが、「モモ（-チ）」は100の場合だけで、100の倍数には「ホ」を用いる。『類聚名義抄』の訓でも「モモ（-チ）」は100の場合だけで、100の倍数には「ホ」を用いる。

ところが、平安時代以降の仮名文学に見える形は、100の倍数でも400までは「モモ」、500以上は「ホ」であって、一貫しない。

「ミホ」「ムホ」「ココノホ」は『類聚名義抄』や訓点資料のほかには見いだせず、和文語の資料に例のある「フタモモチ」と「四モモチ」は『類聚名義抄』や訓点資料には見いだせない。

要するに、訓点語と和文語とで、100の倍数の表わし方が異なっていたように見える。すなわち、平安末期において訓点語の世界ではもっぱら「ホ」が用いられ、和文の世界では「モモ」と「ホ」とが用いられたように見えるのである。しかし、これは当時の実際の姿ではなかろう。

さきに「和文語の資料」と言ったが、具体的には、勅撰集（またはそれ

表1　古典に見える100の倍数

	上代	『類聚名義抄』	訓点資料	平安・鎌倉の仮名文
100	モモ -	モモ -、モモチ	モモチ	モモ -
200				フタモモチ（和歌集序・『今鏡』）
300		ミホ		
400				四モモチ（和歌集序）
500	イホチ、イホツ、イホ -		イホ -	イホ -（和歌）
600		ムホ		
700				
800	＊ヤホ -	ヤホ		ヤヲ -（歌謡）
900		ココノホ		

に準ずる歌集）の仮名序と和歌、そして歴史物語（『今鏡』）に見えるものである。これらの文章は非常に擬古的なもので、数詞についてもことさらに平安前期風の和語数詞を用いようとして、いろいろな破綻を見せている。[4] だから、これらをもって当時の普通の言い方と見ることは到底できないのである。

恐らくは、当時すでに100の倍数は漢語数詞で表わすのが普通になっていて、「ホ」は訓点語の世界以外ではほとんど忘れ去られてしまっていたのであろうと思う。ただし、500と800だけは、いずれも『万葉集』に見える「五百重《イホヘ》」「五百機《イホハタ》」「五百代小田《イホシロヲダ》」「八百日《ヤホカ》」、『古事記』『万葉集』に見える「八百万《ヤホヨロヅ》」などによってイホ・ヤホ（ヤヲ）の形がかろうじて知られていたものであろう。1099『承徳本古謡集』の場合は、歌謡集として今見る形になったのは一〇九九年だとしても、そこに収められた歌は実質的にはおそらくもっと古く、「ヤヲ」は、表記はともかくとして平安前期の古い形を伝えている、ということも十分考えられる。

第一〇節　「イホチ」の「イ」と「イッツ」の「イツ」との関係

「イホチ」の「イ」と、「イッツ」の「イツ」や50を意味する「イ」との関係については、従来いろいろに論じられてきた。

有坂秀世（1964）『語勢沿革研究』（p.163）は言う。

多クノ学者ハ、**itu** (5) ト **towo** (10) トヲ比較シテ、√**to** ヲ以テ√**tu** ノ二倍ヲアラハスモノト考ヘルヤウデアルガ、**itu**（5）ノ **i** ガ **i-so-ti**（50）及ビ **i-fo-ti**（500）ノ **i**、並ニ 50 ヲアラハス **i** ト同一語ナルコトハ疑ヲ容レナイ。故ニ私ハ、**i-tu-tu**（5）ニ含マレル二個ノ **tu** ハ、イヅレモ **suffix** ノ **tu** デアリ、語根ノ **i** ガ余リ短イタメニ **tu** ガ **redupli-cate** サレタモノ、若シクハ一旦 **tu** ヲ附着シテ作ラレタ **i-tu** ノ語ガ後世ソノ語原ヲ忘レラレタ結果、類推ニヨッ

テ再ビ tu ヲ附セラレ、ツヒニ itu-tu ノ形ヲ成スニ至ツタモノデアラウト思フ。ナホ to（wo）ト so 及ビ mo（mo）ト fo ハ、恐ラク同一語根カラ出タ doublets デアラウ。

小林好日（1933）『日本文法史』〔明治書院『國語科學講座 Ⅵ（國語法）』〕（p.19）は言う。

「いつ」の「い」は接頭語で、「つ」は「手」と同語源、片手の指の總數。その母音變化が「とを」で、その間にも倍数關係があると見て誤なからう。「いほ」「いそ」「いか」などを見ると、「い」に五の意味があるやうであるが、これは熟語となつたとき、「いつ」の「つ」の省かれたものと見る方がよからう。itu-po, itu-so, itu-ka 等の連結を考へると、省略されたものと見て間違ひない。「ほ」（もと po）と「も」とは音韻轉換、それを重ねて「もも」といふ。これも「ち」も、もとたゞ多數を漠然とあらはしたものであらう。

小林は小林（1936）『日本文法史』〔刀江書院〕（p.34）でも同じ趣旨を述べている。

長田夏樹（1943）「上代日本語とアルタイ語族」（p.78）は言う。

日本語に於ては五十を（いそ）と云ひ、五百を（いほ）と言ふので古來この（い）自體に五の意味が含まれてゐると思はれ、且つさう説いた人が多かつた。しかし、小林好日氏等が言ふ如く、これは明らかに（いつそ）（いつほ）の略である。

安田（1986a）「10および10の倍数を表わす個数詞」【本書第七章】や安田（1986b）「日本語の数詞の語源」【本書第

四章】でも述べたとおり、50を表わす「イソチ」は一一世紀以降の形で、もっと古くは「五十日《いか》」「五十瀬《いせ》」のごとく「イ」と言ったものらしい。また、イッホなどという形は室町時代にならないと見えない。(5) だから、小林や長田の説は成り立たない。しかし、「ヤホ」が800を表わすのに対して「イホ」は500を表わすから、この場合の「イ」は5を表わすことになる。そうすると、「イ」はときに50を表わし、ときに5を表わす、ということになってしまう。そして、もちろん5を表わす「イツ」の形もあるわけで、これらの語源的な関係については私としては成案がない。

第一一節 「モモ」と「ホ」の関係

さきにも見たとおり、有坂秀世（1964, p.163）は、「to（wo）ト so 及ビ mo（mo）ト fo ハ、恐ラク同一語根カラ出タ doublets デアラウ。」と言う。

モモは『古事記』においては「モ甲モ甲」（mo_1mo_1）であったが、ホという音節は『古事記』においてすでに甲乙の区別はなく、100の意の「ホ」が本来どちらであったのかわからない。しかし、『古事記』にはホにも区別があると見る馬淵和夫（1957）によれば、100の意の「ホ」は甲類である。ハ行子音がもともとはpであったことは確かであるから、モモとホはmo_1mo_1、po_1だったことになり、mo_1mo_1がmo_1を繰り返したものだとすると、基本的にはmo_1とpo_1だったことになる。これを音声学的に見ると、mもpもともに両唇音という点で共通性がある。ただ、mとbならば、奈良時代やそれ以降に交替の例がいくつもあるのに対し、mとpの交替の実例は他にはないようで、はたしてモモとホとが同源であるかどうかは決めかねる。

注

（1）『ロドリゲス日本大文典』にはモモトシ（Momotoxi）のほかヒトトシ（Fitotoxi）の形も見えるが、-トセ（-toxe）の形は見えない。言うまでもなく、モモトセ・ヒトトセが正しい形であり、ロドリゲスのは誤りと見られる。なお、ローマ字本のキリシタン資料のうち、『ドチリナキリシタン』・『コンテンツスムンヂ』・『ギヤドペカドル』・『天草本イソホ物語』・『天草本ヘイケ物語』などには、100やその倍数は漢語数詞の例しかない。コリャード（1632）『日本文典』も同様。また、1620『ロドリゲス日本語小文典』（池上岑夫訳による）には数詞の項はない。

（2）「ふる」が「経る」だとすると、これを連体形と見なくてはならない点が問題として残る。なお、動詞の前に接頭語的に付いた数詞（形としては個数詞語幹と同じ）の例は、以下のように上代にいくつか見える。詳しくは第六章参照。

⑳美多邇布多和多良須【み谷二渡らす】（＝谷を二つお渡りになる）〔『古事記』上巻・天若日子・歌謡6番〕

㉑夜麻登能　多加佐士怒袁　那々由久　袁登賣杼母【倭《やまと》の高佐士野《たかさじの》を七行く乙女ども】（＝七人そろって進んでゆく乙女たち）〔『古事記』中巻・神武・歌謡15番〕

㉒阿波旋辭摩　異椰敷多那羅弭　阿豆枳辭摩　異椰敷多那羅弭【淡路島いや二並《ふたなら》び小豆島《あづきしま》いや二並《ふたなら》び】〔『日本書紀』巻10・応神22年・歌謡40番〕

（3）たとえば「ヒトツ」は多数の副詞的用法の例の他に、次のような連体詞的用法がある。

㉓袁都能佐岐那流　比登都麻都【尾津の崎なる一つ松】〔『古事記』中巻・倭建命・歌謡29番〕

また、『万葉集』（巻11・2361番）の「一棚橋」も「一《ひと》つ棚橋《たなはし》」と読むのであろう。

（4）この破綻は人数表現や端数表現に著しい。詳しくは安田（1991）【本書第一七章】・安田（1992）【本書第九章】を参照。

（5）イツホは『日本書紀』の写本の室町時代の訓に見える。

㉔尼五・百《イツホ》六《アマリ》・十九人《アマリコ、ノタリ》〔岩崎本『日本書紀』巻22・推古31年・一条兼良訓（1450年頃）〕

第九章　和語数詞による端数表現

はじめに

18日・21日・32個・31字といった端数を含む数を和語数詞によって表わすには、古くはどのように言ったのかを考える。以下、〝端数を含む数の表現〟のことを単に「端数表現」と呼ぶことにする。

この問題については、すでに本居宣長が『玉勝間』において簡単に述べている。

> 栄華物語こまくらべの巻、善滋《ノ》為政が文に、九月十八日を、ながづきのとをかやうかといへり、とをかあまりやうかといふべきを、はぶきていへるは、いかゞなれども、上のかをはぶかざるは、さすがにいにしへなり、今の人、上のかをいはずして、とをあまりやうかとやうにかくは、古《へ》の例にたがへり〔1795~『玉勝間』十二の巻・「十八日をとをかやうかといへる事」〕
> 〔七三七（筑摩書房『本居宣長全集』第1巻）〕

これは1024「万寿元年高陽院行幸和歌序」を1092『栄花物語』巻23〔駒競の行幸〕が引用している部分についてのものであるが、宣長は、〝18日は「とをか‐あまり‐やうか」というのが本来の言い方であり、それを「とをか‐やうか」と言っているのは、「あまり」を省いている点は問題であるが、今の人と違って、「とを‐あまり‐やうか」な

どと上位の数のあとの助数詞を省いたりしないのはさすがに「いにしへ」だ〟と言っているのである。

なお、「今の人、上のかをいはずして、とをあまりやうかとやうにかくは……」とあるが、「今の人」すなわち宣長と同時代の人々が日常的にこのような言い方をしていた、ということではないことは確かで、文人・学者の中にはそのような表現を文章語の中で用いる人がいた、ということであろう。

宣長が直接取り上げたのは日数詞のうちの暦日表現であるが、和語数詞による端数表現全般について、宣長の主張はおおむね当たっていると言える。

本章では、日数詞およびそれ以外の「古《へ》の例」の実態はいかなるものであったのか、また、いつごろから「古《へ》の例にたが」う例があらわれるのか、ということを見ていくことにする。なお、この問題については築島裕（1965b）「日本語の数詞の変遷」が概観している。

以下にまず、端数表現の例を列挙することにする。

第一節　上代の用例

上代における端数表現の確実な例は『仏足石歌』の一例のみである。

①弥蘇知阿麻利布多都乃加多知【三十ち余り二つの相《かたち》】（752『仏足石歌』）

『古事記』や『日本書紀』に漢字で記されている「十四柱」「十七世」「卌七年」「憲法十七條」「絹一千四百六十匹」「一百七十万二千四百七十餘歳」などが当時どう訓読されたのかは、直接にはわからない。

第二節　平安・鎌倉時代の仮名文学の例

以下に平安・鎌倉時代の仮名文学に見える端数表現を年代順に列挙する。

②左之久之波　多宇万利名々川　安利之可と【挿櫛は十余《たうま》り七つありしかど】〔9世紀中頃『催馬楽』〈鍋島家本〉挿櫛〕〈天治本は「太宇万利名々川」〉

③濱主本是伶人也。時年一百十三。自作㆓此舞㆒。上表請㆑舞㆓長寿楽㆒。表中載㆓和歌㆒。其詞曰。那々都義乃。美与尓万和倍留。毛々知万利。止遠乃於支奈能。万飛多天萬川流。【七つぎの御代にまわへる百《もも》ちまり十の翁の舞ひ奉る】〔869『続日本後紀』巻15・仁明・承和12年正月〕（「モモチマリトヲ」デ年齢110歳）

④すさのをのみことよりそみそもしあまりひともしはよみける【……三十文字あまり一文字は詠みける】〔905『古今和歌集』〈筋切本〉仮名序〕

⑤よひとよさけをのみものかたりしけるにとうかあまりひとひの月かくれなんとしけるおりに【夜一夜酒を飲み物語りしけるに十日あまり一日の月隠れなんとしける折りに】〔905『古今和歌集』〈雅俗山庄本〉巻17・884番・詞書〕

⑥それのとしのしはすのはつかあまりひとひのひのいぬのときにかとてす【それの年の師走の二十日あまり一日の日の戌の時に門出す】〔935『土左日記』〈青谿書屋本〉12月21日〕

⑦ふねにのりしひよりけふまてにはつかあまりいつかになりにけり【船に乗りしより今日までに二十日あまり五日になりにけり】〔同、1月16日〕

⑧そのうたよめるもしみそもしあまりなゝもし【その歌、詠める文字、三十文字あまり七文字】〔同、1月18日〕

⑨けふゝねにのりしひよりかそふれはみそかあまりこゝぬかになりにけり【今日、船に乗りし日より数ふれば、三十日あまり九日になりにけり】〔同、1月30日〕

⑩はての月のとうかむゆかはかりなり【果ての月の十日六日ばかりなり】〔974『蜻蛉日記』〈桂宮本〉中・天禄2年12月〕

⑪さて廿五日のよ、ひちすきての、しる……その**五六日**はれいのものいみときくをみかとのしたよりなんとてふみあり……**なぬか**はかたふさかる**やうか**のひひつしの時はかりに……〔同、下・天禄3年2月〕〔「その五六日」「なぬか」「やうか」ハソレゾレ暦日ノ《25日・26日》《27日》《28日》ノコト〕

⑫廿日はさてくれぬ**一日**のひより四日れいのものいみときく〔同、下・天禄3年3月〕〔「一日」ハ暦日ノ〔21日〕ノコトデ、「ヒトヒ」ト読ムノデアロウ〕

⑬伊せのいつきのみやの、あきの、みやにわたりたまひての後の冬の山かせさむく成てはしめ**はつかなぬか**のよ、かのえさるにあたれり【伊勢の斎宮の、秋、野の宮に渡り給ひての後の冬の、山風寒くなりて、初め二十日七日の夜、庚申に当れり】〔983『源順集』〈醍醐本『三十六人集』所収〉〕〔「冬の……初め二十日七日」デ10月27日ノコト〕

⑭あたらしくとも、人は十五人、つけまめをひとさやあてにいだすとも、**たうまりいつゝ**なり。……ぬかごをひとつあてにいだすとも、たうまりなり。【……十余《たうま》り五つなり。……、十余《たうま》りなり】〔984『うつほ物語』〈前田本〉藤原の君〕

⑮かのわか君のみむかへすべき日、**廿日あまり一日**の日となんさだめたる〔同、祭の使〕

⑯**みそちあまりふたつ**のすかたそなへたるむかしの人のふめるあとそこれ〔1005『拾遺和歌集』〈定家本〉巻20・哀傷・1345番〕

⑰中宮ながづきの**とをかやうか**、あからさまにわたらせたまふゆふ辺に、わがすべらぎもみゆきせさせたまへる〔1024『万寿元年高陽院行幸和歌』〈新編国歌大観・五〉序〕〔1092『栄花物語』〈三条西家本〉巻23〈こまくらべの行幸〉ニ引用サレタモノデハ「なか月の**とうかやうか**あからさまにわたらせ給へるかゆへに」〕

⑱天暦のすゑよりけふにいたるまてよは**とつきあまりひとつき**としは**もゝとせあまりみそち**になんすきにける……

すかた秋の月のほからかにことは春花のにほひあるをはちうたふたもゝちとをあまりやつおえらひてはたまきとせり……このほか大納言公任卿はみそちあまりむつの哥人をぬきいて、かれかたえなる哥もゝちあまりいそちをかきいたしましたとおあまりいつゝかひの歌をあはせてよにつたへたり【……世は十継余り一継、年は百年余り三十ちに……千歌二百ち十余り八つを選びて二十巻とせり……三十ち余り六つの歌人……歌百ち余り五十ち……十余り五番の歌……】〔1087『後拾遺和歌集』（陽明文庫蔵伝為家筆本）序〕

⑲見千乃久乃　也久良者以久川　与末須止毛　和礼古曽以者女　也曽千安末利也川【陸奥の櫓は幾つ、よまずとも我こそ言はめ八十ち余り八つ】〔1099『承徳本古謡集』陸奥・風俗〕

⑳こゝろうきとしにもあるかなはつかあまりこゝぬかといふにはるのくれぬる〔1130『古本説話集』上・26話〕

㉑よつきか中をける萬寿二年よりことしは嘉應二年かのえとらなれはとしはもゝとせあまりよそちの春秋にみとせはかりやすき侍ぬらむよはとつきあまりみつきにやならせ給覧とそおほえ侍〔1170『今鏡』（畠山本）序〕

㉒このみかと寛弘五年なか月のとをかあまりひとひの日むまれさせ給へり〔同、すべらぎの上・くも井〕

㉓かぞふればけふなが月の十日あまりみよともすめる山のはの月〔1179『光経集』（新編国歌大観・七）十三夜・558番〕（「みよ」ハ「三夜」ト「見よ」ヲカケル）

㉔……なみだにくつる　ふぢごろも　これをかたみと　おもふまに　よそぢあまりの　ここぬかに　けふはなりぬと……〔1182『長秋草（＝長秋詠草）』（新編国歌大観・七）158番〕

㉕ことわりやくれぬるあきの十日あまりみよとおもへる月のかげかな〔1182『禅林瘀葉集』（新編国歌大観・七）九月十三夜・40番〕

㉖かれこれをしあはせてみそちあまりみかへりのはるあきになんなりにける……かの御ときよりこのかたとしはふたもゝちあまりにをよひ世はとつきあまりなゝよになんなりにける……たゝかなのよそちあまりなゝもしのうち

をいてすして……みそもしあまりひともしをたによみつらねつるものは……勒してちうたふたもゝちあまりはたまきとせり【……三十ぢ余り三返の春秋……世は十継あまり七代……仮名の四十ぢあまり七文字……三十文字あまり一文字……千歌二百ちあまり……】〔1187『千載和歌集』（陽明文庫蔵宋雅奥書本）序〕

㉗ととせあまり三とせはふりぬよるのしもおきまよふ袖に春をへだてて〔1201『老若五十首歌合』（新編国歌大観・五）465番〕

㉘なかの秋とうかいつかの月を見て〔1211『無名抄』（梅沢記念館本）11番〕〈天理図書館蔵応安四年本モ「ナカノアキトウカイツカノ月ヲミテ」〉

㉙とおあまりふたつのちかひきよくしてみかけるたまのひかりをそしく〔1233『拾遺愚草』（定家自筆本）上・1199番〕

㉚とゝせあまり三とせはふりぬよるの霜をきまよふ袖にはるをへたてゝ〔同、中・1825番〕

㉛みそちあまりふたとせへぬる秋のしもまことにそてのしたとおるまて〔同、下・2777番〕

㉜むそぢあまりいつとせまでをかぎりにてみやこの月に身をちぎるかな〔1279『雅有集』（新編国歌大観・七）58番〕

㉝とつゑあまりやつゑをこゆるたつの駒きみすさめずはおいはてぬべし〔1310『夫木和歌抄』（新編国歌大観・二）12997番〕

㉞ととせあまりいつとせまでにすみなれて猶わすられぬかまくらのさと〈中務卿のみこ〉〔同、14606番〕

㉟みそぢあまりななつの宮にかげやどす月のあるじも心なりけり〈権僧正公朝〉〔同、16165番〕

㊱はたちあまりやつてふもじにあらはれてほとけのたねはかくれざりけり〈慈鎮〉〔同、16234番〕

㊲十日あまり四よといふよの御戸みとひらきひらくる御代はかくそたのしき〔1311『玉葉和歌集』（書陵部蔵吉田兼

右筆本）巻20・神祇・2730番〕〈太山寺《たいさんじ》本・臼田甚五郎蔵正中二年奥書本ハ共ニ「十日あまり四夜」〉

㊳俊成卿九十賀記を管領に書きてつかはして侍りし返ごとに、八十あまりとせにみてるとしなりと聞くにもならふよはひともがな、と侍りし返事に〔1385『為重集』（新編国歌大観・七）118番・詞書〕

右に見たように、一一世紀の半ばを過ぎると、「ももとせ余りみそぢ」（⑱）、「十日余り三夜」（㉓）のごとく上位の数の助数詞と下位の数の助数詞とが揃わない例が出てくる。1086『後拾遺和歌集』（⑱）や1233『拾遺愚草』（㉚㉛㉜）では、同一人物が助数詞の揃った表現と揃わない表現の両方を併用している。

なお、『催馬楽』〔挿櫛〕や『うつほ物語』〔祭の使〕のタウマリはトアマリ（十余り）の転と考えられる。[1]

第三節　『日本書紀』古写本の訓における端数表現

訓点資料における数詞のよみ方について、築島裕（1963）『平安時代の漢文訓読語につきての研究』は以下のように述べている（p.139）。

數詞は、一般の點本では殆どすべて音讀する。一般の點本で、「一」「二」「三」などの副詞【ママ】を、「ヒトタビ」「フタタビ」「ミタビ」などと訓ずること、一を「ヒトリ」、二を「フタリ」、三を「ミタリ」と訓ずることなどは、僅な例外である。所が日本書紀では數詞を大部分和訓で訓ずる。助數詞も特殊な和訓を用ゐて訓ずる。

そして、数詞は和語として読むと極めて冗長になる、として、その極端な例として『日本書紀私記（＝日本紀私記）』（『新訂増補國史大系』所収の丁本）の記述を引用している（以下には築島よりも少し長めに引いておく）。

師説。巻乃次一巻尓當巻と讀。少字多詞。誠雖有理。是先師之説。不可輙改。抑此書之中。少字長詞之例甚多。古と近則一百七十九万二千四百七十餘歳之文。此十四箇字者。毛と与呂都止世阿万利。奈と曾与呂都止世阿末利。古と乃与呂都止世阿末利。不太知止世阿末利。与保止世阿末利。奈と曾止世阿末利と讀。此少字多詞證據之文也。然則尚可讀巻乃次一巻尓當巻。

この「モモヨロヅトセ　アマリ　ナナソヨロヅトセ　アマリ　ココノヨロヅトセ　アマリ　フタチトセ　アマリ　ヨホトセ　アマリ　ナナソトセ　アマリ」というのは確かに長ったらしいが、そもそも《1,792,470》という数自体が大きくて細かいのだから長くなるのは当然で、これを英語で表わす場合でも、「years」という語は繰り返さないにしても、かなり長ったらしくなるはずである。

このような端数表現は『日本書紀』の古写本の訓にも見える。

㊴ 憲法《イツクシキ》十七條《トオチアマリナ、ヲチ》〔1000 岩崎本『日本書紀』巻22・推古12年・平安中期点〕

これよりもあとになると、㊶北野本訓のように助数詞の使い方が揃わない例も出てくる。

㊵絹一千四百六十疋《チムラアマリヨソムラアマリムソムラ》〔1150 前田本『日本書紀』巻11・仁徳17年〕【「ヨソムラ」は「ヨホムラ」の誤りであろう】

㊶寺卌六所《テラヨソアマリムトコロ》僧八百十六人《ホウシヤホアマリトヲアマリムハシラ》〔1356 北野本『日本書紀』巻22・推古32年・資継王点〕

このほか 1301『釈日本紀』の「秘訓」の項にも端数表現はいろいろ見え、助数詞がきちんと揃う例と揃わない例との両方があるが、いずれの場合も桁が変わるごとに「アマリ」をつけている。

なお、『日本書紀』には、「一千四百六十」「八百十六」のような細かい数はそうたくさんは出て来ない。

第四節　沖縄方言における端数表現

沖縄方言の数詞には、古い言い方が見られる場合がある。

(1)暦日を表わすのに、徐葆光（1721）『中山伝信録』に見えるものでは、日数詞の前にツイタチに当たるチタチを付けて「チタチ‐ミカ（3日）」「チタチ‐イツカ（5日）」のように言う。これに当たる言い方は974『蜻蛉日記』と1092『栄花物語』に見える（安田1974）【本書第一四章】。

(2)人数を数えるのに、先島《さきしま》諸島方言（宮古諸島・八重山諸島の方言）では5人以上は「イツ‐ノ‐ヒト（5人）」「ムユ‐ノ‐ヒト（6人）」「ナナ‐ノ‐ヒト（7人）」に当たる言い方で表現する。これに似た言い方は984『三宝絵』や984『うつほ物語』などに見える（安田1991）【本書第一七章】。

そこで端数表現についても、これまでの調査報告を見てみることにする。

矢袋《やむろ》喜一（1915）『琉球古來の數學』の「第一章　數の唱へ方／第三節　八重山島に於ける數の唱へ方」（p.14）では、次に見るように個数詞の11、12、13はアマリを用いない。

> 一、二、三、四、五、六、七、八、九、十を、夫々
> プスティーヅ　（psĭtīzu）　フターヅ　（futāzu）
> ミーツ　（mītsu）　ユーツ　（yūtsu）
> 〈略〉
> ククヌツ　（kukunutsu）　トウー　（tū）
> といふ。是等の發音頗る困難にして、適當なる符號にて表はし難し。

十一以上は、トゥーにプスティーヅ、フターヅ、ミーツ……等を附けて、トゥープスティーヅ、トゥーフターヅ、トゥーミーヅ……と數ふ。

奄美・沖縄方言の数詞を多数の地点について調査し、個数詞・人数詞・日数詞などに分けて記述している宮崎勝弐の一連の報告（宮崎 1980, 1981, 1982, 1983, 1984）では、個数詞にのみ端数表現が見えるが、そこにはアマリは用いられていない。宮崎（1980）によるもの（ア~ク）を以下に示す（11以上は和語数詞を用いず漢語数詞で表現するところもあるが、それは省略し、和語数詞で表わす場合だけを示す）。

（ア）沖縄本島那覇市首里《しゅり》　tiichi (1)，tāchi (2)，miichi (3)，yūchi (4)，……，tū (10)，tū-tiichi (11)，tū-tāchi (12)，tū-miichi (13)，……

（イ）奄美大島名瀬市　tiitsi (1)，tātsi (2)，miitsi (3)，……，tū (10)，tū-tiitsi (11)

……

（ウ）奄美群島沖永良部《おきのえらぶ》島　tiichi (1)，tāchi (2)，miichi (3)，……，tū (10)，tū-tiichi (11)，tū-tāchi (12)，tū-miichi (13)，

……

（エ）奄美群島与論《よろん》島　tiichi (1)，tāchi (2)，miichi (3)，……，tū (10)，tū-tiichi (11)，tū-tāchi (12)，tū-miichi (13)，

……

（オ）宮古島平良《ひらら》市　pitiitsu (1)，futātsu (2)，miitsu (3)，yūtsu (4)，……，tū (10)，tū-pitiitsu (11)，tū-futātsu (12)，……，patatsu (20)，patatsu-pitiitsu (21)，patatsu-futātsu (22)，……，misti (30)，misti-pitiitsu (31)，misti-futātsu (32)，

……

（カ）八重山群島石垣島石垣市　ptiizu (1)，futāzu (2)，miizu (3)，yūzu (4)，……，tū (10)，tū-ptiizu (11)，tū-futāzu

（12），……

（キ）八重山群島竹富島　diitsi (1)，dātsi (2)，miitsi (3)，……，tū (10)，tū-diitsi (11)，……

（ク）八重山群島黒島　pshichi (1)，futachi (2)，miichi (3)，……，tū (10)，tū-pshichi (11)，……，patachi (20)，patachi-pshichi (21)

また、平山輝男ほか（1966）『琉球方言の総合的研究』（p.295~298）を見ても、個数詞の〔11個〕をアマリのない言い方で表わす（11以上は和語数詞を用いず漢語数詞で表現するところもあるが、それは省略し、和語数詞で表わす場合だけを示す）。

（ケ）奄美群島沖永良部島瀬利覚　tʼi:ʧi (1)，tʼa:ʧi (2)，……，tu: (10)，tu:ti:ʧi (11)

（コ）沖縄本島国頭村《くにがみそん》辺土名　tʼiʧi (1)，tʼa:ʧi (2)，……，tu: (10)，tu:tʼiʧi (11)

（サ）沖縄群島伊江島　tʼi:tsi (1)，tʼa:tsi (2)，……，tu: (10)，tu:tʼi:tsi (11)

（シ）沖縄本島島尻郡玉城村《たまぐすくそん》奥武《おう》　tʼʒi:ʧi (1)，tʼa:ʧi (2)，……，tu: (10)，tu:tʼʒi:ʧi (11)

（ス）宮古島平良市《ひらら》　p̥ïti:tsï (1)，fu̥ta:tsï (2)，……，tu: (10)，tu:p̥ïti:tsï (11)

（セ）八重山群島石垣島　pïti:dzï (1)，ꜰu̥ta:dzï (2)，……，tu: (10)，tu:pïti:dzï (11)

（ソ）八重山群島波照間《はてるま》島　pi̥tutsï (1)，ꜰu̥tatsï (2)，……，tu: (10)，tu:pi̥tutsï (11)

平山輝男・中本正智（1964）『琉球与那国方言の研究』を見ると、そこに収められた与那国方言の自然会話の中に、「ʼa ŋa tuʼu ʔuçi nu tuçi」（私が十一歳の時）（p.193）と、《11歳》の意の「tuʼu ʔuçi」（[tu: tʼu tʼʒi]）が出てくる。ただ

し、《13歳》は漢語数詞の[du:saŋ]（p.194）。インフォーマントは当時88歳の女性であるが、このような言い方は本来、日常語として用いられていたものらしい。

平山輝男（1983）『琉球宮古諸島方言基礎語彙の総合的研究』（p.292~293）によれば、宮古島の平良市では、「接尾辞「つ（箇・個）」を伴った累加系列の称え方」（安田の言う個数詞）の1~22と、「基数詞」（安田の言う唱数詞のことであるらしい）の1~19を以下の表1のように言う。平山は「基数詞」について、「物を数えるときには、数詞のみを用いる称え方もするが、数量をいい表す場合は助数詞を伴う。」と言うから、これは安田の言う唱数詞のことであると見て間違いなかろう（この「基数詞」の1、2、6はそれぞれ二通りの言い方がある）。

表1　宮古島平良方言（平山輝男）

	接尾辞ツを伴った称え方【＝個数詞】	基数詞【＝唱数詞】
1	p^{s}ï̥ti:tsï	p^{s}ï̥ti,　ti:
2	fu̥ta:tsï	fu̥ta,　ta:
3	mï:tsï	mï:
4	ju:tsï	ju:
5	itsï̥tsï	itsï
6	m:tsï	muju,　mu:
7	nanatsï	nana
8	ja:tsï	ja:
9	ku̥kunutsï	kunu
10	tu:	tu:
11	tu:p^{s}ï̥ti:tsï	tu:p^{s}ï̥ti
12	tu:fu̥ta:tsï	tu:fu̥ta
13	tu:mï:tsï	tu:mï:
14	tu:ju:tsï	tu:ju:
15	tu:itsï̥tsï	tu:itsï
16	tu:m:tsï	tu:muju
17	tu:nanatsï	tu:nana
18	tu:ja:tsï	tu:ja:
19	tu:ku̥kunusï	tu:kunu
20	pḁtatsï	ni^{d}ʒu:
21	pḁtatsïp^{s}ï̥ti:tsï	ni^{d}ʒu:itʃi
22	pḁtatsïfu̥ta:tsï	ni^{d}ʒu:ni:

一方、沢木幹栄《もとえい》の調査した宮古諸島伊良部《いらぶ》島の伊良部町【現、宮古島市】佐和田では、個数・日数・人数を以下の表2のように言う（沢木からの直接の教示による。表記は音素表記）。

人数の端数については他には報告がないので、この沢木の調査は貴重である。

以上の資料では、個数詞・人数表現・唱数詞の三系列において端数表現が見られたわけであるが、そのいずれにおいてもアマリに当たるものが用いられていない。

それでは、アマリを用いる言い方は全くないのかと言うと、そうでもないらしい。

中松竹雄（1976）『南島方言の記述的研究』（p.260）には、首里の言い方として、漢語数詞の dʒuːʔitʃi (11), dʒuːni (12) とならんで、tuːamaitiːtʃi (11), tuːamaitaːtʃi (12) が見える。amai はアマリに対応する形であるが、この amai のない言い方は示されていない。

また、山田実（1981）『奄美与論方言の体言の語法』（p.282~288）によると、奄美群島の与論島では、個数詞に次の三とおりの端数表現があった（tu は格助詞トに対応する形。m は n より一桁上の数）。

（a）［数詞 m］と［数詞 n］の間に ʔamari（または ʔamaʾi）を置く。例、tuu-ʔamari-tiitʃi (11), tuu-ʔamari-taatʃi (12), tuu-ʔamari-miitʃi (13), ……, tuu-ʔamari-kukunutʃi (19), patatʃi (20), patatʃi-ʔamari-tiitʃi (21)

（b）［数詞 m］と［数詞 n］の間に tu を置く。例、tuu-tu-tiitʃi (11), tuu-tu-taatʃi (12), tuu-tu-miitʃi (13), ……,〔以下、19まで〕

（c）［数詞 m］と［数詞 n］の間に何も置かない。例、tuu-tiitʃi (11), tuu-taatʃi (12), tuu-miitʃi (13), ……, tuu-kuʾunutʃi (19)

表2　伊良部島佐和田方言（沢木幹栄）

	個　数	日数〔算日〕	人　数
1	pɨticɨ	pɨtuɨ	tavukjaa
2	futaacɨ	fucɨka	futaa
3	miicɨ	mɨɨka	mɨtaa
10	tuu	tuka	tuunupɨtu
11	tuu-pɨticɨ	tuka-pɨtuɨ	tuu-tavukjaa
12	tuu-futaacɨ		tuu-futaa
13	tuu-miicɨ		
20	patacɨ		

このうち（a）と（b）は昭和32年以前に老人の間で用いられたが、（c）は「今の老人の間で用いる人がかなりいる。」という。

結局、奄美・沖縄方言では端数表現には［数詞m＋数詞n］という言い方と［数詞m＋アマリ＋数詞n］という言い方の両方が（そしてさらには［数詞m＋ト＋数詞n］も）ある、ということなのであろう。

第五節　アマリを用いない端数表現

宣長は、「トヲカ・ヤウカ」（1092『栄花物語』所引「高陽院行幸和歌序」）のような言い方にたいして、「【アマリを】はぶきていへるは、いかゞなれども」と言っているわけであるが、このほかにも暦日表現にはアマリを用いない例があることは第二節において見た。

⑩はての月の**とうかむゆか**はかりなり〔974『蜻蛉日記』（桂宮本）中〕

⑪さて**廿五日**のよゝ、ひうちすきてのゝしる……その**五六日**はれいのものいみときくをみかとのしたよりなんとてふみあり……**なぬか**はかたふさかる**やうか**のひひつしの時はかりに……〔同、下〕

⑫**廿日**はさてくれぬ**一日**のひより……〔同、下〕

⑬後の冬の山かせさむく成てはしめ**はつかなぬか**のよかのえさるにあたれり〔983『源順集』〕

㉘なかの秋**とうかいつか**の月を見て〔1211『無名抄』〕

こういう言い方を『無名抄』の時代（一三世紀初期）にも日常的にしていたとは思えないが、一〇世紀には、アマリを用いた言い方とならんで用いられたのであろう。ただし、算日用法の場合にアマリのない例が見えないのは、暦日と算日とでは意識になんらかの違いがあったあらわれであろうか。

なお、トヲカムユカ・ハツカナヌカという言い方と『蜻蛉日記』の「**廿日**はさてくれぬ。**一日**【＝21日】のひより

……」のような言い方とを同列に扱っていいものかどうか問題があろう。また、『蜻蛉日記』の「廿五日のよ、ひうちすきての、しる……その五六日はれいのものいみときくを……」の「廿五日」や「五六日」を訓読するのかどうかも問題であろう。

平安・鎌倉時代の文献では、アマリのないのは暦日表現にほぼ限られるわけである。しかし、沖縄方言においては、個数詞・唱数詞や人数表現にもアマリのない形がしばしば用いられる。沖縄方言では、アマリはあってもなくてもいいようである。

さてここで参考までに、漢文における端数表現を見てみよう。漢文では、例えば15は「十五」とも「十有五」とも表現されるが、「十五」は「有」を省いた言い方ではなく、むしろ「十有五」の方がやや修辞的な言い方であろう。日本語の本土方言の場合も、アマリは本来なくてもよかったのだ、ということなのかもしれない。現実には、日数表現以外にはアマリのない言い方はほとんど見えないわけだが、これには『古今和歌集』仮名序や『土左日記』（いずれも作者は紀貫之）の仮名書きの端数表現の影響ということが考えられよう。この二つの作品においては、暦日表現を含めて常にアマリが用いられているのである。

なお、古典においてアマリを用いない例として、⑱『後拾遺和歌集』序の「ちうたふたも、ち」と㉖『千載和歌集』序の「ちうたふたも、ち」があるわけだが、これらは『古今和歌集』仮名序の「ちうたはたまき【＝歌数千首、巻数二十巻】」という表現を正しく理解せず、単に「ちうた」の直後に和語数詞を置けば『古今和歌集』風の表現になる、と考えたものであろう。

いずれにしても、平安時代には和語数詞による表現が漢語数詞にどんどん取って代られていったわけで、そうなれば、和語数詞によって端数表現をするということも次第に行なわれなくなっていたはずである。『日本書紀』の写本や『日本紀私記』の訓に「モモヨロヅトセアマリ、ナナソヨロヅトセアマリ、ココノヨロヅトセアマリ、フタチトセ

アマリ、ヨホトセアマリ、ナナソトセアマリ」というような言い方が見えるのは、昔風に表現するには何としてもアマリを付けねばならぬ、と考えたことの現われなのではなかろうか。

第六節　端数を含む数の本来の言い方

1087『後拾遺和歌集』よりも古い文献においては、端数表現の実例は次の三種に限られる（mはnよりも一桁上の数）。

(a) 個数詞m＋アマリ＋個数詞n（例、「ミソチ　アマリ　フタツ」）
(b) 個数詞語幹m‐助数詞a＋アマリ＋個数詞語幹n‐助数詞a（例、「ミソ‐モジ　アマリ　ナナ‐モジ」）
(c) 日数詞m（＋アマリ）＋日数詞n（例、「ハツカ　アマリ　イツカ」「トヲカ　ムユカ」）《暦日表現ではアマリはない場合がある》

これが『後拾遺和歌集』以後になると、次の四タイプが加わるわけである。

(d) 個数詞m＋アマリ＋個数詞語幹n‐助数詞a（例、「トヲ　アマリ　イツ‐ツガヒ」「ヨソジ　アマリ　ナナ‐モジ」）
(e) 個数詞語幹m‐助数詞a＋アマリ＋個数詞n（例、「モモ‐トセ　アマリ　ミソヂ」）
(f) 個数詞語幹m‐助数詞a＋アマリ＋個数詞語幹n‐助数詞b（例、「ト‐ツギ　アマリ　ナナ‐ヨ」）(2)
(g) 日数詞m＋アマリ＋個数詞語幹n‐助数詞a（例、「トヲカ　アマリ　ミ‐ヨ」）

以上を世間一般の言い方によって単純化して（ナナツ・ミソヂ・ムユカのツ・チ（ヂ）・カも助数詞と呼ぶことにして）言うと、以下のようになろう。

西暦一〇五〇年あたりを境にして、それ以前は次のAの言い方しかなかったのが、一〇五〇年以後はBの言い方もするようになった。

A　個数詞語幹m - 助数詞a + アマリ + 個数詞語幹n - 助数詞a（暦日の場合はアマリがないこともある）

B　個数詞語幹m - 助数詞a + 個数詞語幹n - 助数詞b

古典においては、アマリのない言い方は暦日表現以外にはほとんど例がないが、第五節においても触れたように、本来はアマリのない言い方は広く用いられていたのかも知れない。

なお、高山寺本『類聚名義抄』（＝三寶類字集）』（44オ）では、「廿七」に「ハタナ、〈上・平・平・平〉」、「卌二人」に「ヨソフタリ〈上・平・上・上・平〉」という声点付きの訓が見える。これらはアマリがないだけではなく、それぞれの前半の部分が個数詞語幹であるという点で、右のABいずれのタイプとも異なる。高山寺本『類聚名義抄』の成立は「料紙・装訂などから鎌倉初期」（渡辺1971, p.19）と見られるが、この種の用例はこの時代には他には見いだしがたい。しかし、『日本書紀』の室町時代以降の写本・版本や江戸時代の文学作品にはいくつか例が見える。

㊷年　卌　五《ミトシヨソアマリイツ、》 - 歳〔1536卜部兼永写北野本『日本書紀』巻3・神武〕

㊸二十有八《はたあまりや》層《きだ》〔1822『南總里見八犬傳』第五輯・巻2〕

㊹五十四郡《いそよごふり》を偏歴《へめぐ》りて〔1832『南總里見八犬傳』第八輯・巻2〕

また第七節で見るとおり、「みそひともじ（31文字）」という言い方も江戸時代には成立していた。

第七節　「三十一文字」をどう言ったのか

『古今和歌集』仮名序が和歌の三一音節のことを「みそ文字あまりひと文字」と表現していることはすでに見たが、現代では「みそひともじ」と言う。また古くは、「みそじひともじ」という言い方もあった。「みそひともじ」については築島裕（1965b, p.32）は以下のように述べている。

大言海や大日本国語辞典では、「みそひともじ」の項目の下に掲げた用例に、源氏物語行幸巻の、

三十一字のなかにこともじはすくなくそへたることのかたきなり、と、しのびてわらひたまふ

なる文を引いている。源氏物語大成の索引や対校源氏物語用語索引でも、「みそひともじ」の項目を立てて、この箇所を示している。しかし、校異源氏物語（源氏物語大成本文篇）によると、この箇所は、右に示したように「三十一字」と漢字で記され、諸本の本文の異同は示されていない。この所は、「サンジュウイチジ」のように音読するか、或いは、「ミソモジアマリヒトモジ」のように読んだものかも知れない。〈略〉何れにしても「みそひともじ」のような「あまり」のない形はやはり、当時のよみ方としてはふさわしくないように思われる。

なお、小学館『日本国語大辞典』（初版）の「みそひともじ」の項は用例を全く挙げていない。確実な用例が見つからなかったのであろう。[3] 私の調査でも平安〜室町時代には確例はないが、江戸時代後期には確実な例がある。

㊺七言二句《しちごんにく》も、三十一字《みそひともじ》も〔1832『南總里見八犬傳』第三輯・巻4〕
㊻雅言俗語《がげんぞくご》の駁雑《ぶちまだら》なる。三十一字《みそひともじ》を……遺《おく》るもありけり。〔1836『南總里見八犬傳』第九輯・巻12下〕

そして、やや古くは「みそぢひともじ」の例もある。

㊼石《セキ》‐碑《ヒ》ノ上ニ消《キヘ》‐殘《ノコ》レル・三十一《ミソジヒト》‐字《モジ》ヲ見ル人・感《カン》‐涙《ルイ》ヲ流サヌハ無リケリ〔版本『太平記』巻6・赤坂合戦事〕
㊽こゝに宮ゐのふたはしらたつや八雲のつまこめて八重かきつくることのはの三そち一文字のゐいかのはしめ〔謡曲「大蛇」（貞享三年〔1686〕版本）〕
㊾八雲《くも》たついづもやえがきの三十一字《みそじひともじ》の文字数《もじかず》なれり〔1686『好色伊勢物語』序〕
㊿哥の徳《とく》。武《ぶ》勇の徳も世につれて。憂《うき》目をみそじ一《ト》文字や。〔1749 浄瑠璃「源平布引滝」四（岩波書店「日本古典文学大系」『浄瑠璃集　下』〔底本ハ版本（山本九兵衛新板）〕）〕

このうち『太平記』は一四世紀の成立であるが、写本を見ると、漢字で「三十一字」（1550 義輝本・1586 梵舜本）、「卅一字」（西源院本・1554 玄玖本）とあるか、「卅一字《ジ》」（1618 中京大学蔵日置孤白軒本）とあるだけなので（神田本は巻6は欠巻）、「みそぢひともじ」という言い方がすでに一四世紀にあったという証拠とはならない。

以上の例により、これは次のように変化したと考えられる。

ミソモジアマリヒトモジ→ミソヂヒトモジ→ミソヒトモジ

そもそもこの「みそもじあまりひともじ」という言い方は905『古今和歌集』仮名序を発端としているわけであり、1008『源氏物語』の時代にもう助数詞の揃わない「みそひともじ」という言い方があったとは到底考えられないのである。「三十一字」については本書第一〇章に詳しく述べた。

第八節　「十よ日」「二十よ日」の読み方

平安時代に見える「十よ日」「二十よ日」をトヲカヨカ・ハツカヨカと読む、ということが一部の注釈書で行なわれている。(4)〝ヨカは「余日（餘日）」で、ヨは「余（餘）」を音読したもの、カはフツカ（2日）・イツカ（5日）などのカだ〟ということらしい。しかし、日数を意味する「‐カ」は言うまでもなく和語であり、しかも造語力がきわめ

て弱く、漢語の「ヨ（余）」と結合するなどということは到底考えられない。井上誠之助（1960；1961）や原田芳起（1962b, p.444）の言うとおり、これらはジフヨニチ・ニジフヨニチと音読すべきものであろう。

第九節　和語による端数表現の衰退

端数表現は、西暦一〇五〇年ごろまでは「二十日あまり五日」「三十文字あまり一文字」「十ヲチ余り七ヲチ（十七条）」のように上位の数の助数詞と下位の数の助数詞が揃っていたのが、一〇五〇年以後は「十あまり五つがひ」「百とせ余り四十ち」「八百アマリ十アマリ六柱（八百十六人）」のような助数詞の揃わない言い方が頻出するようになる。これは仮名文学でも『日本書紀』の訓でも違いはない。

助数詞の揃わない言い方が一〇五〇年以後、出てくる背景として、和語数詞が漢語数詞に押されて衰退し、大きな数を和語数詞で表現するということ自体が日常的にはほとんど行なわれなくなってきた、ということがあろう。端数を含まない20、30、40、50、……90といった数も、和語数詞で表わすのは年数または年齢の場合に限られ、それも多くは雅語的ないしは文章語的ひびきを持つものなのである。まして、端数を含む数はもっぱら漢語数詞で表わされ、和語数詞で表わすということは、日常語としては全くと言っていいほどなかったであろう。それをあえて和語数詞で表現しようとした場合、アマリを用いることにのみ注意が注がれ、平安中期までの例に反する、助数詞が揃わない言い方をしてしまうことがままあった、ということなのであろう。

注

（1）〝10余り〟の意のタウマリあるいはタウアマリは、催馬楽「挿櫛」や『うつほ物語』〔藤原君〕のほかにも、
(51)或一十許《はタウマリ》〔1000岩崎本『日本書紀』巻24・皇極4年正月・平安中期点〕

(52)女人數十《メノコタウアマリ》〔1142図書寮本『日本書紀』巻23・舒明・永治2年頃点〕

の例があり、誤写によるものではない。また、これを単に〝アマリのアが落ちた〟と説明するのも正確ではない。タウマリ・タウアマリは、トヲの縮約形トにアマリが付いたトアマリから転じた形で、タウマリの実際の発音は［tɔːmari］であったろうと思う。詳しくは第七章第一〇節参照。

（2）『大言海』（「四日《よか》」の項）が1311『玉葉和歌集』の「十日あまり四よ【十日余り四夜】」を「十日あまり四日」と誤って引いたのは、一つには『二十一代集』版本の「四よ」の「よ（与の草体）」が「か（可の草体）」にやや近い形をしていたからだが（安田1972b, p.56【本書第一三章第三節〔4日〕の項】参照）、もう一つには、〝十日あまり四夜〟という助数詞の揃わない言い方が奇異に映ったからであろう。しかしすでに第二節において見たとおり、次のような類例もあった。

㉓かぞふればけふなが月の十日あまりみよともすめる山のはの月【「三夜」ト「見よ」ヲカケル】〔1179『光経集』十三夜〕

㉕ことわりやくれぬるあきの十日あまりみよとおもへる月のかげかな〔1185『禅林瘀葉集』九月十三夜〕

（3）「みそひともじ」の例として『岩波古語辞典』は謡曲「白楽天」を挙げるが、これは確実な用例とはならないようである。

（4）原田芳起（1962b）「平安朝数名詞考」（p.442）は以下のように述べる。

最近この類の表記【「十よ日」「二十よ日」】を「とをかよか」「はつかよか」と読む処理が勢力を得ている。池田亀鑑博士がこの説を採用されて、その諸著述において実現され、源氏物語大成索引篇でもこの類はすべて「とをかよか」「はつかよか」のように標出されている。

池田亀鑑（1967）『平安時代の文学と生活』（p.412）の「日の数え方」の項には以下のとおり、「二十よ日」はハツカヨカと読むべし、ということがはっきり書かれているが、根拠は全く示されていない。

中古の文学にあっては、古写本の類に、「五六日」などと書いてある場合にも、「いつかむゆか」と「か」の字を入れて読むのが正しい。例えば、源氏物語、桐壺の巻に「日々おもり給て、ただ五六日のほどに、いとよはうなれ

ば」とあるのを、細流抄に「いつかむゆかと、日の字をいれてよむなり」といっているが如きである。「二十よ日」などと書かれている場合には「はつかよか」と読むのが普通で、「はつかあまり」と読ませている場合もないではない。「二十三日」などと書いてある場合には、「はつかあまりみか」と読んだか、またはこのまま音読したか、明らかでない。

追記 本稿を書き上げて編集委員会に送ったのち、山田俊雄『ことばの履歴』（岩波新書〔新赤版188〕、一九九一年九月）を手にした。ここには「三十一字」の項（p.150~155. 山田の教示によれば、はじめは俳句雑誌《木語《もくご》》第13巻第2号〔一九九一年二月〕に「詞苑間歩　百三十四」として発表された）があって、〝ミソヒトモジはそう古い形ではなく、中世近世のもっとも普通の言い方はミソジヒトモジ（ミソヂヒトモジ）であった〟とし、『太平記』寛永版本などを引き、次のように述べる。

【「みそぢひともじ」の】「みそぢ」は「三十字」の意ではなく、「三十」の数量のみをさす。「三十《みそぢ》・一文字《ひともじ》」という構造の語である。

なお、「みそぢひと文字」と平安前期の「みそ文字余りひと文字」とは大きく離れているわけであるが、その中間には「みそぢ余りひと文字」という形があったのであろう。（初校に際して）

補説

（1）助数詞の揃わない言い方として、⑤「とうかあまりひとひの月」〔905『古今和歌集』884番〕のような例もあるわけだが、この場合はヒトカという形が実在せず、「……あまりひとひ」以外の言い方はあり得ないのだから、〝助数詞の揃わない言い方〟とは別扱いすべきものである。

（2）ミソヒトモジについては安田（1999）「ミソモジアマリヒトモジからミソヒトモジへ」【本書第一〇章】で詳しく述べた。

（3）一一世紀後半以降にはトヲアマリ（トオアマリ）という形も見えるが、このころにはタウマリという形は忘れ去られていたのであろうか。

⑱とおあまりいつ、かひの歌をあはせてよにつたへたり〔1087『後拾遺和歌抄』（陽明文庫蔵伝為家筆）序〕

㉙とおあまりふたつのちかひきよくしてみかけるたまのひかりをそしく〔1233『拾遺愚草』（定家自筆本）〕

（4）沖縄・奄美方言の端数表現には、以下の三通りの方式があった。

0方式——10位の和語数詞と1位の和語数詞の間に何も置かない。

ト方式——10位の和語数詞と1位の和語数詞の間に助詞「ト」に当たるものを置く。

アマリ方式——10位の和語数詞と1位の和語数詞の間に「アマリ」に当たるものを置く。

平山輝男ほか（1966）には、奄美群島・沖縄諸島・宮古諸島・八重山諸島の合計一一の調査地点の個数詞1～11が示されているが（p.295~298）、その一一の地点のすべてにおいて個数11は0方式のみである。

中松竹雄（1976, p.260）には、沖縄本島の首里における個数詞11・12が記されているが、アマリ方式のみである。

山田実（1981, p.282~）には、奄美群島与論島における個数詞1～19が記されているが、0方式・ト方式・アマリ方式の三通りの方式がある。また、個数21～29が記されているが、これはアマリ方式のみである。山田実（1981）には日数詞も取り上げられているが、日数11～19は tuu-piQtʃu'i【トヲ - ヒトヒに当たる】、tuu-putʃika【トヲ - フツカに当たる】、……のような他に例のない言い方をするが、日数21～29は0方式で、patʃika-piQtʃu'i【ハツカ - ヒトヒに当たる】、patʃika-putʃika【ハツカ - フツカに当たる】、……という言い方をする。

平山輝男・中本正智（1964）に収められた与那国方言の自然会話の中に、「a ŋa' tu: t'ut'ʒinu tut'ʒi（私が十一歳の時）」（p.193）と、《11歳》の意の tu:t'ut'ʒi【トヲ - ヒトツに当たる】が出てくる（0方式）。インフォーマントは当時八八歳の女性であるが、このような言い方は本来、日常語として用いられていたのであろう。

平山輝男（1983, p.292~293）には、宮古島の平良市【現、宮古島市】の個数詞と唱数詞が表1に示したように記され

ている。個数詞11～19と個数詞21～22は0方式、唱数詞11～19も0方式である。

沢木幹栄が調査した宮古諸島伊良部島の伊良部《いらぶ》町【現、宮古島市】佐和田方言では、表2に示したように、個数詞・日数詞・人数詞のすべてについて0方式による端数表現がある。

結局、沖縄・奄美の諸方言の端数表現の方式はいろいろあることがわかった。

個数詞――0方式・ト方式・アマリ方式

日数詞――0方式

人数詞――0方式

唱数詞――0方式

一応、右のようにまとめられる。しかし、11以上、21以上の人数詞や唱数詞については調査者が質問しなかった、ということもありうるので、これが必ずしも実態を表わしてはいないかも知れない。

（5）伊波普猷（1915）「琉球語の數詞について」も、以下のように端数表現に触れている。なお、この伊波（1915）にはミスプリントが多いので、いま、伊波（1926）『琉球古今記』〔刀江書院〕所収のものによった（新たなミスプリントもあるがそのままとした）。

八重山の方言では十一から二十に至るまでは今なほ tūpsitīzï（十一）tūputāzï（十二）tūmītsï（十四【ママ】）……patatsï（廿）といふやうに固有の稱へ方をしてゐる。〈略〉それから一人を tavkyā といつてゐるが、その語源がわからない。〈略〉二十一人を patanu psïtutavkyā 百人を mumunupsïtu といつてゐる。更に面白いことは日本の古語のやうにトウカヨカ（十四日）と一々名詞を繰り返すことである。八重山の歌（チヨーガ節）にも、

月《つき》の美《かい》しや十三日《とをかみか》、乙女《みやらべ》美《かい》しや十七《とをなゝつ》歳。

といふのがある。それから、宮古島の老人社會や婦人社會では、今尚 futamumu（二百）patsïkaitsïka（二十五日）といふやうな稱へ方をするのがゐるといふことである。

第一〇章　「みそもじあまりひともじ」から「みそひともじ」へ

はじめに

和歌〈短歌〉を意味するミソヒトモジという言い方は『古今和歌集』の仮名序のミソモジアマリヒトモジに由来するわけだが、この二つの言い方は形の上でかなり離れており、実際にはこの間にミソヂアマリヒトモジ・ミソヂヒトモジ・ミソモジヒトモジというさまざまな中間形があったのであった。

ミソヒトモジという形は実は江戸時代にようやく現われる新しい形であって、『大日本國語辭典』をはじめ多くの国語辞典がミソヒトモジの用例として『源氏物語』〈行幸〉の「三十一字」という漢字書きの例を挙げるのは適当ではないのである。

第一節　ミソモジアマリヒトモジとミソヒトモジ

問題は『古今和歌集』の仮名序に始まる。

①ちはやふるかみよにはうたのもしもさたまらす……すさのをのみよとなりてそみそもしあまりひともしにはなりける〈905『古今和歌集』（伝・源俊頼筆巻子本）仮名序〉〈真字序では「逮于素戔烏尊、到出雲國、始有三十一字之詠」〉

これは、スサノヲの尊の詠んだ歌〝八雲立つ　出雲八重垣　妻ごみに　八重垣作る　その八重垣を〟（『古事記』〔上巻・歌謡1〕）。『日本書紀』〔巻1〕では「妻ごめに」とあること以外は同じ）が31音節からなる短歌のはじめである、と言っているのである。なお、この「みそもじあまりひともじ」の部分、『古今和歌集』の古写本では、元永本のような漢字の使用率のかなり高い本を含めて、みな仮名書きである（久曽神1960を参照）。

一方、『源氏物語』〔行幸〕に漢字で「三十一字」と書かれたものが、『大日本國語辭典』『大言海』を始めとする多くの国語辞典にミソヒトモジの用例として載っている。

これについては、簗島裕（1965b）「日本語の数詞の変遷」・山田俊雄（1991）『ことばの履歴』・安田尚道（1992）「和語数詞による端数表現」【本書第九章】が論じているが、いずれも、『源氏物語』の例はミソヒトモジと読んだとは考えがたいとする。

さらに山田は、寛永八（1631）年版本『太平記』その他に「三十《ミソヂ》一字《ヒトモジ》」「三十《ミソジ》一字《ヒトモジ》」とあることを指摘し、これが「中世近世のもっとも普通の言い方を遺《のこ》したもの」（p.155）とする。

私は安田（1992）においてこの問題に簡単に触れたのであったが、調査が不十分で、ミソジヒトモジとミソヒトモジの用例をいくつか挙げたにとどまった。しかし、もっと調べてみると、さらにミソヂアマリヒトモジ・ミソモジヒトモジという形もあったことがわかったのである。

第二節　端数表現の諸形式

《31文字》というのは、端数を含む二桁の数である。こういう、端数を含む数を和語数詞でどう表現したかについては安田(1992)において述べた。その結論を要約して示すと、和語数詞による端数表現には以下の八通りのタイプがあった。なお、mはnよりも一桁上の数を表わし、「個数詞語幹」とは、「ナナ‐モジ」のナナのごとき形を言う。

(1)個数詞m＋アマリ＋個数詞n（例、「ミソチ　アマリ　フタツ」）
(2)個数詞語幹m・助数詞a＋アマリ＋個数詞語幹n・助数詞a（例、「ミソ・モジ　アマリ　ナナ・モジ」）
(3)日数詞m＋アマリ＋日数詞n（例、「ハツカ　アマリ　イツカ」）
(4)日数詞m＋日数詞n（例、「トヲカ　ムユカ」。暦日表現に限る）
(5)個数詞m＋アマリ＋個数詞語幹n・助数詞a（例、「ヨソヂ　アマリ　ナナ・モジ」「トヲ　アマリ　イツ・ツガヒ」）
(6)個数詞語幹m・助数詞a＋アマリ＋個数詞n（例、「モモ・トセ　アマリ　ミソヂ」）
(7)個数詞語幹m・助数詞a＋アマリ＋個数詞語幹n・助数詞b（例、「ト・ツギ　アマリ　ナナ・ヨ」）
(8)日数詞m＋アマリ＋個数詞語幹n・助数詞a（例「トヲカ　アマリ　ミ・ヨ」）

八世紀から一一世紀前半までは(1)〜(4)のタイプのみが見える。実際の用例を見ると、ほとんどが二桁の数である。例外は『日本書紀』の訓であるが、この場合は「チ・ムラ　アマリ　ヨホ・ムラ　アマリ　ムソ・ムラ」のように同じ助数詞を繰り返し、アマリでつないでゆく。[1] 一一世紀後半からは(5)〜(8)のような言い方もあわせて用いられるようになる。

以上のように何種類もの端数表現のタイプがありながらも、ミソヒトモジはそのいずれにも該当しない。ミソモジアマリヒトモジは、一般的な端数表現とはやや違った独自の変遷をとげたのである。

第三節　日数の端数表現におけるアマリの付かない言い方

第二節でも見たとおり、二桁の端数はアマリでつなぐのが大原則だが、例外は日数表現のうちの暦日表現である。トヲカムユカ（暦日16日）のようにアマリのない言い方が、974『蜻蛉日記』、983『源順集』、1024『万寿元年高陽院

行幸和歌序』（1092『栄花物語』所引）、1211『無名抄』に見える（詳しくは安田（1992）「和語数詞による端数表現」【本書第九章】を参照）。なお、アマリを用いた暦日表現ももちろんある。

第四節　日数以外の端数表現におけるアマリの付かない言い方

さきにも述べたように、古くは日数表現以外には、アマリを付けない言い方はなかったようである。しかし、一一世紀になると、四桁の数にアマリを一つしか用いない言い方が見える。

②ちうたふたもゝちとをあまりやつおえらひてはたまきとせり〔1087『後拾遺和歌集』（陽明文庫蔵伝為家筆本）序〕

これは、第二節で見た『日本書紀』の訓のように同じ助数詞とアマリを何度も繰り返すのに抵抗感があったのであろうか。

この他、二桁の数でアマリを用いない例が三例見つかった。

③けふみずはみそぢふたつのみすがたのあとをよそにぞきかましものを〔1185『殷富門院大輔集』（新編国歌大観・三）252番〕

④今此みそ文字あまり一文字のことばをあつめて実相言語皆是真言の理わりをあらはし、又みそむつの歌仙のすがたをえらびて、仏徳三十六、皆同自性身のねをしめすなるべし〔1347『釈教三十六人歌合（＝釈教三十六人歌仙）』（新編国歌大観・十）序〕

⑤たのむよりむなしからめやさまざまにかはるすがたをみそぢみとせに〔中院通村（1653）『後十輪院内府集』（新編国歌大観・九）1513番〕

③⑤はいずれも和歌の例である。五音または七音の中に収めなくてはならないので、臨時的にアマリを省いたので

あろう。その道の人々はなかなか明言しないが、和歌や俳句を作るにあたって、言葉のうえで無理をする（一般には行なわれない言い回しを臨時的にする）ということはいつの世にもあることなのであろう。

③の「みそぢふたつのみすがた」とは、釈迦が具えていたという「三十二相」を意味する。『仏足石歌』では「ミソチアマリフタツノカタチ」と表現されており、これを受けた歌も少なくない。「三十二相」のことを詠んだ歌を「みそぢ」をキーワードに『新編国歌大観　CD-ROM 版』で検索してみたところ、アマリのある歌は五首見つかったが、アマリのないものは他には見つからなかった。これによって、③『殷富門院大輔集』の「みそぢふたつ」が例外的存在であることがわかる。

④の「みそむつの歌仙」とは三十六歌仙のことで、これを和語数詞で表現しようとしたものである。この当時は6人や30人を和語数詞で表現することはもう行なわれていないため、苦肉の策としてこう言ったものと思われる。以上のようなアマリの付かない端数表現は、きわめて例外的なものと見てよかろう。

第五節　《31文字》の言い方とその意味

和歌の《31文字》を言う表現は、ミソモジアマリヒトモジから始まってミソヒトモジに至るまで合計五通りもの言い方があったのであった。

(1) みそ文字余りひと文字
(2) みそ文字ひと文字
(3) みそぢ余りひと文字
(4) みそぢひと文字
(5) みそひと文字

またこれらと並行して、漢字で「三十一字」「卅一字」と書かれた例は多数あり、「三十一文字」と書かれたものも少数あるが、これらをどう読んだのかは簡単にはわからない。

このミソモジアマリヒトモジ（三十文字余り一文字）は、『古今和歌集』においては単に《31文字》（実は《31音節》）ということを意味しているのであるが、のちには短歌のことを意味するようにもなる。(2)「ミソヂ余リヒト文字」以下「ミソヒト文字」までのさまざまな言い方も、同様に《31音節》と《短歌》の二つの意味を持つ（ただ実際には、二つのうちのどちらの意味なのか判別しにくい例もあるが）。

《短歌》を意味する古い例としては次のようなものがある。

⑥……秋ののうへは猶よろしくこそきこえ侍れど、**みそもじあまりひともじ**の濫觴に優して持とさだめられぬ〔1265『亀山殿五首歌合』（新編国歌大観・五）35番・判詞〕

⑦**みそもじあまりひともじ**を人のもてあそびとして〔1384『新後拾遺和歌集』（新編国歌大観・一）序〕

《短歌》の意である場合、「ミソモジアマリヒトモジ」全体で一語だということになるが、これは一語としては異常に長い。そこで、時代がくだるにつれて、アマリのないもっと短い語形が作り出されることになったのであろう。

第六節　実際の用例

六・一　「みそ文字余りひと文字」の用例

⑧たゝかなのよそちあまりな、もしのうちをいてすして心におもふことをことはにまかせていひつらぬるならひなるかゆへに**みそもしあまりひともし**をたによみつらねつるものは〔1183『千載和歌集』序（宋雅奥書本）〕

⑨……秋ののうへは猶よろしくこそきこえ侍れど、**みそもじあまりひともじ**の濫觴に優して持とさだめられぬ〔1265『亀山殿五首歌合』（新編国歌大観・五）35番・判詞〕

⑩今此**みそ文字あまり一文字**のことばをあつめて実相言語皆是真言の理わりをあらはし、又みそむつの歌仙のすがたをえらびて、仏徳三十六、皆同自性身のねをしめすなるべし〔1347『釈教三十六人歌合（＝釈教三十六人歌仙）』（新編国歌大観・十）序〕

⑪**みそもじあまりひともじ**を人のもてあそびとして〔1384『新後拾遺和歌集』（新編国歌大観・一）序〕

右の⑧『千載和歌集』序には、同じ一つの文の中で、「よそぢあまりななもじ」という助数詞が揃わない言い方もある。これは、もうこの時代には、同じ助数詞をきちんと繰り返す『古今和歌集』のような言い方は生きていなかった、ということを意味する。

六・二　「みそぢ余りひと文字」の用例

⑫**みそぢあまり一もじ**のうたはわがくによりひろまれり〔1204 源光行『百詠和歌』（新編国歌大観・十）序〕

源光行は、息子の親行と共に『源氏物語』河内本を作った人である。

⑬**みそぢあまりひともじ**をこそきかせつれいなとばかりをこたふべしやは〔1208『言葉集』（新編国歌大観・十）72番〕

⑭つたなき口ずさびをこがましきかたはしさへおのづから**三十あまり一文字**の類ひならぬにしもあらざるべし〔1682『麓のちり』（新編国歌大観・六）跋〕

六・三　「みそぢひと文字」の用例

⑮出雲の八雲の詞より、やまと歌**みそぢひともじ**にさだまる。しかはあれど……〔1135『奥儀抄』（九条家旧蔵本）序〕〈京都女子大学吉沢文庫蔵本（江戸前期写）ハ「いつもの八雲のことはよりやまとうた**みそち一もし**にさた

まる」、内閣文庫蔵浅草文庫旧蔵本〔室町末〜近世初期写〕ハ「いつものやくものことはよりやまとうたみそちひともしにさたまる」〉

⑯三十一字《ミソナノヒトモチ》〔1571元亀二年本『運歩色葉集』〕〈1549静嘉堂文庫本ハ「三十一字《ミソジ》」〉

⑰千早振神代はもしのかすさたまらす人の世となりて三そち一もしの哥にさためしより此かた……〔1599『宗安小歌集』序〕

⑱a石碑《セキヒ》ノ上ニ消殘《キヘノコ》レル三十一字《ミソジヒトモジ》ヲ見ル人感涙《カンルイ》ヲ流サヌハ無リケリ〔1622元和八年版本『太平記』巻6・赤坂合戦事付人見本間抜懸事〕

⑱b是三十一字《コレミソジヒトモジ》ニ定《サダマリ》タル歌ノ始《ハジメ》也〔同、巻25・自伊勢進寶劔事付黄梁夢事〕

⑲三十一字《みそじひともじ》〔恵空1680『節用集大全』〕

⑳ことのはの三そち一文字のゐいかのはしめ〔1686刊・謡曲「大蛇」〕

㉑八雲《くも》だついづもやえがきの三十一字《みそじひともじ》の文字数《もじかず》なれり〔1686『好色伊勢物語』序〕

㉒aうぐひすははつ春の歌をうたひ、蛙はみそぢひともじのこと葉をあとつけてあらはし……〔1688『難波捨草』〈新編国歌大観・六〉序〕

㉒b和歌は素盞烏尊の八雲たつの神歌よりもはじまり、みそぢひともじのかずもさだまりけるとかや〔同、跋〕

㉓歌《うた》は素盞烏《そさのお》の尊《みこと》、三十一字《みそぢひともし》のうたをえいじ給ひしより始《はじま》れり。〔1692『女重寶記』四之巻・二・歌を詠み習ふ事付たり歌書作者をしる事〕

㉔當世《たうせい》の若《わか》い衆《しゆ》は。心《こゝろ》さかしく。和哥《わか》の道《みち》に心《こゝろ》をよせ。三十一文字《みそじひともじ》をつらね〔1699『はやり哥古今集』序〕

㉕いつしかみそぢ一もじのなさけをしりて花に月に口ずさめることになりぬるとぞ〔1707刊『梶の葉』序〕

㉖遊女《ゆふじよ》の文《ふみ》をかき立汁《たてじる》の三十一字《みそじひともじ》うたてひお年寄《としより》りの分別顔《ふんべつがほ》〔1717『世間娘容気』一之巻・目録〕

㉗憂目を**みそじ一《ト》文字**や〔1749浄瑠璃『源平布引滝』四〕

㉘人にあはすことさへそりやしらかみにうつして見てもうすずみのそめてはづかしちらしがき**みそじひともじ**おきみやげ〔1765『荻江ぶしけいこ本』しかのまき筆〕（書名は後補題簽によるらしい）

㉙かいてくどかば**みそ字ひともじ**歌の浦合おもしろや〔1773「常磐友前集」（『徳川文藝類聚』第十）平戸名所物語〕

㉚哥の**みそぢひともじ**を、近きころ古學するともがらは、字といふことをきらひて、卅一言といひ、五もじ七もじなどをも、五言七言とのみいふなれ共、古今集の序にも、みそもじあまりひともじと有て、いにしへよりかくいへり、すべてもじといふは、文字の字の音にて、御國言にはあらざれども、もんじといはずして、もじといへば、字の音共聞えず、御國言めきてきこゆる〔1795『玉勝間』一〕

⑯1571元亀二年本『運歩色葉集』の訓「ミソナノヒトモチ」には誤写があることは確かで、本来「ミソチヒトモシ」とあるべきもの。「ノ」は合符の「-」を誤ったものであろうか。[3]

六・四　「みそ文字ひと文字」の用例

㉛やまと歌は八雲いづものそのかみ**三そ文字ひともじ**をむすびそめしよりこのかた〔1446『新続古今和歌集』序〕

㉜わつかに**みそもし一もし**をむすふとのみおもひて〔1495『新撰菟玖波集』序〕

㉝九条殿悼文有上略 **みそもじ一文字**のうちに彼御名を入れ奉り、心ざしをのべて尊前に備へ奉る物ならし〔1677刊『逍遊集』（新編国歌大観・九）2595番・詞書〕

六・五　「みそひと文字」の用例

ミソヒトモジは一八世紀になってようやく見える。

㉞そのからうたのいろことにうときうきよをやまとなるみそひともじにやはらぎてこひとなさけのその中〳〵にくぜつのたねをまきばをり……〔1765『荻江ぶしけいこ本』紅葉傘住吉丹前〕
㉟ことばの花《はな》の色《いろ》も香《か》も三十一文字《みそひともじ》やたはむれのほとけのしゆしやうほうべんにそとはなにかはくるしかるべき〔1806『七枚續花の姿繪』老女〕
㊱a浮炭《けしずみ》をもて寫《かき》たればや。七言二句《しちごんにく》も。三十一字《みそひともじ》も。拂《はら》はゞ軈《やが》て滅《きえ》つべき。〔1832『南總里見八犬傳』第八輯・巻4〕
㊱b雅言俗語《がげんぞくご》の駁雑《ぶちまだら》なる。三十一字《みそひともじ》を……遺《おく》るもありけり。〔1836『南總里見八犬傳』第九輯・巻12下〕
㊲養父《やうふ》九ゑもんが毫《ちと》ばかり俳諧歌《はいかいうた》よむに傚《なら》ひ三十一文字《みそひともじ》を詠《よみ》いづるに却《かへ》ツて父《ちゝ》に勝《まさ》りたり〔1879『高橋阿傳夜叉譚』初編・下之巻・第三回〕
㊳我邦にも長歌だの三十一文字《みそひともじ》だの川柳だの支那流の詩だのと、様々の鳴方ありて〔1882『新體詩抄』序〕
㊴時《とき》に守山《もりやま》さんお聽《きゝ》なさい。拙者《せつしや》が三十一文字《みそひともじ》を製造《せいざう》しました（友）ハ、ア。何《なん》と出來《でき》ましたな（小）守山《もりやま》さん。老實《まじめ》でお聽《きゝ》なすつてはいけません。任那君《にんなくん》の三十一文字《みそひともじ》は。腰折處《こしおれどころ》でない。骨折《ほねおれ》ですから。〔1885『當世書生氣質』第八回〕

六・六「三十一じ」の用例

㊵よくもたまくしけにまつはれたるかな卅一しのなかにこともしはすくなくそへたることのかたきなりとしのひてわらひたまふ〔1008『源氏物語』（日本大学総合学術センター蔵三条西家証本）行幸〕〈陽明文庫本モ「卅一し」〉
㊶和哥にいたりては・そさのおのみこと・八くもたつ・いつも八えかきの・詠を本として・三十一しの・やまとことはを・はしめをきたまひしよりこのかた……〔1250『西行物語』（静嘉堂文庫本）〕〈1646正保三年版本ハ「……

八雲《やくも》たつ。いつもやへがきの詠《ゑひ》を本《もと》として。三十一字《し》の。やまとことばを。……」、1625寛永二年版本ハ「……八雲《やくも》たついづもやへがきの詠《えい》を本《ほん》として。三十一字《みそじひともじ》のやまとことばを……」〉

㊷懺悔《さんげ》。六根 浄《こんじやう》のためには三十一字《じ》のことのはをくちずさむ。〔1625寛永二年版本『西行物語』下〕〈1646正保三年版本ハ「懺悔《さんけ》六根浄《こんせい》のためには。三十一字《じ》のことのはをくちすさむ。」。静嘉堂文庫本ニハ該当ノ本文ナシ〉

㊸ａせきひのうへに、きえのこれる三十一じをみる人、かんるいをなかさぬはなかりけり、〔1371土井本『太平記』巻6〕〈1618中京大学図書館本ハ「……卅一字《ジ》ヲ見人《ミルヒト》……」、1586梵舜本・1590義輝本ハ「三十一字」デ振リ仮名ナシ。1532玄玖本・1540西源本院本ハ「卅一字」デ振リ仮名ナシ。1478神田本ハコノ巻欠。〉

㊸ｂこれ卅一じに、さだめたるうたのはじめなり、〔土井本『太平記』巻25〕〈1540西源本院本・1590義輝本・1618中京大学図書館本ハ「三十一字」デ振リ仮名ナシ。1532玄玖本・1586梵舜本ハ「卅一字」デ振リ仮名ナシ。1478神田本ハ「是■《三十》一《文》・字《ノ》に文字ヲ定メたる哥ノ始也」デ、「■《三十》」ハ一旦「卅」ノヨウニ書イテ墨消シ右ニ「三十」ト傍書〉

㊹もじのかず、三十一じにさだまりぬ……三十一じは、こともをろかや〔1660『御伽草子・小町草紙』〕

右の「卅一し」「三十一し」はミソヒトモジと読んだとは考えられない。サンジフイチジと音読したのであろう。

六・七　漢字で書かれた用例

漢字で「三十一字」「卅一字」と書いた例はかなりたくさんある（『新編国歌大観　CD-ROM版』で検索した結果では、本の数にして約二〇）。ただ、著者がそれを訓読するつもりだったのか、音読するつもりだったのかは、訓合符・音合符や振り仮名がない限りわからない。ただ、第六節六で見た「三十一し」「卅一し」の例からして、漢字書きの「三十一字」「卅一字」が音読される場合があったことは確かである。

第七節　《31文字》の言い方一覧表

これまで見てきた用例を表1にまとめておく。

表1

言い方	用例
みそ文字余りひと文字	905 古今和歌集・序 1187 千載和歌集・序 1265 亀山殿五首歌合・判詞 1347 釈教三十六人歌合・序 1382 新後拾遺和歌集・序
みそぢ余りひと文字	1204 百詠和歌・序 1208 言葉集（歌）
みそぢひと文字	1135 奥儀抄・序 1548 運歩色葉集 1599 宗安小歌集・序
みそ文字ひと文字	1446 新続古今和歌集 1495 新撰菟玖波集・序
みそひと文字	
三十一じ	1006 源氏・行幸 1250 静嘉堂本西行物語 1371 土井本太平記

1622 元和版太平記
1625 寛永版西行物語・上
1677 逍遊集・詞書
1680 節用集大全
1682 麓のちり・跋
1686 （謡）大蛇
1686 好色伊勢物語・序
1688 難波捨草・序・跋
1692 女重宝記
1699 はやり哥古今集・序
1707 梶の葉・序
1717 世間娘容気
1749 （浄）源平布引滝
1763（長唄）しかのまき筆
1773（長唄）平戸名所物語
1795 玉勝間

1625 寛永版西行物語・下
1646 正保版西行物語
1660 （伽）小町草子
1763（長唄）紅葉傘住吉丹前
1806（長唄）七枚続花姿絵
1832 南総里見八犬伝
1879 高橋阿伝夜叉譚
1885 当世書生気質

第八節　ミソモジアマリヒトモジからミソヒトモジへの展開

ミソモジアマリヒトモジからミソヒトモジへの間には、ミソヂアマリヒトモジ・ミソヂヒトモジ・ミソモジヒトモジという形もあった。これら五つの語形がどのような順に生まれたのかを考えてみたいが、現在知られる用例を年代順に並べてもその変遷をたどることにはならないようである。

江戸時代前期に優勢だったミソヂヒトモジの最古例が⑮1135『奥儀抄』にありながら、その後、一六世紀中ごろの⑯『運歩色葉集』まで用例が見つからないのは不思議である。もちろん私の調査が不十分なせいもあろうが、『新編国歌大観　CD-ROM版』で検索しても見つからないのである。あるいは漢字で「三十一字」と書いて著者はミソヂヒトモジと読ませるつもりのものもあったのかも知れない。

なお、「ミソヂ　アマリ　ヒトモジ」という形が一三世紀初めに二例、一七世紀末に一例見えるが、個数詞の位置を逆にした「ミソモジ　アマリ　ヒトツ」という例は全く見えない。

いろいろ問題は残るが、ミソモジアマリヒトモジからミソヒトモジへの移り変りは、一応、表2のようなものであったろうと考える。

表2

A　みそ文字余りひと文字 → B　みそぢ余りひと文字 → C　みそぢひと文字 → D　みそひと文字

A　みそ文字余りひと文字 → E　みそ文字ひと文字

CからDへの変化は、Cを漢字で表記した「三十一文字」を〝「三十」「一文字」〟と分解し、これを訓読して〝「ミソ」「ヒトモジ」〟と言った、という経過があったのかも知れない。EはAから「余り」を省くことで成立したものであろう。

第九節　『源氏物語』における「三十一字」

漢字で「三十一字」「卅一字」と書かれた例では、著者が音読を期待した場合と訓読を期待した場合の両方があるはずである。ただ、訓読したとしても、その時代の仮名書き例に見られるような言い方であったはずである。

ここで、従来、多くの国語辞典がミソヒトモジの用例として挙げてきた『源氏物語』〔行幸〕の「三十一字」について考えてみよう。問題の部分は、以下のとおり。

㊺「よくも玉くしげにまつはれたるかな。三十一字の中《なか》に、他文字《こともじ》は少なく添へたることの難きなり」と、忍びて笑ひたまふ。〔1008『源氏物語』行幸（小学館『日本古典文学全集「源氏物語　三」』）〕

これは、玉鬘の裳着に際して三条宮から玉鬘に贈られた櫛の箱に添えられた歌「ふた方に言ひもてゆけば玉くしげ我が身離れぬかけごなりけり」に対する光源氏の言葉で、『日本古典文学全集』では次のように口語訳している。

「よくもまあ、玉くしげにこだわったものですね。三十一文字《みそひともじ》のなかで玉くしげに無縁な言葉がわずかしかないのはなかなか容易なわざではない」と、そっとお笑いになる。

この場合の「三十一字」は、直接に和歌を表わすというよりは、《31音節》を意味していると見られる。

この『源氏物語』の「三十一字」は従来、1915~1919『大日本國語辞典』や1932~1937『大言海』をはじめとする多くの国語辞典が「みそひともじ」の項で用例として挙げているものであり、1983『古語大辞典』（小学館）も同様であ

る。ただし、1972~1976『日本国語大辞典』（初版）は「みそひともじ」の項には用例を全く挙げない。

この問題については築島裕（1965b）がすでに次のように述べている。

> 源氏物語大成の索引や対校源氏物語用語索引でも、「みそひともじ」の項目を立てて、この箇所を示している。しかし、校異源氏物語（源氏物語大成本文篇）によると、この箇所は、右に示したように「三十一字」と漢字で記され、諸本の本文の異同は示されていない。この所は、「サンジュウイチジ」のように音読するか、或いは、「ミソモジアマリヒトモジ」のように読んだものかも知れない。〈略〉何れにしても「みそひともじ」のような「あまり」のない形はやはり、当時のよみ方としてはふさわしくないように思われる。

山田俊雄（1991, p.151）も、

> 私は、この源氏の「三十一字」を解いて、「みそひともじ」と読むことに躊躇する。

と述べ、ミソヂヒトモジの例をいくつも挙げて、これが「中世近世のもっとも普通の言い方」（p.155）だったとする。なお、築島・山田とも、『源氏物語大成　校異篇』（『校異源氏物語』）の本文に「三十一字」とあること、校異が特に示されていないこと、『校對源氏物語用語索引』の本文編である『校對源氏物語新釋』にも「三十一字」とあることをふまえて論を立てている。しかし、『源氏物語大成　校異篇』の校異欄は表記の違い（漢字表記か仮名表記か）までは原則として示さないから、[4]『源氏物語大成　校異篇』でわかるのは、単に底本（行幸の場合は大島本）に「三十一字」とある、ということのみなのである。実際に写本（いずれも複製本による）を見てみると、漢字で「三十一字」「卅

一字」と書かれているもののほかに、「卅一し」とするものも複数あるのである。以下に、確認できた写本の表記を表記ごとにまとめて示す（［　］は本文系統で、青＝青表紙本、河＝河内本、別＝別本）。

(1)「三十一字」――［青］大島本（現、古代学協会蔵。角川書店刊）・［青］伏見天皇本（『古典文庫』547）・［青］宮内庁書陵部蔵御所本（新典社刊）

(2)「卅一字」――［青］東山御文庫蔵各筆源氏（貴重本刊行会刊）・［青］穂久邇文庫蔵（貴重本刊行会刊）・［河］尾張徳川家蔵（現、名古屋市蓬左文庫蔵。尾張徳川黎明会刊）・［河］高松宮家蔵（臨川書店刊）

(3)「卅一し」――［青］三条西家証本（日本大学総合学術センター蔵、八木書店刊）・［別］陽明文庫蔵（思文閣出版刊『陽明叢書』）

(4)「卅一字《し》の中《なか》にこと文《も》しはすくなくそへたることのかたきなり」――［別］保坂本（東京国立博物館蔵、おうふう刊）

この三条西家証本・陽明文庫本などの「卅一し」や保坂本の「卅一字《し》」はサンジフイチジと音読するほかなかろう。ただ、これらの「行幸」の巻の写本はいずれも中世の写本である。そこで、〝中世の写本の「卅一し」という表記が平安時代の『源氏物語』の表記をそのまま伝えているという保証はないではないか〟という批判もあろう。しかし、先行の写本に「卅一字」とあったのを中世の書写者が「卅一し」と書き換えたのだとしても、それら複数の書写者が音読すべきものと考えた、という事実は残る。すくなくとも、先行の写本に仮名で「みそ……」とあったのをわざわざ「卅一し」と書き換えたとは考えられない。なお、河内本の編者の一人である源光行の⑮『百詠和歌』〔序〕に「みそぢ余りひと文字」とあることは、すでに見たとおりである。

行幸の「三十一字」は文脈から見て、どうしても訓読しなければならない、とは言えないようである。また、第六節六で見たとおり、㊶静嘉堂文庫本『西行物語』以下いくつかの文献にも「三十一し」「卅一し」の例はあるのである。

『源氏物語』の時代には漢語数詞が日常語の中でもかなり使われているようなので、「三十一字」は私としては音読すべきかと思うが、そう確定できるわけではない。ただ、訓読したとしても、ミソヒトモジと言ったとは到底考えられないのである。

第一〇節 「三十一字」と「三十一文字」

「もじ（文字）」という語は本来は漢語である。それをモンジとは言わないでモジと発音するのは和語化が進んだ結果だと言える。実際、「もじ」という語は平安時代の散文だけでなく和歌の中にも少なからず用いられている。

意味的には「もじ」と「字」とは同じことを表わす。しかし、だからと言って漢字の「字」をモジと読むことはない。ところが、「三十一字」については別のようで、「三十一字（卅一字）」が《短歌を構成する31の音節》を意味する場合、これを訓読するとしたら「……モジ」という。その確実な用例は第六節において見たとおり、一六世紀半ば以降に現われる。

全体を漢字で書く場合も、古くは『古今和歌集』〈真字序〉にも見られるごとく「三十一字」であって、これがずっと続き、「三十一文字」と書いた例はようやく室町時代に現われる。[5]

㊸**b是■《三十》一・《文》字**《ノ》に文字ヲ定メたる哥ノ始也〔1478 神田本『太平記』巻26・寶劒事〕

㊻かたぶく月のをしきのみかは、といふ**三十一文字**をわかち、ここらの歌の頭におくよし〔1681『広沢輯藻』（新編国歌大観・九）三宅氏良親八月廿日興行の和歌序〕

㉔**三十一文字**《みそじひともじ》〔1699『はやり哥古今集』序〕

㊼こよひやいのと**三十一文字**によその人目をこちやかくしだい〔1811 初演「倣三升四季俳優」（『徳川文藝類聚』第十）〕

㊲**三十一文字**《みそひともじ》を詠《よみ》いづるに〔1879『高橋阿傳夜叉譚』初編・下之巻・第三回〕

㊴拙者《せっしゃ》が三十一文字《みそひともじ》を製造《せいぞう》しました〈略〉任那君《にんなくん》の三十一文字《みそひともじ》は。腰折處《こしおれどころ》でない〔1885『當世書生氣質』第八回〕

〝室町時代までは、漢字で「三十一字」とあっても「…ヒトモジ」と読むことがあり、この読み方に合わせて「三十一文字」という漢字表記が生まれた〟ということなのであろう。

注

（1）1150前田本『日本書紀』巻11。ただし、「ヨホムラ」は原文では「ヨソムラ」。

（2）サンジフイチジと音読した場合でも《短歌》の意味に使われた、とおぼしき例（㊸）もある。また、以下の「三十一字」は音読したのか訓読したのか不明だが、短歌の意で用いられていると見られる。

㊽しかれども、すさのをのみことのいづものみちにわかれ、婆羅門僧正の難波津にむかひしより、三十一字は詠む事にはじまれり〔1038『輔親集』（新編国歌大観・三）序〕

㊾恩顔ヘタテ、愁緒タヘス一十七廻ノ春ノ夢ムナシトイヱトモ言葉ノコリ意樹ヲウコカス三十一字ノ昔ノナサケワスレカタシ〔1282『明恵上人歌集』跋〕

㊿頓公すてに七旬有餘の遐算を保て、よく三十一字の奥旨を辨たり〔1363『愚問賢注』序〕

（3）安田章（1996）はこれを衍字の例とする。

（4）このことは凡例に記されている。ちなみに、『校異源氏物語』の作成に参画した桜井祐三（1952）や萩谷朴（1952）によれば、校本の作成方法は、「十人前後の若い人々」が「採擇した諸本を一人が一本ずつ受け持つて」、「上席の人が」「底本を讀」みあげ、「一同各自受け持ちのテキストを目讀して異同の有り無しを應答する」というものであった。

（5）山田（1991）は『校對源氏物語用語索引』の見出しに「みそひともじ（三十一文字）」とあることに疑義を呈している。

第一一章　『枕草子』の「ひてつくるまに」

——沖縄などの方言における個数詞「ヒテツ」（1個）に関連して——

はじめに

『枕草子』に見える「ひてつくるまに」については、「秘点付くる間に」と解する説と、「一つ車に」の転と解する説とがあり、現在では後者が有力のようである。しかし、「一つ」をヒテツと言う例が他にあるのかどうかは、論じられたことはなかった。

個数詞1は奈良時代は「ヒ$_{甲}$ト$_{乙}$ツ」であり（第六章第四節参照）、平安時代もヒトツ、現代の東京語・京都語でもヒトツである。しかし、奄美・沖縄の方言にはヒテツあるいはテツの形が見え、八丈島方言にはテツの形が見える。

これらがどう関連するのかを考える。

第一節　従来の諸説

まず、『枕草子』の問題の箇所を、岩波書店「新日本古典文学大系25」『枕草子』（渡辺実校注）によって示す。

ふと心おとりとかするものは、男《をとこ》も女もことばの文字《もじ》いやしう遣《つか》ひたるこそ、よろづのことよりまさりてわろけれ。たゞ文字《もじ》一《(ひとつ)》にあやしう、あてにもいやしうもなるは、いかなるにかあらむ。さるは、かうおもふ人、

ことにすぐれてもあらじかし。いづれをよしあしと知《し》るにかは。されど人をば知《し》らじ、たゞ心ちにさおぼゆるなり。賤《いや》しきことも、悪《わろ》きことも、さと知りながらことさらにいひたるは、あしうもあらず。我《（わが）》もてつけたるを、つゝみなくいひたるは、あさましきわざ也。又さもあるまじき老《お》いたる人、男《をとこ》などの、わざとつくろひ、鄙《ゝな》びたるはにくし。まさなきことも、あやしきことも、をとなるは、まのもなくいひたるを、若《わか》き人は、いみじうかたはらいたきことに消《き》えいりたるこそ、さるべきことなれ。

なに事をいひても、「そのことさせんとす、いはんとす、なにとせんとす」といふ「と」文字《もじ》を失《うしな》ひて、たゞ「いはむずる、里《さと》へいでんずる」などいへば、やがていとわろし。まいて、文に書《か》いてはいふべきにもあらず。物語《がたり》などこそ、あしう書《か》きなしつれば、いふかひなく、作《つく》り人さへいとをしけれ。「ひてつ車《くるま》に」といひし人もありき。「求《もと》む」といふことを「みとむ」なんどは、みないふめり。

〔第186段（p.236~237）。底本は三巻本第一類本に分類される陽明文庫本（室町末期写）。漢字にルビのついた箇所は、原文では仮名書き。（　）に入ったルビは校注者が付けたもので、原文では漢字書き。〕

前田本はすこし文章が違うのであわせて示しておく。

人はおとこもおんなもよろつの事よりもまさりてわろきものはことはのもしいやしうつかひたるこそあれたゝ文字一にいやしうもあてにもなるはいかなるにかあらんさるはかう思人よろつのことにすくれてもえあらしかしいつれをよきあしきとはしるにかあらんさりとも人をしらしたゝさうちおほゆるをもいふめりなむなきをいひてその事させんとすとゝ《本》すいはんとするといふをとすといふこともしをうしなひてたゝいはむするさとへいてんするといへはやかてわろうなりぬまいて文にかいてはいふへきにもあらすものかたりなとこそあしうかきなしつるは

いふかひなくつくり人さへいとをしけれなをすちやうほんのまゝなとかきつくるいとくちをしひてつくるまにのりてしといひし人もありきもとむといふことはみな人いふめりいとあやしきことをおとこはわさとつくろはてことさらにいふはあしからすわかことはにもてつけていふかこゝろおとりするなり

（「正月一日」の巻）

なお、段数は江戸時代以降の学者がそれぞれの見識で付けたもので、注釈書によってさまざまである。問題の条の諸注釈書類における段数は以下のとおり。朝日新聞社「日本古典全書」『枕冊子』（田中重太郎校注、底本は陽明文庫本）では第188段、岩波書店「日本古典文學大系19」『枕草子　紫式部日記』（池田龜鑑・岸上愼二校注、底本は三巻本の岩瀬文庫本）では第195段、新潮社「新潮日本古典集成」『枕草子下』（萩谷朴校注、底本は陽明文庫本）と萩谷朴『枕草子解環　四』では第185段、田中重太郎『校本枕冊子　下巻』（古典文庫、主底本は能因本）と小学館「日本古典文学全集11」『枕草子』（松尾聰・永井和子校注、底本は三条西家旧蔵能因本）では第262段、田中重太郎『前田家本　枕冊子新註』（古典文庫）では第245段、加藤磐斎『清少納言枕双紙抄』では第139段、北村季吟『枕草子春曙抄』では第11巻「わろき物は」の条。

この「ひてつくるまに」の部分、実際の陽明文庫本では、

ひてつくるまにといひし人もありき

（中巻・44オ）

と、全部仮名で書かれている。ただし、田中重太郎（1949）（1956）によれば、三巻本系統の諸本のうちでも、大東急記念文庫蔵古梓堂文庫本（＝久原文庫本）と内閣文庫本（和学講談所旧蔵）には「ひてつ車に」、宮内庁書陵部蔵『清少納言枕草子』には「ひてつ《一車》くるまに」、静嘉堂文庫本には「ひとつ車に」とある。またこの部分、前田本では

「ひてつくるまにのりてしといひし人もありき」と、字句に若干の異同がある。また、堺本にはこの段が欠けている。

この「ひてつくるまに」について詳しく論じたのは、

吉沢義則（1928）「語法の任務に就いて」

田中重太郎（1949）「枕冊子「ひてつくるまに」覺書」

であるが、江戸時代以来の諸説については、田中（1949）が詳しい。それによると、これまで次のような解釈があった。

［1］「秘点付くる間に」、すなわち〝秘密の訓点を付ける間に〟。

［2］「一つ車に」の転。

現代では［2］の説が有力なようであるが、［1］［2］両方について検討してみることにする。

第二節　「秘点付くる間に」と解する説

右の［1］の、「秘点付くる間に」すなわち〝秘密の訓点を付ける間に〟と解する説は、北村季吟（1674）『枕草子春曙抄』十一巻の「わろき物は」の段に、本文の右に傍記されているものである。

ひでつくるまになどいふ《秘点付る間に書損したりといふにや》人もありき

〔『枕草子春曙抄』十一巻・12オ〕

なお、加藤磐斎（1674）『清少納言枕双紙抄』で、本文が「ひでつくるまになど。いふ人もありき。」（十四・2ウ）とあり、注に「ひでとは。秘傳なるべし。」（3ウ）とあるのも、似た考えだと言えよう。

現代の学者で「一つ車に」説に反対し「秘点付くる間に」説をとるのは、国語学者・訓点語学者で国文学者でも

あった吉沢義則である。吉沢は「語法の任務に就いて」（1928）において、「一つ車に」説の難点をいろいろ挙げた上で（くわしくは第四節を参照）、「秘点附くる間に」と解すべきことを説く。その趣旨は以下のとおり。

[1]『春曙抄』の傍記にあるように「秘点付くる間に」と解するべきである。「王朝文学」すなわち平安時代の仮名文学においては、撥音の無表記（たとえば「なんめり」を「なめり」、「ざんなり」を「ざなり」と書く）ということはしばしば見られるのであって、「ひて」を「秘点」と見ることは少しも無理ではない。

[2]平安時代には、漢文に加えられた訓点は公開されたものではなく、固く秘密にして、伝授を受けるまでは点本を見ることは許されなかった。そうしたわけで、訓点を秘点と言っていたのである。その訓点はヲコト点と仮名とで示されていて、両々相俟って訓むように加えられていた。ヲコト点は漢字の文字中に加えるのであるが、仮名は漢字の右傍に付けた。そして、「直す」とか「定本のまゝ」とかいう加筆も仮名と同じく漢字の右傍に加えられた。つまりこの加筆と仮名点とは同じ場所に加えられたのである。そこで本文の解釈は次のようになる。

> 「直す」とか「定本のまゝ」とか記入することの非難に對して、そんな記入をしようとは思はないが、秘點を寫してゐる間に——それと同所に書かれてある爲——つひ、うつかりと寫してしまつたのだと辨《ママ》解してゐた人もあつた」

[3]前田本の「のりてし」は「載りてし」で、他動詞の「載す」に対する自動詞の「載る」である。無意識の間に書き載せられてしまったことを言うのである。

吉沢はこの問題を論ずるにあたって、本文は『春曙抄』本と前田本とを対比しながら用いているわけであるが、その背景には、前田本が『枕草子』諸本のうちで書写年代が最も古い（鎌倉時代中期）ということがあろう。しかしこの前田本は、〝書写年代こそ古いものの、意識的な改変の手が加わっていて、『枕草子』本来の姿を伝えるものではない〞というのが現代の『枕草子』研究者たちのほぼ一致した意見のようである。

「点（點）」という字は本来は唇内撥音尾［-m］を持つ。一般に撥音尾（［-m］［-n］［-ŋ］の仮名表記は訓点資料と平仮名文とで異なるが、舌内撥音尾［-n］の場合ならば、平仮名文にも「てけ」（天気）・「あない」（案内）・「は若」（般若）・「いちに」（一人）のような無表記の例が比較的多数ある（築島裕 1969, p.411~415）（春日和男 1960）。しかし、唇内撥音尾［-m］は「-む」「-ン」と表記するのが一般的で、無表記にする例は、訓点資料ならば九世紀・一〇世紀の例がいろいろあるものの（築島 1969）、平仮名文ではごく少ないようで、築島（1969）は例を全く挙げず、春日（1960）が一一二〇年書写の『三宝絵』（東大寺切）から「ほふ」（凡夫）・「えふたい」（閻浮提）の二例を挙げるのみである。

以上からすると、「秘点」という語が平安時代にあったとしても、それが『枕草子』に平仮名で記された場合、「ひて」よりは「ひてむ」と書かれた可能性の方が大きい、ということになる。言い換えれば、『枕草子』の「ひて」が「秘点」の唇内撥音尾［-m］の無表記である可能性は低い。

その前に問題なのは、当時「秘点」という語があったのかどうか、ということであるが、吉沢は「秘点」という語の存在は自明のことであるかのような書き振りでありながら、実例は一つも示していないのである。

これに対して、訓点語学者の中田祝夫は『古訓點の國語學的研究　総論篇』（1954）の「第二編　ヲコト點の研究　第四節　ヲコト點は秘密の點か」において、ヲコト点が秘密のものであったとする考えに強く反対し、『枕草子』の時代に「秘点」という語があったとは考えられないとする（p.193）。その趣旨は以下のとおり。

［1］ヲコト点は必ず仮名と併用されるが、「秘密」にしようというのならば併用するのはおかしい。秘する意図はないのである。
［2］「秘点」という語は平安時代の訓点本の識語には見えない。
［3］ヲコト点の一覧表である点図集の中には「諸山秘點集」「於古都秘傳」「ヲコト點之秘圖」などと題するものもあるが、いずれも江戸時代のもので、もっと古くは単に「點圖」などと題されたものばかりである。「秘點集」といった書名は、ヲコト点が全くすたれた江戸時代になって、〝ヲコト点は秘密のものである〟という巷説に従って改題されたものであろう。

そして、問題の「ひてつくるまに」については中田は以下のように述べる（p.195~196）。

枕草紙の「わろき物は」の段に、ひてつくるまにとあるのを、秘點つくるまにと解する新舊の説があるが、従へない。このところいかに解するかは別問題として、秘點説の取り得ないことは、確言してよい。（第一編第三章附論その一）秘點といふ語は、點本の識語でも、平安時代にこれを認めることができない。時代が早きにすぎる。別に解すべきところであらう。

これは平安・鎌倉時代の多くの訓点資料を調査した上での発言であるが、その後も、「秘点」という語の古い実例が見つかったという報告はどこからもない。

結局、「秘点付くる間に」と解する説は成立しがたいようである。

第三節　「一つ車に」の転とする説

〝「ひてつくるまに」は「一つ車に」の転〟とする説をとるのは、田中（1949）によれば、注釈書としては武藤元信（1911）『枕草子通釋』が始めらしい。しかし、すでに見たとおり、三巻本の一部には、本文を「ひてつ車に」としたり、「ひてつくるま」の右に「一車」と傍記したり、さらには本文を「ひとつ車に」とするものがある。ただし、いずれも比較的新しい写本らしい。

　現代の『枕草子』注釈書のほとんどすべてが、この「一つ車に」説をとっているようであるが、これに反対した吉沢（1928）の批判を要約すると次のとおり。

[1]「一つ車」を「ひてつ車」と言った事を清少納言が批判するのならば、「ひてつ車などいふ」とあるべきで「ひてつくるまに」と「に」を添える必要はない。

[2] 前後の文はみな現在形で書かれているのに、ここだけ「……といひし人もありき」と過去の助動詞を用いて過去形で表わされている（「語法」が異なる）から、何か前後の文と違った意味があるはずである。他の文は、清少納言が日常的に見聞する事実に対する批判を下しているのであるが、この文だけは、ある特定の時・場所において起った事実をそのまま挙げて批判していることになる。つまり、「ひてつくるま」を「一つ車」の訛言とする説に従うと、「常に訛る言葉ではないが、あの時そう訛った人があった」と、ほんの一時的な言い損じまでをも咎めた、ということになってしまうが、清少納言がそのようなことをしたとは思えない。

[3] この条における言葉咎めの場合には必ず訛語に対する本語が挙げてあるのに、この「ひてつくるま」に限って本語が挙げてないのはおかしい。

このうち［1］については、田中（1949）が、〝『枕草子』自体にも「一つ御車にて」という表現が出てくるし、そのほか『蜻蛉日記』『源氏物語』『栄花物語』『梁塵秘抄』『宇治拾遺物語』にも「一つ車に」「一つ車にて」「一つ御車に」「一つ御車にて」という言い方が見える〟ということを指摘して、以下のように述べる。

　即ち、「ひとつくるまに」は當時に於ける常套語句であり、常に「に」を伴うて一文節と【ママ】て用ゐられてゐたのである。従つて「『ひとつくるまに』など」といふのは何等支障はないのである。（p.26）

ちなみに、これらの「一つ車に」は〝同じ一台の車に一緒に乗って、同乗して〟の意である。「一つ車に」という言い方がよく用いられたということは田中によってはっきりした。しかし、単に個数詞「ひとつ」をヒテツと言う場合のあることを指摘するのならば、わざわざ「ひてつ車に」と言う必要はないわけである。これには、次の⑴あるいは⑵のような可能性も考えられよう。

⑴「ひてつ車に」のように個数詞を名詞の前に連体詞風に直接付けた場合にのみ見られる形だった。

⑵特に「車」、すなわち牛車の係の者が用いる形だった。

いずれにせよ、「ひてつ」はヒトツの訛りと考えるわけであるが、どういうプロセスでヒトツがヒテツとなったのか、また、他にヒテツの実例があるのかどうか、については論じられたことはほとんどなかった。わずかに萩谷朴（1977, p.90）（1983, p.182）がやや詳しく論じている。

「ひとつ」を「ひてつ」、「もとむ」を「みとむ」などと訛《なま》ることの共通点は、オ列の母音をイと誤【ママ】るところにあ

る。現代の方言で言えば、「ひどい」をヒデエ、「来《こ》ない」「来《こ》よう」をキナイ、キヨウなどと訛る母音転訛《てんか》と似たところがある。

〔萩谷朴（1977）『新潮日本古典集成　枕草子　下』p.90〕

しかし、ヒドイがヒデエとなるのは、「oi → e:」という変化であって、「ヒトツ → ヒテツ」の類例とはならない。また、「来《き》ない」「来《き》よう」は、カ行変格動詞が上一段動詞化したということであって、母音の変化の問題ではない。結局、萩谷の説明は「ヒトツ → ヒテツ」の説明にはなっていないのである。

それでは、「一《ひて》つ」説の傍証となりそうなものは全くないのかと言うと、そうではない。従来この問題と関連づけて論じられることはなかったが、個数詞の1にヒテツに当たる語形を用いる方言があるのである。それは沖縄の宮古島方言である。また、八丈島方言や奄美・沖縄方言の一部では1個をテツまたはティーチと言う。

第四節　奄美・沖縄方言の個数詞〝1〟

「個数詞」という語はすでに用いてきたが、ヒトツ・フタツ・ミッツ……の系列を個数詞と呼ぶことにする。また、「ヒト・ヤマ」「フタ・ヤマ」「ヒト・タビ」「ミ・タビ」等のヒト・フタ・ミ……の系列を連体数詞、ヒトリ・フタリの系列を人数詞と呼ぶことにする。

奄美・沖縄方言においては、個数詞の1にヒテツに当たる語形（あるいはそれから変化したとおもわれる語形）が見られる。ここでは、沖縄本島首里（国立国語研究所 1963）、奄美大島大和浜《やまとはま》（長田須磨ほか 1980）、宮古島平良《ひらら》（平山輝男 1983）の1から3までの個数詞・連体数詞・人数詞を挙げておく。表記は沖縄本島は音素表記で、çi は [tsi]、cu は [tʃu]、hwi は [ɸi]。奄美大島は音素表記で、cï は [tzʼɨ]、cju は [tʒʼu]、cjo は [tʒʼo]。宮古島は音声表記。

		1	2	3
沖縄本島	個数詞	tiiçi, hwituçi〔文〕	taaçi	miiçi
〃	連体数詞	cu-	ta-	mi-
〃	人数詞	cui	tai	miqcai
奄美大島	個数詞	tïïcï	taacï	miicï
〃	連体数詞	cju-, cjo-	taa-	
宮古島	個数詞	p̥ˢïtiːtsï	f̥utaːtsï	mïːtsï

宮古島の p̥ˢïtiːtsï は本土方言のヒテツに当たる形であるが、沖縄本島の tiiçi、cu- や奄美大島の tïïcï、cu- はヒテツあるいはヒトツから大きく離れている。これがどう関連づけられるのかについては、村山七郎（1981）が伊波普猷（1933）を引用しつつ論じている。趣旨は以下のとおり。

［1］1501「語音翻訳」（申叔舟（1471）『海東諸國記』付録）では〔1個〕をハングルで「부뎨즈」（pu-tyəi-cə）と記している。

［2］『おもろさうし』では〔1個〕を「ふてつ」と記している。

［3］『琉球館訳語』には「一　的子」「二　達子」、陳侃（1535）『使琉球録』には「壹　的子」「貳　荅子」とある。これらは現代口語形に近い（「荅」は「答」の異体字）。

［4］〔1個〕の pitocu から現代の tiicï までの経過は次のように説明される。

(1)　(2)　(3)　(4)　(5)　(6)　(7)

pitocu → putocu → putocï → putecï → ptecï → teecï → tiicï

(1) → (2)　pi- → pu は putacu の影響【=類推】。

(2) → (3)　cu → cï は c【=［ts］】が母音 u を ï と変えた。

(3) → (4)　新しく生じた母音 ï が前の母音 o に影響を与えてそれを e に変えた。

(4) → (5)　第1音節の u が無声化し、次いで消えた。

(5) → (6)　pt → tt により、ttecï（qtecï）とならないで /teecï/ となった（拍数は3拍のまま）。

［5］〔2個〕の putacu の taacï への経過は次のように説明される。

(1)　(2)　(3)

putacu → ptacu → taacï

(1) → (2)　第1音節の u が弱まり、消滅。

(2) → (3)　putacu は ttacï（qtacï）に発展するか、または taacï に発展するかのどちらか（後者が実現）。

以上のように村山は説明するのであるが、宮古方言には $\mathrm{p^s}$ïti:tsï の形が見える（これは村山自身も、p.98 に引用している）から、村山の考えた首里方言の、

pitocu → putocu → putocï → putecï → ptecï → teecï → tiicï

という変化にも再考の余地があるかもしれない。

なお、『琉球館訳語』の成立を伊波普猷は一五世紀初葉と見ているが、確証はなく、村山（1981）自身も、「一四五〇年ころのものというが、問題がある」（p.100）としている。

第五節　八丈島方言の個数詞〝1〟

伊豆諸島の八丈島方言は四段活用動詞連体形や形容詞連体形に奈良時代東国方言に通ずる形が現われるなど、本土の言葉と大きく異なる点のあることは従来から指摘されているが、数詞の〈1個〉と〈1人〉も変った語形を用いる。一九六八年七月の私（安田）の調査によると、八丈島と八丈小島の各集落で1～5の個数と人数は次のように言う（ちなみに、「人」はヒトまたはシトである）。

	1	2	3	4	5
個数	テツ	フタツ	ミッツ	ヨッツ	イツツ
人数	トリ	フタリ	サンニン	ヨッタリ	ゴニン

このテツ、トリは奄美・沖縄の〝1個〟のtiiçi、tïïciや〝1人〟のcui［tʃui］（←*curi）に近い。八丈島方言に関する文献資料は江戸時代末期までさかのぼることができ、そこでもテツとトリの形は見えるが（国立国語研究所 1950, p.303 以下）、それ以前のことはわからない。しかし、八丈島方言が一五世紀以後の沖縄方言の影響を受けたとは考え難いから、八丈島方言において独自に、

ヒトツ→ヒテツ→テツ

ヒトリ→トリ

という変化が起ったのであろう。

第六節　『枕草子』の「ひてつくるまに」は「一つ車に」でありうるか

ここでいよいよ『枕草子』の「ひてつくるまに」の問題に戻ろう。

個数詞の1は上代文献において「ヒ甲ト乙ツ」であった。これはそのままヒトツの形で平安時代京都語に受け継がれ、さらに現代の京都語、東京語その他多くの本土方言に受け継がれている。

しかし、奄美・沖縄方言や八丈島方言においては、そのプロセスは必ずしも明らかでないにしても、

ヒトツ→ヒテツ→テツ

という変化がそれぞれ独自に起った。ということは、これら以外の方言においても同様の変化が起きた可能性があり(1)、『枕草子』における「ひてつくるまに」の「ひてつ」もその一つである可能性がある。ただし、それが京都語内部で起ったものなのか、あるいは周辺の方言で起ったものが京都に持ち込まれたものなのかについてはわからない。

本章の結論としては、

(1)「ひてつくるまに」が「秘点付くる間に」である可能性はきわめて低い。

(2)「ひてつくるまに」が「一つ車に」であることは、ありうる。

ということになる。

しかし、なにぶん資料不足で、かならず(2)でなければならない、と言うことはできないのである。

注

(1) 江戸時代の越後方言や長崎方言では〝1個〟をフトツと言ったことが文献に見える。

①ゑちご「ヤレふとつ、いたゞくべいとこと」〔十返舎一九(1807)『東海道中膝栗毛』六編・上〕(越後の人のせりふ)

②此やうに　長崎にて　このごと〈略〉
投《な》げる　〃　なぐる
〈略〉
一ツ　〃　ふとつ
二ツ　〃　ひたつ
越後の方言のことくひふのたかひ少からす【ママ】
〔『筑紫方言』（国立国語研究所本）〈成立年不明〉〕

補説　『枕草子』の「ひてつくるまに」については、すでに服部四郎（1979）「日本祖語について（22）」が触れている。一九六八年七月、東京大学の服部教授が言語学ゼミの学生一〇名ほどを引き連れて東京都八丈島を訪れた際に、私（安田）も大学院生の一人として加わったが【本書第六章、注（5）参照】、この時か帰京後かに、「ひてつくるまに」のことを私が皆の前で述べたようなおぼろげな記憶があるから、服部（1979）はこれに基づくものかもしれない。

第一二章　数詞ツヅの意味と語源

はじめに

今ではもう全く使われないが、室町時代・江戸時代に行なわれた数詞に「つづ」という語がある。このツヅは、19を意味するとも、10を意味するとも言われ、語源についても明らかでない。

江戸時代の学者に始まって、明治以来の国語辞典の多く、そして、この語について論じた現代の数人の学者は、みなこの語をトヲ（10）と語源的に結びつけて考え、意味についても、〝古くは10を意味した〟としているが、もしそうだとすると、日本語には10を表わす数詞が「トヲ」「-ソ」「ツヅ」と三つもあったことになる。

実際の用例を調べてみると、江戸時代にはもっぱら「つづやはたち」の形で用いられ、これは《19歳か20歳》の意であった。しかし『日葡辞書』には、「数の十」の意とある。また『文選』の版本の訓にも「十《ツヽ》」が見える。しかしこの語は、もっと古くは射芸の用語であり、その意味も、数の10を表わすのではなく、〝射た矢がすべて当たること〟を意味したものらしい。

第一節　江戸時代および現代の学者の説

一・一

数詞「つづ」について、まず、江戸時代の学者たちの説を、古い順に見てみることにしよう。

①ふたつはひとつの音の轉せるなりむつはみつの轉せるなりやつはよつの轉せるなりいつゝ、なゝつはいつれなにといふ事なりこゝのつはこゝらこゝ、たくのこゝなるへしとうは【ママ】つゞの轉せるなりつゞとはこゝにいたりて算をつゞめて一ニするなり〔荻生徂徠『南留別志』(1)第二巻（宝暦一二（1762）年版14オウ）〕（徂徠は享保一三（1728）年没）

②十《ツヾ》《文川豆。今按ニ十九云川豆見二タリ日本紀今訓十云尓未レ詳也〔朱書入ニ云〕俗ニ云二フハ川川波太知一ト者十廿也。川々ハ者川武也川與レ武音通ニ和名鈔ニ辻ノ字毎二和訓一注ニ俗二用十字之字一云々然則十字之訓川川慈ニシテ而川自川川慈之中略也依レルすハ之則辻ノ字可訓川慈颹ノ字ノ訓二川武慈加筮一ト是亦辻風也因レ茲川川川武知レ為ルコトヲ二同事自一積而至十是故川々者積之和訓歟》〔海北若沖（1705）『倭訓類林』（田中大秀筆本）巻第三・ツ〕

③文選の古き訓に、十をツヽとよめり、下のつは、一つ二つなどのつなり、上のつは、とと通ふ音なれば、即十《チト》也、俗《ヨ》に、つゞやはたちといひて、つゞを、十九のこととするはいかゞ、こはもと十《ツツ》や廿《ハタチ》といひしを、十九廿に誤れるか〔本居宣長（1812後書）『玉勝間』十三の巻・十《トヲ》をつゝといふ事〕

④○百年にひとゝせたらぬつくも髪云々
〈略〉若き人の年齢のほどをつゞはたちばかりといひ、又成人気なき人をつゞやはたちの身にもあらで、しかくなどいふつゞはたちも十九二十といへる言なり《十九にかぎりてつゞといふにはあらず、こは二十を地として其二十に満足らはぬほどをいへる詞つかひなり……》〔伴信友『比古婆衣』（国書刊行会本・十九の巻）〕

徂徠は、

ツヅム（動詞）…→ツヅ→トヲ

という変化を考えたわけであるが、動詞「つづむ（約）」は974『蜻蛉日記』に例があるから、当然、「つづ」の用例が平安時代の文献に出てきてしかるべきであるが、実際には見いだせない。

②『倭訓類林』は、田中大秀筆本によったわけであるが、「朱書入ニ云」以下が、海北若沖自身によるものなのか、別人による増補なのかやや問題となろう。しかし、今は誰が論じたのかは中心テーマではないから、ここではこのことは論じないことにする。

「今按ニ十九云川豆見二タリ日本紀今訓十云尓未レ詳也」とあるのは、〝十九のことをツヅと言うが、それは『日本書紀』に見える。しかし十をツヅとよむというのはよくわからない〟ということであろうか。

ここに「見二タリ日本紀」とあるが、[2]『日本書紀』の「十」「十九」の全用例について寛文九年版本および『新訂増補國史大系』本の訓をしらべた限りでは、「ツヅ」なる訓は見つからなかった。海北若沖は寛文版とは別の系統の本を見たのであろうか。

それはともかくとして、『倭訓類林』によって、当時、「ツツハタチ」なる言い方があり、この書の著者（あるいは増補者）がそれを「十廿」の意に解釈していたことはわかる。

③『玉勝間』によっても、当時「つづやはたち」という言い方があり、その「つづ」が一般には《19》の意に受けとられていたことがわかる。それを宣長は「文選の古き訓」を根拠に、本来の意味を《10》だと考え、「ツツ」のうしろのツを〝助数詞〟とし、前のツをトヲと関係づけたわけであるが、「ツツ」と「トヲ」の先後については論じていない（『文選』の訓の「十《ツヅ》」については第八節で論ずる）。

④『比古婆衣』によれば、この語は年齢を言う場合に用いられる語であるという。

以上、②③④から、江戸時代には「つづ（や）はたち」という表現があって、一般には《19（歳）または20（歳）》の意に受けとられていたことがわかった。

このように何人もの人がこのツヅについて論じているということ自体、この語が当時すでによくわからない語であったことを示している、と見るべきであろう。

一・二

現代の学者でこの「つづ」について論じた人は多くはない。

⑤「つづや、はたち」トイフハ、「十や二十」ノコトト云フ、「十箇《トツ》」ノ轉カ、或ハ、「十九」ノコトナリトモ云〔地名ニ「十九《ツヅ》浦」アリ、〕〔大槻文彦（1897）『廣日本文典』七〇節〕

⑥ 十（トヲ、towo）、はヒトツ、フタツ、……ココノツなどとちがひ完全、完結、一括、全体（total）の意を含み、ヒトツ……などは個分、分割、分裂の気持あり、語源によるとトヲ（towo）はもとト（to）であつたが、それが、to → too → towo となつたものと思はれる。その語根 to は多分 te（又 ta《タ》 手《テ》）すなはち双手の義からおこつたものであらう。

ト（to）は古くはまたツ（tu）といひ、そのとき十個《トツ》を十個《ツヅ》（to-tu → tu-du）といつた。つづ（十箇）を後世十九と誤つたが、昔は「十」のことで「つづやはたち」は「十九、二十」ではなくて「十または二十」の義であつた。しかして、to が tō（towo）と延びたのは多分「ツヅ」と重複したやうに「とゝつ」といふいひ方もあつたのを約めた結果とも考へられる。されば、意義上他の一乃至九までの数詞と相違して完全、統一、一体などの義ある上に、音声上このやうな省約延長の結果、後世「ツ」を附せなかつたものであらう。〔新村出（1930）「十《トヲ》の語源[3]」〕

⑦助数詞の考を廣めてゆくと「ひとつ゜」「はたち゜」の「つ゜」や「ち゜」なども、恐らくは助数詞で、この助数詞を除いた「ひと」「ふた」「み」「よ」「いつ」「む」「なな」「や」「ここ（の）」などが数詞の本幹であらう。「とを」には「つ」がないが、「つつ」の「つ」は助数詞であらう。「つつ」は十である。〔東条操（1937）『國語學新講』p.264~265）〕

ここでも「つづ」の語源がいろいろ論じられているが、その前に、この語の本来の意味が果して10だったのかどうか、また、語形はツツだったのかツヅだったのか、ということを明らかにする必要があろう。

第二節　江戸時代以降の辞書における説明

つぎに、江戸時代以降の辞書を見てみることにする。

⑧十九《ツヅ》　十《同》〔西都賦〕〔槇島昭武（1717）『書言字考節用集』巻第二・時侯門・津〕

⑨十《つゞ》や廿《はたち》じゃもの〔1787跋『譬喩盡《たとへづくし》』つ〕[4]

⑩ツゞヤハタチ《下ノヅ濁〔キノフハケフノ物語〕に見ゆ又トヲヤハタチとも云》

ツゞ《下濁○十ヲツゞと云又的の皆中を云〔太平記内裏造営萱丞相ノ射ヲイフ〕雪の如くなる肌をおしはたぬきて……勢ありて矢つほ一寸ものかず五度ツゞをし給ひけり……》〔太田全斎（1797）『俚言集覧』（自筆本）ツ〕

⑪つゞ　俗に十歳廿歳をつゞはたちといへり　文選に十をつゞと訓す　騎射にも五度の十《つゞ》といふ事見えたり　とをの轉音也姓には廿木と書てつゞきとよめり○造作につゞをかふといふハ續く意なるへし〔谷川士清（1805刊）『倭訓栞』前篇・十六〕

⑫a　=TSZDZ, ツヅ, 十, *n.* Ten years old. — *ya hatachi,* ten or twenty years old.〔ヘボン（1867）『和英語林集成』初版〕（=は「希用語または非江戸語（colloquial word little used, or not of Yedo dialect）」のしるし[5]）

⑫ b　TSUDZU, ツヅ, 十, n, Ten years old. — *ya hatachi*, ten or twenty years old.〔ヘボン（1872）『和英語林集成』再版〕

⑫ c　†TSUZU　ツヅ　十　n. Ten years old; according to some, 19: — *ya hatachi*, ten or twenty years old.〔ヘボン（1886）『和英語林集成』三版〕（†は「希用語（obsolete）」のしるし）(6)

⑬ つ-つ（十）數 とつ（十箇）ノ義。とをノ古言。或ハ轉ジテ、アヤマツテ、つづトナリ、十九ノ義トサレル。

つ-づ（十九）數 つつノアヤマリ。十九トシテ傳ヘラレル語。—「つづヤハダ【ママ】チノ若盛リ」。〔山田美妙（1912）『大辭典』〕

⑭ つづ（名）　射藝の語。悉く的に中たること。長禄二年以來申次記「正月十七日、御的始中略御的はてて、つづの衆には銀劔被レ下レ之」太平記十二、北野物語「矢處一寸もはづさず、五度のつづを爲給ひければ」

つ-づ　十（數）〔とをのとをつに通はし、一つ・二つのつを添へていへるもの。玉勝間〕とを。じふ。誤りて十九のこと。井筒業平河内通「つづやはたちの黒髪に」季瓊日録「十以二此一字一讀二つづと一」〔上田万年・松井簡治（1915~1919）『大日本國語辭典』(7)〕

⑮ つ-づ　十【數】『つはとを（十）のとの轉、づは數詞に添ふ接尾語なりといふ』一 とを（十）に同じ。二（誤りて）十九。きのふはけふの物語「濡れたる所に、我は寢て、乾きたる所に吾殿《ワド》（ノ）を寢させて、つづやはたちになし」〔落合直文（1921~1929）『言泉』〕

⑯ つ-つ（數）─十‖─〔十箇《トツ》ノ轉カト云フ〕（一）トヲ。十《ジフ》。「つつヤ二十歳《ハタチ》」或ハ、十九ノ意トス、誤ナラム。（二）官吏ノ制限ノ日數ヲ、皆勤シタルコト。（三）數矢《カズヤ》ノ皆中シタルコト。（騎射ニ五度ノ十《ツツ》ト云フハ、諸矢《モロヤ》モテ五度馳セテ、皆中シタルコトナリ）太平記、十二、北野物語事「矢處一寸モハヅサズ、五度ノつつヲ爲給ヒケレバ」笠掛記（群書類從本）「公方樣、又ハ、主ナドト射ルニ、十度ニ十《ツツ》ヲメサルレバ、一ツハヅシ、九ツ遊バサルレバ、八ツ、カヤウニ劣リ申スヤウニ射ル」〔大槻文彦（1932~1937）『大言海』〕

⑨『譬喩盡』は、天明七（1787）年の跋をもつが、これは江戸時代後半期において「つづ」が10を意味する例として珍らしいものである。わずかに「十《つゞ》や廿《はたち》じやもの」というだけで、どういう場面で使われる言葉なのかはっきりしないが、おそらくこれは〝10歳や20歳の者〟の意であろう。

⑫『和英語林集成』（初版・再版）の語釈には単に「十歳（Ten years old）」としかなく、「十九歳」を意味するとは記していないわけであるが、これについては次のように考えられる。

同書の初版および三版には「希用語」ないしは「非江戸語」の印がつけられていることからもわかるとおり、『和英語林集成』編纂当時、すでにツヅはめったに用いられなくなっており、外国人であるヘボンには意味がよくわからなかった（第三版においても、「ある人によれば十九歳」という付けたしをするほどの自信のなさである）。そこでヘボンは先行の文献――この場合はおそらく『日葡辞書』――を参照して[8]この語の語釈を行なったのであろう。ただし『日葡辞書』にはツヅの説明としては、単に「*Numero de* 10.」すなわち。「数の十」とあるだけで、《年齢10歳》の意は記していない――第六節を参照。

以上の諸説はほとんどすべて、ツヅをトヲと語源的に関係のあるものと見ている。しかしこれらは、多くの実際の用例をふまえた上でのものではなく、意味についても語源についても、現代のわれわれを十分に納得させうるものではない。

そこで、以上の諸辞書を手がかりにして、さらに多くの用例を集めて整理してみることにしよう。

第三節　《19歳》を意味する「つづ」

江戸時代以降に成立したと考えられる文学作品に見える「つづ」は、ほとんどすべて《19歳》の意と考えられる。そしてこの意味の用例は少なくない。

⑰うらめしの浮世《うきよ》のならひさかれる花《はな》の村雨《むらさめ》桂光《けいくはう》の雲霧《うんむ》十九《つゞ》の名残《なごり》平生《へいぜい》の顔色《がんしよく》は病中《びやうちう》に衰《をとろ》へ」〔西鶴（1687）『男色大鑑』第六巻三〕

⑱老にけらしな。うとましやつゞや廿のくろ髪に。かはらでつやの付ならば。何か寶《たから》のおしからん〔近松門左衛門（1720初演）『井筒業平河通』[9]第二〕

⑲十九《つゞ》や二十《はたち》の年輩《としばい》で器量發明勝《すぐ》れた娘。尼になれと勧めるは。どんな心であろぞいの。〔菅専助・若竹笛躬（1773初演）『摂州合邦辻』下の巻〕

⑳これがつゞはたちのお客ではなしさ。お前さん方がれうけんのねへことをなさるもんでもねへが。〔関東米（1801）『玉の蝶』第三駒〕

㉑与太《よた》さんも与太さんサ十九《つゞ》二十《はた》じやアあんめへしモウ三十にもなられるもんでちつとは辛抱《しんぼう》せるこゝろもちになられさうなもんてのヲ〔仮名垣魯文（1860序）『滑稽富士詣』第七編・上之巻〕

㉒乳母《うば》なる老婆《らうば》は……梅子《うめこ》を怨《うら》みつかき口説《くど》きつ、……『それとも、お嬢様《ぜうさま》、外《ほか》に貴嬢《あなたさま》の思《おも》ひ込《こ》みなされた御方《おかた》が御《お》ありなさるので御座《ござ》りますか、貴嬢《あなたさま》も十九《つゝ》や廿歳《はたち》とは違い【ママ】、……』〔木下尚江（1904）『火の柱』[10]六〕

㉒は、現在筆者が知る限り最も新しい用例で、話し手の老婆は「五十の阪《さか》を越《こ》したりとは見《み》ゆれどドコやら若々《わか〱》とせる一寸品《ちよいとひん》の良《よ》き老女《らうぢち》【ママ】」（『火の柱』三の一）である。「十九」のルビは「つゝ」であって濁点はない。【補説（2）参照】

以上⑰～㉒の例は、表記の上から見ても、また内容的に見ても、《19歳》の意とすべきものである。[11]

第四節　狂言・噺本における「つづ」

つぎに狂言と初期の噺本を見ておこう。

㉓こいのれんぼのト云事は・ツヽや廿になる者の事でこそあれ・此おうぢは・鯉やら鮒やらしり侯ぬ〔天理本『狂言六義』下・「枕物くるひ」〕

各種狂言集を見ると、この曲は大蔵虎寛本にも収められていて同様の表現がある。(12) しかし、天正本（曲名は「恋のおほぢ」）・大蔵虎明本・波形本・雲形本・狂言記では、曲はあるがこの「ツヅや二十」という表現はない。したがってこれは江戸初期の言いまわしと言うことができようか。

㉔ある人子にけふくんするやうはなんしをはゝかうみおとしてより此かたあらき風にもあてしとしてぬれたるところに我はねてかはきたるうへにわとのをねさせてつゝや廿になしたかき山ふかきうみとも思ふに……〔『きのふはけふの物語』（古活字十一行本）下・49話〕〈コノ古活字本ニハ濁点ハ全ク用イラレテイナイガ、寛永十三年（1636）版本デハ「つゞやはたちになし」〉

㉓は、仮名書きではあるが、内容的に見て明らかに《19歳》の意である。これに対して㉔は、《10歳》ととっても意味が通じなくはない。

第五節　古辞書における「つづ」

室町時代の辞書には「十」「中」「充」等の字に「ツヾ（ツ、）」の訓を付したものがある。

㉕……円物《マルモノ》 充《ツヽ》 十同 ……〔1454序『撮壌集』（鷹司家旧蔵本）武職部・弓部〕

㉖一二《ツマヒラカ》 一一思《ツク〳〵トオモフ》 十《ツヽ》矢 百一《ツテイ》 百寮《ツカサ〳〵》 對《ツイ》 九折《ツヽラオリ》…… 寸《ツタ〳〵》 中《ツヽ》矢〔1484序『温故知新書』tu・数量門〕

㉗……・次〻輩《ツキ〳〵ノトモカラ》・十《ツヽ》・丨廿《ハタチ》〔『黒本本節用集』津・言語（・は朱点）〕

㉘……無《ナシ》レ恙《ツヽカ》 十《ツヾ》 紡《ツムク》 ……〔『明応五年本節用集』津・言語進退部。明応五年（1496）の識語あり〕

㉙a…… 費《ツイヱ》 弊同 充《ツヽ》 十《ツヾ》 慎《ツヽシム》 ……〔『運歩色葉集』(13)（静嘉堂本）津〕

㉙b……費《ツイユル》　弊《同》　充《ツバ》　十《ツ、》　慎《ツヽシム》　……〔1571写『運歩色葉集』(14)（元亀二年本）津〕

㉗『黒本本節用集』の「・十《ツ、》・ｌ廿《ハタチ》」は、朱点の打ち方から見て「十《ツ、》、十廿《ツ、ハタチ》」とよむべきものであろう。

以上のうちの㉗~㉙からは、この「十《ツヾ》」が年齢を言う場合にだけ用いられた語なのか、あるいはもっと広く用いられた語なのか、ということはわからない。

ただ、㉖『温故知新書』では「十」の右下に「矢」という注記があり、㉕『撮壌集』ではこの語が「弓部」に収められている。これらはツヅが弓矢に関係する語であることを示すもののように思われる（㉕㉙の「充」、㉖の「中」についてはは第九節参照）。

なお㉕㉖には濁点は全く用いられていない。

第六節　『日葡辞書』における「つづ」

「つづ」は『日葡辞書』にも載せられている。

㉚ Tçuzu. *Numero de 10.* ¶ Tçuzu fatachi. l, tçuzu nijũ. *Vinte annos de idade.* 【ツヅ。数の10。¶ツヅ　ハタチ。または、ツヅ　ニジュウ。年齢20歳。】〔1603『日葡辞書』本編〕

はじめに「*Numero de 10.*」とあるのは、この語が《10個》の意の個数詞として用いられたことを示すものであるかに見える。

しかし一方、「ツヅ　ハタチ」「ツヅ　ニジュウ」(15)は「年齢20歳」の意だというが、それならば単に「ハタチ」というのと変らないことになる。

これは一体どうつながるのであろうか。この『日葡辞書』の記述に全く誤りがないものと仮定した上で、その合理的な解釈を試みてみる。

〝「ツヅ」は、単独で用いられる時には個数詞として《10個》を意味する。しかし、年齢《20歳》を意味するハタチ・ニジュウとともに「ツヅ　ハタチ」「ツヅ　ニジュウ」という形で用いられる時には、数詞としての意味は持たず、「ちょうど」「満《まん》」ぐらいの軽い意味を添えるにすぎない。〟

以上のように考えるならば、一応すじは通るであろうが、そこまで『日葡辞書』を信じてよいものかどうかは問題である。

第七節　ツヅかツツか

この語の語源とも関係することであるが、この語の語形がツヅであるのかツツであるのかという問題を考えておこう。

今までに見てきた用例のうち、㉚『日葡辞書』のほか、㉘『明応五年本節用集』、㉙ⓐ『運歩色葉集』等の古辞書においてツヅであり、さらに⑩『俚言集覧』のごとく、わざわざ「下のツ濁」と注記したものまである。これらから見て、この語はツツではなくてツヅであったと考えてよかろうと思われる[16]。

第八節　『文選』版本における「つづ」

本居宣長は③『玉勝間』において、「文選の古き訓に、十をツヽとよめり」と記しているが、『文選』に「十《ツヾ》」が見えるということは、⑧1717『書言字考節用集』や⑪1805『倭訓栞』〔前編〕にも記されていることであり、宣長は特に古写本を見たのではなかろうかと思われる。

江戸時代には『文選』の版本は何種類も刊行されたようだが、広く流布した「寛文二年（1662）」の刊記のある『六臣註文選』のもとである「慶安五年（1652）版」の訓を調べてみたところ、四例の「ツ、」が見つかった（㉛㉜㉝㉞はいずれも注の部分は省いてある）。

㉛若《キ》レ臣者《カハ》徒《イタツラニ》《タ、ニ》観《テ》二迹《アトヲ》於舊-墟《ニ》一・聞《キケリ》二之乎故-老《ニ》一・十-分《ツ、ノ》《ニシテ》未《タ》レ得二其《ノ》一-端《タモヲ》一・（慶安五年版『六臣註文選』巻第一・班孟堅「西都賦」）

㉜已《ニ》 獮《コロシツ》二其《ノ》十《ツ、カ》七-八《ツ》《ヲ》一・（同、巻第二・張平子「西京賦」）

㉝今大-王還《シ》レ丘疾歸《ヲトクカヘリナハ》。尚得《ヲン》二十《ツ、カ》-半《ヲ》一・（同、巻三十九・枚叔「上書重諫呉王」）

㉞然所《モ》-謂命者《ルト云ハ》・死生焉・貴賤焉・貧富焉・治亂焉・禍福焉此十者《トヲノモノハ》《ツ、ノモノハ》天之《ノ》所《ナリ》レ賦《クハレル》《シケル》也（同、巻第五十四・劉孝標「辨命論」）

右のうち、最後の㉞の例は、トヲと同じく〔10個〕を意味すると考えられるが、㉜㉝の例は、いずれも〝全体〟〝全部〟といった意味あいで用いられている。また㉛の例も、数詞としての用法とは認めがたいものである。「つづ」は、もともと、ここで使われたような意味あいを持った語だったのであろうか。

なお、この慶安五年版においては、「トヲ」という訓は、全六〇巻を通じて、㉛に見えるもの一例しか見いだしえなかった。

長沢規矩也（1974）は、「江戸時代に最も弘く行はれたのは寛文二年印本で、古訓に據つて、句讀訓點が加へられてゐるものである。その點は博士家の一である菅家點を移寫したものと傳へられる。」と述べているが[17]、この訓がいつの時代のものなのかははっきりしない。

なお、右の㉛〜㉞の部分について次の㋐㋑㋒㋓四本の訓を調べてみたが、これらには「つづ」は用いられていない。

㋐九条家本(18)――取り合わせ本で、平安時代～鎌倉時代の加点。

㋑猿投神社蔵正安本(19)――巻一（慶安五年版本の巻第一・巻第二に相当）のみの零本。正安四年（1304）加点。

㋒宮内庁書陵部蔵宋版(20)――応永二九年（1422）～永享四年（1432）の加点識語があり、識語のない巻も同じ時期の加点と見られる。

㋓足利学校遺蹟図書館蔵宋版(21)――足利学校の第七代庠主（校長）九華の弟子の三要（慶長一七年（1612）没）の加点。


結局、「慶安五年版本」に見える「十《ツ、》」は平安・鎌倉時代まではさかのぼれないのである。

第九節　射芸用語としての「つづ」

⑭『大日本國語辭典』は、数を表わす「つづ」とは別に、射芸用語の、「悉く的に中たること」を意味する「つづ」を別項目としてたてているが、じつはこれは⑯『大言海』が正しく扱っているように、数を表わす「つづ」と同語源であると考えられる。このことは、この射芸用語の「つづ」にあてられた漢字を見てもある程度うかがえるであろう。

九・一

さて、射芸用語のツヅがどういうことを表わすものなのかを知るために、『太平記』をやや長めに引いておこう(22)。

㉟a其年《ノ》ノ春都良香《トリヤウキヤウ》ノ家ニ人集《アツマツ》テ弓ヲ射《イ》ケル所へ・菅少将《カンセウシヤウ》ヲハシタリ・……【都良香は】的矢ニ弓ヲ取副《ソヘ》テ・閣《サシヲキ》二菅少将御前《ノ》一ニ・春ノ始ニテ侯ニ・一度遊《ヒトコブシアソ》バシ候ヘトソ被《レ》レ謂《コハ》ケル・菅少将サシモ辞退《シタイ》シ給ハズ・番《ツカヒ》ノ逢手《アヒ》ニ立合テ・……矢所《ヤツボ》一寸モノカズ・五度《ド》ノ十《ツヾ》ヲシ給ケレハ・都良香感《カン》ニ堪兼《タヘカネ》テ・……〔『太平記』（寛永八年（1631）版）巻第十二・大内裏造營事付聖廟御事〕

㉟b……矢処一寸除《トモハツレ》ス、五度十《トノツヽ》為《ヲワタシ》玉ケレハ……〔同、静嘉堂文庫蔵松井簡治旧蔵本・第十二・大内裏造営之事付北野天神之事〕

㉟c……矢所一寸モノカス、五度ノツヽヲシ給ケレハ……〔同、西源院本・第十二巻・一公家一統政道事付菅丞相事〕

㉟d……矢処一寸トモ除《カ》ス五度ノ【「ノ」を消して右に「ナカラ」】十《ツヾ》ヲ為給ケレハ……〔同、玄玖本・巻第十二・大内裏造営之事付北野天神ノ事〕

㉟e……矢所一寸モノカス五度充《ツヽ》ヲシ給ケレハ……〔同、梵舜本・巻第十二・大内裏造営并天神御事〕

この話は『北野天神縁起』に拠るものというが、(23)同縁起にはツヅは用いられていない。(24)『太平記』は一三七〇年代の成立と考えられるから、「五度ノ十《ツヾ》ヲシ給」という表現は一四世紀ごろのものと見てよいであろう。ただ、テキストによって表記がさまざま――「ツヽ」「十《ツヾ》」「充《ツヽ》」――であり、これからはこの場合の「ツヅ」の意味は知りがたい。

後藤丹治・釜田喜三郎校注『太平記　一』（岩波書店「日本古典文学大系」34）の頭注（p.402）には、

数矢（かずや）が皆あたること。弓の賭は一度に二矢ずつで五度の勝負に十本。

とあるが、どういう資料にもとづくのであろうか。あるいは⑯『大言海』の、「數矢《カズヤ》ノ皆中シタルコト。〔騎射ニ五度ノ十《ツツ》ト云フハ、諸矢《モロヤ》モテ五度馳セテ、皆中シタルコトナリ〕」という説明に従ったものであろうか。なお、この『大言海』の説明も、どういう根拠によるものか明らかでない。

九・二

⑭『大日本國語辭典』や⑯『大言海』にもすでに射芸関係の書が二、三引かれているが、この他にも、『群書類従』〔武家部〕・『古事類苑』〔武技部〕等に収められた諸書にもツヅは散見する。

㊱一　射手方文字
弓《ユミ》　弧《同》　弓弰《ユハツ》……張《ハル》　弛《ハツス》　中《アタリ》　外《ハヅレ》　十《ツヅ》　平頭《イタヅキ》　鏑《カブラ》……〔小笠原持長『大的躰拝記』（『群書類従』巻第415）。永享三年（1431）および嘉吉三年（1443）の記事あり〕

㊲一　射手をせんすると云事は五度弓にても三度弓にてもかねて度數をさためられて其後つゞの射手許をせんして射させらるゝ也

〈略〉

一　御的恩賞の事十《ツヅ》三ヶ年又參勤十ヶ年にてもともに恩賞をかうふる也是を參勤の勞と號する也〔小笠原持長『射禮私記』（『群書類従』巻第415）。永亨五年（1433）奥書〕

㊳一小笠懸の日記付様人の名字のかたなを書也……つゝの時は十文字をはつ、とよむ也〔多賀高忠『就弓馬儀大概聞書今称高忠聞書』（『群書類従』巻第417）。寛正五年（1464）奥書〕

㊴一射なかす笠かけと云事有　公方様又は主なと、射るに十度につゝをめさるれは一はつし九あそはさるれは八か様にをとり申様に射るを射なかすといふ也〔源道春『笠掛記』（『群書類従』巻第415）。永正九年（1512）奥書〕

㊵一御的射手衆。一重。但十《ツヽノ》人數計也〔『年中恒例記』（『續群書類従』巻第660（23輯下）成立年不明）。〕

㊶一同日記に、各射手の名字を書立、射手名の下に丸を十宛して、其下に十文字を可レ書、又七夕御笠懸の時は、射手の名の下に丸を七ッして、其下に七の字を可レ書、是は七度射る故、度數にする也、何れの時も、丸は度數程すべきなり、

〈略〉

一神事笠懸に行騰をはくべし、〈略〉先十度本也、或は百番、此外射手のさんまい也、七夕の笠懸の度かわれる物なり

御笠懸射手

御〇〇〇〇〇〇〇〇〇〇十

如レ此十騎もあれ、十二騎にても、次第は名字にても官途にても可レ書、はずれたる度をば、黒くすべし、又十文字を大に書て、つゞと是を讀なり、〔『笠懸之矢沙汰并日記之付様』（『古事類苑』武技部九・笠懸）〕

以上の㊱～㊶を見てもくわしいことはわからないが、おそらく「十《ツヅ》」とは〝射た矢がすべて的に当たること〟を言うのであろう。ただ、一回の競技に何度射るかは、三度、五度、七度、一〇度等いろいろあったようであり、「一度」に何本の矢を射るのかも、いろいろであったらしい(25)。

なお、⑭『大日本國語辭典』が数詞の「つづ」の項に引く次の『蔭涼軒日録』の例も実は射芸用語なのである。

㊷所司代午浴之次來話。以二犬追物秘書數巻一。使二益斎讀一レ之。問二甚麼書一。則答曰。等持院殿御代。被レ禁二犬追物一。蓋殺生之意也。然小笠信濃守貞宗。以下為二武藝之其道一之故上。捧二目安一。興二其武道一之支〔考〕支作文章也。辭尤妙也。其中曰二歩射一。以二此二字一。讀二カチタチト一也。尤秘事也。十以二此一字一。讀二ツヽト一。如レ此之類。皆曰二秘事一也。所司代傳二受小笠方秘事底之一流一也。〔『蔭涼軒日録』文正元（1446）年閏二月一四日〕

すなわち「十以二此一字一。讀二ツ、ト一。」というのは、実は所司代が持って来た「犬追物秘書數巻」の中に書かれているものであり、そしてこの「秘書」は等持院（足利尊氏。一三五八年没）の時代に犬追物が禁止された時、小笠信濃守貞宗がその作法を記しておいたものなのである。

また、⑯『大言海』は、「官吏ノ制限ノ日數ヲ、皆勤シタルコト」という意味を挙げているが、用例も示されてお

らず、これがいったい何にもとづくのかは不明である。ただ、これまでに見てきたうちでは㊲『射禮私記』に、「一御的恩賞の事十三《ツヅ》ヶ年又參勤十ヶ年にてもともに恩賞をかうふる也是を參勤の労と號する也」とあるのがこれに近いかも知れない。もしも『大言海』が右の『射禮私記』のような記事によっているのだとすると、「制限ノ日數ヲ、皆勤シタルコト」とするのはあたらない。『射禮私記』の冒頭に、「夫射禮者公家武家共に用る事久し毎年正月十七日大内弓場殿において羽林中少将の器用を撰て是をこなはる」とあるように、射礼は「毎年正月」に行なわれるものであり、「十三《ツヅ》ヶ年」とは、〃正月の射礼において皆中《ツヅ》をすることが三年つづくこと〃を言うらしいからである。

九・三

太田牛一『信長記㉖』にも「十《ツヽ》の人」という表現が見える。

㊸【天正九年（1581）】二月廿三日きりしたん国より黒坊主参候・年之齢《ヨワイ》廿六七と相見え・惣之身之黒き事・牛之如く彼男健《スク》やかに器量也・しかも強力十之《ツヽノ》人に勝《スクレ》たる由候・……〔岡山大学池田家文庫本『信長記㉗』第十四〕

この場合の「十之《ツヽノ》人」は、〃皆中《ツヅ》を果たすような力の強い人〃ということであろう。

九・四

射芸用語としてのツヅは、「皆中」を意味したものと思われる。そして、古辞書（㉕㉖㉙）の「充」「中」はこれであろう。それに、「十」があてられるようになったのは、一回のゲームで合計一〇本の矢を射てすべてあたること（あるいは、一〇度射て一〇度ともすべてあたること）を言う場合が多かったためであろうかと考える。

第一〇節 「十《つづ》」から「十九歳《つづ》」へ

まだ不明な点もあるが、資料はほぼ出つくした。不明な点は推測で補いつつ、この語の意味の変遷を考えてみよう。それぞれの用例の年代から考えて、この語の意味は、

㈠（射芸用語）皆中
㈡一〇に分けたものの全体、全部
㈢（広く一般に）一〇[28]
㈣（「ツヅやハタチ」の形で）年齢一九歳

というふうに変っていったものかと思われる。

㈢から㈣への変化は、この語が「ツヅやハタチ」という形で行なわれたためにおこったものであろう。[29]ハタチという語は、平安時代には年齢だけでなく広くいろいろなものを数える個数詞として用いられたが、[30]『日葡辞書』（1603）などではもう現代と同じく、年齢を言う場合だけに用法が限定されてしまっている。[31]しかし室町時代の中期には、まだ《20個》の意で用いることがあったらしい。[32]その個数詞としてのハタチが、同じく個数詞であるツヅと結合した、《10個・20個》の意の「ツヅ（や）ハタチ」という言い方があったのであろう（その痕跡は㉗『黒本本節用集』に見える）。そしてこの語は、どういうわけか、室町時代の末にはこの「ツヅ（や）ハタチ」という形でしか用いられなくなってしまった。この時にはハタチの用法は年齢にのみ限定されていたから、共に用いられるツヅもまた年齢を表わすことになった。しかも、単独に用いられることが全くないために、その意味も薄れてしまいがちであった――㉚『日葡辞書』が「ツヅ　ハタチ、ツヅ　ニジュウ」を単に「年齢二〇歳」の意としたのは、そういう状態を反映したものかもしれない――。一方、概数を表現するには「三ツ（や）四ツ」「ヒトリ（や）フタリ」のよ

うに、となりあう二つの整数〈n〉と〈n＋1〉とにそれぞれ対応する数詞（〔数詞$_n$〕〔数詞$_{n+1}$〕）をこの順にならべることによって行なわれる。[33] ここで、

年齢数詞$_{n+1}$＝ハタチ

年齢数詞$_n$＝ツヅ

$n+1=20$

とすれば、ツヅは〔年齢数詞$_{19}$〕すなわち《年齢19歳》を意味するとしか受けとりようがないわけである。ツヅの意味が薄れて、「ツヅ（や）ハタチ」という表現が年齢についての概数表現と考えられるようになったのである。

以上のように考えれば、ツヅの意味の変遷をうまく説明できるのではなかろうか。

第一一節　「つづ」の語源

最後に、このツヅの語源について考えておこう。

一一・一

多くの人はこれをトヲ（10）のトと関連づけてきたのであるが、トヲがトとヲとに分解できる[34]ということは証明されていない。「としはもゝとせにあまりよはとつきになむなりにける〔『古今和歌集』仮名序〕」のような、連体詞的な「ト-」は、確実な例は平安時代にならないと現われない[35]し、まして「トツ」などという形は全く存在しないのだから、もしツヅを比較するならトヲという形[36]と較べなくてはならない。

しかし、ツヅ自体の意味が、古くは、単純に数を示すのではなくて、〃射た矢が全部あたること〃を意味したと考

えられる以上、ツヅとトヲ（ト）とを関係づけるのは無理である。

一一・二

「つづ」の語源についてこれまでに唱えられた説はすべて成りたたないことになった。

結局のところ、「つづ」のおこりは不明である。ただ、もともとは数詞ではなかったということだけは確かだろうと思われる。

注

（1）『南留別志』は著者の没後にようやく出版されたが、版により配列や巻数に相当の違いがある。この「ひとつは……」の項は、最初の刊本である元文元年（1736）版の『可成談』（全三冊）にも収められているが、この本は漢字片仮名交りで、濁点は全く用いられていない。

（2）検索には中村啓信編（1964~1968）『日本書紀総索引　漢字語彙篇（一～四）』（角川書店）を用いた。

（3）筑摩書房刊『新村出全集』第四巻所収のものによったが、はじめは昭和五（1930）年八月一日の《中国新聞》に載ったものという。

（4）これは辞書とは言い難いかもしれないが、便宜上ここに置いておく。なお、本書については、岡田希雄（1938）「諺語辭書譬喩盡に就いて」がある。

（5）巻頭の「Abbreviations」による。

（6）巻頭の「Abbreviations」による。

（7）『大日本國語辭典』は、「悉く的に中たること」を意味する射芸用語の「つづ」を、数詞の「つづ」とは別の項目として立てているが、じつはこれは、⑪『倭訓栞』や⑯『大言海』が正しく扱っているように、同源の語なのである。

（8）『和英語林集成』（初版）の編纂にあたって「the Japanese and Portuguese Dictionary published by the Jesuit missionaries in 1603」が利用されたことは、その「Preface」に記されているが、この問題については、以下の論文がある。
　飛田良文（1964）「和英語林集成の「和英の部」について」
　岡本勲（1973, 1974）「『和英語林集成』と『日葡辞書』（研究篇）、（資料篇）」

（9）平凡社『大辞典』は誤ってこれを『心中重井筒』とする。

（10）『火の柱』ははじめ『毎日新聞』（『横濱毎日新聞』の後身）に連載されたが、そこ（明治37年1月13日号第一面）でも「十九《つゝ》や廿歳《はたち》とは違い」と、全く同文で、単行本（同年5月10日発行）は仮名遣いさえ直していない。

（11）《19歳》の意の「つづ」は、まだ探せばいくらでも見つかるであろう。前田勇（1974）『江戸語大辞典』（講談社）には⑳の他に数例をのせているし、鈴木勝忠（1968）『雑俳語辞典』にも数例見える。

（12）笹野堅の翻字（岩波文庫『能狂言』中）では、「恋の思ひの云事は、十九《つく》や二十《はたち》の者にこそあれ……」とある。もちろんこれは「十九《つゝ》」のミスプリントないしは誤読であろう。

（13）白帝社刊の複製本（1961）は印刷が非常に悪く、「十」の訓は「ツヽ」としか読めないが、焼付写真でははっきりと濁点が見える。

（14）「充《ツヾ》」（濁点は実際には朱の単点）は、「充《ツヾ》」の誤写と考えるべきであろう。なお、迫野虔徳（1973）「京大図書館蔵元亀二年本運歩色葉集」について」（《國語國文》第42巻第7号）参照。

（15）ツヅニジュウという言い方があったということを示す資料は他には見えない。

（16）㉒『火の柱』の「十九《つゝ》」は単なる印刷ミスと考えてよいのではないかと思う。なお注（10）を参照。

（17）長沢規矩也（1974）「和刻本「六臣註文選」解題」

（18）九条家本は築島裕所蔵の焼付写真を借覧した。
　㉛㉜の部分（巻一）は一四世紀中ごろ写。

㉛は「十分《シテ》未得其一端《タモ》」（「て」はヲコト点）。
㉜は「已《ス》獮《コロシツ》其十七《ト》‐八《ツ》」。
㉝の部分（巻二十）は承安二年（1172）写で「尚得《テム》十半《カナカハヲ》」。
㉞の部分は欠。

(19) 猿投神社蔵正安本は、小林芳規（1960~1962）「猿投神社蔵正安本文選」・「（同）二」・「（同）三」・「（同）四」による。
㉛（巻一）は「十‐分《フンニシテ》」。
㉜（巻一）は「已獮《にコロシツ》其什《のトヲカに》七《ツ》‐八《を》一」（「に」「の」「を」はヲコト点）。
㉝㉞の部分は欠。

(20) 書陵部蔵宋版は原本（番号7213 函号400 2）によった。
㉛（巻一・43オ。応永三四年加点）は「十‐分《ニシテ》」。
㉜（巻二・33ウ。応永三四年加点）は「已《ス》獮《ニコロシツ》二其十七《ニツ》八《ツヲ》一」
㉝（巻三十九・31ウ。識語なし）は「尚得《テン》二十半《ノヲ》一」。
㉞（巻五十四・29ウ。識語なし）は「此十《ハ》者天之所賦《シク》也」
なお、吉田金彦（1959）「宮内庁書陵部蔵本六臣註文選の訓点」を読むと、この宋版に書き込まれた訓と「寛文板本」の訓（＝慶安五年版本の訓）とは非常に近い関係にあるかのような印象を受けるが、両者は特に近い関係にあるとは考えられない。

(21) 足利学校遺蹟図書館蔵宋版は、「足利学校秘籍叢刊第三」として複製刊行された1974~1975『文選』第一巻~第六巻（足利学校遺蹟図書館後援会刊、汲古書院発売）によった。この足利学校本について、長沢規矩也は、右の複製本の第一巻の巻頭の「明州刊本六臣注文選解説」において、「本書には、到る處に、庠主三要が李善注本・五臣注本と校合した手筆があり、加筆の訓點は慶安刊本と同一系統であるといはれるので、〈略〉」と記している。巻第三、巻第六、巻第

九……と、三巻ごとの巻末に、九華の識語と、「加朱墨点　三要」という識語がある。
㉛（巻一・27オ）は「十‐分《シテ》」（「分」には「に」の朱のヲコト点あるか）。
㉜（巻二・20ウ）は「巳　獼《ニコロシツ》　其十七《カツ》‐八《ツヲ》」。
㉝（巻三十九・19オ）は「尚得《ヲン》二十《カ》‐半《ヲ》一」。
㉞（巻五十四・21ウ）は「此《ノ》十《ノ》者《ハ》天《ノ》之所《ナリ》レ賦《クハレル》《シケル》也」。

(22)　この部分、「神田本」は欠巻。

(23)　後藤丹治（1938）『太平記の研究』p.155。

(24)　『北野天神縁起』は、「承久本」（角川書店刊『日本絵巻物全集』第八巻所収）と「荏柄本」（書名は『荏柄天神縁起』。元応元年（1319）奥書。尊経閣叢刊として複製）を調べた。「承久本」には、以下のようにある（「荏柄本」もほぼ同文）。

……ふた、ひはなち給へはふた、ひあたりも、たひはなち給へはも、たひあたる

(25)　これは当然、時代による違いもあったであろうし、同じ時代でもいろいろな方式があったことであろう。『古今著聞集』（弓箭第十三）に収められた話の中にも、明らかに「一度」に二本の矢を射た例（左衛門尉翔的串の前後を射る事）もあれば、三本射たかと思われる例（賀次新太郎弓の上手の事）もあるのである。また注（24）に引いた『北野天神縁起』も参照。

(26)　『信長記』の諸本については、奥野高広・岩沢愿彦校注（1969）『信長公記』（角川文庫）の解説に簡単に説かれている。また、松沢智里編（1972）『信長記　甫庵本　上・下』（『古典文庫』296・298）の解説もあるが要領を得ない。

(27)　岡山大学法文学部の坂梨隆三助教授（当時）をわずらわして原本を調べてもらった。奥書によれば、慶長一五年（1610）、当時八四歳の太田和泉守牛一が書いたことになっているが、この第十四巻が牛一の自筆であるかどうかは不明。

(28)　「広く一般に」と言ったのは無限定に過ぎるかもしれない。むしろ、10個でひとまとまりになったものを数える時に

用いたものと考えるべきか。

(29) 実際には、年齢以外について「つづやはたち」を用いた例は見つからない。

(30) 有名な例としては、『伊勢物語』に、

その山はこゝにたとへはひえの山をはたちはかりかさねあけたらんほとして……〔天福本第9段〕

とあるが、この他にも、『落窪物語』（巻2）や前田本『うつほ物語』（祭の使、吹上・上）、『京極御息所褒子歌合』日記などに個数詞としての「はたち」が見られる。

(31) 1603『日葡辞書』、1604~1608『ロドリゲス日本大文典』、1632『コリャード日本文典』はいずれも、はっきりと、〝ハタチは年齢20歳を言う〟と記している。

(32) 幸若舞の詞章に一例見いだされるが、擬古的な用法かもしれない。

十日にとをのつめをもき。廿日にはたちの。指をもいて首をひき首にし玉へり〔毛利家本「信太」。笹野堅『幸若舞曲集』による〕

(33) 概数表現について、下中弥三郎（1956）『世界大百科事典 16』（平凡社）の「すうし（数詞）」の項の後半の「日本語における数詞」において、林大は言う。

概数を示すために、ナナヤッツ、シチハチ（十七八、七八百）、スウ（十数人、数万人）などの表現がある。

しかし、私は「ナナヤッツ」に類する言い方を耳にしたことはない。ただ、私は石川啄木の『一握の砂』に例を見つけた。

○大海《たいかい》にむかひて一人《ひとり》／七八日《ななやうか》／泣《な》きなむとすと家《いへ》を出《い》でにき〔石川啄木（1910）『一握の砂』p.4〕

○二三《ふたみ》こゑ／いまはのきはに微《かす》かにも泣《な》きしといふに／なみだ誘《さそ》はる〔同、p.287〕

林大は佐佐木信綱の歌の弟子であるので、この種の言い方に接する機会が多かったのではなかろうか。しかし、島木赤彦・与謝野晶子・斎藤茂吉の短歌には、索引によって調べた限りでは、このような言い方は用いられていない。当然

のことながら、歌人による個人差がある、ということであろう。

(34) 最近でも、「トヲ」を「ト-ヲ」と考える人はいる。

○古代日本語においては、たとえば鳥・門・水門・外・処などの意味は、すべてto（甲類）という形式であらわされたと考えられる。また、常・十などの意味は、おなじくtö（乙類）という形式であらわされたと想像される。〈略〉もとト（甲類）であらわされていた「鳥」の意味はトリ、「門」の意味はカド、「水門」の意味はミナト、「処」の意味はトコロ（但しトは乙類）というように、また、ト（乙類）であらわされていた「常」の意味はトコ、「十」の意味はトヲというように、それぞれ二拍以上の形式であらわされるようになつてきた。〔阪倉篤義（1969）「〈日本語の歴史〉中古」〕

○一般には甲類 so_1 の訓仮名と見做されている数詞の「十」（so）は to_2wo（~tawa），to_2 の $t > s$ による変異形と見做されるべきもので……〔松本克己（1975）「古代日本語母音組織考――内的再建の試み――」〕

(35) 『万葉集』には、「鳥《とり》」を「十里」、「とも」（接続助詞）を「十方」、「とも」（格助詞＋副助詞）を「十方」、「ども」（接続助詞）を「十方」、「とは」（格助詞＋副助詞）を「十羽」と表記した例があるが、これらは、「有らなくに」を「安良七国」、「渡らなむ」を「渡七六」、「恋ひ渡りなめ」を「恋度七目」と表記した例と同様、漢数字の訓の第一音節だけを利用したものと見るべきであろう。

(36) トヲの、実際の数詞としての用例は、日数詞トヲカを除くと、奈良時代には例がない。しかし、『万葉集』には、「撓《とをを》に」を「十尾丹」「十尾爾」「十遠仁」「十緒」、「撓寄《とをよる》」を「十依」「十縁」と表記した例があり、奈良時代にトヲという形があったことは確実である。なお、「トヲカ（十日）」は『古事記』と『日本書紀』にすでに音仮名書きの例が見える。

補説

（1） 1283『文机談』にも「つづ」の例があることがわかったので、『日本国語大辞典 第二版』に用例として載せ、その間の経緯を安田（2000）「中世語資料としての『文机談』」〔小学館《本の窓》第23巻第7号［8月号］〕に記しておいた。『文机談』は僧隆円の作で、一二七二年ごろ一旦成立し、一二八三年ごろ増補されて今見る形になったとされる。平安初期からの琵琶の演奏の相承の次第を語った作品で、以下は練習の場面。

きずなきて三十遍をゑらばる。始は二三百反に卅反はいできにけり。後にはつゞひき合するまでにせめなしてをかせ給。〔1283『文机談』第5冊（岩佐美代子『校注 文机談』p.135）〕

〝はじめは二、三百回弾いてもミスのない完璧な演奏は三十回ほどだったが、後には、何度弾いてもすべて完璧な演奏となった〟ということらしい。この場合の「ツヅ」は〝全部が全部〟という副詞的な意味合いのようで、射芸とは関係ないが、これが、〝「ツヅ」はもともと射芸に限定された語ではなかった〟ということを表わすのか、〝射芸の語を臨時的に琵琶の練習に用いた〟ということなのかはわからない。ともかく、この『文机談』により、『太平記』の例よりも一〇〇年近く初出例がさかのぼることとなった。

（2） 山田俊雄（1999）『詞苑間歩 上』〔三省堂〕所収の「乙鳥と玄鳥と天女など」に、次のような一節がある（p.103）。

文學部では漱石愛好者が絶えず、卒業論文にも大抵毎年一學部に二、三人は居る。もともと十九《つづ》や二十《はたち》の凡人が、その年で味ひ尽すには無理なものを、向ふ見ずにも取り扱ふ風潮、そのこと自體が、少々滑稽であるが、〈略〉

私は、木下尚江（1904）『火の柱』あたりが「つづ」使用の下限だろうと思っていたので、この山田の文章（初出は一九八二年）はやや意外だった。山田は一九二二年東京生まれだが、父親（国語学者の山田孝雄《よしお》）が一九二五年から東北帝国大学に勤務したため、小学校・旧制中学・旧制高校は仙台の学校で学んだ。

第一三章　日数詞

はじめに

日本語本来の数詞のうち、フツカ・ミッカ・ヨッカ……の系列のもの（日数詞《にっすうし》）について、資料にもとづいて平安時代の語形と奈良時代の語形を示し、さらに、この日数詞が古くは個数詞（フタツ・ミッツ・ヨッツ……の系列の数詞）の語幹にukaという語が付いてできたものであることを推定する。

第一節　和語数詞の分類

一・一

和語数詞は、すくなくとも次の四系列に分けられる。

（1）個数詞（ヒトツ・フタツ……の系列）
（2）日数詞（フツカ・ミッカ……の系列）
（3）人数詞（ヒトリ・フタリ……の系列）
（4）唱数詞（ヒー・フー・ミー……の系列）

本章ではこのうちの「日数詞」をとりあげる。

一・二

日数詞は実はさらに、

（２・１）算日数詞（日数を数えるのに用いる）

（２・２）暦日数詞（暦の日付を言うのに用いる）

の二系列に分けられるのであるが、〔１日〕（以下、「日数詞ｎ」を〔ｎ日〕のように記す）を除いては語形の上で区別がなく、また、実際の用例において、算日数詞なのか暦日数詞なのか文脈の上からは決めかねるような場合もあるので、〔１日〕以外は、さしあたって算日・暦日の区別をしないでおくことにする。

第二節　文献にあらわれた日数詞

現在おこなわれている国語辞典や、数詞に関する論文の多くは、確実な用例を必ずしもふまえていないから、まず正確な用例を数多く拾い出さなければならない。

以下に用例を列挙する。

二・一　奈良時代の例

奈良時代の日数詞は、仮名書きの例が非常にとぼしいため、断片的にしかわからない。あとは後世の形から推定するほかない。

〔1日〕

①妹我素弖　和可礼弖比左尓　奈里奴礼杼　**比登比母伊毛乎**　和須礼弖於毛倍也【妹が袖別れて久になりぬれど一日も妹を忘れて思へや】〔759『万葉集』巻15・3604番〕

〔2日〕

②……知加久安良婆　伊麻布都可太未　等保久安良婆　奈奴可乃乎知波　須疑米也母……【近くあらば今二日だみ遠くあらば七日のをちは過ぎめやも】〔『万葉集』巻17・4011番〕

〔3日〕

③　同坂上郎女初月歌一首

月立而　直三日月之　眉根掻　氣長戀之　君尓相有鴨〔『万葉集』巻6・993番〕【月立ちてただ三日月のまよねかきけ長く恋ひし君にあへるかも】（仮名書キデハナイガ、第二句ヲ「……みかづきの」トヨムコトニハマズ異論ハナカロウ）

〔7日〕

④……知加久安良婆　伊麻布都加太未　等保久安良婆　奈奴可乃乎知波　須疑米也母……【近くあらば今二日だみ遠くあらば七日のをちは過ぎめやも】〔『万葉集』巻17・4011番〕

〔10日〕

⑤迦賀那倍弖　用邇波許許能用　比邇波登袁加袁【かがなべて夜には九夜日には十日を】〔712『古事記』中巻・歌謡26番〕

⑥伽餓奈倍氐　用珥波虚々能用　比珥波苔塢伽塢【かがなべて夜には九夜日には十日を】〔720『日本書紀』巻7・景行40年・歌謡26番〕

〔50日〕

⑦……持越流　真木乃都麻手乎　百不足　五十日太尓作　泝須良牟……【持ちこせる　真木のつまでを百足《もも》らず筏《いかだ》に作り上《のぼ》すらむ】〔『万葉集』巻1・50番〕（「筏《いかだ》」ヲ「五十日太」ト表記シタモノ）

〔100日〕

⑧毛ゝ可斯母　由加奴麻都良遅　家布由伎弖　阿須波吉奈武遠　奈尓可佐夜礼留【百日しも行かぬ松浦路今日行きて明日は来なむを何かさやれる】〔『万葉集』巻5・870番〕

〔800日〕

⑨八百日往　濱之沙毛　吾戀二　豈不益歟　奥嶋守【八百日行く浜の真砂も吾が恋にあに勝らじか奥つ島守】〔『万葉集』巻4・596番〕〈桂本（＝栂尾切）・紀州本（＝神田本）・西本願寺本・類聚古集〔巻6〕ノ訓ハ「やほか」、元暦校本・金沢本切・古葉略類聚鈔〔巻10〕ハ「やをか」〉（コノ歌ハ『拾遺和歌集』巻14・889番オヨビ『拾遺和歌抄』巻七・恋上ニモトラレテオリ、「やをかゆくはまのまさことわかこひといつれまされりおきつしまもり」〔『拾遺和歌集』（定家本）〕〈堀川宰相具世筆本・北野天満宮本・北野克《たゆる》蔵本・浄弁本ノ各『拾遺和歌集』オヨビ貞和本『拾遺和歌抄』モ「やをか」、群書類従本『拾遺和歌抄』ハ「やほか」〉）

二・二　平安時代の例

平安時代の文献には比較的多くの仮名書き例が見える。

〔n日〕（不定・疑問の日数詞）

⑩かすかの丶とふひの丶もりいて丶みよいまいくかありてわかなつみてむ〔905『古今和歌集』（元永本）巻1・春上・18番〕〈私稿本・筋切本・雅俗山庄本・静嘉堂本・永治本・前田本・天理本・伝寂連筆本・雅経本・永暦本・昭和切・建久本・寂恵本・伊達本モ「いくか」〉

⑪ぬれつ丶そしひておりつるとしのうちにはるはいくかもあらしとおもへは〔『古今和歌集』（雅経本）巻2・春下・133番〕〈雅俗山庄本・静嘉堂本・六条家本・永治本・前田本・天理本・伝寂連筆本・永暦本・昭和切・建久

本・寂恵本・伊達本モ「いくか」〉
⑫た、ひのへぬるかすをけふ**いくか**はつかみそかとかそふれはおよひもそこなはれぬへし〔935『土左日記』〈青谿書屋本〉1月20日〕

〔1日〕

⑬ふるさとは吉野、山のちかけれは**ひと日**もみゆきふらぬひはなし〔905『古今和歌集』〈筋切本〉巻6・冬・321番〕〈元永本・静嘉堂本・伊達本モ「ひと日」、雅経本・私稿本・雅俗山庄本・六条家本・天理本・伝寂連筆本・永暦本・昭和切・建久本・寂恵本ハ「ひとひ」、前田本ハ「一日」〉
⑭　七日のあしたみつねかもとより
きみにあはて**ひとひ**ふつかになりぬれはけさひこほしの心地すらしも〔『貫之集』〈西本願寺本『三十六人集』〉十・雑〕
⑮二日あめかせやますひ**ゝとひ**よんすからかみほとけをいのる〔935『土左日記』〈青谿書屋本〉2月2日〕〈「ひひとひ」デ《一日中》ノ意〉
⑯**ひとひ**ふつかをこせさりけり〔957『伊勢物語』〈三条西家蔵伝定家筆本〉第94段〕〈算日用法〉
⑰さて又のりき【ママ】のやうなることとして二日はかりありてきたり**ひと日**の風はいかにとてれいの人はとひてましといへは〔974『蜻蛉日記』〈桂宮本〉上・天徳元年8月〕〈阿波国文庫本モ「ひと日」〉〈《先日》の意〉
⑱空をそふ乙女の衣**ひとひ**よりあまの川波立ちぞ寄るらし〔1000『曽根好忠集（＝曽丹集）』〕〈『夫木和歌抄』〈新編国歌大観・二〉4030番ハ「空をとぶをとめの衣ひとひより天の川浪たちぞきるらし」〉〈暦日ノ《第1日》ノ意デアロウカ〉
⑲トハキカニケフハウヅキノ**ヒトヒ**カハマダキモシツルコロモガヘカナ〔1120『今昔物語集』巻28・或殿上人家忍

名僧通語第十二〕〈暦日ノ《第1日》ノ意〉

⑳さてその十月ついたちの日〔984『大和物語』（伝為家筆本）第3段〕〈暦日ノ《第1日》ノ意〉

ツイタチについては第一四章で詳しく述べる。

〔2日〕

㉑　七日のあしたみつねかもとより

きみにあはてひとひふつかになりぬれはけさひこほしの心地すらしも〔『貫之集』（西本願寺本『三十六人集』）十・雑〕

㉒　なぬかのひのあしたみの、かみにおくる

きみにあはてひとひふつかになりぬれはけさひこほしのこ、ちこそすれ〔『躬恒集』（西本願寺本『三十六人集』）〕

㉓ふつかみか許さはることありて〔957『伊勢物語』（三条西家蔵伝定家筆本）第42段〕

㉔ひとひふつかをこせさりけり〔同、第94段〕

㉕いまふつかみか許ありて〔974『蜻蛉日記』（桂宮本）下・天延2年2月〕〈阿波国文庫本モ「ふつかみか許」〉

〔3日〕

㉖むつきのみかのひ〔905『古今和歌集』（高野切）巻1・春上・8番・詞書〕〈元永本・筋切本ハ「正月三日」、静嘉堂本ハ「むつき《正月》のみか《三日イ》のひ」〉

㉗みやこいて、けふみかのはらいつみかはかはかせさむしころもかせ山〔『古今和歌集』（寂恵本）巻9・羇旅・408番〕〈〔3日〕ト地名ノ「みかの原」トヲカケタモノ〉

㉘ふつかみか許さはることありて〔957『伊勢物語』（三条西家蔵伝定家筆本）第42段〕

㉙三月二日左右方人のかきわけをないしのすけしてかた〱のとうのさうしにたまへり……みかのひたいをたまふ

〔960『天徳四年内裏歌合』（尊経閣文庫蔵『十巻本類聚歌合』）日記〕
㉚いまふつかみか許ありて〔974『蜻蛉日記』（桂宮本）下・天延2年2月〕〈阿波国文庫本モ「ふつかみか許」〉
㉛みかの日〔976『古今和歌六帖』（桂宮本）第一（題）〕

〔4日〕

㉜源昇の朝臣時々まかりかよひける時にふつきのようかいつかはかりに〔951『後撰和歌集』（烏丸切）巻5・秋上・225番・詞書〕【次頁の写真参照】〈天福本・中院本ハ「四五日許」、伝寂連筆本・堀河本・伝西行筆白河切ハ「四五日はかりに」、貞応二年本ハ「四日五日許に」、二荒山本ハ「五日はかりに」〉
㉝心よはき心ちしてともかくもおほえてようか許のものいみしきりつゝなんたゝいま今日たにとそおもふ〔974『蜻蛉日記』（桂宮本）中・天禄2年12月〕【写真参照】〈阿波国文庫本モ「ようか許のものいみ」〉（古クハ〔8日〕ト解スル考エモアッタガ、他ノ用例カラミテモ〔4日〕ト解スベキデアル[1]）
㉞二月のつひたちの日あめのとかなり……三日かたあきぬとおもふをおとなしようかもさてくれぬるを……六七日ものいみときく八日あめふる〔同、下・天禄3年閏2月〕【写真参照】〈阿波国文庫本ハ「ようか《か本》もさてくれぬるを」〉（桂宮本・阿波国文庫本ハ共ニ「ようか」ノ「か（可ノ草体）」ハヤヤ曖昧ナ形ダガ、コノ「ようか」ハ文脈カラ見テ《4日》デアル）
㉟由是山背大兄王等、四五日間、淹留於山、不得喫飯〔『日本書紀』巻24・皇極2年11月〕〈岩崎本ハ「四五《ヨカ》《ヨカ》日間」〔右側ハ平安時代中期ノ茶色ノ点。左側ハ院政期ノ墨点。ナオ「間」ニハ「の」ノ茶色ノヲコト点ガアル〕、北野本ハ「四-五-日《ヨウカイツカ》-間」〔院政期ノ点〕、図書寮本ハ「四五日間」〔院政期ノ点〕、寛文版本ハ「四五日間《ヨウカイツカノ》」〉
㊱からうしてつはいちといふ所にようかといふみのときはかりにいける心ちもせていきつき給へり〔1008『源氏物語』（保坂本＝保坂潤治旧蔵別本）玉鬘〕【写真参照】〈大島本・陽明文庫本デハ「四日」〉

㉜『後撰和歌集』（烏丸切）〔小松茂美（1989）『古筆学大成　第六巻』講談社、p.15より〕

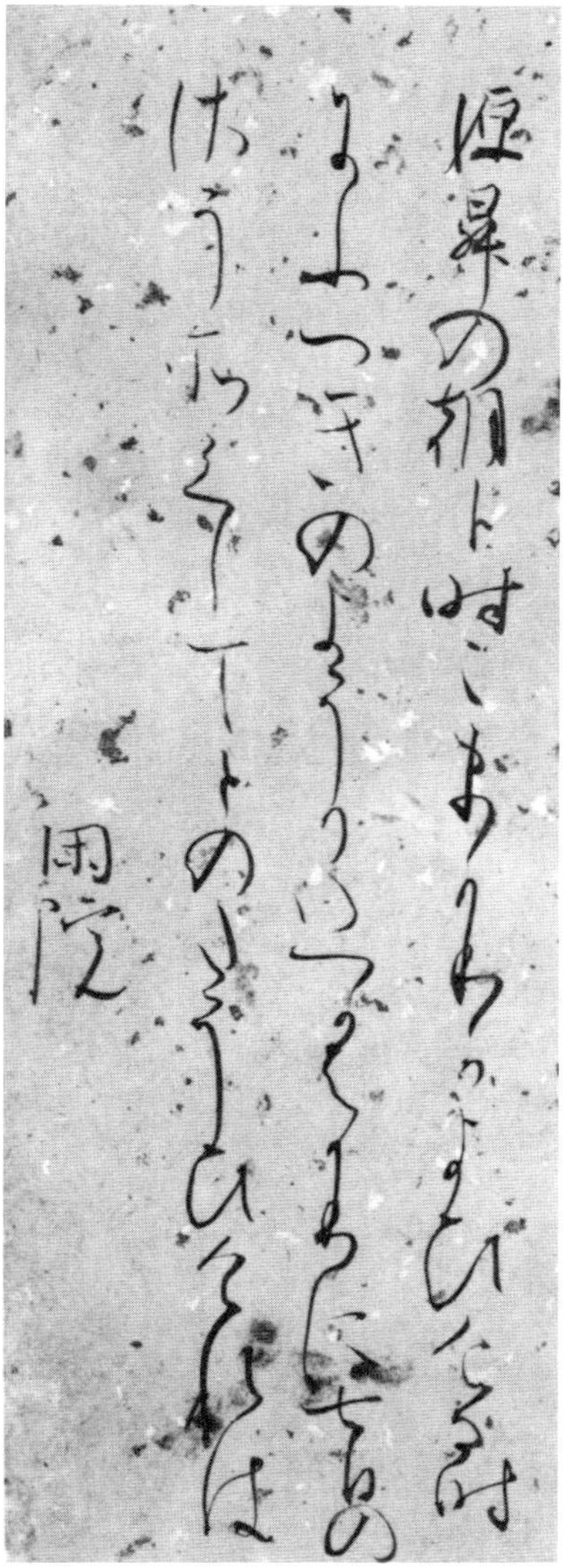

㉝『蜻蛉日記』（桂宮本）中、宮内庁書陵部蔵〔上村悦子編（1982）『桂宮本蜻蛉日記　中』（笠間影印叢刊69）、笠間書院、p.105より〕

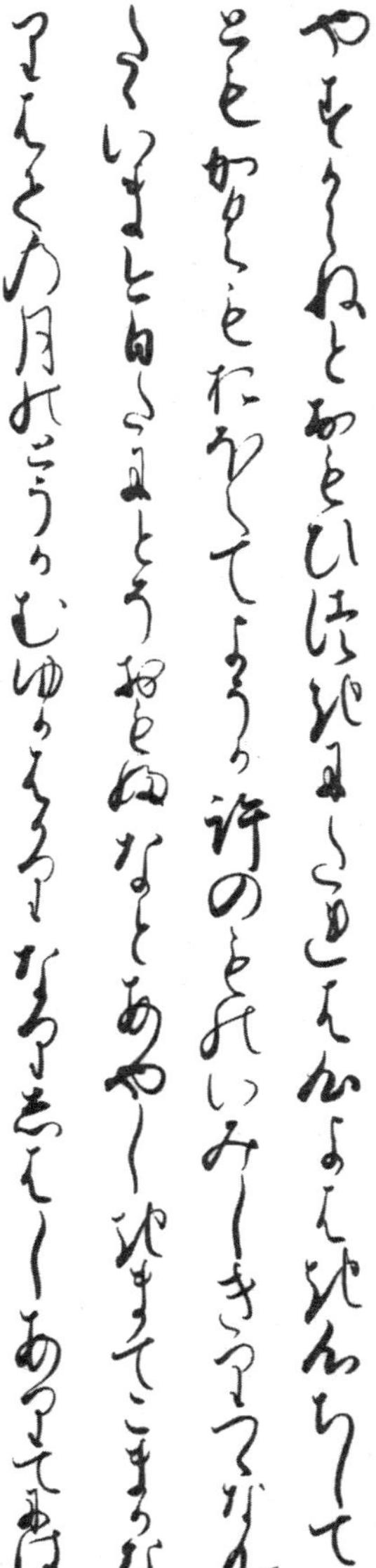

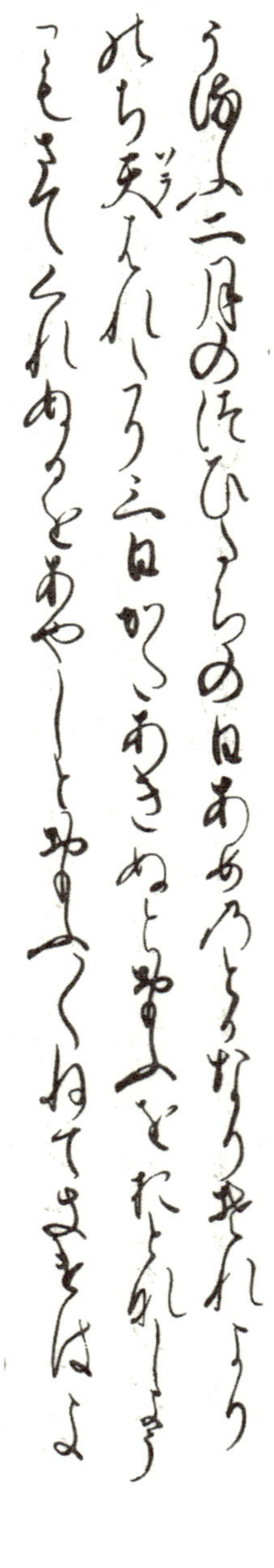

㉞『蜻蛉日記』（桂宮本）下、宮内庁書陵部蔵〔上村悦子編（1982）『桂宮本蜻蛉日記　下』（笠間影印叢刊70）、笠間書院、p.21より〕

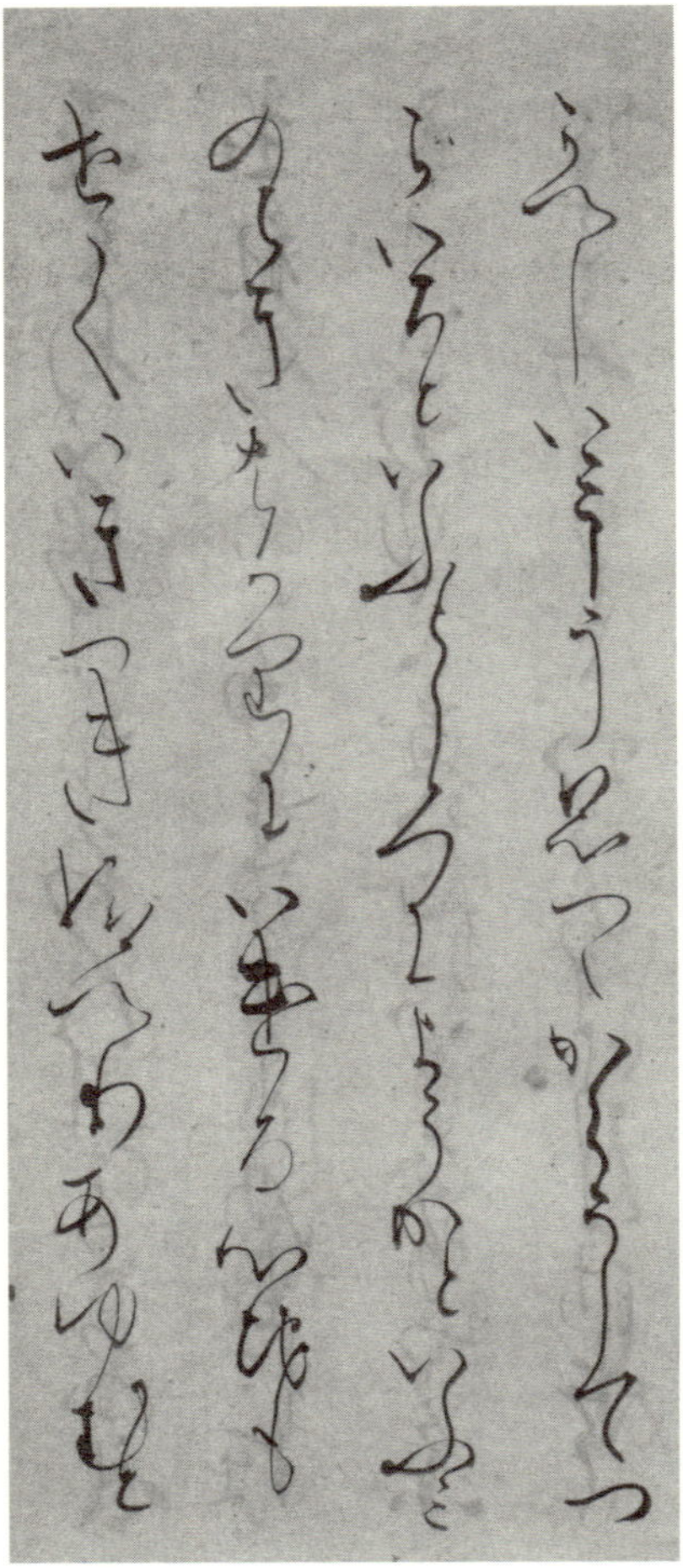

㊱『源氏物語』（保坂本）玉鬘 26ウ（部分）、東京国立博物館蔵〔Image：TNM Image Archives より〕

〔5日〕

㊲ふねにのりしひよりけふまてにはつかあまりいつかになりにけり〔935『土左日記』（青谿書屋本）1月16日〕〈「はつかあまりいつか」デ算日ノ《25日》ノ意デアルガ、〔5日〕ノ語形ノ例トシテアゲテオク〉

㊳源昇の朝臣時々まかりかよひける時にふつきのようかいつかはかりに〔951『後撰和歌集』（烏丸切）巻5・秋上・225番〕〈伝寂連筆本ハ「ふ・《む》つきの四五日はかりに」、伝西行筆白河切ハ「七月四五日はかりに」、二荒山本ハ「七月五日はかりに」〉

㊴いつかの日はつかさめしとて〔974『蜻蛉日記』（桂宮本）中・天禄元年8月〕〈阿波国文庫本ハ「いつかのひは」〉

㊵さていつかはかりにきよまはりぬれはまたうにのほりぬ〔同、中・天禄2年6月〕〈阿波国文庫本モ「いつかはかりに」〉

〔6日〕

㊶ふむつきのむゆかの日たなはたのこゝろをよみける〔905『古今和歌集』（高野切）巻19・雑体・1014番・詞書〕【写真参照】〈雅俗山庄本ハ「ふんつきのむゆかの日」、元永本・筋切本ハ「七月六日」〉

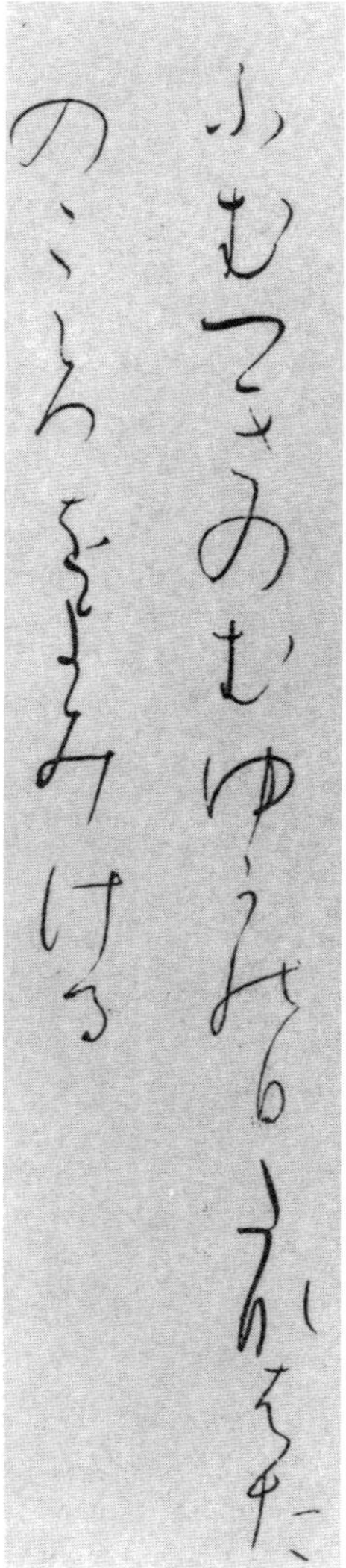

㊶『古今和歌集』（高野切）〔広瀬保雄編（1991）『高野切　第三種』、清雅堂より〕

㊷はての月のとうかむゆかはかりなり〔974『蜻蛉日記』（桂宮本）中・天禄2年12月〕〈阿波国文庫本ハ「とうか・む《あまり》ゆかはかり」〉（「とうかむゆか」デ暦日ノ《16日》ノ意デアルガ〔6日〕ノ語形ノ例トシテアゲテオク）

㊸又あはぬつらさとはむゆかのひよりさきやうかのひよりのちのうたか〔1078『承暦二年内裏歌合』九番・判詞〕

㊹御かどかくれさせ給てむゆかといふに。かしらをろして。山ふかくこもり給へりけり〔1170『今鏡』（畠山本）すべらぎの上〕

〔7日〕

㊺寛平御時なぬかの夜〔905『古今和歌集』（寂恵本）巻4・秋上・177番・詞書〕〈雅俗山庄本・前田本（＝清輔本）・永暦本・伊達本モ「なぬかの夜」、静嘉堂本・六条家本・天理本・伝寂蓮筆本・昭和切ハ「なぬかのよ」、私稿本ハ「なぬかの日」〉。（コノホカニ『古今和歌集』ニハ179番・182番・927番ノ歌ノ詞書ニモ〔7日〕ガアルガ、仮名デ書カレタモノハスベテ「なぬか」デアル）

㊻あまのかはいはこすなみのたちゐつゝあきのなぬかのけふをこそまて〔951『後撰和歌集』（二荒山本）巻5・秋上・240番〕〈定家本・中院本・片仮名本・浄弁本モ「なぬか」〉

㊼かはやしろしのにおりはへほすころもいかにほせはかなぬかひさらむ〔『貫之集』（御所本『三十六人集』）中〕（コノ歌ハ西本願寺本『三十六人集』ニハ入ッテイナイ）

〔8日〕

㊽やうかのひよめる〔905『古今和歌集』（了佐切）巻4・秋上・183番・詞書〕〈静嘉堂本・前田本・天理本・基俊本モ「やうかのひよめる」、関戸本・永暦本・昭和切・伊達本・雅俗山庄本・六条家本・伝寂連筆本ハ「やうかの日よめる」、元永本・筋切本ハ「八日よめる」、建久本ハ「八日によめる」、雅経本・私稿本ハ「やをかのひよめる」〉

㊾さて廿五日のよ、ひうちすきての、しる……なぬかはかたふさかるやうかのひひつしの時はかりに……〔974『蜻

蛉日記』(桂宮本)下・天禄3年2月)〈阿波国文庫本ハ「やうかの・《ひ》ひつしの時」〉(コレハ形ノ上デハ〔8日〕デアルガ、ジツハ暦日ノ《28日》ノコトデアル。コノ問題ニツイテハ第五節デ論ズルコトニスル)

㊿又あはぬつらさとはむゆかのひよりさき**やうか**のひよりのちのうたか〔1078『承暦二年内裏歌合』九番・判詞〕

51 なか月のとうか**やうか**にあからさまにわたらせ給へるかゆへに〔1092『栄花物語』(三条西家本)巻23・駒くらべの行幸〕(「とうかやうか」デ暦日ノ《18日》ノ意。ナオ、ココハ1024「万寿元年高陽院行幸和歌序」ヲ引用シテイル部分デアル)

〔9日〕

52 あはれわかきみのみよなか月の**こゝぬか**〔907「大井河行幸和歌序」(東松本『大鏡』巻六・裏書所引)〈『扶桑拾葉集』(版本)巻二所収ノモノモ「こゝぬか」〉

53 けふゝねにのりしひよりかそふれはみそかあまり**こゝぬか**になりぬ〔935『土左日記』(青谿書屋本)1月30日〕〈三条西家本・日本大学図書館本・定家本モ「こゝぬか」〉(「みそかあまりこゝぬか」デ算日ノ《39日》ノ意)

54 なか月の**こゝぬか**の日つるのなくなりたるをみて〔951『後撰和歌集』(中院本)巻7・秋下・396番・詞書〕〈定家本朱書傍書・浄弁本朱書傍書モ「なか月のこゝぬか」、二荒山本・貞応二年本ハ「九月九日」〉

55 なか月の**こゝぬか**ことに百敷のやそうち人のわかゆてふきく〔976『古今和歌六帖』(桂宮本)第一・九日・187番〕〈永青文庫本モ「なか月のこゝぬかことに」〉

56 長月の**こゝぬか**ことにつむ菊の花もかひなくおいにける哉〔1005『拾遺和歌集』(中院本)巻3・秋・185番〕〈浄弁本・定家本・北野克蔵本・北野天満宮本モ「こゝぬか」、『拾遺和歌抄』(貞和本オヨビ群書類従本)巻3・秋モ「こゝぬか」〉

57 こゝろうきとしにもあるかなはつかあまり**こゝぬか**といふにはるのくれぬる〔1130『古本説話集』上・26話・長

能道済事」（「はつかあまりこゝぬか」デ《29日》ノ意）

(58)心うき年にもある哉はつかあまりこゝのかといふに春は暮ぬる〔『長能集』（『群書類従』版本巻252）〈神宮文庫本モ「はつかあまりこゝのか」。桂宮本ハ「廿日あまり九日」〉（第四節の〔9日〕の項を参照）

〔10日〕

(59)むつきのとうかあまりはかりになん〔『古今和歌集』（六条家本）巻15・747番・詞書）〈前田本・天理本・後鳥羽院本・雅経本・基俊本モ「とうかあまりはかりに」、民部切・永暦本・建久本・寂恵本・伊達本・中山切ハ「とをかあまりに」、雅俗山庄本ハ「とうかあまりに」、永治本・志香須賀本ハ「十日あまりはかりに」、元永本ハ「十日あまり許に」〉

(60)とうかあまりひとひのつき〔『古今和歌集』（雅経本）巻17・雑上・884番・詞書）〈後鳥羽院本モ「とうかあまりひとひのつき」、永治本・前田本・天理本ハ「とうかあまりひとひの月」、志香須賀本ハ「とをかあまりひとひの月」、雅俗山庄本ハ「とうかあまりひとひのよの月」、元永本ハ「十日あまり一日の月」〉

(61)さてとうかあまりなれはつきおもしろし〔935『土左日記』（青谿書屋本）1月13日〕〈三条西家本・日本大学図書館本・定家本モ「とうかあまり」[2]〉

(62)八月なかのとうかはかりにあめのそほふりにけるに〔951『後撰和歌集』（烏丸切）巻6・秋中・294番・詞書）〈二荒山本モ「なかのとうかはかり」、中院本ハ「なかのとをか」、浄弁本ハ「八月十五夜《はつきのとうかあまりいつかのよ》」（右側ノ傍書ハ朱書）、定家本ハ「なかの十日許に」〉（「なかの十日」デ《中旬》ノ意[3]）

(63)今日の和哥をみれはなといひたはふれて……天禄といふとしはしまりてみとせの秋のなかは長月のしものとうかにいま二日おきてのことなり〔『源順集』（宮内庁書陵部本『歌仙集』）〕（「しものとうか」デ《下旬》ノ意。ナオコレハ『天禄三年女四宮（規子内親王）前栽歌合』ノ跋デアル）

⑭やよひの**とうか**あまりのゆふくれに〔1050『永承五年麗景殿女御歌合』日記〕

〔20日〕

⑮あふことのいまは**ゝつか**になりぬれはよふかゝらてはつきなかるへし〔905『古今和歌集』（筋切本）巻19・雑体・1048番〕〈諸本ミナ「いまはゝつかに」マタハ「いまははつかに」〉（形容動詞ノ「はつか」ト暦日ノ〔20日〕トヲカケタモノ）

⑯それのとしのしはすの**はつか**あまりひとひのひのいぬのときにかとてす〔935『土左日記』（青谿書屋本）12月21日〕（「はつかあまりひとひのひ」デ暦日ノ《21日》ノ意）

⑰ふねにのりしよりけふまてに**はつか**あまりいつかになりにけり〔同、1月16日〕（「はつかあまりいつか」デ算日ノ《25日》ノ意）

⑱こゝろもとなけれはたゝひのへぬるかすをけふいくか**はつか**みそかとかそふれはおよひもそこなはれぬへし〔同、1月20日〕

⑲はやくこのかみの十日もすきなゝん**はつか**にてたにみそかなりやと／返／**はつか**にてみそかならんとおもほゝえすのちやよそかにならんとおもへは〔『信明集』（御所本『三十六人集』）〕（形容動詞ノ「はつか」ト〔20日〕トヲカケタモノカ）

⑳**はつか**にてみそかならんもおもほえすのちやよそかにならんとおもへは〔『中務集』（御所本『三十六人集』）〕

〔30日〕

㉑たゝひのへぬるかすをけふいくかはつか**みそか**とかそふれは〔935『土左日記』（青谿書屋本）1月20日〕

㉒けふゝねにのりしひよりかそふれは**みそか**あまりこゝぬかになりぬ〔同、1月30日〕（「みそかあまりこゝぬか」デ算日ノ《39日》ノ意）

⑬　みな月ふたつありけるとし
たなはたはあまのかはらをな、かへりのちのみそかをみそきにはせよ〔951『後撰和歌集』（定家本）巻4・夏・216番〕〈中院本・貞応二年本・掘河本・片仮名本・浄弁本モ「みそか」〉
⑭みかのひたいをたまふ……かくてひつし《みそかのひの》のときに清涼殿のにしおもてのみすひとまあけさせたまひて〔960『天徳四年内裏歌合』（尊経閣文庫蔵『十巻本類聚歌合』）日記〕
⑮みそかみそよは我もとに〔974『蜻蛉日記』（桂宮本）中・安和2年1月〕〈阿波国文庫本モ「みそかみそよ」〉
⑯はつかにてみそかならんもおもほえすのちやよそかにならんとおもへは〔『中務集』（御所本『三十六人集』）〕
〈形容動詞ノ「みそか」ト〔30日〕トヲカケタモノカ〉

〔40日〕
⑰ひくふねのつなてやなかきはるのひをよそかいかまてわれはへにけり〔935『土左日記』（青谿書屋本）2月1日〕
〈三条西家本・日本大学図書館本・定家本モ「よそか」〉
⑱はつかにてみそかならんもおもほえすのちやよそかにならんとおもへは〔『中務集』（御所本『三十六人集』）〕
〈ナオコノ歌ハスデニ〔20日〕ノ用例⑲トシテアゲタヨウニ、『信明集』ニモノッテイル〉
⑲かくてひたちの国までによそかあまりにまかりいたりぬ〔『教長集』（新編国歌大観・三）827番・詞書〕

〔50日〕
⑳ひくふねのつなてやなかきはるのひをよそかいかまてわれはへにけり〔935『土左日記』（青谿書屋本）2月1日〕
〈三条西家本・日本大学図書館本・定家本モ「いか」〉
㉑かくていぬ宮の御いかは、女御君し給べきと内にきこしめして〔984『うつほ物語』（前田本）蔵開・上〕〈俊景本ハ「犬宮の御五十《いか》日は」〉（生誕50日目ノ《五十日の祝い》ノ意）

(82)心もとなき物……いつしかとまちいてたるちこのいかも丶かなとになりたる行すゑ心もとなし〔1001『枕草子』（前田本）めてたき物〕

(83)大弐国章むまこのいかにわりこてうしてうたをゑにか丶せける〔1005『拾遺和歌集』（定家本）巻18・雑賀・1167番・詞書〕〈掘川宰相具世筆本ハ「いかに《五十日》」、北野克蔵本ハ「いかに」、北野天満宮本ハ「五十日に」〉《五十日の祝い》ノ意）

(84)宮のわかきみのいかになり給日〔1008『源氏物語』（大島本）宿木〕

(85)はかなう御いかなともすきもていきてむまれて三月といふに……東宮にた丶せ給〔1092『栄花物語』（三条西家本）巻1・月の宴〕《五十日の祝い》ノ意）

(86)五十日イカ〔仮名ニ〈平・平〉ノ声点アリ〕〔『色葉字類抄』（前田本）伊・員数〕

〔100日〕

(87)も丶かの所。……宮はくびよくゐて、おきかへし給〔984『うつほ物語』（前田本）蔵開・下・絵解〕〈俊景本ハ「も丶かの所」ナシ〉（生誕100日目ノ《百日の祝い》ノ意）

(88)心もとなき物……いつしかとまちいてたるちこのいかも丶かなとになりたる行すゑ心もとなし〔1001『枕草子』（前田本）めてたき物〕

(89)我恋はきねかいもゐにひきそふるも丶かのしめのかさなりそゆく〔1135『木工権頭為忠朝臣家百首』（＝為忠後度百首）』（『群書類従』巻174）恋十五首・逐日増恋〕

(90)いく百日いもゐのしめを引かさね繼せしといふ道にしつらむ〈長精進恋・二番右〉
たか為のも丶かいもゐのしめなれやあはんといは丶今もあけてむ〈長精進恋・四番左〉
恋しなは神の名たてに成ぬへしも丶かもまたて御しめあけてむ〈長精進恋・七番左〉

いさきよきもゝかのしめの内なから絶ぬは袖の雫なりけり〈長精進恋・八番右〉
〔1178『治承二年八月廿二番歌合』（『群書類従』巻188）〕

⑨1百日《モヽカ》〔『色葉字類抄』（前田本）毛・員数〕

二・三　キリシタンのローマ字資料の例

つぎに、平安時代から一挙に時代はとぶが、語形がはっきり確認できるキリシタンのローマ字資料（1592『天草本へイケ物語』・1604~1608『ロドリゲス日本大文典』・1632『コリャード日本文典』）の日数詞を表1に示す（『天草本へイケ物語』のは全巻から帰納したもの。ロドリゲスおよびコリャードの文典のは、それぞれの数詞の項に見えるもの）。

ロドリゲスの文典で〔10日〕が「Tŏca」となっているのは、単なるミスプリントと見てよかろう。ただしコリャードの文典は、長音の表記が不完全なものであるから、「toca」は必ずしもミスプリントとは言いきれない。

『天草本へイケ物語』のは算日数詞と暦日数詞の両方があるが、ロドリゲスとコリャードの文典は算日数詞を挙げたもののようである。

この三つの資料に記された日数詞は、表記法の違いを無視すれば、ほとんど同じである。ただ〔6日〕が、三者のうちで最も古い1592『天草本へイケ物語』においてのみムユカとなっているのは注意すべきである。

表1　キリシタン資料の日数詞

	天草本へイケ	ロドリゲス	コリャード
n		Icca	icca
1	fitoi	Fitoi, fifitoi	fi fitoi
2	futçuca	Futçuca	futçuca
3	micca	Micca	micca
4	yocca	Yocca	iocca
5	itçuca, ytçuca	Itçuca	itçuca
6	muyuca	Muica	muìca
7	nanuca	Nanuca	nànucà
8	yŏca	Yŏca	iòca
9	coconoca	Coconoca	coconoca
10	tôca	Tŏca【ママ】	toca【ママ】
20	fatçuca	Fatçuca	fatçuca

第三節　語形の検討

ここで、あらためて、個々の日数詞の語形を順に検討してみることにしよう。

〔n日〕

平安時代の語形イクカについては問題はない。

現代東京語ではこのイクカにあたるのはナンニチであるが、近世の末ごろまでは、キリシタン資料にも見える促音化したイッカという形が用いられたらしく、ヘボンの1867『和英語林集成』（初版）にも「IKKA」の項があり、用例もいくつか示してあるが、イクカの形も「IKU（幾）」の項に載っている。再版（1872）、三版（1886）も全く同様。

奈良時代には仮名書きの用例はないが、759『万葉集』には「幾日」と表記した例が二例ある。

⑨②相見而者　**幾日**毛不經乎　幾許久毛　久流比爾久流必　所念鴨【相見ては幾日も経ぬをここだくも狂ひに狂ひ思ほゆるかも】〔巻4・751番〕

⑨③秋立而　**幾日**毛不有者　此宿流　朝開之風者　手本寒母【秋立ちて幾日もあらねばこの寝ぬる朝けの風は手もと寒しも】〔巻8・1555番〕

奈良時代の語形も、おそらく平安時代と同じく＊ikuka。

〔1日〕

奈良時代の形は $\text{fi}_1\text{to}_2\text{fi}_1$。平安時代もヒトヒ。中世には、いわゆるハ行転呼音により、つづりはともかくとして、実際の発音はヒトイ。

語形については問題となる点はないが、その意味・用法はやや複雑である。

平安時代にはだいたい次のような意味で用いられた。

(1)（日数）一日《いちにち》。

(2)（漠然と）ある日。先日。

(3)（「日ひとひ」の形で）一日中。

奈良時代におけるただ一つの仮名書きの用例は(1)の意。

『平家物語』の写本には、《朔日》、すなわち《暦月の第1日》、今のツイタチの意の「ひとひ」が散見されるようになる。しかし、平安・鎌倉時代にはこういう用法は極めて稀で、⑱⑲のほかには、以下の例しか見つからなかった。(4)

(94)なつびきのいとにはあらず**一日**よりくるしかるともしらぬなるべし〔998『実方集』（新編国歌大観・三）314番〕

〈書陵部本（異本系統）デハ「ひと日より」〉

(95)たなばたはしりぬやあきの**ひとひ**よりきみがあふせをまちわたるかな〔1248『万代和歌集』798番〕

平安時代には、《朔日》の意はツイタチあるいはツイタチノヒという形で表わすのが普通であり、散文作品や和歌集の詞書に多数用いられている。それと並んで同じく《朔日》の意のヒトヒがあった、というのは不自然であるが、これがいずれも和歌の中の例であることに注意すべきである。すなわち、〝ツイタチは音便を含む語なので和歌には用いることができない(5)。しかし《朔日》の意を和歌の中で表現したい〟というときに無理をして臨時的に使われたのが、古くから算日数詞として使われてきたヒトヒではなかったか。

こういう《朔日》の意のヒトヒは、数百年後、『平家物語』や、平曲の譜本である『平家正節』にまた見えるようになる。

(96)治承《ヂセウ》四年正月一日《ヒトイ》のひ・鳥羽殿《トバトノ》には・相國《シヤウコク》もゆるさす・法皇もおそれさせ在《マシ》ましければ元日《グハンニチ》元三の間参入《サンニウ》する人もなし・〔『平家物語』（高野本）巻四・厳島御幸〕

⑰四月《ン》一《ト》日の日改元有ッて元暦《ク》と号す〔1776『平家正節』(青洲文庫本)巻15上・三日平氏〕

1592『天草本ヘイケ物語』にはヒトイが三例あるが、すべて《朔日》の意であり、1604『日葡辞書　補遺』もこの意を載せている。すなわち、1603『日葡辞書』(本編)のヒトイの項では《日数1つ》《先頃》の意だけを載せ、補遺で《朔日》の意を載せている。

Fitoi. *Hum dia.* Vt, Fitoi, futçucano aida. *Em espaço de hum, ou dous dias.* ¶ *Item, Os dias atras.* 〔『日葡辞書』本編〕

Fitoi . *Primeiro dia do mes, ou hũa nomeando o mes.* 〔『日葡辞書』補遺〕

以上により、十七、八世紀に朔日の意のヒトイがともかく用いられたことはわかったが、これは十一、二世紀から連綿と続くものではなく、またあらたに生まれた用法であろうと思う。ただ、その場合、どういう意識のもとで生み出されたものなのかは説明しがたい。

なお、他の日数詞はすべて「-カ」で終るのになぜ〔1日〕だけは「-ヒ」という言い方をするのかはよくわからない[6]。

《朔日》、すなわち暦月の第1日は平安時代以来ツイタチと言う。これはツキタチ(月立ち)の音便形とされるが、実例を探してみると、ツキタチの形は平安時代には見つからないのである。ツイタチについては第一四章で詳しく述べる。

〔2日〕

奈良時代にも確実なfutukaの例があり、語形については問題ない。本居宣長『古事記伝』や『大言海』は〝フツカはフタカの転〟とするが、何も根拠を示していない。

《二日七日《フツカナヌカ》は． 布《フ》多《タ》加《カ》那《ナ》ゝ《、》加《カ》と云べきを． 多《タ》を都《ツ》． 那《ナ》を奴《ヌ》と轉《ウツ》し云は． たゞ何となく通音《フ》にいひなれたるものなるへし．》

〔『古事記傳』（版本）十三之巻・神代十一之巻〕

『大言海』も「ふつ - か（二日）」の項で、「二日《フタカ》ノ轉」とするが、同辞書にも「ふたか」の項はなく、そのような語は全く存在しない。

なお江戸時代にはフタヒという語もあり、おもに「ひとひ、ふたひ」という形で算日表現として文章語で用いられたが、これについては第一五章で詳しく述べる。

〔3日〕

現代語ではミッカであり、この形はすでに見たように一六世紀末のキリシタン資料にも見える。平安時代の仮名文学作品には、「みか」と表記された例がいくつかあるが、(7) これによってただちに、〝〔3日〕は平安時代にはミカ（mika）であった〟と即断するわけにはいかない。なぜなら、かりに当時すでにミッカという形であったとしても、これを仮名で表記するにあたっては、促音を表記せずに「みか」と記したということも考えられるからである（平安時代の仮名文学資料においては、促音は表記しないのがふつうである）。促音は、平安時代においては、その出現の場所が現代語にくらべてはるかに限定されており、特にカ行音の前に促音が立つ例は、この時代にはまだない。(8) また、次に述べるように、現代のミカズキ（三日月）という語はおそらく〔3日〕の古形ミカを化石的に伝えるものであろう。

「三日月」は、『日葡辞書』にもミカヅキ（Micazzuqi）の形で載っている。また、③『万葉集』（993番）の「月立而直三日月之　眉根掻……」の第二句を「ただみかづきの」とよむことはまず確かであろう。(9)「三日月」は〔3日〕の古形を残しているものと見てまちがいないものと思われる。

結局、平安時代の「みか」は文字どおりミカであったとしてよいであろう。

そうすると奈良時代の形は＊mi̯ka と考えられる。

ただそれでは、ミカはなぜのちにミッカという形に変化したのか。これについては今のところよくはわからないが、〔3日〕の前後の〔2日〕と〔4日〕とがいずれも三音節であることの類推によるものではないかと思われる。なお、個数詞の〔3個〕〔4個〕は一六〇〇年ごろのキリシタン資料においてもまだミツ・ヨツであったから、(10) 個数詞の影響ということは考えられない。

〔4日〕

仮名書きの例はきわめて少ない(11)ため、ヨウカという語は従来どの辞書にも載っていなかったのであるが、私は『日本国語大辞典　第二版』の数詞語彙の執筆に関わったので、「ようか（四日）」の項を立てることができた。

従来の辞書では〔4日〕はヨカないしヨッカの形で見出しを立てている。

大槻文彦（1889~1991）『言海』は「よか」の項と「よつか」の項を立てるが、どちらの項にも用例はない（同辞書は作例と古典からの引用文〔書名は示さない〕を載せることがある）。

〜よ-か（名）〔四日〕（一）月ノ第四ノ日。ヨツカ。（二）日數四ツ。ヨツカ。

よつか（名）四日《ヨカ》ノ音便。

〔『言海』〕

上田万年・松井簡治（1915~1919）『大日本國語辭典』には「よか」の項はなく、「よっか」のみを見出しに立てるが、用例はない。

よ‐っ‐か　四日（名）〔四日（ヨカ）の音便〕㊀月の第四にあたる日。㊁日数四つ。四箇の日数。
〔『大日本國語辭典』〕

『言海』の大増補版である1932~1937『大言海』（編者の大槻文彦は一九二八年没）は、「よか」と「よっか」の項を立て、前者には用例を載せている。

よ‐か（名）‖四日‖（一）月ノ第四ノ日。ヨッカ。（二）日數四ツ。ヨッカ。玉葉集、廿、神祇「十日アマリ、よかト云フ夜ノ、ミトヒラキ、開クル御代ハ、カクゾ樂シキ」

よッ‐か（名）‖四日‖　よか（四日）ノ音便。
〔『大言海』〕

ここに引かれた『玉葉集』、すなわち『玉葉和歌集』は第一四番目の勅撰集で一三一二年成立。『大言海』が使った『玉葉和歌集』のテキストは不明だが、「十日あまりよか」とする活字のテキストは見当らないし、[12]『大言海』以後の辞書で「よか（四日）」の項にこの歌を引くものもない。

この歌は江戸時代の版本では以下のとおり。

(98)十日あまり**四よ**といふよのみとひらきひらくるみよはかくそたのしき〔1312『玉葉和歌集』（正保四年版本『二十一代集』）〈国文学研究資料館蔵無刊記小本『二十一代集』デハ「十日あまり四よといふよの御戸ひらきひらくる御代はかくそたのしき」〉〕

さらに写本を複製本で見ると、『吉田兼右筆十三代集玉葉集』は「十日あまり四よ」、『太山寺《たいさんじ》本玉葉和歌集』・『臼田甚五郎蔵正中二年奥書本玉葉和歌集』は「十日あまり四夜」で、問題部分を「四か」「よか」あるいは「四日」と

するものは見当らない。

『大言海』の用例は、版本の「四よ」を読み誤ったものではないか、と想像する。『大言海』の「よか」の項の執筆者が「十日あまり四よ」を「十日あまり四か」と誤読したとすると、その背景には端数表現についての誤った思い込みがあったものと思われる。

端数表現における助数詞は、第九章で詳しく述べたとおり、古くは、

みそもじ‐あまり‐ひともじ〔905『古今和歌集』序〕

のように、同じ助数詞を繰り返したのであったが、一一世紀末には、

ももとせ‐あまり‐みそぢ〔1086『後拾遺和歌集』序〕

のように助数詞の揃わない言い方も用いられるようになる。このことを知らずに、〝「十日あまり四夜」などという形があるはずはない〟という思い込みがあって、「十日あまり四か」と読んでしまった、ということではないか、と思うのである。

『大言海』以後の国語辞典で「よか（四日）」を見出しに立てたものとして、下中弥三郎（1934~1936）『大辞典』（平凡社）があるが、「ヨカ」の項には用例を全く示さず、また、「ヨッカ」の項も作例しか示さない。

結局、「よか（四日）」の用例として『玉葉和歌集』の「十日あまり……」の歌を挙げるものは、『大言海』以後、一つも現われなかったようである。

しかし、㉟に見たように、『日本書紀』の写本のうち、岩崎本の平安中期の訓に「ヨカ」の形が見え、これが『日本国語大辞典』には採録されている。ただし、この部分、他の写本（図書寮本）では「ヨウカ」とあり、寛文九年版本も「ヨウカ」である。

一方、ヨカの形は鎌倉時代の語源辞典の『名語記』にもある。

⑲四日ヲヨカトイヘル如何　四ハヨ也　ヨモノ反　日ハカ也　キハノ反〔経尊（1275）『名語記』巻4・40オ〕

『名語記』は、語源の説明自体には見るべきものは少ないが、各項の冒頭の問いの部分には言語感覚の良さが窺えるから、「四日ヲヨカトイヘル如何」の部分は信用してよさそうである。ヨカの形は一三世紀後半には一般化していた、と見てよかろう（ただ、『名語記』が「カ」を論ずるのに、フツカでもミカでもなくヨカを取り上げたのはなぜか、ということはやや気になるが）。

そうすると、〔4日〕は「ヨウカ→ヨカ→ヨッカ」と変化した、ということになろう。

では、岩崎本『日本書紀』（皇極紀）の平安中期点（一〇〇〇年頃）の「ヨカ」をどう見るべきか。岩崎本『日本書紀』よりも数十年前に成立した『後撰和歌集』『蜻蛉日記』や、岩崎本とほぼ同じ頃の『源氏物語』に「ようか」があるから、「ヨカ→ヨウカ」と変化した、とは考えにくい。むしろ、〝ヨウカの方が古形であって、岩崎本『日本書紀』（皇極紀）の「ヨカ」はヨウカの縮約形、または長音無表記の形である〟と考えた方がうまく説明がつく。また、母音が連続していて一見、妙に見えるヨウカという形は実は、第五節に見るとおり、規則的な形なのである。

ヨッカという語形は、〔3日〕の項で述べた理由から、平安時代まではさかのぼれない。『蜻蛉日記』の「ようか」について、「促音の表記法によっては「ようか」と書かれる可能性があった」、すなわち、〝「ようか」はヨッカをあらわしたものだ〟と見る国文学者の説[13]があるが従えない。

ともかく、ヨウカという語が平安時代に存在したことは確かであるが、「ヨウカ→ヨッカ」という不規則な音韻変化はなぜおこったのか。これは次のように説明できるであろう。

平安時代のヨウカ（[jouka]）がそのまま後世に引きつがれたとすると、[jo:ka]となったはずである。また、〔8日〕は平安時代の文献には「やうか」と書かれているが、おそらく平安時代後期にはすでに実際の発音は[jɔ:ka]に近いものになっていたものと考えられ[14]、キリシタン資料ではyǒka（発音は[jɔ:ka]）と書かれ、江戸時代に入ると、

さらに［jo:ka］となり、現代に及ぶ。

オ段長音の開合の区別（［ɔ:］と［o:］の区別）は、一六〇〇年前後のキリシタンのローマ字資料でも〝ǒ対ô〟という形でほぼきちんと書きわけられているが、すでに鎌倉時代にもいくつか混同の例が見え、室町時代にはしだいにその例が多くなっていった。

そこで、〔4日〕が規則どおりに［jouka］→［jo:ka］となったのでは、〔8日〕（［jɔ:ka］→［jo:ka］）との区別がつかなくなってしまう。この混乱はなんとしても防がなくてはならない。そのためには〔4日〕と〔8日〕のうちすくなくとも一方の語形を変えなくてはならない。

以上のような事情から、結果として、〔8日〕はヤウカが規則的に変化したヨーカ（［jo:ka］）の形が残り、〔4日〕は［jokka］という新しい形を持つに至った。

〔4日〕は「ヨウカ→ヨッカ」と変化したか、「ヨウカ→ヨカ→ヨッカ」と変化したのだろう。

奈良時代の形もおそらく*yo$_2$uka。

〔5日〕

語形には問題はない。奈良時代の形もおそらく*ituka。

〔6日〕

平安時代の文献における仮名書きの例はすべて「むゆか」であって、「むいか」と記したものは一例もない。

『大日本國語辭典』『大言海』には「むいか（六日）」の項と「むゆか（六日）」の項とがある。

むいか　六日（名）〔むゆかの轉〕㈠月の第六の日。むゆか。むよか。㈡日數六つ。

（諺）六日の菖蒲（アヤメ）〔五月五日の節句の翌の六日の菖蒲の義〕時機に遅れて役に立たざること。新六帖「

「いかにせん今は六日のあやめぐさ、引く人もなき我が身なりけり」

むゆか　六日（名）㊀むいか（六日）の轉。新六帖一「いかにせん今はむゆかのあやめ草、ひく人もなき我が身なりけり」㊁死にたる人を忌みていふ語。三三（散散）といふ謎。俚言集覧〔1915~1919『大日本國語辭典』〕

むい-か（名）―六日―〔六日《ムカ》ヲむうかトシタルノ轉〕（一）又、むゆか。むよか。月ノ第六ノ日。（二）日數、六ツ。

むゆ-か（名）―六日―〔六日《ムカ》ノ延轉〕むいか（六日）ニ同ジ。新六帖、一「イカニセン、今ハむゆかノ、アヤメ草、ヒク人モナキ、我身ナリケリ」〔1932~1937『大言海』〕

「むいか（六日）」・「むゆか（六日）」の項〔上田万年・松井簡治（1952）『修訂大日本國語辭典　新装版』、冨山房、p.2106, p.2123 より〕

むい-か　六日（名）〔むゆかの轉〕㊀月の第六の日。むゆか。むよか。㊁日數六つ。
（諺）六日の菖蒲《アヤメ》〔五月五日の節句の翌の六日の菖蒲の義〕時機に遲れて役に立たざること。新六帖一「いかにせん今は六日のあやめぐさ、引く人もなき我が身なりけり」
（諺）六日の菖蒲《シヤウブ》　前條に同じ。平家十一、志渡合戰「六日のしやうぶ會にあはぬ花、いさかひはてての ちぎり木かな」
む-いかいさん〔無意解散〕（名）【法】

むゆ-か　六日（名）㊀むいか（六日）の轉。新六帖一「いかにせん今はむゆかのあやめ草、ひく人もなき我が身なりけり」㊁死にたる人を忌みていふ語。三三（散散）といふ謎。俚言集覧
む-よう〔無用〕㊀用なきこと。

『大日本國語辞典』は語源について、〝「むいか」は「むゆかの轉」〟だとしながら、〝「むゆか」は「むいか（六日）の轉」〟だとあって、完全に矛盾しているし、「むいか」の用例としても「むゆか」の用例としても同じ『新六帖』の「いかにせん……」の歌を挙げるのも矛盾している。

なお、『大日本國語辞典』（「むいか」および「むゆか」の項）と『大言海』（「むゆか」の項）はそろって『新六帖』、すなわち『新撰六帖題和歌』の「いかにせん……」の歌を用例として引いているが、これらの辞書の編纂者たちが使用したかと思われる版本では、(100)で見るように、かんじんの〔6日〕は漢字で書かれており、さらに写本でも仮名書きのものは見つからないので、この場合の用例とはなしがたい。

(100)いかにせん今は六日のあやめ草ひく人もなき我身成けり〔1244『新撰六帖題和歌』（万治三年版本）第一帖〕〈慶長五年細川幽斎筆本・穂久邇文庫モ漢字デ「六日」。コノ歌ハ『夫木和歌抄』ニモ収メラレテイルガ『新編国歌大観　第二巻』所収ノ『夫木和歌抄』2667番（底本ハ静嘉堂文庫蔵室町末期写本）ト永青文庫本『夫木和歌抄』デモ「六日」〉

1592『天草本ヘイケ物語』ではまだムユカの形が用いられていることはすでに第三節の表1で見たが、平曲においてもやはりムユカが用いられた[15]。しかし、一七世紀以降は、一般には、現代と同じくムイカの形が用いられたようである[16]。

『大言海』は、「むいか」の項に「六日《ムカ》ヲむうかトシタルノ轉」と説くが、ムカもムウカも実在しない。

奈良時代の形もおそらく*muyuka。

なお、現代の方言でムユカの形を用いる所がいくつかある（詳しくは第七節を参照）。

また、現代東北方言では、ムユカから転じたと思われるムヨカの形が用いられる（詳しくは第一六章を参照）。

〔7日〕

759『万葉集』にも仮名書きの **nanuka**（「奈奴可」）があり、また平安時代（およびそれ以降）にも仮名で「なぬか」と記した例がかなり多数あり、古い形がナヌカであることは疑いない。

現代東京語では、ナノカが主に用いられるが、『日本国語大辞典』（初版）はナノカの用例を一つも挙げていない。意外にも、ナノカの用例はなかなか見つからないのである。

私は曲亭馬琴『南総里見八犬伝』に「七日《なのか》」の例を見つけたので、以下のように『日本国語大辞典　第二版』に載せておいた（馬琴は江戸深川の旗本屋敷で生まれ、その後も江戸で育った）。

＊読本・南総里見八犬伝（1812–42）五・四四回「弁天堂に七日（ナノカ）許（ばかり）参籠して」

＊読本・南総里見八犬伝（1812–42）六・六〇回「没遺（いりのこ）りたる七日（ナノカ）の月の、山陜になほ幽なる、影を便著（たづき）に晴（まなこ）を定めて」

なお、（　）内の片仮名は、『日本国語大辞典』独自の約束事で、原文にあるルビを表わす。この例を含め、『南総里見八犬伝』における日数詞の「七日」のルビは一貫して「なのか」だが、「初七日」のルビは「しよなのか」と「しよなぬか」の両方があり、「三七日」のルビは「みなのか」である。

(101)その初七日《しよなぬか》を二七夜《ふたしちや》（『南總里見八犬傳』肇輯・7回）

(102)けふなん母《はゝ》の初七日《しよなのか》也（『南總里見八犬傳』第二輯・16回）

(103)なき人《ひと》の三七日《みなのか》もはや過《すぐ》させ給ひしに（『南總里見八犬傳』第二輯・20回）

つぎに明治時代に目を転ずると、《朝日新聞》に連載された夏目漱石の小説 1910「門」の「七日」のルビは「なのか」と「なぬか」の両方がある。

⑩七日《なのか》に一返《ぺん》の休日《きうじつ》が來《き》て〔「門」二の一〕
⑮七日《なぬか》の間結跏《あひだけつか》したぎり少《すこ》しも動《うご》かなかつたのである。〔「門」二十〕

また、同じく《朝日新聞》に連載された1907「虞美人草」〔五の二〕にも「七日《なのか》」はある。どちらの作品も連載の翌年単行本となるが、ルビは新聞とは異同があり、以下の三パターンがある（「ナヌカ→ナノカ」の例はない）。

	新聞	単行本
(1)	ナノカ	→ナヌカ
(2)	ナノカ	→ナノカ
(3)	ナヌカ	→ナヌカ

言うまでもなく、ルビは著者自身が加えたものの他に編集者などが加えたものがありうるわけだが、『門』や『虞美人草』の著者自筆原稿が見られない今、これらのルビが誰の手によるものなのか、の詮索はしないが、一九一〇年ごろの東京で刊行されたものにおいて、ナノカとナヌカの両形があったことは確認できた。

現代の東京ではナヌカは比較的まれにしか聞くことがないが、関西方言では現在でも老人はナヌカと言っているようである。ナノカは江戸・東京を中心とした新しい形であった。

ホフマン『日本文典』(J. J. Hoffmann (1868)『A Japanese Grammar』§43. Enumeration of the days.) にはムユカとムイカの両形、ナヌカとナノカの両形を載せる。

6. 六《ムユ》日《カ》, *Muyu-ká*, vulgo *Mui-ká*.
7. 七《ナヌ》日《カ》, *Nanu-ká*, ,, *Nanó-ká*.

右側の形は「vulgo（普通には）」とあるから、日常的な形はムイカ・ナノカであって、ムユカ・ナヌカは非日常的なやや硬い感じの語だ、というのであろう。

ヘボン（1867）『和英語林集成』〔初版〕には、ナヌカ（NANUKA）の項はあるがナノカの項はない。再版（1872）、三版（1886）も同様。

チェンバレンもホフマンと同じように、ナヌカは「vulgar（俗語形）」だとしている。すなわち、Chamberlain（1888）『A HANDBOOK OF COLLOQUIAL JAPANESE』の巻末の語彙一覧には、ナノカとナヌカの両方があって、

nanoka, vulgar for *nanuka*.
nanuka, seven days, the seventh day of the month.

とある、すなわち、ナノカはナヌカの俗語だというのだが、本文で数詞を論じた第6章の¶170では「nanoka」のみを示している。そしてこれが第2版（1889）では、「nanuka」に改められている（語彙一覧には変更なし）。

国語学者の小林好日は明治一九（1886）年に東京に生まれ、大学までずっと東京の学校に学んだが、小林（1922, p.120）で言う。

なぬかをなのかといひ、ここのかをここぬかといふ地方もあるが、これは東京語のなぬか、ここのかに従ふべきものであらう。

以上のホフマンから小林までを見ると、ナノカは東京では実際にはよく用いられたが、識者は、ナヌカの方が好ま

しい、と思っていたようだ（小林はナノカは東京語ではない、と見ていたらしいが）。

現代東京語の「ナヌカ／ナノカ」について米原万里（2001）は言う。

> なぬか
>
> 「七日」と記される何の変哲もない言葉。つい二十年ほど前の調査では、西日本では「なぬか」と発音する者が多く、逆に東日本では、「なのか」と発声【ママ】する者が大勢を占めていた。〈略〉現在は、「なのか」が西日本でも多数派になりつつあり万葉集では「なぬか」とされていた発音はどんどん駆逐されつつある。
>
> 　そういう流れは、放送界では比較的保守的なＮＨＫのアナウンサーの発音にも如実にあらわれていて、とくに若手の中には「なのか」と発音するものが、ものすごい勢いで増えている。ＮＨＫ自身も、両方を容認する構えのようだ。

以上によって、一九世紀の初めに江戸で使われ始めたナノカは、明治時代の東京ではナヌカと併用され、その後、徐々にナノカが優勢になっていった、ということがわかる。

〔8日〕

奈良時代には仮名書きの例はないが、平安時代には「やうか」と記した例がいくつかある（ごくわずか見える「やをか」は、ヤウカから転じた形と見ることができよう[17]）。

キリシタン資料に見える「yŏca」という形が、この平安時代のヤウカを受けついだものであることは言うまでもない。

このヤウカという形は、ヨウカ（〔4日〕）などと同じく、じつは規則的な形なのであって、奈良時代においても

*yauka であったと考えられるが、多くの辞書が、〝ヤウカはヤカから転じた形であり、ヤカの用例は『古事記』ないし『日本書紀』にある〞としている。

や‐か 名 八日。やうかにおなじ。古語。記「かくおこなひさだめて、ひやか、よやよをあそびたりき」

〔落合直文（1898）『ことばの泉』〕

やう‐か 八日（名）〔八日（ヤカ）の延〕一日數八つ。二月の第八の日。源手習「月ごとの八日」

やうか の ひ 八日日 やうか（八日）に同じ。古今秋上「八日の日よめる」

や‐か 八日（名）やうか（八日）の原語。記上「日八日（ヤカ）夜八夜以遊也」神代紀下「八日（ヤカ）八夜、啼哭悲歌」

〔1915~1919『大日本國語辭典』〕

やう‐か（名）一八日一〔八日《ヤカ》ノ延〕（一）日數八ツ。（二）月ノ第八ノ日。古今集、四、秋、上「やうかノ日ヨメル」

〔や‐か（名）一八日一今、延ベテ、やうか。神代紀、下「八日《ヤカ》八夜、啼哭悲歌」

〔1932~1937『大言海』〕

しかし、これらの〝用例〞はじつは全くあてにならないものなのである。

まず、『古事記』について見てみよう。『古事記』には、漢字で「八日」と書かれた所は、右にも引用された天稚彦の条の「日八日夜八夜以遊也」の一か所しかない。この部分の訓は、古事記学会（1957~1958）『諸本集成古事記』を見れば一目瞭然であるが、本居宣長の『訂正古訓古事記』以前の諸本（道果本・伊勢本〔＝道祥本〕・伊勢一本〔＝春瑜本〕・

鈴鹿登本・前田本・猪熊本・寛永版本・鼇頭古事記）では、「日八日」の「八日」に訓をつけたものは一つもないのである（はじめの「日」に助詞「は」を補ったものはいくつかある）。

そしてこの「ヤカ」というよみ方が宣長の創案によるものであることは、『古事記伝』や『玉勝間』を見れば明らかである。以下、《 》内は原文の小字二行割りの部分、【 】内は安田が補った部分である。

〇日八日夜八夜《ヒヤカヨヤヨ》．八日は八夜《ヤヨ》に對《ムカ》ひたれば．耶比《ヤヒ》と訓べきが如くなれども．猶耶加《ヤカ》と訓べし．中巻倭建《ノ》命《ノ》段《ノ》哥に．迦賀那倍弖《カヾナベテ》．用迩波許ゝ能用《ヨニハコヽノヨ》．比迩波登袁加袁《ヒニハトヲカヲ》．これ夜《ヨ》に對へても．日は伊久加《イクカ》と云證なり．《さて八日は．古今集などに耶宇加《ヤウカ》と見え．常にも然いへど．そは音便にて．耶《ヤ》を延《ベ》たるものにて．古言の正しき例には非ず．六日《ムカ》を牟由加《ムユカ》と云も同じ．されば耶加牟加《ヤカムカ》と書て．耶宇加牟由加《ヤウカムユカ》と讀《ム》はさもあるべし．》さて此《コノ》《二日三日八日《フツカミカヤカ》十日《トヲカ》などの》加《カ》は．日数《ノ》を云言《フ》にて．彼御哥《ノ》の迦賀那倍弖《カヾナベテ》も．日ゝ並而《カヾナベテ》にて．日数を並《ナラ》べ計《カゾ》ふるを云なり．《屈並《カガナベ》考へなど云説は．みな非なり．》……《……さて二日《フツカ》より以上はみな．伊久加《イクカ》と云を．一日《ヒトヒ》のみは．比止加《ヒトカ》とは云《ハ》ぬは．いかなる故にか．未思《ダヒ》得ず．凡てかゝる言は．神代のまゝの古言なれば．心所由《ヨシ》ありなむ物ぞ．又二日七日《フツカナヌカ》は．布多加那ゝ加《フタカナヽカ》と云べきを．多《タ》を都《ツ》．那《ナ》を奴《ヌ》と轉《ウツ》し云は．たゞ何となく通音《フ》にいひなれたるものなるへし．》……

〔『古事記傳』（版本）十三之巻・神代十一之巻〕

然而をしかうしてとよむは．しかしてに．うを添たるにて．八日《ヤカ》をやうか．女房《ニヨバウ》をにようばうといふ類也

〔『玉勝間』（版本）一の巻・からぶみよみのことば〕

つぎに『日本書紀』を見てみよう。同書には「八日」は四例ある。(18)

a　而**八日**八夜啼哭悲歌〔巻2・神代下・天稚彦〕

b　吾者**八日**以後方致天孫於海宮〔巻2・神代下・海幸山幸・一書4〕

c　故天孫随鰐所言留居相待已**八日**矣〔巻2・神代下・海幸山幸・一書4〕

d　以**八日**鶏鳴之時順西南風放船大海〔巻26・斉明7年5月・注〕

これらの「八日」は、みな訓で読んだものかと思われるが、実際に訓をつけた本は意外にすくない。最後のdは、写本〔北野本〕はもちろん、寛文九年版本においても無訓である。a・b・cはいずれも「神代下」の巻にある。写本を見てみると、

鴨脚《いちょう》本――aは欠損。b・cは無訓。

水戸本・丹鶴叢書本・兼方本・兼夏本――a・b・cすべて無訓。

図書寮本――aは「ヤヒ」（而八《ヤ》日《ヒ》八《ヤ》夜《ヨ》啼《ヲラビ》｜哭《ナキ》｜悲《カナシビ》｜歌《シノフ》）。b・cは無訓。

というしだいである。唯一の付訓の例である図書寮本には巻末に「興國七【1346】年十一月十三日」の識語があるが、aの部分を含む前半部分は後世（江戸時代初期か）の補筆である。なお、寛文九年版本はa・b・cすべてを「ヤイ」と読んでいる[19]。

ここに、ヤウカでもヤカでもない「ヤヒ／ヤイ」という形が登場したわけであるが、この形は平安・鎌倉時代の古写本には見えないから、おそらくは室町時代の学者・神道家が作り出したものであろう。その背景には、本来のヤウカ（[jɔːka]）という語が、いかにも〝音便の結果として生じたくずれた形〟と感じられた、ということがあるものと思われる。

なお、鴨脚本・水戸本・丹鶴叢書本・兼方本・兼夏本等、鎌倉時代の本に訓がないのは、あたりまえにヤウカとよむことを消極的に示したものと見るべきである。

結局、〝ヤウカはヤカの転〟とする説は本居宣長が言い出したことで古い文献にはヤカの用例は全くない、ということがはっきりした。

奈良時代の形もおそらく*yauka。

〔9日〕

平安時代の作品における仮名書きの例はほとんどすべてココヌカであって、ココノカとしたものはごくわずかである。この二つの語形を『大日本國語辞典』と『大言海』がどう扱っているかを見ておこう。

ここぬか 九日（名） ここのか（九日）に同じ。大井河行幸和歌序「我が君の御代なが月のここぬかは」後撰 秋下「なが月のここぬか、鶴のなくなりにければ」拾遺 秋「なが月のここぬかごとにつむ菊の、花のかひなく老いにけるかな」

ここのか 九日（名）㈠月の第九の日。ここぬか。㈡九つの日數。長能集「心うき年にもあるかな、はつか餘りここのかといふに春はくれぬる」

〔『大日本國語辭典』〕

ここ-ぬ-か（名）九日 次次條ヲ見ヨ。

ここの（數）（連體）〈略〉

ここのか（名）―九日―〔九《ココ》の日《カ》ノ義、ここぬかハ、音轉ナリ、七《ナノ》日、なぬか。野《ヌ》、の。沼《ノマ》、ぬま〕（一）日數《ヒカズ》、ココノツ。「九日ノ旅路」（二）月ノ、第九ノ日。ここぬか。長能集「心憂《ウ》キ、年ニモアルカナ、二十日《ハツカ》アマリ、ここのかト云フニ、春ハ暗《ク》レヌル」（三月廿九日小盡）拾遺集、三、秋「長月ノ、ここぬか毎ニ、摘《ツ》ム菊ノ、花ノカヒナク、老イニケルカナ」（九月九日）

〔『大言海』〕

ココヌカとココノカのどちらが古い形なのか、『大日本國語辭典』は明示していないが、『大言海』は「ココノカ→ココヌカ」とする。

ココノカの平安時代の用例は、『新編国歌大観　CD-ROM版　Ver.2』で検索しても『長能集』の⑱「心憂き……」の歌しか見つからない。『國書總目録』によれば、『長能集』の伝本のうち版本は『群書類従』巻252所収のもののみで、あとは写本である。国文学研究資料館にある、各地の図書館所蔵の写本（神宮文庫本を含めて一五本）の写真と、国文学研究資料館所蔵の写本（一本）とのすべてを見たが、〔9日〕の表記は「九日」または「こ丶のか」であり、「こ丶のか」とするものはすべて江戸時代の写本である。

一方、この「心憂き……」の歌は『長能集』以外にもいろいろな歌論書・説話集に載せられているが、いずれも「こ丶ぬか」あるいは「九日」であって、ココノカとしたものはないのである。(20)

『長能集』は藤原長能［一〇〇九年ごろ没］の家集であるが、今残るテキストは江戸時代かせいぜい室町時代のものであって、この「心憂き……」の歌の「こ丶のか」は『長能集』の古い形を伝えるものではない、と考える。

結局、平安時代の語形は、「大井河行幸和歌序」・『後撰和歌集』・『拾遺和歌集』に見えるようにココヌカであったろう。

奈良時代の形はおそらく*ko_2ko_2nuka。

なお、現代の方言において、ココヌカを用いる所がいくつかある。詳しくは第七節参照。

〔10日〕

奈良時代の形はto_2woka。これが平安時代に引きつがれればトヲカとなるはずであるが、平安時代の文献では、現存の写本（青谿書屋本『土左日記』や平安時代末期書写のものを含む）によるかぎり、「とをか」とするものよりも

「とうか」とするものの方が多い。

一方、個数詞〔10個〕は、たとえば『伊勢物語』（三条西家旧蔵天福本）[21]では「とお」（第16段に二例）、あるいは「とを」（第50段に二例）と書かれ、『蜻蛉日記』（桂宮本）でも「とを」（三例）と書かれている。

これはオ段長音（合音）の実際の音価と表記法の問題であるが、これにはアクセントもからんでいるらしい[22]。

なお、前田本『日本書紀』巻14・雄略8年2月の条に「與高麗・相守十餘日《トカアマリ》」とある「トカ」（図書寮本も同じ）は、トヲカあるいはトウカの長音無表記と見ることができよう。

〔20日〕

語形には問題はない。『大言海』は「はつか（二十日）」の項で「二十日《ハタカ》、ノ轉」とするが、同辞書にも「はたか」の項はなく、そのような語は存在しない。

奈良時代の形もおそらく*fatuka。

〔30日〕

語形には問題はない。奈良時代の形は、個数詞〔30個〕がmi_1so_1tiであるところから[23]、*mi_1so_1kaと考えられる。

〔40日〕

語形には問題はない。奈良時代の形はおそらく*yo_2so_1ka[24]。

〔50日〕

平安時代の形はイカ。奈良時代の形も、『万葉集』の「五十日太《イカダ》」（筏）の例から[25]*ikaと考えてよいであろう。

個数詞〔50個〕は、後世はイソヂであるが、古くはイチという形であったらしく、イカはこのイチに対応する形である。

〔100日〕

奈良時代の形も momoka（←*mo_1mo_1ka）で、問題はない。

〔500日〕

諸辞書は「いほか」の項を立てて、『竹取物語』の、

　船のゆくにまかせて海にたゞよひて五百日と云たつの時はかりにうみの中にはつかにやま見ゆ〔古活字十行本〕

を用例として挙げているが、新井信之（1944）『竹取物語の研究　本文篇』に収められた諸本（右の古活字十行本のほか、古本・正保三年版本を含む一〇本）・武藤本[26]・群書類従版本等すべて「五百日」とあって、仮名で記したものはない[27]。また、イホカの用例としてこの『竹取物語』の例以外の古典の用例を載せる辞書も見あたらない。結局、イホカを仮名で書いた例はどこにも示されていないのである。ただ、イホチ（500個）やヤホカ（800日）の例から見て、イホカという言い方もあったかも知れない。

〔800日〕

『万葉集』（の写本の訓）およびこれにもとづく『拾遺和歌集』・『拾遺和歌抄』の歌以外には用例は見あたらない。「ヤホカ→ヤヲカ」と考えられるが、平安時代においても、奈良時代においても、実際に用いることはほとんどなかったものと思われる。

奈良時代の形は一応、*yafoka。

第四節　《11日》～《19日》、《21日》～《29日》の表わし方

以上は語形を中心として見てきたが、ここで《11日》～《19日》、《21日》～《29日》の類の言い表わし方をまとめておく。用例の数が多くないので確実なことはわからないが、この場合には、暦日と算日とで表現法がすこし異なるようである（以下の用例はほとんどすべて第三節に既出のもの）。

算日数詞

㊲ふねにのりしひよりけふまでに**はつかあまりいつか**になりにけり〔『土左日記』（青谿書屋本）1月16日〕

(53)けふゝねにのりしひよりかぞふれは**みそかあまりこゝぬか**になりぬ〔同、1月30日〕

(57)こゝろうきとしにもあるかな**はつかあまりこゝぬか**といふにはるのくれぬる〔『古本説話集』上・第26話〕（コレハ暦日数詞トトレナクモナイ）

暦日数詞

(60)よひとよさけをのみものかたりしけるに**とをかあまりひとひ**の月かくれなんとしけるおりに〔『古今和歌集』（志香須賀本）巻17・雑上・884番・詞書〕

(66)しはすの**はつかあまりひとひ**のひのいぬのときにかとです〔『土左日記』（青谿書屋本）12月21日〕

(106)伊せのいつきのみやあきのゝみやにわたりたまひての後の冬の山風さむく成てはしめ**はつかなぬか**のよかのえさるにあたれり〔『源順集』（宮内庁書陵部本『歌仙集』）〕（「はつかなぬか」デ《27日》ノ意）

㊷はての月の**とうかむゆか**はかりなり〔『蜻蛉日記』（桂宮本）中・天禄2年12月〕

(107)十七日あめのとやかにふるに……ほふしのもとよりいひおこせたるやういぬる**五日**のよのゆめに……〔同、下・天禄3年2月〕（「五日」ハ《15日》ノ意）

(108)さて廿五日のよゝひうちすきてのゝしる……その**五六日**はれいのものいみときくをみかとのしたよりなんとてふみあり……**なぬか**はかたふさかる**やうか**のひひつしの時はかりに……〔同、下・天禄3年2月〕（「その五六日」ハ《25日・26日》、「なぬか」ハ《27日》、「やうか」ハ《28日》ノ意）

(109)廿日はさてくれぬ**一日**のひより四日れいのものいみときく〔同、下・天禄3年3月〕（「一日」ハ《21日》ノ意）

(110)かのわか君のみむかへすべき日、**廿日あまり一日**の日となんさだめたる〔『うつほ物語』（前田本）祭の使〕

右に見るとおり、算日の場合にはすべて（と言ってもわずか三例であるが）、アマリを用いて「――カ　アマリ　……カ」という言い方であるが、暦日の場合には三とおりの言い方がある。すなわち、

(1)算日と同じく、「――カ　アマリ　……カ（ヒトヒ）」。

(2)アマリを省いて、「――カ　……カ」（例、「はつか　なぬか」）。

(3)アマリだけでなく、「――カ」（〔10日〕または〔20日〕）の部分さえ省いて、単に「……カ」。

右のうち、(3)の言い方が算日表現には使えないことは言うまでもないが、(2)の言い方がはたして算日表現に使えなかったのかどうかは不明である[28]。

なお、(2)の言い方は、沖縄方言の一部では比較的最近まで行なわれていたらしい[29]。

第五節　日数詞の語構成

五・一

日数詞の語構成は、通説では、〝数詞（厳密には、筆者の言う「個数詞」）の語幹に助数詞カがついたもの〟とされるが、もしそうならば、たとえば〔2日〕・〔7日〕・〔8日〕・〔20日〕はそれぞれフタカ・ナナカ・ヤカ・ハタカであるはずであるが、すでに見たように、そのような語形は実際には存在しないのである。

そのため、〔2日〕・〔7日〕については「多《タ》を都《ツ》、那《ナ》を奴《ヌ》と轉《ウツ》し云《フ》は、たゞ何となく通《フ》音にいひなれたるもの」（『古事記伝』）とし、〔8日〕については、「耶《ヤ》を延《ベ》たるもの」（『古事記伝』）、「うを添たる」もの（『玉勝間』）、あるいは「ウの挿入」（築島裕[30]）とし、〔9日〕については、〝ココノカ→ココヌカ〟という、事実と全く逆の「音轉」（『大言海』）とし、〔4日〕については、「促音の表記法によっては「ようか」と書かれる可能性があった」（秋山虔ほか[31]）

とするなど、全くばらばらで説得力のない説明をするほかなかったのであった。
これは、〝数詞の語幹にカがついた〟とする考えを改めなければ解決しないのである。

五・二

ここであらためて、これまで古い文献によって確認してきた語形を表2にまとめておこう。

表2　平安・奈良時代の日数詞と個数詞語幹

	日数詞 平安時代	日数詞 奈良時代	個数詞語幹 奈良時代
n	ikuka		iku-
1	fitofi〔算日〕	fi$_1$to$_2$fi$_1$〔算日〕	fi$_1$to$_2$-
2	futuka	futuka	futa-
3	mika		mi$_1$-
4	youka, yoka		yo$_2$-
5	ituka		itu-
6	muyuka		
7	nanuka	nanuka	nana-
8	yauka		ya-
9	kokonuka		ko$_2$ko$_2$no$_2$-
10	towoka, touka	to$_2$woka	* to$_2$wo-
20	fatuka		fata-
30	misoka		mi$_1$so$_1$-
40	yosoka		yo$_2$so$_1$-
50	ika	* ika	* i-
100	momoka		mo$_1$mo$_1$-
800	yawoka (←* yafoka)		

表3　日数詞の祖形

n	ikuka ←* iku-uka
2	futuka ←* futa-uka
3	mika ←* mi$_1$ka ←* mi$_1$-uka
4	youka ←* yo$_2$-uka
5	ituka ←* itu-uka
6	muyuka ←* muyu-uka
7	nanuka ←* nana-uka
8	yauka ←* ya-uka
9	kokonuka ←* ko$_2$ko$_2$nuka ←* ko$_2$ko$_2$no$_2$-uka
10	to$_2$woka ←* to$_2$wo-uka
20	fatuka ←* fata-uka
30	misoka ←* mi$_1$so$_1$ka ←* m$_1$so$_1$-uka
40	yosoka ←* yo$_2$so$_1$ka ←* yo$_2$so$_1$-uka
50	ika ←* i-uka
100	momoka ←* mo$_1$mo$_1$ka ←* mo$_1$mo$_1$-uka
800	yawoka ←* yafoka ←* yafo-uka

太字で示したように、多くの日数詞は -uka で終っているが、なぜ u という母音があらわれるのか、〔n日〕・〔5日〕以外は通説によってはどうしても説明ができない。むしろ、〝この u はもともと存在したもの〟と考えた方がうまく説明がつくのではなかろうか。

すなわち、表3に示したように、〝日数詞の祖形は、個数詞語幹に uka なる語が付いたものであった〟と考えるのである。

この場合、多くは母音の縮約がおこるが、それにはある程度の規則が見いだせそうである。すなわち、

（1）個数詞語幹が二音節・三音節のばあい——個数詞語幹の最後の母音が消える。

（2）個数詞語幹が一音節のばあい——個数詞語幹の母音は消えないで残る。そして、

（2・1）個数詞語幹の母音が i_1 のときは -uka の u が消える。

（2・2）個数詞語幹の母音が i_1 以外の母音（a・o_2・o_1）のときは、いずれの母音も消えない。

ikuka（←*iku-uka）《n日》、ituka（←*itu-uka）《5日》の場合は、いずれの u が落ちたとも言えないが、一応（1）に含めうる。また、mi_1so_1-、yo_2so_1- は二音節ではあるが、10を意味するのは -so_1- であるから、一音節語幹の場合に準ずることになる。

だいたい以上のようにまとめられるであろう（ただし、〔10日〕・〔100日〕は例外として残る）[32]。そうすると、-uka で終わるフツカ・ヨウカ・ムユカ・ナヌカ・ヤウカ・ココヌカ・ハツカこそが本来の規則的な形であることになる。

なお、muyuka（←*muyu-uka）《6日》の muyu は、個数詞6の mu-tu からするとやや不規則な形であるが、『日本書紀』巻14・雄略9年5月の条の「以二韓奴室・兄麻呂・弟麻呂・御倉・小倉・針、六口一送二大連一」の「六口」（6

人の意）に「ムユ」という訓を付した写本（前田本・図書寮本）があり、(33) また、唱数詞（口で唱えながら物の数を数える時の数詞。現代語では「ヒー・フー・ミー……」）の６も古くは「ムユ」という形であったから、(34) 全く特異な形というわけではない。ただし、〝この「ムユ」はムツに対応する連結形である〟とまで言えるかどうかは今のところ断定しかねる。

五・三

では、ウカという単独の例があるのかというと、残念ながらこれは存在しないのである。おそらく、奈良時代をさかのぼること相当古くに数詞（個数詞の語幹）と結合し、それ以外には用いられることがなくなってしまったのであろう。

しかし、**uka** なる語を想定することによりはじめて、これまで個々ばらばらの語源説明をするしかなかった日数詞を統一的にとらえることができるようになるのである。また、たとえばココヌカ（***ko$_2$ko$_2$nuka**）《９日》・ヨウカ（***yo$_2$uka**）《４日》において、上代における音節結合の通例に反して **o$_2$** と **u** とが一語の中に共存することも、**uka** が元来は独立の語であったと考えることにより説明がつくのである。

五・四

本居宣長が筑波問答の「カガナベテ」（用例⑤⑥）を「日《カ》ゝ《ゞ》並而《ナベテ》」（『古事記伝』十三之巻）として以来、これが通説化しているが、宣長以前にかえって、〝指折り数えて〟と解することもできよう。

また、『万葉集』などに見える「気《ケ》ながし」・「長き気《ケ》」などの **ke$_2$** も、一応、この ***uka** とは無関係であろうと思われる。(35)

五・五

日数詞は算日表現にも暦日表現にも使われるわけで、どちらの用法が本来のものであるのかが問題となるが、これについては第一四章で論ずる。

第六節　現代の方言における日数詞

現代でも、方言によってはムユカ（6日）・ナヌカ（7日）・ヤウカ（8日）・ココヌカ（9日）の形が残っている。

六・一

森彦太郎（1924）『南紀土俗資料』は言う（p.210）。

日を數ふるとき、「七日」「九日」を「なのか」「こゝのか」といはずして、多く「なぬか」「こゝぬか」といひ、分數を示すに〈略〉

この『南紀土俗資料』は著者自刊で、奥付に編輯兼発行者は「和歌山縣日高郡南部町　森彦太郎」とあるから、南部町【現、みなべ町】の方言を記したものであろう（【登校日】は原文どおり）。

六・二

和歌山県東牟婁《ひがしむろ》郡北山村の北山小学校のホームページ［http://homepage.mac.com/shibahiro/kitash］には、平成一八年度には以下のようにあった。ここではまだココヌカの形が生きているのであろう（【登校日】は原文どおり）。

夏休みを楽しく過ごそう！　北山小学校（平成18年度）
【登校日】・・・8月9日《がつここぬか》（水）、8月22日（火）

六・三

三重県の「松阪地区広域消防組合」のホームページ［www.mie-matsusaka119.jp］の「キッズコーナー」のクイズの答えに、「救急《きゅうきゅう》の日《ひ》は9月9日《くがつここぬか》です。」とあるから、「松阪地区」ではココヌカが生きているようである。

そこで、三重大学に勤務したことのある山本真吾の教示を二〇一三年に仰いだところ、山本は三重県在住の複数の知人に問い合わせた上で、以下のような情報を寄せてくれた。

A　三重県の松阪では七十代はムユカ・ナヌカ・ココヌカを使う。四十代はムイカ・ナヌカ・ココヌカを使う。
B　三重県の鈴鹿・亀山・津ではナヌカ・ナノカの両方、ココヌカ・ココノカの両方を使う。ムユカとはあまり言わないようだ。
C　三重県の四日市の四十代の女性の証言――ナヌカ・ココヌカは無意識に使っている。ムユカは聞いたことがない。

六・四

ムユカは以上のほか、徳島県・香川県・愛媛県・高知県でも使われている。さらに、宮崎勝弐（1982, p.161~163）によれば、沖縄県の宮古諸島でも使われている。

また、ムユカから変化したムヨカという形が東北地方で用いられているが、これについては第一六章で詳しく述べる。

六・五

〔8日〕を［jauka］と発音する所が沖縄県の先島《さきしま》方言にある。すなわち宮崎勝弐（1982, p.162~163）によれば、宮古諸島・八重山諸島の各地における暦日（日付）の〔8日〕の言い方は以下のとおりである。

〔宮古〕　**yaoka**（来間《くりま》、新里、伊良部）、**yauka**（大神、池間）、**yōka**（上地）

〔八重山〕**yauka**（鳩間）、**yaoka**（平久保、小浜）、**yaufa**（新城）、**yōga**（波照間、白保）、**danga**（与那国）、**pachi-nichi**（黒島）

なお、久野マリ子の教示によれば、〔8日〕を［jauka］と発音する方言では、漢語に含まれる二重母音**au**も「キャウダイ（兄弟）」のように［au］と発音するという。

六・六

〔3日〕を［miuka］あるいは［myka］と発音する所が沖縄県の先島方言にある。すなわち宮崎勝弐（1982, p.162）によれば、宮古諸島の大神島【現、宮古島市】では〔3日〕を「miuka」と言い、宮古諸島の伊良部島【現、宮古島市】では〔3日〕を「müka」と言う。「ü」について、注に、「ドイツ語の**ü**の音にきこえた」（宮崎 1982, p.165）とあり、ドイツ語の**ü**の発音は［y］あるいは［yː］であるから、これに類した円唇母音なのであろう。

〔3日〕は、第三節で述べたように、平安時代には「みか」であった。奈良時代にも、おそらくミカ（mi_1ka）であったと考えられる。mi_1kaのもっと古い形（祖形）は表3に示したとおり、mi_1-**uka**であったと私は推定するのだが、この理論的に推定された「mi_1-uka」そのままに近い形が大神島方言に現存するわけである。なお、伊良部島の「müka」（［myka］）は［miuka］から変化したと見てよかろうから、伊良部島でも古くは「miuka」と言っていたと推定される。

注

(1)諸説については、秋山虔・上村悦子・木村正中(1968)「蜻蛉日記注解　七十四」および、上村悦子(1989)『蜻蛉日記解釈大成』第5巻、p.388~389; p.858~860を参照。

(2)池田亀鑑(1941)『古典の批判的處置に關する研究　第三部』の校異を見ても、〔10日〕を漢字で「十日」と書いた本はあっても、「とをか」としたものはない。

(3)「中の十日」については次のような論文がある。

原田芳起(1962a)「「中の十日」の意義をめぐる問題」。

高松政雄(1966)「「中の十日」考」。

(4)ただし、第四節にも引用した、⑽『蜻蛉日記』の「廿日はさてくれぬ**一日**のひより四日れいのものいみときく」〔下・天禄3年3月〕の「一日」《暦日21日》のようなものは別である。

(5)『新編国歌大観　CD-ROM版　Ver.2』で「ついたち」を検索してみても、和歌中の例はわずかで、それも江戸時代のものが二例(松永貞徳『逍遊集』に一例、加納諸平『柿園詠草』に一例)出てくるだけである。

(6)しかし、「カは、日数の複数のみをいう語であるから、ヒトカとはいわないのである」(筑摩書房版『本居宣長全集』第10巻、p.561〔補注〕)という大野晋の説には従えない。そもそも「専ら複数だけをいう語は日本語に他に例がない」(前掲書、同ページ)のであるから、文法上の概念としての「複数」ということばをここに持ちだすべきではなかろう。なおこの〝複数説〟は日本古典文学大系〔岩波書店〕の『萬葉集』の頭注や補注においてすでに説かれている。

(7)ただし、『大日本國語辭典』が「みっか」の項の用例として挙げる『大和物語五』、『大言海』が「みか」の項の用例として挙げる『狭衣、三』、いずれも〔3日〕を仮名書きにしたテキストは見あたらない。

(8)築島裕(1969)『平安時代語新論』の和語の「音便」に関する項(p.363~)によれば、平安時代において促音便が出現する時期とその場所(どういう音節の前か)は次のようである。

9世紀　　タ・テ
10~11世紀　ト　サ・シ
11世紀末　　ス・セ
12世紀　　ハ

カ行音の前に促音が立つようになるのは鎌倉時代に入ってからのことらしい。

(9)『校本萬葉集』にも、これ以外の訓は示されていない。

(10) たとえば『ロドリゲス日本大文典』においてもMitçu、Yotçuである。

(11) ㉜『後撰和歌集』や㊱『源氏物語』にも「ようか」はあるわけだが、従来使われてきたテキスト（いずれも藤原定家が書写に関わっている）では漢字表記であった。

(12)「十日アマリよか」に当たる所を明治~昭和初期の活字本で見ると、松下大三郎・渡辺文雄（1901~1903）『國歌大觀〔歌集〕』では「十日餘四夜」、大洋社（1925）『二十一代集　第七　玉葉和歌集・續千載和歌集』では「十日あまり四よ」、国民図書（1928）『校註國歌大系　第六巻　十三代集二』では「十日あまり四夜」。

(13) 秋山虔・上村悦子・木村正中（1968）。

(14)「十余リ」をタウマリあるいはタウアマリとした例が、『催馬楽』〔挿櫛〕・『うつほ物語』〔藤原の君〕・『日本書紀』訓〔岩崎本・図書寮本〕に見える。これらはトー（あるいはその短縮形のト）とアマリのアが融合して[tɔ:]という音になったのを「タウ」と表記したものと思われる。すなわち、すくなくとも平安時代後期には、/au/の実際の音価は[ɔ:]に近いものになっていたと考えられるのである。詳しくは第七章第一〇節を参照。

(15) 1776『平家正節』（青洲文庫本）には「六日《ユ》」という例が数例ある。

(16) 小野高尚《たかひさ》（1741序）『夏山雑談』巻之三には、「むゆか　六日はむゆかなり。源氏物語にもみへたり。むいかと云ふはあし、となり」〔『日本随筆大成』（日本随筆大成刊行会）第二期第10巻、p.754〕とあるが、これは一七四〇年当時すで

にムユカがあまり使われなくなっていたことを示すものであろう（高尚は江戸で生まれた幕臣）。

(17) 平安時代後期の訓点資料には、「ヤウヤク」と同意の「ヤヲヤク」が散見される。

(18) この他に巻27・天智4年の割注に「廿八日」があるが、諸本（北野本および寛文版本）無訓。

(19) 河村秀根（1785～）『書紀集解』（版本）の本文では、a・bは「ヤヒ」、cは無訓。

(20) 確かめたテキストは次のとおり。**俊頼随脳**――『日本歌学大系』第一巻。**袋草子**――『日本歌学大系』第二巻。**古今著聞集**――岩波書店『日本古典文学大系』84オヨビ『新訂増補國史大系』。**沙石集**――岩波書店『日本古典文学大系』85オヨビ渡辺綱也校訂『校訂広本沙石集』。**十訓抄**――すみや書房『古典資料』10オヨビ『岩波文庫』。**兼載雑談**――『群書類従』版本巻299。

(21) 複製本（武蔵野書院）による。また、以下の五本（すべて複製本による）も全く同様。三条西実隆筆天福本（愛媛大学古典叢刊）、書陵部蔵冷泉為和筆本（笠間影印叢刊）、尊鎮親王筆本（白帝社）、千歳文庫蔵正徹奥書蜷川智蘊筆本（新典社）、岡西直作蔵武田本（武蔵野書院）。なお九州大学蔵伝為家筆本（「古典文庫」244）は、四例ともすべて「とを」。

(22) オ段の長音の問題に関しては次のような研究がある。
浜田敦（1951）「長音（上・下）」（大阪市立大学文学会《人文研究》第2巻第5号、第6号）。

浜田敦（1955）「国語音韻体系に於ける長音の位置――特にオ段長音の問題――」（国語学会《國語學》第22輯）。

鈴木博・浜崎賢太郎（1962）「オ段音に後続する「ほ」の長音化過程――抄物、キリシタン物における――」（広島大学国語国文学会《國文學攷》第28号）。

小島幸枝（1971）「「大き」と「多し」――キリシタン資料の表記をめぐって――」（福井大学国語国文学会《国語国文学》第15号）。

(23) 『仏足石歌』に「**弥蘇**知阿麻利布多都乃加多知」とある。

(24) 「‐十《ソ》」は、『仏足石歌』や、『万葉集』のいくつかの借訓仮名の例から、soとみてよいと思われるが、『万葉集』には

「四十」を「外《ヨソ》」（yo_2so_2）に当てた例――「築羽根《つくはね》矢冊耳見乍《をよそのみつつ》……」（巻3・383番）――もあって、若干問題が残る。

（25）原田芳起（1962b）「平安朝数名詞考　仮名文における表記とその読み方」p.450。

（26）武藤本は岩波書店『日本古典文學大系9』による。

（27）山田忠雄（1958）『竹取物語総索引』（底本は古活字十行本）と、中田剛直《たかなお》（1965）『竹取物語の研究 校異篇 解説篇』附録の「語彙索引」とは、いずれも「ごひゃくにち」として項目を立てている。

（28）なお、平安時代の文献に見える「十よ日」・「廿よ日」を「トヲカヨカ」・「ハツカヨカ」と読むということが一部の注釈書類で行なわれているが、これらは原田芳起（1962b）「平安朝数名詞考　仮名文における表記とその読み方」や、井上誠之助（1960）「「廿よ日」・「廿余日」のよみ」、井上（1961）「「十よ日」・「十余日」のよみ」が説くように、全体を字音でジフヨニチ・ニジフヨニチと読むべきものである。

（29）伊波普猷「琉球人の祖先に就いて」（伊波（1911）『古琉球』所収）には、「宮古八重山の方言では今尚トヲカミカ（十三日）トヲカヨカ（十四日）といふ様に稱へてゐる。」（p.20）とあり、金沢庄三郎（1912）『日本文法新論』（早稲田大学出版部）にも、「宮古島の方言には、今日もなほ二十五日（patsŭka itsuka）・五十人（itsusōnu psitŏ）など古風な數へ方が残つて居る。」（p.111）とあるが、いずれも、算日数詞なのか暦日数詞なのかは不明である。また、伊波はさきの論文で、「八重山島のチョウガ節」に「月《ツキ》の美《カイ》しや十三日《トヲカミカ》、乙女《ミヤラベ》美《カイ》しや十七歳《トウナ、ツ》」というのがあることにふれているが、このようなアマリのない言い方は現在でもわずかながら行なわれている。本書第九章の第四節、補説（4）、補説（5）を参照。

（30）築島裕（1969）『平安時代語新論』、p.371~372。

（31）秋山虔・上村悦子・木村正中（1968）「蜻蛉日記注解　七十四」。

（32）（10個）のトヲは、他の個数詞がツまたはチ（ハタチ・ミソチ……）で終るのにこれだけはツ・チが付くことがない点から見ても特異なものである。

（33）『日本書紀』の「六口《ムユ》」（「ムユ」に図書寮本は〈上・上〉、前田本は〈上・平〉の声点あり）は、これだけで《6人》をあらわしたのではなく、たとえば「ムユタリ」のような語形の一部分だけを示したものか、という考えもあるであろうが、はっきりしない。なお前田本『日本書紀』巻20・敏達6年11月にも「造寺工六人《トラユ》」（「人」の右側は虫食いがあって、かつて訓があったのかどうか不明）とあり、観智院本『類聚名義抄』にも「六」の訓として、声点の付いた「ムツ〈上・平〉」「ムユ〈上・上〉」がある。人数表現については第一七章で詳しく述べる。

（34）唱数詞の「ムユ」は、『年中行事秘抄』（『群書類従』版本巻86所収本では『年中行事秘抄近代』）と題する書の十一月の条の「鎮魂歌」の最後の唱えごとに見えるものである。

ヒトフタミヨイツムユナ、ヤココノタリヤ〔岩波書店『日本古典文学大系』「古代歌謡集」p.491。底本は神宮文庫蔵承応三（1654）年大納言宣純写本〕

唱数詞については第一九章で詳しく述べる。

（35）このケ（ke_2）は、24時間単位で区切られた《日》を意味するというより、むしろ、ずうっとつながった長い《時間》を意味するように思われる。これについては安田（1977）参照。

補説

（1）服部四郎（1976, p.36）は言う（【　】内は安田が補ったもの）。

宮古島伊良部方言にｒukau《不孝》、bau《棒》などの例があるので、【本土方言の［au］を】琉球で二重母音形で受け入れた後にそれを【首里などでは】［aː］［a］に変化した可能性の方が蓋然性が大きいと見たのである。

服部は活用語以外には漢語を挙げるのみで、宮古島などのヤウカ（8日）には言及しない。

（2）私は〝日数詞は個数詞の語幹に「uka」が付いたのが元々の形だ〟と考えたわけだが、この考えについて川本崇雄（1978）が以下のように論評している（p.164, p.184）。

この論文の特異性は、ka《日》はもともとは uka で、futuka《2日》は *futa-uka から、mika《3日》は *mi-uka から来ている、とした点にあります。つまり氏の説は「ウカ説」と呼ぶことができます。〈略〉安田氏の〝ウカ説〟は確かにこの「アク説」を定理とすれば、その〝系〟に当たるものと言えます。

ここで言う「アク説」とは、「言はく」「思へらく」「……なく〔否定〕」「無けく」のようなク語法の語源について、〝活用語の連体形に aku がついたものが母音脱落や母音融合をおこしたものだ〟とする説を言う。川本（p.183）によれば、村山七郎も、川本への手紙で、「【安田の】ウカ説は大野晋氏のアク説に関連したもので〈略〉」と述べたという。

日数詞の祖形を考えるにあたって aku 説を意識したのかどうか、私自身、今ではははっきりしないが、川本や村山の論評は当たっているのかも知れない。なお、アク説については安田尚道（2010a）を参照。

第一四章　和語数詞による暦日表現とツイタチの語源

はじめに

日本語本来の数詞（和語数詞）のうちの日数詞（フツカ・ミッカ……の系列の数詞）については、その語形を中心にしてすでに安田（1972）「日数詞」【本書第一三章】で論じたが、本章では、日数詞が本来は日の数をかぞえる（算日）ためのものなのか、あるいは暦の日付（暦日）を言うためのものなのか、そして、古くは暦日はどのように表現したのか、という問題を考えてみようと思う。その結果、「ついたち」という語が日本語本来の暦日表現に深く関わっていたらしいことが明らかになるであろう。

第一節　日数詞の算日用法と暦日用法

現代では、日数詞には、

あとトオカで夏休みだ（算日）

きょうは七月トオカだ（暦日）

のように、算日用法と暦日用法があり、その意味・用法は大きく異なるわけである。すなわち、暦日用法の日数詞はいわば順序表現であり、算日用法の日数詞とは意味する所が違うわけであるが、日数詞についての従来の説[1]は、この

点に対する配慮が欠けていた。

最初にこの問題にいくらか関心を持ったのは荻生徂徠のようである。

ふつかみかよかなとのかもしは箇なりふつかのひみかの日なといふ事を日を略しつれは日の字の訓かといふやうなり

〔荻生徂徠『南留別志』（宝暦一二（1762）年版『南留別志』巻之三）〕

第二節　清水浜臣の考え

徂徠は、今では俗っぽく聞こえる「二日《ふつか》の日《ひ》」「三日《みっか》の日《ひ》」という言い方が暦日表現法として本来のものだと考えたようである。

この考えが正しいかどうかは、ともかくも古い用例をいろいろ調べてみなくては何とも言えないわけであるが、鎌倉・室町時代以後には、特に参考になるようなものは見当らない。しかし、平安時代の暦日表現については、清水浜臣の『答問雑稿』に多くの用例が集められている。

ついたちいくか　ついたち四日——七日——六日——二日／三四日——八日——三日——七八日

十日いくか　とをか八日—五日

はつかいくか　はつか七日

日本霊異記巻下三五条以延暦十五年三月朔七日

同巻下三八条延暦六年下卯秋九月朔四日　これらを春秋なとよみのやうに朔と句を切りてよむは此書の体にかなはす朔七日はつひたちなぬか朔四はついたちよかとよむへしそは本書をよみてしれ……

〔清水浜臣『答問雑稿』〕

そしてこのあと、仮名文学からの用例が列挙されている。それらを、しかるべきテキストを用いて以下に示す。

①二月になりぬこうはいのつねのとしよりもいろこくめてたうにほひたる……さて**ついたち三日**のほとにむま時はかりにみえたり〔974『蜻蛉日記』（桂宮本）下・天延元年2月〕

②三月になりぬ……**ついたち七八日**のほとひるつかたむまのかみおはしたり〔同、下・天延2年3月〕

③五月四五日になれは関白殿の御心地まめやかにくるしうおほさるれと……かくてこの御ここちまさらせたまひぬれはいまはとありともかゝりともとて**ついたち六日**の夜中にそ二条とのにかへらせたまふ〔1036『栄花物語』（三条西家本）巻4・見はてぬ夢・長徳元年5月〕

④御うふやのさはかしきまきれにとしもくれにけり……**ついたち六日**は七日の夜なれは【＝一月六日ハ七夜《シチヤ》ニアタルノデ】めつらしけなき御事なれともとしのはしめとていみしきころなれはいとゝめてたし〔同、巻21・後悔の大将・万寿元年正月〕

⑤はかなく萬寿二年正月になりぬ……**ついたち二日**臨時客とてその日女房かすをつくしていろ〳〵をきたり〔同、巻24・若枝・万寿2年正月〕

⑥ついたち二日臨時客とてその日女房かすをつくしていろ〳〵をきたり……はかなく**ついたち七日**もすきぬれは……〔同、巻24・若枝・万寿2年正月〕

⑦**ついたち三四日**のほとにそうりう院のにしの院といふ所におはしまさせ給〔同、巻25・峯の月・万寿2年4月〕

⑧かくて**ついたち四日**のつとめてみたうに三井の別当僧都《心誉》につねに御消息ものせさせ給へは〔同、巻27・夜の珠・万寿3年正月〕

⑨かの左兵衛督のこの**ついたち八日**より世中心ちわつらひ給し〔同、巻27・衣の珠・万寿3年5月〕

⑩ついたち四日巳時はかりにそうせさせ給ぬるやうなる〔同、巻30・鶴の林・万寿4年12月〕

そしてさらに浜臣はこれにつづけて、

栄花物語こまくらへなかつきのとをかやうか是即喜滋為政行幸高陽院応制和哥序之也
長明無名抄上基俊《連哥イ》なかのあきとをかいつかの月をみて《俊成》君かやとにて君とあかさん
源順家集庚申夜奉和哥小序はつかなぬかのよかのえさるにあたれり

を挙げている。(2) 浜臣自身は説明らしい説明をしていないが、その「ついたちいくか　十日いくか　はつかいくか」という表題から察するに、浜臣は、平安時代ごろの暦日表現は、

上旬　ついたち＋〔n日〕
中旬　とをか＋〔n日〕
下旬　はつか＋〔n日〕

という体系を持っていた、と考えていた(3)ものと思われる。なお、右の①〜⑩の類例として以下の例をつけ加えることができる。

⑪【婿取リノ日取リヲ】しはすのついたち五日とさためたるほとはしも月のつこもりよりいそき給ふ〔『落窪物語』（尊経閣文庫本）2〕
⑫萬寿四年十二月四日うせさせ給てついたち七日の夜御葬送〔『栄花物語』（三条西家本）巻30・鶴の林・万寿4年12月〕

なお、会田安昌自筆本の『答問雑稿』（逸見仲三郎蔵）には、頭書の形式で、「師翁【＝前田夏蔭】云」としてさらに類例⑬⑭が挙げられている。

⑬十一月甲午朔《ノ》癸卯對-馬國《ノ》-司遣使於筑紫大宰府言月生二日《ツイタチフツカ》沙門道久筑紫君《ノキミ》薩野馬《サツヤマ》韓嶋《勝》・娑と布師首磐四人従ㇾ唐来曰……〈北野本『日本書紀』巻27・天智10年11月〉〈寛文九年版本ハ「月生二《ツキタテ》月」〉

⑭はての月のとうかむゆかはかりなり〔『蜻蛉日記』（桂宮本）中・天禄2年12月〕

第三節　狩谷棭斎の考え（一）

狩谷棭斎《かりやえきさい》は『日本霊異記攷證』において、

⑮天皇信悲、以延暦十五年三月朔七日、始召経師四人、……〔真福寺本『日本霊異記』巻下・第35話〕〈群書類従本（第35話）モ同ジク「三-月朔-七-日」。前田本（第34話）ニハコノ文ナシ。国会図書館本ニハコノ話ナシ〉

⑯同天皇御世、延暦六年丁卯秋九月朔四日甲寅酉時、僧景戒、發慚愧心　……〔同、巻下・第38話〕〈群書類従本（第38話）モ同ジク「九-月朔-四-日」、前田本（第37話）ハ「九月朔四日甲寅日酉時」。国会図書館本ニハコノ話ナシ〉

の「朔七日」「朔四日」に関して、さきの『答問雑稿』を、前田夏蔭の注を合めてそのまま漢文に直して引用しているが、それ以上はコメントを全く加えていない。この段階（『日本霊異記攷證』の刊行は文政四（1821）年）では、棭斎は浜臣の説を全面的に支持していたものと思われる。

彼らの考えでは、『日本霊異記』の「朔〇日」の「朔」は、平安時代の仮名文学に見える「ついたち〇日《か》」という暦日表現の「ついたち」にあたるというのである。これは、『日本霊異記』が変体漢文によって書かれていることを思えば、十分にありそうなことである。

第四節　琉球方言における「チタチ○カ」

「ついたち○日《か》」という暦日表現は、『栄花物語』全四〇巻のうち、「前編」とされる部分（巻一～巻三〇）を最後として、以後の文献には見えない。おそらく鎌倉・室町時代にはもうこのような暦日表現は用いられなくなり、現代と同じような表現になったものと思われるが、「琉球」においてはもっとずっと遅く、十七、八世紀ごろまでこのような表現が用いられたようである。

それは、康熙五八（1719）年に清の冊封副使として琉球に渡った徐葆光の『中山伝信録』（康熙六〇（1721）年成）に収められた琉球語語彙の中に見える[4]。

⑰時令

春《哈羅》夏《約之》秋《阿紀》冬《灰唷》……………………

……正月《夏括子》二月《膩括子》三月………

十月《躅括子》十一月《躅一之括子》十二月《躅膩括子》初一《之搭之》初二《福子介》初三《之搭之密介》初四《之搭之唷介》初五《之搭之一子介》初六《之搭之美介》初七《之搭之挪介》初八《之搭之鴉介》初九《之搭之哭古魯》初十《之搭之土介》十一《之一子泥子》十二《之泥泥子》十三《之三泥子》十四《之唷泥子》十五《坐古泥子》十六《坐六古泥子》十七《坐十七泥子》十八《坐瞎之泥子》十九《坐苦苦泥子》二十《瞎子介》二十一《瞎子介疽》二十二《瞎子介泥泥子》二十三《膩徂三泥子》二十四《膩徂唷介》二十五《膩徂姑泥子》二十六《膩徂六姑泥子》二十七《膩徂失之泥子》二十八《膩徂瞎之泥子》二十九《膩徂苦苦泥子》

三十三徂泥子　〔徐葆光『中山伝信録』巻6・琉球語〕

これは、「時令」の部に収められていることや、漢語の部分に「初一」「初二」……とある所から見て、暦日表現を示したものであることは確かである。そして「之搭之《チタチ》」は中央語のツイタチにあたるもの（現代首里方言ではçiitaci [tsi:tatʃi]）である〔国立国語研究所（1963）『沖縄語辞典』〕。

この場合にも、「之搭之《チタチ》」が頭につくのは上旬に限られ、《20日》は和語数詞を用いていながらも「之搭之」が付かないのは、清水浜臣の考えた平安時代の暦日表現の体系と矛盾しない。

第五節　狩谷棭斎の考え（二）

狩谷棭斎（1818~1832）『古京遺文』は、推古一四（606）年あるいは天智五（666）年の製作[5]と考えられる「金銅弥勒菩薩」〔法隆寺旧蔵、御物を経て、今は国所有〕の台座の銘〔棭斎は「観世音菩薩造像記」とする〕、⑱歳次丙寅年正月生十八日記高屋大夫爲分韓夫人名阿麻古願南无頂礼作奏也

について次のように述べている〔句読点は私に付した〕。

按丙寅、推古天皇十四年也。正月生十八日、謂正月月始見之後第十八日也。當時未用曆書、非依月之明晦莫知其更改。故以月初見於西方爲朔、訓爲月立、猶尚書云哉生魄。其後雖行曆法、然邊鄙猶認月見而數日。故天智天皇紀十年十一月對馬國司上言云、月生二日、是也。是足以見古時素樸之風也。……

これは、さきにふれた『日本霊異記攷證』〔文政四（1821）年刊〕よりも後に書かれたものではないかと思われるが[6]、ここでは『日本霊異記』の「朔〇日」には全くふれていない。この⑱で問題となるのは「正月生十八日」であっ

て、これは清水浜臣の考えた暦日表現の体系、すなわち、第二節に記した、

上旬　ついたち＋（n日）
中旬　とをか＋（n日）
下旬　はつか＋（n日）

には合わないわけであるから、栨斎は、一旦は浜臣の考えに賛成したものの、ここでまた考え直したのであろうか。ともかく栨斎は、暦日はもともとは、〝空に月が見えるようになってから○日目の日〟という風に表現したのだ、と考えたわけである。(7)

しかしこれに対しては藪田嘉一郎による反論があるのである。

第六節　藪田嘉一郎の反論――「月生○日」と「朔○日」――

金石学者の藪田嘉一郎は、藪田（1948）「丙寅年高屋大夫造像記考釋」において、中国の五～八世紀の金石文にも「朔○日」という紀日法がすでにあることを指摘し、「月生○日」という書き方は中国の「朔○日」をもとにしたものだと主張した。すなわち藪田は、

この説【右の⑱のあとの栨斎の論】によつて、「生」を月見の日、即ち朏とすれば、朏は大體三日であるから、「生十八日」は二十日頃となるわけである。

しかし是は栨斎の誤解である。「生」即ち月生は朏ではなく、朔のことで、暦の上の第一日、即ち合朔の日を謂つたものである。「生十八日」は合朔の日から數へて第十八日で、普通に十八日と云ふのと何等異つたことはないのである。

（p.90~91）

とし、さらに、〝棭斎の説のごとく「丙寅年」が推古天皇一四（606）年だとしてもその時にはすでに暦法は行なわれていた(8)〟とした上で、

　　また「生十八日」の如き紀日法は決して古時素樸の紀日法ではない。大阪府野中寺蔵金銅彌勒像の銘文に

　　　丙寅年四月大朔八日癸卯開（下略）

　　とある「朔八日」と同一の紀法である。この朔は生とあり、月生とあると同じである。　(p. 91)

とする(9)。そして、「朔〇日」という紀日法は中国に実例があるとして次の五つの例を挙げている（藪田よりも長めに引く。［　］内の字は判読しがたいもの、／は改行を表わす）。

⑲神瑞二年正／月朔五日呉［弘］／敬造仏像一區／供養〔端方『陶斎吉金録』巻8所載（拓本）「北魂呉弘造像記」。マタ、劉体智『小校經閣金文拓本』巻18所載（拓本・釈文）。神瑞ハ北魏、太宗明元帝ノ年号（414~416 A.D.）〕

⑳大魏皇興二年／［歳次］／戊戌正月朔五日／郭巨願家□平／安敬造弥／勒像一區［合］／家大小一心／供養〔同、巻8所載（拓本）「北魏郭巨造像記」。『小校経閣金文拓本』巻18ニハ「後魏郭延造象坐」トシテノセル（拓本・釈文）。皇興ハ北魏ノ献文帝ノ年号（467~471 A.D.）〕

㉑天監二年歳在／癸未正月朔三／日［海陵］蕭宗願／四方民泰兵戈永息〔『小校經閣金文拓本』巻18所載（拓本・釈文）「梁蕭宗造像記」。天監ハ梁ノ武帝、蕭衍ノ年号（502~519 A.D.）〕

㉒正始元年六月／朔五日張多通／為父母敬造／佛像一軀供養〔『陶齋吉金録』巻8所載（拓本）「北魏張多通造像記」。マタ、『小校經閣金文拓本』巻18ニモノセル（拓本・釈文）。正始ハ北魏ノ宣武帝ノ年号（504~508 A.D.）〕

㉓……□□□□□□□□□□九月朔廿五日遘疾薨于東都恵訓里第享年七十有六嗚呼哀哉……〔王昶『金石萃編』巻68所載「鄭仁愷碑」。コノ碑文ニハコノアト「垂拱二年（686 A.D.）」「神龍二年（706 A.D.）」ナド、唐ノ年号ガ見エル〕

そして藪田は、日本の「月生○日」はこの中国の「朔○日」を「模倣したものに過ぎない」（p.91）とするのである。しかし問題なのは、藪田自身も言うように、「何故朔と書くべき所を生または月生と書いたかである」。これについて藪田は、『後漢書』巻90・馬融伝の李賢の注に「朔生也」、『呂氏春秋』注に「月終紀、光盡而後復生曰朔」とあることなどから、「月生、生は朔を解した語であり、同義語である」と断定した上で、

百濟人は、わがくにの人が朔を月立《ついたち》といふやうに、朔を言ひ和らげて、同義語の月生、または生をとつたのであらう。そして遂に紀日の朔まで月生、また生の文字を用ゐたのであらうと推測せられる。（p. 92）

とし、日本のは、その百済の紀日法が伝わったものであろう、とするのである。そして、⑬『日本書紀』巻27・天智10年の「月生二日」について、以下のように結論する。

椋斎は之を以て邊鄙に殘つた古時素樸の紀日法と考へたが、當時既に曆法を制してゐた大和朝廷の地方長官が、殊に半島、大陸との交通の中繼所たる對馬で、外交關係文書に「古時素樸」の紀日法を以て記したとは到底考へられない。しからば是は曆による紀日法で、その法は地理的に近接してゐた百濟のそれを用ゐたと考へなくてはならぬ。（p. 92）

以上の藪田（1948）の説の当否を論ずる前に、これまでに挙げられたもの以外にはこの問題に関係しそうな用例はないのかどうかを見ておこう。

第七節　平安時代の写経の識語に見える「朔○日」

まず、藪田（1948）自身が注のあとに「補」として挙げているもの。

㉔弘仁之五郭午牂之歳月次八月壮朔三十之癸酉也〔神護寺蔵・空海「沙門勝道歴山水瑩玄珠碑【＝二荒山碑文】」跋〕〈醍醐寺蔵写本デハ「弘仁之年敦牂之歳月次八月次壮朔三十之癸酉也」、醍醐寺本『性霊集』巻2所収ノモノデハ「弘仁之《御筆本无之》敦牂之歳月次詘諂（欄外ニ「壮朔歟」トアリ）三十之癸酉也」。藪田ハ「弘仁之年敦祥之歳月次壮朔三十之癸酉也」トスル〉（弘仁五年ハ814A.D.）

これについて藪田は言う。

この文は空海撰としては疑問があるがとにかく古く、斯る紀日法があつた例證になる。なほ榮華物語に「ついたち六日」「ついたち八日」などとあるのは、この紀日法の意が殘つたものである。(p.101)

ところで、これまで触れられたことがないが、平安時代のわが国の写経の識語にも「朔○日」がいくつか見えるのである。

㉕元慶寺五年歳次辛丑十月朔九日於圓覺寺□通之／阿闍梨和尚僧正貴院也〔高山寺蔵『不動立印儀軌略次第【＝不動次第】』端裏識語。仁和寺蔵・寛治七（1903）年奥書『不動次第』ノ本奥書、オヨビ石山寺蔵・保延五（1139）年奥書『不動次第』ノ表紙見返識語、イズレモ「元慶五年歳次辛丑十月朔九日」。元慶五年ハ881 A.D.〕

㉖此陀羅尼者、渡海巡禮聖沙門盛算在大宋國之時、於東京右街太平興國寺翻経院譯経三蔵賜紫令遵阿闍梨房傳得之
雍熙三年乙酉二月朔八日記〔東寺蔵『大仏頂陀羅尼』識語。雍熙ハ宋ノ太宗ノ年号（984~987A.D.）〕
㉗同十一月朔二日點已了〔高山寺蔵『胎蔵界自行次第』巻末識語（朱書）。ナオ「同」トハ、天永三（1112）年マタハ永久元（1113）年ノコト（築島裕（1967）ヲ参照）。〕
㉘點本日記云、永久三歳首秋朔八日依観修寺御房之仰、移點進上之、交點多以不被甘心、以他本被比校之、金剛佛子静與所為也、覆勘了〔石山寺蔵・応保二（1162）年書写『瑜伽三摩地』巻6・本奥書（朱書）。永久三年ハ1114 A.D.〕
㉙永久四歳初夏朔四日於曼荼羅寺住房書之／金剛佛子弘智之本呑筆希有、後日必可書改之、〔東寺蔵『金剛童子出生摩尼如意供養儀軌』奥書（朱書）〕
㉚……………………時景子
年健酉月朔五日興福寺釋中算卿自叙之
云尒
妙法蓮華経釋文巻上　釋中算撰
〔醍醐寺蔵『妙法蓮華經釋文【＝法華経釈文】』序〕〈天理図書館本モ同ジク「景子年健酉月朔五日」デアルガ声点ハナイ〉（「景子」ハ「丙子」ノコトデ（陳垣 1928、巻8・第76）、貞元元（976）年。醍醐寺本ノ加点ハ一一世紀前半）[10]
以上が、筆者が知る限りの日本の資料のすべてであるが、朝鮮（新羅）の金石文にも「朔○日」の類例があるので、参考までに示しておこう。[11]
㉛寳暦二年歳次丙午八月朔六辛丑日中初寺東方僧岳一

石分二得同月廿八日二徒作初奄九月一日此處至丁未年二月卅日了成之……
〔京畿道始興郡東面安養里石水洞中初寺趾所在「中初寺幢竿石柱記」〕（「寶曆」ハ唐ノ敬宗ノ年号（825~826 A.D.）、「丁未年」ハ新羅ノ興徳王二年（827 A.D.））

第八節　「ついたち」の意味・用法と語源

平安時代の仮名文学に見える「ついたち〇日」という暦日表現が、藪田の説のごとく中国の紀日法にもとづくにしろ、そうでないにしろ、ともかく「ついたち」という語が問題の鍵をにぎることは確かのようであるから、平安時代を中心に「ついたち」の意味・用法を検討し、さらに「朔」という漢字と「ついたち」という読み方のつながりや、ツイタチはツキタチから変化したとする通説についても再検討してみよう。

八・一

まず用例であるが、平安時代の訓点資料のうち仏典・漢籍には「ついたち」は見あたらないようである。『日本書紀』の古写本の訓[12]にも「ついたち」はまれにしか見えない。頻出する「元年春正月丁巳朔辛未」「八月甲申朔」のような表現の「朔」も、平安時代の加点本には読み方を示すものはなく、音読したのか訓読したのかも明らかでない。

㉜唯　元日《ムツキノツイタチノ》　着《サス》髻花〔岩崎本『日本書紀』巻22・推古11年。「ムツキノツ」マデハ平安中期ノ朱。ソノ下ノ「イタチノ」「サス」ハ、平安中期ノ朱訓ノ上ニ院政期ノ墨訓が重ネテアリ、朱訓ハ判読シニクイ。ナオ「元」ニハ「に」「は」ニアタル朱ノヲコト点ガアル〕

「朔」を訓読した例はもっと時代が下る。

㉝九月丙寅朔《ノ》雨不《ス》二告朔《ツイタチマウシセ》一〔北野本『日本書紀』巻29・天武5年9月・鎌倉時代訓〕

㉞元年春正月壬午朔甲午皇太子即天皇位《ハシメノトシハルムツキミツノエムマツヒタチキノエムマニヒツキノミコアマツヒツキシロシメス》〔同、巻5・崇神元年1月・南北朝時代訓〕

㉟二月辛亥朔丙寅立《キサラキカノトノヰノツヒタチヒノエトラタテ》二御間城姫《ミマキヒメヲ》一為《シ玉フ》二皇后《キサキノミヤト》一〔同、巻5・崇神元年2月・南北朝時代訓〕

古辞書には、「朔」をツイタチと訓じた例がある。

㊱吉居實反　ヨシ　朔日―　ツイタチ　禾キチ〔『類聚名義抄』（観智院本）（仏中）〕（「ツイタチ」ニ〈平・平・○・○〉ノ声点）
玥朔上通　下正／所角反　キタ　ハシメ　アラタム　ウコカス　禾サク　カスカナリ（ツイタチ）〔同、（仏中）〕（「ツイタチ」ニ〈平・平・○・○〉ノ声点）

㊲朔又作玥　ツイタチ　吉同〔『色葉字類抄』（黒川本）津・天象〕

次に仮名文学における「ついたち」であるが、「ついたち○日」の用法以外には、次の二つの意味があった。

(1)暦月の第一日

(2)暦月のはじめのころ。上旬。初旬。

この(1)(2)のいずれとも決めかねるものもあるのであるが、以下には、はっきりしたものを挙げておく。

(1)の例

㊳そのものともを九月つこもりにみないそきはてゝけりさてその十月**ついたちの日**この物いそき給ける人のもとにをこせたりける〔984『大和物語』（伝為家筆）第3段〕〈東京教育大学蔵大永本・群書類従本・藤原親長筆本・桂宮本モ同ジク「十月ついたちの日」、野坂元定蔵天福本ハ「拾月ついたちの日」、静嘉堂文庫蔵狩谷棭斎旧蔵本ハ「十月つゐたちの日」、伝為氏筆本ハ「十月ついたちのひ」、天理図書館蔵御巫旧蔵本ハ「神な月のついたちの日」。鈴鹿三七蔵本ハ「神無月つゐたちの日」〉

㊴せんたちの御時うつきの**ついたちの日**うくひすのなかぬをよませたまひける〔同、第131段〕〈伝為氏筆本・藤原

親長筆本・野坂元定蔵天福本・桂宮本ハ「う月のついたちの日」、東京教育大学蔵大永本・群書類従本・静嘉堂文庫蔵狩谷棭斎旧蔵本ハ「卯月のついたちの日」、天理図書館蔵御巫旧蔵本・鈴鹿三七蔵本ハ「四月一日」〉

㊵又このおとこ正月の**ついたちのひ**あめのいたうふりてなかめいたるに〔『平仲物語』第5段〕

㊶おとこをとせねは女のもとよりしもつきの**ついたちの日**いひたる〔同、第32段〕

㊷あやしかりてかそへけれはみとせといふ**ついたちの日**にそありける〔同、第32段〕

(2)の例

㊸やよひの**ついたち**よりしのひに人にものらいひてのちに〔905『古今和歌集』〈大江切〉巻13・618番・詞書〕〈久海切モ「ついたちより」、元永本・唐紙巻子本ハ「ついたちころに」、筋切本ハ「朔ころに」〉

㊹時はやよひの**ついたち**あめそをふるに〔957『伊勢物語』〈三条西家旧蔵天福本〉第2段〕

㊺六月になりぬ**ついたち**かけてなかあめいたうす〔974『蜻蛉日記』〈桂宮本〉上・天暦10年6月〕

㊻やよいの**ついたち**にいてきたるみの日〔1008『源氏物語』〈宮内庁書陵部蔵青表紙本〉須磨〕

㊼九月つこもり十月**ついたち**たゝあるかなきかにきゝわけたるきり〳〵すの聲〔1001『枕草子』〈三条西家旧蔵能因本〉下・あはれなる物〕

㊽はかなく月もたちぬ十二月になりぬれは……【出産ノ兆候ガナイノデ】あやしく心もとなさをおほしさはきたり**ついたち**もすきゆけはいとあやしくいかにとのみおほしめすほとに十日のひるつかたよりれいならぬ御けしきなれは《と》〔1092『栄花物語』〈三条西家本〉巻28・若水・万寿3年12月〕

以上のほかに「三月ついたちのほと」「二月ついたちころなりけり」のような、(1)とも(2)とも決めかねる例も少なくない。しかし右の諸例によって、「ついたち」には〝暦月の第一日〟の意と〝上旬〟の意とがあって並行して用いられたことが確認できた。

八・二

つぎに、ツイタチがツキタチから変った語であるのかどうかを考えておこう。『時代別国語大辞典　上代編』の「つきたち」の項には、『日本書紀』の訓にツキタチがあるかのごとく、次のような〝用例〟を挙げている。

○「四月一日《つきたち》」（欽明紀一一年）

○「春正月壬戌、　朔《ついたちノヒ》　」（安寧紀二五年）

○「月生《つきたち》二日、沙門道文…四人従レ唐来曰《テ》」（天智紀一〇年）

まず一番目の例は、寛文九年版本は「四月一日《ノツイタチ》」、北野本は「四月一日《ノツヒタチ》」であり、「つきたち」とする根拠がない。二番目の例は「安寧紀二五年」ではなく「安寧紀一一年」であろう。そうだとすれば、寛文九年版本には「春正月壬戌　朔《ノツイタチノ日》　」、北野本には「春正月《ハルムツキ》　壬　戌　朔《ミツノトノイヌツヒタチニ》　」（南北朝訓）とあり、「つきたち」ではない。三番目の例はすでに用例⑬として見たとおり、北野本に「月生二日《ツイタチフツカ》」とあるのに対して寛文版本には「月生《ツキタテ》二日」とある。この「ツキタテ」は「ツキタチ」の誤刻、あるいはツキタッテの促音無表記のいずれかであると思われるが、かりに前者であるにしても、これをもって〝ツキタチの古い用例〟とすることはできない。

要するに、奈良時代・平安時代の資料にはツキタチという語形は全く見えないのである。しかしながら、文献による確認はできないにせよ、ツイタチはツキタチがイ音便をおこした形であろう。築島裕（1969）『平安時代語新論』は、「イ音便は最初、キ・ギから轉じたものが生じ、次いでシから轉じたものが生じた。前者は既に平安初期から見られる。」（p.365）として、九世紀初頭の訓点資料をはじめとする多数の例（訓点資料・古辞書・仮名文学）を挙げる（p.365~369）。ただ、それらは、ほとんどすべて、動詞・形容詞の活用語尾に見られるもので、例外は「サイ｜ハヒ（スル）」「ワイ｜ワイ｜シ（クシ）て」ぐらいなものである。

「ツキタチ→ツイタチ」という変化も、「月」という語がほかには音便をおこすことがない所から見て、「月〔主語〕＋立ち〔述語〕」という意識が薄くなって、すなわち、「月立ち」が一語のように受け取られるようになって、始めておこりえたものであろう。

「月立ち○日」とは、本来、〝月が立って【＝空に姿を現わして】から○番目の日〟ということだったのだろうと考えられる。

第九節　藪田の説の検討

藪田嘉一郎の説には、中国の金石文の例など、無視できない点はあるが、筆者としては賛成できない。以下に、藪田の論のうちで問題となる点を列挙してみる。

（a）藪田（1948）は野中寺金銅弥勒像の銘を「丙寅年四月大朔八日癸卯開（下略）」（p. 91）とするが、藪田自身、藪田（1943, p.21~22）でも述べているように、「朔」は実際には「旧」に近い形の字である。これを藪田は、その右側の部分は「日」ではなく「月」であるとし、「朔」の異体字「玥」「玥」（中国・日本の金石文に見える）をさらに略して「玥」と書いたのだとするのである。しかし、そのような例は他に全く知られておらず、むしろ、「此の字を「朔」と釋せばその意はよく通じる」（藪田　1943, p.22）ということから考えたにすぎない。

（b）藪田は『後漢書』注や『呂氏春秋』注などをもとに、「月生、生は朔を解した語であり、同義語である」と断定し、さらに「百濟人は、わがくにの人が朔を月立《ついたち》といふやうに、朔を言ひ和らげて、同義語の月生、または生をとつたのであらう」（藪田　1948, p.92）とするのであるが、日本人が「朔を月立《ついたち》といふ」のは、漢字「朔」に意味的に対応するツイタチという語を「朔」の訓として用いる、ということであり、このことと、漢籍の注に〝朔ハ月生ナリ〟とあることとは全く別のことがらである。

（c）藪田は、「月生〇日」という紀日法は「百濟人が用ゐた紀日法で、これがわが國に傳播したものではないか」（藪田 1948, p. 92）とする。たしかにその可能性は一応あると思われるが[13]、藪田（1948, p. 92）が〝それを「推測せしむるもの」〟として⑬天智紀の「月生二日」を挙げるのはいかがなものであろう。たしかに狩谷棭斎が、言わば方言周圏論的に、〝辺鄙な対馬に「古時素樸之風」が残った〟としたのは妥当でないであろうが、一方また、「大和朝廷の地方長官が、殊に半島、大陸との交通の中繼所たる對馬で、外交關係文書に」（p. 92）百済式紀日法をはたして用いたものかどうかも問題であろう。

（d）平安時代の写経類に見える「〇月朔〇日」は、おそらく中国の仏典に見える紀日法[14]をそのまままねたものであろう。藪田（1948, p.101）は㉔『沙門勝道歴山水瑩玄珠碑』（空海）を「弘仁之年敦祥之歳月次壯朔三十之癸酉也」という形で引き、「古く、斯る紀日法があつた例証になる」とするが、これは空海が唐で学問をして帰朝した後の作（八一四年）であり、そこに「朔三十」とあるからと言って、これが当時の日本の識字層一般の紀日法であるとは言い切れない。また㉖は、「雍熙」が宋の年号であり、㉚の「景子年」は、元来「丙子年」であるのを、唐人が唐の初代皇帝高祖（在位、六一六〜六二六年）の父の諱「昞」をさけて「丙」を「景」としたのをまねて改めた[15]（陳垣 1928，巻8・第76）ものであるなど、いずれも中国流の紀年法を用いているのであり、この「〇月朔〇日」という紀日法が中国式のものであることを示しているのではないかと思われる。

要するに、平安時代の仏典の識語に見える「〇月朔〇日」は、中国の書物に接する機会の多かった僧侶たちの間で用いられるものではあっても、当時の一般の人々の紀日法ではなかったものと思われるのである。

（e）藪田は㉔を示した所で、

栄華物語に「ついたち六日」「ついたち八日」などとあるのは、この紀日法の意が殘つたものである。（p.101）

とする。「……の意が殘つた」というのは文意が明瞭でないが、要するに〝仮名文学にみえる「ついたち〇日」という言い方は「朔〇（日）」に由来するものだ〟というのであろう。しかしここには論理の飛躍がある。すなわち、「朔」という漢字がどういう具合に「ついたち」という和語につながるのか、という点の説明が欠けているのである。

すでに見たとおり、「ついたち〇日」という言い方は『栄花物語』だけでなく『蜻蛉日記』や『落窪物語』にも見えるわけであるが、これらのうち『蜻蛉日記』と『栄花物語』は作者は女性である。つまり、平安時代中期から後期には、女性も「ついたち〇日」と言っていたわけである。もしこれが漢文の「朔〇日」に由来するのだとすると、もっと前の時代から「朔」を訓読することが行なわれていなければならず、それも僧侶だけでなしに、仏教とは直接の関係を持たない人々が広く用いていた、としなければならない。しかし、そのようなことを示す資料は現在のところ全く知られていない。逆に、㉚醍醐寺本『法華経釈文』序において「朔五日」の「朔」に声点（入声軽か）が付けられている――すなわち音読されている――のは見のがせない。

ここで、⑰『中山伝信録』に載せられた琉球語について考えてみる。

本土方言と琉球方言との分離の時期については、まだ定説と言うべきものはないが、一九五五（昭和三〇）年に服部四郎は、「この【スワディッシュの言語年代学の】方法を多少修正した方法によって京都方言と首里方言との言語年代学的距離を算定した所約一四五〇年という数字が出た。両方言が分離後、琉球方言が本土方言から影響を受けた蓋然性を考慮に入れるならば、この年代はもう少し繰り上げなければならないかも知れない。」としている（服部 1959, p.114）。一方、伊波普猷は明治三九（1906）年に、「琉球民族」が分離したのは「二千年の昔」である、という考えを発表している[16]（伊波普猷　1911）。

いずれにせよ、分離の時期が歴史時代以前であろうという点については、言語学者のあいだには異論はないものと思われる。とすると、歴史時代に入ってから「チタチ〇カ」という言い方が本土方言から借用されたものではないのならば、この言い方は、両方言の分離以前、すなわちまだ文字も伝わらなかった時代に、すでに存在したことになる（ただし、これが本土方言からの借用でないと断定すべき根拠も存在しない）。

第一〇節　日本における暦日表現の成立

以上のように、藪田の説にはすくなからぬ難点があり、筆者としては清水浜臣・狩谷棭斎の考えに傾いている。つまり、平安時代の「ついたち〇日」と琉球の「チタチ〇カ」は中国の「朔〇日」とは無関係に成立したと見るのである。

平安時代の仮名文学に見える例は、清水浜臣の考えた、

　2日～10日　　ついたち〇日
11日～19日　　とをか〇日
21日～29日　　はつか〇日

という体系と矛盾しない。(17) すなわちこのころは「ついたち〇日」という表現は上旬に限られていたものと思われる。これは「ついたち」が単独で〝上旬〟の意に用いられることがあったこととも合うわけであり、また琉球方言でも「チタチ〇カ」は10日までに限られていたことはすでに見た。しかし、これが最初からの形であったのかどうか。狩谷棭斎の説のように、暦日は本来「月立ち〇日」と言ったのであるならば、中旬・下旬についてもすべて「月立ち」を付けて言ったはずである。

上代の「月生〇日」が、外国（中国または朝鮮）の紀日法でなく、日本語の暦日表現を漢字で表記したものである

ならば、⑱の「正月生十八日」の例から、古くは中旬も（そして下旬も）「月立ち〇日」と表現したのだ、ということになるわけである。しかし「月生〇日」の例がわずか二つしかなく、しかもそのいずれもが朝鮮との何らかの関係をもつなど(18)、この場合の前提自体が確定的でない以上、断定的な結論を下すことはできない。

要するに、狩谷棭斎（『古京遺文』）の考えに従うにしても、藪田嘉一郎の考えに従うにしても、「ついたち〇日」という表現がなぜ上旬に限定されなければならなかったのかということは十分な説明がつかないのである。

右のような難点はあるが、棭斎の説をとるならば、日数詞に関する大きな問題――算日用法と暦日用法はどちらが本来のものなのか――の解決がつくことにはなるわけである。

注

（1）〝二日《ふつか》・三日《みっか》の「か」は日《ひ》の複数をあらわす〟とする大野晋の説などは暦日用法を考慮に入れていない。

（2）「とをかやうか」「はつかなぬか」のような、アマリのない言い方については、第九章第二節、第五節を参照。

（3）狩谷棭斎は『日本霊異記攷證』（第35条）において、「清水氏曰古人謂テ㆓上旬ヲ㆒為㆓朔ム日ト㆒中旬ヲ為㆓十日ム日ト㆒下旬ヲ為㆓廿日ム日ト㆒」としている。

（4）福島邦道（1968, p.256）は『中山伝信録』について、

琉球語の章には前書がある。かれの見た陳侃の使録には夷語夷字が欠けており、万暦中の夏子陽の使録には琉語があり、張学礼のには雑記にのせてあったので、それに訂正を加えたというのである。夏子陽は万暦三十四【1606】年の冊封正使で、その使録については未調査である。張学礼は康熙二【1663】年の冊封正使で、使琉球記、中山紀略に載せられた琉球語は二十内外で、かれのよった雑記は別のものと思われる。

と記しているが、一九六九年に台北で、屈万里（編）『明代史籍彙刊7』（台湾学生書局）として、夏子陽 王子禎撰『使琉球録

上・下』（底本は中華民国国立中央図書館蔵本）が影印刊行された。この書の下巻の巻末に「夷語附」として語彙集が付されているが、これは『琉球館訳語』とほとんど同じものである。これからすると、『中山伝信録』に見える暦日表現法は、張学礼によったか、あるいは編者徐葆光自身によるものかのいずれかであろうと思われるが、もし前者だとすれば、この語彙は一七世紀の琉球語の資料ということになる。なお、潘相『琉球入学見聞録』を参照。

（5）銘文の「丙寅年」の年代比定については、堅田修によれば、
美術史家の様式上からの論は圧倒的に、推古十四丙寅年（六〇六）説である。しかし、大夫の称号は大化以後であるから、推古十四年ではあり得ず、丙寅年は大化以後にもとむべきだとする見解もある。

とのことである（大谷大学（1972）『日本金石図録』、解説、p.21）。

（6）『古京遺文』には「文政元【1818】年」の梅斎の自序があり、問題の銘文は山田孝雄が「編纂者」となって刊行された本（1912 宝文館）の巻頭の写真ページの最初のページに収められているのであるが、これは山田が「梅齋自筆の本かと思はるゝもの」とする東京国立博物館本には「續補」と記してあるといい、この条を欠く本（斎藤本）もあるという。

（7）岩波書店刊「日本古典文学大系」の『日本書紀　下』の天智紀10年の「月生二日」に対する注（p.379）にも、⑱を引いている。

（8）藪田（1948）の説を一応みとめて、この時すでに中国の暦法が伝わっていたとしても、言語表現の上では、中国暦が伝わる以前の古い言いまわしが残っていた、と考えることができるのではないか。ちょうど、現在の暦法（太陽暦）のもとでの暦月を「つき」とよんでいるように。なお本居宣長『真暦考』を参照。

（9）野中寺金銅弥勒像の銘文については、藪田嘉一郎（1943）「上代金石雑考（上）」、および、堀井純二（1972）「野中寺弥勒菩薩造像銘考」を参照。なおこの銘文の写真や拓本写真は、1954『書道全集』第9巻（平凡社）、1956『定本書道全集』第8巻（河出書房）、大谷大学（1972）『日本金石図録』（二玄社）等に収められている。

（10）これには巻下の巻末に興福寺の学僧、真興の識語がある。中田祝夫（1954, p.994）は「醍醐寺藏本法華釋文の朱點は

眞興の自筆加點本で、貞元元年（九七六）―寛弘元年（一〇〇四）のものである」とし、築島裕（1969, p.63）もこの本を真興の自筆本に真興自身が加点したものと見て、「この點本の加點年代は、中算（仲算）（貞元元年、九七六）の寂後、真興の寂年（寛弘元年、一〇〇四）までの間と推定」している。一方、これを真興自筆ではないとする、小松英雄（1971, p.483~502）、馬淵和夫（1972）などがあり、高橋宏幸「醍醐寺三宝院蔵法華経釈文の増補・加点年代について」〔訓点語学会第29回研究発表会の口頭発表、一九七三年一〇月二六日〕は、平安時代後期、一〇五〇年ごろの加点とする。

（11）鮎貝房之進（1934）『雑攷』第6輯、上巻39～41丁、下巻106～112丁、および、葛城末治（1935）『朝鮮金石攷』p.236~238が取り上げている。なおこの文章が「漢文の外に新羅の俗漢文を混用してゐる」（葛城）ものであることは一応注意すべきである。

（12）『日本書紀』については、林勉（1970）「日本書紀古写本における日付・時刻の訓読」がある。

（13）次に示す新羅の金石文の「月缺之七日」は「月生〇日」と比較しうるかもしれない（鮎貝 1934、107ウ、109ウ）。

○文徳三年暢月月毀【＝缺】之七日日蘸咸池時……〔藍浦、聖住寺朗慧和尚白月葆光塔碑。新羅、真聖王四（890）年庚戌〕

（14）筆者（安田）は中国の仏典についてはほとんど調査しておらず、実例はまだ一例も見つけていない。

（15）「丙」を「景」と改めた例は、八世紀の日本の写経（称徳天皇御願経＝景雲経）にも散見される。

（16）なお、江上波夫・大野晋（1973）『古代日本語の謎』所収のシンポジウムにおける外間守善《ほかましゅぜん》の発言（p.200~201）も参照のこと。

（17）ただし『日本霊異記』の例が、「月立ち〇日」を漢字で書きあらわそうとしたものなのか、あるいは中国式紀日法を用いたにすぎないのかは決定しかねる。また、㉔空海以外の平安朝の写経の例がすべて上旬に片寄っているのははたして偶然であるのかどうかも問題であろう。

（18）すでに言われているように、⑱の「分韓夫人」は朝鮮との何らかの関係を示すものであろう。

補説

（1） 第四節において、徐葆光『中山伝信録』に記された暦日表現は、「之搭之密介（3日）」「之搭之一子介（5日）」のように、日数詞の前に「ツイタチ」に当たるものを付けたものであったことを見た。このような言い方が現代でも沖縄県の次の各地にあることが、宮崎勝弐（1982）によって報告された。すなわち、国頭村《くにがみそん》安田《あだ》（沖縄本島、国頭郡）、本部町《もとぶちょう》具志堅（沖縄本島、国頭郡）、渡嘉敷村《とかしきそん》渡嘉敷（沖縄本島の西にある渡嘉敷島、島尻郡）、竹富町波照間《はてるま》（波照間島、八重山郡）である。**表1**に本部町具志堅と波照間島のものを挙げておく。

（2） 第八節二において、「奈良時代・平安時代の資料には、ツキタチという語形は全く見えない」と述べた。しかし、宮崎勝弐（1982）「南西諸島における「数の数え方」の調査（3）」によれば、沖縄県の先島諸島（宮古諸島・八重山諸島）では、ツイタチに由来すると見られる「chiitats」「tsuitachi」「shiitats」「tiitats」「titati」がある一方で、ツキタチ・ツキダチに由来すると見られる形も次に示したようにいろいろある。

tsktats（宮古郡下地町【現、宮古島市】上地〔宮古島〕）
chiitats, tsktats（宮古郡多良間村〔多良間島〕）
skidatsi（石垣市白保〔石垣島〕）
tskidachi（八重山郡竹富町鳩間〔鳩間島〕）
skidachi, tskidachi（八重山郡竹富町波照間〔波照間島〕）

表1　日数詞の前に「月立ち」を付ける暦日表現

	本部町具志堅	波照間島
1	chiitachi	skidachi
2	chiitachi puchiika	skidachi fusuka
3	chiitachi mikka	skidachi miiga
4	chiitachi yukka	skidachi yūga
5	chiitachi gunichi	skidachi iska
6	chiitachi muika	skidachi muiga
7	chiitachi nanka（nanoka）	skidachi nanga
8	chiitachi yōka	skidachi yōga
9	chiitachi kuniichi	skidachi hakonaga
10	tufa	skidachi tukka

skidatti（八重山郡竹富町黒島〔黒島〕）

tskutats（八重山郡竹富町小浜〔小浜島〕および石垣市平久保〔石垣島〕）

（3）宮崎勝弐（1982）によれば、沖縄県の宮古諸島の多良間島【宮古郡多良間村《たらまそん》】では、暦日の1日を「chiitats とも tsktats とも言」い、暦日の2日・3日・4日・5日は、「futsukazuki」「mikkazuki」「yukkazuki」「itskazuki」のように、日数詞にツキ（月）に当たる語を付けて言う。また、鹿児島県の奄美群島の与論島（大島郡与論町）でも、暦日の2日〜10日は日数詞の後に zuki の付いた形を用いる。

さらに、沢木幹栄《もとえい》の教示によれば、宮古諸島の伊良部島の伊良部町【現、宮古島市】佐和田では、1日以外の暦日は、〝日数詞をそのまま使う〟のと〝日数詞にツキ（月）に当たる語を付けて言う〟のとの二つの言い方がある。伊良部町佐和田では、実際の会話において以下のように言うという。

例文：今日は【暦月の】何日か?

/kjuu ja ifuka ga/ または、/kjuu ja ifukazɨcɨ ga/

この暦日表現にあらわれる /zɨcɨ/ は、沢木によれば、「ツキ（月）」に対応する /cɨcɨ/ が連濁をおこした形である。

次頁の**表2**に、宮崎（1982）による与論島・多良間島の言い方と、沢木の教示による伊良部島の言い方を示す。

（4）東野治之（1973）は、中国の『天文要録』『大唐開元占經』『蝦蟇圖經』などに「月生〇日」があることを指摘した。これを踏まえ、太田晶二郎（1979）は、British Museum 所蔵の『觀音經』（唐末以降）の奥書に「己丑年七月〻生五日……觀音經寫了」とあることを報告し、以下のように述べる。

唐代世間で「月生」の日附け法が行なはれてゐたこと、明確になつた。この風が日本へも傳はつたものであつて、上記、對馬島司の報告がどうして「月生」などいふ書き方をしたのであらうかと考ふるに、唐からちやうど新歸朝の沙門らの使用を承けたのであつて、新歸朝者は唐土で「月生」の書式を知つて來て直ちに之を應用したことかも知れぬ。《古時素樸ノ風》とされたもの、一轉して、新風・ハイカラと見るべきこととなるのである。

表２　日数詞の後に「月」を付ける暦日表現

	伊良部島佐和田		与論島	多良間島
	算日・暦日兼用	暦日専用		
1	pɨtuɨ〔算日専用〕	ciitacɨ	tiitachi	
2	fucɨka	fucɨkazɨcɨ	futsukazuki	futsukazuki
3	mɨɨka	mɨɨkazɨcɨ	inchazuki	mikkazuki
4	juuka	（以下同様に）	yufazuki	yukkazuki
5	icɨka		itskazuki	itskazuki
6	mujuka		muhyazuki	
7	naŋka		nanukazuki	
8	jauka		yuazuki	
9	kukunuka		kūnukazuki	
10	tuka		toazuki	
11	tukapɨtuɨ			
20	pacɨka			
30	mɨsuka			
40	jusuka			
50	icɨsuka			
60	m̩suka			
70	nanasuka			
80	jasuka			
90	kukunusuka			
100	mumuka			

第一五章　ヒトヒ（1日）とフタヒ（2日）

はじめに

算日の1日は、現代では漢語数詞のイチニチを用いるが、古くはヒトヒと言った。ヒトヒは奈良時代・平安時代に確実な用例がある。この時代には、日数を数えるのに「―ヒ」という言い方をするのはこのヒトヒだけで、ほかはすべて「―カ」という言い方をした[1]。

2日（算日および日付）を表わすフツカという語は奈良時代から文献に見え、現代でも引き続き用いられているが、この他に、フタヒ（2日）という語が文献に見える。このフタヒはこれまでどの国語辞典にも登録されていないが、用例は江戸時代の文献にかなりある。ただし、いずれも擬古的な文学作品に見えるもので、当時の日常語ではなく、一部の作家・歌人・俳人が用いた擬古語であったらしい。

フタヒはヒトヒからの類推によって作られたと考えられる。

第一節　ヒトヒの意味

ヒトヒの意味は、平安時代までは基本的には〔算日1日〕、すなわち〝日数1日〟であったが、この意味から派生した、〝一日じゅう〟〝ある日、先日〟の意味もあった。そしてさらにこの他に、〔日付1日〕、すなわちツイタチの意

味で使った例がある。[2]

①そらおもふをとめのころも**ひと日**よりあまのかはなみたちそよるらし〔伝二条為氏筆『曽祢好忠集』七月〕〈宮内庁書陵部蔵伝冷泉為相筆本ハ「そらをとふをとめのころもひとひよりあまのかはなみたちてきるらし」、冷泉家時雨亭文庫本『曽丹集』モ「ひと日より」。『夫木和歌抄』（永青文庫本オヨビ書陵部蔵桂宮本）モ「ひとひより」〉

②トハヰカニケフハウヅキノ**ヒトヒ**カハマダキモシツルコロモガヘカナ〔1120頃『今昔物語集』巻28・12話〕〈コノ歌全体ノ意味ハ、〝どうしたことだろう　今日は四月の一日でもないのに　こんなにはやばやと衣更をしようとは〟（『新潮日本古典集成』）〉

曽祢好忠の生没ははっきりしないが、九三〇年ごろ生まれ一〇〇三年ごろ没したかとされる（『日本古典文学大辞典』）。①は、従来の国語辞典の初出例である②よりも一〇〇年あまり古い例ということになるが、一二世紀までに限ると、この意のヒトヒの例は他には見えない。①②ともに和歌の例であるが、ツイタチという音便を含む語は和歌のことばとしては使えない、ということが背景にあるのかも知れない。

このあと時代はかなり下るが、『平家物語』の訓にはいくつも例が見える。

③治承二年正月**一日**《ヒトイノヒ》院《ノ》御所には拝礼《ライ》おこなはれて四日《ノ日》朝覲《キン》の行幸有けり〔『京師本平家物語』（国会図書館蔵）巻3・許文〕

④治承《ヂセウ》四年正月**一日**《ヒトイ》のひ・鳥羽殿《トバトノ》には・相國《シヤウコク》もゆるさす・〔『高野本平家物語』巻4・厳島御幸〕

⑤治承四年正月**一日**《ヒトイノ日》鳥羽殿には相國もゆるさす〔『京師本平家物語』（国会図書館蔵）巻4・厳島御幸〕

また、『日葡辞書』（補遺）にも載せる。

⑥Fitoi. *Primeiro dia do mes, ou lũa nomeando o mes.*〔1604『日葡辞書』補遺〕【†Fitoi. ヒトイ（一日）何月と月の名を

言う時の、その月の最初の日〔ついたち〕。〔『邦訳日葡辞書』〕】

②『今昔物語集』と③④⑤『平家物語』との間はかなり開くが、一一～一二世紀の言い方が『平家物語』の訓にまで引き継がれたのか、あるいは新たに生まれた訓なのかは決めかねる。この用法は、1662『狂言記』〔巻6・文蔵〕にも見えるが、それは殿が「盛衰記」を読み上げる場面で、「ころは治承《ちじよう》三年八月朔日《ひとい》の事なるに」とある。

第二節　フタヒ（2日）の用例

フタヒは江戸時代の文学作品にはかなり例が見える。そしてその多くはヒトヒとセットで用いられている。

⑦斎世の宮と姫君に。漸《ヤウ〳〵》と廻クり逢《あひ》。一《ト》日ふた日は我カ家にも。忍ぶに……〔竹田出雲ほか（1746初演）『菅原傳授手習鑑』〔七行大字本〕第二〕

⑧a是は孕《ハラメ》るにもあらじ、さる事ならばひと日ふた日の中にかくやはならむ、こは正《マサ》しに病ひのする腹にてなむある〔建部綾足（1771頃）『由良物語』由良物語本紀〕

⑧b木工《コダクミ》木工也、万葉　ゐて来てつくろひたて、ひと日ふた日におほかたはき清め万葉ける〔同、伊杼美川の巻〕

⑧c夜明もて行に凪いとすゝみて一日《ヒトヒ》二日《フタヒ》追つればはや北の海面に漕出つと云也〔同、浪速の巻〕

⑨此ふた日きぬた聞へぬ隣かな〔塩屋忠兵衛『蕪村遺稿』〔河東碧梧桐（1929）『蕪村新十一部集』〕〕〈水落露石1900『蕪村遺稿』19丁ウは「この二日きぬた聞えぬ隣哉」〉

⑩二人の男ともはこゝに一日ふた日あれ見とかめられぬためにむかひの國にて春を待て〔上田秋成（1809）『春雨物語』〔秋成自筆本〕樊噲・上〕

⑪a……つれなく【ママ】あれたるやとをうつせみのよすかとなせはひとと【ママ】ひこそたへもしつらめふたひこそしぬひもすらめ……〔良寛［1758~1831］歌〔加藤僖一『いやひこ和歌巻』所収の良寛自筆本写真〕〕

⑪bくさまくら　たびのいほりに　うちこやし　……　つれもなく　よしもなきやに　うつせみを　よせてしあれば　ひとひこそ　たへもしつらむ　ふたひこそ　しぬびもすらめ　……〔良寛歌200番〈岩波書店『日本古典文学大系93　近世和歌集』〉〕

⑪cあしひきの　くかみのやまの　やまもとに　いほりをしつゝ　をちこちの　さとにいゆきて　いひをこひ　ひとひふたひと　すごせしに　……〔同、良寛歌204番〕

⑫a額蔵《がくざう》が、信乃《しの》に鬱悒《いぶせく》せられしは、一日二日《ひとひふたひ》の事ならず。〔曲亭馬琴（1819）『南總里見八犬傳』第三輯・巻之一・第廿一回〕

⑫b妻子《やから》の頓滅《とんめつ》、葬《はうむり》てはや廿日《はつか》あまり、一両日《ひとひふたひ》と聞《きこ》えしかば、〔1819『南總里見八犬傳』第三輯・巻之四・第廿八回〕（「はつか余りひとひふたひ」デ《21日〜22日》ノ意）

⑫c一日二日《ひとひふたひ》と歴《ふ》る程《ほど》に、〔1820『南總里見八犬傳』第四輯・巻之三・第三十五回〕

⑫d其船海《そのふねうみ》へ推流《おしなが》されて、一日二日《ひとひふたひ》と漂《たゞよ》ひつゝ、今日《けふ》しも河崎《かはさき》の浦《うら》に舩《ふね》の寄《よ》りし時《とき》、〔1841『南總里見八犬傳』第九輯・巻之四十五・第百七十六回〕

⑫eこの日《ひ》より、二日《ふたひ》にして、未下《ひつじくだ》る時候《ころ》〔1842『南總里見八犬傳』第九輯・巻之五十・第百八十回上〕

⑬あぢきなき世《よ》とうちかこち。一日二日《ひとひふたひ》とおくれども。〔曲山人（1831）『假名文章娘節用』前編・中・2オ〕

⑭旅もいま一日ふたひになる時ぞいよいよ家は恋しかりける〔木下幸文1847頃『亮々遺稿《さやさや》』（新編国歌大観・九）1187番〕

以上の例のうちでは、⑦『菅原傳授手習鑑』（1746年初演）が一番古い。[3]

なお、キリシタンのローマ字資料を索引のあるものについて調べてみたが用例は一つも見つからなかった。また、『新編国歌大観』（全10巻）の索引および『新編国歌大観　CD-ROM版』で「ふたひ」「ひとひふたひ」「ふた日」を

検索してみたが、見つかったのは⑭『亮々遺稿』だけであった。

⑦から⑭までの一六例のフタヒについて、次のようなことが言える。

(1)いずれも《算日2日》の意で、日付表現の例はない。

(2)いずれも擬古的な文章中のもので、フタヒが当時の日常語であったとは考えられない。

(3)使用する人に偏りがある。建部綾足［1719~74］・良寛[4]［1758~1831］・曲亭馬琴［1767~1848］は多数使う。しかし、これより前の井原西鶴［164~93］・松尾芭蕉［1644~94］・近松門左衛門［1653~1724］は用いない。[5]

(4)一六例のうち一二例は「ヒトヒフタヒ」の形で用いられ（例外は⑨、⑪a、⑪b、⑫e）、その一二例のうち八例は〝1日または2日〟の意の概数表現（概数表現でないのは⑪c、⑫c、⑫e、⑬）である。

(5)〔3日〕とともに用いた例はない。

このうち、(1)は(4)と関わる。和語数詞を用いる10日までの日付表現には、概数表現はないと言える。現代語において日付表現として「五月ヨッカイツカ」と言えば、それは〝5月4日と5月5日（の2日間）〟の意であって、〝5月4日か5月5日〟の意にはならない。[6]

第三節　明治以後のフタヒの用例

現代ではフタヒは全く用いられないが、明治時代以後にもフタヒの用例は少しある。ここでもヒトヒとセットになって用いられている場合が多い。

⑮責《せめ》ては今一日《ひとひ》二日《ふたひ》だに。父《ちゝ》の壽命《いのち》の延びたらましかば。我心《わがこゝろ》の程をも告參《つげまい》らすべけれど。それさへ今は叶ふべくもあらず。〔森體（訳）（1886）『泣花怨柳北歐血戰餘塵』第五関〕

⑯わが庭の石蕗《つはぶき》の花咲きそめて二日《ふたひ》晴れつづけふぞ曇れる（1937年の作）〔斎藤茂吉（1940）『寒雲』初冬〕

⑰いつしかも心はげみて澤谷村《さはだに》粕淵村《かすぶち》を二日《ふたひ》あるきつ（1934年の作）〔斎藤茂吉（1942）『白桃』初冬〕

⑱一日《ひとひ》すぎ二日《ふたひ》すぎつつ居りたるにいつの頃よりか山鳩啼かぬ（1945年の作）〔斎藤茂吉（1949）『小園』残生〕

⑮『泣花怨柳北欧血戦餘塵』はトルストイの『戦争と平和』の抄訳。訳者の森については生没年など不明だが、柳田泉（1959）によれば、二葉亭四迷［1864~1909］と共に東京外国語学校でロシア語を修めた人だという。当然、生まれたのは江戸時代で、フタヒが使われるのを見て育ったのであろう。これに対し、斎藤茂吉は明治一五（1882）年生まれである。茂吉は江戸時代のフタヒを知識として知っていたのか、あるいは近代短歌の作者の中にはフタヒを使う人がいてそれを真似たものなのかはわからない(7)。

第四節　「―ヒ」の形をもつ日数詞

日数詞（日数を数えたり〔算日〕、日付〔暦日〕を表わしたりする数詞）の語形は、平安時代には以下のとおりであった。

ヒトヒ〔算日1日〕、ツイタチ〔日付1日〕、フツカ〔2日〕、ミカ〔3日〕、ヨウカ〔4日〕、イツカ〔5日〕、ムユカ〔6日〕、ナヌカ〔7日〕、ヤウカ〔8日〕、ココヌカ〔9日〕、トヲカ〔10日〕、ハツカ〔20日〕、ミソカ〔30日〕、ヨソカ〔40日〕、イカ〔50日〕、モモカ〔100日〕、ヤホカ〔800日〕、イクカ〔n日〕。

〔2日〕以上はみな「―カ」で終る。これについて本居宣長は、『古事記伝』で「日八日夜八夜」について論じたところで、つぎのように述べている。

> 二日《フツカ》より以上はみな．伊久加《イクカ》と云を．一日《ヒトヒ》のみは．比止加《ヒトカ》とは云ぬは《ハ》．いかなる故にか．未思《ダヒ》得ず．
>
> 〔『古事記傳』十三之巻・神代十一之巻（割注）〕

ヒトカという語は昔も今もない。また、ヒトヒ以外には「―ヒ」の形を持つ日数詞は少なくとも平安時代中期まではなかった。それが、もっと時代が下ると「ヤヒ／ヤイ」と、問題の「フタヒ」とが現れる。しかし、ミヒ・ヨヒ・イツヒ・ムヒ・ナナヒ・ココノヒ……は全く実例が見えない。

「ヤヒ／ヤイ」は『日本書紀』の江戸時代前期の写本・版本に見える。これについては安田（1972）において、「ヤヒ／ヤイ」は室町時代に作られた新しい訓であろう、ということを述べたが、その後刊行された複製本（兼方本・兼夏本・雅久本・東山御文庫本）を見てもこの考えには特に修正の必要がない。

『日本書紀』には漢字書きの「八日」は五例ある(8)（(1)(2)(3)は算日用法、(4)(5)は日付用法）。

(1)而**八日**八夜啼哭悲歌〔巻2・神代下・天稚彦〕
(2)吾者**八日**以後方致天孫於海宮〔巻2・神代下・海幸山幸・一書4〕
(3)故天孫随鰐所言留居相待已**八日**矣〔巻2・神代下・海幸山幸・一書4〕
(4)四月**八日**七月十五日〔巻22・推古14年4月〕
(5)以**八日**鶏鳴之時順西南風放船大海〔巻26・斉明7年5月・注〕

この「八日」の部分について写本や版本を見てみると、訓を付したものは少ない(9)。

1236鴨脚本――(1)は本文なし。(2)(3)は無訓。(4)(5)は本文なし。

1286兼方本（＝弘安本）・1303兼夏本（＝乾元本）・丹鶴叢書本（1306剣阿筆本の模刻本）・1328水戸本（＝嘉暦本）・雅久本（1499小槻雅久筆本の再々写本）(10)。・1510東山御文庫永正本――(1)(2)(3)すべて無訓。(4)(5)は本文なし。

図書寮本――(1)は「ヤヒ」（而**八日**《ヤヒ》八夜《ヤヨ》啼‐哭‐悲‐歌《ヲラビナキカナシビシノフ》）。(2)(3)は無訓。(4)(5)は本文なし。

北野本――(1)(2)(3)は本文なし。(4)(5)（ともに院政期写）は無訓。

1669 寛文版本――(1)(2)(3)は「ヤイ」。(4)(5)は無訓。

以上のうち図書寮本の巻二（神代下）は「興國七年」（1346）の識語があるが、(1)の部分を含む冒頭部分は後世（江戸時代）の補写である。

安田（1972）【本書第一三章】においては、8日を意味するヤウカの形が『古今集』の一一世紀の写本（高野切）に見えること、ヤカという語形は本居宣長が案出したものであること、などを述べたあと、以下のように述べた（【 】内は今回の補足）。

ここに、ヤウカでもヤカでもない「ヤヒ（ヤイ）」という形が登場したわけであるが、この形は【平安・鎌倉時代の】古写本には見えないから、おそらくは室町時代の学者がつくり出したものであろう。その背景には、本来のヨーカという語が、いかにも〝音便〟の結果として生じた〝なまつた〟語と感じられたということがあるものと思われる。

なお、鴨脚本・水戸本・丹鶴叢書本等、鎌倉時代の本に訓がないのは、あたりまえにヤウカとよむことを消極的に示したものと見るべきである。

ヤウカという語形について、本居宣長は『古事記伝』（十三之巻）において、「そは音便にて．耶《ヤ》を延《ベ》たるものにて．古言の正しき例には非ず．」（割註）と考え、「八日は八夜《ヤヨ》に對《ムカ》ひたれば．耶比《ヤヒ》と訓べきが如くなれども．猶耶加《ヤカ》と訓べし．」、とヤカという語形を提唱するわけだが、ヤヒという語を案出した人も同じように、ヤウカは「古言の正しき例には非」ざるもの、と考えたのであろうと思う。

なお、この「八日」をヤヒ（ヤイ）と訓ずる写本・版本も、フタヒ・ミヒ・ヨヒ・イツヒ……という訓は用いてい

ないことから考えて、第二節で見たフタヒと『日本書紀』の訓の「ヤヒ」とは関係なく、それぞれ別々に案出されたものと思われる。

第五節　江戸時代に《ひとひ》はどう発音されたのか

《ひとひ》という語は、キリシタンのローマ字資料（1592『天草本ヘイケ物語』・1603『日葡辞書』・1604~1608『ロドリゲス日本大文典』・1632『コリャード日本文典』）では「fitoi」「fitoj」であって、「fitofi」ではない。

江戸時代の文献において《ひとひ》を仮名で書く場合、「ひとひ」とするのが普通である。しかし、西鶴の作品（版本）では、「ひとひ」と「ひとい」の両方の表記が用いられている。その「ひとい」の例を以下に示す。

⑲ａ ひとい二日は、阿彌陀経《あみだきやう》など、いと殊勝《しゆせう》に見えしが、（西鶴（1682）『好色一代男』（大坂版）巻二・17オ）〈江戸版13ウも「ひとい二日」〉

⑲ｂ 一日《ひとい》二日過《すぎ》て、ちよろけん一巻《まき》、有合《ありあひ》て送《おく》るのよし、（同（大坂版）巻七・15オ）〈江戸版15オは「ひとい二日」〉

以上から、《ひとひ》は一六世紀末から一七世紀末にかけては実際にはヒトイと発音されていたことがわかる。

なお、一七世紀後半には、西鶴の作品を始めとして、「ひとへ」「ひとへ二日」という例がいくつも見える。[11] この「ひとへ」は、『日本国語大辞典』（「ひとえ」の項、および「ひとえふつか」の項）が説くとおり〝「ひとひ」の変化した語〟には違いなかろうが、[hitohi]→[hitohe]という変化ではなくて、[hitoi]→[hitoe]という変化であったと考えるべきであろう。右に見たとおり、西鶴自身ヒトイの形を用いているし、語末の[hi]が[he]に変化する可能性よりも、二重母音の[oi]が[oe]に変化する可能性の方がはるかに高いからである。

なお、太田全斎『俚言集覧』が《ひとひ》の発音について述べている。

⑳一日《ヒ》　ヒトヒと云事女の文にかく也是は雅文に先日といふ事也〔古今著聞集十六〕ヒトヒ文殿の作文に夏袍を著て参り云々然るをヒトヒの下のヒを誤てヰと呼より字までヒトヰと用ゐるもの多し〔太田全斎（1797~1829）『俚言集覧』（国立国会図書館蔵自筆本）比部・88オ〕

これによると、〝「ひとひ」はこの時代にはもう日常語ではなく、女性の書く雅文で用いられ、意味的にも数詞というよりは副詞になっていた。発音は、太田全斎［1759~1829］の規範意識ではヒトヒと発音すべきものだが、世間ではヒトイと発音する人が少なくない。〟ということだったようだ。

キリシタンのローマ字資料ですでに fitoi（ヒトイ）になっていたのだから、『俚言集覧』の時代にもヒトイと発音されて当然なのだが、インテリの中には、語源を意識してヒトヒと発音する人がいた、ということがわかる。

第六節　《ひとひ》はいつまで使われたのか

この《ひとひ》という語は、ヘボンの『和英語林集成』の初版（1867）、再版（1872）、三版（1886）のいずれにも載っていない。幕末には日常語としては全く用いなくなっていたのであろう。

康遇聖（1676刊）『捷解新語』には、「いちにち」・「いちににち」の例はあるが、「ひとひ／ひとい」の例はない。『捷解新語』の成立は刊行よりも四〇年ほど前というが、これに「ひとひ」が用いられていないのは、一七世紀前半においてすでに「ひとひ」は日常語ではなくなっていたことを示すものとも考えられる。

第七節　なぜフタヒという語形は作られたのか

〔2日〕を表わす語としてはフツカという語が奈良時代から存在し、そのまま現代まで引き継がれている。だからあらたにフタヒという語形を作り出さなくても特に困ることはなかったはずである。

『日本書紀』の訓には、なるべく上代風にしよう、という神道家・学者の特別な意識が働いている。第四節で述べた、ヤウカ（8日）の代りとして作り出されたヤヒやヤカはその産物であるが、フタヒの背後にそのような意識が働いていたわけではなかろうと思う。

第二節および第三節の用例で見たとおり、フタヒは多くは《ひとひふたひ》という形で用いられ、これは本来〝算日1日または2日〟の意の概数表現であった。〝算日1日または2日〟の意の概数表現は古くはヒトヒフツカと言った。この言い方は平安時代の確実な用例がいくつかある。

㉑　七日のあしたみつねかもとより
きみにあはてひとひふつかになりぬれはけさひこほしの心地すらしも〔『貫之集』十・雑（西本願寺本『三十六人集』）〕

㉒　なぬかのひのあしたみの、かみにおくる
きみにあはてひとひふつかになりぬれはけさひこほしのこ、ちこそすれ〔『躬恒集』（西本願寺本『三十六人集』）〕

㉓大納言殿た、ひとひふつかとおほしたちてまいらせたてまつり給〔『栄花物語』（三条西家本）巻二・花山たづぬる中納言〕

一般の概数表現では、《ひとりふたり（一人二人）》《ふたつみっつ（二つ三つ）》のように助数詞が揃うのに、この《ひとひふつか》だけは揃わない。《ひとひ》が日常語の数詞として生きていた時は特に気にもならなかったが、《ひとひ》が文章語化してしまった段階では、助数詞が揃わないのがどうにも気になるようになったのであろう。そこで、ヒトヒに合わせて強引にフタヒという語形を作り出したのではなかったか。

その前提として、《ひとひ》を文字どおりヒトヒ［hitohi］と発音するということがあったと思われる（第五節で見たとおり、『俚言集覧』はヒトヒと発音すべしと主張する）。もしも《ひとひ》がヒトイと発音されていたのなら、2

日を意味する語として新たに作られた語はフタイでなければならない。しかしこれでは、この見慣れない語が2日を意味するとは理解され難い。2日と理解されるためにはフタヒという語形である必要があった。実際、《ひとひ》が《ふたひ》とセットで用いられている場合には、「ひとい」と記された例は全くないのである。

もちろん、《ふたひ》は擬古文でしか用いられないから、実際に口で言うことはまれであったろうが、用いる人が頭の中で発音する形はフタヒであったろう、と考えるのである。

以上をまとめると、以下のようになろうか。

《ひとひ》という語は、室町末期・江戸初期にはヒトイという発音になった。その後、このヒトイは日常語としては使われなくなった。日常語ではなくなったこの語を、作家・歌人が古典に見える「ひとひ」という形で復活させ、綴り字発音（spelling pronunciation）でヒトヒと発音した。

〝算日1日か2日〟の意の概数表現は、古くは《ひとひふつか》であったが、これは《ふつかみか》などという言い方に較べると形が整わない。ヒトイが日常語ではなくなった段階では、〝算日1日か2日〟はイチニチフツカまたはイチニチと言った。前者は漢語数詞と和語数詞を並べたもので、《ひとひふつか》よりもさらに整わない言い方である。そこで、再生されたヒトヒをもとに類推でフタヒという形を作り上げた。このフタヒは主に〝算日1日か2日〟の意の概数表現《ひとひふたひ》で用いられた。

古くからあるフツカも広く用いられており、漢字で「二日」とあれば誰しもフツカと読んでしまうので、フタヒと読んでもらうためには漢字にルビを振って「二日《ふたひ》」と書くか「ふた日」「ふたひ」と書くかするほかなかった。

フタヒは文章語・文学語として江戸時代中期に作られ、一度も日常語として用いられることはなかった。そして今やその存在すら完全に忘れられてしまった。

注

（1）日数詞の語形全般については、安田（1972）「日数詞（上）（下）」【本書第一三章】で論じた。

（2）中田祝夫ほか（1983）『古語大辞典』（小学館）の「ひとひ」の項は、「月のついたち。朔日。」の意の用例として、『今昔物語集』と『日葡辞書（補遺）』のほかに、次の『蜻蛉日記』の例を挙げる。

「――の日より四日、例の物忌みと聞く」〈蜻蛉・下・天禄三年〉

しかし、この場合の「ひとひ」は、〝日付1日〟ではなく〝日付21日〟のことなのであって、「はつか（あまり）ひとひ」の省略された言い方と見るべきものである。安田（1992）「和語数詞による端数表現」【本書第九章】を参照。

（3）このほかにも、『近代日本文學大系第1巻　假名草子集』（1928、国民図書）所収の如儡子『可笑記』巻第一には、以下のとおり「一日二日《ひとひふたひ》」という例がある。

昔《むかし》ある人《ひと》の云《い》へるは、一とせ浄土《じやうど》の上人《しやうにん》、おむりやうと申《まう》すおびくと深《ふか》き中《なか》なりけるが、いかゞしたりけん、**一日二日**《ひとひふたひ》さはる事にや、え對面《たいめん》せでこひしさのあまり、……（p.485）

もしこれが正しければ、『可笑記』は寛永一九（1642）年の刊行であるから、『菅原傳授手習鑑』よりも一〇〇年以上も早い例となる。しかし、寛永一九年十一行本（田中伸・深沢秋男・小川武彦（1974）『可笑記大成――影印・校異・研究――』笠間書院、所収の影印による）では、

昔ある人の云るは一とせ浄土《しやうど》の上人おむりやうと申おひくとふかき中なりけるがいかゞしたりけん**一日二日**さはる事にやえ對面せてこひしさのあまり（42オ）

と、「一日二日」にはルビはない。この「ひとひふたひ」というルビは『近代日本文學大系』の翻刻者によるものであろう（『可笑記大成』の解説を参照のこと）。

（4）良寛の「ふたひ」の用例は、塩浦林也《りんや》（1996）『良寛用語索引―歌語・詩語・俳語―』（笠間書院）によると、和歌（底本は東郷豊治（1980）『良寛歌集　第二版』創元社）に合計五例あるが、信頼できるテキストが見られないものは引

用しなかった。

（5）芭蕉・近松・西鶴について調べた索引は以下のとおり。

山本唯一（1957）『芭蕉七部集總索引』、法蔵館。

檀上正孝・末田洋香・上田健・関屋庸介（1968）『笈の小文鹿島詣更級紀行総索引』、広島大学教育学部東雲国語研究室。

弥吉菅一・檀上正孝（1970）『芭蕉紀行総索引　上』、明治書院。

井本農一・檀上正孝（1977）『芭蕉紀行総索引　下』、明治書院。

道本武彦・谷地快一（1983）『芭蕉・蕪村発句総索引　語彙索引篇』、角川書店。

浜　森太郎（1986）『芭蕉付句総索引』、近世文化研究会［三重大学人文学部日本文化コース内］。

近世文学総索引編纂委員会（1986）『近世文学総索引　近松門左衛門』（全6巻、別巻1冊）、教育社。☆合計一二編の作品［世話物］を対象とする。

近世文学総索引編纂委員会（1988~1990）『近世文学総索引　井原西鶴』（全10巻、別巻2冊）、教育社。☆合計六編の作品を対象とする）

（6）これが、漢語数詞を用いる11日以上だと、日付でも、「五月ジュウシゴニチ（十四五日）だったら御都合はよろしいですか?」のように言うことができる。

（7）近代の短歌については以下の七種類の索引を検索したが、斎藤茂吉のほかには「ふたひ」を用いた例はない。

村上悦也《えつや》（1973）『石川啄木全歌集総索引』、笠間書院。

文芸思想研究会［平野仁啓監修］（1973）『斎藤茂吉歌集赤光索引』、たいら書房。

長谷川孝士（1980）『斎藤茂吉歌集赤光・あらたま・暁紅総索引』、清文堂出版。

佐藤嘉一（1982）『斎藤茂吉全歌集各句索引』、蒼土舎。

末竹淳一郎（1988）『島木赤彦全歌集（全集）総索引』、桜楓社。

塩田良平・佐藤和夫（1970）『與謝野晶子全歌集総索引』、有朋堂。
大伴傑人《ひでと》（1977）『与謝野晶子みだれ髪語字総索引』、笠間書院。

（8）安田（1972）「日数詞（下）」において(4)を落としたのはミス。

（9）「「八日」に訓を付したもの」とは、厳密に言えば、〝「八日」に数詞としての読みを付したもの〟ということで、ヲコト点で助詞ノを付したものなどについては取り上げない。

（10）雅久本(1)は「而八-日・八-夜」と、「八日」「八夜」にそれぞれ音合符があり、さらに「而八」の左側に「已下不讀」という注記があり、「八日」の右側に「陰極也」の注記がある（「不讀」については石塚（1972）p.171〜172参照）。雅久本(2)は「吾者《ヤツコハ》・八-日以《ヨリ》-後《ノチ》」。雅久本(3)は「已八日《ニ》矣」。

（11）「ひとへ」（「ひとへ二日」を含む）が用いられているのは、西鶴の1685『椀久一世の物語』（下・三）、1686『好色五人女』（巻二・二、および巻五・一）、1686『本朝二十不孝』（三・一）、1687『男色大鑑』（巻二・三）、1688『嵐は無情物語』（上、および下）、1693『西鶴置土産』（巻二・一）、さらに西鷺軒橋泉の1686『近代艶隠者』（巻一・四）。この他、前田勇（1964）『近世上方語辞典』の「ひとえしょうがつ（一日正月）」の項は1814『大坂繁花風土記』を引用している。

大坂繁花風土記年中行事「二月朔日。ひとへ正月といふのみにて、なんらの式もなし」

さらに、一九三一〜四三年ごろに現在の兵庫県加古郡稲美町《いなみちょう》を調査した、中島信太郎（1972）『播磨加古郡北部方言記録』（武蔵野書院）にも「ヒトエションガツ　二月一日。」とある。これらから見て、大阪市や兵庫県のあたりでは、ヒトエという語形が用いられていたことがあるのは確実である。

第一六章　東北方言の日数詞ムヨカ（6日）

――『言海』に紛れこんだ東北方言――

はじめに

現行の国語辞典には「むよか（六日）」という見慣れない語を見出しに立てるものが少なくないが、この語は古典語でもないし、現代東京語でもない。それでは何かと言うと、現代東北方言の語であるらしい。

国語辞典がこの「むよか」を載せるようになった源は大槻文彦（1891）『言海』にあるようだが、「むよか」という項目が『言海』にあるのではなくて、「むいか（六日）」の項に言い換え（同義語）として載っているのである。

『言海』はその性格を「普通語ノ辭書」と規定しているのであって、本来なら語釈の中の言い換えとしても東北方言の語が使われるはずはないのであるが、編者の大槻文彦の周辺には東北地方出身者が少なくなかったことから、彼はムヨカという語形を東北方言の語だという意識なしに覚えてしまって『言海』に持ち込んだものと思われる。

第一節　『言海』に見えるムヨカ

現行の大型・中型の国語辞典には「むよか（六日）」という見慣れない語を見出し語に立てるものが少なくない。

すなわち、一九九一年現在市販されているもののうちでも、以下のものが「むよか」を見出し語に立てている。

1974『改訂新潮国語辞典現代語古語』、新潮社

1976『日本国語大辞典』（初版）第19巻、小学館
1981『国語大辞典』、小学館
1982『角川国語大辞典』、角川書店
1983『広辞林』第六版、三省堂
1991『広辞苑』第四版、岩波書店

これらの辞書以前にも「むよか」を載せる辞書はあるわけだが、それらの源は大槻文彦『言海』にあるらしい。ただし『言海』に「むよか」という見出し語があるわけではなく、「むいか（六日）」の項の語釈の中の言い換え（同義語）として載っているのである[1]。なお、『言海』には、6日を表わす語としては「むいか」と「むゆか」が見出し語にある。

むい-か（名）［六日］〔むゆかノ轉〕（一）又、ムユカ。ムヨカ。月ノ第六ノ日。（二）日数、六ツ。
むゆ-か（名）［六日］〔六日《ムカ》ノ延轉〕むいかニ同ジ。
〔1891『日本辞書言海』初版・第四冊〕

『言海』以前の幕末・明治期の辞典類のうち、以下のものを調べてみたが、いずれも見出し語にも、関連する語の解説中にも、ムヨカは見えない。

ヘボン（1867）『和英語林集成』初版
ヘボン（1872）『和英語林集成』再版
近藤真琴（1884~1885）『ことばのその』
ヘボン（1886）『和英語林集成』第三版

高橋五郎（1888）『漢英対照いろは辞典』
物集高見（1888）『ことばのはやし日本大辞書』
高橋五郎（1888~1889）『和漢雅俗いろは辞典』

第二節　『言海』以後の辞書に見える「むよか」

『言海』は初めての近代的国語辞典として、その後の国語辞典に大きな影響を与えたと言われるが、藤井乙男・草野清民（1896）『帝國大辞典』や金沢庄三郎（1907）『辭林』が「むいか（六日）」の項において、意味を

(1)暦日用法の6日
(2)算日用法の6日

の二つに分け、(1)についてのみムヨカという言い換えを示しているのは、『言海』を受け継いだものであろう。ただし、『言海』はムヨカとともにムユカをも示すのに、『帝國大辞典』・『辭林』は言い換えとしてはムユカを挙げない。

むい‐か　名詞（六日）むゆかの轉なり。①月の第六の日をいふ、むよかに同じ。②日數六つをもいふ。
〔藤井乙男・草野清民（1896）『帝國大辭典』〕

むい‐か〔六日〕（名）（「むゆか」の轉）㈠月の第六日。むよか。㈡日數六つ。――‐の‐あやめ「六日菖蒲」

〈以下略〉

〔金沢庄三郎（1907）『辭林』、三省堂書店〕

ムヨカを辞書の見出しに立てたのは1919『大日本國語辭典』（巻四）が最初のようである。この辞書は「むいか」「むゆか」「むよか」を見出しに立てるが、用例は「むよか」については全く示さない。

むい‐か　六日（名）〔むゆかの轉〕㈠月の第六の日。むゆか。むよか。㈡日數六つ。
むゆ‐か　六日（名）㈠むいか（六日）の轉。新六帖一「いかにせん今はむゆかのあやめ草、ひく人もなき我が身なりけり」㈡死にたる人を忌みていふ語。㈢（散散）といふ謎。俚言集覧
むよ‐か　六日（名）むいか（六日）に同じ。

〔上田万年・松井簡治（1919）『大日本國語辭典』初版・巻四、冨山房・金港堂〕

このあと、〝ムイカ・ムユカ・ムヨカの三つを見出しに立て、ムイカの項で意味を⑴暦日用法の6日、⑵算日用法の6日、の二つに分け、⑴についてのみムユカ・ムヨカという言い換えを示す〟という『大日本國語辭典』のスタイルは、以下の諸辞書が踏襲している。

落合直文（1928）『日本大辭典改修言泉』初版・第五巻、大倉書店
大槻文彦（1935）『大言海』初版・第四巻、冨山房
1936『大辭典』初版・第24巻、平凡社
新村出（1955）『広辞苑』初版、岩波書店
新村出（1969）『広辞苑』第二版、岩波書店

このほか、1983『広辞苑』（第三版）と1991『広辞苑』（第四版）はムイカ・ムユカ・ムヨカの三つを見出しに立てるが、「むいか」の項で、暦日用法についてのみ言い換えとしてムヨカを示す。

むい‐か【六日】（ムユカの転）①六つの日数。②月の第六日。むよか。

むい‐か【六日】（ムユカの転）①六つの日数・②月の第六日。特に、正月六日。むよか。《季・新年》

〔1983『広辞苑』第三版、岩波書店〕

〔1991『広辞苑』第四版、岩波書店〕

また、1976『日本国語大辞典』（初版・第19巻）と尚学図書（1981）『国語大辞典』（小学館）はムイカ・ムユカ・ムヨカの三つを見出しに立てるが、「むゆか」の項で、算日用法については言い換えとしてムイカ・ムヨカを挙げ、暦日用法については言い換えとしてムイカのみを挙げる。

むゆ‐か【六日】〔名〕①日の数六つ。ある日から六番目の日。また、六日間。むいか。むよか。〈用例略〉②月の初めから六番目の日。むいか。〈用例略〉③特に、五月六日をいう。六日の菖蒲。むいか。【④以下略】

〔発音〕〈なまり〉ムヨカ〔秋田〕

〔日本大辞典刊行会（1976）『日本国語大辞典』初版・第19巻、小学館〕

むゆ‐か【六日】①日の数六つ。ある日から六番目の日。また、六日間。むいか。むよか。②月の初めから六番目の日。むいか。③特に、五月六日をいう。六日の菖蒲。むいか。【④以下略】

〔尚学図書（1981）『国語大辞典』、小学館〕

また、新村出（1935）『辭苑』（博文館）と新村出（1949）『言林 昭和廿四年版』（全国書房）は、ムイカ・ムユカの二つを見出しに立て、ムイカの項で、算日用法についてのみ言い換えとしてムユカ・ムヨカを挙げる。

これらはいずれも、暦日用法・算日用法の一方にのみムヨカの形がある、とするわけである（各辞書の編者はそこ

まで積極的に主張するつもりはなかったとしても、読者のほうはこのように受け取るであろう）。

しかし、『大日本國語辭典』の「むよか」の項は、すでに見たとおり、単に「むいか（六日）に同じ。」とするだけで、ムヨカには暦日用法しかない、とは記していない。『言海』の大増補版である『大言海』の第四巻（大槻文彦が昭和三（1928）年に死んだ後、昭和一〇（1935）年の刊行）も同様である。

むい-か（名）〔六日〕〔六日《ムカ》ヲむうかトシタルノ轉〕（一）又、むゆか。むよか。月ノ第六ノ日。（二）日數、六ツ。
むゆ-か（名）〔六日〕〔六日《ムカ》ノ延轉〕むいか（六日）ニ同ジ。新六帖、一「イカニセン、今ハむゆかノ、アヤメ草、ヒク人モナキ、我身ナリケリ」
むよ-か（名）〔六日〕むいか（六日）ニ同ジ。
〔大槻文彦（1935）『大言海』初版・第四巻、冨山房〕

はじめてムヨカを見出しに立てた1919『大日本國語辭典』は、「むよか」の項には「むいか（六日）に同じ。」と記すだけで、例文も出典名も全く示さないが、これ以後、ムヨカを見出しに立てる辞書は少なくない。それらのムヨカの項を以下に省略せずに引用する。

むよ-か　六日【名】むゆか（六日）の轉。
〔落合直文（1928）『日本大辭典言泉』第五巻〕
むよ-か（名）〔六日〕むいか（六日）ニ同ジ。
〔1935『大言海』初版・第四巻、冨山房〕
ムヨカ　六日　＝六日《ムイカ》
〔1936『大辭典』初版。第24巻、平凡社〕
むよ-か【六日】「むいか」の訛。
〔1955『広辞苑』初版、岩波書店〕

むよ‐か〔《六日〕（名）むいか。〔1958『新版広辞林』、三省堂〕
むよか【《六日】むいか。〔1965『新潮国語辞典現代語古語』、新潮社〕
むよ‐か【六日】ムイカの訛。〔1969『広辞苑』第二版、岩波書店〕
むよ‐か〔《六日〕〔古〕むいか。〔1967『三省堂新国語中辞典』、三省堂〕
むよ‐か〔《六日〕〔古〕むいか。〔1973『広辞林』第五版、三省堂〕
むよ‐か【六日】→むいか。〔1973『角川国語中辞典』、角川書店〕
むよ‐か【六日】〔名〕「むゆか（六日）」の変化した語。〔1976『日本国語大辞典』初版・第19巻、小学館〕
むよ‐か【六日】「むゆか（六日）」の変化した語。〔1981『国語大辞典』、小学館〕
むよ‐か【六日】→むいか〔1982『角川国語大辞典』、角川書店〕
むよ‐か〔《六日〕〔古〕むいか。〔1983『広辞林』第六版、三省堂〕
むよ‐か【六日】ムイカの訛。〔1991『広辞苑』第四版、岩波書店〕

これらはいずれも例文・出典名を全く示さない。このうち『日本国語大辞典』は、明治以後のものも含めて用例を極力挙げる努力をしている辞書であるが、ここでも用例が示されていないのは、どうしても実例が見つからなかった、ということなのであろう。

結局のところ、このムヨカの用例を挙げる辞書は一つもない。また文法書についても、大槻文彦自身のものも含めて、この語を載せるものは見当らないようである。(2) そうだとすると、この語は古語ではないということになる。ところが、1967『三省堂新国語中辞典』やこれを受けた1973『広辞林』第五版、1983『広辞林』第六版には、古語であることを示す〔古〕という注記がある（ただし、いずれも用例は示さない）。この三つの辞書は、スペースの制約からか、古典に実例がありながらも単に〔古〕とするだけで例文を示さない場合があるのであるが、(3) この「むよ

か」の場合は、〝先行のいずれの辞書も明治以前の用例を発見することができなかったのに、独自に用例を発見し、しかも引用を省略して単に〔古〕と記した〟、というのも不自然である。その真相は、〝土台となっている1958『新版広辞林』が「むよか」を見出し語に立てていたので、それをそのまま受け継いで見出し語に立てることにした。しかし考えてみると、この語は現代東京語とは認め難い。そこで、具体的根拠があるわけではないが、古語なのであろうと判断し、古典の実例を見いだし得ないままに〔古〕と注記した。〟ということではなかろうかと思う。

なお、収録語数の少ない小型辞典がムヨカの項を立てないのは当然であろうが、中型・大型の辞典でもムヨカを取り上げないものはある。(4)

第三節　東北方言におけるムヨカ

ムヨカという語形は、じつは東北方言に見られる。すなわち、青森県・秋田県・岩手県・宮城県・山形県では6日をムヨカ〔実際の音声としては［mujoga］または［mujoka］〕と言う〔福島県については未確認〕。

以下には東北地方の方言辞典から引用する。

むよが　〔むいか—六日〕

〔佐藤政五郎（1982）『南部のことば』、伊吉書院、八戸〕

むよが　〔六日〕○むよが町

〔佐藤政五郎（1987）『南部のことば　第二版（増補新版）』、伊吉書院、八戸〕【○以下は用例を表わす。】

ムエガ　六日

〔森下喜一（1986）『岩手方言アクセント辞典』、第一書房、東京〕【アクセント注記は省略。「ガ」は［ga］を表わす。】

ムヨガ　六日

〔森下喜一（1986）『岩手方言アクセント辞典』〕【アクセント注記は省略。「ガ」は［ga］を表わす。】

むいか〔六日〕〔名〕〔秋〕ムヨカ南由中鹿北〔森下喜一（1987）『標準語引東北地方方言辞典』、桜楓社〕【「〔秋〕南由中鹿北」というのは、秋田県の南部方言（雄勝郡・平鹿郡・湯沢市・仙北郡）、由利方言（由利郡）、中央方言（南秋田郡・河辺郡・秋田市）、鹿角方言（鹿角郡）、北部方言（山本郡・北秋田郡）のこと。】

ムヨがシシテ〔六日一日〕

〔山形県方言研究会（1970）『山形県方言辞典』〕【見出しの「が」は［ga］を表わす。シシテはヒヒトイ（日一日）の訛音形。】

さらに、岩手県岩手郡雫石町出身の上野《うわの》善道《ぜんどう》の教示（一九九二年頃）によれば、同町の年配者は［mujoga］と言っているという。また、佐藤武義（宮城県出身、東北大学教授）の教示（一九九二年頃）によれば、宮城県でも［mujoga］の形は聞かれるという。

なお、森下喜一『岩手方言アクセント辞典』には、「ムヨガ」と並んで「ムエガ」という形も示されているが、これはムイカの訛音形であろう。

第四節　大槻文彦の言語環境

『言海』の著者、大槻文彦（復軒）〔弘化四（1847）年～昭和三（1928）年〕の生涯・業績については、その没年の昭和三年に《國語と國文學》第5巻第7号が大槻文彦・大矢透特集を組み、[5] さらに古田東朔（1969~1970）「大槻文彦伝」[6]、大槻清彦校閲・山田俊雄編輯（1980）『圖録日本辞書言海』[7] などがあるが、[8] これらによると、江戸木挽町四丁目（明治の末の采女町一六番地のあたり。現在の、東京都中央区銀座五丁目一二番のあたり。歌舞伎座や旧・三原橋の

南側）の生まれであるが、祖父の大槻磐水（玄沢）〔1757~1827〕は陸中【岩手県】一関の出身で、江戸詰めの仙台藩医である。また、父の大槻磐渓〔1801~1878〕は江戸木挽町生まれだが、仙台藩の儒者で、天保三（1832）年から江戸居住学問稽古人を務め、文久二（1862）年〔文彦16歳〕からは家族とともに仙台に移り、仙台藩の藩黌、養賢堂の構内の住宅に居住した。文彦は二〇歳まで仙台にあって、その間、養賢堂で学び、さらにここの教員にもなっている。

大槻茂雄「復軒先生傳記資料」に、

文彦先生幼ナル時仙臺詞ヲ笑ヒテ先人ニ叱ラレタル事アリ（明治三年九月自記）

〔『圖録日本辞書言海』大槻茂雄「復軒先生傳記資料」p.12〕

とあるし、文彦は自伝において

【明治元（1868）年】船《ふね》で江戸《えど》へ出《で》て潜伏《せんぷく》し藩《はん》の探偵《たんてい》を申付《まをしつ》けられた是《こ》れは私《わたし》が江戸言葉《えどことば》であるからであつた

〔『圖録日本辞書言海』p.49〕

と述べているから、文彦自身や周囲の者は、文彦が江戸・東京語の話し手であると思っていたのであろうが、このムヨカについては、大槻文彦は東北方言特有の語であることに気づかないままに覚えてしまい、『言海』に載せてしまったのであろう。

ちなみに、東北大学教授の加藤正信の直話（一九九二年一〇月）によると、東北大学のある事務官は会議の席上、

ムヨカと発音するという。この事務官はムヨカは改まった席で用いるのにふさわしい語形だと考えているのかもしれない。

第五節　国語辞典における素性の明らかでない語の取り扱い

『言海』以後の辞書でこの語を担当した人々はいずれもこの語を直接耳で聞いたことも、『言海』その他の辞書以外の文献中に見いだしたことも、全くなかったものと思われる。そしてこのムヨカという語の性格がよくわからないまま、ただ、先行の有名な辞書にあるから、というだけの理由で辞書に掲載してきたのであろう。『大日本國語辭典』も、せめて、『言海』によったということを明記すべきであった。

一般に明治以後の国語辞典は、江戸時代までの文献に依拠する場合はその典拠を記すことが多いが、編者と同時代のものについては、その説や用例を借用しながらも典拠を記すことはしない。しかし、過去の時代のものであれ同時代のものであれ、他人の考えに依拠しているのならば、そのことは明示すべきであろう。

なお、『日本国語大辞典』（初版）の「むゆか（六日）」の項の末尾の発音欄には、

〈なまり〉ムヨカ〔秋田〕

とある。つまり、秋田方言においてはムヨカという訛音形が用いられる、ということを示しているのである。この情報は本来なら、「むよか（六日）」の項にも生かされなければならなかったものである。

英語にも「ghost word」（幽霊語）という言葉があるようだが、辞書の編纂者は幽霊語や半幽霊語を掲載してはいけない。辞書の編纂者は、素性のよくわからない語に出会ったら、徹底的に調べて問題の解決を図るべきである。それができなかったのなら、そのような語を曖昧なままに辞書に載せるべきでない。しかるべき努力をせずにいたずらに収録語数の多さだけを競うところから幽霊語は生まれるのである。

第六節　ムヨカ・ムユカ・ムイカの相互関係

ムヨカ・ムユカ・ムイカのうち、ムユカは平安時代の確実な例があるのに対し、ムイカはだいぶ新しくて、室町末期のキリシタン資料に見えるのが現在確認されている最も古い例であるから(9)、この二つは mujuka → muika という関係にあると考えられる。そして、muika → mujoka という変化は考え難いから、ムヨカ・ムユカ・ムイカおよび岩手県のムエガの相互関係は

mujuka → muika → muega
mujuka → mujoka, mujoga

というものであろう。

第七節　おわりに

『言海』の「むいか」の項は、意味区分の数字の位置が誤っていた（これは宮城県図書館蔵の稿本(10)でもそうなっている）。また、『言海』は第一冊の巻頭の「本書編纂ノ大意」の冒頭において、その性格を「此書ハ、日本普通語ノ辭書ナリ」と規定しているのであるから、本来ならばムヨカなどという語は説明文中といえども書き添えるべきでなかった。すなわち、「むいか」の項は以下のようにあるべきだったのである。

むい-か（名）二六日〔むゆかノ轉〕又、ムユカ。（一）月ノ第六ノ日。（二）日數、六ツ。

結局、『言海』におけるちょっとしたミスが、以後の辞書に延々と引き継がれることになってしまったのである。

以上のように、私は『言海』の「むよか」を東北方言が紛れこんだものと見る。これは、他の部分にも東北方言の混入の事実が認められれば、さらに説得力のあるものとなるわけであるが、いまのところ、そのような報告はない。

私自身はまだ『言海』を精査していないが、『言海』の研究家である佐野摩美の直話（一九九二年六月）によれば、大槻文彦は言語に関して非常に規範意識の強い人物であるというから、そのような東北方言的な要素を見つけ出すことは相当困難であろうと考えられる。

〔付記〕本稿は、語彙・辞書研究会の第一回研究発表会（一九九二年六月二七日、東京、三省堂文化ホール）における口頭発表「『言海』に紛れこんだ東北方言——日数詞ムヨカ（六日）について——」に基づいている。

注

（1）『言海』の引用は初版本の複製（1979『私版日本辞書言海』、大修館書店）による。

（2）大槻文彦自身の手になる文法書にもムヨカは見えない。すなわち、『言海』第1巻の巻頭の「語法指南」の数詞の項には日数詞自体が全く見えない。大槻（1897a）『廣日本文典』・大槻（1897b）『廣日本文典別記』の数詞の項においては、日数詞が断片的に取り上げられているがムヨカには言及していない。大槻文彦が実質上の著者である国語調査委員会編（1916）『口語法』・同（1917）『口語法別記』では、日数詞がほぼ組織的に取り上げられているがムヨカには言及していない。また、大槻以外の人の手になる文法書にも、ムヨカに言及したものは見当たらないようである。一般に、日本人によるものより外国人による日本文法の方が数詞の記述が詳しいが、以下の文法書にもムヨカは見えない。

J. J. Hoffmann（1868）『A Japanese Grammar』

W. G. Aston（1869）『A Short Grammar of the Japanese Spoken Language』

W. G. Aston（1907）『A Grammar of the Japanese Spoken Language』〔Aston（1869）の第4版に当たる〕

B. H. Chamberlain（1888）『A Handbook of Colloquial Japanese』

B. H. Chamberlain（1907）『A Handbook of Colloquial Japanese』4th ed.

（3）たとえば、1967『三省堂新国語中辞典』の「いお（魚）」「いおち（五百箇）」の項は単に〔古〕と記すだけで出典を示さないが、それぞれ平安時代・奈良時代に確実な用例がある。

（4）『言海』以後で見出し語にムヨカを立てない辞書としては次のようなものがある。

山田美妙（1892~1893）『日本大辭書』
物集高見（1894）『日本大辭林』、宮内省蔵版
落合直文（1898）『ことはの泉』、大倉書店
落合直幸（1908）『大増訂ことはの泉　補遺』、大倉書店
金沢庄三郎（1925）『廣辭林』、三省堂
金沢庄三郎（1934）『廣辭林 新訂版』、三省堂
金田一京助（1952）『辞海』、三省堂
金田一春彦・池田弥三郎（1978）『学研国語大辞典』、学習研究社
尚学図書（1986）『国語大辞典言泉』、小学館
松村明（1988）『大辞林』、三省堂
梅棹忠夫ほか（監修）（1989）『講談社カラー版日本語大辞典』、講談社

（5）《國語と國文學》第5巻第7号（1928）には「大槻文彦博士年譜」「大槻博士自傳」「大槻文彦博士傳記資料目録」を収める。また「大槻文彦博士傳記資料目録補遺」〔《國語と國文學》第5巻8号〕もある。

（6）古田東朔（1969~1970）「大槻文彦伝（一）～（九）」〔《月刊文法》第1巻第7号~第2巻第6号〕

（7）大槻清彦校閲・山田俊雄編輯（1980）『圖録日本辭書言海』（1979、『稿本日本辭書言海』の付録）、大修館書店。これには、大槻茂雄（編）「復軒先生傳記資料」、「大槻文彦先生御自傳記」等を収める。

（8）このほか、永野賢や風間力三による評伝もある。

永野賢（1968）「日本語の近代化に尽した人々10　大槻文彦」〔《言語生活》第二〇五号〕

風間力三（1982~1983）「日本語学者列伝　大槻文彦伝（一）～（三）」〔《日本語学》第1巻第1号～第2巻第1号〕

（9）詳しくは安田尚道（1972）「日数詞（上）（下）」〔《國語と國文學》第49巻第2号、第3号〕【本書第一三章】を参照。

（10）複製本（1979『稿本日本辞書言海』、大修館書店）による。

補説

（1）山浦玄嗣《はるつぐ》（2000）『ケセン語大辞典　上巻』〔無明舎出版（秋田市）〕にも、「muyoga」の形は載っている。

（2）本文中で、「ムヨカを辞書の見出しに立てたのは1919『大日本國語辭典』（巻四）が最初のようである。」（第二節）と記したが、山田美妙（1912）『大辭典』〔嵩山堂〕がすでに以下のように「むいか」「むゆか」「むよか」を見出しに立てている（いずれも用例なし）。

むい-か　（六日）　名　六ノ日數。○月ノ第一日カラ六日目ノ日。＝ムユカ。＝ムヨカ。

むゆ-か　（六日）　名　むいかノ轉。

むよ-か　（六日）　名　むいかノ訛リ。

（3）本文中で、「このムヨカについては、大槻文彦は東北方言特有の語であることに気づかないままに覚えてしまい、『言海』に載せてしまったのであろう。」（第四節）、「私は『言海』の「むよか」を東北方言が紛れこんだものと見る。これは、他の部分にも東北方言の混入の事実が認められれば、さらに説得力のあるものとなるわけであるが、いまのところ、そのような報告はない。」（第七節）と記した。

ところがその後、『言海』の大増補版である『大言海』にも同様の例が見つかった。すなわち、〝『大言海』に「コバカくさい（小馬鹿臭）」という項目があるが、これは、「仙台ことば」が混入したものだ〟と山田俊雄が指摘しているのである。山田（1999）『詞苑間歩　上』〔三省堂〕（「こばかくさい話」の項）は言う。

私は、この【『大言海』の】「こバカくさい」をふと口の中で唱へてみて、思ひ当ることがあつた。これは仙台のことばではないか?

私は自分の推定がほぼ的中したことに満足した。といふのは、『大言海』以外では、「こバカくさい」を掲げる辞典が、私には殆ど皆無と思はれた。ごく新しい、何でものせる大辞典には『大言海』の解説をなぞつた記事があり、あらたに方言として宮城縣、福島縣相馬の中村にある旨が記してあつた。一關の出で仙台言葉で育つた大槻さんは、〈略〉「こバカくさい」を方言とは思はずに登録したらしい。

ちなみに、山田は東京生まれではあるが、父親（国語学者の山田孝雄《よしお》）の東北帝国大学勤務にともない仙台に移り住み、東京帝国大学入学までずっと仙台で暮らしたから、「仙台のことば」に詳しいわけである。なお、『言海』には「こばかくさい」の項はない。

（4）歌手の安倍なつみ（一九八一年、北海道室蘭市生まれ。元、「モーニング娘。」のメンバー）は日常、ムヨカ（6日）を使用していたことがインターネットで取り沙汰されている（「安倍なつみ　むよか」で検索）。

第一七章　人数詞

はじめに

人数表現は、現代では1人・2人のみ和語数詞で、4人（ヨニン）は和漢混淆数詞、あとはみな漢語数詞を用いるが、古くは3人以上をどのように和語数詞で言ったのであろうか。

平安時代の文献では、3人はミタリ、4人はヨタリ、5人はイトリである。6人以上については確実な例が極めて少ないが、沖縄の先島《さきしま》方言（宮古・八重山方言）などを参照すると、6人・7人はムタリ・ナナタリではなく、ムユノヒト・ナナノヒトのように言ったものらしい。

以下、各時代・ジャンルの用例を列挙したのち、日本語本来の人数の数え方を論じる。

第一節　現代の人数表現

現代では、ごく普通に人数を数えるときには、ヒトリ・フタリ・サンニン・ヨニン・ゴニン・ロクニン・シチニン（ナナニン）・ハチニン・クニン（キュウニン）・ジュウニン・ジュウイチニン・ジュウニニン・ジュウサンニン・ジュウヨニン・ジュウゴニン……のように言う。このうち純粋の和語数詞は1人と2人だけで、4人（および14人・24人・104人等）のヨニンとn人のナンニン（イクニン）は和漢混淆数詞、あとはすべて漢語数詞が使われる。また、ま

れにはイクタリ（n人）・ヨッタリ（4人）の形も聞かれる（イクタリ・ナンニンも数詞に含めることにする）。高貴な人を数えるときのオヒトカタ・オフタカタ・オサンカタのような言い方もある。

1人・2人は、「一人前」「二人前」「二人乗り」「二人三脚」のような複合語や、「十一人」「十二人」「百一人」「百五十二人」といった端数としての1あるいは2を含む表現では、漢語数詞のイチニン・ニニンが用いられるが、単独でイチニン・ニニンが用いられることはない。

個数詞や日数詞では、1（あるいは2）から10まで（さらに20・30等も）は、和語数詞による表現が生きているが、人数では1人・2人・4人以外は和語数詞を用いないのには何か理由があるのであろう。

第二節　キリシタンのローマ字資料の人数表現

キリシタンのローマ字資料（1591『バレト写本』・1592『天草本ヘイケ物語』・1593『天草本イソホ物語』・1595『羅葡日辞書』・ロドリゲス（1604~1608）『日本大文典』・コリャード（1632）『日本文典』）に見える、1人~10人およびn人の言い表わし方は次の表1のとおりである（ヨニンは便宜上、漢語数詞の欄に置く）。

この表1に見るとおり、キリシタン資料では、和語数詞のヒトリ・フタリと漢語数詞のイチニン・ニニンが併用されているわけだが、ヒトリ・フタリよりもイチニン・ニニンの方が圧倒的に多く用いられる。[1]

人数の数え方について、『日葡辞書』やコリャード『日本文典』（原文はラテン語）は次のように記している。

表1　キリシタン資料の人数表現

	和語数詞	漢語数詞
n人	イクタリ	
1人	ヒトリ	イチニン
2人	フタリ	ニニン
3人		サンニン
4人	ヨッタリ	ヨニン
5人		ゴニン
6人		ロクニン
7人		シチニン
8人		ハチニン
9人		クニン
10人		ジュウニン

①Ichinin. *Modo de contar homens, ou molheres: chegando aos quatro dizem cõmummente* Yottari, & *não* Xinin.〔1604『日葡辞書　補遺』〕【『邦訳日葡辞書』の訳文：「†Ichinin. イチニン（一人）　男、あるいは、女を数える言い方。四人になると、Yottari（四人）と言うのが普通であって、Xinin（しにん）とは言わない。」】

②人の数を尋ねる時には icutari?（幾人？）と云う。しかし答えは漢語数詞の後に nin（人）をおく。例、ichinin（一人）、ninin（二人）。「四人」は iottari（四人）と云う。xinin（四人）は「死人」を意味するからである。〔大塚高信訳（1957）『コリャード日本文典』p. 105〕

『邦訳日葡辞書』の訳文からすると、「シニン（四人）」という言い方は当時なかったようにも読めるが、これはむしろ、〝普通はシニンでなくヨッタリと言う〟ということで、裏返せば、〝日常的ではない限られた場面ではシニンという形も用いられる〟ということなのであろう。現に、『平家物語』の一部の写本や平曲の写本には「四人《シニン》」「四人《シン》」「四《シ》人」の形も見える（安田 2002）【本書第二〇章】。

なお4人は、『羅葡日辞書』ではヨッタリとヨニンの両方の形を載せるが[2]、数詞の記述に詳しいロドリゲスやコリャードの文典もヨニンには全く言及しない。まだ正統的な語形とは認められていなかったのであろうか。

キリシタンのローマ字資料では、3人と、5人以上とでは漢語数詞が用いられる。これは現代と同じである。イクタリ・ヨッタリの形は現代でもまれに聞かれるし[3]、イチニン・ニニンは明治時代の末ごろまではかなり使われたから（第八節参照）、今から四〇〇年ほど前のキリシタンのローマ字資料に見える人数表現は意外に近現代のものに近い、と言える。

このキリシタンのローマ字資料に見えるものは、学者・文人が机上で作り上げたものではなく、当時の京都の日常語の語形であると考えてよかろうから、他の時代の人数表現を検討する際に非常に参考になる。

以下、上代から順に見ていく。

第三節　上代の万葉仮名資料の人数表現

上代の文献においては、人数の読み方のわかる例はきわめて少ない。万葉仮名で書かれた確実なものは、ヒトリ（fi_1to_2ri）・フタリ（futari）と、問題のあるヒダリ（fi_1dari）・モモナヒト（$momonafi_1to_2$）のみである。

〔1人〕

万葉仮名書きのヒトリ（fi_1to_2ri）の例は712『古事記』に二例（比登理）、759『万葉集』に一三例（比等里、比登里、比等利、比等理）あるが、720『日本書紀』には例がない。ただし『日本書紀』にはヒダリ（毗儾利）という形が見える。

③夜多能比登母登須宜波　**比登理**袁理登母　意富岐彌斯　與斯登岐許佐婆　**比登理**袁理登母**【**八田の一本菅はひとり居りとも大君しよしと聞こさばひとり居りとも**】**〔『古事記』下巻・歌謡64番〕

④波流佐礼婆　麻豆佐久耶登能　烏梅能波奈　**比等利**美都々夜　波流比久良佐武**【**春されば先づ咲く屋戸《やど》の梅の花ひとり見つつや春日暮らさむ**】**〔『万葉集』巻5・818番〕

⑤愛瀰詩烏**毗儾利**　毛々那比苔　比苔破易陪廼毛　多牟伽毗毛勢儒**【**蝦夷をひだり（fi_1dari）百《もも》な人人は言へども抵抗《たむかひ》もせず**】**〔『日本書紀』巻3・歌謡11番〕

この歌は772『歌経標式』にも引用されている。

⑥愛弥詩烏**比隄利**二句毛々那比都三句比苔破伊倍登毛四句多牟伽比毛勢受五句（本文は沖森卓也ほか（1993）『歌経標式　影印と注釈』による）

ヒダリ（fi_1dari）は1人の意、モモナヒト（$momonafi_1to_2$）は100人の意で、歌の意味は〝蝦夷のことを一人当千だと人々は言うがちっとも向かって来ない〟だとされる。ヒダリではなくヒタリの形が期待されるところだが、「儾」は

泥母の漢字であって、『日本書紀』の万葉仮名としてはダを表わす。(4)『歌経標式』の万葉仮名は清濁の区別が明確でないようなので、「比陂利」がヒダリなのかヒタリなのか確定できない。「ヒダリ／ヒタリ」は他には用例がない。

〔2人〕

フタリの確実な例が『古事記』に一例（布多理）、『日本書紀』に二例（赴駄利）、『万葉集』に六例（布多理、不多利、布多利、布多里、二有）ある。

⑦安斯波良能　志祁志岐袁夜邇　須賀多多美　伊夜佐夜斯岐弖　和賀**布多理**泥斯【葦原の茂しきに小屋《をや》に菅畳《すがたたみ》いやさや敷きて我が二人寝し】〔『古事記』中巻・歌謡19番〕

⑧破始多氏能　佐餓始枳椰摩茂　和藝毛古等　**赴駄利**古喩例麼　椰須武志呂箇茂【梯立の嶮《さが》しき山も我妹子《わぎもこ》と二人越ゆれば安蓆《やすむしろ》かも】〔『日本書紀』巻11・歌謡61番〕

〔100人〕　1人の項の⑤で見たモモナヒト（$momonafi_1to_2$）が唯一の例。モモナヒトは「百《もも》な人」で、ナは助詞ノ（no_2）に当るものであるとされる。

以上のほか、よみかたは確定できないが7人・9人の例がある。

〔7人〕

⑨古之　**七賢人**等毛　欲為物者　酒西有良師〔『万葉集』巻3・340番〕〈古写本ノ訓、1120『類聚古集』巻8ハ「いにしへのなゝのかしこきひと、もゝほしかるものはさけにそあるらし」、西本願寺本訓ハ「……ナヽノカシコキヒトトモモ……」。1091『寛治五年八月左近権中将藤原宗道朝臣家歌合』（尊経閣文庫蔵）ニハ、コノ歌ヲ引イテ、「いにしへのなゝのかしこきひとゝもゝといふゝることをもひあはせられていとをかしうなむ」トアル。『校本萬葉集』ニヨレバ、「七賢人」ハ諸本・諸注釈書ニオイテ「ナナノカシコキヒト」マタハ「ナナノサカシキヒト」トヨマレ、ソレ以外ノ訓ハナイ。〉

〔9人〕

⑩端寸八為　老夫之歌丹　大欲寸　九児等哉　蚊間毛而将居〔『万葉集』巻16・3794番〕〈古写本ノ訓、1120『類聚古集』巻15ハ「しらきやしおきなのうたにおほゝしきこゝのゝこらやかまけておらん」、西本願寺本ハ「コヽノ、コラヤ「「ノ」ノ下ノオドリ字ハ補入」」、1250『古葉略類聚鈔』巻12オヨビ神宮文庫本ハ「コヽノコラヤ」。『校本萬葉集』ニヨレバ、「九児」ヲ「ココノコ・ココノコ」以外ニヨムモノハナイ。〉

第四節　平安時代の仮名文学の人数表現

平安時代の仮名文学では、1人・2人・3人・4人については「-トリ」「-タリ」型の人数詞が用いられている。以下に用例を示す。

〔1人〕ヒトリの例が多数ある（〔2人〕の用例参照）。

⑪こゝにいにしへのことをも歌のこゝろをもしれるひとわつかに**ひとり**ふたりなり〔905『古今和歌集』（唐紙巻子本）仮名序〕〈元永本モ「ひとりふたり」〉

⑫ともとする人**ひとり**ふたりいさなひていきけり〔『古今和歌集』（高野切）巻9・羇旅歌・410番〕

⑬**ひとり**してものおもふわれをほとゝきすこゝにしもなくこゝろあるらし〔951『後撰和歌集』（二荒山本）巻4・夏・177番〕

〔2人〕フタリの例が多数ある（〔1人〕の用例参照）。

⑭よき女といへど、ひとりあるは、あしき**ふたり**におとりたるものなれば、われも〳〵と、おとこひとりに女**ふたり**・みたりつきてなんある。〔984『うつほ物語』（前田本）吹上・上〕〈俊景本ハ「あしきふたりに……女ふたり三たりつきて」〉

⑮**ふたり**はかりそえはちあへたまはさりける〔1150『源氏物語絵巻（隆能源氏）』東屋〕
⑯たかつきともに火ともして**ふたり**みたりよたりとさるへきとちへたてる【ママ】もあり〔1001『枕冊子』（三条西家旧蔵能因本）下巻〕
〔3人〕ミタリの形がわずかながら見える。
⑰われら**みたり**なをよはひて〔984『三宝絵』（1120東大寺切）中巻・14話〕〈1273観智院本ハ「三人カ名ヲヨハヒテ」〉
⑱よき女といへど、ひとりあるは、あしきふたりにおとりたるものなれば、われも〳〵と、おとこひとりに女ふたり・**みたり**つきてなんある。〔『うつほ物語』（前田本）吹上・上〕〈俊景本ハ「あしきふたりに……女ふたり三たりつきて」〉
⑲たかつきともに火ともしてふたり**みたり**よたりとさるへきとちへたてる【ママ】もあり〔『枕冊子』（三条西家旧蔵能因本）下巻〕
〔4人〕ヨタリの例がわずかながらある。
⑳すはまたてまつるまうちきみ**よは《た》《と》り**かけり……おほきなるわらは**よたり**みつらゆひてしかいはきてかけり〔913『延喜十三年三月亭子院歌合』〕
㉑人だまひには、御かた〴〵のごたち、**四たり**づゝ、のるべし〔『うつほ物語』（前田本）嵯峨の院〕〈俊景本ハ「人給には・御かた〳〵のごだち四たりつゝ、のるへし」〉
㉒たかつきともに火ともしてふたりみたり**よたり**とさるへきとちへたてる【ママ】もあり〔1001『枕冊子』（三条西家旧蔵能因本）下巻〕
〔5人〕「‐トリ」「‐タリ」型の人数詞で5人を表わした例はない。

㉓むかしなしつほの**いつゝの人**といひてうたにたくみなるものあり〔1087『後拾遺和歌集』（陽明文庫蔵伝為家筆序）〈太山寺《たいさんじ》本・伝惟房筆本・神宮文庫本ハイズレモ「いつ丶の人」、陽明文庫蔵八代集（乙本）デハ「いつ丶のひと」〉〕

この時代の仮名文には、この『後拾遺和歌集』序の例以外に5人を和語数詞で表わした例は見えない。池田亀鑑『源氏物語大成　索引篇』では、「いつたり【五人】」は空見出しで、「ごにんヲ見ヨ」となっており、「ごにん【五人】」の項を見ると、漢字で「五人」と表記した例が二例ある。本文を『源氏物語大成　校異篇』で確認すると、二例とも確かに漢字で「五人」とあり、伊井春樹ほか『源氏物語別本集成』（第8巻、**p.414**）でも、5人を仮名で表わした例はない。山田忠雄『竹取物語総索引』（底本は古活字十行本）・佐伯梅友監修『紫式部日記用語索引』はともに「いつたり」の項を立てるが、その本文にはいずれも漢字で「五人」とある。

漢字で「五人」と記されていたのでは、どう読んだのかわからないが、音読したことをはっきり示す例がある。

㉔ひたりみきの**五にんつ**、はかたのとう二人をなかにてかみしもにゐあかれたりいま**五にんつ**、はみなみおもてにおなしさまにゐたり〔1056『天喜四年四月皇后宮寛子春秋歌合』（廿巻本『類聚歌合』所収）日記〕**【写真参照】**

鎌倉時代には㉓のような〈イツツ - ノ - ヒト〉型が見える。

㉕いにしへの**いつつの人**もなしつぼにみぬ面かげはなほのこりつつ〔1200『正治後度百首』（新編国歌大観・四）583番〕

㉖**いつゝの子**ともの哥のこりなくかきつゝけぬるもかつはいとおこかましけれとおやの心には哀におほせるまゝにかきあつめたり〔1282『十六夜日記』（永青文庫本）〕（「いつゝの子」ハ阿仏尼ノ五人ノ子女ノコト）

㉗いにしへの**五の人**も我がごとく心にものをおもひけんかも〈略〉いにしへの五の人とは梨壺の五人の事にや〔1366『年中行事歌合』（新編国歌大観・五）79番〕

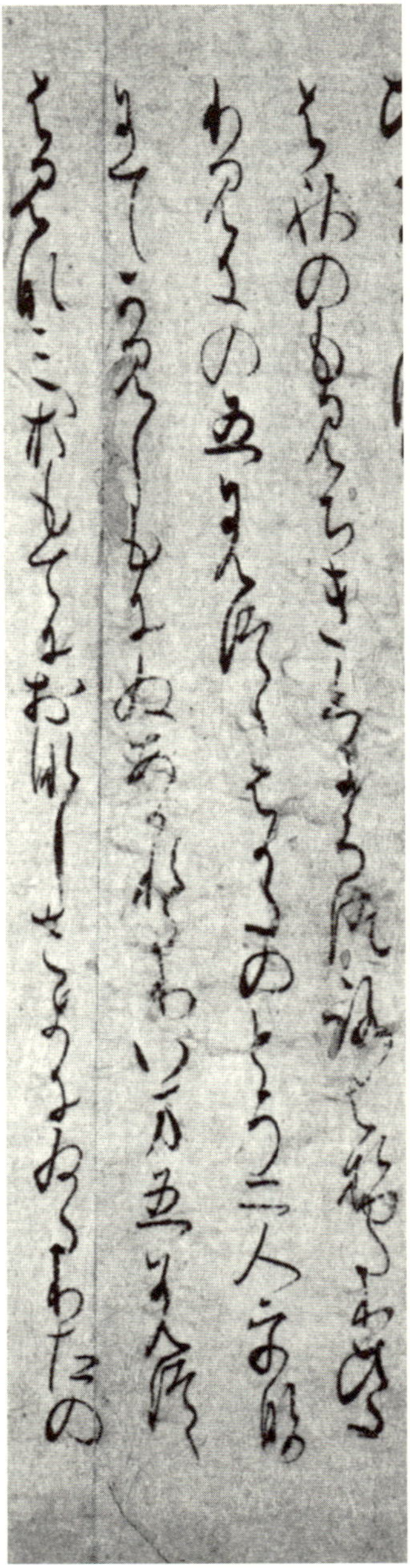

㉔天喜四年四月皇后宮寛子春秋歌合、陽明文庫蔵〔1975『平安歌合集　下』（『陽明叢書　国書篇』4）、思文閣、p.401より〕

以上のうち、㉓㉕㉗の〝いつつのひと〟は、すべて、天暦五（951）年に選ばれた〝梨壺の五人〟をさす。㉓『後拾遺和歌集』序の〝梨壺のいつつの人〟という言い方が、和歌の世界ではその後も使われた、ということだろうか。㉖の「いつゝの子」とは、『十六夜日記』の作者の阿仏尼自身の五人の子たちをさすが、阿仏尼は古典の知識をもとにこのような言い方を用いたのであろうか。

〔6人〕　6人を「‐トリ」「‐タリ」型の人数詞で表わした例は見あたらない。山田忠雄『竹取物語総索引』は「むたり」の項を立てるが、その本文（底本は古活字十行本）には漢字で「六人」とある。

㉘大納言公任卿はみそちあまり**むつ**の哥人をぬきいてゝ〔1087『後拾遺和歌集』（陽明文庫蔵伝為家筆本）序〕〈太山寺本・伝惟房筆本・神宮文庫本・陽明文庫蔵八代集（乙本）ハイズレモ「みそちあまりむつ」〉（「みそちあまりむつ」デ36人デアルガ、6人ノ例トシテ挙ゲテオク）

この時代の仮名文には、この『後拾遺和歌集』序の例以外に6人を和語数詞で表わした例は見えない。

〔7人〕〈ナナ-ノ-［人を表わす語］〉という言い方がいくつか見える。ナナタリという形は全く見えない。佐伯梅友・伊牟田経久『かげろふ日記総索引』は「ななたりやたり【七八人】」の項を立てるが、その本文〈底本は宮内庁書陵部蔵本〉には漢字で「七八人」とある。

㉙ふたりのこは、にいふやうやのうへに**なゝの法師**ありて経をよむとくいてゝみたまへと……**なゝの法師**たちまちにみえす〔984『三宝絵』（1120東大寺切）中巻・12話〕〈1273観智院本デハ「家ノ上ニ七人ノ法師アリテ経ヲヨムコヱアリ……七人ノ法師忽ニミヘス」〉

㉚七人の人みな礼拝して申さく、「……忉利天の天女を母としてこの世にむまれて、七人のともおなじ所にすまず、又あひ見ることかたし。……**なゝのともがら**つどひてうけ給はるなり」〔984『うつほ物語』（前田本）俊蔭〕〈俊景本デハ「七人の人みな礼拝して申さく・……忉利天の天女を母として・此世界に生れて・七人の輩同し所にすまず……七《なゝ》の輩つとひてうけたまはるなり」、静嘉堂文庫蔵浜田本デハ「七人の人みな礼拝して申さく、……たうり天の天女を母として此の世界に生まれて、七人のともがらを、同じ所に住まず、又あひ見ることかたし……ななのともがらつどひて承るなり、と申すに」〉

㉛天皇、……「**なゝの后**のなかに、ねがひ申さむを」とおほせられて、七人の后をゐにかゝせ給て〔『うつほ物語』（前田本）内侍のかみ〕〈静嘉堂文庫蔵浜田本ハ「……「ななの后のなかに、ねがひ申さむを」とおほせられて七人の后をゐにかかせ給ひて」、俊景本（初秋）ハ「なゝ《七》の后の中に・ねかひ申さむをと仰られて・七人の后を・繪にかゝせ給て・〉

㉜九十許までおはしき**なゝのをきな**にもいり給へりけるとそきこへ侍し〔1170『今鏡』（畠山本）六・藤波下・唐人の遊び〕

この他に、個数詞ナナツを用いた例もある。

㉝それよりにしへゆけば、七の山になゝつの人ありて、いひしがごとくにすむ所にいたりぬ〔『うつほ物語』（前田本）俊蔭〕〈俊景本デハ「七《なゝ》・《の》人有て」、浜田本デハ「七つの山に七人の人有りて言ひしがごとくに住む所に到りぬ」〉

〔8人〕人数詞ヤタリを用いた例が一例だけ見える。

㉞むかしの佛のやたりの王し十六る《と》のさみなとの御ありさまなるへし〔『今鏡』（畠山本）三・すべらぎ下・虫の音〕

『紫式部日記用語索引』は「やたり」の項を立てるが、その本文には漢字で「八人」とある。『かげろふ日記総索引』は「ななたりやたり【七八人】」の項を立てるが、その本文には漢字で「七八人」とある。

〔20人〕個数詞ハタチを用いた例一例のみ。

㉟これはハり物の所。めぐりなきおほきなるひわだや。あこめ・はかまきたる女ども廿人ばかりありて、色〳〵のものはりたり。……これはいとの所。ごたちはたちばかりいて、いとくりあはせなど、てごとにす。〔984『うつほ物語』（前田本）吹上・上〕

第五節　平安・鎌倉時代の訓点資料・古辞書の人数表現

平安・鎌倉時代の訓点資料・古辞書等に見える人数表現を以下に示す。取り上げた資料はつぎのとおり。○830『東大寺諷誦文稿』、○830西大寺本『金光明最勝王経』古点、○877東大寺図書館蔵『地蔵十輪経（＝大乗大集地蔵十輪経）』元慶七年点、○950石山寺蔵『法華経玄賛』淳祐点、○1002石山寺蔵『法華経義疏』長保四年点、1060天理図書館蔵『南海寄帰内法伝』平安後期点、○1142図書寮本『日本書紀』永治二年頃点、○1150前田家本『日本書紀』院政期点、○北野本『日本書紀』鎌倉初期点。○1182高山寺蔵『大日経疏（＝大毘盧遮那成仏経疏）』永保二年点、○1200高山寺蔵『史記』鎌倉初期点。引用にあたっては、春日政治（1942）・中田祝夫（1954）・大坪併治

(1968) 所収のものはその訓読文により、1182高山寺蔵『大日経疏』と1200高山寺蔵『史記』は原本によった。『東大寺諷誦文稿』は複製本（中田祝夫 1979）による。

訓読文は訓点語学界の一般的な方式によっている。たとえば、㊽の「或（る）い（は）五リ《イト》」では、原文に仮名で記されているのは「イトリ」だけで、平仮名の「い」はヲコト点で示されたものであり、（ ）で括られた「る」「は」は現代の訓読者による補読（推測による読み）である。

〔1人〕 ヒトリの例が多数あるが1例だけ引いておく。

㊱有一《ヒトリ》の衛士ニて〔1142図書寮本『日本書紀』巻21・永治二年頃点〕

〔2人〕 フタリの例が多数ある。フタリノから転じたと思われるフタンノという形も見える。

㊲二《フタリ》の子各執《トラヘ》王足て而〔1142図書寮本『日本書紀』巻13・永治二年頃点〕

㊳［於］ 其の左右に夜叉の八大将を置け。一をは……と名く……二《フタリ》をは《ハ》……と名く……五《トリヲハ》をは醯摩嚩多と名く。

〔1182高山寺蔵『大日経疏』巻5・永保二年点〕

㊴天子之二《フタン》ノ守《シウ》、国ノ、高、在《ア》ルこと有り〔1200高山寺本『史記』周本紀第四・鎌倉初期点〕

〔3人〕 ミタリの形がいくつか見える。

㊵三《ミ》タリナカラ皆承―引す。〔1050天理図書館蔵『南海寄帰内法伝』巻2・平安後期点〕

㊶我父子《カソコ》三人《ミタリ》〔図書寮本『日本書紀』巻13・永治二年頃点〕

㊷三月掖玖人三口《ミタリ》、歸《マウオモムケリ》-化〔図書寮本『日本書紀』巻22・永治二年頃点〕

このほか、仮名書きではないが、「三夫人」の「三」のように人数を表わす漢数字「三」の右に朱筆で「人」と記した例が1002石山寺蔵『法華経義疏』長保四年点に数例見えるが、これについて中田祝夫（1949, p.409）は、「ミタ

リと訓むなるべし」と記している。

〔4人〕ヨタリの例がわずかながら見える。

㊸四（た）リの人をして守護（せ）むこと〔830西大寺本『金光明最勝王経』巻7・古点〕

㊹刹帝利等の四《ヨ》タリの大種姓〔877東大寺図書館蔵『地蔵十輪経』十輪品第二・元慶七年点〕

㊺中根の四人《(た)り》も、仏（の）薬草喩品に説（きたまふ）を信解（し）ヌ［ぬ］〔950石山寺蔵『法華経玄賛』巻3・淳祐点〕

㊻故に四タリナガラ皆中なり。〔石山寺蔵『法華経玄賛』巻6・淳祐点〕

このほか、「四王聞之」の「四」の右に朱筆で「人」と記した例が石山寺蔵『法華経義疏』長保四年点にある。

〔5人〕イトリの例が見える。具体的には、漢字「五」に「イトリ」、あるいはその前半を省略した「トリ」「リ」という訓が付けられている。また、イトリノから転じたと思われるイトンノの形も（さらにはイトノの形も）見える。平安時代にはイツタリ・イツトリの形は見えないが、鎌倉時代にはイツタリの形が現われる。

㊼知リ財之有五リノ主〔830『東大寺諷誦文稿』〕

㊽或（る）い（は）五《イト》リ、或（る）い（は）三り、以（て）其の像を表せり。〔1050天理図書館蔵『南海寄帰内法伝』巻1・平安後期点〕

㊾［於］其の左右に夜叉の八大将を置け。一を……と名く……二《フタリヲハ》をは……と名く……五《トリヲハ》をは醯摩嚩多と名く。……其の五人《イトンノ》の使者の下に各一の奉教者を作れ。〔1082高山寺蔵『大日経疏』巻5・永保二年点〕

㊿右文殊の五《イトンノ》　使なり［也］。〔1082高山寺蔵『大日経疏』巻10・永保二年点〕

51 毘支王の五《トリ》の子の中に第二《フタリニアタル》に、末多王〔1142図書寮本『日本書紀』巻14・永治二年頃点〕

52 武公か［之］共《クヰヨウ》　太子死ヌ。五《イト》ノ庶子有。〔1200高山寺本『史記』周本紀第四・鎌倉初期点〕

⑬人……一｜《ヒトリ》〈平・上・平〉　五｜《イトリ》〈平・上・平〉〔1200 高山寺本『類聚名義抄（＝三宝類字集）』巻上・一〕

⑭一人《ヒトリ》〈平・上・〇〉　二人《フタリ》〈上・上・平〉　五｜《イトリ》〈平・上・平〉〔1241 観智院本『類聚名義抄』仏上〕

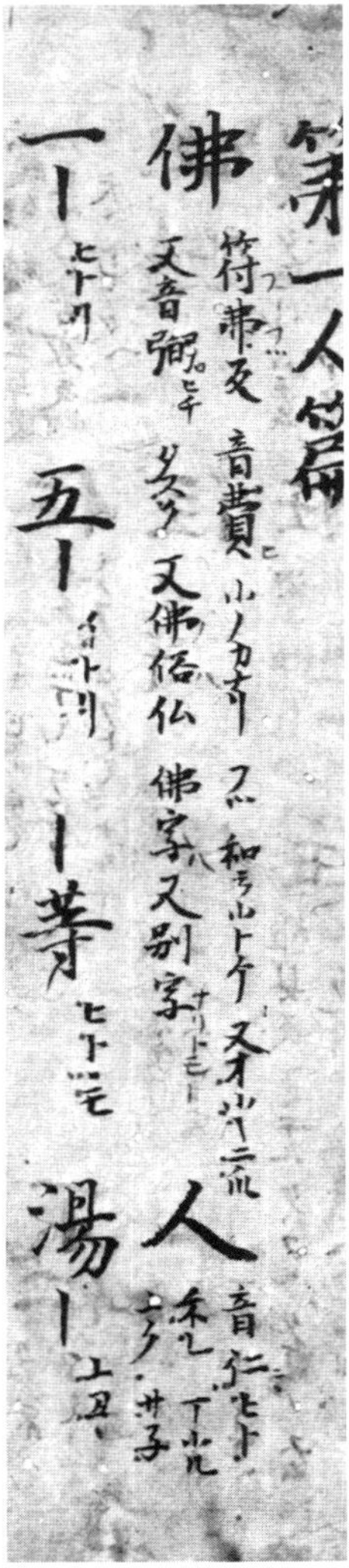

⑬『三寶類字集（高山寺本類聚名義抄）』天理大学附属天理図書館蔵
〔1971『和名類聚抄　三寶類字集』（『天理図書館善本叢書和書之部』2）、八木書店、p.249 より〕

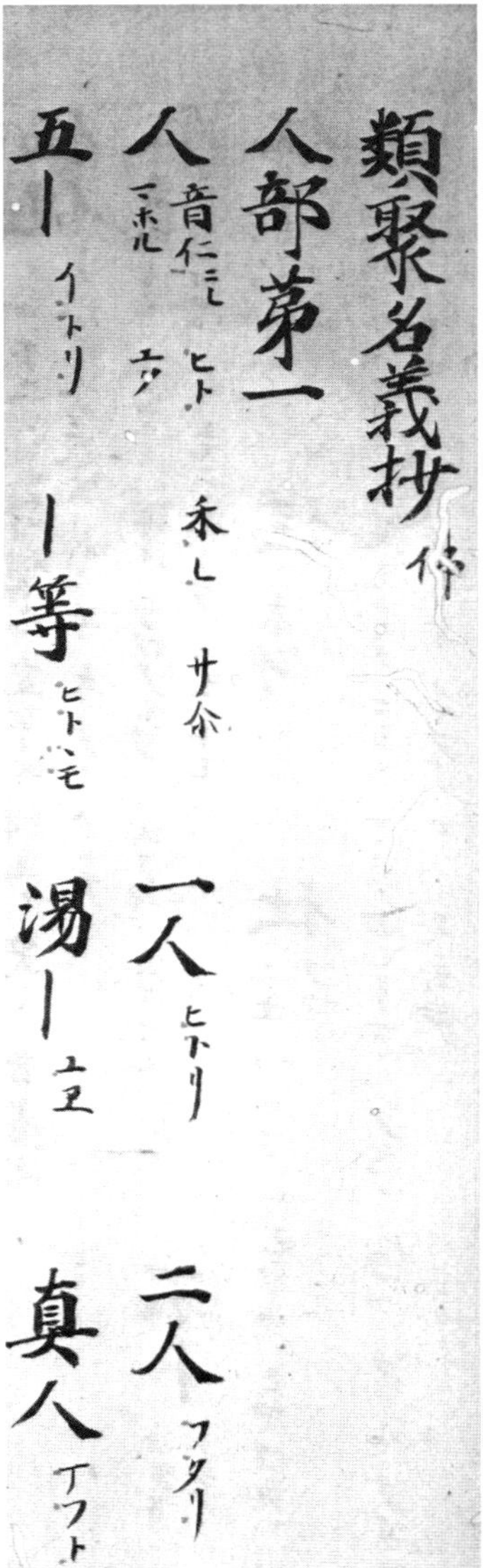

⑭『類聚名義抄（観智院本）』天理大学附属天理図書館蔵
〔1976『類聚名義抄　観智院本』（『天理図書館善本叢書和書之部』32）、八木書店、p.23 より〕

⑤⑤僧道欣恵弥為《ホウシタウコムヱヒヲシテ》レ首《ムネト》・一‐十《トタリ》‐人俗‐人《シロキヌヒト》・七‐十《ナ、ソチアマリ》五‐人《イツタリ》〔1301『釋日本紀』（前田本）巻19〕

⑤⑥東漢《ヤマトノアヤノ》長直《ヲサノアタヒ》河利麻《カリマ》坂‐合部連《ノ》稲積《イナツミラ》等五‐人《イツタリ》〔1301『釋日本紀』（前田本）巻20〕

〔6人〕6人を表わす言い方にムユという訓が数例見える。しかしムユだけで6人を表わしたわけではなかろう。ムユタリという形も全く見えない。(5)

⑤⑦韓の奴室《ヤツコムロ》、兄《エ》麻呂、弟麻呂、御倉小倉《ミクラヲクラ》針六口《ムユ》［「ムユ」に声点〈上・上〉］〔1142図書寮本『日本書紀』巻14・永治二年頃点〕

⑤⑧韓奴室《カラのヤツコムロ》、兄《エ》麻呂、弟麻呂、御倉小倉針六口《ミクラヲクラハリムユ》〔1150前田本『日本書紀』巻14・院政期点〕

⑤⑨獻經論若干《ソコハ》巻并律師、禅師、比丘尼、呪禁師《コムのハカセ》、造佛工《ル》造寺工《トラ》六人《ユを》〔1150前田本『日本書紀』巻20・院政期点〕

以上の他に、漢字「六」の右に朱筆で「人」と記した例もある。

⑥⑩見塔品の中に已に六《人》ヲ出（して）今四種を明（す）〔1003石山寺蔵『法華経義疏』随喜功徳品・長保四年点〕

〔8人〕

⑥①女《メノ》‐嬬鮪《ワラハシヒ》‐女《メ》等八‐人《ヤタリ》〔1200北野本『日本書紀』巻23・舒明・鎌倉初期点〕

〔10人〕

⑥②女《メノ》‐嬬鮪《ワラハシヒ》‐女《メ》等八‐人《ヤタリ》并數‐十人《アマタトタリ》〔1200北野本『日本書紀』巻23・舒明・鎌倉初期点〕

⑥③僧道欣恵弥為《ホウシタウコムヱヒヲシテ》レ首《ムネト》・一‐十《トタリ》‐人俗‐人《シロキヌヒト》・七‐十《ナ、ソチアマリ》五‐人《イツタリ》〔1301『釋日本紀』（前田本）巻19〕

6人・7人・8人・9人・20人・30人、……100人・200人、……については、人数詞で表わした確実な例はほとんど見えないが、つぎのような用例もある。

〔10人＋α人〕

⑥④数十人《トヲアマリ》の執兵〔1142図書寮本『日本書紀』巻12・永治二年頃点〕

⑥⑤数十《トヲアマリ》舎人〔図書寮本『日本書紀』巻24・永治二年頃点〕

〔600人〕

⑥⑥奴《ヤツ》‐婢《コ》陸《ムモ、タリ》‐佰‐口〔1200北野本『日本書紀』巻30・持統・鎌倉初期点〕

〔2万5千人〕

⑥⑦并て軍《イクサ》‐衆二萬五《イッチ》‐千‐人を〔1142図書寮本『日本書紀』巻22・永治二年頃点〕

第六節　南北朝時代・室町時代の訓点資料の人数表現

南北朝時代・室町時代の訓点資料には、6人以上についても「‐トリ」「‐タリ」型の人数詞が見える。取り上げた資料はつぎのとおり。○1370北野本『日本書紀』巻7・景行・南北朝時代資継王点、○1451・1474岩崎本『日本書紀』巻22の一条兼良訓（訓の判別は築島・石塚（1978）による）、○1518宮内庁書陵部蔵永正本『史記』、○1530北野本『日本書紀』巻6・垂仁・室町時代卜部兼永点、○1540舟橋家旧蔵本『史記抄』、○1652慶安五年版『六臣注文選』。

以下に用例を示す（1人、2人については、ヒトリ・フタリの例が多数あるが省略する）。

〔3人〕

⑥⑧三　曰　麻剥《ミタリヲトイフアサハキト》……不‐服《マツロハヌ》之三‐人《ミタリヲ》〔1370北野本『日本書紀』巻7・景行・南北朝時代資継王点〕

⑥⑨荘公有　三　弟《ミタリノ》〔1518永正本『史記』巻33・魯周公世家第三・永正一五年点〕

⑦⓪為秦三‐　囚《ミタリノトラハレタル》　将《ノ》　請曰《テク》〔1540舟橋家旧蔵『史記抄』秦本紀第五（『史記』の本文）〕

〔4人〕

⑦①乃四‐大夫《リノマチキミ》赴‐進〔1451岩崎本『日本書紀』巻22・推古・一条兼良点〕

⑫陸終生㆓子六人《ヲ》㆒……一《ヲ》曰《ヒ》㆑昆吾《ト》　二《フタリヲ》曰《ヒ》㆑参胡《サント》　三《タリヲ》　曰《ヒ》㆑彭祖《ト》　四《トリヲ》　曰㆑會人五《トイタリヲ》　曰㆑曹姓六《トムタリヲハ》　曰《フ》㆑季連《ト》〔1518 永正本『史記』巻40・楚世家第十・永正一五年点〕

〔5人〕

⑬有《アリ》㆓二《フタツノツ》　土《チ》‐蜘《ク》‐蛛《モ》住《スム》㆓其石窟《ソノイハヤニ》㆒……又……有㆓……三《ミツノツ》　土《チ》‐蜘《ク》‐蛛《モ》……是　五　人《コノイツトリノクモハ》　並《ナラヒニ》　其為人強《ソレヒト、ナリコハク》‐力亦衆類《マタトモカラ》多之《サハナリ》〔1370 北野本『日本書紀』巻7・景行・南北朝時代資継王点〕
⑭俗《シロキヌヒトナ、》　七‐十五‐人《ソチアマリイツタリ》〔1451 岩崎本『日本書紀』巻22・推古・一条兼良点〕
⑮五《イタリヲ》　曰㆑曹姓《ト》〔1518 永正本『史記』巻40・楚世家第十・永正一五年点〕
⑯丹波　五　女《ノイツトリノオムナ》〔1530 北野本『日本書紀』巻6・垂仁・卜部兼永点〕
⑰有㆓　五《イツタリノ》　庶子㆒〔1540 舟橋家旧蔵『史記抄』周本紀第四（『史記』の本文）〕
⑱王之《ノ》正‐内者《ハ》五‐人《イツタリアリ》〔1652『六臣注文選』巻50・訓〕

〔6人〕

⑲僧八《ヤホアマリ》‐百　十《アマリ》　六《ムタリ》‐人《ムハシラ》〔1451 岩崎本『日本書紀』巻22・一条兼良点〕
⑳六《ムタリヲハ》　曰《フ》季連〔1518 永正本『史記』巻40・楚世家第十・永正一五年点〕

以下すべて 1451 岩崎本『日本書紀』巻22・推古・一条兼良点の例。

〔7人〕

㉑廿四年……夏五月夜‐勾人《ノ》七口《タヘリ》来之《タリムク》

〔8人〕

㉒卅年……新羅國主遣㆓八大《ヤタリマチキミタチ》　夫㆒

〔9人〕

㊃卅一年……尼五《イツホアマリ》・百六・十九人《アマリコ、ノタリ》《コ、ノハシラ》

〔10人〕

㊄元年……聞㆓十人《トタリ》訴㆒

㊅十七年夏四月……一《ト》・十《タリ》・人

〔20人〕

㊆廿四年……秋七月亦掖・玖人廿《ハタ、リ》口《タヘ》来之

〔1千人〕

㊇廿二年……男女并一・千人《チタリ》出家《イヘテス》

〔5千人〕

㊈十年……軍衆二万五千人《アマリイツチタリ》

第七節　江戸時代の文学作品の人数詞

『合類節用集』巻7の数量部には1人から5人までの人数詞が示されている（《　》内は原文で小字二行割）。

㊉一人《ヒトリ》《二人《フタリ》三人《ミタリ》四人《ヨツタリ》五人《イツタリ》也六・人已・上皆《ハ》呼レ聲《ヲ》》〔1680『合類節用集』巻7・数量〕

六人已上はみな声を呼ぶ、というのは、〝6人以上はすべて訓読せず音読する〟ということであろうが、実際には江戸時代の文学作品（散文）ではヒトリ・フタリ・ミタリ・ヨタリ（ヨッタリ）・イツタリだけでなく6人以上についても人数詞が使われることがある。

㊾かくて**みたり**は新町《しんまち》のあそびに、おもひもよらず面目《めんぼく》をうしなひしも〔十返舎一九（1809）『東海道中膝栗毛』八

編・下巻〕

㉑東西《とうざい》、、。ア、。折角出《せつかくで》たものを。ヱ、まづ前書《まへがき》を。イヤナニあの。はし書《がき》を。ヱヘンヽ。扨《さて》と。ヱ、。何《なに》さ。ヱ、。

○ヱヘン。浮世風呂《うきよぶろ》の風呂《ふろ》の中にて。女の数《かず》が。五人《いつたり》。六人《むたり》七人《ななたり》ぢかく居《ゐ》はべりて。

〔式亭三馬（1812）『浮世風呂』三編・巻之上〕

㉒母御《おつか》さんとお妹御《いもふとご》と三人で、夫《それ》に専《せん》さんとかいふお心易《やす》そふなお客が一人、都合四人《よつたり》御酒《ごしゅ》を上ってお在被成《いでなさい》ました。〔為永春水1839『春色恋白波』初編・巻之二・第五回〕

右の㉑『浮世風呂』の例は狂歌の「はし書」であって、和歌集の詞書ないしは仮名序を意識した、非常に擬古的なものである。㉒『春色恋白波』の例は会話文中のもの。

曲亭馬琴（1814~1842）『南総里見八犬伝』はほぼ総ルビに近いものであるが、数詞のルビには和語数詞と漢語数詞の両方がある。非常に多数の人数詞が用いられているが、ヒトリ・フタリ・イクタリ以外はいずれも擬古的なものと考えられる。以下、『南総里見八犬伝』の例を、漢語数詞をも含めて記す。

〔n人〕○幾人《いくたり》（六輯・59回）○幾名《いくたり》（八輯・74回）

〔1人〕○一人《ひとり》（肇輯・1回）○一個《ひとり》（二輯・11回）○一人《いちにん》（肇輯・5回）○一人ン（三輯・10回）

〔2人〕○二人《ふたり》（肇輯・2回）○両個《ふたり》（一輯・1回）○両箇《ふたり》（肇輯・1回）○二名《にゝん》（五輯・47回）○二人ン（二輯・2回）○両人《りやうにん》（五輯・42回）

〔3人〕○三人《みたり》（肇輯・1回）○三箇《みたり》（五輯・49回）○三名《さんにん》（八輯・80回）○三名《さんにん》（八輯・78回）○三人ン（肇輯・4回）

〔4人〕ヨッタリの形は見えない。○四人《よたり》（肇輯・5回）○四名《よたり》（五輯・50回）○四個《よたり》（八輯・91回）○四名《よにん》

（八輯・84回）○四人ン（三輯・5回）
〔5人〕○五人《いつたり》（七輯・65回）○五名《いつたり》（八輯・91回）○五人ン（五輯・44回）
〔6人〕○六個《むたり》（四輯・38回）○六名《むたり》（八輯・88回）○六人ン（肇輯・3回）
〔7人〕○七人《なゝたり》（六輯・59回）○七名《なゝたり》（九輯・146回）○七名《しちにん》（八輯・81回）
〔8人〕○八個《やたり》（六輯・58回）○八人《はちにん》（肇輯・10回）○八人ン（肇輯・巻一序）
〔9人〕○九個《こゝのたり》（九輯・130回）
〔10人〕○十名《とたり》（九輯・180回下）○十口《じうにん》（九輯・124回）○十人ン（肇輯・4回）
〔20人〕○二十名《はたゝり》（九輯・144回）○二十個《はたゝり》（九輯・145回）○二十人《にじふにん》（九輯・180回下）
〔30人〕○三十個《みそたり》（九輯・126回）○三十名《みそたり》（九輯・148回）○三十名《にん》（九輯・148回）
〔100人〕○一百個《もゝたり》（九輯・126回）○百人《もゝたり》（九輯・177回）○幾百名《いくもゝたり》（八輯・82回）○百名許《ひやくにんばかり》（八輯・85回）
○百人ン（七輯・67回）○數百名《すひやくにん》（九輯・96回）
〔150人〕○百五十名《もゝいそたり》（九輯・180回下）
〔500人〕○五百個《いほたり》（九輯・178回上）○五百名《いほたり》（九輯・178回上）○五百名《ごひやくにん》（九輯・122回）
〔2・3人〕○両三人《ふたりみたり》（七輯・72回）○両三人《りやうさんにん》（五輯・42回）
〔3・4人〕○三四人《みたりよたり》（五輯・43回）○三四名《さんよにん》（六輯・59回）○三四人ン（六輯・51回）
〔8・9人〕○八九個《やたりこゝのたり》（九輯・140回）
以上のように、『南総里見八犬伝』では、ミタリ・ヨタリ・イツタリ・ムタリ・ナナタリ・ヤタリ・ココノタリ・トタリ・ハタタリ・ミソタリ・モモタリ・イホタリ等の擬古的な形を用いる一方で、サンニン・ヨニン・ゴニン・ロクニン・シチニン・ハチニン・ジウニン・ニジフニン・ヒヤクニン・ゴヒヤクニン等の当たり前の形も用いている。

ただし、ヨッタリは用いていないようである。

仮名垣魯文（1860）『滑稽富士詣』では3人・4人・6人を人数詞で表わしている。

〔3人〕 〇三人《ミタ》り（五篇・下之巻）【地の文】 〇三人り（十篇・上之巻）【地の文】

〔4人〕 〇四人《よつたり》（七篇・下之巻）【会話文】 〇四個《よつたり》（十篇・下之巻）【地の文】

〔6人〕 〇六人《むた》り（六篇・下之巻）【地の文】

第八節　明治時代の小説・短歌における人数詞

明治時代の小説では、ヒトリとイチニン、フタリとニニン、ミタリとサンニン、ヨッタリとヨニンを併用するケースが少なくない。このうちミタリ以外は、当時ごく普通に用いられ、イチニンは地の文でも会話文でも用いられた。ミタリは擬古語と見るべきだと思う（夏目漱石はミタリを用いない）。なお、ヨタリも見えるが、表1で見たように、キリシタンのローマ字資料ではもっぱらヨッタリを用いてヨタリを用いないから、明治時代にもヨタリは日常語ではなかったのであろう。ヘボン『和英語林集成』も、ヨタリは口語ではないことを以下のように明記している。

(93) YOTARI, ヨタリ（四人），（yonin），Four persons.
YOTTARI, ヨッタリ, coll. for Yotari.
〔ヘボン（1867）『和英語林集成（初版）』〕

この『和英語林集成（初版）』には、ヒトリ・フタリ・ヨタリ・ヨッタリの項はあるが、ミタリはない。また、イチニン・ニニン・サンニン・ヨニンの項もない（ヨニンは「YOTARI」の項の言い換えとしては載っている）。以上の記述は、ヘボン（1872）『和英語林集成　再版』、ヘボン（1886）『和英語林集成　第三版』も全く同様である。

以下、小説の例。本文は、泉鏡花の作品は「雑誌初出を底本とした」という筑摩書房『明治文学全集　21』により、

ほかの作家のは初版本（またはその複製本（ほるぷ））による。

◇井上勤［訳］（1886）『狐の裁判』（文語訳）は、「一人《ひとり》」と「一人《にん》」「一箇《にん》」、「三人《みたり》」「三個《みたり》」と「三人《にん》」「三個《にん》」、「十人《とたり》」と「十人《にん》」を併用する。また、「幾人《いくたり》」「二箇《ふたり》」「兩個《ふたり》」「三四人《みたりよたり》」を用いる。

◇末広鉄腸（1886）『雪中梅』は、「一人《ひとり》」と「一人《にん》」を併用し、「一人《にん》」は会話文にも使用する。

◇徳冨蘆花（1900）『不如帰』は、「三人《みたり》」と「三人《にん》」を併用する（すべて地の文）。ミタリは擬古的なものであろう。

◇夏目漱石（1914）『行人』は、「一人《にん》」と「一人《ひとり》」、「二人《にん》」と「二人《ふたり》」、「四人《にん》」と「四人《よつたり》」を併用する。「四人《よつたり》」は地の文にも会話文にも使用。

◇泉鏡花は、1895『夜行巡査』の会話文と1896『化銀杏』の会話文で「一人《いちにん》」を、1896『海城発電』の地の文で「一人《いちにん》」「二人《にん》」「三人《みたり》」「三人《さんにん》」を使用。

近代の短歌でも擬古的な人数詞が用いられることがある。島木赤彦［1876~1926］がミタリ・イツタリ・ナナタリを、与謝野晶子［1878~1942］がミタリ・イツタリ・ナナタリ・トタリ・モモタリおよびナナヤタリ（七八人）を、斎藤茂吉［1882~1953］がミタリ・ヨタリ・イツタリ・ムタリ・ナナタリ・ヤタリ・ココノタリ・トタリ・モモタリを使っている。[6]

以上のような小説・和歌の人数詞ミタリ・ヨタリ・イツタリ等は、作家・翻訳家や歌人が使うことがあった、というだけで、日常語として使われていたのではないことは言うまでもない。

n人のイクタリは夏目漱石や永井荷風も用いている。

(94) 職員が**幾人**《いくたり》ついて行ったつて何の役にも立つもんか。【地の文】（夏目漱石（1907）『鶉籠』「坊っちやん」十）

(95) 「名前《なまへ》は何《なん》と云つたね。」／「今言《いまい》ひましたよ、大江匡。」／「家族《かぞく》は**いくたり**だ。」／「三人《にん》。」と答へた。（永井荷風（1937）『濹東綺譚』一）

『濹東綺譚』のは、主人公が巡査（年齢の記述はないが、当然六〇歳未満）に不審尋問を受けている場面で、巡査と主人公のやりとり。主人公の大江匡は〝明治一二（1879）年生まれで五八歳〟という設定であるから、舞台は一九三七（昭和一二）年ごろである。明治生まれの人にとって、イクタリは比較的普通の言い方であった、ということか。この『濹東綺譚』の〔作後贅言〕の地の文では「一人《ひとり》」と「一人《にん》」が併用されている。

明治一九（1886）年東京生まれの国語学者、小林好日《よしはる》（1922, p.120, p.124）は言う。

　　ひとり、ふたり、よつたりの代りに
　　　イチニン　ニニン　ヨニン
　を用ひることもあるが、前の方の言ひ方が普通である。
　〈略〉
　数詞に於ける尊敬の表し方はほぼ名詞に似て居る。〈略〉
　お又はご及びさま・又はさんを並用して
　お一人《ヒトリ》さま　お二人《フタリ》さん　ご一人《イチニン》さん　おいくたりさま

ヨニンよりもヨッタリの方が「普通である」というのは、やや意外である。

第九節　沖縄方言における人数表現

奄美・沖縄方言の中には、10人まで「-トリ」「-タリ」型の人数詞で表現する所がある。

昇曙夢《のぼりしょむ》（1949）『大奄美史』（p.46）・長田《おさだ》須磨（1980）『奄美方言分類辞典 下巻』（p.220~221）・国立国語研究所

(1963)『沖縄語辞典』(那覇市首里方言)に見えるものと、宮崎勝弐(1981)が調査した沖縄県国頭《くにがみ》郡本部町《もとぶちょう》具志《ぐし》堅《けん》・八重山群島石垣島(石垣市白保)のものを表2に示す。なお、『沖縄語辞典』の「-tai」の項(p.506)に、「五人以上はgunin(五人)、rukunin(六人)のようにいうことが多い。」とある。

一方、先島諸島、すなわち宮古諸島・八重山諸島の島々には、「-トリ」「-タリ」型人数詞によるのとは全く違う数え方をする所がある。伊波普猷《いはふゆう》(1915)に見える宮古島のもの(詳しい地名は不明)、沢木幹栄《もとえい》が一九七四年に調査した宮古群島の伊良部《いらぶ》島(宮古郡伊良部町【現、宮古島市】佐和田)のもの(音素表記。直接の教示による)、宮崎勝弐《かつじ》(1981)が調査した八重山群島の石垣島(石垣市大川)・波照間《はてるま》島(八重山郡竹富町)・黒島(八重山郡竹富町)のものを表3に示す。なお、〔5人〕のpsĭtuのsは、中舌母音[ɨ]の前で気音が[s]に近く聞こえるのを記したもので、sという音素が存在するわけではない。〔1人〕の「tavkyā」は、伊波(1915)も、「その語源がわからない」としているが、これと似た形([to:ke:]、[tauke:])は多良間島(宮古郡多良間村)にもある(平山輝男 1983, p.296)。

ここでは、「-トリ」「-タリ」型が使われるのは4人までで、それ以上は、

個数詞語幹 + 助詞「ノ」+「ヒト」

に当たる表現をするわけである(ただし石垣島大川のと黒島のはノに当たるものがない。個数詞語幹とは、個数詞から末尾の「-ツ」「-チ」を除いたもの)。これはすでに第四節で示した平安時代の仮名文学に見える、ナナノ法師・ナナノトモガラ・ナナノ后や、第三節で示した『日本書紀』のモモナヒトや『万葉集』の古写本に見える、ナナノ賢キヒト・ココノノ児ラという言い方を思いおこさせる。

表 2　奄美・沖縄の「- トリ」「- タリ」型だけの人数表現

	『大奄美史』	『奄美方言分類辞典』	『沖縄語辞典』(那覇市首里)	沖縄本島本部町具志堅	石垣島白保
1 人	チュリ	cjuuri	cui, hwicui	chui	pituri
2 人	タリ	taari	tai	tai	futari
3 人	ミチャリ	micjari	miʀcai	mitchai	mittari
4 人	ユタリ	’joθaari	’juʀtai	yuttai	yuttari
5 人	イチタリ	ʔicitaari	ʔiçitai	hichitai	isutari
6 人	ムタリ	muθaari	muʀtai	muttai	ñtari
7 人	ナナタリ	nanaθaari	nanatai	nanatai	nanatari
8 人	ヤタリ	’jaθaari	’jaʀtai	yattai	yattari
9 人	ククヌタリ	xunuθaari	kukunutai	kunutai	kukunutari
10 人	トゥタリ	θuθaari	［漢］ zuuniɴ	tuttai	

表 3　沖縄の宮古・八重山の「- トリ」「- タリ」型と「- ノヒト」型の人数表現

	宮古島［伊波］	伊良部島佐和田［沢木］	石垣島大川［宮崎］	波照間島［宮崎］	黒島［宮崎］
1 人	tavkyā	tavukjaa	pituri	pituri	psuru
2 人	futal	futaa	futāru	futari	futaru
3 人	mital	mɨtaa	mistāru	mitāri	mittsāru
4 人	yutal	jutaa	yuttāru	yutāri	yutāru
5 人	itsĭnupsĭtu	icɨnupɨtu	itsutaru (itsuptu)	itsupitu	itsiipisu
6 人	——	mujunupɨtu	muyuptu	muipitu	npisu
7 人	nananupsĭtu	nananupɨtu	nanaptu	nanapitu	nanapisu
8 人		jaanupɨtu	yāptu	yapitu	yāpisu
9 人		kukununupɨtu	kukunuptu	hakonapitu	
10 人		tuunupɨtu		［漢］ zūnin	
11 人		tuutavukjaa			
12 人		tuufutaa			
20 人		patanupɨtu			
21 人	patanupsĭtu tavkyā	——			
30 人	——	misucɨnupɨtu			
100 人	mumunupsĭtu	mumucɨnupɨtu			

第一〇節　日本語本来の人数の数え方

以上、上代から明治時代までの文献に見える用例と沖縄方言の資料を示すのに非常に多くの紙面を費やしてきたが、いよいよ日本語本来の人数の数え方がいかなるものであったかを考えてみよう。

〔1人〕奈良時代は **fi$_1$to$_2$ri**。『日本書紀』の **fi$_1$dari** についてはどう考えるべきか私には成案がない。

〔2人〕奈良時代も **futari** の例があり、問題はない。

〔3人〕平安時代はミタリ。奈良時代もおそらく **mi$_1$tari**。鎌倉・室町時代以後の用例はいずれも擬古的なものであろう。一六〇〇年ごろのキリシタン資料にはミタリは見えないから、このころ京都ではミタリが用いられなかったのは確実である。ただし、現代の方言でミタリを用いるところはいくつかある。[7]

〔4人〕平安時代に用例のあるヨタリを一応、本来の形と考えておく。個数詞の〔4個〕は奈良時代には **yo$_2$tu**（752『仏足石歌』に「與都乃閉美【四つの蛇】」）であるから、奈良時代の形はおそらく **yo$_2$tari**。㊼1518永正本『史記』にはヨトリ（実際の表記は「四《トリ》」）の形が見えるが、この永正本『史記』にはイタリ（5人）・ムタリ（6人）等、古い形とは考えられない形が用いられているから、このヨトリも古い形を伝えるものではない、と見ておく。

漢語数詞の4人は「四人《しにん》」のはずであるが、これは②『コリャード日本文典』で見たように、「死人」に通じるとして古くから忌まれた。[8] そこで、3人と5人がもっぱら漢語数詞で表現されるようになっても、4人だけは漢語数詞シニンがあまり用いられず、古くからある和語数詞ヨタリ（のちには口語ではヨッタリ）が用いられ続けた。しかし、3人も5人もともに漢語数詞なのに4人だけは和語数詞、というのも違和感があるのであろう、和漢混淆型のヨニンという形が一六世紀の終わりにはキリシタンのローマ字資料（1595『羅葡日辞書』）に現われ、一七世紀の半ばになる

と、日本人が書いた文章に、ごく当たり前の形として現われる。

⑯此中将殿《ちうじやうどの》は。御子四《よ》人持《にんもち》給ふ。〔1650 渋川版『御伽草子』はちかつき〕

⑰のこる四《よ》人《にん》の人々はさだみつすゑたけきんときや。ほうしやうとこそおぼえたり。〔1650 渋川版『御伽草子』しゆてん童子〕

⑱一人二人《ふたり》三人《さんにん》四人《よにん》といふべきをさんにんよつたりといふことは少しもくるしからず。よたりと哥《うた》にはよみたれともつねにいふには耳《み、》にたちてわろし。〔安原貞室（1650）『片言』巻3・人倫并人名之部〕

⑲古は四人をよにんとは唱へず、しにんと唱へしと聞ゆ〔本居宣長（1654）『飯高随筆（本居宣長随筆第12巻）』〕

安原貞室や本居宣長にとって、ヨニンはごく普通の形だったのであろう。

なおヨッタリは、ミタリ・イツタリ・ムタリ・ナナタリなどと違って、江戸時代の会話文の例（㉜『春色恋白波』）があり、当時も日常語として使うことがあったものと考えられる。現代の東京でまれに老人の口からヨッタリの形が聞かれるのはその名残であろう。

これに対し、ヨタリを⑱『片言』が「哥《うた》にはよみたれともつねにいふには耳《み、》にたちてわろし」とし、キリシタンのローマ字資料ではヨタリではなくヨッタリの形のみが現われることから、江戸時代・明治時代にはヨタリの形が歌語ないしは雅語であったことは確実である。

〔5人〕平安・鎌倉・室町の各時代の文献には、5人を表わす和語数詞として、イトリ・イツタリ・イットリ・イタリ・イツツノヒトという実に五通りもの言い方が見える(9)。

そして一方、平安時代の歌合の日記に「五にん」が用いられている。すなわち日常語としてゴニンが使われていた確証があるのである。

もしも5人を表わす和語の表現が昔から連綿と受け継がれていたのならば、これほどまでに多様な言い方があるは

ずがない。これは、5人を表わす和語数詞が一旦消滅してしまったために、後になって、フタリ・ヨタリ・イクタリなどからの類推ではイツタリの形を〝復元〟し、「五人」に「トリ」を送ったものを元にしたときにはイツトリの形を〝復元〟した、ということなのであろう。あるいは(72)永正本『史記』訓の「イタリ」は「五人リ」とあったものを元に、無理やり復元を図った結果であろうか。

5人を表わす本来の形はイトリであったろう。それは一つには文献の上で一番古いこと、二つにはこの形は単純な類推によっては作れないこと、による。ただしこのイトリは平安時代の仮名文学ではすでに用いられず、訓点語の世界だけで用いられたらしい。上代においてもイトリという形であったろうと思うが実例がないので、ito_1ri であったのか ito_2ri であったのかわからないが、個数詞〔5個〕の itutu（752『仏足石歌』に例あり）との関係から考えると前者の可能性が高いと思う。

〔6人〕平安時代中期までの文献にはムタリの形は現われない。単にムユという訓を付した例がいくつか見えるが、このムユだけで6人を表わしたわけではあるまい[10]。7人を「ナナノ……」と表わした例が平安時代に見えるが、同じような言い方として「ムユノ……」という言い方が考えられる。実際、沖縄の先島方言（宮古・八重山方言）ではムユノヒト・ムユヒトに当る「ムユヌピトゥ」「ムユプトゥ」という形で6人を表わすのである。本土でも古くはムユノヒトまたはムユヒトと言ったのであろう。中世以後の文献に見られるムタリはこの言い方が忘れ去られた後に作られたものであろう[11]。

〔7人〕ナナタリという形は1454岩崎本『日本書紀』巻22にならないと現われない。本来、ナナタリとは言わなかったのであろう。沖縄の先島方言ではナナノヒト・ナナヒトにあたる「ナナヌピトゥ」「ナナプトゥ」で7人を表わすから、本土でも古くは、7人をごく普通に表わす言い方はナナノヒトまたはナナヒトであったのだと考える。ただし、そのものずばりの形は文献には現われない。「ナナノ賢キヒト」のように途中に形容詞が入るか、あるいは

「ナナノ法師」「ナナノ輩」のように人を意味する名詞が来るかである。(12)

〔8人〕ヤタリという形は㉞1170『今鏡』にならないと現われない。本来ヤタリとは言わなかったのであろう。沖縄の先島方言ではヤノヒト・ヤヒトにあたる「ヤーヌピトゥ」「ヤープトゥ」という形で8人を表わすから、本土でも古くはヤノヒトまたはヤヒトと言ったのであろう。なお人数の数え方とは言えないが、ヤヲトメ・ヤヲトコという語もあった。

(100)高橋氏文云……大八洲尓像天**八乎止古八乎止咩**定天神斎大嘗等供奉始支【高橋氏文に云はく、……大八洲に像《かたど》りて八男・八女定めて神斎《いはひ》・大嘗《おほにへ》ら供《つか》へ奉り始《そ》めき】〔1000『本朝月令』（九条家旧蔵本）六月・朔日内膳司供忌火御飯事〕〈『群書類従』本ハ「八乎止古八乎止咩」〉（『高橋氏文』ノ成立ハ七八九年）

(101)**也乎止女**者太賀**也乎止女**曽【八乙女は誰が八乙女ぞ】〔1099『承徳本古謡集』風俗〕

(102)今はともいはさりしかと**やをとめ**のたつやかすかのふるさとに……〔1005『拾遺和歌集』（高松宮家蔵定家自筆本臨模本）巻9・雑下〕〈堀河宰相具世筆本・北野天満宮本モ「やをとめの」〉

(103)めつらしきけふのかすかの**やをとめ**を神もうれしとしのはさらめや〔1005『拾遺和歌集』（高松宮家蔵定家自筆本臨模本）巻10・神楽歌〕〈堀河宰相具世筆本・島根大学図書館蔵拾遺和歌抄・宮内庁書陵部蔵拾遺和歌抄モ「かすかのやをとめを」。北野天満宮本ハ「かすかのやまをとめ」〉

ヤヲトメ、ヤヲトコとは、大嘗祭などに奉仕する、八人の女、八人の男を言う。神事に関わる言葉なので、古い言い方が伝えられているものかも知れない。沖縄の先島方言のヤープトゥという言い方に近い。

〔9人〕ココノタリという形は一五世紀にならないと現われない。『万葉集』の「九児」を諸本がココノノコと読んでいるのが本来の数え方を伝えているのではないか。沖縄の先島方言ではココノノヒト・ココノヒトにあたる「ククヌヌピトゥ」「ククヌプトゥ」という形で9人を表わすから、本土でも古くはココノノヒト・ココノヒトと言ったの

であろう。

なお、『後拾遺和歌集』序には、人数表現として㉓「なしつほのいつ、の人」・㉘「みそちあまりむつの哥人」という個数詞を用いた表現があるわけだが、これは無理に和語数詞を使おうとしたもので、当時の普通の言い方ではなかろう。(13)

結局私は、日本語本来の人数表現はつぎのようなものであったと考える。

「-トリ」「-タリ」型の人数詞はn人と1人から5人まで（沖縄方言では1人から4人まで）にしか用いられず、6人以上（沖縄方言では5人以上）は、

個数詞語幹 ＋ 助詞「ノ」＋［人を表わす語（ヒトその他）］

という言い方をした（助詞「ノ」がない場合もあったか）。

以上のように、日本語本来の人数表現の体系は途中で方式が変わっていたのだ、と考えることによって初めて、人数表現をめぐる次のような問題点の説明がつく。

(1)和語数詞の諸系列のうち個数詞・日数詞・唱数詞は現代でも1から10までほぼ揃っているのに、なぜ人数詞だけは1人・2人しか残っておらず、ほかは漢語数詞に取って替わられたのか？

(2)ムタリ・ナナタリ・ヤタリ・ココノタリという言い方があったのなら、なぜ平安中期までの文献にその形が現われないのか？

(3)平安時代にナナタリという言い方があったのなら、なぜわざわざ「ナナノ法師」「ナナノ輩」という言い方をしたのか？

(4)沖縄の先島方言には、5人以上をイツノヒト・ムユノヒト・ナナノヒト・ヤノヒト・ココノノヒトに当たる言い方で数える所があるが、本来、ヒトリ・フタリ・ミタリ・ヨタリ・イツタリ・ムタリ・ナナタリ・ヤタリ・ココノタリという単純な言い方だったのなら、それをなぜ別の複雑な表現に変えたのか?

(5)右のような変化が本土と沖縄とで別々に起こったのか?

一桁の人数詞が早くから漢語数詞に取って替わられたのは、人数の数え方は5人までと6人以上とでは表現のしかたが異なっていて、それが安定感を欠くと意識され使われなくなっていった、ということなのであろう。

一条兼良(岩崎本『日本書紀』の訓)や曲亭馬琴(『南総里見八犬伝』)のように5人・6人・7人・8人・9人・10人・20人のような大きな数まで人数詞を使うことに異常な熱意を持っていた人もいるにはいたが、これらは例外的な存在であろう。⑯1680『合類節用集』には、六人已上はみな声を呼ぶ、とあって、3人や5人についても和語の人数詞を認めているということになるが、むしろこれは、〝文章語でも、使うのはイツタリまでである。それ以上となると不自然である。〟と読むべきであろう。現代短歌にもイツタリ・ナナタリ・トタリ等が使われた例があるが、これは和歌では漢語を用いることができないために無理をしたのである(古典和歌の場合は、伝統として、1人・2人以外の人数を詠みこむことはない)。ただ、古典にも例がなく一般にも使われない形を現代の歌人が作り出して用いても、読者は理解できる。新しい語形を作ることも、それを理解することも、ともに容易なのが人数詞なのである。

注

(1)『天草本ヘイケ物語』と『天草本イソホ物語』の用例を合わせると、イチニン九二例・ニニン五七例に対し、ヒトリ七例・フタリ四例。和語のヒトリ・フタリはそれぞれ〝単独で〟〝二人一緒に〟といった意味合いで使われることが多い。

（2）安田（1991）「人数詞」では、キリシタン資料について、「4人はヨッタリであって、ヨニンの形は全く見えない。」と書いたが、この論文の発表直後に福島邦道から手紙で、ヨニンは『羅葡日辞書』に見える、との教示を得た。また、室井努（1993）にも同様の指摘がある。すなわち、『羅葡日辞書』には以下のようにある（見出しの「Quatoruiratus」は巻末の正誤表にあるように、「Quatuoruiratus」の誤り）。

Quatoruiratus, us. Lus. Dignidade de quatro varões q̃ gouernauão ẽ Roma. Iap. Romano yottarino vosameteno curaino na.

Quatuóruiri, orum. Lus. Os quatro varões que tinhão esta dignidade. Iap. Miguino curaini sonauaritaru yonin.

（3）矢崎祥子（1999）は、「『ご兄弟おいくたり?』と実際に質問された経験はある。」と述べている。

（4）「儻」はタダ・シタダミ・コキダ等の語のダを表わすのに用いた例がある。

（5）築島裕（2009）『訓點語彙集成』第7巻は「ムユタリ（六口）」の項（p. 530）を立て、用例の一つとして、

六人（ム）ユタリを　11505075-⑳173-1

とあるが、文献番号「11505075」とは『日本書紀』（前田本）院政期点のこと。これはすでに⑲として見たとおりで、「六人（ム）ユタリを」ではなく、「六人（ム）ユ（タリ）を」とすべきもの。

（6）検索には、『島木赤彦全歌集（全集）総索引』『みだれ髪語字総索引』『斎藤茂吉全歌集各句索引』を用いた。

（7）ミタリは最近まで奈良県の一部では使われていたらしい。奈良県の宮大工の西岡常一（生駒郡斑鳩町《いかるがちょう》生まれ）を中心とした対談の筆録である西岡常一ほか（1981, p.208）で、西岡は、「社員があこに三人《みたり》四人《よつたり》来ているけども、〈略〉」と発言している（これは矢崎祥子1999によって知った）。なお、「あこ」は〝あそこ〟の意の奈良県方言。

また、馬場良二（2009）によれば、馬場の一家はもともと東京の羽田に住んでいたが、父方の祖母は、「世間話をしていると、「みたり」「よったり」と言」った、という。馬場に問い合わせたが、祖母は「出身は東京」というだけで、詳しい地名はわからなかった。

（8）「四」や「四人」が忌まれたことについては鈴木博（1986）、安田（2002）（2010）【本書第二〇章・第二二章】を参照。

なお、忌まれた、とはいっても実際にはシニン（四人）の形も使われたようで、『平家物語』の一部の写本や平曲の写本には「四人《シニン》」「四人《シン》」「四人《シ》」の形も見える（安田2002）【本書第二〇章】。

（9）イトリは『節用集』の一つである1500『伊京集』にも見えるが、当時まだこの語が使われていたというわけではなかろうと思う。

（10）ムユという形は、日数詞〔6日〕の古形ムユカや唱数詞の古形「ヒト・フタ・ミ・ヨ・イツ・ムユ・ナナ・ヤ・ココノ」に現われる（安田1972・1986b・1986c）【本書第一三章・第四章・第一九章】。

（11）大野透（1977）は、「六人を表す和語は知られてゐないとする者がゐるが、大寶戸籍等の六人部の例により六人はムトリと言はれた事が推せられる」（p.922）とし、具体的には「【大宝戸籍ではムを表わす万葉仮名として】牟・ム・六・身を用ゐてゐる。〈略〉六は姓表記の六人《ムとり》部に限られてゐる〈略〉。身は姓表記の身人《ムとり》部〈略〉に用ゐられてゐるが、是は六人部と記されるのが普通である。」（p.45）と述べる。確かに「六人部」＝「身人部」であるようであるが、奈良時代において「身人部」をムトリべと言ったとは考え難い。現代の姓として、六人（ムトリ）・六人部（ムトベ・ムヒトベ）・六戸部（ムトベ）・身人部（ムトベ）があるが、ムトベはムヒトベの転と見るべきであろう。私の説では、「六人」をムトリと言うのは本来のものではなかった、ということになるが、ムトリという姓がいつまで遡れるのか確かめたいものである。

（12）984『うつほ物語』には人数を個数詞で表わした例（「な、つの人」「ごたちはたち」）があるわけだが、このように個数詞で人数を数えた例は、ほかには二〇〇年ほどのちの1086『後拾遺和歌集』序まで見えない。ただ、『うつほ物語』には良いテキストがないこともあり、右の『うつほ物語』の例が当時の表現を伝えるものなのか、伝来途中での誤写によって生じたものなのかはなかなか決められない。

（13）この『後拾遺和歌集』序は、『古今和歌集』仮名序の「ちうたはたまき（千首、二十巻）」という表現を強く意識したもので、数表現にことさらに和語数詞を使おうとしている。しかしその結果、端数表現では破綻を見せている。すなわ

ち、本来の端数表現は「みそ文字あまりなな文字」（『土左日記』）のように同じ助数詞を繰り返すのであるが、『後拾遺和歌集』序は、「代は十つぎあまり一つぎ、年は百とせあまりみそち」のように助数詞が揃った形式と揃わない形式の両方を用いている。この助数詞が揃わない形式は『後拾遺和歌集』以前には見えないのである（安田 1992）【本書第九章】。

第一八章　人数を意味しないヒトリ

はじめに

人数詞のヒトリの基本的な用法が、《人の数1個》すなわち《人数1人》を表わすものであることは、昔も今も変らない。しかし、ヒトリには《人数1人》以外を表わす用法もある。その実態と由来をさぐってみたい。なお、人数詞全般については、その語形を中心にかつて論じた。(1)

第一節　ヒトリのいろいろな用法

ヒトリの現在および過去の用法を概観するために、現行の国語辞典を見ておこう。

松村明（編）1988『大辞林』（三省堂）

ひとり【《一人》・独り】［一］①一個の人。いちにん。「—の男が進み出る」②その人しかいないこと。相手や仲間がいないこと。「—で遊ぶ」「—旅」「—息子」③独身であること。ひとりみ。「まだ—です」④（多く「ひとりで」の形で）他人の手を借りずにいること。他人の助けがないこと。「—で生きてゆく」「—で学ぶ」［二］（副）①（下に打ち消しの語を伴って）ただ単に。「—日本国内の問題にとどまらない」②ひとりだけで。「—

幸せを夢みる」「―涙にくれる」「―悩む」③ひとりでに。自然に。「―博奕はとどまるべし／仮・浮世物語」

林大《おおき》（監修）1986『言泉』（小学館）

ひと‐り【一‐人・独り】［一］①人を数える数詞。一個の人。また、他を伴わない自分だけ。「合格者はたった一人だ」②夫または妻のないこと。独身。「まだ独りでいる」［二］《副》①単独で。そのものだけで。＊古今‐一三六「春におくれてひとり咲くらん」②下に否定の語を伴って、「単に…だけではない」の意。ただ。単に。「ひとりわが国だけの問題ではない」

ここに示されたヒトリの用法は以下のように分類できようか。

ヒトリ　1「名詞」　人について言う
　　　　2「副詞」　2・1　人について言う
　　　　　　　　　2・2　人以外について言う　2・2・1　擬人化用法
　　　　　　　　　　　　　　　　　　　　　　2・2・2　非擬人化用法

筆者のいう「人数を意味しないヒトリ」とは、これらの辞書が挙げる用例のうち、2・2の用法、すなわち、

①**ひとり**日本国内の問題にとどまらない。
②**ひとり**わが国だけの問題ではない。
③かやうにだに侍べらば、勝《かち》て詮《せん》なき博奕《ばくち》なり。心をつくしてなにかせんと、**ひとり**博奕《ばくち》はとゞまるべし〔1666

『浮世物語』巻第一・四〕

④あはれてふことをあまたに遣らじとや春に遅れてひとり咲くらん〔905『古今和歌集』巻3・夏・136番〕

のようなものを指す。

これらのうち、最後の④『古今和歌集』の例は擬人化用法であるが、「ひとりわが国だけの……」は、現代人の感覚では擬人化用法ではない。また、③『浮世物語』の例は現代語の《ひとりでに》《自然に》の意味で、当時の人の感覚では擬人化用法ではなかったものと思われる。この『浮世物語』の類例が『三冊子』にある。

⑤十二筋の縄たて横にもちれて……鵜尉に此事を尋ね侍れは先もちれぬよりさはきてなまもちれ成るものを又さはくむつかしくもちれたるものひとりほとけさばくるといへり〔1703『三冊子』黒双紙・8ウ〕

本章は、人以外についての副詞用法を対象とするのであるが、その前に、名詞用法についてもちょっと見ておこう。『大辞林』〔二〕①は、単純・純粋に《人数が1人》であることを表わす。②は、配偶者・家族・友人・仲間などがいることを前提として、それがおらず《当人1人だけ》であることを表わす。

現代では、副詞的な用法ではヒトリデの形で用いることが多く、デを付けずに単にヒトリと言うのは、「ひとり淋しく……する」「ひとり涙にくれる」「ひとり悲嘆にくれる」「広い部屋にひとりぽつねんと座っている」「深夜、ひとり机に向かっていると……」のように、さびしい孤独な感じの場面を描く、やや文学的な用法と言える。

また、ヒトリデに助詞ニを付けたヒトリデニもあり、「ドアがひとりでに閉った」のように《自動的に》《自然に》の意味で用いられるが、現代ではヒトリデニは全体で一語扱いするのが普通である。

第二節　上代におけるヒトリ

759『万葉集』におけるヒトリの用例（合計七四例）は、単純・純粋に《人数が1人》であることを表わす例はほと

んど見当たらず、大部分は《その人1人だけでさびしく》の意の用法だと言える。このことはすでに稲岡耕二ほか（1982）『万葉の歌ことば辞典』の「ひとり」の項（小野寺静子執筆）にも指摘がある。

ひとり（一人《ヒトリ》・独り）　ひと・り。りは人の数を数えるのに用いる接尾語。①人数の上での一人の意。②本来一緒にあるべき他の人から離れ、自分を一人と意識する、すなわち自分だけの意。これには後述するように二つの場合がある。万葉集のひとりの用例は七四例に及び、一・孤・独などと表記される。

まず、①の例として次の歌が挙げられる。

うちひさす宮道《みやぢ》を人は満ち行けど我が思ふ君はただ一人のみ（11・二三八二）

②は、㋑一緒にあるべき他の人が単数の場合と、㋺複数の場合とに分けられる。㋑についてであるが、万葉集ではこの例が最も多い。『古事記』神代・上に、いざなぎ、いざなみの対偶神出現に先立つ天之御中主神以下の神々は、「独神《ひとりがみ》」であったと記す。独神とは、男女対偶の神に対し単独の神をいう。㋑のひとりは、この独神の独と想を同じくする。対なるものを満たしていない、対なるものを強く心に求め、一人を自覚する。したがって、相手は、多く夫や妻、あるいは恋人であるが、中には

君がため醸《か》みし待ち酒安の野にひとりや飲まむ友なしにして（4・五五五、旅人）

のように同性である場合もある。㋑の場合、

春日山霞たなびき心ぐく照れる月夜にひとりかも寝む（4・七三五、大伴坂上大嬢）

のような、一人寝を嘆く歌が多い。この一人寝をかこつ歌は万葉以後の歌でも

きりぎりす鳴くや霜夜のさむしろに衣かたしきひとりかもねむ（新古今5・五一八）

など、和歌の一つのテーマとなり歌い継がれている。

春さればまづ咲くやどの梅の花ひとり見つつや春日暮らさむ（5・八一八、憶良）

は、㋺の例で、梅花の宴に集う集団から離れて、あるいは集団の中で精神的な孤独を歌ったものである。この㋺の例は万葉集中では少なく、かつ新しい作品の中にみられることから、㋑の発展から生まれたものといえよう。（小野寺）

なお、『万葉集』にはこの他に擬人化用法があるが、これについては第三節で論ずる。

第三節　和歌・歌謡におけるヒトリの擬人化用法

さきに見た②「ひとりわが国だけの問題ではない。」のような場合のヒトリは、人以外のものを言うわけだが、人以外のものをヒトリで表現した例は古典文学にも見える。たとえば、

⑥あはれてふことをあまたに遣らじとや春に遅れて**ひとり**咲くらん（『古今和歌集』巻3・夏・136番）

これは花を臨時的に擬人化したものである。このような擬人化用法のヒトリは上代・平安時代の歌謡・和歌に何例も見える。しかし、擬人化用法ではなくしかも人以外のものについて言う、という例はこれらの文献には見えない。

ヒトリの擬人化の例は、上代にもあるが多くはなく、以下の⑦⑧の三例だけのようである。

⑦夜多能《やたの》　比登母登須宜波《ひともとすげは》　**比登理**袁理登母《ひとりをりとも》　意富岐彌斯《おほきみし》　與斯登岐許佐婆《よしときこさば》　**比登理**袁理登母《ひとりをりとも》【八田の一本菅は一人居りとも大君しよしと聞こさば一人居りとも】（『古事記』下巻・仁徳・歌謡65番）

⑧鶯之《うぐひすの》　生卵乃中尓《かひごのなかに》　霍公鳥《ほととぎす》　**獨**所生而《ひとりうまれて》　己父爾《ながちちに》　似而者不鳴《にてはなかず》……（『万葉集』巻9・1755番）

『古事記』には、上記以外には仮名書きのヒトリの例はない。また、『日本書紀』には、1人を表わすヒダリ（毘儾利）の例が一例（擬人化用法ではない）と、フタリの例が一例あるのみで、ヒトリの例はない。

『万葉集』では、ヒトリの例が七四例（表記は「比等利」「比等里」「比等理」「比登里」「一」「一人」「孤」「獨」。このほかに「一子《ひとりご》」「獨子《ひとりご》」あり。）あるうち、擬人化用法と見られるのは右の一七五五番歌の一例のみである。なお、この場合の「獨」はヒトツと読めなくもないが、諸本の訓はみなヒトリである。(2)

しかし、『古今和歌集』以下の「八代集」の歌では、歌集によるばらつきはあるが、擬人化用法が合計二九例ある（歌の解釈によって数値は若干変りうる）。

以下、「八代集」における擬人化用法の例をすべて挙げる。本文は岩波書店『新日本古典文学大系』により（ルビは省略）、歌番号は松下大三郎・渡辺文雄『國歌大觀』の番号と『新編国歌大観』の番号（頭に「新」を付ける）を併記する。

『古今和歌集』

136番（新136番）卯月に咲ける桜を見てよめる／あはれてふことをあまたに遣らじとや春にをくれてひとりさく覧

237番（新237番）をみなへし後めたくも見ゆる哉あれたる宿にひとりたてれば

998番（新998番）葦鶴のひとりをくれて鳴く声は雲のうへまで聞え継がなむ

『後撰和歌集』

373番（新373番）誰聞けと声高砂にさをしかの長〳〵し夜をひとり鳴くらん

446番（新446番）冬来れば佐保の河瀬にゐる鶴もひとり寝がたき音をぞ鳴くなる

807番（新806番）葦引の山田のそほづうちわびてひとりかへるの音をぞ泣きぬる

1401番（新1400番）夕されば寝にゆく鴛鴦のひとりして妻恋すなる声のかなしさ

『拾遺和歌集』

643番（新643番）山彦もこたへぬ山の呼子鳥我**ひとり**のみなきやわたらむ

『後拾遺和歌集』

347番（新347番）……籬の菊を見てよめる／植ゑおきしあるじはなくて菊の花おのれ**ひとり**ぞ露けかりける

570番（新570番）見むといひし人ははかなく消えにしを**ひとり**露けき秋の花かな

856番（新855番）もろともにながめし人もわれもなき宿には月や**ひとり**すむらん

988番（新987番）もみぢする桂のなかに住吉の松のみ**ひとり**みどりなるかな

『金葉和歌集』

20番（新19番）　今日こゝに見にこざりせば梅の花**ひとり**や春の風にちらまし

189番（新194番）山の端に雲の衣をぬぎ捨てて**ひとり**も月のたちのぼるかな

490番（新492番）あしひきの山のまに〳〵たふれたるからきは**一人**ふせるなりけり

569番（新580番）月の入るを見てよめる／西へゆく心は我もあるものを**ひとり**な入りそ秋の夜の月

『千載和歌集』

131番（新131番）花はみなよその嵐にさそはれて**ひとり**や春のけふはゆくらむ

333番（新334番）虫のねもまれになりゆくあだし野に**ひとり**秋なる月のかげかな

978番（新981番）さゞなみや国つ御神のうらさへて古き都に月**ひとり**すむ

『新古今和歌集』

235番（新235番）五月雨の月はつれなきみ山より**ひとり**もいづる郭公かな

437番（新437番）下紅葉かつちる山の夕時雨ぬれてや**ひとり**鹿のなくらん

487番（新487番）**ひとり**ぬる山鳥のおのしだりおに霜をきまよふ床の月かげ

587番（新587番）いまは又ちらでもまがふ時雨かなひとりふりゆく庭の松風
647番（新647番）月ぞすむたれかはこゝにきのくにや吹上の千鳥ひとりなく也
764番（新764番）たれもみな花の宮こに散りはててひとりしぐるゝ秋の山里
923番（新923番）ありし世の旅は旅ともあらざりきひとり露けき草枕かな
1503番（新1505番）思ひ出づる人もあらしの山の端にひとりぞ入りし在曙の月
1575番（新1577番）山河の岩ゆく水もこほりしてひとりくだくる峰の松風

「八代集」の各歌集におけるヒトリの用例数と擬人化用法の用例数を表1にまとめておく。

このように自然界のものを擬人化した表現も《人数1人》の用法（『大辞林』の［一］②）と言うことができるが、このような擬人化用法は平安時代の和歌以外の仮名文には例がごくわずかしか見えないようである。[3] なお、擬人化用法ではなく逆に人を人以外のものに見立てたもの（『拾遺和歌集』643番、『後拾遺和歌集』570番など）もあるが、ここでは擬人化用法に含めた。『新古今和歌集』の九二三番歌は、文字どおりにとれば「ひとり」は草枕について言っていることになるが、作者の気持ちとしては、作者自身が「ひとり」であることを言いたいのだと言えよう。『新古今和歌集』の七六四番歌も同様。

擬人化されているものは大きく分けて、つぎの四種類である。

(1)鳥（葦鶴《あしたづ》・鶴《たづ》・鴛鴦《をし》・呼子鳥《よぶこどり》・郭公《ほととぎす》・山鳥・千鳥）

表1　「八代集」におけるヒトリの擬人化例

歌集名	総歌数	ヒトリの数	擬人化数
905『古今和歌集』	1111	15	3
951『後撰和歌集』	1425	15	4
1005『拾遺和歌集』	1351	11	1
1086『後拾遺和歌集』	1220	20	4
1124『金葉和歌集』	717	10	4
1151『詞花和歌集』	415	4	0
1187『千載和歌集』	1288	23	3
1205『新古今和歌集』	1978	34	10

(2)獣など（そほづ・さを鹿《しか》・鹿）

(3)花・樹木（桜・女郎花《をみなへし》・菊の花・秋の花・松・梅《むめ》の花・枯木《からき》）

(4)無生物（月〔天体〕・春・山里・庭・松風・草枕）

無生物のもののほとんどは、もともと数を数えることを普通はしないものである。[4]花は、花の咲いた樹木・草の全体ならば、普通は助数詞モトを用いてヒトモト、フタモト……のごとく数えるか、あるいは個数詞で数えたのであろう。それを示す例が712『古事記』・720『日本書紀』にある。

⑨比登都麻都《ひとつまつ》【一つ松】（『古事記』中巻・倭建・歌謡29番）

⑩比登母登須須岐《ひともとすすき》【一本薄】（『古事記』上巻・大国主・歌謡4番）

⑪比登母登須宜《ひともとすげ》【一本菅】（『古事記』下巻・仁徳・歌謡64番）

⑫介瀰羅毘苔茂苔《かみらひともと》【か韮《みら》一本】（『日本書紀』巻3・神武・歌謡13番）

「一つ松」「一本菅」は一応、それぞれ一語と言うべきだが、「ひとり子」が「子ひとり」という言い方があってはじめて存在するように、「松一つ」「すすき一本」という言い方があったと見ていいだろう。

上代・平安時代においては、動物（獣・鳥・蛇・魚・虫）を数えるには普通は個数詞を用いる。馬については、『日本書紀』の歌謡では助数詞ツギを用いた例がある。

⑬宇麼能耶都擬播《うまのやつぎは》【馬の八匹《つぎ》は】（『日本書紀』巻14・雄略・歌謡79番）

⑭耶麻鵝播爾《やまがはに》　烏志賦柁都威底《をしふたつゐて》【山川に鴛鴦《をし》二つ居て】（『日本書紀』巻25・孝徳・大化五年・歌謡113番）

⑮与都乃閉美《よつのへみ》　伊都々乃毛乃々《いつつのもののの》　阿都麻礼流《あつまれる》　伎多奈伎微乎婆《きたなきみをば》【四つの蛇《へみ》五つの鬼《もの》の集れる汚き身をば】（『仏足石歌』）

⑯見奈止多仁《みなとたに》　久々比也《くくひや》　也津乎利《やつをり》【湊田に鵠《くぐひ》や八つ居り】（『神楽歌』湊田）

⑰うよつ【鵜四つ】〔『うつほ物語』（前田本）吹上・上〕
⑱よき馬ふたつ・うし二〔同、あて宮〕
⑲しろかねのこまいぬよつ【銀の狛犬四つ】〔同、蔵開・上〕
⑳よそながらなかよどみするよどがはにありけるこひをひとつみるかな【……鯉を一つ……】〔同、蔵開・上〕
㉑おほきなるあふちのきた、ひとつたてるかけに【大きなる棟《あふち》の木ただ一つ……】〔『蜻蛉日記』（桂宮本）中・天禄元年六月〕

以上のように、鳥・獣・魚・樹木は、個数詞またはそれぞれ専用の助数詞を用いて数えるのが本来の数え方であって、それを人数詞を用いて擬人的に数えるのは、あくまで臨時的な擬人化用法であると言ってよかろう。なお、さきにも述べたように、このような人数詞の擬人化用法は、平安時代までの仮名の散文にはごくわずかな例しかない。

第四節　人以外に用いられ否定を伴うヒトリ

「人数を意味しないヒトリ」の用法の一つは第三節で見た擬人化用法であるが、もう一つは、
○ひとり日本国内の問題にとどまらない。
○ひとりわが国だけの問題ではない。
のような言い方である。これは、組織や人などを表わす名詞の直前、文節の冒頭に立って、〝他と対比してそれ一つだけが際立つ〟ということを表わす。これを簡単に《それ一つだけ》と言うことにする。現行の国語辞典では、

下に否定の語を伴って、「単に…だけではない」の意。〔『言泉』小学館〕

などと説かれるが、そもそも、〝人の数を言う〟のでもなく、〝人以外のものを擬人化して人の数のように言う〟のでもない、《それ一つだけ》の意の用法（否定を伴う場合と、伴わない場合とがある）について、現代の各種国語辞典が挙げる例文は、明治時代以後のものか作例（編者が作った例文）かであって、古典の用例はほとんど引かれていない。わずかに『日本国語大辞典』（初版・第二版）が次の804『東大寺諷誦文』を引く。

㉒虚戸荒野に残り留まり、魂孤（ヒトリ）、三途に馳す（原文「虚戸殘留荒野孤ヒト魂馳三途」）〔804『東大寺諷誦文』〕

以下に、諸辞書に引用されているものを中心に、《それ一つだけ》の意の現代の用例（実例）を示す。

四・一　否定を伴う例

㉓小子《せうし》が當大學《たうだいがく》の來歴《らいれき》をしりしハ。**特《ひと》り**是等《これら》の小説《せうせつ》にのみよりたるにあらず。別に學友某《がくいうぼう》の物語によりて。彌々其前代《いよ〳〵そのぜんだい》の有様《ありさま》を知《し》りたり。」〔坪内逍遙（1885）『當世書生氣質』第19回〕

㉔玄機《げんき》が長安人士《ちょうあんじんし》の間《あひだ》に知《し》られてゐたのは、**獨《ひと》り**美人《びじん》として知《し》られてゐたのみではない。此女《このをんな》は詩《し》を善《よ》くした。〔森鷗外（1915）『魚玄機』〕

㉕**獨り**次郎ばかりではない。あの女の眼《まな》ざし一つで身を亡ぼした男の數は……澤山《たくさん》ある。〔芥川龍之介（1917）『偸盗』三〕

㉖彼は**獨り**肉体的の苦痛の爲にのみ、呻吟《しんぎん》してゐたのではない。〔芥川龍之介（1917）『首が落ちた話』上〕

㉗その作品は、**ひとり**わが國にもてはやさるるのみならず、遠く海外にも傳はりて、……〔文部省（1941）『よみかた』十〕

㉘それは**ひとり**、テレビ朝日だけの問題ではないだろう。〔《朝日新聞》一九八五年一〇月一八日、社説〕

㉙このことは、ひとり国鉄問題に限らないだろう。〔《朝日新聞》一九八五年一一月三〇日、社説〕

㉚ひとりわが国だけが毎年7％近い伸びを続ける必然性はどこにあるのだろうか。〔《朝日新聞》一九八五年一二月一六日、社説〕

四・二　否定表現を伴わない例

㉛唯《ひと》り天才にのみ許された特権を行使するんだ！〔谷崎潤一郎（1918）『金と銀』第五章〕

㉜當時の西洋を除けば、かく代數の演算が自在に行はれるのは、ひとり我が國のみであつた。……ひとり我が孝和に至つては、西洋の數學・學術と何等關係する所なく、ひたすら和算に獨自の天地を開いたのであつて、……〔文部省（1933）『小學國語讀本』十二〕

㉝その中で、ひとり財政のみが国債の重圧にあえいでいる。〔《朝日新聞》一九八五年一二月五日、社説〕

㉞総額明示方式は……その年の経済や財政事情に配慮することなく、ひとり防衛計画だけの達成を主張する根拠にされる心配がある。〔《朝日新聞》一九八七年一月二五日、社説〕

㉟判決は「金の力による行政の利権化、腐敗」を指摘した。ひとり、田中被告が裁かれただけでなく、保守長期政権による停滞と腐敗が裁かれたと受け止めるべきだ。〔《朝日新聞》一九八七年七月三〇日、社説〕

四・三

以上のとおり、名詞に関連した《そのもの一つだけ》の意の用法は、次のような特徴を持つ。

(1)必ず名詞の直前に置かれる。

(2)その名詞は人以外のものである場合が多いが、その場合、人の組織・団体であることが少なくない。

(3)名詞のあとに助詞ノミ・ダケ・バカリ（特にノミ）を伴う場合が多い。
(4)否定を伴う場合が多い。
(5)現代においては硬い感じの言い方で、日常会話では用いられない。
(6)平安時代の和文や上代の万葉仮名文献には例が見えない。
(7)表記は、平仮名で「ひとり」と書くことが多い。漢字で書くときは「独り」が一般的で、「一人」と書くことはまれ。やや古くは「唯り」「特り」などとも書いた。
(8)ほかの人数詞（フタリ・ミタリ・ヨタリ等）にはこのような人以外を意味する用法はない。

第五節　訓点資料におけるヒトリ

第四節で見たようなヒトリの《そのもの一つだけ》の意の副詞用法は、はたして訓点資料に見えるのか。

明治時代以降の文献においては、「独り」のほかに「唯り」「特り」などの表記が見られるが、前田本『色葉字類抄』には、「ヒトリ」の訓を持つ字が、「獨」「唯」「特」のほか、「偏」「扁」「隻」「露」「匹」「介」「孤」等総計一八字あり、観智院本『類聚名義抄』にも同様に「獨」「唯」「特」「偏」「徒」「單」「煢」「露」「孑」「專」「介」「隻」等総計十数字ある。漢文訓読の際にこれらの漢字がヒトリと読まれることがあったことが推測される。

実際に平安・鎌倉時代の訓点資料を見ると、(5)「一人」「一」のほか、「独」「唯」「孤」「特」「煢」「隻」「孑」「介」「単」などがヒトリと読まれている。

以下に、単純に《人数1人》を表わすもの以外の例を四種類に分類して示す。

五・一　人が単独で行動することを表わす

㊱釋迦、〔于〕時に獨り鷲山に在《いまし》て三昧正、未有衆集（を）受（け）たまふ。（原文「釋迦于時獨在鷲山三昧正受未有衆集」）〔1002石山寺本『法華義疏』序品初・長保4年点〕

㊲餘の梵天は皆、火災の爲に焼《や》（か）所《る》。獨り此の天は火災に撓（け）不《ず》。（原文「餘梵天皆爲火災所焼獨此天火災不焼」）〔1002石山寺本『法華義疏』序品初・長保4年点〕

㊳時の衆、釋迦獨り此の判を作（し）たまふト謂（ひ）き。則（ち）、信受を生（ぜ）不《ジ》。是の故に今、十方諸佛を弘（め）て證と爲《す》。獨り我のみ唯、一乘のみ有（り）て、餘乘は有（る）こと无（し）と明（す）には非ず。（原文「時衆謂釋迦獨作此判則不生信受是故今弘十方諸仏爲證非獨我明唯有一乗无有餘乘」〔1002石山寺本『法華義疏』方便品末・長保4年点〕

㊴孑《ケチ》—然として獨り坐（し）て（原文「孑然獨坐」）〔1016石山寺本『南海寄歸内法傳』巻第四・古点〕

㊵法師孑爾《ケチ（ジ）》トシテ孤り征《ユ》キ、坦《タン》然トシテ、梗《クルシヒ》無シ、（原文「法師孑爾孤征……」）〔1071興福寺本『大慈恩寺三藏法師傳』巻第十・古点〕

五・二　ひたすらある一つの行動をすることを表わす

㊶獨リ（有）沙門釋子ノ種ノミアリテ、脩梵行ス可クハアラズ（不）。〔800斯道文庫蔵『願經四文律』〕

㊷唯し有《り》二名のみ獨り存一せること。〔858石山寺本『大智度論』巻二・天安2年点〕

㊸我等《ラ》、昔より〔來〕曾（つ）て聞き見未《みず》。唯《ひと》り願フ、爲に説（き）たまひ（ねと）まうす。（原文「我等昔来未曽聞見唯願爲説」）〔883東大寺図書館蔵『地蔵十輪経』巻一・序品第一・元慶7年点〕

㊹唯《ひと》り、願（はくは）、世尊、一切を慈哀（し）たまひテ、広（く）衆生の為に、而も之を分別（し）たまへ。

（原文「唯願世尊慈哀一切廣為衆生而分別之」）〔1000 兜木正亨蔵『無量義經』平安後期点〕

五・三　人以外のものが単独で行動・存在することを表わす

㊺其ノ山、崗ヲ連ネ嶺ヲ比（へ）、隆崛トシテ特り高シ、形、鷲鳥（ノ）如シ、（原文「其山連崗比嶺隆崛特高……」）〔1071 興福寺本『大慈恩寺三藏法師傳』巻第二、古点〕

五・四　人以外の名詞の前に置かれた例

㊻……が故に、名（づけ）て行苦と爲《す》。唯、捨受のみ獨り行苦と名（づくる）には（あら）不。（原文「……故名為行苦不唯捨受獨名行苦」）〔950 石山寺本『法華經玄賛』巻第六・淳祐点〕

㊼貴賤を問（ふ）こと無く、法皆同（し）く尔《（し）か》す。此（れ）乃（ち）天の儀なり。獨り人―事のみに非（す）。（原文「問無貴賤法皆同尔此乃天儀非獨人事」）〔1016 石山寺本『南海寄歸内法傳』巻第一・古点〕

㊽何ソ必（ス）シモ太華ノ疊《テフ》嶺ナラム、空―寂舍《ヤト》リヌ可シ、豈（ニ）獨り少室ノ重巒《ラン》ノミナラムヤ、（原文「……豈獨少室重巒」）〔1071 興福寺本『大慈恩寺三藏法師傳』巻第九、古点〕

なお、仏典については右に見たが、漢籍においても、以下に見るようにヒトリを表わす「独」等の字の位置は名詞の前でも後でも良かったらしい。中には詩について言っている例があり、必ずしも人に限定されないことがわかる（以下の例は、小川環樹・西田太一郎（1957）『漢文入門』〔岩波全書〕より引用した）。

㊾福獨不得與其功〔劉向（～5BC）『説苑』〕（「福」ハ人名）

㊿且是書載弟子必以字、獨曾子有子不然。〔柳宗元（～819）『論語辯』〕（「曾子」「有子」ハトモニ人名）

(51)豈獨伶人也哉〔欧陽脩（～1072）『五代史伶官傳序』〕

(52)秘演……無所用、獨其詩可行於世〔欧陽脩『釋秘演詩集序』〕（「秘演」ハ人名）
(53)魯肅獨不言〔1084『資治通鑑』巻65・赤壁之戰〕（「魯肅」ハ人名）

なお、『東大寺諷誦文』の原文は「虚尸殘留荒野孤ヒト魂馳三途」であるが、これを『日本国語大辞典』（「ひとり」の項）は「虚尸荒野に残り留まり、魂孤（ヒトり）、三途に馳す」とし、中田祝夫（1979）『改訂新版東大寺諷誦文稿の國語學的研究』でも同じく「虚尸荒野（に）殘（り）留（まり）、魂《（たましひ）》孤《ヒト（り）》、三途（に）馳《（は）》（す）。」とする。原文の「孤ヒト魂」を上下転倒させて読んでいるわけであるが、原文にはこの部分に返点はなく、そのまま「ヒトリ魂（は）……」と読んでも良さそうに思われる。

第六節　人数を意味しないヒトリの源流

人数を意味しないヒトリの用法が見えるのは、

⑴上代・平安時代の歌謡・和歌
⑵平安・鎌倉時代の訓点資料
⑶現代の硬い表現

の三種であるが、これらはどうつながるのか、あるいはつながらないのか。

第三節で見たとおり、上代の歌謡や平安時代の和歌における、人数を意味しないヒトリは、ほとんどが擬人化用法（ごく一部は人を人以外のものに見立てた用法）である。

第五節で見たとおり、人以外にヒトリを用いた例はたしかに平安・鎌倉時代の訓点資料にいろいろ見える。しかし、これは擬人化の意識をもって用いたのではなかろう。おそらく、もともとは人について言ったヒトリが「独」「孤」「特」「唯」などの訓として固定したのち、人以外についてもこれらの漢字をヒトリと読むようになった、ということ

であろうと思われる。

平安時代において平仮名文の言葉と漢文訓読の言葉とがかなり異質であることは知られているが、平仮名文のうちでも和歌の言葉となるとその差はさらに大きい。この平安時代の和歌と訓点資料とに「人数を意味しないヒトリ」が見えると言っても、和歌のは擬人化用法、訓点資料のは非擬人化用法であって、通じるところは少ない。平安時代の平仮名の散文にはごくわずかしか見えない擬人化用法が漢文訓読語に由来するとは考えがたい。

現代語の場合も、第四節で見たように、擬人化用法という意識で用いていることはない。硬い感じが伴う点や用字法から見て、この現代の用法は漢文訓読におけるヒトリに由来すると考えるのが妥当であろう。ただ、明治時代の用例の直接の源は江戸時代の漢文訓読法にあるのであろうが、今回は江戸時代の訓法には調べが及ばなかった。

注

（1）　安田尚道（1991）「人数詞」【本書第一七章】

（2）　『万葉集』一七五五番歌の「獨」の諸本の訓は、『校本萬葉集　六』および『校本萬葉集　十四』には、ヒトリ以外は示されていない。

（3）　平安時代の和文の散文にも、ごく少数ながら人数を表わさないヒトリが見える。たとえば、『源氏物語』には合計一一三例のヒトリ（うち、和歌におけるもの一二例）があり、この一一三例のうち人を表わさない例が合計六例あるが、そのうち四例は和歌における例（擬人化用法）であり、結局、散文における人数を表わさない例は次に示す二例（いずれも花を擬人化したもの）のみである。本文は『源氏物語大成　校異篇』により、濁点を適宜補った。

○いとあをやかなるかづらの心ちよげにはひかゝれるにしろき花ぞおのれ**ひとり**ゑみのまゆひらけたる（地の文）〔夕顔〕

○この花のひとりたちをくれて夏に咲かゝるほどなんあやしう心にくゝあはれにおぼえ侍る（心内語）〔藤裏葉〕

（4）季節の春や秋を個数詞で数えた例が全くないわけではない。

○千ゝの秋ひとつの春にむかはめや紅葉も花もともにこそ散れ〔『伊勢物語』（天福本）第94段〕

（5）おもに以下の書の索引を使って調べた。

大坪併治（1961）『訓點語の研究』、風間書房。

大坪併治（1968）『訓點資料の研究』、風間書房。

大坪併治（1981）『平安時代における訓點語の文法』、風間書房。

大坪併治（1992）『石山寺本大方廣佛華嚴經古點の國語學的研究』、風間書房。

春日政治（1985）『西大寺本金光明最勝王經古點の國語學的研究』（春日政治著作集別刊）、勉誠社。

春日政治（1956）『古訓點の研究』、風間書房。

兜木正亨・中田祝夫（1979）『無量義經古點』、勉誠社。

高山寺典籍文書綜合調査団（1986）『高山寺古訓點資料　第三』（高山寺資料叢書　第15冊）、東京大学出版会。

築島　裕（1965a）『興福寺本大慈恩寺三藏法師傳古點の國語學的研究　譯文篇』、東京大学出版会。

築島　裕（1966）『興福寺本大慈恩寺三藏法師傳古點の國語學的研究　索引篇』、東京大学出版会。

中田祝夫（1958）『古點本の國語學的研究　譯文篇』、勉誠社。

中田祝夫（1979）『改訂新版東大寺諷誦文稿の國語學的研究』、風間書房。

中村宗彦（1983）『九条本文選古訓集』、風間書房。

第一九章　唱数詞

はじめに

日本語本来の数詞（和数詞）の諸系列のうち主なものは、

(1)個数詞（ヒトツ・フタツ……の系列）
(2)日数詞（フツカ・ミッカ……の系列）
(3)人数詞（ヒトリ・フタリ……の系列）

の三系列であるが、この他にも、口で唱えながら物の数を数える時に用いる、「唱数詞」と呼ぶべき、

ヒー・フー・ミー・ヨー……

の系列の数詞がある。本章では、この唱数詞を取り上げ、語形を中心に見ていくことにする。なお、以下において、たとえば個数詞6は〔6個〕のように、個数詞語幹（個数詞から末尾のツ・チを除いたもの）の1は〔1-〕のように記すことがある。

第一節　現代の唱数詞

現代の東京語においては、物の数を数える時に「ヒー・フー・ミー・ヨー……」と唱えることは稀である。特に若

い人々においては稀であり、筆者も、自分自身の言葉として言えるのは、「ヒー・フー・ミー・ヨー・イツ・ムー・ナナ・ヤー」までであって、9の唱え方は知らない。東京の年配者にたずねてみると、9・10は「ココ・トー」とも「コノ・トー」とも言ったようである。

『口語法別記』は実質的に大槻文彦の手になるが、その「数詞」の項は言う。

①物事を、一つ〳〵に数えて呼ぶのに、次のように云う事もある。

ひい　ふう　みい　よう　いつ　むう　なゝ　やあ　この　とう
ひと　ふた　　　　　　　　　　　　　　　　　　　こゝ

〔国語調査委員会（1917）『口語法別記』、p.12〕

右のうち、「ひと」と「ふた」はあまり一般的ではないと思われるが、後に見るように、⑥『浮世風呂』にもヒトの形はあらわれる。

なお、唱数詞は手鞠歌・羽突き歌・お手玉歌の中によみ込まれていることが多いが、現代まで各地に伝承されてきたそれらの歌の歌詞とメロディーは、手軽には岩波文庫の『わらべうた』（町田嘉章・浅野建二、1962）によって見ることができる。

第二節　江戸時代の唱数詞

江戸時代の唱数詞は、歌謡集に見えるもののほか、文学作品の中に引用された手鞠歌・羽突き歌の類にも見える。

②つくはねの。みねより落る。滝の白玉。**ひいふうみ**。やうまふ小ばね。よそへきる、な。〔近松門左衛門（1700）『浦島年代記』龍宮七世の鏡（ゴマ譜等ハ省略）〕（「やうまふ小ばね」ノ「やう」ハ「四《よう》」ト「良う」ヲ掛ケタモノカ）

③だうとんぼりのいとたけや。たいこのこゑにひかされて心もあしもしやな〳〵しやなら。ちよつと立見の手まりのきよくは。ひいふうみい。よういつむなゝ八よころ〳〵とんとはづむもかはいらし〔近松門左衛門（1706）『ひぢりめん卯月紅葉』（ゴマ譜等ハ省略）〕

④……とんと〳〵とんとはずんだ手まり梅ひいふみいよ五つむなんなやことは〳〵しとゝんとん〳〵とん〳〵とろ〳〵とろ〳〵てうど百ついたかおもしろや……〔大木扇徳（1710）『松の落葉』巻第三・梅揃石切〕

⑤ヲイねぎをたんといれて下せヱコイツハがうてきにあつひフウ〳〵とふきなからくつてしまひそれぜにとらつせへトそばやの荷のむかふへひいふうみいよういつむうなゝやァこのとう十一トかそへる内にそはのこぼれたのをいぬかくひ源かあしをなめる〔神田あつ丸（1799）『青楼夜世界闇明月』局廓宵多語〕

⑥ふゆ「サア〳〵、こつちは鞠《まアり》をはじめませう〈略〉にく「能《よい》よ。サア〳〵諷《うた》つてお呉《く》れ。皆《みんな》がお諷《うた》ひ。一二《ひとつて》、三四《みいよ》、五六《いイつむ》、七八《なんなやア》には、九《こう》と一十《いちじゆ》ヤ、廿《にじゆ》ヤ　卅《さんじゆ》ヤ、四十《しんじゆ》ヤ、五十《ごんじゆ》ヤ、六十《ろくじゆ》ヤ、七十《じゆ》ヤ、八十《じゆ》ヤ、九十九《くじうく》貫目《くわんめ》おてさま三六《さんろく》、てうどお目《め》の前で　百《ひやアく》　春《つき》ます。一二《ひとつて》、三四《みいよ》、五六《いイつむ》、ヲイ　落《おつこち》た、〔式亭三馬（1812）『浮世風呂』二編・巻之上〕

⑦ごをうちはてゝ〈略〉こんどもわたしがまけ此すみのぢがあなたは大きい。ひい。ふう。みい。よう。いつ。むう。とゆびををりつゝかぞふるさままてまりのうたにことならず〔柳亭種彦（1831）『偐紫田舎源氏』四編上・8オ〕

右のうち⑤は、歌ではなしに1から10まで数えた例。④の「なんなやことは」は、「七八九十《なんなやこと》は」であろうか。⑥においてⅠがヒーではなくヒトであるのはやや珍しい。

以上見たとおり、江戸時代の唱数詞は現代とほぼ同じだと言えるが、さらに⑨に見るように、1から10まですべて一音節に言う言い方もあった。

第三節　中世の唱数詞

中世については、次の第四節に述べる鎮魂祭の唱え言と、以下の『名語記』に見えるもの以外には、例が見いだせない。

⑧問　ムツヲ　ムユトイヘル所アリ　六日ヲハムユカ　イツムユトモイヘリ如何〔経尊（1269）『名語記』巻第四・108オ〕

⑨一二三四五六七八九十ヲヒフトテ手ニ石フタツヲモチテカハリ〱タマニトルニヒフミヨイムナヤコトトイヘルハハヤカノ一ヨリ十マテノ真實ノ名ニテ侍ヘリケリト推セラレタリ　ソレヲヒトフタトモイヒヒトツ　フタツトモイヘル故ハ算ノ位ニテ侍ヘリケル也〔同、巻第四・35オウ〕

⑧の始めの「ムツヲムユトイヘル所アリ」とは、〝個数詞6をムツではなくムユと言う地方がある〟の意ではあるまい。すぐあとに「六日ヲバムユカ、イツ、ムユトモイヘリ」とあるから、〝日数詞のムユカや、「イツ、ムユ」と続けて言う時に、ムツではなくムユという（ちょっと変った）語形が用いられる〟ということではなかろうか。なにぶん短い記述なのでよくはわからないが、右の「イツ、ムユ」は、単に5、6の個数詞語幹を示したものではなかろう。それは、個数詞語幹6の「ム」という語形は、平安時代には「むくさ（六種）」〔『古今和歌集』仮名序〕・「むそち（六十）」〔『古今和歌集』詞書〕・「いつとせむとせ（五六年）」〔『土左日記』〕・「いつ手む手」〔『うつほ物語』俊蔭〕のごとく、あとに助数詞が付いたものがいくつも現われるのに対し、「ムユ」という語形は、日数詞のムユカを除いては、あとに助数詞の付いた例は古典語には全く現われないからである。

⑨は現代の「ヒー・フー・ミー・ヨー・イツ……」に近い形がこの時代にすでにあったことを示すものであろう。なお、ロドリゲス（1604~1608）『日本大文典』には、日本語の数詞について、和語数詞・漢語数詞の両方にわたってくわしい記述があるが、唱数詞には全くふれていない。

第四節　鎮魂祭の唱え言としての唱数詞

一一月の中寅の日に宮中で行なわれる鎮魂祭において1から10までの数を唱える、ということが平安時代初期に作られた『先代旧事本紀』の天神本紀と天孫本紀と天皇本紀（神武）とに見える。

⑩天神御祖詔。授二天璽瑞寶十種一。謂瀛都鏡一。邊都鏡一。八握剣一。生玉一。死反玉一。足玉一。道反玉一。蛇比礼一。蜂比礼一。品物比礼一是也。天神御祖教詔曰。若有二痛処一者。令二茲十寶一謂二一二三四五六七八九十一而布瑠部。由良由良止布瑠部。如レ此為レ之者。死人反生矣。是則所レ謂布瑠之言本矣。〔第三・天神本紀〕

⑪詔二宇摩志麻治命一曰。汝先考饒速日尊。自レ天受二來天璽瑞寶一。以レ此為レ鎮。毎レ年仲冬中寅為レ例。有司行レ事。永為二鎮祭一矣。所レ謂御鎮祭是也。凡厥鎮祭之日。猨女君等主二其神楽一。擧二其言一。大謂二一二三四五六七八九十一。而神楽歌舞。尤縁二瑞寶一。蓋謂レ斯歟。〔第五・天孫本紀〕

⑫凡厥天瑞。謂。宇摩志麻治命先考饒速日尊自レ天受来天璽瑞寶十種是矣。所レ謂瀛津鏡一。邊都鏡一。八握剣一。生玉一。足玉一。死反玉一。道反玉一。蛇比礼一。蜂比礼一。品物比礼一是矣。天神教導。若有二痛処一者。令二茲十寶一謂二一二三四五六七八九十一而布瑠部。由良由良止布瑠部。如レ此為レ之者。死人返生矣。即是布瑠之言本矣。所レ謂御鎮魂祭是其縁矣。其鎮魂祭日者。猨女君等率二百歌女一。擧二其言本一而神楽歌儛。尤是其縁者矣。〔第七・天皇本紀（神武）〕

ここに見える唱え言「一二三四五六七八九十」をどう読んでいるか、卜部兼永本（1521~1522写）を見てみると、⑩は「謂二一｜二｜三｜四｜五｜六｜七｜八｜九｜十《ト》一而……」、⑪は「挙二其《ソノ》言一　大《ヲホキニイヘ》謂《ツ》　一二三四五六七《ナヽツ》八《ヤツ》九《コヽノツ》十《トヲ》而《テ》……」、⑫は「謂《テ》二一二三四五六七八九十《ト》而……」である。すなわち⑪の場合だけ個数詞として読んでいるわけであるが、これが果して古い形なのかどうかは、平安朝の写本がないためわからない。

この「一二三……十」という唱え言は、「年中行事御障子文」の注解の一つである『年中行事秘抄[1]近代』の十一月の条に見える。これを『群書類従』（版本巻86）によって示す。

⑬鎮魂歌

アチメ一度　　オゝゝ三度　　アメツチ《天地》ニ
キユラカス《玲瓏》ハ　　サユラカス　　カミワカモ
〈略〉
タマカリマシシカミ《魂上罷座神》ハイマソキマセル《今来座》　　アチメ一度
オゝ三度　　ミタマミニ《同上》　　イマシ《去座》、カミ《神》ハ
イマソキマセル《今来座》　　タマハコモチテ《魂匣持》　　サリクルシミタマ《去御魂》
タマカヘシ《魂返為》スナヤ
次一二三四五六七八九　十《ヒトフタミヨイツムニナ、ヤコ、ノタリヤ》
十度読之毎度中臣王結也

問題の「一二三……十」の部分、「六」の訓ははっきりと「ムニ」とあるが、これは「ムユ」の誤りであろう。岩波書店「日本古典文学大系3」『古代歌謡集』所収のもの（底本は神宮文庫所蔵承応三（1654）年大納言宣純写本）では「ヒトフタミヨイツムユナ、ヤコ、ノタリヤ」とある。「十《タリヤ》」も問題であるが、『古代歌謡集』の頭注（この部分は小西甚一校注）には、この唱え言について、

もとはお招きした魂の数をいったものか。のちには、ひとつの呪文として附加したのではあるまいか。これにだけ阿知女作法がないのは、歌でないことを示すものらしい。（p.491）

とあるが、あるいは最後の「タリヤ」のタリを人数を数える助数詞と解したものであろうか。しかし、さきに見た『先代旧事本紀』の記述を信ずるならば、「一二三……十」は、十種の瑞宝を数えあげるものと考えるべきもののように思われる。ともかく、「十《タリヤ》」には何らかの誤写があるのではないかと思われるが、信頼できる古写本の出現をまつほかない。

卜部兼豊が編んだ『宮主《みやじ》秘事口傳』の一一月の条にも、この「一二三……十」の唱え言が見える。

⑭次中臣官人進寄、十結令レ結、于レ時神琴師引レ琴、計《カソヘ》二一ッ二ッ三ッ四ッ五ッ六ッ七ッ八ッ九ッ十《ト》一、十結也、
中臣帰二着十座一也、（『古事類苑』神祇部・鎮魂祭）

このほか、「一二三……十」の唱え言は奈良の春日大社の倭舞においても歌われたようであるし(2)、さらに、荒木博之（1976）によれば、現代でも高知県香美《かみ》郡物部村《ものべそん》【現、香美市】の祈り太夫に伝えられているという。

⑮『万葉集』に歌われている五月之珠《さつきのたま》も古代人の再生の願いとかかわっている。

〈用例略〉

五月の珠は、古くはしょうぶやよもぎなどの葉を編んで玉とし、それに五色の糸を貫いた薬玉をいった。古来宮中では五月の五日にその薬玉を下賜する習わしがあり、各人はそれを腕に懸《か》けて長命を祈ったといわれている。五色の糸を巻いて作る玉は現在でも高知県香美郡物部村の祈り太夫《だゆう》によって鎮魂の呪術にさいしての反魂の呪具として用いられている。瀕死《ひんし》の重病人を前にした祈り太夫はガラス玉（現在）を五色の糸で順番に「一二三《ひとふたみ》四五六七八九十《よおいつむうな、やこことお》」とかぞえて巻いてゆき、次は「十九八七六五四三二一」と逆にかぞえて巻きながら最後に「生きる！」と呼ぶ。これによって離脱せんとする魂を引きとめることができると信じられているのである(註1)。

(p.69)

註1　この鎮魂術の所作は筆者の採集によるもので、『年中行事秘抄』に伝えられる宮中の鎮魂祭の様式に酷似している。おそらく、物部の鎮魂術を今に伝えるものではないかと思われる。

〔荒木博之（1976）『日本人の心情論理』、p.69; p.80〕

右の⑮の場合は「十」は「十《とお》」である。『年中行事秘抄』の「十《タリヤ》」はやはり誤伝と見るべきであろう。

第五節　『源氏物語』に見える唱数詞

平安時代の物語類には唱数詞はほとんど見えないが、『源氏物語』には唱数詞の10・20・30・40が見える。

⑯およひをか丶めてとをはたみそよそなとかそふるさまいよのゆけたもたと〱しかるましうみゆ〔『源氏物語』（三条西実隆本）空蝉〕〈陽明文庫本・穂久邇文庫本・大島本・保坂本モ「とをはたみそよそ」〉

〔20個〕・〔30個〕・〔40個〕はそれぞれハタチ・ミソヂ・ヨソヂであるが、(3) 唱数詞として唱える時は末尾の「チ／ヂ」を除いた形を唱えているわけである。

第六節　唱数詞の本来の語形

唱数詞については、中世およびそれ以前の信頼できる用例が絶対的に不足している。そこで、本来の語形は、わずかな資料をもとに推測によって組み立てなければならない。

現代の「ヒー・フー・ミー・ヨー……」という形は、他の三系列とは明らかに違うものとして、一つの系列をなしている。しかしこの形は本来のものではない。

江戸時代にまで遡ると、「ヒト・フタ・ミー・ヨー……」という唱え方も存在し、これの方が「ヒー・フー・ミー・ヨー……」よりも古い形であった。

中世にはおそらくまだ「ヒー・フー」の形はあまり用いられず、一般には、

ヒト・フタ・ミ・ヨ・イツ・ムユ・ナナ・ヤ・ココノ・トー

であった。また、平安時代にはハタ・ミソ・ヨソの形も用いられた。そうすると、これは大部分が個数詞語幹の形と一致する。問題があるのは6と10であるが、まず10の方から見ていく。

〔10個〕は平安時代の仮名書き例においてトヲであったが、個数詞語幹相当として助数詞が付く場合は平安時代には多くの場合トであり、ごくわずかながらトヲの形も見える。[4] トはトヲの縮約形と見てよかろう。中古・中世の唱数詞の10がトヲであったかどうか確証はないわけだが、おそらく個数詞と同じトヲという形であったのだろうと思う。

6は、個数詞・個数詞語幹とも、上代には確実な用例はない。すなわち、〔6個〕は、万葉仮名で書いた例は全く存在しない。〔6-〕（個数詞語幹6）も、実際の数詞として用いた例は全く存在せず、漢数字の「六」をムを表わす訓仮名として用いた例がいくつかあるのみである。二、三の実例を次に示す。

⑰海津路乃《うみつちの》　名木名六時毛《なぎなむときも》　渡七六《わたらなむ》　加久多都波二《かくたつなみに》　船出可為八《ふなですべしや》〔『万葉集』巻9・1781番〕

⑱相見而者《あひみては》　恋名草六跡《こひなぐさむと》　人者雖云《ひとはいへど》　見後尓曾毛《みてのちにそも》　恋益家類《こひまさりける》〔同、巻11・2567番〕

⑲念人《おもふひと》　将来跡知者《こむとしりせば》　八重六倉《やへむぐら》　覆庭尓《おほへるにはに》　珠布益乎《たましかましを》〔同、巻11・2824番〕

右のような例から、〔6-〕はムであったと考えてよいかどうか。

⑰の「渡七六《わたらなむ》」の「七《な》」をもって〝7の個数詞語幹はナであった（個数詞はナナツであった）〟と見る人はいない。「七」は「七《ナナ》」の第一音節を利用した仮名であるというのが常識的な理解であろう。そうだとすると、⑰⑱⑲の「六《む》」も、同様に、〔6-〕の第一音節を利用した仮名であると見うる。今、「〔6-〕の第一音節」という言い方をしたが、当時それがムユあったのかムであったのか決め手がなく、不明である。ともかく、〝〔6個〕の語幹はムであった〟ということは確定的ではないのである。

しかしただ〝不明である〟とばかり言っていても仕方がない。私は唱数詞の6は古くはムユであったと考える（ただしその実例は⑬『年中行事秘抄』と⑧『名語記』のみ）。ここで思いおこされるのが、〝ムツの古形はムユツである〟とする川本崇雄（1975；1978, p.161～）の説である。

川本は個数詞語幹の1（fitö）と2（futa）、3（mi）と6（mu）、4（yö）と8（ya）の間には倍数法が見られる[5]、という前提に立ち、さらに〔6日〕の古形は muyuka であるとする安田（1972）「日数詞」【本書第一三章】の説をとりいれて、ムユはムの古形であるとし、〝ミ（3）も古くは miyi であったと考えることによって、miyi（3）と muyu（6）の間にもきれいな倍数法が見いだせる〟とするのである。この川本説の難点は、muyu（-tu）がどういう過程を経て mu（-tu）に変化したのかという説明がないことであるが、私にとっては魅力的な説である。

muyu という形は日数詞の muyuka（6日）にもあらわれ、さらに古くは人数を数える時にも用いられた[6]（単にムユだけで6人を表わしたのではないようだが）。しかしこれらと唱数詞とが直接的に関連を持つはずもない。おそらく川本の推測どおり、mu- は古くは muyu- であり、日数詞・唱数詞・人数表現にのみ、古い muyu- の形が化石的に残ったのであろう。

結論として私は、もともとは唱数詞は個数詞語幹と同じ形であったと考える。しかしそれは奈良時代よりももっと前のことではなかったかと思う。そして唱数詞としての用法の場合には語形が大幅に変化して、ついに現代のヒー・フー・ミー・ヨー・イツ・ムー・ナナ・ヤー・コノ（ココ）・トーにまで至ったものであろう。だから、和語数詞を考えるに際して、「唱数詞」という一つの独立した系列を立てることは必要なことであり、特に各地の方言の数詞を調べるに当たっては、

(1) 個数詞

(2)日数詞（これはさらに「算日数詞」と「暦日数詞」に分ける必要がある）
(3)人数詞
(4)唱数詞
(5)個数詞語幹（助数詞と結合する形）

の各系列のすべてにわたって調査することが望まれるのである。

注

（1）『年中行事秘抄』については、所功（1984）「『年中行事秘抄』の成立」がある。

（2）明治三（1870）年に木版で出版された『やまとまひ歌譜』なる書がある。この中に、

計歌　以為二常世之換歌一
ひとふたみよ。いつむゆなゝや　こゝのたう。もゝちよろづ
此歌。職員令集解云。饒速日命降レ自レ天時。天神授二瑞寶十種一。云ゝ、教導《ヲシヘタマハク》。若有二痛所一者合二茲十寶一一二三四五六七八九十云而。布瑠部。由ゝ良ゝ止布瑠部。如此為之者。死人返生矣。此訓及加二百千万之詞一者。依二平篤胤説。近來用二換詞一。

とある。この『やまとまひ歌譜』は、高野辰之（編）『日本歌謡集成　巻二　中古編』にも収められており、その解説に、

これに収めたのは春日神社の舞に於て古來用ひた歌で、神司富田光美の家に傳つてゐたものである。倭舞は他の古歌舞と共に室町時代に於て一度廢絶情態になつた。それが江戸の中世寛延年中に再興になつて、公儀の上に用ひられたが、それは此の富田家の所傳に基いたのであつた。元治元年から春日祭にも再興せられた。さうして明治三年標題の如き書名を附して刊行せられた。

とあるが、この歌の左注には「此訓及加二百千万之詞一者。依二平篤胤説一。」とある。これによれば、「もゝちよろづ」は元来なかったものであり、「六《むゆ》」「十《たう》」などのよみも篤胤の説による、ということであろう。そこで平田篤胤の『古史傳』を見ると、右とほぼ同じ唱数詞が万葉仮名で記されている。

天宇受売命《アマノウズメノミコト》。〈略〉為《シ》二神懸《カムガヽリ》一而。云《イヒ》二比登布多美用《ヒトフタミヨ》。伊都牟由那那《イツムユナナ》。夜許許能多理《ヤココノタリ》。毛毛智用呂都《モモチヨロヅト》一而《テ》。相共歌舞《アヒトモニウタヒマヒ》。掛《カキ》二出胸乳《イデムナヂヲ》一。……〔『古史傳』十一之巻・五十五・43丁〕

『古史傳』（1800〜）は、篤胤が諸書をもとに自分で本文を作り、それに対して注釈を加える、という変った体裁の本であるが、右はその「本文」の部分である。これは、明らかに『年中行事秘抄』（54丁オに一部引用されている）の唱数詞を土台とし、さらに百・千・万を加えたものである。『やまとまひ歌譜』はこの篤胤の作為をほぼそのまま受けいれてしまっているわけであるから、これを「中古」の歌の姿と見るわけにはいかないのである。なお、『古史傳』54丁オにも、「夜許ゝ能多理は。八九十《ヤコヽノタリ》なり。」とあって篤胤は10を表わす語としてタリなる語形もあったと考えていたようだが、『やまとまひ歌譜』では「タリ」は「タウ」の誤写と見たのであろう。ただし10は古くはトヲ（towo）であって、タウとなるはずもない。

（3） ハタチ・ミソヂ・ヨソヂについては安田（1986a）「10および10の倍数を表わす個数詞」【本書第七章】を参照。

（4） 安田（1986a）【本書第七章】を参照。

（5） 日本語における倍数法については安田（1986b）「日本語の数詞の語源」【本書第四章】、安田（2011）「日本語数詞の倍数法について」【本書第五章】を見よ。

（6） 『日本書紀』巻14・雄略9年5月の条の6人を意味する「六口」に前田本・図書寮本では「ムユ」という訓を付している。また、『日本書紀』巻20・敏達6年10月の条の「造寺工六人」の「六」に前田本で「ユ」の訓があるのは、ムユという語形の後半のみを記したものであろう。一方、宮崎勝弐（1981）によれば沖縄県の宮古島で6人を **muyunuptu**、7人を **nananuptu** ……と言い、石垣島の石垣市大川では6人を **muyuptu**、7人を **nanaptu** ……と言う。人数表現について

は、また別の機会に詳論したい。【本書第一七章参照】

追記　工藤隆（1981）『日本芸能の始原的研究』（三一書房）によれば、「一二三……十」の唱え言は、現在でも奈良県天理市の石上《いそのかみ》神宮で、新暦一一月二二日の鎮魂祭に唱えられているという。

補説

（1）『先代旧事本紀』には古いテキストがなく、従って鎮魂祭の呪文「一二三四五六七八九十」の訓も信用しがたいものであった。ところが、この鎮魂祭の記事が『釈日本紀』に引用されているのを私は見つけた。すなわち、『先代旧事本紀』〔第七〕の鎮魂祭の記事が『釈日本紀』〔巻第十五〕に引用され、「六」の訓は「ムユ」となっている。『釈日本紀』は卜部兼方（懐賢）の著で、一三世紀末の成立。江戸時代の版本もあるが、前田育徳会尊経閣文庫に鎌倉時代の正安三～四（1301~1302）年の写本があり、複製本も二種類出ている（吉川弘文館、『尊経閣善本影印集成　第四輯』〔八木書店〕）。この複製本によって該当部分（『新訂増補國史大系』本のp.205~206に当たる）を以下に示す。

為天皇招魂之

　兼方案之十一月寅日也今鎮魂祭也

職員令曰〈略〉

舊事本紀第七曰神武天皇元年辛酉十一月朔庚寅〈略〉若有《シアラハ》二痛《イタム》處《トコロ》一者。令《シ》《シメテ》二茲十寶《コノトホノタカラ》を一謂《イハ》二一二三四五六七《ヒトフタミヨイツムユナ、》八九十《ヤコ、ノトヲ》一而《ナリケリヤト》・布瑠部《フルヘ》・由良由良《ユラ〱》止布瑠部《トフルヘ》、

〔『釋日本紀』（前田本）巻第十五・述義十一・第廿九〕

これによって、唱数詞の6は古くはムユであったことが確定できたと思う。

（2）『年中行事秘抄近代』所収の鎮魂歌の「十《タリヤ》」の「タリ」を「タウ」の誤写と見た人もあったかも知れない。平安時代には「タウマリ（十余り）」という語があった。注（2）に引いた『やまとまひ歌譜』は、このタウマリを念頭に置いていたのかも知れないと思う。しかし、タウマリは「十《タウ》 ＋ 余《マ》り」という語構成の語ではなく、「トアマリ（十余）」が変化したものと考えられる。詳しくは本書第七章を参照。

（3）沖縄方言の唱数詞については、矢袋喜一（1915）『琉球古來の數學』（p.1~2）、国立国語研究所（1963）『沖縄語辞典』、平山輝男（1983）『琉球宮古諸島方言基礎語彙の総合的研究』（p.292）、山田実（1981）『奄美与論方言の体言の語法』（p.271~273）に記されている。これを対照表の形で**表1**に示す。なお、この**表1**に見るように、宮古島平良方言の唱数詞の6にもムユの形があり、古形が残存しているものと思われる。

表１　沖縄・奄美の唱数詞

	沖縄本島 矢袋喜一(1915)	沖縄本島首里 国立国語研究所(1963)	宮古島平良 平山輝男(1983)	与論島 山田実(1981)
1	ティー（tī）	tii	ピゥティ［$\mathrm{p^s}$ï̥ti］，ティー［ti:］	hii, Fituu, tii
2	ター（tā）	taa	フタ［fu̥ta］，ター［ta:］	Fuu, Futaa, taa
3	ミー（mī）	mii	ミゥー［mï:］	mii
4	ユー（yū）	'juu	ユー［ju:］	juu
5	イチ（itsi）	ʔiçi	イチゥ［itsï］	ʔii, ii
6	ムー（mū）	muu	ムユ［muju］，ムー［mu:］	muu
7	ナナ（nana）	nana	ナナ［nana］	nana, na'a
8	ヤー（yā）	'jaa	ヤー［ja:］	iaa
9	ククヌ（kukunu）	kukunu	クヌ［kunu］	kukunu, ku'unu
10	トゥー（tū）	——	トゥー［tu:］	tuu
11	——	——	トゥーピゥティ［tu:$\mathrm{p^s}$ï̥ti］	
12	——	——	トゥーフタ［tu:fu̥ta］	
13	——	——	トゥーミゥー［tu:mï:］	
14	——	——	トゥーユー［tu:ju:］	
15	——	——	トゥーイチゥ［tu:itsï］	
16	——	——	トゥームユ［tu:muju］	
17	——	——	トゥーナナ［tu:nana］	
18	——	——	トゥーヤー［tu:ja:］	
19	——	——	トゥークヌ［tu:kunu］	

宮古島平良にのみ 11~19 の唱数詞があるが、助詞「と」に当たるものや「あまり」に当たるものはない。なお、宮崎勝弐（1980, 1981, 1982, 1983, 1984）は沖縄・奄美の個数詞・人数詞・日数詞などについてのかなり詳しい報告だが、唱数詞には触れていない。

第二〇章　シ（四）からヨンへ
――4を表わす言い方の変遷――

はじめに

現代東京語の数詞では、和語数詞にくらべて漢語数詞がかなり優勢である。しかし、4と7に限っては、和語数詞に由来するヨンとナナとが他の漢語数詞に混じって用いられる場合が多い。4を中心にその実態と由来を探る。

第一節　現代東京語では4をどう言うか

現代東京語では、原則として、10よりも大きな数は漢語数詞を用いて表わし、和語数詞は用いない。しかし10以下の数も、常に和語数詞で表わされるわけではなく、漢語数詞がかなり用いられる。矢崎祥子（1999）は、和語の助数詞「束、房、声、山」等に付く数詞は、4までは和語数詞だが、5、6以上になると漢語数詞にとって替られることを指摘している。

算数の計算では、10以下の数も漢語数詞を用いるのが普通である。具体例を示そう。

3＋5＝8［サン　たす　ゴは　ハチ］

2×3＝6［ニ　かける　サンは　ロク］

ところが4は一般に、シではなくヨン（またはヨ）と言う場合が多く、7もシチではなくナナと言う場合が多い。

3＋4＝7 ［サン　たす　ヨンは　ナナ］

4と7だけが特別なのである。

第二節 「四（シ）」が「死」と同音なので忌むこと

4を表わす漢語数詞の「四《シ》」が避けられた理由は、「四」が「死」と同音だ、ということである。郡司正勝（1997, p.53）は言う。

「四」は、「シ」と発音するために「死」に通う。俗人はこれを嫌った。大学病院系はこれを無視するが、一般の病院では「四病棟」「四号室」は、飛ばしてしまう。

このことは1604~1608『ロドリゲス日本大文典』にも詳しく記されている。これを土井忠生の訳文によって以下に示す。

①〇四つを意味するXi（四）は或語とは一緒に使はれない。それは死とか死ぬるとかを意味するXi（死）の語と同音異義であって、異教徒は甚だしく嫌ひ、かかる語に接続した四つの意のXi（四）はひびきがよくないからである。従って、その代りに〝よみ〞のyo（よ）を使ふ。〝こゑ〞でありながら主として使はれない語は次にあげるものであって、その他にも実例が教へてくれるものがある。

Do（度）はXido（四度）と言はないでYodo（よど）といふ。

Rui（類）はXirui（四類）と言はないでYorui（よるゐ）といふ。

Nichi（日）はXinichi（四日）でなくYocca（よっか）である。

Ri（里）は Xiri（四里）——尻の意味にもなる——ではなく、Yori（より）である。

Sô（艘）は Xisô（四艘）でなく、Yosô（よそう）である。

Nin（人）は Xinin（四人）——死人を意味する——でなく、Yottari（よったり）である。

Nen（年）は Xinen（四年）でなく、Yonen（よ年）である。


〔土井忠生（1955）『ロドリゲス日本大文典』p.766〕

日本で「四」を忌んだ事例がすでに平安時代に見えることは、中村義雄（1962; 1974）、太田晶二郎（1974）がいくつもの実例を挙げて論じている（ただし、シをヨと言い換えた例ではない）。しかし、「死」という語との関わりということをはっきりと言ったのは鎌倉時代の『沙石集』が、今のところ最も古い（佐竹昭広・三田純一 1970, p.121）。

②死トイフコトオソロシクイマハシキ故ニ文字ノ音ノカヨヘルハカリニテ四アル物ヲイミテ酒ヲノムモ三度五度ノミヨロツノ物ノ数モ四ヲイマハシク思ヒナレタリ〔1283『沙石集』（慶長一〇年刊古活字十二行本）巻九「迎講事（1）」〕

第三節　「四」を忌むことは中国にはない

「四」を忌む習俗は中国大陸にはない、ということを色々な人が述べている。

鈴木博（1986, p.61）は言う。


中国文学専門の方方や、それぞれから来日中の研究者、留学生に伺うと、中国では「四」の発音と「死」の発音とが同一ではないので、「四」を忌み嫌うということはない〈略〉そうであるが、韓国や台湾では、「四」と「死」とが同音であって（「九」と「苦」とは別音）、日本と同様に病室番号の四を欠番にしているとのことである。

以下に漢字の「四」と「死」の中国の各時期の漢字音を藤堂明保《とうどうあきやす》（1978）『学研漢和大字典』によって示す。（　）内は拼音《ピンイン》の表記。

	上古	中古	中世	現代
四	sied	siï	sï	sï（sì）
死	sier	siï	sï	sï（sǐ）

「四」と「死」は、中国中古音以後、声母（頭子音）も韻母も同じで、声調のみ異なるが、声調に敏感な中国人は、「四」と「死」は発音が違う、と受け取るのが普通のようである。

一方、台湾や韓国では、鈴木も言及しているとおり、「四」を忌む、という習俗がある。ただし、鈴木が、台湾では「四」と「死」とが同音である、とするのは問題がある。台湾の住民のうち、いわゆる本省人（第二次世界大戦終結以前から台湾にいる漢民族）が話す閩南《びんなん》語でも「四」と「死」は声調は異なるらしいからである。[2] ともかく、台湾や韓国に「四」を忌む習俗があることは確かだが、これは日本の植民地支配によってもたらされたものではないかと思う。

第四節　4という数への対処のしかた

「四《し》」は「死」と同音で縁起が悪いといっても、現実には4という数は出てくる。それに対して昔の人はどう対処してきたのか。それは三通りあった。

(1)シを和語の「ヨ」に言い換える。
(2)数を足したり引いたり分割するなどして、4という数を別の数にする。
(3)そのままシという。

(2)の実例は中村義雄（1962; 1974）や太田晶二郎（1974）が挙げている。
(1)の最古例と言えそうなのが、『更級日記』などに見える「よほう（四方）[3]」である。

③えもいはすおほきなるいしのよほうなる中にあなのあきたる中よりいつる水のきよくつめたきことかきりなし
〔1060『更級日記』〕

この『更級日記』の例について池上禎造（1960, p.352）は言う。

「四」の「シ」を忌んで「ヨ」にすることはよく知られ、ロドリゲスも特に一言するところであるが、これは案外新しさうである。「シ」の禁忌現象についてもっと考へねばならないのだが、数字を仮名で書くことはまれなのでなかなかこの問題に近づけない実状である。しかし、別義の四方八方の意のシハウがあったはずだから、この場合には「シ」を忌むことはあまり問題にならない。むしろ意義分化のための変形とも考へられる。それにしても訓と音とが熟合する湯桶詞といふものは、原則として音読の語も日本化が早いものなのである。

確かに、この「よほう」以外には、本来漢語のシ（四）が現われるべきところにヨが使われた例は一五世紀まで見えない。鈴木博（1986, p.71~72）は一六世紀の例をいくつも挙げている。すなわち、1522『祇園会御見物御成記』に「二・三・よ・五」「よこむ・五献・六こん」、1595『文禄四年御成記』に「三ノ膳・与ノ膳・五ノ膳」といった例があるという。

しかし、中村・太田によって平安時代の4を忌んだ具体例が報告され、②『沙石集』の記述が知られた現在、むしろ、シを忌んでヨと言い換えるのは『沙石集』(1283)のころ、さらには平安時代にもすでにあった可能性は捨て切れないと思う。

さらに奈良時代については、『万葉集』に双六のさいころの目をよんだ「詠雙六頭歌」と題する歌がある。

④一二之《の》目《め》 耳《のみ》不有《にはあらず》五六三四佐倍《さへ》有來《ありけり》雙六《すぐろく》乃《の》佐叡《さえ》〔『万葉集』巻16・3827番〕

この④の「四さへ」は、“本来忌むべき四という数さえ”の意であろう。もしそうなら、4を忌むことは奈良時代にすでにあった、ということになる。[4]

なお、和語数詞のあとに漢語助数詞が付いた湯桶読みの古い例としては、905『古今和歌集』仮名序の「みそもじあまりひともじ」や935『土左日記』の「みそもじあまりなゝもじ」がある。この場合の「もじ(文字)」は、語形がモンジでないこともあり、当時すでに漢語意識がかなり薄くなっていたのであろう。しかし「ほう(方)」はそうとは考え難い。

第五節　キリシタンのローマ字資料における「ヨ-」

ロドリゲスは取り上げていないが他のキリシタンローマ字資料には載っている[ヨ+漢語]の例もいくつかある。

以下には、1591『サントスの御作業』・1593『天草本ヘイケ物語』・1595『羅葡日辞書』・『バレト写本』・1603~1604『日葡辞書』・コリャード(1630)『西日辞書』・1622『ロザリオ記録』・コリャード(1632)『日本文典』・コリャード(1632)『羅西日辞書』・コリャード(1632)『懺悔録』を調べて見つかった例と、ロドリゲス『日本大文典』が挙げている例を併せて挙げる。原文のローマ字は綴りが様々なので片仮名表記にして示す(書名は略称を用いる)。

ヨザ(四座)[ロザリオ・羅西日]

ヨサウ（四艘）［ロドリゲス大文典］
ヨダン（四段）［羅葡日］
ヨド（四度）［ロドリゲス大文典・西日・コリャード文典］（他に「ヨタビ」［羅葡日］あり）
ヨニン（四人）［羅葡日］（他に「ヨッタリ」［サントス・ヘイケ・羅葡日・ロドリゲス大文典・コリャード文典・懺悔録・西日］あり）
ヨネン（四年）［サントス・羅葡日・ロドリゲス大文典・コリャード文典・西日］
ジュウヨネン（十四年）［サントス］
ヨホウ・ヨハウ(5)（四方）［羅葡日・日葡・西日］
ヨリ（四里）［ロドリゲス大文典・コリャード文典・西日］
ヨリン（四厘）［コリャード文典］
ヨルイ（四類）［ロドリゲス大文典］

第六節　キリシタンのローマ字資料における「シ - 」

キリシタンのローマ字資料に見える「シ - 」の例を、紙面節約のため漢字表記にして示す。

六・一　助数詞に続く場合など

ロドリゲス『日本大文典』には、4をシと言った例もかなりある。このうち、普通の名詞として扱うべきもの（「四季」「四月」など）や固有名詞（「四郎」「四条」など）や名数語彙（「四書」「四海」など）を除いても、以下のようなものがある。

四分《シブ》・四尺《シシャク》・四間《シケン》・四丈《シヂヤウ》・四匁四分《シモンメシフン》

以下、他のローマ字資料に見える「シ-」の例を挙げる（出典名は省略）。

第四《ダイシ》・四階《シカイ》・四角《シカク》ナ・四巻《シクワン》・四方《シハウ》・四番《シバン》・四匹《シヒキ》・四俵《シヒヤウ》・四本《シホン》・四尺《シシャク》・四箇月《シカツキ》・四畳半《シヂヨウハン》・十四《ジユウシ》・十四箇国・十四番・第十四・二十四騎・四十《シジユウ》・四十年・四十日・四十三人・四十五・四百《シヒヤク》・四百度《シヒヤクタビ》・四百度《シヒヤクド》・四百十年・千四百七十九年目《センシヒヤクシチジユウクネンメ》・四千《シセン》

六・二　概数表現の場合

概数表現では、現代東京語でも「シゴニン（四五人）」のように「シ-」を含む言い方をするが、キリシタンのローマ字資料でも同様で、以下のような例がある。

四五尺・四五町・四五帖・四五日・四五人・四五年・四五本・四五枚・四五六度・四五百・四五百人・十四五・十四五丈・十四五人・十四五六

この他、次のように「サウシ-（三四-）」の例がある。

sŏxinin（三四人）［ヘイケ］

sŏxinen（三四年）［ヘイケ］

Sŏ xijŭ（三四十）［ロドリゲス大文典］

Sò xijúnèn（三四十年）［コリャード文典］

Sŏ ximomme（三四匁）［ロドリゲス大文典］

Sò ionèn（三四年）［コリャード文典］

「サウシ-」は「サンシ-」の転と考えられるが、「サンシ-」の形はキリシタンローマ字資料には見当たらない。

この時代には、単独の《4人》《4年》は「ヨッタリ」「ヨネン」と言っていたが、概数表現に限り、古くは単独でも使われた「シニン」「シネン」の形が用いられたのである。

この他、「sò ionèn（三四年）」「コリャード文典」という形も見えるが、これは「‐シネン（四年）」という形に対する抵抗感が強くなったために「サウシネン」を言い換えたものであろう。

六・三　どういう場合に「ヨ‐」というのか

以上の「シ‐」の実例から、キリシタンの時代は「ヨネン（四年）」「ヨド（四度）」「ヨリ（四里）」のような特定少数の言い方を除いては、広く「シ‐」と言っていたことがわかった。では、第五節に示したような「ヨ‐」と言い換えられた言葉はどういう条件の言葉なのか。

意味の面から見て、これらの言葉だけを特に「ヨ‐」と言い換えなければならない理由が見当たらない。

音韻の面では、「ヨ‐」と言い換えられた場合の助数詞は、s・z・d・n・f・rで始まるもので、実例が見えないのはk・g・t・m・y・wで始まるものと母音で始まるものである。これだけの材料から何か結論を引き出すのは困難である。

第七節　端数表現における4

現代語では、単独のサンニチ（三日）やゴニチ（五日）という言い方はほとんどしないにもかかわらず、[6] 13日・15日をジュウサンニチ・ジュウゴニチと言う。これは、10を越える数は漢語数詞で表わす、という原則に沿ったものである。しかし14日はジュウヨッカという和漢混淆の言い方をする。キリシタン資料にもすでにジュウヨッカはあるが、さらに「‐ジュウヨッタリ（十四人）」という言い方も見える。

ジュウヨッカ（十四日）［ヘイケ］
ニジュウヨッカ（二十四日）［サントス・ヘイケ・西日］
シジュウヨッタリ（四十四人）［サントス］

当時は4人はまだヨッタリが普通で、ヨニンはあまり一般的ではなかったから（第八節参照）、現代語で14人をジュウヨニンと言うところをジュウヨッタリと言ったわけなのであろう。

第八節　4人の言い表わし方

キリシタンのローマ字資料では、3人・4人・5人は、一般的には「サンニン・ヨッタリ・ゴニン」である（ヨニンの形も『羅葡日辞書』には見えるが）。3人と5人が漢語数詞で表わされるのに、その中間の4人が和語数詞なのは、ロドリゲスも言うとおり、シニンという「死人」と同音の形を避けたものであろうが、その結果、人数表現の体系をゆがめることになった（1人・2人も、当時はイチニン・ニニンの形の方がヒトリ・フタリよりも多く使われた）。

古くは4人を表わす「シニン」という形があったが、用例は極めて限られる。私が現在知りえている例は、『平家物語』や平曲の写本に見える、漢字「四人」に振仮名を付したものである（ただ、「シニン」という全語形を示したものは少ない）。以下、複製本によって確認しえた、『高野《たかの》本平家物語』・『青洲文庫本平家正節』（天保六（1835）年識語）・『前田流譜本平家物語』（早稲田大学演劇博物館蔵、享和三（1803）年）の例を挙げる。[7]

⑤去　保元《サンヌルホウゲン》に〈略〉、兄弟《キヤウダイ》四《シ》人流罪《ルザイ》せられ給しか〔『高野本平家物語』巻3・大臣流罪〕
⑥a二條猪の熊なる所にて・四人《シニン》討とり二人生どりにして〔『青洲文庫本平家正節』巻4上・信連合戦〕
⑥b二条猪の熊なる所にて四《シ》人討捕二人生捕にして〔『前田流譜本平家物語』4上・信連〕

⑦a兄弟四《シ》人流罪せられ給ひにき〔『青洲文庫本平家正節』巻10上・大臣流罪〕

⑦b兄弟四《シ》人流ざいせられたまいにき〔『前田流譜本平家物語』3下・大臣流罪（「シ」は朱書）〕

⑧a惣じて四《シ》人ひとつ車に打乗ッて〔『青洲文庫本平家正節』巻11上・妓王〕

⑧bそうじて四《シ》人ひとつ車にとりのをて【ママ】〔『前田流譜本平家物語』1下・妓王。（「シ」は朱書）〕

⑨a四人一《シンッ》所に龍り居て朝《サ》夕佛前《ン》に花香《ナウ》を《ナ》備へて〔『青洲文庫本平家正節』巻11上・妓王〕

⑨b四《シ》人一所にこもり居てあさゆふ仏《フッ》ぜんに花香《ハナコウ》をそなへ〔『前田流譜本平家物語』1下・妓王（「シ」は朱書）〕

⑩a四人《シン》の尼共皆往生《ウ》の素懐を遂《ケ》ける〔『青洲文庫本平家正節』巻11上・妓王〕

⑩b四《シ》人のあまども皆往せうの素懐《イ》をとげける〔『前田流譜本平家物語』1下・妓王〕

⑪a過去帳にも妓王妓女佛刀自《ケトジ》等が尊霊《ンウ》と四《シ》人一《ッ》所に入られたり〔『青洲文庫本平家正節』巻11上・妓王〕

⑪b過去帳にも妓王妓女《ニヨ》佛刀自等かそんりやうと四《シ》人一所にいれられたる〔『前田流譜本平家物語』1下・妓王〕

⑫a矢庭に敵三騎切て落し四人《シン》に當る敵に逢ふて押双《ラ》べ〔『青洲文庫本平家正節』巻14上・樋口被斬〕

⑫b矢庭にかたき三騎切て落し四《シ》人にあたるかたきに逢ておしならべ〔『前田流譜本平家物語』9上・樋口被斬（「シ」は朱書）〕

⑬a中納言四《シ》人三位の中将も三人迄おはしき〔『青洲文庫本平家正節』巻15下・一門大路被渡〕

⑬b中納言四《シ》人三位の中将も三人までおはしき〔『前田流譜本平家物語』11下・一門大路被渡（「シ」は朱書）〕

『高野本平家物語』は室町時代、『青洲文庫本平家正節』・演劇博物館本『前田流譜本平家物語』はいずれも江戸時代の写本であるが、江戸時代には一般にはシニンという形は全く使われていなかったようだから、シニンは『平家物語』の語りの伝統の中に残ったものであろうと思う。

『羅葡日辞書』には、4人を意味する語としてヨッタリとヨニンの両方が載っているのであるが、[8]他のキリシタン

のローマ字資料にはヨニンは見えない。数詞について詳しく論じている『ロドリゲス日本大文典』やコリャード『日本文典』もヨニンには全く言及していないのである。まだ、しかるべき語として認知されていなかったのであろうか。なお、ヨニン（4人）と同音の言葉として、「十余人」「二十余人」などと言うときの「-余人」がある（『天草本ヘイケ』に「ニジュウヨニン」の例がある）。この当時すでに4人の意のヨニンは生れていたわけだから、これは同音衝突を起こすはずである。ただ、「-余人」は硬い文章語であって、話し言葉では「-ニンアマリ」と言えばよかったのであろうか。(9) なお、「-ネン（年）」についても、「-ヨネン（4年）」と「-ヨネン（余年）」の問題がある。

一六〇〇年前後のキリシタン資料ではほとんど認知されていなかったヨニン（4人）だったが、一六五〇年ごろにはすでに京都などでも定着していた、ということを示す資料がある。

⑭一人二人《ふたり》三人《さんにん》四人《よにん》といふべきをさんにんよつたりといふことは少しもくるしからず。よたりと哥にはよみたれともつねにいふには耳にたちてわろし〔安原貞室1650『片言』巻三・人倫并人名之部〕

⑮古は四人をよにんとは唱へず、しにんと唱へしと聞ゆ〔本居宣長（1654）『飯高随筆（本居宣長随筆第十二巻）』〕

なお、渋川版『御伽草子』（1650年頃）の『鉢かづき』と『酒呑童子』には、それぞれ漢字に振仮名のついた「四《よ》人《にん》」がある。『日本国語大辞典　第二版』は「よにん【四人】」の項でこの『鉢かづき』の例を「室町末」のものとして引くが、江戸時代に入ってからのものとすべきものかも知れない。

第九節　明治・大正時代の4

江戸時代については漢数字に振り仮名を付けたものは極めて稀なので、全体像は容易にはわからない。現行の活字本で「四」にルビが付けられているものも、版本・写本にあたってみると振り仮名がない、というケースが少なくない。(10)

チェンバレン（B. H. Chamberlain）はその著『A Handbook of Colloquial Japanese』[11]（1888）の「CHAPTER VI. The Numeral」でヨへの言い換えについて述べている。これを大久保恵子（1999, p.99）の訳文によって以下に示す。

⑯ ¶155　慣習が数詞に種々の奇妙な現象をもたらす。例えば漢語の数詞シ（four）はシ（death）と同音で縁起が悪いというので多くの場合これと同義の和語数詞ヨに代えられる。例えば、

○ヨ - ニン　　four persons.（シ - ニンは a corpse の意）

○ニ - ジュー - ヨ―バン　　No.24

さらに、チェンバレンは、「漢語のシチ（七）はシ（四）と紛れるのを避けてナナと言い換え、商人はしばしばシチジッセン（七十銭）のかわりにナナジッセンと言う」、と述べる。ただし、ヨン（四）という形についてはこの初版では触れていない。これが翌一八八九年の再版では、¶155 に以下の注が加えられた（p.103）。

⑰ **N. B. The vulgar sometimes go a step further, corrupting the *yo* into *yon*. Thus they will say *yon-jū*, instead of *shi-jū* , "forty."**

〝庶民は時には更に一歩進んで、ヨをヨンと訛る。そこでシ - ジュー（四十）のかわりにヨン - ジューと言うだろう。〟というのである。

ヨについて日本人が文法書で言及するのは、もっと遅い。

⑱「四」が他の語に結び附いたときの呼び方にわ、次のような習慣がある。

（一）よというもの

十四年　　二十四圓　　四疊半　　四人　　四里

（二）しというもの、

四艘　　四軒　　四回　　四冊　　四季

（三）し、又わ、よというもの、

十四‖行　廿四‖枚

〔国語調査委員会（1916）『口語法』p.15〕

『口語法』は実質的には大槻文彦が執筆した文法書である。ここで初めて、ヨとのみ言う例、シとのみ言う例、シ・ヨ両方に言う例、の三通りあることがはっきり指摘された。しかし、さらにヨンという言い方があることは、『口語法』の「附録」（教師用参考書）である『口語法別記』でようやく取り上げられた。

⑲數を呼ぶに、次のように云ふことがある、聞きちがわせぬ爲である。

二百四十番《ふたひやくよんじうばん》　四百七十九圓《よんひやくな、じうきうえん》

〔国語調査委員会（1917）『口語法別記』p.12〕

『口語法』の「し‖というもの」の例のうち、現代東京語でもシと言うのは「四季」だけであろう。なお、ロドリゲス『日本大文典』がヨソウだとした「四艘」は、どういうわけか、この「し‖というもの」の類に入っている。

『口語法』が〝ヨとのみ言う例〟として挙げた「十四年　二十四圓　四疊半　四人　四里」のうち「二十四圓　四疊半」以外はすでにキリシタン資料でも「ヨ-」の形であらわれている。一旦「ヨ-」の形が定着したものは、ほとんどそのまま現代まで引き継がれたのである。なお、「四畳半」はコリャード『西日辞書』ではシヂョウハンであった。また、貨幣単位としての「-円」は明治に作られた新しい語である。

明治時代には、まだまだシの勢力がかなり大きかったことは、この時代に刊行されたものを見るとわかる。以下には、福沢諭吉（1869）『世界國盡』・坪内逍遥（1885）『小説神髄』・尾崎紅葉（1899）『金色夜叉』・徳富蘆花（1900）『不如歸』・島崎藤村（1906）『破戒』・国木田独歩（1906）『運命』・文部省（1908）『教訓假作物語』に見える例を挙げる（いずれも初版本の複製本による）。

シの例　第四《だいし》［破戒］・四箇村《しかそん》［假作物語］・四箇月《しかげつ》［小説神髄・假作物語］・四學年《しがくねん》［假作物語］・四學年生《しがくねんせい》［假作物語］・四週間《ししうかん》［破戒］・四尺《しやく》［破戒］・四寸《しすん》［不如歸］・四斗七升《しとしちしやう》［破戒］・四本《しほん》［破戒］・四割《しわり》［金色夜叉］・三四ケ月《さんしかげつ》［小説神髄］・三四盃《さんしはい》［運命］・十四歳《じゅーしさい》［假作物語］・二十四《にじうし》［破戒］・四十男《しじふをとこ》［運命］・四十女《しじうをんな》［破

戒〕・四十分《しじつぷん》〔假作物語〕・四十錢《しじつせん》〔破戒〕・四十戸《しじつこ》〔破戒〕・四十年《しじうねん》〔運命〕・四拾貳錢《しじゆーにせん》〔假作物語〕・四百八《しひやくはち》十尺《じうしやく》〔世界國盡〕・四千米突《しせんメートル》〔不如歸〕・四千萬人《しせんまんにん》〔世界國盡〕・千二百九十四萬坪《せんにひやくくじうしまんつぼ》〔世界國盡〕・四億《しおく》〔世界國盡〕・四億二千萬人《しをくにせんまんにん》〔世界國盡〕

ヨの例　四時《よじ》〔不如歸〕・四時四十分《よじしじつぷん》〔假作物語〕・四人《よにん》〔破戒〕・四年《よねん》〔破戒〕・四番《よばん》〔破戒〕・四番目《よばんめ》〔破戒〕・三四人《さんよにん》〔假作物語〕・三四日《さんよつか》〔假作物語〕・三四里《さんより》〔世界國盡〕

「ヨン」の例は上記の資料には見つからなかった。(12)　キリシタン資料よりも増えた〔ヨ＋漢語〕の例は、ここでは「四時《よじ》」だけである。

なお、旧制高校の「第四高等学校《だいしこうとうがっこう》」（金沢市）は、略称も「シコウ（四高）」であった。

第一〇節　現代における4と7

現代東京語においても、以下のような言い方ではシと言うのが普通である。

四角・四角四面・四方・四肢・四辺形・四面体・弦楽四重奏・四則演算・四通五達・四分五裂・四分音符・四の日（縁日）・四半世紀・第一四半期・十四（年齢）・十四五歳・二十四節気・四十（年齢）・四十肩・四五十個・四五十円・四五十回・四十七士・四十八手・四十九日（死後49日目）・四万六千日

しかし、これらは現代では例外である。現代では4・7は、普通にはシ・シチではなくヨン（ヨ）・ナナと言うことが多い。4を単独に言うときはほとんどの場合ヨンと言うが、7はナナとシチの両形が広く使われる。たとえば「4たす5」を「シたすゴ」と言うことはまずないのである。

「シ（四）」が忌まれて「ヨ」と言い換えられたのに対し、「シチ（七）」は忌まれたというわけではなく、単に発音の似ている「シ（四）」や「イチ（一）」とまぎれることを避けて言い換えられたのであろう。数値を特に正確に伝え

る必要のある場面（取引所、算盤の読み上げ算、電話番号の伝達など）では、聞き誤りがないように色々配慮し、現代でもたとえば「二一〇円」をフタヒャクトオエン、「一一〇番」をヒャクトオバンのように言うわけである。

「昭和十七年の十月に兵隊にとられ」たという山本七平（1973）によれば、旧日本陸軍では4・7は必ずヨン・ナナと言うように決められていたというが、これがいつごろからのことなのかまだ調査できていない[13]。一般社会で明治時代後半でもまだまだシが優勢だったのが現代のようなヨン優勢に変るには、軍隊経験者の増加ということも関係しているのかも知れない。

第一一節　ヨとヨンの使い分け

NHK放送文化研究所（1998）『NHK日本語アクセント辞典　新版』の付録（p.63〜）に「数詞＋助数詞の発音とアクセント一覧表」がある。これには二七〇の助数詞が取り上げられ、一から一〇までの数詞と結合したときの語形が示されている（「回忌」の4の項は実例がないので空欄）。

この一覧表の二六九の助数詞に付く4の語形は、次のような六タイプに分けられる。

A［ヨンのみ］、B［ヨン＞ヨ］（ヨンが主でヨが従）、C［ヨのみ］、D［ヨ＞ヨン］（ヨが主でヨンが従）、E［シのみ］、F［その他］（《　》内に示された古い言い方は取り上げない）。A〜Fそれぞれのタイプについての助数詞の語種別の数は以下のとおりである。

	和語	漢語	外来語	合計
A　ヨンのみ	五	一五五	五二	二一二
B　ヨン＞ヨ	六	一四	〇	二〇

C	ヨのみ	七	一二	○	一九
D	ヨ∨ヨン	八	六	○	一四
E	シのみ	○	二	○	二
F	その他	二	○	○	二

これらのうちの少数例は以下の助数詞である。

A　ヨンのみ［和語］型《がた》・組（学級）・試合・場所・割
B　ヨン∨ヨ［和語］株・切れ・組（一般）・粒・坪・棟《むね》
B　ヨン∨ヨ［漢語］錠・台・第○番・段（一般）・段式・度・度目《どめ》・番・番手《ばんて》・番目《ばんめ》・枚・幕・名《めい》・厘
C　ヨのみ［和語］重ね・口・揃い・度《たび》・月《つき》・柱・振《ふり》
C　ヨのみ［漢語］時《じ》・時間・時限・次元・段（段位）・人・人前《にんまえ》・年《ねん》・年生《ねんせい》・幕目《まくめ》・里《り》・椀
D　ヨ∨ヨン［和語］色《いろ》・桁・皿・束・玉・通り・箱・部屋
D　ヨ∨ヨン［漢語］円・児《じ》・次・字・畳《じょう》・鉢
E　シのみ［漢語］位《い》（旧官位）・月《がつ》（暦月）
F　その他［和語］ヨッカ・ヨッカメ

以上から、A「ヨン」のみが付くのは主に漢語助数詞であることがわかる（例外的に付く和語助数詞も、多くは助数詞というよりは名詞に近い）。本来「シ」と言っていたものを「ヨン」が引き継いだということなのであろう。

第一二節　「一二三四五六七八九十」と数える場合と「十九八七六五四三二一」と数える場合の唱え方の違い

〝「一二三四五六七八九十」と数える場合には四をシと言うのに「十九八七六五四三二一」と数える場合には四をヨンと言うのはなぜでしょう〟と質問を受けたことがある[14]。なるほど言われてみると、私自身も質問のとおりの言い方をしているようである。

1・2・3・4・5・6・7・8・9・10と小さい方から順に漢語で早口で唱えるときは、「イチ・ニ・サン・シ・ゴ・ロク・シチ・ハチ・ク・ジュウ」という言い方が定着していて日常的に広く用いられる。この言い方は、日本人なら誰もが幼いときに覚えさせられ、しっかり身につけている。これを声を出して早く言えるようにしておかないと、かくれんぼなどの遊びをするときにも困ることになるわけである。

このように、「イチ・ニ・サン・シ・ゴ・ロク・シチ・ハチ・ク・ジュウ」は幼いときから慣れ親しんだ言い方で、歌の歌詞のごとく一続きのものとして覚えているので、その中のシやシチを〝昔ふうの古い言い方だ〟と感じる人はいない。しかし、現代における4や7の言い方の実態からすれば、むしろ例外的なものであることはすでに見たとおりである。

大きい方から逆に10・9・8・7・6・5・4・3・2・1と唱えるときは、大抵の人が「ジュウ・キュウ（ク）・ハチ・ナナ・ロク・ゴ・ヨン・サン・ニ・イチ」と唱える。

大きい方から唱えることはおよそ日常的でないし、誰かに教え込まれたこともないから、数を一つ一つ頭に思い浮べながら言うことになり、日常、単独に言うときのヨン・ナナが用いられるのであろう。

第一三節　ヨンは和語か漢語か

『日本国語大辞典』の初版では「よん【四】」の項には、由来の説明として、「「よ（四）」の変化した語」とあるだけであった。私は第二版で数詞関係の語を担当したので、つぎのようにやや詳しく説明しておいた。

「よつ（四）」の語幹「よ」が漢語数詞「さん（三）」の類推で変化したもの

本来れっきとした和語数詞であったヨが漢語助数詞とともに用いられる場合、和漢混淆による違和感が問題となる。しかし、聞き誤り防止といった要請もあって、［ヨ＋漢語］の使用例はどんどん増えていく。その際の違和感が解消されるためには、ヨが少しでも和語らしからぬ形になることが望ましい。すぐ隣の数である3の語形サンを無意識のうちにもまねて出来上がったヨンは(15)、ンで終るという、まさに和語らしからぬ形の言葉であった(16)。

この和漢混淆の「ヨン」について「和語か漢語か？」と問うのはもちろん無理な話である。しかし、第一一節に見たように、「一覧表」に示された、「ヨン」のみが付く助数詞全二一語のうち、和語助数詞はわずか五語に過ぎない。「ヨン」は和語系列の助数詞とは共起しにくいのである。この点から見て、語源はともかく、実際の使われ方から見ると、「ヨン」は漢語数詞の系列に入るものと言うべきなのである。

注

（1）「迎講事」はテキストにより収める巻が異なり、また、俊海本及び略本系諸本の「迎講事」にのみこの記述がある。

（2）王育徳は台湾の台南市生れだが、王（1957）『台湾語常用語彙』（p.258; p.390）によれば、「四」は si（3声）、「死」は

si（2声）で声調が異なる。なお、朝鮮漢字音は「四」「死」ともに sa であるが、現代ソウル方言では語によるアクセントの区別はないという。

（3）「よほう」は『更級日記』のあと、1184『雅亮《まさすけ》装束抄』・1376『増鏡』や抄物にも見える（福島 1961）（池上 1960）。

（4）「一二之目耳不有五六三四佐倍有來雙六乃佐叡」の「來」は、『万葉集』の諸伝本のうち『古葉略類聚鈔』だけにあり、他の伝本にはない。この「來」がないのが本来だとすると、漢数字をすべて訓読して「ひとふたの目のみにあらず五つ六つ三つ四つさへあり双六の骰《さえ》」とよむことになる。しかし、1・2は個数詞語幹、3・4・5・6は個数詞、と揃わないのははなはだ不自然だから、この点からすると、「來」があるのが本来の姿だ、ということになろう。

この歌について佐竹昭広（1980, p.193）は言う。

一二《いちに》之《の》目耳不有《めのみにはあらず》五《ご》六《ろく》三《さむ》四《し》佐《さ》倍《へ》有来《ありけり》双六《すぐろく》乃佐叡《さえ》（三八二七）

三八二八と同じ作者、長忌寸意吉麻呂の歌で、題詞に「詠双六頭歌」とある。数字の部分を和語でヒトフタ、イツツムツ、ミツヨツと読む説もあるが、「双六」という外来の遊戯を題材とする戯れの歌としては、音読みの方が格段におもしろいし、事実、このおもしろさは、日本語の数詞は助数詞抜きでヒトフタのような重なり方を許さないという、渡辺実氏の説（「日華両語の数詞の機能―助数詞と単位名―」国語国文第二十一巻一号、昭和二十七年一月）によっても裏づけられている。

佐竹は、〝和歌では本来、音読みの語（漢語）を詠み込むことはできないのだが、「戯れの歌としては、音読みの方が格段におもしろい」〟とする。しかし、私はむしろ、この歌が双六という外来のゲームを詠んだ歌だということにこそ注目すべきだと思う。渡辺（1952, p.105）も言う。

雙六は漢土傳來のもので、その世界の用語は普通漢語を使用してゐたらしいことは、催馬樂「大芹」の詞章などからも想像出來るし、〈略〉

現代でも外来のゲーム・スポーツでは本国の数詞が用いられることがあることは、本書第一章で述べたとおりで、英

語でもサイコロの目やトランプの数字を古いフランス語の数詞に由来する語で呼ぶのは大いに参考になる。英語では、deuce（2）、trey（3）、quatre（4）、cinque（5）、sice（6）のように言うが、これに当たる現代フランス語は deux, trois, quatre, cinq, six である。

なお、「日本語の数詞は助数詞抜きでヒトフタのような重なり方を許さない」とあるが、唱数詞の古い形は「ヒト・フタ・ミ・ヨ・イツ・ムユ・ナナ・ヤ・ココノ・トヲ」であった（本書第一九章参照）。

（5）ローマ字資料では yofô と yofŏ の両方の形があり、後者は誤りとされるが（福島 1961）、ここでは立ち入らない。

（6）コリャード『西日辞書』には、4日を除いて、日数の漢語の言い方（イチニチ・ニニチ・サンニチ・ゴニチ……ジュウニチ）が和語の言い方（フツカ・ミッカ……）と並んで示されている。また、『ロザリオ記録』には漢語のサンニチ（3日）がいくつも見える。

（7）北原保雄・小川栄一『延慶本平家物語総索引』には「しにん【四人】」が一一例あるが、本文を見るといずれも振り仮名なし。西端幸雄・志甫由紀恵『土井本太平記　本文及び語彙索引　索引篇』には「しにん【四人】」が二八例あるが、本文を見るといずれも振り仮名なし。

（8）安田（1991）「人数詞」では『羅葡日辞書』の例を見落としていた。室井努（1993）参照。

（9）『天草本ヘイケ物語』では「‐ヨニン（余人）」と「‐ニンアマリ（人余）」の両方が見えるが、後者の方が多い。

（10）たとえば、岩淵匡・桑山俊彦・細川英雄（1998）『醒睡笑静嘉堂文庫蔵索引編』の見出しには「よんすん（四寸）」があるが、本文（p.125）は漢字で「四寸」で振り仮名なし。小学館『新編日本古典文学全集64』所収の1677『御伽物語』に「廿《にじふ》四町《よん》の坂道《さかみち》を」〔p.549〕とあるが、富山大学ヘルン文庫本（写真による）でも、京都大学国文学研究室蔵本（『古典文庫65』の翻字）でも、「廿四」には振り仮名なし。

（11）大久保恵子（1999）に第2版の影印を収める。

（12）文法書以外で私が今知る「ヨン」の最古例は、塚原健二郎の童話1937『七階の子供たち』の、「ポオルは三階《さんがい》、四階《よんかい》、

五階《ごかい》とだん〲に子供達《こどもたち》をはこんで」〔p.228〕である。筑摩書房『明治文学全集』18所収の『金色夜叉』中編第七章〔p.201〕やその底本である中央公論社1941『尾崎紅葉全集』第六巻〔p.200〕には「一千四百六十日《いッせんよんひやくろくじふにち》」とあるが、初出の『讀賣新聞』明治三〇（1897）年10月31日、最初の単行本である1899『金色夜叉　中編』（春陽堂）〔p.183〕、博文館（1904）『紅葉全集』第六巻〔p.285〕では数字にルビはない。この「一千四百六十日《いッせんよんひやくろくじふにち》」というルビは中央公論社版『尾崎紅葉全集』第六巻の校訂者の塩田良平による新しいものらしい。

（13）額田淑（1960）によれば、旧日本海軍では、「〇四二七《マルヨンフタナナ》」（四時二十七分）・「三〇一空《サンマルヒトクウ》」（第三百一海軍航空隊）のような言い方をしたという。一方、徳富蘆花（1900）『不如帰』下篇（一）には明治二七年の海戦の場面が描かれているが、そこには「シ-」という言い方が出てくる。

⑳「四千米突《しせんメートル》」の語《ご》は、遍《あま》ねく右舷《うげん》及《および》艦《かん》の首尾《しゆび》に傳《つた》はりて、〔p.253〕

㉑速力《そくりよく》大《だい》なる先鋒隊《せんはうたい》の四艦《しかん》を遣《つか》はして、〔p.257〕

これらの例の近くには「我《わ》が三十二珊《サンチ》巨砲《きよはう》」〔p.254〕という言い方が見える。「サンチ」はセンチのことで、大砲の直径を言う時の軍隊独特の言い方（フランス語に由来）であるから、「四千米突《しせんメートル》」も当時の海軍における言い方の実態を正しく伝えていると見て良いと思われる。そうだとすると、軍隊では明治の末から昭和の初めまでの間に「シ」から「ヨン」への言い換えが行われたことになる。

（14）一九九九年九月、東京のフジテレビの朝の番組「めざましテレビ」の制作スタッフから質問を受けた。結局この番組に数十秒間出演して説明することになった。

（15）ヨンの使い方には方言差もからむらしい。鈴木（1986, p.63~64）は言う。

数詞の「四」だけでなく、「し」の字のつく言葉全部を禁じるのが、落語の「しの字嫌い」である。〈略〉武藤禎《さだ》夫氏の『落語三百題』（下、八一頁）のあらすじ中に、

「よん貫よん百よん十よん文」「そんな勘定が、どこにある」

とある点について、関西では「四」を「よん」と言うのが普通なので、上方落語では右の箇所をどう表現しているかが気になり、桂米朝師匠の令息小《こ》米朝さんに尋ねたところ、

この落語は大阪ではほとんどやらないが、東京落語の場合「よん」でなく「よ」というのが普通である。むかし江戸では――明治以降も――銭勘定は「いち、に、さん、し、ご、ろく、しち、はち、く、じゅう」が普通で、これに対して大阪的勘定は「いち、に、さん、よん、ご、ろく、なな、はち、きゅう、じゅう」である。大阪ではこのサゲが使いにくいので、別の形になる。

という返事を頂いた。つまり関東では「よ（ん）貫」という銭勘定が普通でないから、隠居の「そんな勘定がどこにある」という言葉が飛び出すのであり、他方、関西では「よん貫」という勘定の仕方に全く抵抗感がないので、このままではサゲへ持って行きにくいわけである。

（16）　数詞のように助数詞に付く「ナン‐（何）」も、漢語助数詞（および外来語助数詞）に付くが、和語助数詞にはやや付きにくく、「ナン月《つき》」「ナン度《たび》」は言えない。これも、ナンという形が和語的でないことと関係するか。「ナン‐ゴ（何個）」という形が室町時代にすでにあったようで（『日本国語大辞典』の「なんこ【何個・何箇】」の項参照）、「なん十」「なん万」という例も『平家物語』にある。

第二一章　シチ（七）からナナへ

――漢語数詞系列におけるナナの成立――

はじめに

現代東京語では、和語数詞に較べて漢語数詞がかなり優勢である。しかし、4と7に限っては、漢語数詞系列においても、和語数詞に由来するヨン・ナナが用いられる場合が多い。

4についてはすでに安田（2002）「シ（四）からヨンへ」【本書第二〇章】で論じたので、本章では7の表わし方についてその実態と由来を探る。

第一節　現代東京語では7をどう言うか

現代東京語では、漢語数詞系列においても、4と7は、

イッカイ（1回）・ニカイ（2回）・サンカイ（3回）・ヨンカイ（4回）・ゴカイ（5回）・ロッカイ（6回）・ナナカイ（7回）・ハチカイ（8回）・キュウカイ（9回）

のように、ヨン・ナナの形が用いられる場合が多い。

10よりも大きな数は、漢語数詞を用いて表わし和語数詞は用いないのが原則で、17・70・77は「ジュウシチ」「シチジュウ」「シチジュウシチ」と言うわけだが、実際には、これらと並んで「ジュウナナ」「ナナジュウ」「ナナジュ

ウナナ」という言い方も行なわれる。700・7000・70000となると、「ナナヒャク」「ナナセン」「ナナマン」が普通で、特に「シチヒャク（700）」の形はほとんど聞くことがない。

算数の計算では、10以下の数も漢語数詞を用いるのが普通で、

1＋2＝3［イチ　たす　ニ　は　サン］

2×3＝6［ニ　かける　サン　は　ロク］

のように言う。ところが7はシチともナナとも言い、4はヨンという場合が多い(1)。

2＋5＝7［ニ　たす　ゴ　は　シチ／ナナ］

3＋4＝7［サン　たす　ヨン　は　シチ／ナナ］

計算においては、4がほとんどの場合にシではなくヨンと言われるのに較べれば、シチはまだ広く使われているが、それでも次第にナナに取って替られつつある、と言える。

しかし、17はジュウナナよりもジュウシチの方が優勢のようで、特に年齢17歳を意味するときは、ジュウシチがかなり優勢である。一九七〇年に藤圭子が歌ってヒットした曲「圭子の夢は夜ひらく」（石坂まさを作詞・曽根幸明作曲）の歌詞の二番、

十五　十六　十七と
私の人生　暗かった
過去はどんなに　暗くとも
夢は夜ひらく

の「十七」もジュウシチと歌われていた。(2)

第二節　なぜ４・７をヨン・ナナと言うのか

漢語数詞の「シ（四）」が避けられた理由は、「死《し》」と同音だから、ということである（安田　2002）【本書第二〇章】。これに対して、「シチ（七）」が避けられたのは、「シ（四）」や「イチ（一）」と聞き誤られやすいから、ということのようである。槙皓志（2000, p.206）も以下のように言う。

数を読みあげる時、四《シ》と七《シチ》が聞きまぎらわしいところから、四をヨン、七をナナと言っているなど、しばしば行われているところです。

このことはすでに江戸時代に説かれている。

①七ナ、數目ニ七ト四と音呼近似にて誤リ易きを以テ七ヲはナ、と呼也七百七十七をナ、百クナ、十ナ、といふなり

〔太田全斎（1797頃）『俚言集覧』（自筆本）奈〕

この『俚言集覧』では、どういう場合・場面でナナと言い換えるのか、の説明がない。また、ヨ（四）・ヨンには全く言及していない。

明治時代以後、この問題に言及したものは多くない。

②*Nana jiu* is sometimes used instead of *shichi jiu*, 'seventy,' in such phrases as *nana jissen* 'seventy,' cents.'

〔Aston, W.G.（1888）『A Grammar of the Japanese Spoken Language』 4th ed. p.35)〕

③¶155.〈略〉The Chinese *shĭchi*, "seven," is sometimes replaced by the Japanese *nana*. This is done for clearness' sake, as *shĭchi* is easily mistaken for *shi*, "four." Thus tradesmen will often say *nana-jis-sen*, instead of *shĭchĭ-jĭs-sen*, "seventy cents."

But this is never either necessary or elegant.〔Chamberlain, B. H.（1888）『A Handbook of Colloquial Japanese』p.93~94〕

【安田訳：漢語のシチ（七）は時にナナと言い換えられる。これはシチ（七）とシ（四）が紛れやすいのを、明確にするためである。そういうわけで、商人はしばしばシチジッセン（七十銭）のかわりにナナジッセンと言うが、これは必ずそう言わなければならないものでもないし上品でもない。】

④早ク　讀ム　時　ニ　ハ　四　ト　七　ト　ヲ　聞キ　違フル　コト　アリ、五　ト　九　ト　ヲ　聞キ　違フル　コト　アリ。ユヱ　ニ　金銭　ヲ　カゾフル　ニハ　七十七銭　ヲ　**なな十なな銭**　ト　讀ミ、九十九銭　ヲ　きう十きう銭　ト　讀ム　コト　多シ。〔新保磐次（1889）『日本讀本　都市用　四』〕

⑤數を呼ぶに、次のように云ふことがある、聞きちがわせぬ爲である。
二百四十番《ふたひやくよんじうばん》　四百**七十九圓**《よんひやくなゝじうきうえん》〔国語調査委員会（1917）『口語法別記』p.12〕

金額その他の数値を特に誤りなく伝える必要のある商取引などでヨンやナナが用いられた、ということのようである。(3)　こういう、漢語数詞系列におけるナナは、一六〇〇年前後のキリシタンのローマ字資料には例が見えない。

第三節　旧日本軍における4と7

数値を誤りなく伝える、ということは軍隊でも求められる。旧日本軍では、4・7はヨン・ナナと言う場合があった。額田《ぬかだ》淑《きよし》（1960）によれば、旧日本海軍では、「〇四二七《マルヨンフタナナ》」（四時二十七分）・「三〇一空《サンマルヒトクウ》」（第三百一海軍航空隊）のような言い方をしたという。(4)

「昭和十七年の十月に兵隊にとられ」たという山本七平（1973）も、〝陸軍の砲兵は4・7は音読せずヨン・ナナと言った〟と述べている。(5)

額田［1920生］・山本［1921生］の軍隊経験は、いずれも昭和（1926~）になってのものである。

安田（2002）【本書第二〇章】第一〇節では以下のように述べた。

「昭和十七【1942】年の十月に兵隊にとられ」たという山本七平（1973）によれば、旧日本陸軍では4・7は必ずヨン・ナナと言うように決められていたというが、これがいつごろからのことなのか、まだ調査できていない。明治時代後半でもまだまだシが優勢だったのが現代のようなヨン優勢に変るには、軍隊経験者の増加ということも関係しているのかも知れない。

これを読んだ鈴木博［1922生］からは書簡により、自身の体験として以下のような教示を得た。

【軍隊で】整列して「番号」という号令がかかった時に、関西語風に「イチ　ニ　サン　ヨン　ゴ　ロク　ナナ　ハチ　キュウ」とでも言おうものなら、こっぴどく叱られたものでした。軍隊入隊以前の学校での「(軍事) 教練」でも4はシ、7はシチでした。

同じ旧日本軍でも、整列して人数の確認する時には「四《し》」「七《しち》」と言う、というように場面によって使い分けていた、ということであろうか。昭和の始めごろの日本軍において一律に「ヨン（4）」「ナナ（7）」と言っていたわけでもなさそうなので、今後、軍隊経験者からの聞き取りを行なっていきたい。

第四節　江戸時代の漢語数詞系列におけるシチとナナ

第二節において見たとおり、①『俚言集覧』（1797頃）には、「七ト四と音呼近似にて誤り易きを以テ七ヲはナ、と呼

也七百七十七をナ、百クナ、十ナ、といふなり」とあるが、江戸時代におけるこの種のナナの実例はそう多くはない。今、私が知る、漢語の助数詞・名詞の前に付く「ナナ -」の実例は「七座」「七不思議」「七文字」「七庚申」「七世」「七十二番」のみである。

⑥我筆法の大事には。神代の文字を傳る故七日の 斎《ものいみ》 **七座**《な、さ》の幣《へい》。神道加持《かち》に唐倭《からやまと》。〔竹田出雲等（1746初演）『菅原傳授手習鑑』（七行大字本）第一・5ウ〕

⑦**七不思議**《な、ふしぎ》は世間に能《よう》いふ名目《みやうもく》なり〔松葉軒東井（1786）『譬喩盡並ニ古語名數』な〕

⑧七《ナ、》ノ子中ナストモ女ニ心ユルサジ〈説明略〉

七不思議〈説明略〉

七車〈説明略〉

〔太田全斎（1797頃）『俚言集覧』（太田全斎自筆本）奈〕（「七不思議」ニ振仮名ハナイガ、「奈」ノ部ニアルノダカラ、当然、「ナナフシギ」ト読ムノデアロウ）

⑨**七不思議**《な、ふしぎ》と云物越後《いふものゑちご》は元来《もとより》にて諏訪《すは》にも有鹿島《ありかしま》にも有《あり》〔柳亭種彦（二世）（1865）『七不思議葛飾譚』初篇・序〕

⑩上《かみ》の五《いつ》もじへみの字《じ》をおき。中《なか》の**七文字**《な、もじ》にその字《し》をおき下《しも》の五もじにかの字をすゑて十七文字《もじ》の句の心がごがてんがまいりますか〔烏亭焉馬（撰）（1797）『詞葉の花（＝落噺六義）』おり句・21ウ〕

「文字《もじ》」は、すでに905『古今和歌集』仮名序に「**みそもじあまりひともじ**」のように和語数詞と結合した例があり、古くから漢語意識が薄れていたのであろう。

⑪あら世帯**七**《ナ》**こうしん**もするつもり〔1783『末摘花』二篇・19オ〕

⑫水江《すみのえ》の。浦嶋子《うらしまのこ》が**七世**《な、せ》の孫《うまご》に。あへるにも似《に》て〔滝沢馬琴（1827）『南總里見八犬傳』第六輯・巻之四・第

58回・24ウ〕

⑬片邊《かたへ》の上下《かみしも》男《をとこ》受取呼上《うけとりよびあげ》る、其語《そのご》に曰《いはく》、だアい一番《いちばん》の富《とみ》、竹《たけ》の四千八百七十二《しせんはつぴやくな、じふに》ばアん、〔四阿卿香（1839）『秘登利古刀』p.279〕

この⑬は、富籤の当り籤の番号を発表する場面である（なお、ここで「七十」はナナジュウなのに「四千」がシセンであるのは興味深い）。

以上のような例があるとは言え、江戸時代の文献全体としては、漢語数詞系列におけるナナは決して多くない。以下に見るとおり、現代ならナナというところも含めて、シチが用いられている場合が多いのである。

以下、「シチ-」の例を挙げる。

⑭**七丁目**《しちてうめ》の明地《あきち》の向《むか》ふの所《ところ》に〔『秘登利古刀』p.235〕

⑮あそこの茶屋《ちやや》で差《さし》で**七合**《しちごう》程《ほど》ぶちころして來《き》た、〔同、p.259〕

⑯胤、心の中にて「〈略〉今日《けふ》は天神《てんじん》の富《とみ》だけれどおはなしを付《つけ》やうにも、元手《もとで》はなし、ハテどうしやうか、〈略〉心中「〈略〉マア何《なん》にしても元手《もとで》が出來《でき》たから是《これ》から付《つけ》て遣《やら》う、若《もし》はづれたら〈略〉イヤ夫《それ》より二朱金《にしゆきん》が三《みつ》つ來《き》たから、二《に》か三《さん》か五《ご》か、二三《にさん》が六《ろく》か、〈略〉人《ひと》のかねをまげてつかうのだから、七《しち》などもあぶない所《ところ》だて、〔同、p.271~272 ; p.277~278〕

⑰由「アレマアにくらしい**七年**《しちねん》跡《あと》もその調子《てうし》の嬉《うれ》しがらせを真《ま》にうけて〔為永春水（1832~33）『春色梅兒譽美』三編・巻の八・15オ〕

⑱契情《けいせい》も唄女《げいしや》も元《もと》は乙女《むすめ》にて〈略〉其身《そのみ》の孝不孝《かうふかう》で娘盛《むすめざかり》の**七変化**《しちへんげ》種々《しゆぐ》さま〴〵の世の中に〔為永春水（1833~35）『春色辰巳園』初編・巻之三・第五回・1オ〕

⑲彼七両《かのしちりやう》を懐《ふところ》へいれてこそ〳〵逃帰《にげかへ》る〔同、四編・巻之拾一・第十條・12オ〕

以上の③～⑬のような例から、〝江戸時代には金額や籤の当選番号などを声に出して伝える場合や、特定の少数の助数詞についてのみ「ナナ-」と言った〟と見てよかろう。

なお、「場所」は湯桶読の語であるが、「七場所《ななばしょ》」の例がある。

⑳七場所《なゝばしよ》噂《うわさ》の一《ひと》ト粒《つぶ》撰《えり》客人《まろうど》此《この》藝妓《しや》の名を知らずは〔1832~33『春色梅児誉美』三編・巻の九・12オ〕

㉑此七場所《このなゝばしよ》の唄妓《はおりし》衆も多《おほ》い中《なか》で〔1833~35『春色辰巳園』第三編・巻の八・第三條・2ウ〕

⑳㉑における「七場所」とは、江戸深川の花街を形成する仲町・新地・石場・櫓下・裾継・土橋・佃の七地区を言う。今、「七場所」以外には、江戸時代の「[数詞]＋場所」の例が手元にないが、現代、相撲の「初場所」「夏場所」などの「場所」について「二場所《ふたばしょ》」のように言うところを見ると、一般に「場所」には和語数詞が付いたものと想像される。

第五節　明治時代の漢語数詞系列におけるシチとナナ

③でチェンバレン（Chamberlain）が、シチはしばしばナナと言い換えられる、と述べていることはすでに見たが、(6) 明治時代にはシチはまだかなり使われている。

福沢諭吉（1869）『世界國盡』においては、「七十」「七百」「七千」の「七-」は一貫してシチである（ただの7を表わす「七」の例は見えない）。それらのうちのいくつかを挙げる。

㉒阿非利加《あふりか》の人種《ひとたね》は色黒《いろくろ》し其數《そのかず》七千萬人《しちせんまんにん》〔福沢諭吉（1869）『世界國盡』巻一・2オウ頭書〕

㉓人口三千七百萬《じんこうさんぜんしちひやくまん》〔同、巻二・11ウ〕

㉔頃《ころ》は千七百七十五年《せんしちひやくしちじうごねん》即《すなは》ち我安永四年《わがあんえいよねん》なり〔同、巻四・9ウ頭書〕

㉕千七百六十九年《せんしちひやくろくじうくねん》即《すなは》ち我明和六年《わがめいわろくねん》〔同、巻五・15オ頭書〕

以下、その他の資料におけるシチの例。

㉖「ホウム」はしたしく一千七百四十五年《いつせんしちひやくしじふごねん》の逆亂《ぎやくらん》にたちまじりておのが目撃《もくげき》したるごとく傳聞《でんぶん》なしたることをあはせて一部《いちぶ》の大歴史《だいれきし》を綴《つゞ》りたりしが〔坪内逍遥（1885）『小説神髄』上巻・37オ〕

㉗七人《しちにん》の人物《じんぶつ》の言行《げんかう》とは思《おも》はれず〔同、下巻46オ〕

㉘十七歳《じふしちさい》にして戀煩《こひわづらひ》に呻吟《しんぎん》し、〔内田魯庵（1894）『文學者となる法』第二、p.38〕

㉙十七世紀《じふしちせいき》より十八世紀《じふはつせいき》の初《はじめ》に到《いた》る英國《えいこく》の文學者《ぶんがくしや》は〔同、第四、p.126〕

㉚人《ひと》は七錢《しちせん》の探偵小説《たんていせうせつ》を憎《にく》む事甚《ことはなは》だしけれども〔同、第五、p.170〕

㉛部屋《へや》の中《なか》から島田《しまだ》を綺麗《きれい》に、高等《かうとう》な化粧《つくり》をした、年紀《とし》も六《ろく》か七《しち》の少《わか》いのが、白足袋《しろたび》でちよろ〳〵と、小刻《こきざ》みに裳《もすそ》を輕《かろ》く、〔泉鏡花（1904）『風流線』第二十一、p.67、春陽堂〕（「六《ろく》か七《しち》」ハ〝16歳か17歳〟ノ意）

㉜手取川《てどりがは》の東西《とうざい》を壓《あつ》して、約七十《やくしちじふ》の捕吏迫《とりかたせま》るや、〔泉鏡花（1905）『續風流線』第二十九、p.105、春陽堂〕

㉝假名《かな》に因《ちな》んで、四十七字《しじふしちじ》の〔同、第三十一、p.110〕

㉞線路《せんろ》が既《すで》に六七里《ろくしちり》の處《ところ》まで來《き》て居《ゐ》ては、〔同、第三十六、p.129〕

㉟『君の兄弟《きやうだい》は幾人《いくたり》あるのかね。』と丑松《うしまつ》は省吾《しやうご》の顔《かほ》を熟視《まも》り乍《なが》ら尋《たづ》ねた。
『七人《しちにん》。』といふ省吾《しやうご》の返事《へんじ》。〔島崎藤村（1906）『破戒』第四章（一）、p.83〕

㊱『この上田《うへだ》で僕等《ぼくら》が談話《はなし》をした時《とき》には七百人《しちひやくにん》から集《あつま》りました。〈略〉』〔同、第拾壹章（二）、p.266〕

㊲『四斗五升《しとごしやう》ぢや無《な》いや、四斗七升《しとしちしやう》だ——左様《さう》だ。』
『四斗七升《しとしちしやう》？』〔同、第拾七章（四）、p.418〕

㊳五拾錢《ごじつせん》をのこして、參圓七拾錢《さんえんしちじつせん》を引《ひ》き出《だ》し、〔文部省（1908）『教訓假作物語』郵便貯金、p.173〕

漢語数詞系列におけるナナの実例は極めて少ないが、岡本勲（1986, p.47）が泉鏡花『風流線』の例を挙げている。

これを初版本の本文で示す。

㊴「〈略〉十五六人《じふごろくにん》、田舎漢《ゐなかもの》の參詣《さんけい》がございました。〈略〉奉加帳《ほうがちやう》に姓名《せいめい》を記《しる》させましたが、十五錢頭《じふごせんかしら》に七錢《な、せん》五錢《ごせん》、〈略〉」〈略〉手帳《てちやう》を袂《たもと》から取出《とりだ》して、〈略〉

「一、金七錢也《きんな、せんなり》、能美郡串村《のみごほりくしむら》、字串《あざくし》トノ三百二十一番地《さんびやくにじふいちばんち》農鹽原《のうしほばら》金右衛門《きんえもん》五十七歳《ごじふしちさい》、一、金六錢也《きんろくせんなり》、江沼《えぬま》郡《ごほり》動橋村字《いぶりばしむらあざ》……、」〔泉鏡花（1904）『風流線』第八十一、p.283~284〕

㊵七夕《たなばた》を星《まつ》るのに、また其《そ》の七箇《なゝこ》の池《いけ》といふのがありますつて。〔泉鏡花（1905）『續風流線』第八十二、p.298〕

②③でアストン（Aston）とチェンバレンも、ナナの実例として「ナナジッセン」を挙げているが、これは金額を言うときにはナナの形を用いることが多い、ということを意味するのであろう。なお、江戸時代にも「ナナ-」と言った、「七座」「七不思議」「七文字」「七世」「七十」は、今回の調査では確実な例が見つからなかった。

第六節　昭和時代の漢語数詞系列におけるシチとナナ

「七〇〇年」をシチヒャクネンと言うかナナヒャクネンと言うか、を扱った短編小説がある。太宰治が一九四二（昭和17）年十二月に発表した『十二月八日』(7)である。

㊶　けふの日記は特別に、ていねいに書いて置きませう。昭和十六年の十二月八日には日本のまづしい家庭の主婦は、どんな一日を送つたか、ちよつと書いて置きませう。もう百年ほど經《た》つて日本が紀元二千七百年の美しいお祝ひをしてゐる頃に、私の此の日記帳が、どこかの土藏の隅から發見せられて、百年前の大事な日に、わが日本の主婦が、こんな生活をしてゐたといふ事がわかつたら、すこしは歴史の參考になるかも知れない。〈略〉

紀元二千七百年といへば、すぐに思ひ出す事がある。なんだか馬鹿らしくて、をかしい事だけれど、先日、主人のお友だちの伊馬さんが久し振りで遊びにいらつしやつて、その時、主人と客間で話合つてゐるのを隣部屋で

聞いて噴《ふ》き出した。

「どうも、この、紀元二千七百年《しちひやくねん》のお祭りの時には、二千七百年《なゝひやくねん》と言ふか、あるひは二千七百年《しちひやくねん》と言ふか、心配なんだね、非常に氣になるんだね。僕は煩悶してゐるのだ。君は、氣にならんかね。」

と伊馬さん。

「ううむ。」と主人は眞面目に考へて、「さう言はれると、非常に氣になる。」

「さうだらう、」と伊馬さんも、ひどく眞面目だ。「どうもね、**ななひやくねん**、といふらしいんだ。なんだか、そんな氣がするんだ。だけど僕の希望をいふなら、**しちひやくねん**、と言つてもらひたいんだね。どうも、**ななひやく**、では困る。いやらしいぢやないか。電話の番號ぢやあるまいし、ちやんと正しい讀みかたをしてもらひたいものだ。何とかして、その時は、**しちひやく**、と言つてもらひたいのだがねえ。」

と伊馬さんは本當に、心配さうな口調である。〔太宰治（1942）『女性』p.9~11、博文館〕

これは一九四〇（昭和15）年に盛大に行なわれた「紀元二千六百年」（第一代の神武天皇が即位して二六〇〇年）の祝賀にちなんだ作品である。作者の太宰は一九〇八年生れ。作中の「主人」と「主人のお友だちの伊馬さん」は、どちらも年齢は明示されていないが、「主人」は作家で乳児が一人いる、という設定である。この二人は、シチヒャクを「正しい讀みかた」とし、「ななひやく、では困る。」と主張する。こういう主張があるということは、当時すでにナナヒャクという言い方が次第に優勢になりつつあった、ということを意味する。「電話の番號ぢやあるまいし」とあるから、当時も電話番号を口で言うような時にはナナが用いられることが多かったのであろう。

この㊶『十二月八日』とほぼ同じころに出た、当時の国民学校（「小学校」が改称されたもの）六年生の音楽の国定教科書に、15番目の歌として「鎌倉」という文語調の歌が載っている。その歌詞の七番に「七百年」という語があり、これが楽譜中では「シチヒャクネン」と記されている。

㊷暦史は長し七百年、興亡《こうぼう》すべて夢に似て、英雄墓はこけむしぬ。[レキシハナガシシチヒャクネンコウバウスベテユメニニテエイユウハカハコケムシヌ]〔文部省（1942）『初等科音樂　四』鎌倉・七〕

これは、当時の教科書関係者が、〝文語調の歌においてはシチヒャクが好ましい言い方だ〟という認識を持っていた、ということを示すものであろう。

第七節　おわりに

NHK放送文化研究所（1998）『NHK日本語発音アクセント辞典　新版』の付録（p.63〜）に「数詞＋助数詞の発音とアクセント一覧表」がある。これには二七〇の助数詞が取り上げられ、1から10までの数詞と結合したときの語形が示されている。

この一覧表の二七〇の助数詞に付く7の語形は、次のような五つのタイプに分けられる。

A［ナナのみ］　二三五例
B［ナナ＞シチ］（ナナが主でシチが従）　二五例
C［シチ＞ナナ］（シチが主でナナが従）　七例
D［シチのみ］　一一例
E［その他］　二例

このうちAが助数詞の語種（和語・漢語・外来語）を問わず圧倒的に多い。B〜Eに属する助数詞は以下のとおりである。

B　第〇番・行・号・周年・字・台・題・代目・段（一般）・敗・杯・版・番・尾・編・遍・ポイント・枚・幕・名・毛・目《もく》・文《もん》・問・匁。

C　回忌・時間・次元・女《じょ》（人数）・人前・年。
「7年」については「備考」に以下のようにある。

　特にはっきりさせたいとき「ナナ」。1977年は「ナナジューナナ」または「ナナジューシチ」。
D　位（旧官位）・月《がつ》・時《じ》・時限・女（姉妹）・段（段位）・男《なん》（兄弟）・男（人数）・人・夜《や》・里・第〇日。
E　ナノカ・ナノカメ

個々の事例については私の内省と一致しないものもあるが、大勢はこれでわかる。

助数詞が付いた場合、人数や年月日に関してはシチが優勢であるほかは、シチは「七位」（旧官位）・「七段」（段位）・「七代目」（伝統芸能）のように特に伝統的なものにほぼ限られる。これら以外はナナが圧倒的なのである。

明治時代には、今から見ると意外なくらいにシチが強かった。この傾向は、昭和の一〇年代まで続くが、戦後にはシチとナナの形勢は急激に逆転した、ということなのであろう。

注

（1）ナナは本来、個数詞語幹（ヒトツ・フタツ……から「-ツ」を除いた形）である。個数詞語幹には名詞的用法はないから、算数の計算で、

　ヒト　たす　ミ　は　ヨ　［1+3=4］

などとは絶対に言えない。しかしナナと、ヨの変形であるヨンは例外で、名詞的用法を持ち、

　サン　たす　ヨン　は　ナナ　［3+4=7］

のように言うことができる。ヨンとナナは用法の面で漢語数詞に近いと言える。

（2）現代では、年齢を表わすのに「-歳」を付けずに単に「十四」「十七」「十九」と言うときは、おもにジュウシ・ジュ

ウシチ・ジュウクという古い形が用いられ、ジュウヨン・ジュウナナ・ジュウキュウという新しい形はあまり用いられない。しかし、「-歳」を付けて言うときは、ジュウヨンサイ・ジュウナナサイ・ジュウキュウサイが普通で、特にジュウシサイ・ジュウクサイの形を聞くことは全くないと言ってよい。なお、「キュウ（九）」はもちろん漢語数詞であるが、漢音よみであって、「ク」が呉音よみである。キリシタンのローマ字資料では漢語数詞の「九」は呉音よみのクが普通で、漢籍に基づく場合以外は漢音よみのキュウは出てこない。

（3）　NHKラジオ第二放送で夕方五時から放送される「株式市況」で株価を読み上げるときの言い方は以下のとおり。2・4・7は必ずフタ・ヨン・ナナである。4円は「ヨンエン」と言い「ヨエン」とは言わない。2円・20円・200円・2000円・20000円は「フタエン」「フタジュウエン」「フタヒャクエン」「フタセンエン」「フタマンエン」。10はジュウとトオの両方があるが、単独の10はトオで、10円・110円は「トオエン」「ヒャクトオエン」と言う。倍数の場合や端数の付く場合はジュウで、20円・30円・40円・70円・12円・14円・17円・22円は「フタジュウエン」「サンジュウエン」「ヨンジュウエン」「ナナジュウエン」「ジュウフタエン」「ジュウヨンエン」「ジュウナナエン」「フタジュウフタエン」。

これら以外の1・3・5・6・8・9は必ず音読してイチ（イッ）・サン・ゴ・ロク（ロッ）・ハチ（ハッ）・キュウと言う。また、100・1000・10000も音読してヒャク・イッセン・イチマンと言う。

1040円のような中間の0は、何も言わずに「イッセンヨンジュウエン」のように言う場合と「イッセンマルヨンジュウエン」のようにマルと言う場合の両方がある。

珠算の読み上げ算の読み上げ方でも、上記の「株式市況」とほぼ同じような言い方が用いられるようだが、これがいったいいつまで遡れるものなのか調べがつかなかった。なお、警察の緊急用電話番号「一一〇番」を「ヒャクトオバン」と言うのは、上記の言い方と同じである。

（4）　旧日本海軍における時刻の言い方については、一九二〇年生れの阿川弘之（1996, p.18）も、触れている。

昭和十五【1940】年、宮【＝高松宮】が軍艦「比叡」砲術長だつた時の日記、十二月七日の欄、「一八〇〇、『日向』にて1F砲術打合あり。その頃から波高くなり、二一〇〇頃、〈略〉」

これの「1F」は「第一艦隊」、〈略〉午後六時、午後九時を意味する「一八〇〇」「二一〇〇」は、海軍長年の慣習で「ヒトハチマルマル」「フタヒトマルマル」といふ風に読む。

この「〇四二七《マルヨンフタナナ》」式の時刻の言い方が、二〇〇一年一二月の「奄美大島沖不審船事件」の際、海上保安庁の現地の海上保安本部の記者会見における状況説明にも用いられたのがテレビで放送された。

（5）山本（1973, p.106~107）は以下のように述べる。

数にもどって、メートル法ですけど、砲兵の場合は「メートル」をいわないんです。数だけで、三千とか、三千六百とか。それから、非常に特徴あるのは、砲兵だけだそうですが、これ違うんです、端数が特にね。一、二、三、四《よん》、五、六、七《なな》、これはまあ普通の原則なんですが、観測手が端数をいう場合ですね、百零やっつっていういい方をするんです、絶対あの間を抜かさないでね。端数は、覚えるまでが大変なんですが、ひとつ、ふたつ、みっつっていうんです。そこまではつがつくんですが、それから四《し》がよんなんです、それから、いつつ、ろくっていうんですよ。それから、なな、やっつ、きゅう、とおっていうんですね、これ。どんな遠くで怒鳴っても絶対聞き違いがないように、いち、しち、はちがない。

（6）高橋知也（2003, p.16）は、チェンバレンが「But this is never either necessary or elegant.」の部分を『A Handbook of Colloquial Japanese』の第四版（1907）で削除していることを指摘し、以下のように述べる。

七については、四版になって削除された一文から、違和感がなくなるほどに「ななじっせん」などの言い方が広まったらしいことが窺える。

（7）『十二月八日』は、昭和一七（1942）年に《婦人公論》第27巻第2号に掲載され、同年六月、短編集『女性』〔博文館〕に再録。

付記

文学作品などからの引用は、原則として原本（またはその写真・複製本）によった。ただし、以下に示したものは活字本によった。

○『譬喩盡《たとえづくし》並ニ古語名數』——宗政《むねまさ》五十緒《いそお》（1979）『たとへづくし——譬喩盡——』、同朋舎。

○『秘登利古刀《ひとりごと》』——三田村鳶魚《えんぎょ》（1928）『未刊随筆百種』第10、米山堂。

第二二章　ヨン（四）とナナ（七）

はじめに

漢語数詞系列におけるヨン（四）とナナ（七）については、
安田尚道（2002）「シ（四）からヨンへ——4を表わす言い方の変遷——」〔《青山語文》第32号〕【本書第二〇章】
安田尚道（2004）「シチ（七）からナナへ——漢語数詞系列におけるナナの成立」〔《青山語文》第34号〕【本書第二一章】
で論じたが、述べ足りなかった点もあり、その後、教示を得て訂正すべき点、気付いた用例もあるので、それらを記す。なお、本文中ではあまり触れなかったが、高島俊男（1999, p.198～；p.308～）（2003, p.292～）（2004, p.181～；p.190～）もシ・ヨ・ヨン、シチ・ナナについて述べている。

第一節　ヨンをめぐって

一・一　小松英雄『日本語の音韻』

ヨンについて安田（2002）「シ（四）からヨンへ」【本書第二〇章】第一三節に以下のように記した。

本来れっきとした和語数詞であったヨが漢語数詞とともに用いられる場合、和漢混淆による異和感が問題となる。しかし、聞き誤り防止といった要請もあって、「ヨ＋［漢語］」の使用例はどんどん増えていく。その際の異和感が解消されるためには、ヨが少しでも和語らしからぬ形になることが望ましい。すぐ隣の数である3の語形サンを無意識のうちにもまねて出来上がったヨンは、ンで終るという、まさに和語らしからぬ形の語であった。

同様の考えは、すでに小松英雄（1981）『日本語の音韻』が「ヨンという数詞」（p.113~115）という項で以下のように述べている（ただし、ヨンという語形の出現時期には触れない）。

それ【＝ヨ】を、いかにも漢語型らしい語形に変えるためには、和語型に原則としてあらわれることのない外形上の特徴を持たせることである。一音節語ならそのあとに「＝ン」を付けさえすれば、簡単にそれができる。「ヨン」という字音は実在しないが、型としては完全に漢語型になっているので、【漢語数詞の中にあって】「よ」に比べて、はるかに違和感が少ない。

一・二　サトウ・石橋『英和口語辞典』（第3版）

ヨンという形の初出例は、チェンバレン（1889）『A Handbook of Colloquial Japanese.』（2nd ed.）であるが、サトウ・石橋政方（1904）『An English-Japanese Dictionary of the Spoken Language』（3rd ed.）（『英和口語辞典』）にも、以下のとおり「Four」の項にヨンの形が見える（城岡啓二 2009）。

Four, n. and a. *yotsu*; shi［*yo* is used instead of *shi* in comp. with *nin*（人）］; yo［sometimes *yon*］;（in counting）*yō*.

一・三　小林好日『標準語法精説』

小林好日《よしはる》（1922）『標準語法精説』は言う（p.118）。

四と七は一は禁忌の意味から、一は四と發音の混同からよ・なと讀み換へられることがあり、よは又よんと呼ばれることがある。四年・四十四年【ママ】・二十四番はヨネン、ヨニ【ママ】ン、ヨバンと讀み、ヨバンをヨンバンともよむ。七圓、七十七間をナナヱン、ナナジフナナケンと讀む。但しこれは特に明瞭を求める便宜の稱呼法であるから、讀本などを讀む場合にはナナ、ヨン等は用ひない方がよい。

チェンバレン（1889）もヨンは庶民の言い方だとするが、小林も、「讀本などを讀む場合にはナナ、ヨン等は用ひない方がよい。」と、非規範的な形であることをはっきり記している。これが、明治期において外国人が関わった文法書・辞書にはヨンが載っても、日本人による文法書・辞書にはヨンが載らなかった理由であろう。

一・四 『金色夜叉』の「一千四百六十日」のルビ

尾崎紅葉の『金色夜叉』中編第七章には「行けども〳〵無明の長夜今に到るまで一千四百六十日、」とあり、この「一千四百六十日」に対して、中央公論社（1941）『尾崎紅葉全集　第六巻』所収のものと、筑摩書房（1965）『明治文學全集18』所収のものでは、ともに「いッせんよんひやくろくじふにち」というルビがあるが、このルビは塩田良平による新しいものであるらしいことを安田（2002）「シ（四）からヨンへ」【本書第二〇章】注12で述べた。このときは簡単にしか述べることができなかったので、あらためて、初出の《讀賣新聞》から年代順に各種テキストを見ていくことにする。

①1897《讀賣新聞》明治30年10月31日の第四面［後篇金色夜叉（七）の三］
行《ゆ》けども〳〵無明《むみやう》の長夜今《ちやうやいま》に到《いた》るまで一千四百六十日、

②春陽堂 1899『金色夜叉　中編』p.183【最初の単行本】
行《ゆ》けども〳〵無明《むみやう》の長夜《ちやうや》今に到るまで一千四百六十日、

③博文館 1904『紅葉全集　第六巻』p.285【最初の尾崎紅葉全集】
行《ゆ》けども行《ゆ》けども無明《むみやう》の長夜今《ちやうやいま》に到《いた》るまで一千四百六十日《にち》、

④春陽堂 1910『紅葉集　第四巻』p.230
行けども〳〵無明の長夜《ちやうや》今に到るまで一千四百六十日、

⑤春陽堂 1925『尾崎紅葉全集　第四巻』p.206
行《ゆ》けども行《ゆ》けども無明《むみやう》の長夜今《ちやうやいま》に到《いた》るまで一千四百六十日《にち》、

⑥春陽堂 1927『明治大正文學全集　第五巻　尾崎紅葉』p.106
行《ゆ》けども行《ゆ》けども無明《むみやう》の長夜今《ちやうやいま》に到《いた》るまで一千四百六十日《にち》、

⑦岩波文庫 1939『金色夜叉　上巻』p.218【解説に、「文庫編輯部に於て、初版本を底本とし、全集本を參考して校合したものである。」とある】

行けども〳〵無明の長夜今に到るまで一千四百六十日、

⑧中央公論社 1941『尾崎紅葉全集　第六巻』p.200

行《ゆ》けども〳〵無明《むみやう》の長夜今《ちやうやいま》に到《いた》るまで一千四百六十日《いツせんよんひやくろくじふにち》、

⑨新潮文庫 1952『金色夜叉　上巻』p.182

行けども行けども無明《むみやう》の長夜今に到るまで一千四百六十日、

⑩角川文庫 1954『金色夜叉　上巻』p.178

行けども行けども無明の長夜今に到るまで一千四百六十日、

⑪筑摩書房 1965『明治文學全集18　尾崎紅葉集』p.201

行《ゆ》けども〳〵無明《むみやう》の長夜今《ちやうやいま》に到《いた》るまで一千四百六十日《いツせんよんひやくろくじふにち》、

⑫角川書店 1971『日本近代文学大系5　尾崎紅葉集』p.208【「注釈者あとがき」に、「底本として『明治文学全集』本を用い」た、とある】

行《ゆ》けども〳〵無明《むみやう》の長夜今《ちやうやいま》に到《いた》るまで一千四百六十日《いツせんよんひやくろくじふにち》、

⑬岩波書店 1993『紅葉全集　第七巻』p.177【「解題」には、「底本には原則として尾崎紅葉生前の単行本（初版）を用い」た、とある。本文の「致る」はミスプリントであろう。】

行《ゆ》けども〳〵無明《むみやう》の長夜《ちやうや》今に致るまで一千四百六十日《いツせんよんひやくろくじふにち》、

紅葉は明治三六（1903）年一〇月に没しているので、①1897《讀賣新聞》以降、紅葉の意志でルビに手を入れたとしても、それが可能だったのはせいぜい③博文館 1904『紅葉全集　第六巻』までで、それ以後は、それぞれの編集者

が自分の方針によってルビを削ったり加えたりした、ということなのであろう。

⑧中央公論社1941『尾崎紅葉全集　第六巻』【本文の末尾（p.543）に「校訂　塩田良平」、奥付に「編纂者　塩田良平」とある】の「『金色夜叉』解題」で塩田は言う（傍線は安田）。

単行本はパラルビであるが、本書は全集本に倣つて總ルビにし、數字にも訓を附し、それ等はすべて紅葉かな遣によつた。（p.593）

これは、〝総ルビに近い「全集本【最初の尾崎紅葉全集である③博文館『紅葉全集　第六巻』のことか】」に倣ってルビを付けたが、「全集本」でも数字にはルビがないことが多いので、その場合は塩田が独自にルビを付けた。〟ということなのであろう。だから、「いツせんよんひやくろくじふにち」というルビは一九四一年の時点で塩田が付したものと見てよかろう。

⑬岩波書店1993『紅葉全集』は「尾崎紅葉生前の単行本（初版）を用い」たというが、実際には単行本にはないルビ「いツせんよんひやくろくじふにち」が加えられているから、ここは⑧か⑪によったのであろう。

右の④以下では、紅葉自身のルビでも同時代の人のルビでもないものが加えられている場合があり、紅葉の時代の国語史資料とするにはかなり問題がある、ということがはっきりした。

結局、ヨンという語形を実際の文章中に用いた例は、明治時代のものにはまだ見つかっていないのである。

第二節　「四丁目」はシチョーメかヨンチョーメか

二・一　明治時代のローマ字書き

東京の銀座に本店のあるパン屋の「木村屋」は、明治七（1874）年に銀座四丁目に店舗を新築・移転したが、そのころの店内の工場の様子を描いたポスターが残っていて[1]【次頁の写真参照】、そこには、上部に右横書きで漢字で、下部にローマ字で、それぞれ所在地と店名が以下のように記されている（ローマ字に長音記号はない）。

東京銀座四町目
木村屋英三郎西洋菓子麵包製造所

CAKE & BREAD MANUFACTORY
E. KIMURAYA.
GINZA SICHOME TOKIO.

チェンバレン（1888）『A Handbook of Colloquial Japanese』（初版）の本文末尾（p.486）の最下段にイタリックで以下のようにある。

Printed at the Hakubunsha, Ginza Shichōme, Tōkyō.

そして奥付には、「東京銀座四丁目　博聞本社」とある。
これらローマ字書きの資料により、当時、東京で「四丁目」をシチョーメと言ったことが確認できた。

銀座四丁目に移転した頃の木村屋（銀座木村屋總本店蔵）

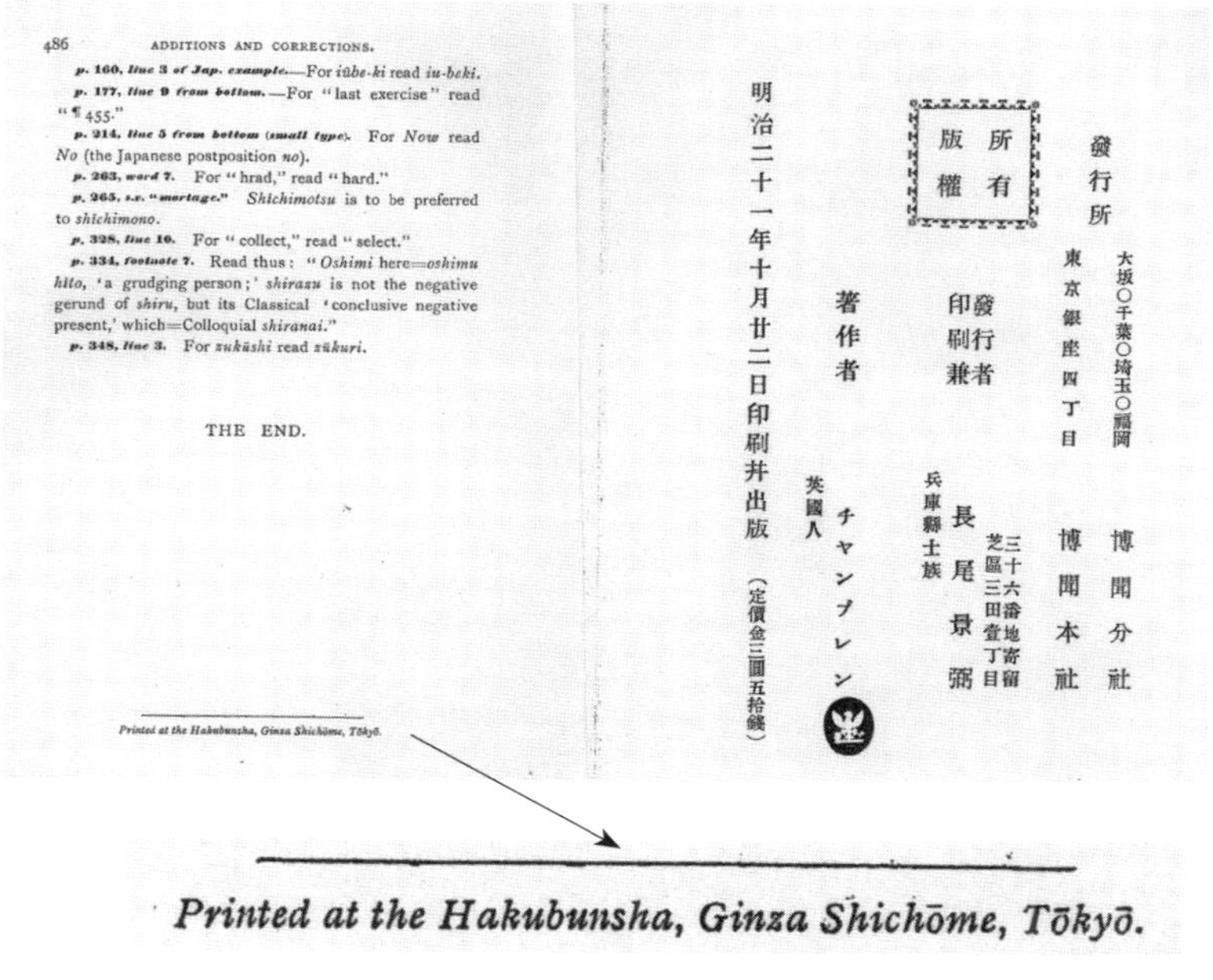

486 ADDITIONS AND CORRECTIONS.

p. 160, line 3 of Jap. example.—For *iūbe-ki* read *iu-beki*.

p. 177, line 9 from bottom.—For "last exercise" read "¶ 455."

p. 214, line 5 from bottom (small type). For *Now* read *No* (the Japanese postposition *no*).

p. 263, word 7. For "hrad," read "hard."

p. 265, s.v. "mortage." *Shichimotsu* is to be preferred to *shichimono*.

p. 328, line 10. For "collect," read "select."

p. 334, footnote 7. Read thus: "*Oshimi* here=*oshimu hito*, 'a grudging person;' *shirazu* is not the negative gerund of *shiru*, but its Classical 'conclusive negative present,' which=Colloquial *shiranai*."

p. 348, line 3. For *zukūshi* read *zūkuri*.

THE END.

Printed at the Hakubunsha, Ginza Shichōme, Tōkyō.

發行所　大坂○千葉○埼玉○福岡　博聞分社
東京銀座四丁目　博聞本社

所有版權

發行者印刷兼　三十六番地寄留芝區三田壹丁目　兵庫縣士族　長尾景弼

著作者　英國人　チャンブレン

明治二十一年十月廿二日印刷并出版（定價金三圓五拾錢）

Printed at the Hakubunsha, Ginza Shichōme, Tōkyō.

Chamberlain（1888）『A Handbook of Colloquial Japanese』（初版）の本文末尾

二・二　『東京地理教育電車唱歌』の「四丁目」

明治三八（1905）年に刊行された、いしはらばんがく（作詞）・田村虎蔵（作曲）『東京地理教育電車唱歌』という、東京の路面電車を歌ったものがある。[2] 歌詞は文語調で一から五二まであるが、一三・二九・三〇に「四丁目《しちょーめ》」が合計三例出てくる。

巻頭の楽譜では一と二の歌詞が仮名だけで記されている。その後に、一から五二までの歌詞が漢字平仮名まじり、総ルビで記されている。和語は歴史的仮名遣い、漢語は表音的仮名遣いで長音は「ー」、拗音の「や・ゆ・よ」は小字の「ゃ・ゅ・ょ」で表わされている。なお「／」は原文の改行を表わす。

一三商家《しょーか》は櫛《くし》の歯《は》をならべ、／ガス燈《とー》、電燈《でんとー》、夜《よ》をてらし、
通《とほ》り三丁《さんちょー》、四丁目《しちょーめ》や、／つづく中橋廣小路《なかばしひろこうぢ》。

〈略〉

二九青山行《あをやまゆき》は乗《の》りかへて、／赤坂見附《あかさかみつけ》、一木《ひとつぎ》を、／
すぎて東宮御所《とーぐーごしよ》の前《まへ》、／電車《でんしゃ》はゆくなり四丁目《しちょーめ》へ。／
三〇青山墓地《あをやまぼち》へは三丁目《さんちょーめ》、／澁谷《しぶや》、氷川《ひかは》の病院《びょーいん》を、／
訪《と》はんとならば、四丁目《しちょーめ》に、／おりてゆくべし左《ひだり》へと。

二・三　野口雨情作詞の童謡「四丁目の犬」

野口雨情作詞・本居長世作曲の童謡に、「四丁目の犬」というのがある。歌詞は大正九（1920）年の雑誌《金の船》第2巻第3号（3月号）〔キンノツノ社〕に発表された（《金の船》は後に《金の星》と改題される）。以下にその歌

詞を載せる。

四丁目《てうめ》の犬《いぬ》

野口雨情

一丁目《てうめ》の子供《こども》／駈《か》け　駈《か》け／歸《かへ》れ
二丁目《てうめ》の子供《こども》／泣《な》き　泣《な》き／逃《に》げた
四丁目《てうめ》の犬《いぬ》は／足《あし》　長《なが》／犬《いぬ》　だ
三丁目《てうめ》の角《かど》に／此方《こッち》向《む》いて／居《い》たぞ

楽譜は同年の同誌の第2巻第4号（4月号）に載っており、そこではまず最初に歌詞を縦書きで載せるが、その表記はルビを含めて第3号のものとほとんど同じで、「丁目」についても「一丁目《てうめ》」「二丁目《てうめ》」「三丁目《てうめ》」「四丁目《てうめ》」とある。歴史的仮名遣いとしては、「丁目《てうめ》」ではなく「丁目《ちやうめ》」が正しいのだが、訂正されず、「居《い》たぞ」だけが「居《ゐ》たぞ」と訂正されている。

結局、以上からは、「四丁目」をどう読むのかの手掛かりは得られない。

ところが、第2巻第3号の巻頭の目次には以下のようにある。

一方、第2巻第4号の巻頭の目次には以下のようにある。

四丁目《てうめ》の犬《いぬ》（曲譜）……………………／本居長世

第2巻第3号の目次のみ、「四丁目」のルビが「しちやうめ」となっているのである。このルビは恐らく雨情自身によるものではなく、編集者によるものであろう。それは、

(1)寄稿者が雑誌全体の目次の原稿を書くことはない。

(2)「丁目」の歴史的仮名遣いは「ちやうめ」なのに、この目次以外は一貫して「てうめ」とある。

ということから窺われる。

そうすると、野口雨情自身が「四丁目」をどう読ませるつもりであったのか、わからないことになるが、一九二〇年の時点で「しちやうめ」というルビを振った人がいたことは確かなのである。

なお、雨情は一九二〇年八月に「『金の船』編集員となり上京」（古茂田 1992, p.161）、というが、第2巻第3号（3月号）、第4号（4月号）の刊行はそれ以前であるから、第2巻第3号の目次に雨情が関わったことはなかろう。

大正一二（1923）年に野口雨情『童謡十講』〔金の星出版部〕が刊行され、巻末に「附録　野口雨情童謡作風集」として、雨情がそれまでに発表した童謡のうちから四六篇が載っているが、その中にも「四丁目の犬」は入っている。ただし、ルビの振り方は従来のものとはかなり異なっていて、ルビがあるのは本文中の「四丁目《よんてうめ》」「足長《あしなが》」「此方《こっち》」だけである（標題の「四丁目の犬」にはルビなし）。「四丁目」はヨンチョーメと読むのだ、というのである。

「四」をヨンと読ませよう、というのには、「丁目」のルビの仮名遣いをあえて「てうめ」とするのと共に、野口雨情の明確な意志が表われているのではなかろうか。

ともかく、この童謡の発表当時、「四丁目」をシチョーメと読ませようという人《金の船》の編集者）と、ヨンチョーメと読ませようとする人（作者の雨情。1882年生まれ）とがいた、ということなのである。言い換えると、大正の末年がシチョーメからヨンチョーメへの交替の時期であった、ということなのであろう。

なお、野口雨情の童謡「五つの指」には「四本《しほん》」の例がある。これは、野口雨情の（1924）『童謡集　青い眼の人形』（金の星社）に収められている（p.206~207）。

おとしは／いくつ／一本《いっぽん》／指出《ゆびだ》した〈略〉
ほんとは／いくつ／四本《しほん》／指出《ゆびだ》した〈略〉

この場合のルビは雨情自身によるものだと思うが、そうだとすると、一九二〇年代において雨情は、「四丁目」はヨンチョーメ、「四本」はシホンと言っていたことになる。(3)

ともかく、現時点ではこの野口雨情（1923）『童謡十講』所収の「四丁目の犬」が「ヨン（四）」の文脈つきの初出例である。

第三節　十の位を略した「四（シ）」

おもに年齢を言う際に、十位の数を省略して一位の数だけを言うことがあった。

三・一　泉鏡花『義血侠血』

泉鏡花（1894）『義血侠血』〔其三〕に、十位を略して一位の数だけを言う例がある。この作品は最初、明治二七

（1894）年一一月に《讀賣新聞》に連載され、単行本としては、1895『それがし』（春陽堂）に収められた。『それがし』（p.130~131）には以下のようにある。


「お前様《まいさん》何歳《いくつ》になるの？」

「私《わたし》は二十六だ。」

「おや六《ろく》なの？ 未《ま》だ若《わか》いねえ。私《わたし》なんぞはもう婆《ばゝあ》だね。」

「何歳《いくつ》さ。」

「言《い》ふと愛想《あいそ》を盡《つか》されるから可厭《いや》。」

「馬鹿《ばか》な！ 眞箇《ほんと》に何歳《いくつ》だよ。」

「もう婆《ばゝあ》だツてば。四《し》さ。」

「二十四か！ 若《わか》いね。廿歳《はたち》ぐらゐかと想《おも》ツた。」


お互いに年齢について話しているのだが、「六《ろく》」は「二十六」の略、「四《し》」は「二十四」の略である。

三・二 夏目漱石の編集者への苦情

こういう十位を略した言い方については、夏目漱石も《東京朝日新聞》・《大阪朝日新聞》に連載〔明治40（1907）年6月23日~10月29日〕の小説『虞美人草』の校正に関して朝日新聞社の渋川柳次郎へ送った苦情の書簡（明治40年8月8日）で述べている。〔岩波書店（1996）『漱石全集』第23巻、p.521〕

拝啓虞美人草の校正に付ては〈略〉
（十）の三
「もう明《あ》けて四ツ、になります」
といふ処がありますが、あれは少々困る。三十四、二十四、四十四抔を略して東京では四《シ》になつたとか、四《シ》だとか云ひますが四《よ》つになつたとは申しません。四《よ》つになつては藤尾が赤ん坊の様になつて仕舞ます。私は判然「四《シ》になります」と書いた積です。しかも二ケ所共四《よ》つに改めてある。困りましたね。〈略〉

問題の《東京朝日新聞》8月8日の「（十）の三」では、

「藤尾《ふぢを》さんは幾歳《いくつ》ですい」
「もう、明《あ》けて四《よ》ツ、になります」
「早《はや》いものですね。えつ。つい此間《このあひだ》迄《まで》これつぱかりだつたが」〈略〉
「……勘定《かんぢやう》すると四《よ》ツつになる譯《わけ》だ。うちの糸《いと》が二《に》だから」

とあるが（波線は安田）、春陽堂から出た単行本1908『虞美人草』p.232では、波線部は「明《あ》けて四になります」「四になる譯《わけ》だ」と直されている（どちらも漢字「四」にはルビはない）。なお、《東京朝日新聞》7月28日掲載の「（八）の二」で、藤尾に向って母親が「御前も今年で二十四ぢやないか〈略〉」と言っている。

ヨンがかなり優勢になった現代の東京でも、年齢を表わす「十四」「二十四」はジューシ・ニジューシと言うことが少なくない。まして漱石のころ、これらをジューヨン・ニジューヨンと言うことはありえなかったろうから、十位

を略した言い方も当然、「シ」であったのだろう。

第四節　旧日本軍における4と7

安田（2002）「シ（四）からヨンへ」【本書第二〇章】第一〇節において、以下のように記したのは正確でなく、鈴木博から注意を受けた（後述）。

「昭和十七【1942】年の十月に兵隊にとられ」たという山本七平（1973）によれば、旧日本軍では4・7は必ずヨン・ナナと言うように決められていたというが、これがいつごろからのことなのかまだ調査できていない。

山本（1973）自身、「砲兵（近衛野砲兵連隊）の二等兵から幹部候補生になりました」（p.104）と述べるように、実はこれは陸軍全体ではなく砲兵についての規定であったのである。

四・一　陸軍砲兵の数の唱え方

旧陸軍の砲兵を扱った小説がある。大西巨人（1978~1880）『神聖喜劇』（全5巻、光文社）で、対馬要塞重砲兵聯隊に入隊した大西の経験に基づく。この第一巻（1978）の第一部第三に砲兵の数の唱え方の話が出てくる。[4] 場面は一九四二年である。

神山が【人数確認のため】「番号」を号令したとき、われわれは、十四、五回もしくじって、彼の不気嫌に輪《わ》を掛けた（この「番号」は、さしあたり新兵たちを最も多く悩ましている事柄の一つに数えられた。というのも、

砲兵の「番号」は、一般のそれと少し違っていて、われわれ砲兵は、『砲兵操典』の「数ニ関スル称呼」規定によって、「四」を「ヨン」、「七」を「ナナ」、「九」を「キュウ」と発唱せねばならなかったからである。〈略〉

(p.86)

このあと、二等兵の東堂太郎（主人公）が『砲兵操典』の数の唱え方に関する部分を全部暗唱する場面が出てくる。そこで、防衛省防衛研究所史料閲覧室で『砲兵操典』を調べてみた。調べたのは、昭和四年二月六日改定のものと、昭和一四年一〇月二四日改定のものである。

第三十二　數ニ關スル號令及報告ハ特ニ明瞭ニ發唱シ誤謬ヲ生セシメサルヲ要ス之カ爲方向及高低ノ諸分畫、信管修正分畫、信管分畫ニシテ十位數ニ續カサルモノ及十以下ニ屬スルモノハ一《ヒト》ツ、二《フタ》ツ、三《ミ》ツ、四《ヨン》、五《イツ》ツ、六《ロク》、七《ナナ》、八《ヤツ》ツ、九《キウ》、十《トウ》ト唱ヘ其他ハ總テ一《イチ》、二《ニ》、三《サン》、四《ヨン》、五《ゴ》、六《ロク》、七《シチ》、八《ハチ》、九《キウ》、十《ジウ》、一百《ヒヤク》、三百《サンビヤク》、一千《セン》、三千零《サンゼンレイ》五十《ゴジウ》、一萬一千一百《イチマンイツセンヒヤク》等ト唱フルモノトス

〔『砲兵操典』〔昭和四（1929）年二月六日改定〕・總則　p.10〕

第十九　本操典中各部共通ノ規定左ノ如シ

一〈略〉

二、數ニ關スル稱呼ハ特ニ明瞭ニ發唱シ誤謬ヲ生ゼシメザルヲ要ス之ガ爲方向及高低ノ諸分畫、信管修正分畫、信管分畫ニシテ十位以下ニ屬スルモノ及十位數ニ續カザルモノハ、一《ヒト》ツ、二《フタ》ツ、三《ミ》ツ、四《ヨン》、五《イツ》ツ、六《ロク》、七《ナナ》、八《ヤツ》ツ、九《キウ》、十《トウ》、三百零五《サンビヤクレイイツツ》等ト唱ヘ其ノ他ハ總テ一《イチ》、二《ニ》、三《サン》、四《ヨン》、五《ゴ》、六《ロク》、七《ナナ》、八《ハチ》、九《キウ》、十《ジウ》、二十《ニジウ》、百《ヒヤク》、千《セン》、二千《ニイセン》、三千零五十《サンゼンレイゴジウ》、一萬一千百《イチマンイツセンヒヤク》等ト唱フルモノトス但シ高射砲兵ニ在リテハ照空ニ關スル方向、高低ノ諸分

畫ハ總テ〇《レイ》、一《イチ》、二《ニ》、三《サン》、四《ヨン》、五《ゴ》、六《ロク》、七《ナナ》、八《ハチ》、九《キウ》ト唱ヘ且方向、高低ノ順序ニ各位ノ數字ヲ連呼シ方向ハ〈略〉

〔『砲兵操典』［昭和一四年一〇月二四日改定］・總則　p.19~20〕

なお、ルビの「トウ」（十）・「ジウ」（十）・「ニイセン」（二千）は原文のままである。山本七平や大西巨人にはこの昭和一四年改定のものが適用されたのであろう。山本（1973）は、「【陸軍では】断乎として外来語は使わないようですが、メートルとかセンチとかキロなんてのは」という質問に答えて言う（p.106~107）。

> これはありましたね。全部、メートル法でしたね。やっぱりフランス式なんですかね。ただ靴は文ですね、何文何分っていういい方でした。三種類はありましたね。十《と》・三《さん》、十《と》・七《しち》、十一ってのがありましたね。数にもどって、メートル法ですけど、砲兵の場合は「メートル」をいわないんです。数だけで、三千とか、三千六百とか。それから、非常に特徴あるのは、砲兵だけだそうですが、これ違うんです、端数が特にね。一、二、三、四《よん》、五、六、七《なな》、これはまあ普通の原則なんですが、観測手が端数をいう場合ですね、百零やっつっていういい方をするんです、絶対あの間を抜かさないでね。端数は、覚えるまでが大変なんですが、ひとつ、ふたつ、みっつっていうんです。そこまではつがつくんですが、それから四《し》がよんなんです、それから、いつつ、ろくっていうんですよ。それから、なな、やっつ、きゅう、とおっていうんですね、これ。どんな遠くで怒鳴っても絶対聞き違いがないように、いち、しち、はちがない。

靴の大きさは「十《と》・三《さん》、十《と》・七《しち》、十一」と言ったというから、7は「シチ」を必ず避けたのではなく、場面に

よってシチとも言ったということなのであろう。なお、「番号」の際のことは山本は述べていない。『砲兵操典』で規定されているのは、陸軍全体についてではなく、あくまでも砲兵についてである。同じ陸軍でも、歩兵については別に『歩兵操典』があり、その昭和一五年二月一九日改定の版では、「綱領」や「總則」に数の数え方の規定はない。

四・二「番号」における4と7

大西（1978）は、さきに見たように、整列して「番号」の号令のもと、「一」「二」「三」と唱える時は、

われわれ砲兵は、『砲兵操典』の「数ニ関スル称呼」規定によって、「四」を「ヨン」、「七」を「ナナ」、「九」を「キュウ」と発唱せねばならなかった

と記す。ただし、人数確認の「番号」に関しては、『砲兵操典』に明確にそう規定されているわけではない。

安田（2002）「シ（四）からヨンへ」【本書第二〇章】・安田（2004）「シチ（七）からナナへ」【本書第二一章】を読んだ鈴木博から、手紙により数回にわたって教示を受けた。昭和一九（1944）年に陸軍に歩兵として応召した鈴木は二〇〇四年四月の手紙で言う。

【中学校の教練の授業や、陸軍で】整列の際の番号を唱えて行くのは「シ・シチ・ク」であることを【二〇〇二年六月の手紙で】申しました。〈略〉「ヨン・ナナ」を言う場合が、例えば斥候から帰り報告する場合の日時には（直接でも、電話でも）、聞き誤りを防ぐために「シ・シチ」でなく「ヨン・ナナ」と言うことになっていたと思

います。つまり場面によって使い分けていたと思われます。

数の唱え方は、同じ陸軍でも砲兵と歩兵では違い、それぞれ一律に「シ」「シチ」を排除するのではなく、鈴木の言うように、「場面によって使い分けていた」ということらしい。

「七《シチ》」は『砲兵操典』の昭和四年のにはあって昭和一四年のにはない。「四《シ》」はすでに昭和四年のにないが、それ以前いつごろ排除されたのかは未調査である。

第五節　文部省唱歌「鎌倉」の「七百年」

安田（2004）「シチ（七）からナナへ」【本書第二一章】に、「シチヒャクネン（七百年）」という言い方が文部省（1942）『初等科音樂　四』に載っていることを記したが、これについて鈴木博から以下のような教示を得た（要約）。

〝この歌は最初、明治四三（1910）年『尋常小學讀本唱歌』に載ったもので、歌詞は「歴史は長し七百年」とあった。金田一春彦・安西愛子（1977）『日本の唱歌（上）』によれば、作詞者は芳賀矢一とのこと。この歌は国定読本第二期の『尋常小學讀本　巻十二』にも載っているが、「七百年」にはルビはない。鈴木が習った昭和六（1931）年の国定読本第三期の『尋常小學國語讀本　巻十二』にも受け継がれたが、「歴史は長し」が「歴史は長き」に改められている。〟

私は安田（2004）「シチ（七）からナナへ」【本書第二一章】において、「これは、当時の教科書関係者が、〝文語調の歌においてはシチヒャクが好ましい言い方だ〟という認識を持っていた、ということを示すものであろう。」と記した。「当時」とは文部省（1942）『初等科音樂　四』の頃の意であった（私は、この歌の初登場が一九一〇年であったことを知らなかったのである）。この「鎌倉」は文部省（1947）『六年生の音楽』には収められなかったから、昭和

二一（1946）年度までの三七年間、小学校で歌われ続けたことになる。

第六節　現代における4という数を忌む習俗

六・一　四号室のない病棟

旅館や病院などで、三号室の次は四号室ではなくて五号室となっている、あるいは、三号室の次は物置か何かで四号室という客室や病室はない、ということは私自身、実見したことがある。太田晶二郎（1974）が〝四の数を忌むこと〟に関する随筆で、「某病院某科の一四号室に入れられて、〈略〉坂本太郎博士が、『四の数を忌むこと』と題し、〈略〉」と記すのも、〝病院には四号室や十四号室はないのが普通〟ということを踏まえてのものだろう。

この、〝病院には四号室はないのだ〟ということを述べた小説がある。森鷗外の妹の小金井喜美子が明治四三（1910）年の《昴》第2年第5号に発表した「子の病」である。以下、【　】内と波線は安田が加えたもの。

或日照子が【息子の澄一が入院している病院の】二階に上がつて、何の氣なしに【病室の】番號を數へて行くと、三號から五號へ飛んでゐる。澄一は七號にゐるのである。附添にわけを聞くと、かう云ふのである。

「此病院に限らず、どの病院でも、四號といふのはないのです。特別何號としてあります。やつぱり縁起でございませう。」

それを聞いてゐた澄一がかう云つた。

「いくら縁起で四號が無くても、かうしてゐては死にさうです。おも湯と梅びしほばかりで、〈略〉」（p.23）

この場合、〝病人の澄一の母親の照子は、附添に尋ねなければ「四號」病室のない理由がわからなかった〟という

ことになる。なお、この小説は後に小金井喜美子（1943）『森鷗外の系族』（大岡山書店）に収められた。

六・二　韓国における4を忌む習俗

現代の朝鮮漢字音では「四」も「死」もsaで同音であり（語によるアクセントの区別は現代ソウル方言にはない）、韓国には4という数を忌む習俗がある。これについて韓国の宋敏（2000）は、「四を嫌う現代韓国人の意識は、〈略〉二十世紀前半の植民地時代に日本人と接触しながら改めて身につけたものと見られる。」（p.13）と述べる。

その理由として、宋は、一六三六年の朝鮮使節（朝鮮通信使）と日本側との興味深いやりとりの記録（金世濂『海槎録』）を紹介している（p.12）。すなわち、朝鮮側と日本側の間の事前の折衝において、朝鮮側からの土産物の筆墨の数が「四十」の予定だったのに対し、日本側が、〃四十では数も少ないし、「四」は日本で忌まれる数である〃と言って、結局、数を五十にすることにした、というのである(5)。そして宋は、以下のように結論する（p.12）。

当時の朝鮮人には、四を嫌う意識がなかったことになる。それがあったとすれば、四十という単位を選ぶはずがない。常識的に自分たちが好まない数字を外交上のお土産の単位として使ったとは考えられないからである。

なお、宋（2000）はまた、現代の韓国におけるエレベーターの階数表示について、以下のように述べている（p.11）。

古い高層ビルのなかには、四階のしるしが見えない場合がある。ことに病院や旅館、それから集団住宅などがそうである。そんな建物の場合、エレベーターの四階目のボタンにはFというしるししか現われない。英語の

Fourth、つまり四階の頭文字であろう。

このことを、青山学院大学の韓国人留学生に確かめたところ、〝確かにそのようなことがある。ただし、口で言うときは漢語で「四層」と言う。〟とのことであった。

また台湾にも「四」を忌む習俗があるという。具体的なことは私は知らないが、これも日本の植民地支配によってもたらされたものなのではなかろうか。

六・三　日本にもある4階のないホテル

〝韓国には、3階の上は5階で、4階のないビルがある〟という話を聞いたことがあったが、私は半信半疑であった。ところが、その後、日本にも4階のないホテルがあることがわかった。それは、私自身が二〇〇四年一一月に熊本大学での日本語学会の際に宿泊した「JR九州熊本ホテル」である。エレベーターのボタンを見ると「4」が存在せず、「3」の上は「5」となっていた。一九九九年の開業という。

注

（1）木村屋総本店社史編纂室（1989）の巻頭や大山真人（2001）p.19にこのポスターの写真がある。前者には「明治初期の工場」という説明がある。高島俊男（2004, p.195）が言及。

（2）明治三九（1906）年刊の第七版〔文錦堂・文美堂〕（東京都台東区立中央図書館蔵）による。表紙に「文部省検定濟／東京地理教育／電車唱歌」とあり、表紙・扉・奥付には作詞者名・作曲者名は記されず、本文の冒頭に、「東京地理教育電車唱歌／いしはらばんがく作歌／田村虎藏作曲」とある。この歌は堀内敬三・井上武（1958）『日本唱歌集』や金田一

春彦・安西愛子（1977）『日本の唱歌（上）』に収めるが、どちらも「四丁目」にはルビはない。また、岡本仁・野ばら社（1992）『鉄道唱歌』にも収め、三例とも「四丁目《よんちょうめ》」とルビがあるがルビの根拠は不明。

（3）一九三七年兵庫県相生《あいおい》生まれの高島俊男は「かぞえることば」（高島 2003, p.293）で言う。

われわれが子どものころにはこのヨンホンという和漢混淆型はなかった。これは多分軍隊用語であって〈略〉戦後に復員兵士とともにひろがったのであろう。

（4）高島俊男（1999, p.199~; p.309）が取り上げている。

（5）『海槎録』の原文は辛基秀・仲尾宏（1996, p.133~）にある。

補説

（1）昭和二七（1952）年に発表された壺井栄の小説『二十四の瞳』は「にじゅうしのひとみ」である。二年後に映画化され、私もそれを見たが、皆がニジュウシノヒトミと言っていたことを覚えている。壺井は明治三二（1899）年香川県小豆島《しょうどしま》生まれ、小豆島育ちである。

（2）昭和三〇（1955）年一一月一六日から《読売新聞》朝刊に連載された石川達三の小説『四十八歳の抵抗』は、標題の漢字に「しじゅうはっさい」「ていこう」とルビが付いていた（この時の他の連載小説もみな標題にルビつき）。石川は明治三八（1905）年秋田県横手町生まれだが、父親の転勤によって、三歳から七歳までは秋田市で、その後は東京府、岡山県で育った。

（3）工藤力男（1980）「和漢の数詞の混用」〔《言語》第9巻第10号〕は言う。

過日、ある会合での自己紹介のとき、池上禎造南山大学教授は、御自身の生年を「明治シジュウヨ年――私どもはヨンジュウとは申しませんでした」と述べた。

池上は明治四四（1911）年京都市生まれ、京都市育ちである。

（4）安田（2002）「シ（四）からヨンへ――4を表わす言い方の変遷――」【本書第二〇章】第三節で、〝中国大陸では4を忌むことはない〟と述べた。しかし、中国の西安出身［1959生］の陳力衛の教示によると、中国大陸でも4を忌むことはあるという。陳の話を要約すると以下のとおり。

〝北京市のある団地に住む知り合いを訪ねたところ、13号棟の次は14号棟がなくて15号棟となっていたので驚いた。また、13号棟のあと、15号甲棟、15号乙棟、16号棟……となっている所もある。ビルの階数も、3階の上の階が5階となっているのは台湾や香港ではよくあることだが、中国大陸でも台湾・香港ほどではないがある。中国大陸では「四」に限らず、悪い意味の文字と発音が同じ文字は、声調が異なっていても、子どもの命名などの際に避けることがある。〟

ただ、これがいつごろからのことなのかは未確認である。

（5）明治四三（1910）年『尋常小學讀本唱歌』は複製が左記に収められている。

江崎公子（1991）『音楽基礎研究文献集　第16巻』、大空社。

これに収められた「鎌倉」の歌詞は、楽譜には「レキシハシナガキシチヒヤクネン」、縦書きの歌詞には「歴史《れきし》は長《なが》き七百年《しちひやくねん》」とある。なお、明治四二（1909）年生まれの太宰治は小学校でこの歌を習ったはずである。

第二三章　稲荷山鉄剣の「七月中」

青山学院大学文学部日本文学科では、二〇〇五年三月一二日に青山キャンパスで国際学術シンポジウム「文字とことば――古代東アジアの文化交流――」を開催し、この時の基調講演をもとに、論文集、『文字とことば――古代東アジアの文化交流――』（青山学院大学文学部日本文学科編集・発行）を刊行した。この論文集所収の論文の題目と著者は以下のとおり。

和文成立の背景　矢嶋　泉
古代東アジアの国際環境　佐藤　信
韓国の古代吏読文の文末助辞「之」について　南　豊鉉
文字の交流――片仮名の起源――　小林芳規
古代日本の漢字文の源流――稲荷山鉄剣の「七月中」をめぐって――　安田尚道
萬葉集の文字法　小川靖彦
かな文学の創出――『竹取物語』の成立と享受に関する若干の覚書――　高田祐彦

今、この『文字とことば』所収の「古代日本の漢字文の源流――稲荷山鉄剣の「七月中」をめぐって――」を、表題を

改めた上で以下に再録する。人の肩書き、用例番号の振り方、「一一五年以上も昔」という表現も、発表当時のままである。ただし、引用文の前後は一行あけ、資料の西暦年代を表わす漢数字はアラビア数字に改め、「A.D.」は特に紛らわしくない限り省いた。引用資料などについて詳しくは安田（1983）「上代日本の金石文等に見える「○月中」の源流について」〔《青山語文》第13号〕を見て欲しい。

本文中で南豊鉉のシンポジウム配布プリントを引用したが、その内容は右の南の論文（南 2005）、韓国の古代吏読文の文末助辞「之」についてで見ることができる。

なお、本文の末尾の**補説**（二〇一四年）はもちろん、今回加えたものである。

はじめに

シンポジウムでは、時間の制約から述べたりなかった点も多かったし、会場で配ったプリントに載せなかった用例もあるので、それらを加えて述べることとする。また、章段の番号もプリントとは一致しないことをお断りしておく。

第一節　問題の発端

埼玉稲荷山《さきたまいなりやま》古墳出土の鉄剣に一一五文字の銘文のあることが一九七八（昭和五三）年九月に判明した。この銘文は、

辛亥年七月中記乎獲居臣上祖名意冨比垝……

で始まるが、この銘文発見の直後から、銘文中の「七月中」が注目を集め、〝「〇月中」は中国の漢文には見えず、朝鮮漢文に見えるから、稲荷山鉄剣の「七月中」も朝鮮漢文の言い方によるものであろう〟と言われた（村山七郎〔言語学〕・田中卓《たかし》〔日本古代史〕・上田正昭〔日本古代史〕・李進熙《りじんひ》〔朝鮮考古学〕・山尾幸久〔日本古代史〕・小川環樹《たまき》〔中国語学文学〕・西嶋定生《さだお》〔中国古代史〕・木下礼仁《れいじん》〔朝鮮古代史〕・藤本幸夫〔朝鮮語学〕など）。

小川環樹（1980）は、稲荷山鉄剣の銘文の「七月中」は、「漢文の通例に合わない破格の用法」（p. 68）だとし、「その用法が古代朝鮮の習慣に学んだものであろうことは推測される。」（p. 72）とする。もう少し、小川（1980, p. 72）の言うところを見てみよう（原文は横書き。波線は安田）。

> 鉄剣銘の「七月中」の最も適確な訳は「七月に」または「七月において」であるべきである。韓国の古代の金石文の「某月中」は正にこの意義に用いられていた。〈略〉この「中」は（上のような意味ならば漢文ではただ「某月」「某年」とだけ書くところに付加されているのは）漢文としては不必要な字であるが、実は朝鮮語の或る語尾（その語形は未だ確かめられていないが）の代りに書かれた〈略〉。稲荷山鉄剣銘の作者が「中」を実際どのように発音して読んだかは分からないけれども、その用法が古代朝鮮の習慣に学んだものであろうことは推察される。〈略〉
>
> 「中」の字を上のように用いることは中国にはないと私は思っていたが、たまたま北魏の造像銘（いわゆる「竜門二十品」）を読み、「安定王元燮造像記」の末に「正始四年二月中訖」とあるのを見出だした。正始4年は507A.D. にあたる。この「二月中」は「二月に」の意味に違いない。

銘文発見から一〇年後に藤本幸夫（1988, p. 216）は言う。

鉄剣銘をはじめとするわが国の「中」字の用例は、朝鮮三国から渡来した人々が、その才をもって文筆の業に起用され、自国の文字遺いを反映させつつ撰したものと思われる。

はたして小川などの言う通りなのかどうかを検証してみよう。

第二節　漢字文化の伝来経路

漢字・漢文の文化の日本への渡来経路として、中国から直接のもののほかに、朝鮮半島を経由したものもあるだろう、という考えは、古くからある。七世紀前半にできた中国の歴史書『隋書』の倭国伝（巻八十一、東夷伝の倭国の条）にも、

無文字、唯刻木結縄、敬佛法、於百濟求得佛經、始有文字

とあり、また、『古事記』（七一二年成立）の応神天皇の条に、〝百済の和邇《わに》吉師（『日本書紀』では王仁）が『論語』と『千字文』とを伝えた〟とあることは広く知られている。

さらに、〝推古期遺文の万葉仮名の背景となった漢字音には、朝鮮漢字音が元となっているものがあろう〟ということはしばしば言われる。

しかし、漢字音を別にすると、〝日本で書かれた漢字文の中に朝鮮的要素があるとしたら、どの部分なのか〟について具体的に語られることは少ないのである。今回のシンポジウム「文字とことば」に参加の予定であった南豊鉉が

シンポジウムのために作製し当日会場で配付されたプリント「韓国の古代史讀文の文末辞「之」について」には、以下のようにある（原文は横書き。波線は安田）。

日本で発掘された古代記録の中に韓国的要素が用いられたというのは、1978年に公表された『稲荷山古墳』の鉄剣銘文にあらわれた「中」字と、1979年1月に公表された『太安万侶墓誌銘』に現われた「之」字の用字法から新たに提起された。これらは漢文としては破格的で、韓国の古代金石文に現われる用字法と一致するという点から、これを「Koreanism」ともよんだのである。以前から古代日本の文字生活が韓半島の影響を受けたろうという主張はあったが、このように具体的な論点が大きく提起されたことはなかった。

以下に日本・朝鮮・中国の「○月中」（および「○年中」）の用例を挙げる。

第三節　日本の金石文の「○月中」

① [471A.D.] 埼玉稲荷山古墳（埼玉県行田《ぎょうだし》市）鉄剣銘

「辛亥年七月中記乎獲居臣上祖名意冨比垝其児多加利足尼其児名弖已加利獲居其児名多加披次獲居其児名多沙鬼獲居其児名半弖比」（表）

「其児名加差披余其児名乎獲居臣世々為杖刀人首奉事来至今獲加多支鹵大王寺在斯鬼宮時吾左治天下令作此百練利刀記吾奉事根原也」（裏）

② [5世紀後半] 江田船山《えたふなやま》古墳（熊本県玉名市）鉄刀銘

「□□《（治天）》下獲□□□鹵大王世奉事典曹人名无□弖八月中用大鋳釜并四尺廷刀八十練□十振三寸上好刊刀服此刀者長

寿子孫洋々得□恩也不失其所統作刀者名伊太和書者張安也」

③［623］法隆寺金堂釈迦三尊像光背銘

「法興元丗一年歳次辛巳十二月……癸未年三月中如願敬造釋迦尊像并侠侍及荘嚴具竟」

第四節　日本の書籍の「○月中」

①［720］『日本書紀』巻第九・神功皇后四十六年

「卌六年春三月乙亥朔、遣斯摩宿禰于卓淳國。於是、卓淳王末錦旱岐、告斯摩宿禰曰、甲子年七月中、百濟人久弖彌州流莫古三人到於我土曰、百濟王聞東方有日本貴國……」

②［720］『日本書紀』巻第十・応神天皇十三年

「十三年春三月、天皇遣専使、以徴髪長媛。秋九月中、髪長媛至自日向」

③［814］空海『沙門勝道歴山水瑩《えい》玄珠碑（＝二荒山碑文）』（天応元年は780A.D.）

「又天應元年四月上旬、更事攀陟、亦上不得也、二年三月中、奉為諸神祇、寫經圖佛、裂裳裹足、棄命殉道」

④［822以後］『日本霊異記』巻上・第32話（神亀四年は727A.D.）

「神龜四年歳次丁卯九月中聖武天皇與群臣猟於……」

第五節　朝鮮の「○月中」

①［451／511A.D.］慶州瑞鳳塚銀合杅

「延寿元年太歳在辛／三月□太王敬造合杅／三斤」

「延寿元年太歳在卯三月中／太王敬造合杅用三斤六両」

② [421／481] 中原高句麗碑

「五月中高麗大王祖王令□新羅寐錦世世為願如兄如弟／上下相和守天東夷之寐錦……」

③ [5世紀半ば] 丹陽新羅赤城碑

「□□月中王教事大衆等喙部伊史夫智伊干／□□豆弥智……」

④ [566] 平壌城城壁石刻

「丙戌十二月中／漢城下／後部小／兄文達／節自此／西北行／渉之」

⑤ [5～6世紀] 蔚州川前里書石

「乙丑年九月中沙喙部干西□／夫智彼功干支妻夫人阿刀郎女／谷見来時前立人……」

「丙戌載六月廿八日／辛亥年九月中／芮雄妻并行」

⑥ [758] 葛項寺石塔記

「二塔天寶十七年戊戌中立在之／娚妹三人業以成在之／……」

第六節　中国の秦代・漢代の竹簡・木簡の「○月中」「○年中」

① [217B.C. 以前] 睡虎地秦簡(1)

「官相輸者　以書告其出計之年　受者以入計之　八月、九月中其有輸……」（金布律）

睡虎地秦簡(2)

「□捕　爰書　男子甲縛詣男子丙　辭曰　甲故士五　居某里　迺四月中盗牛　去亡以命……」（封診式）

睡虎地秦簡(3)

「亡自出　郷某爰書　男子甲自詣　辭曰……以二月丙子将陽亡　三月中逋築宮廿日……」（封診式）

②居延漢簡⑴（太初三年は102B.C.）

「延寿廼大初三年中又以負馬田敦煌延寿與□倶来田事已」

居延漢簡⑵（地節三年は67B.C.）

「官大夫年廿四姓夏氏故民地節三年十一月中除為」

居延漢簡⑶（地節三年は67B.C.）（《　》内は原文で小字二行割り）

「□□東郡畔戍里靳亀　《坐廼四月中不害日行道……闘以剣撃傷右手指二所・地節三年八月己酉械繋》」

居延漢簡⑷（甘露元年は52B.C.）

「□□□□□午朔辛酉渠井燧長成敢言之廼五鳳四年五月中除為殄北□□□
五年正月中授為甲渠誠北燧長至甘露元年六月中授為殄北塞外渠井燧長成去甲渠□□」

睡虎地は湖北省雲夢《うんぼう》県にあり、秦簡の用例は藤本幸夫（1986）によって報告された。居延は内蒙古自治区バヤンノール盟エチナ旗にあり、居延漢簡には合計二〇例あまりの「〇月中」「〇年中」がある。

第七節　中国の史書の「〇月中」「〇年中」

①司馬遷（145B.C.～86B.C.頃）『史記』

「十一月中、項羽果率諸侯兵西、欲入関、関門閉、聞沛公已定関中、大怒使黥布等攻破函谷関、十二月中、遂至戯、」（高祖本紀）

「八年十月、立呂粛王子東平侯呂通為燕王、風通弟呂荘為東平侯、三月中、呂后祓還……七月中、高后病甚、……八月丙午、斉王欲使人誅相、……」（呂后本紀）

「乾封三年、上乃下詔曰、……其明年、……、其明年冬、上巡南郡、……、四月中、至奉高、脩封焉、……」（封禪書）

「三十五年冬、……北猟良山、有献牛足出背上、孝王悪之、六月中、病熱、六日卒、謚曰孝王、」（梁孝王世家）

「萬石君以元朔五年中卒、……元封四年中、関東流民二百萬口、……後三歳餘、大初二年中、丞相慶卒、……」（万石張叔列伝）

②班固（32A.D. ～ 92A.D.）『漢書』

「三十五年冬、……北猟梁山、有献牛足上出背上、孝王悪之、六月中、病熱、六日薨」（文三王伝）

「至孝文即位、復脩和親、其三年夏、……其明年、……皇帝即不欲匈奴近塞、則且詔吏民遠舎、使者至即遣之、六月中、来至新望之地」（匈奴伝）

「宗室広饒候劉京上書言、七月中斉郡臨淄縣昌興亭長辛當、一暮数夢」（王莽伝）

③陳寿（233A.D. ～ 297A.D.）『三国志』

「當陳爽與晏等陰謀反逆、並先習兵、須三月中欲発」（魏志・曹真）

④范曄（398A.D. ～ 445A.D.）『後漢書』

「建武八年中、太僕朱浮……等数上書曰、……」（律暦志）

「順帝陽嘉元年十月中、望都蒲陰狼殺童児九十七人」（五行志）

「中平三年八月中、懐陵上有萬餘爵、先極悲鳴」（五行志）

「光武帝建武二年……、是時世相初興、天下賊乱未除、……施復叛称王、至五年中乃破、……二十二年五月乙未晦、日有蝕之、……十九年中、有司奏請立近帝四廟以祭之」（五行志）

第八節　中国の金石文の「〇月中」「〇年中」

①［507A.D.］安定王元燮《げんしょう》造像記（河南省龍門、北魏）

「……正始四年二月中訖」

②［515］皇甫驎墓誌（北魏）

「……太和廿年中仇池不彰……正始元年中河州刺史梁公……正始四年中還蕩刺史元□……」

③［527］匹婁歓および妻尉遅氏墓誌（北周、建徳元年）

「……大統三年中旨征沙苑有功加封八旨進爵為公授衛大将軍帥都督……」

④［554］賀屯植墓誌（北周、魏前二年）

「……赴火之節魏前二年十二月中　大祖文皇帝……」

⑤［563］高百年墓誌（北斉、河清三年）

「……以河清三年中薨於……以歳次甲申三月己未朔二日□申安厝在於……」

第九節　中国の文学作品等の「〇月中」「〇年中」

①陶淵明（365A.D.～427A.D.）の詩の題

［400A.D.］「庚子歳五月中、従都還、阻風於規林」

［403］「癸卯十二月中作、與従弟敬遠」

［408］「戊申歳六月中、遇火」

［410］「庚戌歳九月中、於西田穫早稲」

[416]「丙辰歳八月中、於下潩田舎穫」
②陶淵明の詩「擬挽歌辞」
「厳霜九月中、送我出遠郊」
③［6世紀前半］『斉民要術』（著者の賈思勰は北魏の大守）
「五六月中霖雨時、抜而栽之」（巻二）
「十月中以穀麦種覆之」（巻三）
④『洛陽伽藍記』巻一・永寧寺（孝昌二年は526A.D.、武泰元年は528A.D.）
「至孝昌二年中、大風発屋抜樹」
「武泰元年二月中、帝崩」
⑤李白（701~762）『李太白集』
「雲南五月中頻喪渡瀘師」（書懐贈南陵常賛府）
「炎赫五月中朱曦爍河堤」（溧陽尉済充汎舟赴華陰）
「星火五月中景風従南来」（過汪氏別業）

第一〇節　中国の道教経典における「〇月中」

福永光司《みつじ》（1984）は中国の道教経典（道書）の『抱朴子』『真誥《しんこう》』にも「〇月中」があることを指摘している。両書とも江南で成立したものである。

①［4世紀初］葛洪『抱朴子』内篇
「或閉口行五火之炁千二百遍、則十二月中不寒也」（雑応）

「當以三月九月、此是山開月、又當擇其月中吉日佳時」（登渉）
「時四月中盛熱、不能往」（袪惑）
②［6世紀前半］陶弘景『真誥』（《 》内は小字二行割りの原注）
「第七似不從征《公是簡文為司徒也……于時是太和四年己巳歳三月中書也》」（握真輔第二）

第一一節 「○月中」は中国では古くから用いられた

上に見てきたとおり、中国では「○月中」「○年中」は、もっとも古いところでは秦の竹簡（紀元前三世紀）にあり、前漢の木簡（紀元前一世紀）にもあり、『史記』（紀元前一世紀）および以後の正史にもいくつもある。六世紀の北朝の金石文にもある一方で、四～六世紀に江南で作られた道教経典にもあるから、地域的に特に片寄っているとも言えない。そう多用されることはなかったが、それほど珍しいわけでもないのである。

稲荷山鉄剣の銘文の発見直後には〝「○月中」は中国の漢文には見えず、朝鮮漢文に見えるから、稲荷山鉄剣の「七月中」も朝鮮漢文の言い方によるものであろう〟と言われたわけだが、前提の、〝中国の漢文には見えない〟というのが崩れてしまったわけである。

もちろん、中国でも資料の種類によって出現率はかなり異なる。たとえば詩ではめったに「○月中」は用いられないと言ってよい。『文選』については斯波六郎『文選索引』（1954～1955）があって、『文選』に収められた詩や文章のすべての字句が検索できるのであるが、「○月中」はわずか一例しかないから、詩や文学的文章には「○月中」はほとんど用いられないのだ、と言える。

これに対して、歴史書には年月の表現が多用される。歴史書の必然である。〝「○月中」は中国の文献には見えない〟と考えた人は、まず最初に『史記』ぐらいは全編に目を通して確かめるべきであった。驚くべきことに、〝「○月

中」は朝鮮漢文の表現だ〟と主張した人々のすべてが、この初歩的な作業を怠っていたのであった。

第二節　「〇月中」の意味

「〇月中」は〝〇月に〟の意だ、と考える人々があった。確かに、そう解しても意味が一応とおる例はいくつもある。しかし、それ以外の意味ではありえない、というわけでもない。

現代日本語における「〇月中」の意味が何通りかあることを考えると、古代中国でも何通りかの意味があった、ということは十分に考えられよう。しかし、その中の一つに〝〇月に〟の意味が果してあったのかどうか。

実はこれまで誰も注目して来なかったことだが、「〇月中」「〇年中」の例が合計数十例も見つかっているのに、日付の「〇日」に「中」の付いた「〇日中」という表現は一例も報告されていない(1)。このことは大きな問題のはずである。なぜなら、「中」が処格（〝…に〟）を表わすのなら、「〇月中」「〇年中」だけでなく、「〇日中」もあってしかるべきであるからである。

しかし実際には、日付に「中」の付いた例は中国では一例も報告されていない。ということは、〝中国における「〇月中」「〇年中」の「中」は処格を表わす〟という解釈が疑わしいことを意味する、と考えるべきであろう。

朝鮮半島の金石文に見える「…中」について、これを朝鮮的表現と見る説では、この「中」は〝…に〟（処格）を表わすと見るのであるが、この考えに対して南豊鉉はさきのプリント「韓国の古代吏讀文の文末辞「之」について」において以下のように言う(2)。

その後、資料を検討した結果、韓国でも「〇月中」は「某月1日からその末日までのある日」を示すものとして究明され、処格にはなれないことが明らかになった。韓国の吏讀で、この「中」字は〈略〉処格助詞として用い

られたが、その中で一番古いのは『新羅華厳経写経造成記』（755）の「然後中」「楮根中」などに用いられた「中／kŭi」である。従って、これ以前に現われる「中」字として漢文の格式から外れた吏讀はまだ確認されていない。

また、中国では、すでに見たように、「（年号）〇年中」の前に時を表わす助辞「以」のある例があった。

「萬石君以元朔五年中卒」（『史記』万石張叔列伝）

「以河清三年中薨於……」（「高百年墓誌」）

これらの例において「中」が時を表わすとすると、時を表わす助辞が「以」「中」と重複することになる。そのようなことは中国人の書いた漢文としてはありえないことであり、この場合の「中」が時を表わすのではないことは確実である。結局、五世紀の稲荷山鉄剣の銘文の「七月中」は、中国資料から見ても、朝鮮資料から見ても、日本が朝鮮半島の漢字文化を取り入れた具体例にはならないことになる。

第一三節　おわりに

稲荷山鉄剣の銘文の発見は一九七八年九月であったが、その直後から、言語学・中国語学・日本古代史・朝鮮史・中国古代史の専門家たちが、〝「〇月中」は中国の漢文には見えず、朝鮮漢文に見える〟と述べたのに対して、私は何か違和感をおぼえたのだと思う。「……と思う」などという言い方をするのは、もう二五年以上も昔のことで、記憶がはっきりしないからなのだが、ともかく私なりに中国の資料を調べ始めたのであった。銘文発見の何年か前に漢簡（漢代の木簡）の写真版（二玄社『書跡名品叢刊』の『漢晋木簡残紙集1』）を入手していたが、これに「〇月中」がいくつも出てくるのを見て、〝専門家が、中国には「〇月中」はない、というのだから、この漢簡の「〇月中」は稲

荷山鉄剣の「七月中」とは関係ないものなのだろう〟と一旦は考えたものであった。

しかし、古田武彦（1979）や小川環樹（1980）の論に触発されて『史記』以下の正史や詩集を調べてみると、これらにも「〇月中」がいくつも見つかったのであった。そこで私は、一九八一年一〇月二三日に開かれた訓点語学会の研究発表会で、

上代日本の金石文等に見える「〇月中」の「中」の源流について

と題して口頭発表をした。〝「〇月中」という表現は中国の漢代の木簡や『史記』『漢書』『後漢書』『三国志』等の歴史書にも見えるから、「中国の漢文には見えない」とする説は誤りであり、したがって、「稲荷山鉄剣の銘文には朝鮮漢文の要素がある」と断定するわけにはいかない〟というものであった。これにさらに用例を補って、一九八三年三月に、

上代日本の金石文等に見える「〇月中」の源流について

と題する論文（安田 1983）を書いた（これには研究文献のリストをくわしく挙げてある）。

当時は、電子化された古典のテキストなど思いもよらない時代であるから、本の形で出版された漢字総索引（それも、中国の文献の多さに比してわずかしか刊行されていなかった）を利用するか、あるいは見当をつけた文献を頭から斜め読みするかしか方法はなかった。その後、私はこの問題から遠ざかっているが、今では多数の古典のテキストが電子化され、[3] また、書籍の形の漢字総索引もいろいろ刊行され、容易に用例を検索できるようになっているから、これらを検索することによって更に多くの「〇月中」を見つけることができることであろう。

各国の「〇月中」「〇年中」の用例をできるだけ多く集めた上で、それぞれどういう意味合いで用いられているのか、再検討する必要があるのである。

注

（1）『抱朴子』に「但用符水及單服氣者、皆四十日中疲瘦」（雜應）・「飲酒一日中二斛餘」（祛惑）とあるのは〝四〇日の間〟〝いちにちじゅう〟の意である。また、安田（1983）に引いた僧祥『法華伝記』に見える「九十日中」「三七日中」「一日中」も、〝九〇日の間〟〝二一日の間〟〝いちにちじゅう〟の意である。

（2）このことは南（2000, p. 64）に述べられている。

（3）青山学院大学日本文学科の大上正美（漢文学）の教示によれば、台湾の中央研究院のホームページ「漢籍電子文献」（http://www.sinica.edu.tw/~tdbproj/handy1/）にアクセスすることで、正史（二十五史）ほか古典の本文を無料で検索することができる。

補説（二〇一四年） 空海の『沙門勝道歴山水瑩玄珠碑（＝二荒山碑文）』に「【天應】二年三月中」という表現があることは第四節で見たが、この碑文には「月次壮朔三十」という日付表現がある（第一四章第九節参照）。これらは唐で学んで八〇六年に帰朝した空海が、日本ではあまり用いられない中国風の表現をあえて用いたものかと思われる。

あとがき

私は高校に進学するころ大野晋（1957）『日本語の起源』（岩波新書）を読んで日本語の系統に興味を持ち、言語の系統論では数詞が重要であるらしいことを知った。しかし、当時は自分で数詞について調べることはできなかった。何をどう調べたらよいのか、見当もつかないのである。

大学に入って、『大日本國語辭典』や『大言海』を利用することを知った。

この『大日本國語辭典』で《6日》を調べてみると、

むいか　六日（名）〔むゆかの轉〕㈠月の第六の日。むゆか。むよか。㈡日數六つ。
(諺) 六日の菖蒲（アヤメ）〔五月五日の節句の翌の六日の菖蒲の義〕時期に遅れて役に立たざること。新六帖「いかにせん今は六日のあやめぐさ、引く人もなき我が身なりけり」
むゆか　六日（名）㈠むいか（六日）の轉。新六帖「いかにせん今はむゆかのあやめ草、ひく人もなき我が身なりけり」㈡死にたる人を忌みていふ語。三三（散散）といふ謎。俚言集覧

〔1915~1919『大日本國語辭典』〕

とある（第一三章には写真も載せておいた）。

ムイカは「むゆかの轉」、

ムユカは「むいか（六日）の轉」

というのだから、語源の説明が完全に矛盾している。これには驚いた。

さらに、ムイカの項の小見出しの「六日の菖蒲」の用例と、ムユカの項の用例とが、同じ『新六帖』の「いかにせん……」の歌でありながら、問題の《6日》の部分が、ムイカの項には漢字で「六日」、ムユカの項には仮名で「むゆか」とあるのにも驚いた。

辞書というものはそのまま鵜呑みにするわけにはいかないものだ、と思い知ったわけである。

かくなる上は、自分自身で調べて確実な用例を探し出すほかない。図書館や研究室で各種の国語辞典や語彙総索引を片っ端から引いて用例を集めることになった。

その結果得られた結論は、自分自身でも意外なものが多かった。特に、日数詞や人数表現についての結論は意外なものであったが、それらはすべて、確実な用例を集めることにより得られたものである。

用例を集めるについては、各種の国語辞典、語彙総索引、また最近では『新編国歌大観 CD-ROM版』を利用させてもらった。これら、先人による労作がなければ、私の用例集めは不可能であった。また、複製本の刊行が盛んになって、多くの貴重な写本が複製本や写真の形で見られるようになり、確実な本文に容易に接することができるようになったのは有り難いことであるが、まだ十分に活用しきれていない場合がある。

各章のもととなった論文の原題と初出は以下のとおり。

第一章　日本語数詞のさまざまな系列【新稿】

第二章　古代日本語の数詞をめぐって〔大修館書店（1978）《月刊言語》第7巻第1号〕

第三章　古典語の数詞と助数詞〔明治書院（2009）《日本語学》第28巻第7号（特集　助数詞・類別詞について考える）〕

第四章　日本語の数詞の語源〔日本語語源研究会（1986）『語源探求』、明治書院〕

第五章　日本語数詞の倍数法について〔坂詰力治（編）（2011）『言語変化の分析と理論』、おうふう〕

第六章　個数詞【新稿】

第七章　10および10の倍数を表わす個数詞〔築島裕博士還暦記念会（1986）『築島裕博士還暦記念国語学論集』、明治書院〕

第八章　一〇〇およびその倍数を表わす個数詞〔山口明穂教授還暦記念会（1996）『山口明穂教授還暦記念国語学論集』、明治書院〕

第九章　和語数詞による端数表現〔小林芳規博士退官記念会（1992）『小林芳規博士退官記念国語学論集』、汲古書院〕

第一〇章　ミソモジアマリヒトモジからミソヒトモジへ〔青山学院大学日本文学会（1999）《青山語文》第29号〕

第一一章　『枕草子』の「ひてつくるまに」――沖縄などの方言における個数詞ヒテツ（1個）をめぐって――〔東京大学国語国文学会（1992）《國語と國文學》第69巻第11号〕

第一二章　数詞「つづ」の意味と語源〔青山学院大学日本文学会（1976）《青山語文》第6号〕

第一三章　日数詞〔東京大学国語国文学会（1972）《國語と國文學》第49巻第2号、第3号〕

第一四章　和語数詞による暦日表現と「ついたち」の語源〔東京大学国語国文学会（1974）《國語と國文學》第51巻第2号〕

第一五章　ヒトヒ（1日）とフタヒ（2日）〔東京大学国語研究室創設百周年記念国語研究論集編集委員会（1998）『東京大学国語研究室創設百周年記念国語研究論集』、汲古書院〕

第一六章　日数詞ムヨカ（6日）について――『言海』に紛れこんだ東北方言――〔松村明先生喜寿記念会

（1993）『国語研究』、明治書院〕

第一七章　人数詞〔国語学会（1991）《国語学》第164集〕

第一八章　人数を意味しないヒトリ〔築島裕博士古稀記念会（1995）『築島裕博士古稀記念国語学論集』、汲古書院〕

第一九章　唱数詞〔松村明教授古稀記念会（1986）『松村明教授古稀記念国語研究論集』、明治書院〕

第二〇章　シ（四）からヨンへ——4を表わす言い方の変遷——〔青山学院大学日本文学会（2002）《青山語文》第32号〕

第二一章　シチ（七）からナナへ——漢語数詞系列におけるナナの成立——〔青山学院大学日本文学会（2004）《青山語文》第34号〕

第二二章　ヨン（四）とナナ（七）〔青山学院大学日本文学会（2010）《青山語文》第40号〕

第二三章　古代日本の漢字文の源流——稲荷山鉄剣の「七月中」をめぐって——〔青山学院大学文学部日本文学科（2005）『文字とことば——古代東アジアの文化交流——』〕

日本語数詞研究文献目録　「日本語数詞研究文献目録」〔青山学院大学日本文学会（1993）《青山語文》第23号〕と「日本語数詞研究文献目録（2）」〔青山学院大学日本文学会（1996）《青山語文》第26号〕を統合したもの。

本書をお読み下さった方からは、「では結局、平安時代の仮名文学の漢字表記の数詞はどう読むべきなのか？」と聞かれそうである。これについては、やや自信を持って答えられるものと、そうでないものとがある、というのが正直なところであるが、あえて言うと、一二世紀の中頃までは以下のようであったろうか。

（1）**人数**　「一人」「二人」「三人」「四人」は訓読してヒトリ、フタリ、ミタリ、ヨタリと言ったが、音読してイチニン、ニニン、サンニン、シニンと言うこともあった。「五人」「六人」「七人」「八人」「九人」「十人」「十一人」

は必ず音読してゴニン、ロクニン、シチニン、ハチニン、クニン、ジフニン、ジフイチニンと言った。「二三人」「三四人」等は訓読（フタリミタリ、ミタリヨタリ）が中心だが音読してニサンニン、サンシニンと言うこともあった。「四五人」「五六人」「六七人」「七八人」「八九人」は必ず音読した。

（2）**日数**　「一日」はヒトヒまたはツイタチと訓読。「二日」「三日」「四日」「五日」「六日」「七日」「八日」「九日」「十日」「二十日」「三十日」「四十日」「五十日」は訓読が原則だった。訓読する場合、暦日はツイタチノヒ、フツカノヒ、ミカノヒのように、「ノヒ」を付けて読むこともあった。算日の概数、複数の暦日の「二三日」「四五日」「五六日」等は訓読してフツカミカ、ヨウカイツカ、イツカムユカ。概数の場合は音読もした。

（3）**端数の付いた日数**　音読と訓読の両方があった。算日の訓読は、「二十五日」「二十九日」はハツカアマリイツカ、ハツカアマリココヌカ。暦日の訓読は、「十一日」「十五日」「二十一日」はトヲカアマリヒトヒ（ノヒ）、トヲカアマリイツカ（ノヒ）、ハツカアマリヒトヒ（ノヒ）のように言ったが、アマリを省いて「十五日」「十六日」「二十七日」等をトヲカイツカ、トヲカムユカ、ハツカナヌカと言うこともあった。仏教用語の「四十九日」は音読された。『拾遺和歌集』〔物名〕431番にシジフクニチをよみこんだ歌「秋風のよもの山よりをのかししふくにちりぬるもみちかなしな」がある。

（4）**個数詞**　「十」「二十」「三十」「四十」「六十」「七十」「八十」「九十」は訓読と音読の両方があったが、「五十」だけはもっぱら音読した。ただし、「五十返」はイソ・カヘリと訓読することもあった。

ほぼ以上のように言えるかと思う。

最後になったが、本書の元となった論文の執筆にあたって、研究論文の存在について、あるいは用例について、いろいろ御教示を下さった方々に御礼申し上げる。

また、本書の出版にあたっては武蔵野書院の前田智彦・梶原幸恵両氏のお世話になった。

二〇一五年五月

安田尚道